陈锡文（1950—），祖籍江苏丹阳，生于上海。现任第十三届全国人大常委、农业与农村委员会主任委员，曾任中央农村工作领导小组副组长兼办公室主任，中央财经领导小组办公室副主任。中国共产党第十六、十七、十八次全国代表大会代表，第十一届全国政协委员、经济委员会副主任，第十二届全国政协常委、经济委员会副主任。参与了 21 世纪以来 13 个中央 1 号文件起草工作。先后多次获得孙冶方经济科学奖、中国发展研究奖等奖项。清华大学、中国人民大学、中国农业大学等多所大学兼职教授。

历史的足音——改革开放40年研究文库

中国农村改革研究文集

陈锡文◎著

中国言实出版社

图书在版编目（CIP）数据

中国农村改革研究文集 / 陈锡文著 . -- 北京 : 中国言实出版社，2019.2

ISBN 978-7-5171-3079-6

Ⅰ . ①中…　Ⅱ . ①陈…　Ⅲ . ①农村经济—经济体制改革—中国—文集　Ⅳ . ① F320.2-53

中国版本图书馆 CIP 数据核字（2019）第 011438 号

出 版 人：王昕朋
总 监 制：朱艳华
责任编辑：肖　彭
特邀编辑：张　征
文字编辑：赵　歌
责任校对：张　强
出版统筹：冯素丽
责任印制：佟贵兆
封面设计：徐　晴

出版发行　中国言实出版社
地　址：北京市朝阳区北苑路 180 号加利大厦 5 号楼 105 室
邮　编：100101
编辑部：北京市海淀区北太平庄路甲 1 号
邮　编：100088
电　话：64924853（总编室）　64924716（发行部）
网　址：www.zgyscbs.cn
E-mail：zgyscbs@263.net

经　　销　新华书店
印　　刷　北京虎彩文化传播有限公司
版　　次　2019 年 5 月第 1 版　　2019 年 5 月第 1 次印刷
规　　格　710 毫米 ×1000 毫米　1/16　42.25 印张
字　　数　600 千字
定　　价　258.00 元　　ISBN 978-7-5171-3079-6

目 录

略谈户包小流域治理[①]

（1983 年）

去冬今春，一个以农户承包小流域治理为主要形式的群众性水土保持工作新局面，正在晋西北黄土高原掀起。

过去黄土高原上小流域的治理主要是以农村社队集体组织进行的。现在已出现了千家万户分户承包治理千沟万壑的生动局面。这种形式的出现是否具有必然性？用这种形式治理小流域是否具有可行性？有多大的优越性？这些都是关系到户包小流域治理能否发展的关键问题，因此有必要加以说明。

一、户包小流域治理是农村联产承包责任制进一步发展的必然结果

党的十一届三中全会以后，特别是 1982 年中央 1 号文件下达以后，以“大包干”为主要形式的联产承包责任制在晋西北广大农村得到了普遍推广。这种责任制的建立，对水土保持工作中的小流域治理，不能不产生强烈的影响。

（一）农业分户经营，使治理小流域的主体产生必然的转化。“大包干”的生产责任制使农业生产实行分户经营之后，农户由原来主要是消费单位变为了生产单位。而农户经营主体一经确立，就使得原生产队的大部分经济职能，如统筹生产费用的职能，相当一部分资金积累和劳动力调遣的职能等等，都转到了农户之中。这种转移，使得生

① 本文原载于《农业经济问题》1983 年第 5 期。

产队在人力、财力、物力上都不可能再具备统一组织小流域治理的职能，相反，农户经营主体的崛起，却使农户产生了将一部分积累资金和剩余劳力投向治理小流域的能力。

（二）随着联产承包责任制的普遍建立，“包”字必然伸向小流域治理。耕地“包产到户”，对于广大农民来说，只是要求解决吃饭问题的第一步。在这一最基本的要求得到满足之后，他们就会向“包”字求富裕的方向发展，要求向生产的深度和广度进军。如随着种植业联产承包责任制的发展，全国各地又相继出现承包水面、承包山林，承包社队企业、承包原来由集体统一经营的各种生产项目。农户在承包耕地之后还要“包”些什么？很重要的一条是他们将根据当地的资源条件来选择。晋西北黄土高原上的村村队队，几乎都处在千沟万壑的包围之中，如兴县，沟壑密度平均达5—6公里/平方公里，每个农业劳动力大约平均拥有300米长的沟壑。在这除了耕地就是沟壑的地方，农民首先把沟壑作为投资对象，这是很自然的。荒芜秃裸的沟壑，不仅需要治理，而且是可供利用的资源。有的农户可以在那里栽树种草养畜禽，也有的可以在保持水土的条件下打淤地坝、修梯田，发展种植业。因此，户包小流域治理，是晋西北黄土高原联产承包责任制发展的客观要求与当地自然资源的特点相结合的必然结果。

（三）对小流域治理社会组织形式的长期探索，必然走向以户包治理为主的形式。小流域治理，过去都是以社队集体组织为主，同时也试行过多种多样的组织形式，有跨社队实行大兵团作战的，有在一个社队组织专业队进行的，有指定专人管护的，等等。但这些治理小流域的组织形式，一般效果都不太好。要想使小流域治理工作开创一个新的局面，就需要改变过去那种治理与管理相脱节、投工和受益相分离的“大呼隆”“大锅饭”做法，实行将治理、管护和受益结合起来的，责权利分明的组织形式。

农业生产中的“大包干”责任制形式，正好为小流域治理提供了可以借鉴的成功经验，即把治理小流域的主体单位放到农户。这样就可以避免以往那种劳民伤财的现象产生。

二、关于户包小流域治理可行性与优越性的分析

以户承包小流域治理，只有在联产承包责任制得到普遍推广之后才有可能。但是，这种形式本身，对于黄土高原的干部群众来说却并不陌生，因为它早在十多年前就已经存在，只不过这种经验一直没有去总结推广罢了。

岚县普明公社芦家洼大队有一位现年72岁的老汉赵明有，在15年前即1968年，和老伴离开村子，搬到一条名叫赵鱼沟的小沟里居住。从1971年起，老两口儿开始对这一小流域进行整治。12年间，共计动土1000多方，在沟里打了4条小土坝，淤了2.2亩耕地，修了2亩多梯田，栽下苹果、梨、杏等果树80多株，建起了4.2亩地的杨树苗圃，在沟坡上共种植了杨、柳、松等用材树近千株。到1982年底，这段80亩的荒沟有65%的面积得到了整治。经水保技术干部测定，已经治理的面积，林草郁闭度达75%以上。目前，这条沟的水土流失基本上已被控制。这种事例在晋西北黄土高原上，几乎县县都可以找到。这说明，以户承包小流域的治理确实是可行的。

这种可行性，至少有以下几个方面的理由：

（一）农户能够在治理小流域的过程中积累起治理所需要的资金。小流域的治理，必须将工程措施和生物措施相结合。这就需要一定量的投资。社队统一治理时所需的资金，是用“以短养长”“公助民办”的办法来解决的。岚县岚城公社小岔口大队的专业队，是全县办得最好的一个小流域治理专业队。1972年建队以来，国家共投资4万元，1977年以前，专业队还没有收入，如果按照共投工5.4万个，平均每个工以0.8元计算在大队开支的话，等于大队投资4.32万元。两项合计为8.32万元。1978年开始有收入，5年来总收入为6万元。当然收入会逐年增多。但在社队统一治理的开始阶段，没有和国家或集体相当数量的投资是不行的。因此，有不少社队因为得不到国家资助，自己又无力筹措资金，治理小流域就只好告吹。

现在由农户承包小流域治理，情况就不同了。他们可以在治理的过程中，靠自身的经济增值，逐步地积累起所需资金。以户为基本单

位进行经营，它可以通过以下途径去调节资金：一方面是根据自身的能力尽量开辟新的生产门路，创造更多价值量；另一方面是根据生产的需要，尽可能地缩小不必要的支出，把节省下来的资金投入急需项目的扩大再生产。在创业时期，往往是压缩生活费用来加速资金积累，同时将一部分本应在市场购买的生产资料，尽可能地用自身的劳动来取得。这样，承包农户资金积累就能够快于原集体经济组织。如上面提到的赵明有老两口儿，从1971年栽下果树到1976年果树挂果之前，年年在果林里间种蔬菜，同时养兔出售仔兔。每年出售鲜菜和菜籽收入200元，出售仔兔收入500元，不仅完全解决了老两口儿的生活问题，而且在林果尚无收入的那五六年间，每年还为治理小流域投资300元左右。这家人治理小流域的全部投资，就是这样积累起来的。

以户包小流域治理，还可将一部分农户手中的闲散资金吸引到生产投资方面来。兴县康宁大队社员牛根来和他的两个儿子，1981年靠做木工节余了2000元钱，1982年初，他向大队承包治理面积为3390亩的裕家沟后，将这笔钱全部投入了当年的治理费用。可以想象，如果不鼓励农户去搞这种开发性事业，他们当中的闲散资金就很可能在那种“农家乐、乐陶陶”的气氛中消费掉。

农户治理小流域中花钱是精打细算的。过去兴县实行集体治理时平均每造一亩林，需国家投资15.30元，而去冬今春，这个县的郭家圪台大队13户社员在户包治理小流域过程中，每造一亩林平均费用只有5.30元（每个工日按2.00元计算），其中国家给的补助费为4.14元，只相当于原国家平均投资的27%。

（二）*农户能够在治理的过程中逐步掌握治理的技术。*小流域的治理，技术是一个很重要的条件，而国家在水土保持方面的基层技术干部数量很少。在过去吃“大锅饭”的情况下，普通的农民也无心去学习这方面的技术。因此，“没有技术”往往是社队进行小流域治理的一大障碍，即使干起来，质量也不高。现在实行农户以家庭为单位进行小流域治理，由于经营的客观需要，他们就能够在治理的过程中逐步地去掌握治理的技术。

从现有的情况来看，农户在治理中解决技术问题，主要有两个途径：

一是“自己学”。赵明有刚进赵鱼沟时，首先搞的是修梯田、栽果树，但他不会嫁接、整枝。为了掌握这门技术，他凭着小时候读过《三字经》和《千字文》的文化水平，买了 3 本果树栽培的技术书籍，一边学，一边干，挖来野果树嫁接成活了苹果树。在他的精心管护下，55 株苹果树，1982 年的总产超过了 5000 斤。他还根据县里印发的技术指导材料，学会了水果贮藏技术。连续几年来，他的苹果，都能存放到来年新果上市。

二是“请人帮”。有的承包户不懂技术，就向有技术的人“借”。牛根来承包的裕家沟，原残存 2000 株不结果的苹果等果树，他带着全家给果树施肥、浇水、精心管理，但他不会剪枝整形，就从县苗圃“借”来技术员帮他进行这项工作。他还承包饲养了 7 头梅花鹿，但不会收割和加工鹿茸，于是又外出请来了师傅。当年加工出售的鹿茸就收入 1100 元。随着农村中承包制、合同制的发展，农民“自己学”技术正在向“组织学”技术发展，“请人帮”正在向“相互联”发展。一些县社的技术人员，一些懂技术的社队干部正在和承包了小流域的农户建立起固定的联系，把技术和承包户的资金劳力结合起来进行小流域的治理。随着技术上的承包制、咨询业务等的发展，农户掌握技术的途径将会越来越多。

（三）农户能够在“治沟”的过程中“致富”。在“大呼隆”“大锅饭”的年代里，农民不能从小流域的治理中得到多少直接的好处，不少生产队甚至因此还负了债。如兴县康宁大队 1958 年开始治理裕家沟，组织了 23 人的专业队，在沟里修水库、挖水井，开了 46 亩沟坪地，栽了近万株果树。但到 1979 年，水库、水井都早已报废，沟坪地荒芜，果树只剩下了近 2000 株。1980 年和 1981 年，大队又分别把这条沟包给了两个专业队管护，结果两年各亏 400 多元。

牛根来承包治沟一年，他在裕家沟栽下 1.7 万株用材树，粮油收入 5506 元，牧业收入 1940 元，干鲜果收入 1900 元，副业收入 500 元，全年总收入达 9846 元，扣除生产开支、大队提留和全家生活费用，年底还节余 5500 元。

由于治沟和农户的切身利益一致，因此农户发展生产和改善生活总是伴随着治沟一起进行的。把小流域包给农户治理，无论在发展速度还是治理的质量上，都将比过去有很大的提高。

三、几个需要进一步研究的问题

小流域的治理并不是黄土高原水土保持工作的全部内容，以户承包治理这种形式，又是刚刚起步，因此，有不少问题仍需进一步研究。

（一）*分户治理与统一规划的关系*。农户愿意承包小流域治理的直接动力，来自小流域本身是一种可供发展生产的资源，而对于水土流失现象的治理，则只是他们在增加收入过程中带来的客观效应。因此，农户在治理小流域的过程中，必然是根据他们的需要和资金、劳力、技术等条件出发，采取特定的治理方式。在某些地方，可能是以工程措施为主，如打坝淤地。也有某些地方可能是以生物措施为主，如栽树种草，或者是二者结合。如何把一户户农民家庭进行的小流域治理纳入整个黄土高原的水土保持工作？这就需要对农户的分户治理进行必要的统一规划。

小流域与耕地相比，具有它的特殊性。如耕地的掠夺式经营，只能破坏这一块耕地的土壤肥力，而对相邻的耕地影响很小。但小流域的掠夺式经营，却会因加重水土流失而对流域下游的耕地和河道带来严重的危害，小流域治理的各项措施，都需考虑到能够抵御相当程度的自然灾害，不然，不仅治理的效果有可能毁于一旦，而且还会产生突发性的灾难性事故。小流域的治理，不仅要求在其内部采取综合性的措施，而且还要考虑到流域的大系统内的关系，即小流域与小流域之间上下左右的关系，一定地域内若干小流域与较大流域间的关系，甚至这一水系的流域与另一水系的流域之间的关系，等等。小流域治理的这些特殊性，不仅说明了必须统一规划，而且提出了统一规划的某些具体内容。如：必须明令禁止以治理为名，而加重水土流失的一切行为；某些治理的措施，特别是在沟里打坝等工程，凡规模较大的，其选址、工程的技术标准及施工的质量等都必须有技术部门的审核，政府为考虑流域的系统治理效果，对某些沟壑的治理应有提出某些特定要求的权力；等等。总之，必须将分户治理和统一规划结合起来，水土保持的工作才能做到微观和宏观的效果相一致。

（二）正确处理农户间的利益关系。户包小流域治理的形式进一步推广之后，正确处理农户间的利益关系问题会日渐突出。有两个问题值得注意：

一是要处理好承包户与非承包户之间的关系。承包小流域，与承包耕地不同，让农民承包小流域，对于国家来说，主要要求的是治理的效果而不在于交售多少劳动产品。这就要求承包的农户在资金、劳力、技术等各方面都必须有治理的能力，而不能像耕地那样户户都有份。治理能力大的可以多包，没有治理能力的就不允许包。只有按“能”承包，才能达到治理的目的。

二是要处理好先包户与后包户之间的关系。一般来说，先包的户，往往承包的都是地理位置或自然条件较好的沟壑。包得越晚，沟壑的条件往往会越差。如果处理不好这之间的关系，最后将会有相当一部分沟壑没有农户愿意去承包，因此，应当根据马克思关于级差地租的理论去处理好这一关系。地理位置或自然条件优越带来的额外收益，属于级差地租Ⅰ的形态，它应属于沟壑的所有者——社队。社队可以向承包了条件好的沟壑的农户多收一定量的提留，并用它来对承包条件差的沟壑的农户进行资助，使后者在经济上也获得与前者大体相当的收益。

（三）处理好国家各职能部门之间的关系。国家投放到小流域治理方面的资金和技术力量，现在被分割到农业、林业、饲养业、水利、水保等各职能部门。而小流域的治理却必不可免地会与这些部门发生联系。因此，综合使用各部门有关的资金和技术力量，对于加速小流域的治理，提高国家的资金与技术力量的使用效益有重要的作用。国家的上述职能部门，都应该看到，小流域的治理与自己的工作息息相关，因此，应当在小流域的治理上相互协调。只有这样，国家有限的资金和技术力量才能发挥更大的作用。

农业生产控制方式改革的探索

——江西吉安农村的启示[①]

（1984 年）

一

国家对农业生产的控制，主要表现为对一、二类农产品在生产与收购的计划管理上，其基本特点是：指导性的生产任务计划与指令性的产品征派购计划相结合。而由于产品征派购计划的指令性，客观上要求生产任务计划在实施过程中也必须具有相应的约束力，否则国家的征派购计划就难以实现。在原有的农村经济体制下，人民公社是政社合一的组织，农村的三级经济管理机构具有依次从属的性质，而农业生产又集中在生产队中进行，生产队是农村中最基本的生产活动单位。农村的这种经济体制，使得国家的农业生产任务计划不仅可以下达到县级政府部门，而且可以通过人民公社，依靠生产队对于大队和公社的从属关系，直接贯彻到农业的基本生产单位中去，由此也就形成了国家对农业生产的有效控制。

但是，在农村中普遍实行了联产承包的生产责任制之后，特别是在实行了“大包干”责任制的地方，农户在农业的经营活动方面取代了生产队的功能，而生产队则由原来的那种社会、经济、行政合一的基本单位，转变为主要只是承担社会组织和行政管理职能的最基层单位。农村中的经济、社会组织关系的这种重大变化，影响到国家原有

① 本文原载于《江西社会科学》1984 年第 4 期。

农业生产控制手段的有效性。因此，国家对农业生产的控制方式也必须进行改革，以引导生产决策自主权很大的户营经济适应计划性很强的国民经济发展的需要。江西省吉安地区农村近一两年来的情况已经充分显示了这种客观要求。

二

吉安地委和专署的有关部门，面对农村经济、社会组织关系的变化，对农业生产的原控制方式进行了积极而有效的改革尝试。这种改革的客观依据是：随着农户经营主体的崛起和生产队经济职能的减弱，国家某些职能部门与农户间直接的经济技术联系大大加强了，这就有可能在国家的一些职能部门与农户之间建立一种契约关系。正是在这样的基础上，吉安地区采用了以国家职能部门与农户间的较普遍的合同形式，来衔接农业生产原控制方式在“大包干”后出现的空环。

实行“大包干”后，吉安地区农村的生产队普遍都和农户签订了承包合同。承包合同使生产队原承担的各项国家征派购任务，随着土地被农户的分户承包也摊派到各农户。农户在完成自己分担的国家任务及交纳了集体提留之后，就可以完全自主地支配其余的产品。这种合同，对于明确农户的权、责、利有着明显的积极作用，特别是在满足国家对农副产品的基本需求方面起着十分重要的保证作用。但是，承包合同本身却又有着它无法克服的局限性，这主要表现在两个方面：

（一）经济合同就其本身的意义来说，应该是社会经济活动过程中，供给和需求双方之间的一种契约，但是，作为承包合同中的生产队一方，它对于农户，却既不能起到生产资料（土地除外）、资金技术的供给作用，也对农户生产的产品并无需求。这样，农户除了通过承包合同可以得到耕地的使用权之外，就很难依靠生产队的帮助来解决经营活动中的重大困难。吉安地区的农民不愿意承认承包合同是真正的合同，而称之为“任务书”或“派购同单”，生产队自身并无可能去解决这一矛盾，因此，在客观上不能使承包合同具备双边合约的性质，难以使承包合同具备合同所应有的法律效力。

（二）承包合同中规定的经济内容，在农户整个经济活动中的比重将随生产的发展逐渐降低。农户承包土地后，单位面积上的产量有了迅速的增长，而这种增长，主要是农户对承包地进行了加工的结果。因此，在农户看来，由此增加的产量，应主要由他们自己来支配。这样，就产生了一个矛盾：土地单位面积的产量在不断提高，而承包合同中的主要内容——国家的征派购任务却不能随之也相应增加。结果，通过承包合同来实现的国家对农业生产的控制能力也逐渐减弱。

更重要的是，仅仅靠承包合同，农民只得到了使用土地的保证，国家充其量也只得到落实征、派购任务的保证，而农民为从事生产所需要得到的各种生产要素，国家在征、派购任务之外继续需要的农副产品，却都不可能从承包合同中得到保证。面对这一矛盾，吉安地区因时制宜，广泛地实行其他各种合同形式。

这些合同主要有以下四类：

1. 农商合同。农商合同发生在国家商业部门和农户之间，这类合同又可分为两种形式：

（1）生产资料供应合同。它主要发生在公社供销社和农户之间。永丰县八江公社供销社逐家逐户地和农民进行协商，签订合同：农户每定购一百斤化肥，向供销社缴纳 0.5 元押金，如供销社不按合同规定向农户供应化肥，即退回押金，并按每百斤化肥再付 0.5 元罚款。如供销社能保证供应，农户却不能按合同规定购买，则预付的押金即作为罚金。这样，供销社大大提高了生资供应的计划性。1982 年，全社农户都通过合同得到了足够的化肥等生产资料，而供销社按合同进货，也除消了积压，全年合同兑现后，库存化肥只剩 2.5 吨。通过这类合同，农民需要的最基本的生产资料得到了保证，供销社也减少了盲目性。

（2）农副产品收购合同。这类合同发生在粮站、食品站、土特产公司、外贸公司等与农户之间。有人认为，粮站、食品站的收购品种均属国家征派购任务，承包合同中都已有规定，因此签订这类合同似乎并无必要。其实不然，农户是欢迎签订这类合同的。如万安县，全县承担粮食征购基本任务的农户共有 28880 户，1982 年和粮站签订粮食征购合同的共有26693户，占总数的92.4%，其中早稻一季就完成全年征、购、超任务的户数达10784户，占签订合同户数的47.5%。到1982年8月底，万安县夏粮入库达6228万斤，完成夏粮征、购、超任务的114%，完成全年征、购、超任务的83%，其中粮食征购基数部分，夏粮一季就完成了全年任务的96%。食品站和农户签订合同之后，到1982年9月底，猪的收购完成全年上调任务的108%，禽完成105%，蛋完成100.5%，残牛完成215%，万安县历史上第一次在9月底以前全面超额完成了猪、禽、蛋、牛的收购任务。

农户在签订了承包合同之后，之所以仍然欢迎对征、派购产品直接与商业部门再签订合同，原因主要有两条：

①签订了农商合同之后，农民得到奖售的生产资料有了契约保证。过去，农户交售农副产品后应得到的奖售物资常常因各种不正之风而不能兑现，严重影响了农户交售农副产品的积极性，农商合同使这个问题得到了较好的解决。如万安县，1981年全县生猪收购中共有193.5吨奖售尿素没有兑现，县委为了取信于民，于1982年初用粮食换回200吨尿素；同时又规定，凡属奖售物资，上至县委书记、下至生产队长，任何人不得批条挪用，违者将由县纪检部门查处；供销社如不能按时按质按量将奖售物资售给农户，要承担经济责任。万安县还规定凡签订了生猪收购合同的农户可以在当年3月份之前购进50%的奖售尿素，以用于早稻育秧，这就大大调动了农户签订合同的积极性。

②签订农商合同之后，收购部门的经营作风有了极大的转变。吉安地区实行的粮食收购合同中，都明确规定了粮站应履行的义务，农民按合同规定交售粮食，粮站不得以任何借口拒收，否则粮站应赔偿农民送粮误工的工资；农民交售粮食后，应立即进行结算，如因当时人力有限，可作解释后请农民改日再来，但第二次如仍不能结算，则粮站要赔偿农民为结算而误工的工资，有的粮站还在合同中规定自己将承担部分农户运送粮食的任务等等。万安县食品公司在和农户签订了猪禽蛋的收购合同后，实行了责任制，每人负责一至两个大队的“三包”（包收、包防疫、包完成任务），对签订合同的农户做到“五上

门”（签订合同上门、防疫上门、配种上门、收购上门、发奖售物资票证上门）。

2. 信贷合同。吉安地区农村实行信贷合同的尚不普遍。搞得较好的是永丰县的古县公社，这个公社的农业银行营业所和信用社根据自己的可贷指标，规定农户每向国家交售一百斤粮食，贷款 4.6 元。在生产资料部门与农户签订生资供应合同的同时，农行营业所与信用社也一起下到生产队与农户签订信贷合同，及时解决一些农户的生产资金问题。

3. 单项技术服务合同。目前，公社的畜牧兽医站比较普遍地与农户签订了牲畜治病防疫技术承包合同，承包的内容一般有四项，即防疫、医疗、阉割、药品。有实行四包一扶助的（即牲畜死亡后要视情况对农户给予一定的赔偿），有只搞一包、二包或三包的。根据合同中兽医承包内容的多少，农户每养一头猪全年交 0.5—2.0 元不等的服务费。

4. 围绕单项生产经济活动的产前、产后及产间技术服务的综合合同。永丰县土特产品公司发现上溪公社具备大量发展香菇生产的自然条件，但该公社的农户缺乏生产香菇的技术和资金，公司便和部分农户签订了香菇综合合同，规定：农户可以从土特产公司借到无息贷款（即由公司代农户支付银行利息），公司向农户提供菌种，在生产过程中负责技术指导，生产出的香菇由公司全额收购。这种合同大受群众欢迎，到 1982 年 8 月底，全公社就有 54% 的农户签订了香菇综合合同。永丰县种子公司选择了两个有一定育种基础的大队，与农户签订了育种合同：公司向农户提供足够数量的种子、化肥和农药，公司在县内聘请有较高育种经验的农民技术员 20 名，整个育种期间，农民技术员必须住在育种的生产队，每人具体负责 100 亩育种田的技术指导，生产的杂交水稻种，凡达到质量要求的，全部由公司收购。结果，签订合同后的 1982 年，全县杂交水稻育种田平均亩产比 1981 年提高了 84%，农民的收益大大增加，全县杂交水稻种自给有余。

吉安地区在实行上述各类合同之后，都收到了一定的效果。尽管这些合同还比较粗糙，在生产资料的供应、农副产品的收购和对农业生产的技术指导等方面，还不能完全满足农户的要求，国家经济技术职能部门由于直接面对千家万户，也增加了工作量，但是，它们对由于生产队经济职能下沉而引起的国家农业生产控制方式上出现的空环，却起了卓有成效的连接作用。因此，普遍推广各类合同制，就不仅是完善农业生产责任制的重要一环，也是实行农业生产控制方式改革的重要一环。

三

农业生产控制方式的改革，是在经济体制改革过程中进行的。一方面，作为新的控制手段之一的合同制尚不够完备；另一方面，原控制方式中的许多因素仍在发挥作用，所以对待在农村实行的各类合同制，以及它和其他控制手段的关系，应该有一个正确的认识。

（一）**在现有的经济体制基础上以合同制作为重要控制手段的可行性。**农业生产发展到了今天，农民依靠农业内部自身的能量流动和物质循环来进行再生产已经不可能。为从事农业生产而进行的要素投入，总是和现代化的大工业有着这样或那样的联系。农业生产的技术结构越发展，农业与大工业的联系也就越紧密，这就为我们在现行经济体制的基础上通过合同来达到对农业生产的控制提供了可行性。

把所有的农用生产资料都签入农商合同，既不可能，也不必要。但国家必须把握和控制住那些与农业生产的现实技术结构密切相关的关键性生产资料。农业生产的技术结构是随生产力的发展而不断变化的。据吉安地区农业技术部门反映，当地在粮食作物生产上的技术变化，自50年代以来，大体经历了这样一个过程：旱地改水田——单季改双季——高秆改矮秆——纯种改杂交。与此相对应，生产资料供应部门反映，关键性的农业生产资料也经历了这样一个变化：灌溉机械——耕作机械——化学肥料——化学农药。在这里，技术变化对关键性生产资料需求的对应关系是很清楚的。同时，也不难看出，技术的进步过程是不可逆的，随着农业技术结构的发展，在我国现有经济体制的基础上，国家通过把握关键生产资料来控制农业生产的途径也就越多。这样，针对不同地区不同的农业生产项目和技术结构，使农民必须得到的那一部分生产资料，只有通过与国家签订合同才能得到或才能廉价得到，就使得国家在要求得到农民的农副产品时，始终可以以和农民平等的地位在合同上签约。

现在的问题在于，在实行了生资供应合同的地方，农民仍然可以在合同以外得到大量的紧缺生产资料。如永丰县1982年全县签订的化肥供应合同为1万吨，但1—9月实际向农民供应的达2万吨，合同外的供应占总量的50%。万安县1982年签订的农药供应合同为900吨，但1—9月实际供应了2000吨，合同外供应占总量的55%。农民向国家交售的农副产品都列入了合同，而国家向农民供应的生产资料却至少有50%没有列入合同，这样就必不可免地会造成这样两种情况：①农民埋怨合同不平等，认为通过合同，农民向国家交得多，而国家向农民供得少；②降低了合同的威信和作用，既然不订合同也同样可以买到必需的生产资料，合同就成为可有可无、多此一举的事情了。这两种情况所反映的实质都表明，没有理由片面地认为只是由于国家可供应的农业生产资料太少，才无法和农民签订真正的“双边合同”。吉安地区不少县、社的供销社干部认为，生资公司可以在合同外直接向农民出售部分生产资料，但应考虑，合同外的供应会使供应部门承担一定的风险，因此，应该在价格上略高于合同内的供应，这样，可以促使农民尽可能地从合同中得到国家供应的生产资料，从而使以往那种分散地、无形地向农民供应生资的办法，通过合同而成为集中的、有形的供给，使合同的签约双方逐步地建立起平等的地位。在现有的经济体制基础上，国家有能力对那些农业生产必不可少的关键生产资料做到较严格的控制，因此，也就有可能通过合同来达到对农业生产的新的控制。

（二）经济体制的全面改革，使建立在原经济体制基础上的通过合同进行控制的方式缺乏牢固性。国家对关键生产资料的较严格控制，必须借助于原有的经济体制，这在目前的情况下确实仍然存在着可能性。但是，应该看到，原有的经济体制正在面临着全面的改革，因此，这种控制方式，只能是一种过渡的方式，它将随经济体制全面改革的深入而逐渐失去稳固基础。

原有经济体制的改革已经开始，随着商业体制和工业体制的改革，国营企业的经营自主权也在逐步扩大；允许农民经营商业、允许农民从事长途贩运，流通渠道的多样性将逐渐显现。这些变革的深入，在农户的经营活动面前展现出了一个全方位的广阔市场，它改变了过去那种农民只能在一定的地区内向国家一家交售农副产品和购买生产资料的现象。因此，在依靠原有经济体制，通过控制稀缺生产资料，采用合同制这一农业生产控制方式改革的过渡形式时，我们必须积极创造新的农业生产控制方式产生的条件。

（三）将分户经营引上经济联合的道路，是产生新控制方式的必要基础。在全方位的广阔市场面前，农户的分户经营一方面存在着摆脱国家控制的自然倾向，另一方面也面临着一家一户难以了解和适应广阔市场的困难。同时，经济发展的需要，也使分户经营不能适应资源、资金、劳力、技术合理配置的客观要求，因此，各种类型的经济联合、具有中国特色的合作经济必然在农村产生，这就为农业生产新控制方式的产生提供了条件。

在农民温饱问题解决的基础上产生的合作经济，必然是一种外向型的经济组织，它的目的在于不断地扩大生产的商品性成分，因此，在参加联合的资源、劳力、技术既定的情况下，足够的资金就成了使这种经济组织充分活跃的必要条件。所以，随着合作经济的产生与发展，国家对信贷资金的控制，将越来越成为控制农业生产的重要手段之一。吉安地区普遍实行“大包干”之后，农户需求的各类生产要素中，信贷资金是增长幅度最高的要素之一。随着农村中商品生产的发展，农民对信贷资金的需求量必将不断增加。这样，尽管市场逐步扩大，国家对生产资料的控制会逐渐减弱，但只要通过金融机构控制了信贷资金，也就在相当大的程度上控制住了生产资料的供应和农副产品的流通。

随着合作经济的产生与发展，农村对于经济技术信息和科学技术知识的需求也将大大增加。国家对各种信息和技术的掌握，实际上也同样可以构成对农业生产的控制手段之一。目前，由于国家的经济技术部门直接面对着千家万户的农民，繁重的事务性工作使得他们无力从事经济信息的分析传递工作，也难以做到一家一户地传授科技知识。因此，只有使农民走上合作经济的道路，才能使这些职能部门从直接面对千家万户的窘境中解脱出来，发挥对发展农村商品生产具有重要意义的技术引导和经济协调作用。

国民经济的格局变动与乡镇企业的发展①

（1985年）

1984年，全国乡镇企业的产值，占到了我国社会总产值的13.3%，②乡镇五级工业企业的产值合计，占到了全国工业总产值的16.1%。乡、村两级企业拥有的固定资产净值，已相当于1983年全国独立核算国营工业企业固定资产净值总额的14.11%，而在乡镇企业中就业的非农劳动力，则已相当于1983年全民所有制各部门非农就业劳动力总数的62.27%。1984年国家财政收入净增数的14.5%，全国税收金额新增部分的19.5%，来自该年乡镇企业新增缴纳的税金③；全国能源生产总量的19.7%，来自乡镇企业的原煤产量。④这些数据都表明，在我国现实经济生活的许多方面，乡镇企业都已占有了不容被人轻视的份额。对乡镇企业地位和作用的评价，再也不应该仍局限在农村内部。

近年来，乡镇企业进入了一个高速增长的阶段。1984年，乡镇企业的总产值比上年增长了40%；而1985年第一季度，乡镇企业的产值比上年同期又增长了51%。⑤这种超高速度的增长，使乡镇企业又一次成为整个经济界舆论关注的焦点之一。对乡镇企业高速增长可能带来的利弊，当然需要进行认真的研究，但要分析清楚乡镇企业之所以会高速增长的原因，不仅要涉及对国民经济增长原有模式和机制的评

---

① 本文原载于《经济研究》1985年第10期。

② 《经济日报》1985年6月10日。

③ 《经济日报》1985年6月10日。

④ 《经济日报》1985年6月10日。

⑤ 《经济日报》1985年6月10日。

价，也要涉及对今后国民经济发展及其格局变动的判断。因此，即使是只对乡镇企业的发展速度问题进行评价，也应当将乡镇企业与整个国民经济的格局问题联系起来分析。本文谈些粗略的意见。

一

与其他国家相比较，中国特殊性的一个重要方面，就是哪怕只从经济的角度分析，也不能将农村问题简单地归结为农业问题。这个问题之所以必须首先提出，是因为在我国农村中至今尚滞留有数量惊人的超过农业需要的人口。

据世界银行的统计，1982年时，我国人口约占世界总人口的22.1%，但我国的城市人口却只占世界城市人口总数的11.6%，而我国的农村人口则占世界农村人口总数的29.2%，其中处于劳动年龄（15—64岁）的我国农村人口，占全世界农村处于劳动年龄人口总数的32.7%。[①]也就是说，全世界每三个处于劳动年龄的农村人口中，就有一个是分布在我国的农村。但我国的农业自然资源，在世界总量中所占的份额却远没有这样高，例如耕地，我国只占有世界耕地总面积的不足9%。[②]占世界总数1/3的农村劳动人口，只能与世界耕地总面积的1/11相组合，这就是中国农村发展所面临的极其严峻的困难之一。显然，要使中国农村富裕起来，必须通过一条相当独特的发展道路，以改变这种明显不合理的农村资源配置才有可能。

在世界范围内与其他国家进行一些必要的比较，既有利于加深对我国农村发展所面临困难的理解，也有利于我们在选择经济发展道路时保持清醒的头脑。从世界银行对126个国家1982年经济状况的统计数据中[③]，我们可以得出这样三点认识：

1. 除个别天赋资源独厚而人口较少的国家外，一般国家在达到人均国民收入800美元时，农业劳动力所占社会总劳动力的比重都低于

① 见世界银行《1984年世界发展报告》。

② 对于我国的耕地面积，近年来有多种说法，此处按20亿亩计算。

③ 这些统计数据，见世界银行《1984年世界发展报告》。

60%。

2. 大国[①]人均国民收入超过 800 美元时，农业劳动力所占比重一般都低于 50%，而城市人口大多占总人口数的 40% 以上；特大国家[②]在人均国民收入超过 800 美元时，农业劳动力所占比重比大国更低，而城市人口占总人口的比重较大国更高。

3. 与人均国民收入或人口总数方面较为接近我国的特大国家[③]相比，我国或是在农业劳动力的比重上显得过高，或是在农村人均耕地占有量上显得过低。

到本世纪末我国要达到的经济目标之一，就是实现人均国民生产总值 800 美元。要达到这一目标，从上述三点认识来看，结论只能是设法降低我国的农业劳动力比重，同时提高城市人口的比重。所有已经达到人均国民收入 800 美元的国家，尽管所走过的发展道路各不相同，达到人均国民收入 800 美元之后的状况也有巨大差异，但在劳动力结构和人口分布的变动方面，却无疑都与上述结论具有一致之处。我国当然没有理由忽视这种世界性的经验。

但是，如果农业劳动力比重的降低，与城市人口比重的提高，在我国也能够同步发展，中国农村发展所面临的困难就远不至于如此严峻，中国经济的发展道路也就不会有其相当的特殊性。

我国曾经参照苏联经济发展的模式走了 30 余年。从斯大林关于“工农业产品交换的剪刀差”的大量论述中可以看出，早在五六十年前，苏联政府就在自觉地建立这样一种经济发展模式：先从农业中提取城市和工业发展的资金，然后再在城市和工业发展的基础上，通过对农业的财政补贴，技术援助和吸收农村劳动力的途径，来提高农业的集约度，实现农村的发展。且不论这一发展模式曾给苏联农民带来过怎样的遭遇，但从 60 年代开始，它毕竟在苏联显示出成功的一面：苏联农业劳动力的比重，从 1960 年的 42%，降低到 1982 年的 14%，

① 国际上通常将人口超过 2000 万的国家列为“大国”。

② 这里系指人口超过 1 亿的大国。

③ 这里指的是印度尼西亚和印度。

而同期城市人口占总人口的比重则由49%提高到63%[①]。显然，我国采用苏联的经济成长模式，至少在劳动力结构与人口分布的变动上，并没有取得像苏联那样的成功。其原因是多方面的，需要另作专门的分析和研究。但能凭直观判断的重要原因之一，是苏联从不曾遇到过像我国这样的巨量农村人口。由于存在着这样巨量的农村人口，按苏联模式发展国营工业的资金动员能力当然也是巨大的。但是，由于原经济体制造成了工业投资效益的低下，致使同营工业体系的发展，甚至还不能完全满足城市人口自然增长所提出的对新就业岗位的需求。因此，我国在国民经济的成长过程中，不仅参照了苏联那种工农业分离发展的模式，而且不得不采取比苏联更为严格的城乡基本上隔绝的措施，以保证城市居民的就业和收入水平能与他们看得见的国营工业的发展水平大体相称。于是，我国农村发展面临困难的症结，就可归结为：国营工业体系发展所新创造的就业岗位，不能被有效地用于农业劳动力比重的降低，由此也就直接抑制了城市人口在总人口中比重的提高，同时也抑制了农业劳动生产率的提高。

在参照苏联模式发展经济的过程中，我们在很长一个时期内对城市工业化吸收农业劳动力的可能性估计过高，因此，事实上并没有意识到要去另辟一条农民从耕地上转移出来、发展非农就业的有效途径。结果，在坚持20余年城乡基本上隔绝的体制下，造成农村滞留了大批的劳动力。正是从这个角度，我们有理由认为，在我国农村，就业问题比农业问题存在更大矛盾。诚然，在城市工业化的进程中，国家在财力和物力上对农业给予了大量的返还，然而，农业集约度的提高，如果不能导致单位面积耕地上活劳动消耗的减少，那么投资本身也就失去了它的经济意义。而事实上，也正是由于现代工业提供的物质技术装备对农业的投入，才更使农民感受到了必须有更多劳力离开耕地的那种经济上的压力。但是，面对原体制下无法打破的城乡隔绝状态，农民只能在农村内部寻找非农就业的岗位。农民的这种愿望，在不允许他们从事非农行业的政策限制和缴纳负担较重的情况下，当然没有

① 见世界银行《1984年世界发展报告》。

实现的可能。党的十一届三中全会后，农村经济体制的成功改革，农副产品收购价格的较大幅度提高，使农民具备了将这种设想付诸实施的政治的和经济的条件。于是，乡镇企业才获得了蓬勃发展的可能性。

在城乡隔绝的体制下，发展乡镇企业无疑是降低农业劳动力比重的唯一可行途径。到1984年底，在乡镇企业中就业的农村劳动力，达到了5206万人，约占农村劳动力总数的14%；① 其中非农就业者有4924万人，相当于1983年国营工业系统职工总数的138.6%。如按目前农村平均每一劳动力负担的人口（1.91）② 折算，在乡镇企业中就业的非农劳动力，负担着约9400万人口的生活；而这部分收入可以不再依赖于农业的人口，相当于1952—1976年间我国市镇人口增加的总和。③ 我国户籍制度下的市镇人口，再加上这部分由乡镇企业发展而造就的非农人口，已使我国实际上的非农人口比重，占到总人口数的32%左右。同时，由于这部分非农人口的产生，使我国每一农业人口和农业劳动力的平均耕地占有量，在统计上增加了13.7%和17.9%，这对于我国农业扩大经营规模、提高集约化程度的前景，无疑也带来了新的希望。

由此，从乡镇企业的发展中，我们找到了一条有别于其他国家的降低农业劳动力比重的特殊发展道路，这就是：从耕地上转移出来的农业劳动力，可以不大量涌入城市，开辟自己扩大非农就业的途径。很明显，对于我们这样一个农村人口众多，而城市人口又需享受大量财政补贴的国家来说，乡镇企业的兴起，其意义已经远远超出了农村本身的发展，它对于国民经济体制的总体改革，对于实现我国在本世纪末达到人均国民生产总值800美元的目标，都具有直接的推动作用。

二

乡镇企业的蓬勃发展，表现了我国农村极其丰厚的劳动力资源不甘囿于20亿亩耕地，而要求加入到国民经济大系统运转中来的强烈愿

① 见《农民日报》1985年5月3日。

② 见《中国统计年鉴（1984）》中国统计出版社1985年版。

③ 见《中国统计年鉴（1984）》中国统计出版社1985年版。

望。这种愿望的实施，将从一个侧面对改变我国现有的工农、城乡，就业、收入分配等格局起到有力的推动作用。改变八亿农村人口在国民经济系统中的地位和作用，显然与国家制定的在本世纪内要达到的经济目标具有高度的一致性，因此，乡镇企业的发展绝不仅仅是农民的事情。乡镇企业已经表现出的巨大能量，要求将它的发展纳入整个国民经济全局的视野之内，并将它与国民经济已经和将要发生的格局变动联系起来作通盘的考虑。

乡镇企业中比重最大的是工业，1984 年，乡镇企业的工业总产值达 1254 亿元，相当于 1983 年华北、西北和西南三大区除四川省外其余 14 个省（区、市）全民所有制工业总产值之和；在乡、村两级工业企业中就业的职工人数达 3232.4 万，相当于 1983 年全国全民所有制工业部门职工总数的 91%。这样一支规模宏大的“农民的”工业队伍，显然需要尽快在我国的工业体系中找到它的恰当位置。

众多发展中国家的经验和教训都证明，在从一个农业国向工业国的发展过程中，工业的发展战略必须能够同时满足多重的经济目标，其中应当包括工业生产能力的提高、更多就业岗位的提供和日趋合理的收入分配体系的形成，否则，就难以避免社会落入“双重经济结构”的窠臼。在落后国家中，不建立起一系列大规模的现代化工业企业，就不能形成自己相对独立的工业体系。但是，现代化的大型工业企业，往往一方面需要最大限度地使用国内已有的基础设施，吸收国内技术和管理人才中的精华，另一方面则免不了要采用进口的技术和设备。因此，这类企业的分布一般都难以离开城市或已有的工业区，同时，它所需要的巨额投资与它所能创造的就业岗位也往往极不成比例。因此，现代化的大型工业企业，有可能成为向工业化提供积累资金的重要源泉，也能够成为提高国内整个工业体系技术层次的向导，但在创造充足的就业岗位，实现城乡及区域间合理的收入分配格局等方面，却显然并非是其所长。所以，不能将工业化等同于单纯地发展大规模的现代化工业企业。

从这个意义上讲，落后国家的工业发展战略，应该使整个工业体系表现出技术和规模上的层次性，从而使工业的发展能够提供与国内劳动力资源相称的就业机会，并以此来实现城乡及区域间的收入分配的相对平衡。

我国乡镇工业的发展，已经为建立工业体系中低技术和小规模的层次作出了巨大的贡献。现在，它迫切要求与城市的国营工业系统进行某些必要的分工，以避免与城市国营工业系统在低技术层次上对低档次产品的过度竞争。没有这种分工，所谓的乡镇工业与城市“大工业”争原料、争能源、争市场的矛盾就不可能得到根本上的解决；没有这种分工，不仅将影响乡镇工业发展空间和农民非农就业机会的扩大，而且也将使我国的城市国营工业系统继续受低技术层次和低档次产品的拖累，难以实现产业的高度化。这显然将降低城市基础设施的使用效率，并使高质量的技术和管理人才得不到合理的使用，从而降低整个工业的素质和作用。

在这两个工业系统之间进行必要的分工，首先需要通过技术和经济上的联系，将这“两张皮”贴到一起，使其成为一个完整的国内工业体系；其次需要对国内外的市场需求，作出某些粗线条的划分，以确定用不同技术层次的加工能力，来满足不同的市场需求；再次还要区分某些同一产品的不同加工阶段，使产品加工链条上能够分解的各环节，在不同的技术层次中逐步完成。这样，就可能使我国的工业化过程，与城乡一体化的发展结合起来，使不同技术和规模层次的各种工业企业，能够互为补充、相得益彰，从而最大限度地提高每一层次工业企业的生产效益。

总之，对可能在较长时期内都将处于低技术和小规模层次上的乡镇企业的作用不可低估。乡镇工业不仅对国民收入的增长具有它不容人们轻视的贡献，更重要的是，它在创造就业岗位，并以此可以较直接地实现城乡及区域间收入分配的相对平衡方面，具有国营大工业难以比拟的长处。在我国，如果乡镇工业的发展受阻，巨量农村人口的就业和收入就只能都依赖于农业，这无疑将导致农产品成本不断提高。如果不想因此而扩大城乡之间的收入差距，它的后果，只能或者是降低城市居民的实际收入水平，或者是提高国家财政对农业的补贴，这显然是又背上了原经济模式解不脱的老包袱，将对国民经济的体制改革和格局变动带来巨大的障碍。因此，必须使乡镇企业的发展能够有继续开拓的空间。而这需要国营大工业系统努力提高自己的技术层次和产品档次，逐步实现产业的高度化来作保证。

三

在以往严格的计划经济管理体制下，乡镇企业基本存活于计划外的空间，乡镇企业的成长过程，就是它们在计划的缝隙中碰撞的过程。在提出有计划的商品经济之后，由于保障商品经济发展的许多必要章法还来不及健全，而长期囿于自给半自给经济的农村人口，也还缺乏从事商品经济活动的经验，因此，在乡镇企业的发展过程中，难免存在着某些盲目性和混乱现象。克服这些问题，是使乡镇企业纳入国民经济大系统的必要前提，也是乡镇企业保持健康发展势头的重要条件。而经济全局目前要求控制基建投资和消费基金盲目扩大的宏观背景，正使乡镇企业遇到了认真进行必要整顿的极好机会。

乡镇企业的整顿，既有微观经营层次上的内容，也有中宏观管理层次上的内容。

在微观层次上，乡镇企业需要认真对待产品质量不高、产销不对路和财务管理混乱等方面的问题。据有关部门的统计分析，江苏、山东、河南、山西、湖南五省乡镇企业目前的产成品资金约占全部定额资产的42%，应收款约占全部流动资金的36%。定额资产中产成品比例大，流动资金中应收款项多，虽然可能是由于多种因素综合作用的结果，但产品销路不畅、企业财务管理混乱，无疑是其中的两个重要因素。按有关部门的匡算，目前全国乡村两级企业中多占用的产成品资金和各种应收款项，相当于1984年乡镇企业贷款总额的2/3，在国家严格控制信贷规模的条件下，如不认真提高产品质量，根据市场需求的变动来组织适销品的生产，以降低产成品资金的比重，同时积极地清理应收款项，乡镇企业发展所需的流动资金就将进一步短缺。这对于现有乡镇企业的正常生产，不能不说将是一个极为严重的困难。

在中宏观层次上，应当强调完善对乡镇企业的管理体制，使这种管理体制既能督促乡镇企业遵纪守法，又能对乡镇企业的发展起到积极的促进作用。最近一个时期以来，揭露出了极少数乡镇企业在不法分子的把持下，大肆制造和推销伪劣产品的违法现象，对这些不法分子和违法现象，当然必须给予严厉的打击。但是，应该看到，这种违法活动的产生，与乡镇企业的发展并不存在本质上的联系。重要的问题在于，这些违法活动的存在，暴露出在乡镇企业管理体制上的混乱和漏洞。完善乡镇企业的管理体制，当然不仅仅是为了打击极少数不法分子，它的重要任务在于，训练出一大批懂得商品经济规则，讲社会主义道德的乡镇企业家，使乡镇企业的发展不脱离社会主义经济的轨道。乡镇企业的蓬勃发展，已经使它成为许多地方财政收入的重要来源之一。正因为如此，在不少地方的乡镇企业管理部门中，出现了两种值得注意的倾向：一是不顾当地的实际能力和条件，盲目批准或制定大上新项目的乡镇企业发展计划。据今年上半年对 9 个省市的调查，上年开工转入今年续建的乡镇企业新项目有 7196 个，今年新上的乡镇企业建设项目又有 9917 个，两项共需设备和流动资金贷款 28.3 亿元，相当于这些项目总投资额的 57.8%，是该 9 省市农业银行和信用社今年支持乡镇企业新上项目贷款承受能力的 3.7 倍。这种盲目鼓动和支持乡镇企业大上新建项目的后果，造成资金使用分散，缺口越开越大，使不能正常生产的企业和半拉子工程大量增加，既增大了信用机构的贷款风险，也使农民承受了意想不到的投资风险。二是有些地方，特别是某些乡、县政府，将乡镇企业看作是自己的“后院经济”和“小金库”，处处向乡镇企业伸手。据有关部门统计，1984 年乡村两级企业参加分配的纯利润中，有 43.86% 上缴给了主管部门，主管部门提取的纯利润额，是企业用于扩大再生产的纯利润额的 137.6%，相当于乡镇企业目前设备贷款总额的 94.1%。主管部门随意提取乡镇企业利润的做法，不仅削弱了乡镇企业自身的积累功能、加大了对信贷资金需求的压力，而且也会因此形成各种复杂的既得利益关系，使整个农村的管理体制和机构改革增加难度。

对乡镇企业在微观经营和中宏观管理两个层次上的整顿，必将导致一批产品不对路、管理混乱、经济效益差的企业的收缩，也将使各地筛选出一批值得大力扶持、发展前景诱人的乡镇企业。应该说，没有这种必要的收缩和对发展方向的进一步明确，乡镇企业的整顿就不可能取得什么实质性的效果。因此，要将乡镇企业的整顿，同时与收缩和发展联系起来。当前，乡镇企业的发展，不仅仅是存在着资金短缺的问题，即使是现有资金的有效使用，也还存在着必要的物资供应问题。据湖北省黄陂县的调查，1984 年能安排给乡镇企业的电、煤和钢材，分别只占乡镇企业需求量的 47.8%、26% 和 12.3%。各地的情况也都与此大同小异。物资供应紧张，不仅造成物资价格上涨、企业生产成本提高、利润下降，而且使大家都吃不饱，开工不足，造成了相当部分企业生产能力的闲置。因此，必须将“整”“缩”“发”联系起来，根据实际情况作通盘考虑，运用各种经济杠杆，尤其是运用金融这个杠杆，使该“缩”的企业“缩”下来，该“发”的企业能继续得到支持。

乡镇企业当前的发展还需要认真研究解决资金短缺的问题。1985 年，国家银行安排的新增信贷规模中，给乡镇企业的份额只占 2.8%，这对于产值已占社会总产值 13.3% 的乡镇企业来说，当然不能算多。但应该看到的是，乡镇企业内部挖掘自身资金的潜力还是存在的。一是应当认真搞好企业利润的分配和合理使用。1984 年乡村两级企业的纯利润中，只有 32% 被用于扩大再生产，其余的基本都被“上面抽光，企业分光”。可见，通过严格财务制度和银行监督等措施，将企业利润转化为生产基金的潜力还相当大。二是要完善乡镇企业固定资产折旧的制度，并合理使用折旧基金。按 1984 年乡村两级企业拥有的固定资产净值计算，如果所有企业都能按 8% 的综合折旧率提取折旧基金，一年提取的折旧费即相当于目前乡镇企业设备贷款总额的 60% 左右，如能保证这笔折旧基金的提取并做到专款专用，无疑就使乡镇企业在进行技术改造和改建扩建等方面，有了一个可观的资金来源。三是要清理应收款、降低产成品比例和处理各种积压物资，这三笔款项如能清理出 1/3，也将相当于 1985 年国家计划给乡镇企业贷款增加额的 3—4 倍。四是应注意适当控制乡镇企业工资基金的扩大速度。据统计，1984 年，乡村两级企业职工的人均年工资收入为 621 元，比上年增长了14%，已相当于1983年全民所有制单位职工平均工资的72%，相当于城镇集体所有制商业服务业职工平均工资的101%。据有关部门估计，1985年乡村两级企业的工资总额将比上年增加25%左右，因此，乡村两级企业职工的年工资收入可望达到700元左右。从中筹借10%左右的份额，对于职工的生活不会带来多大的影响，而整个乡镇企业则可多增加二三十亿元的资金来源。从经济体制改革的全局来看，适度控制乡镇企业工资基金的增长，也有利于城市职工对改革在近期内可能带来的收入提高，有一个恰当的期望，从而使城市改革中的摩擦系数进一步降低。

在国家严格控制信贷规模的宏观背景下，乡镇企业发展所需的资金，应当主要依靠自身的积累来解决。但挖掘乡镇企业自身积累的潜力还只是问题的一个方面，如何把握乡镇企业资金运动的特点，根据乡镇企业资金运动的规律来实现资金的融通，则是问题的另一个重要方面，而我们在金融工作中显然对后一个方面还重视不够。1984年，乡镇企业的总产值中，第二、第三产业的产值占96.9%，这表明，乡镇企业的资金运动，实际上并不具有农业资金运动的特点和规律。因此勉强地将乡镇企业的资金与农业资金混同起来，交由一个金融机构管理，往往不是对乡镇企业的发展带来不利的影响，就会在某些时间区段内对农业的发展带来不利的影响。尽管农业银行目前已将乡镇企业的信贷资金进行单独管理，但它的主要目的在于严格控制乡镇企业的信贷规模，而不在于充分照顾乡镇企业资金运动的自身特点，因此，它很难起到使乡镇企业在资金运动方面与整个社会的第二、第三产业建立必要联系的作用。乡镇企业由于其自身内部产业构成的特点，使得它的资金运动更趋近于工商业资金运动的特点。在乡镇企业发展规模已经相当大的今天，应该考虑将乡镇企业信贷资金的管理，逐步从农业银行中分离出来，建立专业性的乡镇企业银行或小企业银行，至少也应使具体负责乡镇企业信贷资金管理的部门具有相当的独立性，并注重与主管工商业基建和流动资金的专业银行沟通信息。只有这样，才能使工商业的投资方向、生产与网点布局等跳出原来那种城乡隔绝的模式，从而使乡镇企业真正加入到国民经济的系统中来。

乡镇企业的发展，使人们进一步认识到农村、农业和农民这三个概念之间的联系与区别。中国的特点和已经走过的发展道路，并没有使农村的概念逐步单纯化为等同于农业，而是使农业只成为农村中的一个产业。由此而来的，就是对中国的农民，提出了在农村中选择不同就业岗位的必要性。显然，传统意义上的“农民”概念，已经不能包括今天中国的农村人口。这正是乡镇企业的发展所带来的农村经济格局和农民就业格局大变动的结果，它正改变着我们国家传统的收入分配格局，从而也改变着我们国家传统的城乡格局。不难想象，乡镇企业的进一步发展，将怎样有力地推进整个国民经济格局的变动，使其更顺利地朝着我们民族在本世纪内要达到的经济目标发展。

寓管理于服务，探索合作经济的新路子

——镇江农经服务公司的调查①

（1986年）

1984年下半年开始，江苏省农村部分地区，陆续对原有的乡农经管理站在体制、工作内容和方法等方面进行了大胆的改革，成立了农经服务公司。这些公司大多通过集资，集中了生产队原有的部分集体资金，在乡范围内各经营主体之间开展资金余缺调度业务。这些活动，引起了有关经济部门，特别是金融部门的密切关注。一些同志和部门认为，由于农经服务公司存在着集资和投放资金的活动，实际上已经是一个社会性的资金融通机构，是"第二信用社"。由于农经服务公司目前的集聚和投放资金的业务，没能得到国家金融管理部门的批准，因此，这些同志和部门认为，农经服务公司集聚和投放资金的活动必须制止。

1985年10月，我们曾到首创农经服务公司的江苏省镇江市作了一些粗浅的调查。从调查的情况看，农经服务公司确实涉及了目前体制下金融系统的部分业务。但是，这种涉及究竟是否可行乃至必要，却是应当进一步讨论和研究的。问题的关键在于，江苏农村的一部分地区，为什么要改革成立农经服务公司、又开展了怎样的活动、这些活动的作用和意义何在？对此要作一个全面的分析，其中也应当包括将集资并投放资金的业务对国家控制信贷规模的影响，与农经服务公司的活动在推进和完善农村经济体制改革中的作用，作一番实事求是的比较。

---

① 本文原载于《农业经济丛刊》1986年第6期。

一

江苏农村的一部分地区，改乡农经管理站为农经服务公司，主要目的有两个：一是为了管好用活在原人民公社体制下已经积累起来的集体财产；二是为了对农村当前的经济活动进行有效的组织和管理，逐步完善农村经济体制的改革。

镇江地处苏中，从全国看，是经济发展水平较高的地区之一。在原人民公社体制下的20余年间，各级集体经济组织已经积累起了一笔数量可观的公有财产。1982年时，现属镇江市的四县一郊区的各生产队，共有集体财产和资金3亿元，其中农业固定资产1.3亿多元，平均每个生产队拥有7260元，流动资金1.6亿多元，平均每亩耕地占用61元，基本上可以满足农业再生产的周转需要。这笔集体公有资产，在农村经济体制改革的过程中，应该继续管好用好，同时，还应当设法继续保持当地农业生产原有的积累功能，从而使农业生产朝着现代化的方向前进。

但是，在实行联产承包责任制的过程中，由于农经管理机构没能及时跟上改革的步伐，因此，原有的集体公有资财，一度在管理上出现失控，使集体资财受到了一定的损失。这主要表现在三个方面：

1. 原有的集体积累正在减少。1984年与1982年相比，全市生产队原有的集体财产减少11.14%，同期生产队在银行、信用社的存款减少14.5%。

2. 有不少农村干部和群众，在生产队统一核算时所欠的超支款和借款，实行联产承包制后即使有能力也不愿归还。其中有相当数量的个人欠款，是原生产队向银行、信用社的贷款。长期以来，形成了个人借款、集体付息的不合理现象。如丹徒县辛丰乡，集体为个人欠款所付的利息，1984年达5.5万元。此外，部分农户在联产承包之初向生产队折价购买的原集体固定资产，大部分也未及时付足折价款，有些甚至分文未付，形成旧账未清又欠新债的局面。

3. 实行联产承包责任制后，由于缺乏严格的财务制度，生产队对承包农户上交的各项提留款，在使用中存在着不少问题。1984年全市原生产队一级向农户提取的提留款中，用于生产性的只占31.4%，而用于村级干部参加各种会议的补贴则达523.63万元，平均每村全年支付3667元，相当于每村每天都要支付10元的本村干部会议补贴费。

上述问题的存在，使集体原已积累起来的经济实力被逐步削弱，而且直接侵犯了大多数农民的切身利益，使他们交纳提留款项的责任心和义务感受到了严重的挫伤。由此不难想象，在当前的新形势下，农村原有的经营管理系统，实际上已无法起到系统地了解、记录和反映农村经济活动质和量方面基本情况的作用，从而也无法有效地承担起组织和管理农村经济活动的职能。农村经营管理系统的这种半瘫痪状态，不仅影响其为农村工作领导部门提供决策依据的可靠性，也不利于尽可能地减少农村广大经营主体在生产上的盲目性。

显然，要想管好原有的集体公共财产，并有效地组织和管理当前农村的经济活动状况，就必须建立起能够适应当前农村经营层次和经营主体多样化要求的新的农经管理机构。毫无疑问，伴随着农村经济体制改革的深入而逐步产生的这种新的农经管理机构，必然会具有它鲜明的地方特色。而镇江农村的农经服务公司，是在依托原集体经济的公共积累和原农经管理系统培训出的一支有一定素质的经管队伍的基础上产生的。它的特点就在于：充分运用原有的集体经济实力，通过向农村各类经营主体提供多样化服务来逐步健全农村经营管理的新系统，从而达到组织和管理农村经济活动的目的。这就是理解镇江农经服务公司为什么必然会产生、为什么会形成自己特色很强的活动方式的一把钥匙。

二

镇江农村的农经服务公司成立后，开展了哪些活动、其作用和意义何在？据对1984年7月全市最早成立农经服务公司的句容县东昌乡的调查，目前已经开展的活动内容，大体包括以下几方面：

（一）在不改变原生产队对资金所有权的前提下，代为收取和管理各项集体资金。其中包括：代为追收农村干部和群众在实行联产承包责任制前对生产队所欠的超支款、借款和财产折价款。1984年农经服务公司成立后，收回上述欠款21万元，1985年又收回26万多元，还剩16万元左右，预计在1986年内全部收回；为原生产队代收农户承包耕地后应上缴的各种提留款，1984年共收取25万多元；为原生产队代收集体承包项目应上缴的纯利润，1984年共收取15万多元。

（二）向社会提供会计、结算等业务服务。为乡镇企事业单位提供会计事务服务。对没有设立会计的小企事业单位，每月定期提供5天会计服务；为乡内专业户提供会计、结算和付款业务服务；为需要建立家庭经济核算制度的一般农户，提供会计、统计等事务服务或给予指导。

（三）为乡政府所属各职能机构、乡内企事业单位及合作经济组织提供与农户建立经济联系的服务。其中包括：为民政部门代收代支扶贫周转金；为乡财政所代收农业税；为教育系统代办统收民办教师补贴费业务；为乡文化中心站代收各村的电影放映费；为乡供销社等代发各种农副产品的预购定金；为乡农业服务公司向农户提供生产资料代办签订合同、收取订金和组织发放物资，为乡镇企业和集镇事业单位代办经过审批的征用土地；为生产队与农户之间代办农副产品上交、提留的合同签订并督促兑现。

（四）在乡范围内开展集体资金的集资和投放业务。根据自愿原则，乡农经服务公司向各生产队开展集资活动。至1985年10月，全乡有123个原生产队（占总数的89%）参加了集资，共62.5万余元。乡农经服务公司利用这部分集资，向本乡内的农户开展资金投放的业务。全乡有1557户（占总户数的35.2%）与农经公司发生过借款业务，农户所借资金，占集资总额的63.3%。

上述各项活动中，有三方面的作用是显而易见的。第一，是将应该属于集体所有的资金管理起来。目前农村中属于集体的资金，一部分是在人民公社体制下积累起来的，另一部分是在农村经济体制改革中农户或联户承包集体生产资料后，发包方应收取的提留款。但这些资金在管理上还存在着问题。一方面，原积累起来的资金或多或少地被个人侵占着，长期不能收回。实行联产承包责任制后，发包方收取应提留款项困难又不少。因此，导致集体所有的资金日趋减少；另一方面，随着联产承包责任制的普遍化，原生产队一级集体经济组织，大多不再承担直接从事农业生产经营的职责，筹集和积累农业生产资金的职能基本下沉到了农户。因此，集体所有的资金在很大程度上退出了直接生产领域，不少地方由此而出现了将这部分资金大量用于非生产性开支的现象，其中也包括部分农村基层干部自作主张地提高自己的补贴额，即把应作为集体积累的资金转化为干部个人收入。农经服务公司一开办，就针对上述问题，着力抓了集体资金的管理，逐步收回了被个人侵占的集体资金，又保证了集体发包生产资料后应得的提留款项。应该说，农经服务公司开展的这项活动，对于维护和巩固农村生产资料的集体所有制，具有十分重要的意义。

第二，农经公司的服务活动，使政府经济职能部门与农户之间建立了联系的中间环节。农村实行联产承包责任制之后，农民的生产积极性提高了，农村的生产力发展了，经济活跃了。但由于基本生产单位由队到户的下沉，使政府经济职能部门过去那种通过人民公社政社合一体制建立起来的与基本生产单位的联系出现了“空环”。这里也存在着两方面的问题：一类问题是，组织和管理村落社区内经济活动的职能，在改革人民公社的体制后，还没有寻找到自己恰当的主体形式；另一类问题是，即便是最基层的政府经济职能部门，也不堪承受与所有农户建立直接联系的繁重任务。因此，无论从哪方面看，在农村新的合作经济组织完善之前，都需要有一种“中介”性的组织机构，以沟通政府经济职能部门与广大农户之间的联系。否则，政府经济职能部门就无法开展工作，不能发挥它应有的控制和调节农村经济活动的作用。显然，离开了这种控制和调节，农户也难以克服他们在生产上的盲目性。农经服务公司的活动，正是在这种情况下，既弥补了政府经济职能部门的缺陷，又满足了农户希望得到市场供求准确信息的要求，从而使国家对与农村生产有关的计划要求，用新的形式传递到了农村中的基本生产单位。

第三，建起了观测、记录和反映农村经济活动基本情况的新系统。近年来，农村中一方面出现了经济高速增长的喜人局面；另一方面则由于经济核算单位的细小化，以及原经济观测系统对新形势的不适应，也给人们准确地把握反映农村经济活动状况的各种数据，带来了新的困难。这种现象给农村经济形势的分析和决策增加了难度。农经服务公司通过它有组织的活动，使农村的会计事务工作得到加强并逐步地走向社会化。马克思说:“过程越是按社会的规模进行，越是失去纯粹个人的性质，作为对过程的控制和观念总结的簿记就越是必要”①。农村实行联产承包责任制后，尽管从表面看基本生产单位的规模似乎变小了，但生产的商品化程度比以往大大提高了，要求农村生产的社会化程度也相应地提高。不难设想，没有健全的、具有社会性的农村簿记系统，社会对农村经济活动过程的控制就不会有科学的依据。因此，采取各种有效手段，强化农村的簿记系统，是使农村商品生产的社会组织程度得以逐步提高的重要基础之一。正是从这个意义来讲，农经服务公司所从事的这方面的活动，实际上是在从一个侧面，为健全我国社会主义商品经济的秩序，进行着一项艰苦而又重要的基础性工作。

毫无疑问，承担上述各项活动并使之起到一定的作用，绝不是凭着原农经管理站中一两个专职干部所能办到的。它需要一个能与农村所有经营主体进行接触的呈网络的系统，需要有一支相对独立于各经营主体和基层行政系统的职能队伍，并有支付这支队伍开展各项活动的经济实力。

改革之前的农经管理站，实际上大多只有一名国家经管干部。在生产队和大队不再是一个完整的经济核算单位之后，这一名经管干部所能起的作用是非常有限的。因此，在改革中，镇江的市、县、乡政府，首先注重了加强乡级经管部门的力量。他们通过考试，以签订合同的形式，共招聘了224名专职经管干部，用行政事业经费补贴一半工资，主要充实到各农经服务公司的乡级机构之中，使全市90多个乡级公司除原有的一名国家经管干部外，大多又增加了两名招聘来的专职经管干部。而各乡的农经服务公司，又在乡内根据需要，通过考试招聘了一大批在各村开展活动的专业会计。如句容县东昌乡有1.7

① 《马克思恩格斯全集》第24卷，人民出版社1972年版，第152页。

万人口，招聘了50名专业会计；丹徒县辛丰乡有3.3万人口，则招聘了80名专业会计。这些基层专业会计，又以原有的生产大队建制为基础，成立农经服务公司的各会计服务站，其中每个专业会计主持一个联队（一般为自然村，相当于原来的二三个生产队）的农经服务活动。这样，就形成了一个联系面广而又健全的农经服务系统。

农经服务公司的经费是通过收取服务费来获得的，它主要用于三方面的开支：一是用于招聘来的专业会计的工资；二是用于培训专业会计；三是用于公司系统进行活动的行政事业开支。收取服务费的标准，视服务量的大小而定。如向企事业单位提供会计服务，一般每人每天收取1.5元；代原生产队追收个人欠款按收回金额的2%提取；代收各项承包提留和利润，按金额的0.2%—0.3%收取；为政府经济职能部门和国家企事业单位代办各种与农户发生的经济业务，则将这些单位为进行上述工作应开支的行政事业费作为服务费。收取服务费，不仅是农经服务公司向经营主体和有关部门提供了劳务，更主要的目的是保持服务公司这个民办系统在工作上的相对独立性。服务公司聘请专业会计之前，原生产队、大队的会计由于补贴的金额有限，并需通过基层行政系统才能取得，要受到多方面的制约和干扰，因此，使原有的这支队伍不能发挥应有的作用。正是根据这个教训，农经服务公司才意识到，要使新建的队伍保持工作上的相对独立性并真正发挥作用，必须在经济上能够基本自立。提供有偿服务，不仅有它经济上的合理性，而且也是实现上述目的的一个必要条件。

但是，为了使提供的服务对农村经营主体和各有关部门具有经济上的吸引力，就必须保证使被服务对象花钱不多而又能获得较大的便利，因此，提供服务的收费只能是低价的。可是，服务收费的标准低，不能补偿服务系统运转的成本。为了解决这一矛盾，农经服务公司有必要利用集体原已积累起来的资金，开展一定的保本增值的经营性业务，以取得收入，保证这个系统独立地、有效地开展各项活动。

事实上，农经服务公司提供的各类服务活动，大多具有双重性质。一方面，它帮助农村经营主体和有关部门解决了难以解决的困难；另一方面，它又通过这些活动起到了组织农村经济活动的重要作用。因此，保证这个系统运转成本的补偿，显然不仅仅是为了维持这个系统本身的存在，更重要的在于通过它利用提供服务的形式，来获得对农村经济活动的控制和管理。农经服务公司在乡内组织的对原有集体资金的筹集和投放业务，之所以会得到市、县、乡政府及农村原基层经济组织的支持，根本原因也在于此。

三

然而，农经服务公司开展的业务，与金融部门发生了矛盾：从农经服务公司开展的这项业务来看，显然是必要的，但与国家金融管理部门目前所规定的制度对照，这些活动则又是不应当存在的。因此，有必要对农经服务公司筹集并投放的资金的来龙去脉，作一个大致的分析，也需要对合作经济组织中的资金问题，作一点粗浅的讨论。目前主要存在的争议如下：

第一，农经服务公司的集资来源主要是什么？有的同志和部门认为，农经服务公司的集资，主要是从农业银行、信用社中挖走的原生产队的集体存款。从我们对镇江农村的调查来看，上述看法显然具有片面性。农经服务公司集资的资金来源主要有三个方面：一是服务公司系统代各生产队收回的欠款，这是主要部分；二是粮食部门收购粮食价格变动后给各生产队补差的储备粮加价款；三是生产队目前掌握着的部分集体积累资金。1985 年上半年，镇江市各乡农经服务公司共集资 2075 万元，但同期代生产队收回的各种个人欠款为 877 万元，代原集体经济组织收回的各种暂付款为 3463 万元。也就是说，农经服务公司的集资总额，只相当于它们为农村原各级集体经济组织追回的被拖欠的资金的 47.8%。其中追回的个人欠款，大多拖欠的时间已相当长，实际已经成了“死钱”，过去多年在生产过程中并未发挥过作用。仅此一笔，就占全市各乡农经服务公司集资总额的 42.3%。如参加农经服务公司的集资，应收取的服务费，则从这笔钱应获的利息中扣除。如东昌乡农经服务公司在 1984 年下半年，代各生产队追回的个人超支款 21.14 万元，参加集资后可得利息 6400 元，扣除公司应收服务费4228元后，各生产队还能获利息收入2000多元。东昌乡农经服务公司在一年半时间内，共为各生产队追回欠款47万元，占这个公司集资总额的75%以上。当然，在部分地方，少量地提取集体存款去参加集资的现象也是存在的，这仅占极小的比例，也不是农经服务公司提倡去做的。

第二，粮食部门补差给生产队的原集体储备粮加价款究竟应如何处理？这笔款是农经服务公司集资的一个重要来源。有的同志和部门认为，不把这笔钱如数分给农民，而作为农经服务公司的集资款加以截留，是侵犯农民经济利益的做法。这种看法显然是由于对农村原有的储备粮基金的性质存在误解而产生的。储备粮基金是我国农村原集体经济组织逐年积累、提留起来的五大专用基金之一，是农村集体经济组织为以丰补歉、保证集体组织内成员在灾年歉收的情况下基本口粮需求的一项具有社会保险性质的后备基金。储备粮加价款，是整个储备粮基金的组成部分。因此，一切对待储备粮基金的原则，同样完全适用于对待储备粮加价款。既然储备粮基金是原集体经济组织在对劳动者个人进行消费品分配之前所作的必要扣除，因此，就不能再把它与普通的社会消费基金混为一谈。因此，储备粮加价款也不能随意分给农民个人。同时，农村实行经济体制改革，也不应当改变集体积累起来的各项财产、资金、基金的集体所有制性质，即使改变它们的形态，也必须力求做到保本保值，以便在完善新的合作组织的过程中，继续发挥它们的作用，这是农村实行经济体制改革过程中的一个常识性问题。

第三，农经服务公司的集资活动，是否影响了农业银行和信用社的正常社会吸储？据镇江市农业银行提供的资料，1985年上半年全市农村储蓄余额比1984年同期增加6987万元，增长52.7%，其中农行杨中县支行，1985年上半年的农村储蓄增长额，比1984年全年的增长额还多5.5%。这些数据表明，农经服务公司的集资活动，显然不对农行和信用社的社会吸储产生消极的影响。这是因为农经服务公司通过集资投放业务，促进了当地农村经济的增长，提高了农民的收入水平；也因为农经服务公司在集资过程中，坚持了不与农行、信用社争夺农村社会储蓄的原则。

第四，农经服务公司的集资投放业务，对国家控制信贷规模的要求究竟有多大的影响？很显然，农经服务公司的集资投放业务，是在国家原计划信贷总规模之外，又产生的一个增加额。但是，这个增加额到底有多大？它对全局会产生多大的影响，首先应当实事求是地分析。据了解，镇江全市各乡农经服务公司的集资额，相当于1981年镇江农业银行系统贷款余额的2.6%，而江苏全省农经服务公司的集资总额，仅相当于1984年全省农行系统贷款余额的1.6%左右。这样低的比例，能产生的影响当然也是极有限的。其次，要分析农经服务公司放款的投向。农经服务公司投放资金有三条原则，叫作投小不投大（即以农民专业户为主）、投短不投长（借款周期大多控制在三个月至半年之间）、投流动资金不投基建和设备。应该说，这三条原则与国家主要为控制基建规模和消费基金膨胀而实行控制信贷规模的基本目的并无矛盾。1985年上半年，由于银根紧缩，使不少在1984年向银行、信用社贷了款、上了新项目的专业户和小乡镇企业面临着严重缺乏流动资金的困难，不能使新项目及时投产，偿还贷款自然也成了一句空话。由于农经服务公司按上述三条原则进行了集资投放，使这些专业户和小企业绝处逢生，有条件获利并及时归还了向农行、信用社借的贷款。镇江市农行系统在1985年上半年能收回贷款17.6亿元，创造了资金周转2.33次的较好水平，应当说与农经服务公司利用集体原有资金开展集资投放所起的拾遗补阙作用也不无关系。

如果进一步讨论潜藏在上述有争议的现实问题背后的经济根源，问题当然就要复杂得多。我们认为，江苏农村农经服务公司的集资投放业务，之所以会在1985年上半年较普遍地开展，既有它的偶然性、也有它的必然性。

说它具有偶然性，是因为继1984年底信贷部门的突击大量放贷之后，1985年初国家金融管理部门采取了应急性的一刀切的控制信贷总规模的措施，其中对农行又实行了多存不许多贷、存贷不挂钩的方针。作为一种本能的反应，为了能使当地经济活动正常运转，地区性合作经济组织才会在这种形势下，采取以集体原有资金开展集资投放的业务。说它具有必然性，则是因为随着农村商品经济的发展，农村现有的金融体制表现出了越来越明显的不适应性。其中一个突出的问题，就是在目前产生的建立农村新的合作组织的要求中，实际上也包含着建立真正属于合作经济组织自己的信用合作关系的内容。农村的经济合作，应当包括生产合作、供销合作和信用合作这三方面的内容，这是人们早就认识到了的。但在我国农村合作化、集体化的过程中，由于各种复杂原因所致，我们却很早就在事实上改变了农村中供销和信用合作组织的合作性质；近年来尽管一直在设法使其恢复合作性质，但进展并不明显。所谓合作组织，尽管在性质和形式上可以具有多样性，但有一个特点却应该是共同的，即对于参加这一合作组织的全体劳动者来说，这个组织不应当是一个盈利性的机构，而应当是一个服务性的机构，因此，对于参加它的全体成员来说，这个机构不应当也不必要有它自己的特殊利益。没有这个特点，农民有什么必要组织自己的经济合作呢？直接向国家商业系统买进卖出、直接向国家金融系统储蓄贷款不就可以了吗？正因为我国农村中供销合作社、信用合作社已经表现不出合作经济组织这个应有的重要特点，因此，当改革之后的农村需要产生新的合作经济组织的时候，建立农民自己的供销和信用合作的要求，才会被重新提出来。而农村发展商品经济的强烈要求，使得恢复农村供销和信用组织的合作性更具有现实的紧迫性。由于农业在国民经济中的特殊地位，也由于农产品价格在整个价格体系中的特殊处境，世界各国都在努力采取措施，以保证农村供销和信用合作机构的服务性质和非盈利性质，而其中最具根本性的措施，就是保持这两类机构的合作经济性质。由此看来，镇江农村农经服务公司利用原有的集体资金，所开展的集资投放业务，实际上是对加速农村金融体制改革所提出的一种要求和愿望。

镇江农村农经服务公司的建立，有它的特殊条件，许多服务活动的开展是以原集体组织有一定的经济实力为基础的。镇江农村农经服务公司的活动，开展至今仅一年多的时间，尤其是还涉及集资投放这样与金融有关的复杂问题，因此许多方面都将有待于逐步完善。但是，像镇江的农经服务公司这样，充分认识和运用当地的优势，牢牢把握向农民提供服务这个中心环节，踏踏实实地做工作，就一定可以探索出一条建立新型农村合作经济组织的道路来。

中国农村经济：从超常规增长转向常规增长①

（1987 年）

自 1985 年中国的粮食生产出现较大波折以来，人们对中国农村当前的经济形势和今后的发展趋势产生了几种不同的判断。归纳起来，差别较大的主要有这样两类：

一是认为中国的农村经济在改革的推动下，经过连续六七年的高速增长，已使困扰我们多年的温饱问题在总体上得到基本解决。随着这一转折的发生，一方面，农村经济增长的宏观环境必然产生新的变化；另一方面，改革进一步深入所提出的变革社会经济利益结构的要求不可能一蹴而就。因此，农村经济在改革全面展开阶段的那种超常规增长局面已经结束，而常规增长阶段则已来临。对农村经济在下一阶段内的增长速度不应不切实际地过高期望，而必须更认真扎实地做好农村经济长期发展的各项基础性工作，以保持农村经济常规增长的态势。②

二是认为中国农村在实行了家庭联产承包责任制的经济体制改革之后，缺乏相应的配套和后续政策，而政府一方面对农村的民间投资采取软弱无力甚至起抑制和消极作用的政策，另一方面却大幅度削减国家财政对农业的投资，致使农业增长后劲不足；更由于对 1979—1984 年的粮食增长形势及对 1984 年以后的居民消费水平作出了盲目

---

① 本文原载于《经济研究》1987 年第 9 期。

② 见国务院农村发展研究中心发展研究所:《认清形势，迎接挑战》,《经济参考》1986 年 11 月 22 日。

乐观的错误判断，导致在缺乏对策储备的情况下作出改革粮食统派购制度的决策，铸成了实际起抑制粮食增长作用的具体政策的失误。而1985年实行的紧缩银根的金融政策尤其使乡镇企业的经济增长受到了严重的挫折。因此，农村经济在1985年后呈现的增长跌势和陷入迟滞的困境，实际上是前一时期经济政策在制定和执行上某些方面失误的结果。但可以把前一时期出台的改革措施当成一个“试错”的过程。因此，只要通过政策的有效输入和采取综合性措施，完全可以使农村经济重新走上高速增长的轨道①。

产生上述不同的看法，应该说是正常的，因为人们共同面临的毕竟是农村经济增长速度减缓这样一个事实。面对这个事实，多几种关于形势问题的判断，对于更全面地把握农村经济深入改革和继续增长中的问题、难点，从而以更有效的行为去促进改革、推动增长是大有益处的。

本文对中国农村经济当前的形势和今后一个阶段内的趋势持第一种意见。

一、观察农村经济形势的几个角度

农村经济本身是一个复杂的系统，在增长过程中，它又与整个国民经济发生越来越紧密的联系。因此，分析农村经济切忌以偏概全。在现阶段，我们认为应特别重视从以下四个角度进行综合性的分析。

（一）农民收入的增长。农民收入的增长状况不仅是观察农村商品经济发展程度的综合性指标，同时也是衡量国民收入分配状况、农民经济地位改善状况的综合性指标之一。因此，在结合国民经济全局分析农村经济形势时，对农民收入的增长指标应给予较高的权重。

1986年我国农民人均纯收入达423.75元，是1978年的3.2倍。八年中平均每年的增长额为36.31元，年均增长速度达15.5%。而1957—1978年的21年中农民人均纯收入总共只增长了83.1%，平均每

① 见农牧渔业部经济政策研究中心经济增长问题课题组：《常规增长，抑或发展迟滞》，《经济研究》1987年第9期。

年的增长额仅为2.87元。以1986年农民人均纯收入比上年增长26.16元作对比，确实没有理由认为农村经济的增长已陷入迟滞。

但从1985年、1986年两年农民收入的增长情况看，确也有较明显的问题。第一，从整体上看，农民收入增长的速度下降了。1980—1986年农民人均纯收入年均增长14.99%，但其中1985年和1986年分别只增长了11.9%和6.6%；农民人均收入的增长额也减少了，1982—1984年的3年间人均年增加43.96元，而1985年、1986年则只分别比上年增加42.27元和26.16元。第二，农民收入增长不均衡状态多年来始终没能有明显的缓解，近几年在全国农民人均纯收入的高速增长中，总有10%左右的农村人口的纯收入水平不足全国平均数额的50%。有近1亿农村人口的收入和消费水平与全国农民的平均水平逐步拉大了差距。1986年我国西部地区农民人均消费额只及东部地区的67.8%，而这一年人均消费的提高速度西部比东部地区又低了3.1个百分点。第三，城乡居民人均收入的比值在近年中又朝扩大的方向回升。1981年我国城乡居民人均年收入之比为2.24 : 1，1983年和1984年分别降到1.85 : 1和1.86 : 1，但1985年又扩大到了2.07 : 1，1986年则进一步扩大为2.33 : 1。

这三个方面的情况表明，农民人均纯收入的增长虽然仍是基本趋势，但增长速度却比前一时期明显降低。而在原有的收入增长格局中早就存在的区域间、城乡间不均衡、不协调的老问题仍然是制约农民平均收入更快增长的突出矛盾，解决这一矛盾的根本途径是调整现存的地区之间、城乡之间的经济利益关系。这是一项难度很大的工作，但矛盾本身指出了改革深入后必将触动的重要内容。

（二）粮食产量的增长。1985年我国粮食总产量比上年减少6.9%。这是一个较大的减产幅度，引起了社会各界的高度关注。1986年粮食产量比上年增长3.3%，但仍比1984年水平低3.9%。1987年预计粮食产量可比上年增长1.5%，大约仍将比1984年水平低2.4%左右。但由于人口的增长，人均占有粮食的水平不会高于1986年，而将比1984年低5%—6%。由于1985年、1986年两年中我国共减少耕地约2500万亩，相当于损失800万—900万吨粮食产量的播种面积，而今后如能将每年减少的耕地面积控制在500万亩左右，每年也相当于要损失150万吨粮食产量的播种面积[①]。因此，如无特殊措施，这种粮食增长稍慢于人口增长的局面将会持续一段时间。它虽不致危及人们的温饱，却会构成对居民饮食质量提高速度的制约。

更值得重视的是近年来粮食单位面积产量的低落对粮食总产量波动的消极影响。1979—1984年我国粮食的播种面积是逐年下降的，6年中共减少1.16亿亩。但单位面积产量除1980年外都是上升的，1984年平均亩产比1978年提高了72.5公斤，平均每年亩产提高12.1公斤。由于亩产保持了较高的增长速度，粮食总产呈持续增长的局面。但1985年，一方面是播种面积减少的幅度增大（粮食播种面积减少0.6亿亩，相当于前6年平均每年减少量的3.1倍）；另一方面则是单位面积产量下降（粮食平均亩产比1984年减少8.4公斤，即亩产水平下降3.5%）。这样，在1985年减产的粮食中有51.6%是因播种面积减少引起的，有48.4%是由单位面积产量下降造成的。1986年粮食总产比1985年增加了1240万吨，但其中58.4%是因扩大播种面积引起的，单位面积产量的提高对总产增长的贡献只占41.6%。

亩产水平的降低主要是因粮食生产的比较利益下降引起的。这不仅是农产品之间的比价问题，更主要的是涉及生产要素在不同产业间投入的报酬差别过于悬殊的问题。在农村二、三产业大发展的背景下，过去那种要用城乡关系的宏观眼光才能观察清楚的工农业间的比较利益矛盾，现在已经直接在农村中，在一个乡、一个村甚至一个家庭中充分显现出来。

作为经营主体的农户对比较利益作出敏捷的反应是合乎经济规律的。因此，农民对粮食生产的反应是基本正常的。这种反应是我国农村有希望和有条件发展商品经济的重要原因之一。它说明，对今后的粮食增长，单纯的行政干预很难起到好的作用；也说明，真正能够激励粮食增长的措施在于变革现存的工农业之间的经济利益关系。但这

---

① 本文数据，如不另注出处，均据国家统计局:《中国统计年鉴》1981—1987年各卷；国家统计局贸易物价统计司:《中国贸易统计资料（1952—1983）》；国家统计局:《光辉的三十五年（统计资料）》；国家统计局:《统计月报》。以上均由中国统计出版社出版。

只能是一个渐进的过程。因此，我们不应对近期的粮食产量增长速度抱过高的期望。

当然，也没有必要对我国的粮食供求前景持悲观的态度。迄今我国粮食供求关系中一个最有力的平衡机制尚未启动，这就是消费者受自身支付能力制约的食品需求。多少年来，我国的城镇居民一直用那便宜的越来越不值得珍惜的低价格来购买口粮；而近年来在农民收入高速增长的同时，却还要靠增加财政补贴来让人们多消费畜产品。由于供应城镇居民的食品中包含有大量的财政补贴，因此一方面是城镇居民的食品消费超越了自身真实的支付能力；另一方面购销倒挂越来越加重了财政补贴负担，使政府不得不以低价收购农民的粮食。结果既扭曲了消费者的行为，又使农民在粮食生产上得不到应有的激励。只有使食品消费者的购买力与其真实的支付能力相适应，粮食的供给才能获得可靠的动力。一旦达到了这一点，我国粮食的供求平衡就将在新体制的基础上重建。

（三）非农产业的发展。农村经济体制改革以来，农村的非农产业获得了飞速发展的机会。1986 年的增长势头虽有减缓，但乡村两级企业总产值仍比上年增长 23.7%。到 1986 年底，全国乡镇企业已有 1515 万多家，近 8000 万农村劳动力就业其中，总收入达 3300 多亿元，向国家缴纳税金 1.70 亿多元。崛起的乡镇企业已是近年来我国经济生活中不容忽视的力量。但是随着乡镇企业经济的增长，它原已面临和存在的不少内外矛盾也在发展。其中最突出的就是企业的经济效益下降。1986 年全国乡镇企业百元固定资产实现利润、百元资金实现利润、百元产值实现利润均比上年降低了 25% 左右。乡镇企业出现这种情况的原因，除了乡镇企业内部竞争加剧、外部环境变得严峻之外，还在于乡镇企业形成和扩展过程中的自身特点。

乡镇企业的资产形成是以信贷资金为基础的。这在我国农村劳动力近于无限供给、资金相对不足的环境中具有必然性。农民创办乡镇企业的初始动力来自解决其自身的就业问题。在未达到充分就业之前，他们对企业的纯收入往往看得比资金的利润更重。为了扩大就业岗位，只要纯收入足以支付工资和偿还贷款本息，企业就可以开工。这样，对资金利润水平要求不高的经济目标，就使得乡镇企业创办的经济技术门槛大大降低。这对扩大农村非农产业的就业量显然不无好处，但随之而来的问题是乡镇企业的经济增长速度对信贷资金有极强的依赖性。有关统计资料表明，从 1979 年到 1984 年的 6 年间乡镇企业贷款余额的年均增长速度足以与乡镇企业产值的同期年均增长速度等量齐观，而乡镇企业产值增长速度最快的 1984 年，其贷款余额的增长速度则远比产值增长速度高得多。因此，当 1985 年实行紧缩银根的金融政策后，乡镇企业的产值增长速度便骤然减缓。

农村信贷资金的供给情况与乡镇企业的兴衰有极密切的联系。信贷的总规模制约着乡镇企业的增长速度，而信贷资金逐步上升的利率则制约着乡镇企业经济效益的提高。在农村劳动力价格和土地使用费相对低廉的优势逐步减弱的条件下，农村信贷资金总规模和利率的变动将是对乡镇企业今后的发展构成长期影响的两个重要因素，在估价乡镇企业今后的增长速度时必须充分考虑这两个因素将会起到的作用。

（四）农村经济继续增长的物质技术条件和组织制度环境。应当承认，我国农村的物质技术条件仍是脆弱的。但它的加强显然需要巨额的投资和一定的时间。新中国成立以来，国家各级政府对水利的基本建设投资累计约在 500 亿—600 亿元，农村各级集体经济组织的筹资及农民的劳动积累价值也相当于国家投资的总数。因此，30 年中国家、集体、农民在水利上的投资合计已超过 1000 亿元；国家对农用工业的投资累计达 300 亿元。这两笔巨大的投资和改革以来农民的积极性以及国家对农副产品提高收购价格的政策结合在一起，是起了巨大作用的。但在近年农业高速增长的同时，中央财政对农业的基建投资在比重和绝对额上都逐年下降，各级地方政府对农业的基建投资下降更快，而农民尽管在收入上逐年增长，但在经济实力和组织、机制上都尚不具备承担起对农业基建投资主体的能力。因此，目前农田水利条件的改善和农用工业的发展状况都远不能满足农业持续增长的要求。

农村改革实行联产承包责任制以来，由于组织创新和制度建设等方面的工作都大大落后于农村经济发展的现实，致使家庭经营潜力的进一步发挥受到了制约。超越家庭的经营、服务组织在绝大部分地区还没有形成，一些必不可少的制度尤其是财产制度和市场交易制度的建设还没有破题。这些工作的完成，不仅比增加对农业的投资更繁难和更具有艰巨性，而且组织、制度方面的情况不改善，投资效益也难以提高。

上述各方面都是我国农村经济长期发展中不可回避的重要问题。因此，在要求农村经济持续增长的同时，必须真正下功夫去进行这些方面的建设。只有这样，才能巩固和发展农村改革已经取得的成就。

综合四个角度的观察，我们认为，继续增长仍将是农村经济的基本趋势。但也存在着大量迫切需要解决的重要问题，其中既有历史遗留下来的老问题，也有改革在某些方面获得成功之后引出的新问题。总之，改革的深入使我们越来越深刻地触及了农村发展中面临的国家与农民、城市与乡村之间因利益关系而造成的基本矛盾。这些基本矛盾的调整不仅需要时间，而且需要经济实力，这就不能不影响到农村经济增长的速度特征。

二、关于近年农村经济增长的基本线索

1979—1985 年是我国农村经济的高速增长阶段。可以看到，延续 7 年的高速增长是由三个经济增长高潮合成的。

（一）初级农产品的大幅度增长形成了农村经济增长的第一个高潮。这个增长高潮大体上发生在 1979—1984 年之间，主要是指实行家庭联产承包责任制后粮食、棉花、油料等初级农产品大幅度增产所引起的农村经济的高速增长。1984 年我国粮、棉，油料的总产量分别比 1978 年增长了 33.6%、188.8% 和 128.2%。这 6 年间的年均增长速度分别是 1952—1978 年间年均增长速度的 2.1 倍、9.7 倍和 17.5 倍。这样高的增长速度有力地促进了国民经济的发展。1984 年我国人均占有粮食比 1978 年增加了 77 公斤，即增长了 24.29%，使我国人民的温饱问题在总体上得到了基本解决。初级农产品商品量的迅猛增长促成大量的

货币流向农村，既富裕了农民，又使工业品在农村找到了广阔的市场，推动了工业的增长。

（二）非农产业的大发展形成了农村经济增长的第二个高潮。这个增长高潮主要发生在1984—1985年间。这两年中全国乡镇企业的总产值每年增长40%—50%，有的省一年就实现产值翻番。到1985年底，乡镇企业总产值达2728亿元，占农村社会总产值的44%，占全国社会总产值的17%，为国家创汇40亿美元。更为重要的是，乡镇企业为农民提供了6979万个就业岗位，使18.3%的农村劳动力从耕地上转移出来。

乡镇企业在农村经济高速增长中的作用在1985年显得尤为突出。这一年农业生产中粮食和棉花两个大宗产品分别比上年减产了6.9%和33.7%，致使这两个产品的社会收购量比上年减少了8.2%和17.3%，但农村人均纯收入仍比上年增长11.9%。据对6.6万户农民家庭的抽样调查，1985年农民出售农副产品得到的现金收入比上年增加了2.8%，而非农产业的收入则增加了43.1%，这一年农村人均新增的现金收入中有58.6%来自非农产业。

乡镇企业的高速发展不仅对农民货币收入的继续增长发挥了极大的作用，而且对于整个国民经济中的产业格局、就业格局、收入分配格局的变革也产生了巨大的促进作用。

（三）农副产品统派购制度的改革，尤其是畜产品、水产品和水果、蔬菜的购销和价格放开，形成了农村经济增长的第三个高潮。这个增长高潮主要发生在1985年。党中央在发出〔1985〕1号文件提出对粮食统派购制度改革的前后，放开了多种农副产品的购销和价格，对农民的生产起到了很大的激励作用。1985年猪牛羊肉、水产品和水果的产量分别比1984年增产220.1万吨、86万吨和194万吨；而上述产品在1979—1984年间每年平均只增产114万吨、25.5万吨和54.6万吨。1985年城镇居民向农民直接购买农产品的金额比1984年增长了112.6亿元，而1979—1984年间平均每年仅增长23.05亿元。农民直接向城镇居民出售的食品中，猪、牛、羊肉、鲜蛋和水产品的上市量比1984年分别增长了95.7%、51.5%、57.2%、102.2%和46.9%，在整个零售市场占有份额上分别达到了23.7%、46.5%、48.0%、46.7%

和44.3%。城市居民直接向农民购买副食品的数量大幅度上升，这对1985年的农村经济增长有着重要的意义。它使得城镇居民相当部分的生活费支出直接转化为农民的货币收入，使农民在粮、棉较大幅度减产的情况下销售农副产品收入继续上升，保持了农民货币收入增长的较快势头。

清理1979—1985年农村经济增长的基本线索，目的不在于简单地回顾，而是要提出这样的问题：由某个主要推动因素（例如初级农产品、非农产业、副食品的大幅度增长等）促成的农村经济增长高潮为什么不能持久地保持高速增长的势头？农村经济7年高速增长中主动因为什么会发生衰减和转换？1986年以后农村经济增长为什么没有形成明显的主动因？我们认为，这些问题不能简单地用财政对农业投资不足、粮食统派购制度改革中的具体政策有失误、金融紧缩对农村采取“一刀切”的政策、农价改革的进展过于迟缓等来作回答，因为这些答案并没有触及问题的本质。我们认为，问题的实质在于农村经济体制改革的深入、农村经济持续7年的高速增长都深深地触动了国民经济深层结构中的经济利益关系。变革原体制下形成已久的经济利益关系是农村经济改革和增长在1985年后面临的主要矛盾，但这一矛盾的解决却不能一蹴而就。经济利益结构变革的艰难以及它对于改革深入进展和经济增长速度的制约并不是在1985年后才表现出来的。实际上，1979—1985年农村经济高速增长中主动因的转换就说明了这个问题。

初级农产品的大幅度增长缓解了农产品长期供给不足的矛盾，但它触及了国民收入在国家、城市居民、农民之间如何重新分配的利益矛盾。非农产业的大发展使农村经济真正活跃了起来，但它的高速增长也使本来就已存在的城乡工商业之间的利益矛盾进一步尖锐起来。农副产品购销和价格的放开极大地刺激了生产者的积极性，使副食品的供给空前地丰裕起来，但因此却深深触及了地区之间、部门之间、城市消费者和农民之间的利益矛盾。由于上述经济利益矛盾一时都缺乏切实解决的条件，因此农村经济高速增长的主动因才不得不一次次趋向衰减、变换。

而从1986年起，农村经济体制改革经过连续几年的全面突破之后，使农村经济在各方面的增长都提出了变革经济利益关系的要求。但利益结构的变革滞后于经济的增长，是保持社会安定的要求。正是在这样的背景下，农村经济继续高速增长的新的主动因的形成就遇到了困难。因此，我们感到，改革已从全面展开转向纵深发展，改革原体制下形成的经济利益结构显然会经历一个比改革初期的进展更艰难的过程。在这个过程中，农村经济增长速度不如改革初期那样高，是不难理解的。

当然，这并不是说有些同志解释农村近年经济增长速度减缓原因的那些答案就不是应当解决的问题；也不是说在经济利益关系调整的艰难时期我们只能对解决这些问题无所作为。而只是认为，应当看到比这些答案更深刻的经济根源，这样才不至于对改革深入的艰难，对农村经济增长的减速产生迷惑不解的心理，表现出进退失据的行为。

三、农村经济超常规增长阶段的结束和常规增长阶段的来临

1985年以后农村经济增长的速度特征出现了转折，体现在1986年农村经济的各项指标上就是增长速度普遍减缓。我们认为，这是我国农村经济超常规增长阶段结束、常规增长阶段来临的标志。

（一）关于“超常规增长”和“常规增长”。1981—1985年是我国农村经济高速增长时期。5年间农业总产值年均增长11.7%，这种超高速度的增长在战后世界各大国中是罕见的。在我国历史上，只有两个阶段的年均增长速度才可与之相比，一个是1950—1952年间的年均增长14.1%，另一个是1963—1965年间的年均增长11.1%。如扣除上述两个高速增长阶段，再扣除1958—1962年间（即“二五”时期）年均增长–4.3%的极不正常阶段，1980年以前的各个阶段（即“一五”“三五”“四五”“五五”时期）农业总产值的年均增长速度均在3.9%—5.1%之间。把一个阶段内的年均增长速度高于通常情况下

各阶段内年均增长速度1—2倍的罕见情况称作“超常规增长”阶段。这样，在我国历史上，曾出现过三个农村经济的超常规增长阶段，显然，相对应的，历史上的其他阶段（“二五”时期除外），我们就把它们看作是农业或农村经济的常规增长阶段。

我国历史上这三次农村经济的超常规增长有它们的共同特点。第一，这种超常规增长是伴随着农村生产关系的深刻变革而出现的。1950—1952年的超常规增长是在有1.5亿人口的老解放区已完成土地改革和另3亿多无地少地的农民进行土改过程之中出现的；1962—1965年的超常规增长是在1962年开始农村人民公社普遍实行“三级所有，队为基础”的制度之后出现的；而1981—1985年的超常规增长则是在农村普遍实行以家庭为基础的联产承包责任制、最终否定了人民公社体制的基础上出现的。第二，这种超常规增长的局面都带有明显的对前一时期社会农产品供给严重不足的补偿性质。由于是补偿，才会出现不寻常的高速度。如1949年各项主要农产品的全国总产量指标基本都低于1936年的水平；再如1962年农业总产值不仅只及1957年的80%，甚至还低于1952年的水平；而1978年前包括农村经济在内的整个国民经济已经到了崩溃的边缘。

分析我国农村经济这三次超常规增长的共同之处，目的在于说明超常规增长局面的产生是有特殊经济背景的。正因为如此，国民经济全局才必然会在一定阶段内创造出一种极为有利于农业增长的特殊经济环境。在我国现阶段，构成这种特殊环境的主要因素，我们认为就是农产品的收购价格。这一点在农村经济第三次超常规增长阶段中表现得尤为明显。

（二）超常规增长阶段结束的必然性。从1957年到1978年期间，由于国民经济及农村经济受到一系列“左”的政策的严重干扰，我国按人口平均的主要农产品产量增长十分缓慢，有的甚至下降。我国人均占有主要农产品的数量，1978年与1957年相比，粮食增长了4.69%，平均每年只增加650克；棉花减少了13.5%；油料减少了17.49%；肉类增加了43.29%，平均每年增加130克；水产品减少了1%。与此相适应，人们的收入增长也只能是极其缓慢的，1978年与1957年相比，全民所有制各部门职工的人均年工资只增加 0.33 元；全国农民家庭人均纯收入每年增长 2.9%，即人均年纯收入只增加 2.89 元。城乡居民的人均消费水平由 1957 年的 2.6∶1 扩大到了 1978 年的 2.9∶1，表明农民更是处于一种相对贫困的状况中。

党中央，国务院在 1978 年明确提出了让农民休养生息的方针，同时宣布从 1979 年起将较大幅度地提高农产品的收购价格。这就使得国民经济宏观的收入分配格局发生了有利于农业增长的大幅度倾斜。

1979 年粮、棉、油料的收购价格指数分别比上年提高了 30.5%、17% 和 23.9%；1980 年粮、棉的收购价格指数比上年又提高了 7.9% 和 10.2%；1981—1983 年间粮食的收购价格指数又分别比上年提高 9.7%、3.8%、10.3%。但 1984 年粮食收购价格指数却在连续 5 年上升之后发生了逆转，比上年下降了 0.5%。收购价格指数变动的情况既告诉人们初级农产品超常规增长局面形成的主要原因，也同样可以看出这种超常规增长势头衰减的主要原因。如果再将农业生产资料零售价格 1984 年后不断上升的情况考虑进去，对于初级农产品增长势头减弱的原因则更易于理解。

为了保证城镇居民温饱而实行的农副产品购销倒挂的价格政策，在初级农产品供给激增和城市居民的生活越过温饱水平后提出新需求的压力下，国家财政的收支平衡受到了严峻的挑战。事实上，1984 年粮食收购价格指数低于上年的水平并不是事先的计划安排，而是在收购过程中由于国家财力不堪负担补贴的大幅度增加，引起农民“卖粮难”和商业部门“购粮难”之后出现的实际结果。它表明，在当时的条件下，要国家以购销倒挂来收购这样多的粮食，已经超出了政府财力的支付能力。

在 1984 年，从总体上看，我国人民已经满足了温饱需求。其最明显的标志是我国城乡居民家庭的恩格尔系数从 1984 年起都开始下降。城市居民家庭的恩格尔系数由 1983 年的 59.20% 下降为 1984 年的 57.97%、1985 年的 53.31%；农村居民消费的恩格尔系数从 1982 年的 60.5% 下降为 1983 年的 59.3%、1984 年的 59.0%、1985 年的 57.7%。

据此，我们认为，至少从 1984 年开始，我国初级农产品供给的增长，其中特别是粮食供给增长所对应的需求增长已经发生了质的变化。在此之前，粮食供给增长所对应的主要是因人口增长而提出的需求增长，因此，它属于满足温饱的需求增长；而在此之后，粮食供给增长所对应的则主要是因居民收入水平提高而提出的需求增长，因此，它属于提高饮食质量而提出的需求增长。粮食的这两种需求增长表现在对粮食供给增长的要求上是有很大区别的，最明显的是前者要求口粮供给的增长，而后者要求饲料用粮供给的增长。政府在设法满足前一种粮食需求的增长时，对国内粮食生产的资源约束只能放在从属地位来考虑，甚至作出牺牲一些其他经济部门增长的政策也极有必要；但对后一种粮食需求的增长，国内粮食生产的资源约束就要提到很高的地位来考虑，同时社会经济各部门协调增长的目标也必然会得到重视。正是从这个意义上讲，要国家再增加巨额的财政补贴，像1979—1980年那样，在短时间内大幅度地提高农副产品的收购价格，显然是不现实的。

从另一个角度看，近年来副食品价格较大幅度的提高，与城市居民收入水平的较快增长也是有着直接联系的。

我国城市职工家庭的人均收入，1984年、1985年、1986年分别比上年增长了15.2%、24.2%和20.5%。正是城市居民收入的连年大幅度增长才支撑了副食品价格的较快上涨，因此也刺激着副食品生产较快增长。但在城市居民收入、副食品价格、副食品供给都以较大幅度连年增长的背后，也隐藏着一系列值得人们重视的问题。第一，城市居民收入以这样高的速度增长，到底依据何在，能持续多久？第二，在满足温饱、城市居民收入高速增长时期，食品的收入弹性居高不下，究竟是否合理？第三，当副食品供给增长的速度持续低于城市居民收入增长的速度时，会引出什么样的后果？

从1984年到1986年，我国城市职工人均工资的增长速度已连续三年超过劳动生产率的提高速度，这期间职工工资增长了61.2%（扣除物价影响后实际增长33.3%），而劳动生产率仅提高了21.5%。不难想象，这种连续几年的消费快于生产增长的局面，是不可能延续多久的，正在深化的工业企业体制改革也将逐步扭转这种现象。而城市居民收入增长速度一旦减缓，对副食品价格上涨的承受能力必然会降低，由此也不可能不影响副食品供给的增长势头。

我国城市居民粮食的收入弹性在1985年前是逐年下降的，1985年的粮食收入弹性已为负数，这是从吃饱向吃好转化的标志。而副食品的收入弹性，除1984年外，却基本都在1上下浮动。在满足温饱之后，城市居民收入高速增长，而其食品的收入弹性却居高不下，这显然是一种反常的现象。其原因主要在于：第一，城市居民消费的领域过于狭窄，住房、医疗、交通，教育的全民福利性质冲淡了居民的储蓄、购买保险和不动产的动机；第二，国家出售的副食品中含有大量的财政补贴，而副食品既无法从质上区别必需品和非必需品，又无法从需求对象上区别低收入者和中高收入者。因此，收入越高享受的财政补贴越多。这两个原因的综合就使高速增长的城市居民购买力集中向副食品倾注。食品收入弹性居高不下，一方面会对食品的供给造成过强的压力，另一方面也会使其他消费品生产部门得不到必要的激励，它对于国民经济各部门的协调发展显然是不利的。随着经济体制在福利制度方面改革的展开，食品收入弹性居高不下的局面必然是会被改变的。城市居民的收入如果连年大幅度增长，而食品的收入弹性又居高不下，以生物生产为特征的农产品供给的增长必然赶不上这种增长速度，其直接结果必然是引起农产品市场价格的飞速上涨，从而成为引起通货膨胀的一个重要因素。对于城市消费者来说，这将引起他们生活费支出中的食品支出比重反常地重新上升。1985年城市居民消费的恩格尔系数已降到了53.31%，而1986年又升至53.42%。必须看到，在居民收入增长速度较快的情况下，恩格尔系数呈逆向变动的情况极易引起人们的普遍不满，也是极易引起社会不安定的一个重要因素。

因此，无论是国家还是城市消费者，在近期内让他们承受农产品购买价格的大幅度上升，都缺乏现实的可能性，更何况我国目前正处在一个对生活方式，尤其是对饮食生活方式进行必要选择的关键时刻。所以，当我国在总体上已基本解决温饱问题的重大转折发生之后，尤其是当城镇居民已明显表现出提高饮食质量的趋势之后，国民经济对农业增长的宏观环境必然会发生相应的变化。因此，农业经济从超常规增长转向常规增长，也就具有其内在的经济必然性。

对农村经济超常规增长作出巨大贡献的乡镇企业的高速增长，除了将受到资金方面的约束之外，还将进一步受到人才和体制两方面的约束。我国农村劳动力有大量剩余，但其中真正具备商品生产经营能力、具备企业家素质的人才却并不多，而乡镇企业队伍的扩大实际上主要靠的就是这批人才。因此，人力资本对乡镇企业的增长也将构成越来越强的制约。在体制方面，目前城乡通行的产业政策，城乡分工协作的企业间的技术经济联系都还没有形成，乡镇企业与城市工业企业在原材料、能源、市场等方面的利益摩擦因各自的增长而在加剧，而合理的体制显然不可能一蹴而就。因此，在乡镇企业的产值规模已相当可观的基础上，继续增长当然是必然的，但要求它继续保持1984—1985年的那种增长幅度却是不现实的。

（三）农村经济常规增长阶段的任务。提出常规增长判断的本意，是认为由于国民经济的大环境有了发展和变化，人们的思想应当适应这种变化了的形势，不要不切实际地再去追求那种认为有一个新文件、有某项新政策就可以一泻千里地又改变整个农村的局面，又可使农村经济的增长重新保持超常规状态的幻想。应当通过更扎实、更细致的工作，去巩固和扩大农村经济体制改革已经取得的成果，从而使农村经济能够在新的基础上实现它应有的正常增长速度。

因此，提出常规增长的判断，决不是认为可以不再做什么工作就能使农村经济保持正常的增长速度，也决不是认为农村经济中从生产方式到组织制度，从基本建设到物质技术资料的投入都已达到合理的状态。实际上，正是由于农村经济与整个国民经济的关系之间还存在着许多矛盾，由于农村改革和发展中还有许多重大的难题没有解决，当农村经济超常规增长的阶段结束之后，如不进行更深入、更细致和更具长期性的艰苦工作，那么，农村经济出现徘徊的局面，甚至陷入衰退的窘境是完全可能的。

近一个时期以来，有些同志认为，除非由国家对农业增加投入，除非有关部门在经济体制改革方面对农村作出同步的配合，否则，农村经济的增长已经没有多少指望了。因此，忽视了农村自身改革成果的巩固和扩大，忽视了在农村进行较长时期后才能见效的组织创新和制度建设等方面的艰苦工作。我们认为，国家的投资应当争取，有关部门在具体政策方面的配合也完全必要，但更重要的在于优化农村经济自身的状态。农村经济自身的状态不好，有了投资也难以取得好的效益，有其他部门的配合，自己也会觉得力不从心。

毫无疑问，我们所面临的巩固和扩大农村改革成果、争取农村经济常规增长局面的工作丝毫也不会比在改革初期来得轻松，因为这里有我们在以往的农村工作中所未曾接触过的大量新课题，但它们又都是保持农村经济继续增长的实实在在的底蕴。可见，常规增长的概念与心安理得地接受增长速度减缓的态度是完全风马牛不相及的两回事。

常规增长阶段和超常规增长阶段一样，增长速度在年度间的波动是不可避免的，这是由于自然再生产和经济再生产交织在一起的农业就更是如此。同时，要求各种生产要素在增长中的作用和效率都能充分发挥，是不切实际的，这对于我国农村这样一个劳动力无限供给，资金相对短缺，区域间社会、经济、自然条件差异极大的环境来说，就更是如此。因此，对“常规增长”不能采用违背经济规律的人为要求作任意的界定。所谓“常规增长”，直白地说，就是它的增长速度不如“超常规增长”阶段那样高，但它不是迟滞，不是衰退，继续增长仍将是这一阶段的基本特征之一。

必须指出的是，常规增长阶段中也有一个争取较高增长速度的问题，而这种愿望是一个必须付诸以坚韧不拔的改革精神从事大量艰苦细致的工作后才能在农村经济中实现的目标。

同时，实现农村经济在今后一个时期内的常规增长，绝不单纯是农村的事情。它是国民经济发展对农村经济提出的要求。因此，它需要社会经济一切有关部门共同努力。在当前，它特别需要改善城乡关系，只有这样，才能使农村经济在常规增长阶段不致发生大的波折。

中国农村经济体制中期（1988—1995）改革纲要[①]

（1988 年）

一、关于农村改革的形势判断和中期改革的基本思路

1. 中国农村的经济体制改革已经进入了第十个年头。以往九年的改革，使中国农村从微观经济组织结构到经营活动运行机制，都发生了有利于促进农村商品经济发展的重大变化。在经济体制改革的成功推动下，农村的产业结构、农村居民的就业和收入结构，也都发生了更有利于充分利用农村自然和社会资源的显著变化。在农村微观组织结构重组、农产品有较大幅度增长的双重基础上，政府对农村经济的调控方式，也已在某些重要的环节上，实施了意义深远的改革措施。

2. 迄今为止的中国农村经济体制改革，已经取得的成果，可以归纳为以下五个方面：

（1）确立了以家庭经营为基础的农村经济微观组织结构；

（2）农产品的商品市场和农村的生产要素市场正在逐步发育；

（3）打破了单一的生产资料公有制结构，多种经济成分和多种经营形式得到了发展；

（4）调整了农村的产业结构，使农村经济朝着充分利用资源、多部门综合经营的方向发展；

（5）更多地运用价格、税收、利率等经济杠杆和契约等法律手段

① 《中国经济体制中期（1988—1995）改革纲要》，辽宁人民出版社（1988 年），国务院农研中心发展研究所《农村体改中期规划纲要》课题组，陈锡文执笔。

来改善政府对农村经济的调控方式。

3. 上述的五个方面，不仅是改革已取得的成果，而且可以被看作是我们正在建设中的新的农村经济体制的基本构架。今后一段时间内的农村经济体制改革，将朝着巩固和扩大这些成果，日益完善已搭起构架的新的农村经济体制，在城市经济体制改革取得实质性进展的支持下，尽早实现新旧体制转轨方向发展。

4. 在 1984 年 10 月党的十二届三中全会以前的中国经济体制改革初始阶段中，农村改革的实际进展情况，以及指导农村改革进展的基本思路，都获得了社会各界的广泛高度赞誉。农村经济体制改革在前六年中的顺利进展和取得的巨大成功，不仅为国民经济各部门改革的全面展开奠定了必要的物质基础，而且唤起了全社会对实行经济体制改革的理解和支持，并为整个经济体制改革基本思路的形成，提出了某些经过实践检验的重要基本经验。农村经济体制的率先改革和初战告捷，在我国的经济体制改革历程中具有十分突出的地位。

5. 但是，自 1985 年开始，农村的改革却开始步入了一个复杂而艰难的阶段。改革的进展速度和经济的增长速度，都出现了明显减缓的现象。在这个客观事实面前，人们很自然地对指导农村改革的基本思路，以及已出台的改革具体措施，产生了不同的评价。

6. 持批评意见的，主要有两类观点：

其一，认为中国人均农业自然资源的稀少，以及农业生产方式的落后，是短时期内难以根本改变的两大基本因素。因此，农产品供求紧张，是中国将长期面临的最大经济难题之一。基于这一判断，这类观点认为，对农产品供求关系引入市场机制，至少在相当长的时期内，是不符合中国国情的轻率的设想，它所引起的社会震荡，绝不是农民从中获得的收入增长所能弥补的。但是，以往的改革，已使得传统经济在农村能够行之有效的微观组织结构，再也不复存在，因此，农村经济改革陷入进退维谷的窘境，具有必然性。依此观点得出的判断，是对农业能否实行以家庭为基础的农户自主经营，深表疑虑，因而对于按现有思路进展下的农村改革，到底有无出路、得失如何，都还难有定论。

其二，认为1984年以后，农村改革步履艰难的局面，主要是因改革思路的不彻底和具体改革措施的失当而人为地造成的。这种观点认为，自1985年开始，指导农村改革的基本思路，丧失了改革初期那种积极进取、大胆突破的气势。由于缺乏新的重大突破，致使已经诞生了的新体制的种种因素，只能较长时期地在旧体制的缝隙中艰难地生存，而延长新旧两种体制摩擦的过程，实际就为旧体制的全面恢复提供了条件。因此，1985年后农村改革进展的迟滞，是改革在几个关键环节缺乏继续大胆突破的必然结果。这种观点认为，1985年以后的农村改革，在以下三个主要方面，都存在着本该大胆突破而不敢做大动作的突出问题：

（1）土地制度。这一观点认为，只给农民以土地的承包经营权，是一种不彻底的改革思路，它不能使农民保持对土地的持久热爱，也不利于土地使用权的合理流转和适当集中。农民在耕地上的短期行为，以及近年开始突出的农业后劲不足问题，都足以说明“大包干”所形成的土地权益关系，已为其自身改革的不彻底性所累。因此，必须再有新的大胆突破，即将土地的所有权交给农户。这样才能打破僵局，形成有活力的土地制度。

（2）农村基层组织制度。这种观点认为，继续保留以行政区划为本位的农村基层集体经济组织，提倡建立乡、村集体经济组织和农户之间“统分结合，双层经营”的经济组织形式，实际上仍没有跳出人民公社“三级所有，队为基础”的旧模式思路。因此这种思路是对农村经济体制改革的逆转，因为按这一思路进行的农村组织建设，不可能保障农民获得充分的经营自主权。应当继续大胆突破的是，实现真正的政企分开，取消乡一级集体经济组织，将行政村作为乡政府的派出机构保留，并使村民委员会下沉到自然村。与此同时，给农民对基层经济组织以充分的自主选择权，允许农民自由退出现存地域性集体经济组织，允许农民自愿组成新的真正的合作经济组织，只有放弃“统分结合，双层经营”的设想，才能为我国农村合作经济组织的发展，找到真正可靠的起点。

（3）农产品购销体制。这种观点认为，希望通过农产品购销和价格“稳一块、活一块”的双轨制，逐步向市场购销和价格的单轨制过渡，是不切实际的空想。因为“双轨制”仍然否认市场的基本原则，仍然保护经营农产品的国营商业的特权和低效率。因此，必须大胆突破，摈弃依靠“双轨制”的过渡来逐步改革农产品购销体制的设想，大胆地采取几大步到位的果断措施，迅速改革现行的农产品购销体制和理顺价格体系，使其完全建立在市场机制的基础之上。

上述两种观点显然差别很大，但产生这两种观点的基本判断是相同的，它们都认为，1985 年以后，农村改革进展的艰难，农村经济增长的减速，主要原因皆在于对 1984 年以前农村改革和经济增长形势的盲目乐观。

7. 说中国农村改革这样一场宏大的革命中，没有发生过任何失误和偏颇，是不可信也不可能的。但说农村改革的方向错了，应当回到改革前的旧经济体制去，那赞成的人毕竟不多。而把近几年农村改革进展的艰难、把农村经济增长的减速，归咎于是对改革已有成果的盲目乐观，因而故步自封，不愿和不敢再做大胆突破的改革大动作，显然也是一种过于简单和片面的见解。农村经济作为国民经济整体中的一个组成部分，能否不断地做出大胆突破的改革大动作，不仅取决于农村有无此种愿望，而且受到国民经济宏观环境是否提供可能条件的制约，当国民经济宏观环境不允许农村改革做出新的大动作时，即使农村改革有气魄，实现了大胆的突破，也会因无相应的配套措施而使改革的深入难以为继。这不仅给旧体制在农村经济某些环节上的回复提供了契机，而且有可能给国民经济全局改革的进展造成被动局面。因此，必须看到农村经济与国民经济整体之间的联系与制约，认真对待农村改革与城市改革之间的关系。不考虑这些因素，孤立地看农村和对农村改革的急于求成的观点，实际上是不可能顺利地推进农村改革的。

8. 农村改革九年的历程，实际上是由两个阶段构成的。第一阶段是 1978 年底至 1984 年底。这一阶段改革的主要内容，是打破原农村经济体制下形成的平均主义、“大锅饭”问题，通过改革原集体经济组织内部的经营方式，实行联产承包来形成多劳多得的机制，调动农民的生产积极性。因此，改革的主要成果，是实现了农村微观经济组织结构的再造，确立了家庭经营在农村经济中的地位。从这一阶段改革的主要内容和形成主要成果来看，当时的农村改革确实具有相当大的独立性，这也是农村为什么能够率先实现改革的主要原因。而1979年对主要农副产品较大幅度提高政府收购价格的措施，尽管并不是一种转轨建制的改革措施，但它毕竟在原经济体制的格局内，适当改善了城乡之间的利益关系，这就更为在农村内部相对独立开展的经济体制改革提供了较好的外部环境。因此，改革内容的相对独立性，宏观经济提供适当宽松的外部环境，这是农村改革在第一阶段内之所以能够顺利进展的两个重要条件。显然，这样的条件并不会在农村改革的任何阶段都同时存在。

自1985年开始，农村改革就其主要内容而言，进入了第二个阶段。这一阶段农村改革的主要任务，是为农村各类经营主体步入商品经济铺平道路。这涉及两方面的内容：第一，要使农村的经营主体能够适应商品经济的要求，这需要改革农村传统的乡土社会所形成的各种经济关系，在新的微观经济结构基础上形成新的组织和制度；第二，要为农村商品经济的发展创造外部环境，这不仅需要商业、价格、财税、金融、物资等部门进行相应的经济体制改革，而且需要整个国民经济在改变经济流程之后，新的宏观调控机制的形成。显然，这两方面的内容是相互联系的，而且后者构成了对前者的制约，因此，从总体看，农村改革第二阶段的主要内容，其独立性大大降低，而与国民经济其他部门的相关程度大大提高。这就使得农业改革继续单军独进的可能性大大减弱。第二阶段的农村改革，更需要的是国民经济各部门在转轨建制方面的协同动作。

9. 农村改革两个不同阶段所处的外部经济环境，是有很大差异的。在农村改革的第一阶段，政府通过提高农副产品收购价格的措施，为农村改革的展开提供了一个适当宽松的外部经济环境。但必须看到的是，这种提价并不是经济运行转轨建制的改革措施，它是用传统的调控手段，在原有的经济体制格局内，通过改变中央财政的支出构成来实现的。由于农副产品的收购价格是靠财政增加对购销差价的补贴来提高的，因此，在购价变动中，不断增加的财政补贴，就起了消除农产品生产者与消费者之间摩擦的润滑剂作用。这对减弱社会震荡，保证农村改革的顺利进展，当然是有益的。但实际上。这样的措施不仅代价沉重，也是走不多远的。首先，农副产品购销倒挂补贴的持续大幅度增长，会使社会经济各部门的发展难以协调；其次，靠增加财政对价格暗补换取的社会安定，缺乏承受改革风险和承担利益结构调整的心理准备；再次，不断增加的财政补贴，总有一天会使财政的支付能力不堪承受，而一旦财政无力增补，各种掩盖着的矛盾，便会在短时间内集中迸发。上述问题，又构成了农村改革第二阶段起点的外部经济环境。在农村改革进入第二阶段之际，城市经济体制改革也全面展开。而城市改革与农村改革在初始阶段的一个很大不同点，在于它至今尚未形成像农村“大包干”那样的经营主体能够“自担风险、自负盈亏”的微观经济激励机制。在缺乏这一机制的条件下，实行“简政放权、分灶吃饭、减税让利”的措施，极易产生的一个弊端，就是强化了地方和企业“预算软约束”的痼疾。因此，在中央实行放权让利措施后，城市改革中出现了一个人们最不希望出现的现象：职工收入和福利大幅度增长的同时，并没有带来有效供给和劳动生产率的同步增长。这就使得农村第二阶段改革所需外部环境中最紧要的因素——城乡利益关系的调整，失去了形成的可能，使城乡改革与发展的矛盾，在利益关系调整的问题上加剧了摩擦。因此，农村改革与第二阶段所处的外部经济环境一直是很紧的，不仅中央对农村改革与发展的财力支持紧，城乡之间的利益关系也相当紧。在这样一种很紧的外部经济环境中，要求农村改革的第二阶段仍像第一阶段那样，能够不断地有大胆突破的大动作，能够顺利地大踏步进展，显然是不现实的。因为当前经济体制改革中所面临的带有根本性的问题，不是在农村，而是在城市。因此，农村改革能否继续深入，实际上取决于城市改革能否取得真正具有实质意义的进展。

10. 认识和理解农村改革两个不同阶段的不同主要任务和不同外部环境，不仅是正确判断当前农村改革形势的重要依据，同样也是形成农村中期改革基本思路的重要依据。基于我们对上述问题的认识，认为农村经济体制中期改革的基本思路，应包括以下几个要点：

（1）在当前复杂的局面中，认真分离出农村改革内容中具有较强独立性的问题，把握和利用好可以依靠农村自身的力量继续将改革推向前进的空间。城市经济体制改革进展滞后，使农村改革的深化遇到了巨大的困难，但这并不等于农村改革已无文章可做。当前重要的任务是必须巩固农村改革已经取得的重要成果，特别是巩固作为实现农村经济机制转换重要支点的家庭经营这个基础。围绕巩固家庭经营基础这个大课题，农村改革还有相当多的可以相对独立推进的文章可做，例如，以围绕清晰农村内部财产关系为核心的制度创新，以围绕增强农户对风险和波动承受能力为核心的组织创新等等。这些问题不仅是因为只有农村部门才会去考虑，因而必须由农村自身的改革去解决，而且由于事实上它们也相对独立于城市改革，因此也有可能由农村自身的力量去作相当程度的解决。

（2）把握好改革中调整城乡利益结构步伐的分寸，既不能止步不前，又不能急于求成。变革城乡利益结构的核心，是农价改革；而农价改革的充分必要条件，是农副产品的稳定增长和城市工业劳动生产率的大幅度提高。显然，至今为止，我们还没获得这样的充分必要的条件。因此，在推进农价改革的过程中，必须把握好具体步伐的分寸，同时，要十分注重那种对利益调整未见得能立竿见影，但对转换机制具有基础性作用的过渡性措施的运用。对于农价改革，仍应保持“利用双轨制、走出双轨制”的渐进性思路。急于求成的大动作即使能够出台，也因地方和企业“预算约束软化”痼疾仍在发展，以及中央调控手段弱化的趋势尚未扭转，而必然引起物价全面急速上涨的局面。而这一局面最大和最终的承担者，必然是农民。因此，在不具备条件的情况下，对农价改革做盲目的大动作，最终甚至对农民也是没有益处的。但这并不是说农价改革应当停滞，而是说农价改革应当审时度势地分阶段推进。农价不改，不仅损害农民的利益，而且伤害农民的感情，这对于农村改革的深化是极为不利的。但鉴于城市改革进展的实际情况，在近期内，农价改革只能采取小步不断的推进措施，即使是对中期目标的设计，也不能期望农产品完全由市场来调节供求，而只能设法建立起由农民、政府财政、城镇消费者三家共同分担农价上涨结果的机制。这即是说，在中期内，农价改革的基本思路，仍不能放弃对少数基本农产品实行购销和价格的“双轨制”，但按政府规定价格购销的农产品，其品种和数量应不断有所减少，并通过深化城市企业制度的改革，使企业对农产原料、市民对绝大部分副食品的价格波动承受能力，得到显著的增强。

（3）对不断膨胀的阻碍改革深入的不正当部门利益，要有针对性地组织农民的力量去冲击。不承认局部利益，就不会有全局的高效益。但当谋求局部利益的欲望恶性膨胀时，就不仅会使本地区、本部门的改革时时走回头路，而且会严重阻碍全局改革的推进并放大经济中的不稳定因素。因此，对这种有碍全局的个别利益，必须有强有力的抑制手段。当前，一些与农村经济有关的部门和企业中，不思改革进取、上吃国家、下吃农民，靠“吃两头”来膨胀自己个别利益的现象十分突出。这种现象的滋生蔓延，固然与政府控制手段的弱化有关，但更重要的是政府至今仍容忍这些部门和企业保持着垄断地位，使它们在经营活动中缺乏足够的竞争压力。因此，除了政府部门应进一步强调整肃政纪之外，最好的措施就是组织农民的力量进入这些领域，与这些部门和企业展开经营竞争。目前我国的城乡经济“二元结构”中，存在着一种特殊的“错位”，那就是在经济技术上落后的农村，由于经营主体的“自担风险、自负盈亏”，而在经济机制上却先进于城市。发挥农村的这一大优势，对于推进城市的改革是极为必要的。因此，在农产品流通领域和农村金融领域中，尤其应当重视引入农民的力量开展竞争，对中央政府已经明令放开的农产品应放手让农民经营，对确已具备条件的民间合作金融组织，应保障其合法地位。这样做，不仅对进一步活跃农村经济有利，而且对端正这些企业和部门行为、堵塞利益的中间流失、促进农村流通和金融体制的改革，都是必要的。

二、农村经济体制中期改革的基本内容

农村经济体制中期改革的主要任务，应当是在巩固和扩大改革已

取得成果的基础上，下功夫优化农村经济的组织和制度状态，并进一步创造理顺农村与国民经济整体间利益关系的条件，使适应农村商品经济发展的新体制在运行中占主导地位。为达到这一目标，农村中期改革的基本内容，应包括以下五个方面。

（一）土地制度建设。

1. 土地制度是农村最基本的经济制度之一。土地制度不仅关系到农民的切身利益，而且还影响到农业的长期发展方式。农村实行耕地的家庭联产承包责任制之后，农民的生产积极性得到了调动，土地的生产率也比以往有了提高，但耕地管理和使用的一些中长期问题也开始显现出来。最突出的问题有这样几个：

（1）土地所有权在实践中的模糊化，导致对土地的管理不力。水利设施老化、土地肥力受损、耕地被随意占用等现象十分普遍。

（2）农户对通过承包获得的土地经营权缺乏稳定感，因此在耕地上缺乏长期投资的热情。

（3）土地的经营规模过小，妨碍农业生产新技术的推广和农产品成本的降低；土地经营使用权流动、集中的机制尚未形成，土地经营规模进一步被分割细化的趋势仍在发展。

针对上述问题，农村土地制度建设，应包括土地所有权的制度、土地承包和经营使用权转移的制度、政府对土地进行管理的制度等几个方面的内容。

2. 土地所有权制度。当前，在土地所有权问题上，主张实行私有制和国有制的观点都存在。但从完善家庭经营、稳定农民思想，以及方案的可操作性等角度考虑，我们主张应继续完善农村土地属社区集体所有的制度。

地权问题，说到底是个利益关系问题，即地租归谁所有的问题。而私有制和国有制的主张，似乎都没有充分考虑到这一核心问题。主张地权农民私有，更多的是考虑给农民以土地家庭经营长期不变的稳定感，并认为，只有土地所有权属于农户私有，才能真正形成地权的商品市场。但实际上，这会引出两个问题。第一，土地所有权属农户，地租当然也就归农户所有。在我国人多地少，土地的影子价格极高的情况下，如果制度保障地租进入农户收入，那在农产品购销引入市场机制的条件下，农价将必然涨到消费者难以承受的水平。如果给农户以土地私有权，而通过其他手段不使地租归农户所有，那就只能形成虚拟的土地农户私有制，农户就会因得不到实惠而仍然建立不起长期行为。第二，通过地权私有制来实现土地商品化，这在地价不断上涨的小块土地私有制国家里，是很难走得通的路子。除非放弃农村社会公平的目标，任凭一部分农户破产而发生土地兼并，否则，保住小块土地的私有权，是农户实现财产增殖的最省力手段。因此，小块土地的私有制，实际上会阻碍土地的转移和集中，日本农村土地的现状，就是一个最好的说明。主张地权国有制，更多的是考虑强化政府对土地的管理手段，包括使用适当的行政干预，促进土地经营使用权的流动和集中。但必须看到的是，国有制虽然防止了地租流失的问题，但由于政府对土地的管理，不可能直接达到农户经营使用权的层次，因此大量的具体管理工作，只能通过社区组织来落实。而社区组织并不是土地的所有者，因而缺乏通过管理获取地租这一激励的条件下，能否比目前更好地管理土地，是很值得怀疑的。同时，目前通过价格已将大部分地租收归国有，国家已是实际上的土地所有者，再明确国家是法律上的土地所有者，不仅不能使目前体现在地权上的经济关系发生实质性的变化，反而还会因地权名义上的变化，而引起农民新的不稳定感。

我们主张进一步明确土地的集体所有权。目前这种土地所有权模糊化的结果，并不是实行家庭经营后才造成的，实际上，自实行土地集体公有制以来，集体土地的所有者从来就没有真正行使过土地的所有权。在农村改革之前，从种植计划到农产品交售，从对土地的征占到地租的实际提取，这些本应属于土地所有者的基本权力，从来就不在集体手中。因此，地权模糊不是自改革始，而是30年来就有之的事实。而实行家庭经营以来，真正被弱化了的是集体对土地的管理权，因为事实上在改革前，集体对土地也并无真正的所有权，而只有管理权。在农户成为农业生产新的经营主体之后，要强化集体对土地的管理权，就必须进一步明确集体对土地的所有权。

明确集体对土地的所有权，主要包括以下内容。

（1）在严格控制耕地流失的国家法令规定下，允许土地所有权在集体和国营单位之间的买卖；允许土地所有者向集体、国营和私营企业出租土地；允许土地所有者以土地作资本，入股联营企业或抵押获取资金。国家应制定相应的法规，明确规定一切地价、地租所得，不得转化为农户的收入，并规定该项所得中的一定比例，必须用于该社区的农业生产中长期建设。

（2）明确规定农户向集体承包耕地要交纳地租，改变目前农户向集体交纳“提留”这种经济关系模糊的做法。地租可有两种提取办法：其一，将目前农户交纳给国家的农业税，全部转入交给集体的地租，国家再通过向集体征收地产税的形式，将目前的农业税全部收回；其二，不改变目前农户直接向国家交纳农业税的办法，改农户向集体交纳的“提留”为地租（在数量上应根据一定期内的常年产量，或根据承包耕地的等级，进行重新计算）。这两种办法，可以在不同的地区根据具体情况分别试行。

（3）保障集体对部分耕地拥有招标发包的权力，特别是在商品粮集中产区的千余个县，逐步试行“两田制”的承包形式。对各户承包的口粮田，可实行集体所有、永佃制的形式，原则上长期不作增减和变动，并允许永佃权的商品化；对商品田，应采取集体招标发包、较大地块承包的形式，以鼓励耕地适度规模经营。

（4）明确集体对土地进行管理的职责。包括控制耕地的流失，保持水利道路桥梁的完好，土壤的改良升级，休闲耕地的处置等等。

明确集体对土地所有权的目的，是为了强化农村基层的土地管理制度。因此，家庭经营的基础、土地所有权与经营使用权相分离的原则，都必须长期不变。但为了强化基层土地管理制度，就必须使土地的所有者能够获得一定的地租收入，以用于管理和实施对农业的中长期投资。

3. 土地的承包和经营使用权转移的制度。该项制度，是关系到农民对土地家庭经营方式稳定感的重要制度。既要稳定当前土地的家庭经营，又要为耕地经营使用权的转移和集中留有余地、创造条件，是此项制度建设中的突出难题。

为了增强农民的稳定感，首先是必须使土地的承包期限足够的长。如实行“两田制”，可明确宣布农户对承包的口粮田拥有永佃权，对实行招标发包的较大块商品田，在公开招标前，标底应经自然村内村民的民主协商，投标者需在技术、资金、劳动力等方面接受资格审查，对具备承包资格的外乡村农民，也应给予同等权利；一经中标，承包期不应短于十年；通过招标确认的承包关系生效后，如有新的竞争者提出可将承包基数（包括产量和地租）提高10%以上，集体有权组织重新招标，原承包者在同等条件下应享有优先权；重新开标后，如原承包者竞争失利，应有权向新承包者要求补偿其对土地追加投入的未收回资本。在暂无条件实行“两田制”的地方，应将土地的承包期限延长至30年。

与延长土地承包期（包括实行口粮田永佃制、招标承包制）相适应的，应明确承包者的权利和义务。允许承包者自行有偿转让耕地的经营使用权（对通过招标获得经营使用权的，应规定不得将大块地分割转让，同时对转入经营权者，应规定必须通过集体对其的资格审查）。承包者必须按承包合同的规定履行义务，这些义务一般应包括以下五项内容：不得将耕地挪作他用、不得损坏原有的水利和公用设施、不得将土地荒芜、完成与国家签订的农产品收购合同、按时按量向集体交纳地租。

七届人大一次会议的宪法修正案已批准土地的使用权可以有偿转移，这对增强农民对家庭经营的稳定感、促进土地使用权的转移和集中，将起到重要的作用。但我们认为，至少在中期内，对土地使用权的转移、耕地规模经营的形成，都不能抱不切实际的过高期望。这是因为，耕地按人口平均分包局面的形成，不仅是迎合农民对生产资料占有的平均主义要求，同时也是迫于农村劳动力就业极不充分的现实，而不得不实行的一种农村社会保障形式。因此，要使耕地使用权转移不仅成为个别特例，而且作为一种普遍现象出现，就必须使农民获得充分的非农就业机会，或者有新的社会保障体系能够替代土地使用权的平均分配。显然，这样的条件都不是在短时期内就能造就的。土地规模经营，作为一个长期目标是不能放弃的，因此必须为土地使用权的转移留出法规上的余地。但在近中期内，不应急于求成。在近中期内，寻求抑制耕地经营权进一步被分割细化的措施，实际上比追求规模经营要迫切得多。在人均耕地资源稀少的国家和地区，如日本和我国台湾，都至今保持着农地的单嗣继承制度，这对防止耕地经营规模的进一步分割细化和地租的流失，起了十分有效的作用。大陆农村的耕地平均经营规模，比日本和我国台湾都小。因此，在延长耕地承包期的同时，考虑实行经营、使用权的单嗣继承制度是必要的，至少应在部分地区试行这一制度。实际上，只有建立了土地经营、使用权的单嗣继承制度，耕地承包期限的延长才可无后顾之忧，否则，承包期超过一代人的时间，土地的分割细化就是无法控制的。

实行家庭联产承包制至今还不到十年，但为什么已有不少同志对这一土地制度变革所起作用的时效看得这么短？认为现在已不是需要完善这个制度，而是非实行新的土地制度变革不可？如实行土地的私有制或国有制。看来存在着这样三方面的认识问题：一是夸大了农业生产短期波动与土地制度之间的关系；二是将现有土地制度尚不够完善的地方，看成是这一制度不可克服的弊病；三是将一些本不可能由经营主体去完成的事情，如农政管理的内容等，硬想让经营主体去完成。由此产生了过急的要求。

我们认为在农村改革的近中期内。还是应当着力于完善土地集体公有、家庭承包经营的制度，这就是进一步明确土地的集体所有权以加强土地的基层管理，扩大农户的经营使用权以增强稳定感和促进土地使用权的流动，制止土地经营权的继续分割细化，督促集体组织用好地租、提供服务以获得家庭经营的外部规模效益。

4. 政府对土地的管理制度。土地是一种特殊的生产资料，因此，对它必须有超越经营者和所有者层次的政府级管理。政府对土地的管理应包括以下几个层次。

（1）建立土地档案制度。并借此通过经济和法律手段来控制土地的使用方向和指导土壤的改良。

（2）完善农政制度。特别是大中型水利工程的兴建和维修等工作，在传统的灌溉农业国度里，历来都是政府的职能，各级政府都不能借口政企分开而松弛管理。

（3）监督集体组织对地租的使用，仲裁各种土地纠纷。

（4）试办土地银行、支持农户对土地的长期投资。

（5）土地制度建设问题，不能说现在已有了完整的、可行性很强的方案，因此还需要做进一步的研讨，同时也需要对国际经验作广泛的借鉴，通过国内的各种试验来丰富我们的认识。但有一点是必须认识到的，由于土地制度是农村的根本制度之一，因此，就土地制度问题孤立地研究土地制度，是难以真正解决我们当前面临的土地管理和经营使用中的问题的。目前存在着的农民在土地经营上的短期行为，显然与土地制度的不健全和农价不合理都有密切关系，究竟哪方面的原因对农民的行为更具影响作用，尚需作进一步的具体分析。但没有农价改革这个前提，仅靠土地制度的规定，显然对改变农民短期行为的问题，是不能抱过高的期望的。

（二）*农村基层经济组织建设*。对待农村基层经济组织，目前有两个突出问题需要理清思路：一是如何对待原有的农村集体经济组织；二是如何对待农村改革后由农民自愿联合而成的新经济组织。

1. 一种思路认为，要实行政、企分开，发育农村真正的合作经济组织，原有的乡、村集体经济组织就是个障碍，不取消它，政、企就不可能分开，真正的合作经济组织就发育不起来。因此主张不再提什么“统分结合、双层经营”，而应当搬掉乡、村这一层经济组织，直接在家庭经营的层次上，逐步发育农民自愿组成的真正的合作经济组织。

我们不赞成这个思路。这并不是认为现在的乡村集体经济组织，已经是合作经济组织；也不是认为，通过“统分结合、双层经营”就必然能把现有的乡村集体组织，改造成真正的合作经济组织。而是认为，上述思路，在理论上确实是彻底的，但在实践中，至少在中期内，是行不通的。

乡、村集体经济组织，在近中期内之所以必须存在，不仅是因为地权要有其法人代表，土地发包和管理要有一定的机构和人员，更主要的是，在相当长的一段时间内，政府低价收购一部分农产品的任务，要有人去落实。因此，对于农村基层的政企分开，以及围绕土地经营的合作组织的发育，都不能过于理想化。

实现农村基层的政、企真正分开，目前有一个最大的难题，就是政府需要低价征购一部分农产品。要确保这一任务的完成，就只能使农村基层集体经济组织在这一点上承担起政府的职能。要分解这种职能，途径有两个：一是政府取消低价收购农产品制度，对农民实行普遍的暗税改明税；二是农村的基层政权组织继续往下延伸，至少达到行政村。但对第一条，我们认为操作的难度很大，对第二条则认为成本太高。因此必须面对现实设计对农村基层组织建设的目标。我们认为，农村中期乡村经济组织建设要解决的最基本问题，或称最低限度的目标，是确保农村基层要有人管事，尤其是在村一级，无论是政企分开，或是经济组织兼管行政社会工作，或是行政社会组织兼负经济管理职能，各种不同类型的地区，都必须根据当地实际情况，建立起其中的某一类组织。有条件实行政企分开的地方（这里指的条件，主要包括负担管理成本和干部准备），应促使其分开，不具备条件分开的，不要提出过急的要求。对于乡村集体经济组织不具备合作经济组织基本特点的问题，在近中期内不应过分地指责。因为乡村集体经济面临着政府出给它的一个难题，那就是它必须承担起为政府低价收购农产品的职能，因而难以完全站在村民的立场上，维护村民及组织本身的经济利益。在难题没有解除之前，过分地指责乡村集体经济组织政企不分，不具合作特点，非但不能解决多少实质性的问题，还会引起副作用：当前的农村基层，愿意认真管事的干部不是太多而是太少，他们已经是在左右为难中工作，如果政府再不理解他们，还有谁愿意管事呢？

围绕土地经营的合作经济组织的发展，不仅需要一个过程，而且必须具备各方面的条件。重要的条件之一，是农产品的市场化购销。这就是为什么在实行农产品统派购制度的不发达国家中，很少见到真正的农民合作组织，而在像日本这样的发达国家中，地域性农村合作经济组织能如此普遍的原因。因此，我们不能脱离我国目前的实际经济条件，去设计农村基层的经济组织制度。这并不是说，“统分结合、双层经营”是我国农村基层经济组织建设的理想模式，因为它与真正的合作经济组织之间，毕竟还有着质的区别。但在政府低价收购部分农产品的必要性消除之前，保留它，尽可能地发挥出它向农民提供服务的可能性，仍然是必要的。

2. 自农村改革以来，各种独立于原集体经济组织之外的农民自愿组成的新联合组织已大量涌现，它们大多在农村流通、工交建筑和金融领域中经营，其形式是多样的。原则上，对农民自愿联合的新经济组织，只要遵纪守法，无论是合作性的、合伙性的、股份性的等等，都应支持。但对其中已具合作经济性质的组织，应明确承认其合作组织的地位，给予其与原农村集体经济组织和供销社、信用社同等的权利。根据我国农村的实际情况，农民的新组织，只要具备以下三个条件，就应当承认它的合作质。这三个条件是：(1) 自愿合资联合而成；(2) 经营取得的大部分不按资分配；(3) 具有不可分割的公共积累资产。给这样的组织以合作组织的地位和权利，对于农村组织化程度的提高、资产的积累和引导农民走合作经济的道路，都是大有益处的。

（三）农村乡镇企业制度建设。农村的乡镇企业，目前主要有五种形态：①原社队集体企业；②家庭企业或个体企业；③不同所有制之间的联合企业；④合伙企业；⑤私人企业。而目前通过制度建设需着重解决内部财产关系不清、对外经济责任不明的，主要是原社队集体企业和私人企业。

1. 对原社队集体企业的体制改革，原则上和城市国营企业是类似的。农村原社队集体企业、实行各种形式的承包经营责任制已有多年，但绝大部分地区都没能通过承包制解决这样两个突出问题：第一，不能摆脱原社队集体的行政干预，企业不能享有真正的经营自主权；第二，缺乏明确的资产责任制，在无强有力的行政干预下，资产保本增殖的机制难以形成。于是，原社队集体企业的承包或租赁就陷入了一个难题：或者是强化行政干预，但这不符合改革的目标，而放松行政干预，企业承包或租赁者就会有短期行为。事实上，企业的承包和耕地的承包是有很大差别的，这是由生产资料的特性不同而引起的。耕地的承包尽管也可能出现短期行为，但地力的衰减是一个较长的过程，而且衰减了的地方还具有恢复的可能，而企业承包后如出现短期行为，三五年后往往只能留下一堆破铜烂铁，要恢复其原价值是不可能的。这与农村改革初期，生产队将耕牛也和耕地一样承包给农户，结果耕牛越养越瘦、不少最终死亡的现象是类似的。但耕牛在折价卖给农户后，却能养得好的事实表明，只有明确财产关系，才能保证生产资料的保本增殖。因此，对原集体企业制度的进一步改革，应以明确财产关系为核心，重点推广股份制。应当明确：（1）原社队集体组织只作为企业的股东之一握有企业初始投资的股份，原社队对企业投产后的追加投资，应与企业上交给社队集体的利润相抵，投资大于上缴利润的部分，应折成社队集体的股份，上缴利润大于追加投资的部分，应考虑社队支农的情况，社队集体与企业商定双方能接受的办法。（2）企业承包后新增的资产，应折成企业的股份。在此基础上，明确企业资产的分账制度。（3）允许企业间的相互参股、购买对方股票；允许企业内职工认股，允许企业向社会发行企业股票和债券，来吸收社会闲散资金、扩大再生产。但企业向社会发行股票和债券，须经有关部门的资格审查。（4）实行股份制的原集体企业，应取得独立的法人资格，脱离原社队集体经济组织的隶属关系。

2. 私人企业的法律地位，已得到七届人大一次会议通过的宪法修正案的认可，因此建立私人企业的制度就有了必要和可能。私人企业制度建设的目的，是使私人企业在进入市场前，明晰其内部的财产关系，以使其在经营过程中，能够稳定地存在和发展；当私人企业经营失利，申请破产和接受清算时，以保证业主明确地承担对外的经济责任。

私人企业制度建设的要点应包括：

（1）保证其资产不受侵犯，保证其地位不受歧视；

（2）保证其充分的经营自主权，包括员工的招募和解雇、企业工资制度、利润分配方式等；

（3）建立严格的企业登记制度，保证政府、工商、税收、金融、统计等有关部门对其业务活动及资产和分配等方面的监督；

（4）建立保障雇工正当权益的制度，包括最低工资、劳动时间、劳保福利制度等；

（5）控制利润过多地转化为业主的消费基金，建立有区别的税收制度，鼓励业主将利润更多地用于扩大再生产；

（6）明确合伙和股份制私人企业内部业主、股东间财产纠纷的处理原则，明确业主、股东在企业破产后对外的经济责任。

我国私人企业的情况非常复杂，目前绝大部分私人企业还都挂靠在集体的名下，顶着集体的帽子，因此严重扭曲了它们内部的财产关系和对外的经济责任，既不利于私人企业的健康发展，也不利于政府有关部门对它们的监督管理。因此，私人企业制度建设的成功与否，一个很重要的标志，是现存的和新增的私人企业是否敢于以私人企业的名义去登记注册。鉴于目前的情况，私人企业制度以先在各地制定地方性法规，取得经验后再逐步形成全国性统一法规为宜。

3. 乡镇企业制度建设，必须注意与政治体制改革和国家工业发展政策相结合。当前，许多对乡镇企业进行管理和提供服务的部门存在着各种不正之风，不清理这些问题，乡镇企业是不可能得到生存发展的适宜环境的。发展乡镇企业，并不是要在我国农村建立第二个独立的工业体系。因此，乡镇企业的发展，必须纳入整个国家的工业化规划。目前这种国家主要靠信贷龙头的松紧对乡镇企业实行的总规模控制，并不能使乡镇企业形成合理的产业结构。因此，国家应尽快研究制定包括乡镇企业在内的工业产业政策，并设置专门的机构，统筹负责对城乡中小企业的指导和管理。

（四）农产品购销体制和价格体系的改革。

1. 农产品购销体制和价格体系，不仅是农村改革中的关键问题，同样也是城市改革的关键问题。因此，此项改革既不能绕开，也不能久拖不决。但在我国目前的经济状况下，基本农产品购销的“双轨制”，在相当长的阶段内仍将实行。要想通过几步到位的大动作短期内超越“双轨制”，实现完全的市场调节，可能性极小。除去目前国家没放开的棉、烟、糖、茧四大农产原料，不算目前实际上有一部分被低价派购的肉、蛋、菜等副食品，仅粮食一项，目前的1000亿斤合同定购粮，近300亿斤议转平购粮，国家定价与市场价之间的价差总额，就约达120亿元。可见至少是粮食，在近中期内就不可能跨越“双轨制”，否则，这120亿元左右的粮食牌、市价差，无论是财政还是市民，都是在近中期内难以承受的数额。如果考虑到粮价作为物价的中心，这120亿元牌、市价差转由财政和市民负担后，它可能引起的物价连锁反应，则更将是难以预计的。因此，至少是粮食购销和价格的“双轨制”，近中期内还必须继续实行。

2. 但低价购销农产品，引起的直接后果，是抑制供给的增长而刺激消费的增长，使供求矛盾日趋尖锐化。因此，农价改革尽管面临着种种困难，也必须区别不同的产品、区别不同的消费对象、区别不同的地区，有步骤地逐步推向前进。

3. 副食品购销体制和价格的改革。副食品的收入弹性远大于粮食，而副食品又大多是粮食的转化物。因此副食品的低价购销，最易引起供求关系的紧张。选择副食品作为农价改革的突破口，对于形成我国居民合理的饮食结构，减轻对农业和对各级财政的压力显然都是最为必要的。

1988年以来，各级城镇大多已对肉、蛋、菜等主要副食品的销售价格补贴制度实行了改革。应当承认，由于提高了购价，这些产品的供给情况大多发生好转，由于提高了销价，这些产品销售不断增加的趋势也得到抑制，这说明农民和市民对价格信号的反应都是敏感的。但也必须看到，实行这一改革措施的最主要目标，目前并没有达到，重新出现1985年那种发一轮补贴，涨一轮物价的可能性仍然是存在的。

这次几种副食品销价补贴制度的改革，要达到的目标应当有三个：一是由不限量补贴改为定量补贴；二是由暗补改为明补；三是使农价上涨的后果只由农民和政府财政负担，改为由农民、政府财政和城镇消费者三家分担。从各地实行的情况看，前两个目标基本都达到了，取得了一定的制度性进步，市民的反应也是基本可以接受的。但大多数城市目前对补贴的改革还都没做到一步到位，即发了明补，仍须暗补，而最重要的第三个目标——三家分担机制的形成，却并没有实现。据我们的调查，能靠提高效益来消化这次发放职工副食补贴的企业，为数相当有限，大部分企业实际上都将这笔开支打入成本，还有相当一部分企业因此而打算提高产品的出厂价。这就会使发给职工的补贴，一部分通过打入成本核减利润而冲抵政府的税收，一部分通过提高产品出厂价而向消费者转嫁。这个局面的产生，表明了城市企业和职工，实际上仍未分担农价上涨的结果。这说明，农价改革，如果没有城市企业制度改革和职工工资制度改革的实质性进展，是难以取得转轨建制的成果的。

副食品购销和价格制度的改革，仍须坚持“政府只补吃饱，不补吃好”和“三家分担”的原则。所谓三家分担的原则，一是农民在近中期内仍需向政府部门按略低于市场的价格交售一部分农产品；二是城镇企业职工，应逐步通过提高劳动生产率，增加生产效益从而增加工资收入，靠自身的收入增长自行消化农价上涨的后果；三是政府财政应负责对低收入的人口的补贴；对军、公、教育人员等不能通过增加生产来提高收入的职工，在他们的工资实行与财政收入增长指数挂钩前，政府财政也应对他们实行食品价格补贴。

4. 对农产原料购销和价格体制的改革。近年来各地对农产工业原料纷纷实行地区封锁，结果引起抢购大战。其根本原因在于地方政府为了保地方工业从而保地方财政收入。这不仅使农民深受其苦。而且人为地保住了一批低效企业、产出了一批低质产品，造成了资源的极大浪费。为了打破这种封锁局面，以前曾设想和试行过加工企业与产区农民直接挂钩的措施。但实践证明，企业和农民的力量显然不足以与地方政府抗衡。因此封锁越演越烈。由此也不难想象，简单地宣布放开农产工业原料市场，允许农民自主流通，实际上市场是放而难开的。因此，可否实行退一步进一步的改革措施。所谓退一步，即明确宣布农产工业原料不允许多渠道经营，只有国家指定的对农民实行代理制的供销部门才能收购，并规定各级政府均不得以行政手段强行从供销部门调拨原料；所谓进一步，就是开设农产工业原料的拍卖市场，任何加工企业都必须到拍卖市场上购买原料。凭拍卖市场的发货票，到指定地点提货和运回企业，任何部门不得阻拦。这样，在企业的平等竞争中，可淘汰部分低效企业和低质产品。然后再逐步放开农产原料的多渠道经营，并稳定拍卖市场。发育基层批发市场和高层次的期货市场，使农产工业原料逐步转变为真正的商品。

5. 粮食购销体制和价格的改革。粮食是一项在较长期内都将实行购销和价格“双轨制”的农产品，但也必须坚持小步不断地推进改革。

（1）对农民的承诺要兑现，讲了粮食购销和价格“稳一块、活一块”，就不允许对“稳”的一块层层加码，而对“活”的一块名放实统，要保证农民在完成合同定购任务后，能自由进入市场以得到利益补偿。

（2）通过压平销来保减定购。目前全国平稳销售粮食约 1300 亿斤左右，因此合同定购加议转平收购的低价粮合计也在 1300 亿斤左右，平价销售不减，低价收购的数量就不能减。因此，压平销是减定购的前提。压平销，首先应压缩各种行业用平价粮，其次可适当减少企业工种粮和居民口粮的定量标准，近期内应努力争取使平销量不超过 1000 亿斤。这样就可取消议转平收购这个“二征购”，使除 1000 亿斤合同粮外的商品粮全部放开。在这个基础上，再根据改革进展和经济增长的情况，逐步扩大居民口粮中按市场价供应的部分；先从优质米、面放起，逐步缩小平价销售，逐步缩小合同定购数量。

（3）在缩小合同定购数量的同时，应根据农产品成本和农产品比价变动的情况，逐步提高合同定购粮的价格，但要少作全面提价的动作，尽可能将提价的资金，用在有潜力的商品粮产区。

（4）有条件的地方，应允许开展基本放开粮食购价和生产资料销价，同时，进行增收农业税这种改换机制的试验。

（五）农村商品流通和资金融通体制的改革。

1. 农村改革多年来，对供销社和信用社的改革，一直存在着两种思路。一种思路认为，应该并能够使供销社和信用社通过改革，恢复其最初的合作经济组织性质，因此认为不应妨碍两社在农村商品流通和金融中的主渠道作用，没有必要大力支持民间新的商业和金融组织的发展；另一种思路则认为，鉴于供销社和信用社都早已形成了自身的独立利益，农民与两社的关系，就是单纯的买卖和存贷关系。因此两社已经难以恢复合作性。由于两社多年作为国营商业和银行在农村的分支机构，不如干脆明确它们是农村基层的经营性组织。与此同时，应当大力支持农民自愿组成的新的合作供销组织和金融组织，以活跃农村经济，促进供销社和信用社转变经营作风。我们认为，第二种思路更为适合农村目前的实际情况。

2. 农村供销社和信用社的改革，重点应转向分开它们所承担的政府职能与自身的经营功能上。同时，要改善经营作风，处理好与农民的关系，为他们提供更多的服务。

3. 对农民自愿组成的新的供销和金融合作社，应保障其合法经营的地位，允许其与原有的供销社、信用社展开正当的竞争。但应当注意的是，原有的供销社，由于承担着相当部分的政府职能，因此，在它的经营活动中，实际上起着寓分配于流通的功能，政府从供销社的经营所得中，提取了相当部分农民创造的国民收入。而当农民自愿组成的新的商业组织有较大的发展后，就会改变现有的国民收入分配流程。这对农民当然是有利的。但政府对此应有足够的考虑，并要适应农村流通体制变革的进展情况，及时调整调节收入分配的手段。农村民间新的金融组织，对于活跃当地的金融业务无疑会有极大的作用。但它尚不具备自己的网络。因此，活而不通，将可能是民间金融组织在新起时面临的一大问题。农业银行除了对民间金融组织应加强管理和监督外，还应运用自己的优势，帮助它们较快地解决这一问题，这样才能使农村有限的资金得到更充分的使用。

应当承认，当前农村经济体制改革的进展，在很大程度上将决定于城市改革的进展情况。但同时，农村经济的增长情况，也对农村改革的进展有着重要的影响。因此，在深化改革、进行制度性建设的同时，稳定农村经济的增长局面，注意解决好农村经济增长的一系列紧迫问题，如农业投资问题、生产资料供给问题、农业技术推广问题等等，都是不能掉以轻心的。农村的改革，不仅要处理好与城市改革的关系，同时也要处理好与农村发展的关系，这是在整个农村中期改革阶段，都应特别注重的问题。

试论社会主义初级阶段与农村商品经济的发展①

（1988年）

我国目前正处在社会主义初级阶段的论断，是建立在我国特定国情的基础之上的。阐述我国社会主义初级阶段的特征和任务，涉及社会经济和政治文化等各个方面。但就经济的状况而言，我国社会主义初级阶段的基本特征，就是生产力发展水平低和商品经济不发达。这个特征，在我国农村表现得尤为明显。因此，在农村经济工作中，必须明确，在整个社会主义初级阶段的中心任务将始终是促进生产力和商品经济的更快发展。

一、发展商品经济才能促进农村生产力水平的提高，这是我国社会主义初级阶段的基本经验之一

在新民主主义革命的推动下，我国从一个半殖民地半封建的社会，越过资本主义阶段直接进入了社会主义社会。由于历史造成的原因，新中国成立之初整体的社会生产力水平的低下和商品经济的不发达，是可以理解的。一般说来，社会人口结构和劳动者就业结构中的农村人口及农业劳动力的比重，常常被看作是衡量社会生产力发展水平和商品经济发育程度的重要指标。1949年时，全国总人口中，有89.4%

① 本文原载于《农村经济与社会》1988年第2期。

居住在农村，社会劳动者总数中，有91.5%依赖于农业就业[①]。这两个指标，确凿无疑地反映了我国经济的落后。

新中国成立以后相当长的一段时期内，我国社会生产力的水平，尤其是农村的生产力水平，提高的速度并不快。直至1978年，我国农村人口占社会总人口的比重仍高达82.1%。依赖于农业就业的劳动者，仍占社会劳动者总数的76.1%。这两个指标，只分别比29年前下降了7.3和15.4个百分点。如果按绝对量计算，则农村人口和农业劳动者分别比29年前增长了63.3%和83.3%。相应地，粮食的商品率，仍然只维持在1952年的水平（即20.3%），而按每个农业劳动者每年生产的农产品量计算的劳动生产率，1952—1978年的26年中，粮食提高了11.8%，平均每年只提高0.43%，棉花则维持在原有的水平上，油料反倒降低了25.2%。

农村生产力水平提高不快的原因是多方面的，也是很复杂的。农村的商品经济，一般总是从“自给有余”的农产品在数量上逐渐扩大和稳定的基础上才能得到发育。在旧中国，由于封建土地所有制的剥削关系，农民往往处于“自给不足”的境地，因此农业的物质技术基础得不到改进，农村的商品经济也缺乏发育的前提。新中国建立之后，农民分得了自己的土地，生产热情空前高涨，农产品的产量有了极大的增长。从1950—1952年的3年中，粮、棉产量分别增长了44.83%和194.0%，其总产量，从1949年低于新中国成立前最高产量25.6%和47.7%的水平上，一跃而超过新中国成立前最高产量的9.3%和53.6%。虽然这种增长带有明显的恢复性质，但由于废除了封建的土地关系，农民的劳动成果不再受到剥削，因此农产品的继续增长，必将使农民有逐渐增多的“自给有余”产品可用于商品交换，从而逐步促进农村商品经济的发展。但不可否认，在以后的农村经济活动中，我们却抑制了农村商品经济的发展，这是阻碍农村生产力水平迅速提高的最主要原因之一。抑制商品经济发展的做法来自两个方面的失误：

第一，在理论上出现了脱离中国农村实际的偏差，从而导致在合

① 本文所用数据，如不另注出处，均据《中国统计年鉴1987》，中国统计出版社1987年版。

作化过程中，犯了盲目追求生产规模和公有化程度高的过急过快的超越社会发展阶段的错误，同时，扩大了阶级斗争的范围，夸大了阶级斗争的作用，错误地把商品经济和资本主义等同起来。这些做法的直接后果，一是抑制了农村中不同具体劳动之间的商品形态的交换关系，二是割断了农户与市场之间的经济联系，三是使那些生产规模大而公有化程度高的农村集体经济组织，只能保持大规模集中劳动的形式，而始终无法冲出自给半自给性生产的圈子。

第二，在经济发展战略上，长期偏重于发展国营的大机器工业。这样做的理论前提是，国民经济的发展，必须先从农业中提取建立工业体系的积累资金，等工业成长壮大后，既可以从农村中吸收劳动力，又可以对农业给予物质技术和资金等方面的支持。这一经济发展的战略思想和实际做法，在我国缺乏发展工业的原始积累的情况下，本是无可厚非的。但是，由于为这一战略设想配套的农产品统购统销制度实行的时间过长，致使工农业产品交换过程中的等价商品经济原则被长期扭曲，使农民在社会经济交往的过程中长期承担沉重的“贡税”而处于不利的地位。这实际上就造成了三方面的不利后果：一是农业自身缺乏必要的积累能力；二是工业的发展不遵循商品经济的规律配置资源，长期受到优惠政策的保护，缺乏必要的压力和动力，效率低下，致使庞大的国营工业体系在经济增长中不仅未能向农村人口提供较多的新的就业岗位，甚至还不能满足因城市人口增长而提出的新的就业需求；三是工农业产品长期的不等价交换，使流向农村的货币相当稀少，这就严重制约了工业品在农村市场的扩大，反过来又直接制约了工业自身的发展。

由此可以看到，从新中国成立初期到70年代末的近30年时间中，农业生产力水平提高的速度不快、农民温饱问题未能得到真正解决的根本原因，就在于抑制了农村商品经济的发展。而产生抑制商品经济动机的根源，是对我国社会主义发展阶段判断的失误。

正是基于这种教训，党的十二大提出的农村经济在改革和发展中要实现的两个转变，其中之一就是要实现自给半自给经济向商品经济的转变。而关于我国社会主义建设所处的发展阶段，则在1981年5月通过的《中共中央关于建国以来党的若干历史问题的决议》中，就明确指出：我们的社会主义制度还是处于初级阶段。这就为农村改革过程中一系列促进商品经济发展的方针、政策、措施的制定和实行，提供了正确的理论基础。

农村实行经济体制改革以来，商品经济的发展状况是有目共睹的。农村改革业已取得的最重要成果之一，也就是使农民家庭由集体经济条件下单纯的消费单位，发展成了同时是生产和投资的主体，进而获得了成为相对独立的商品经营者的权利。它们成为农村商品经济得以发展的真正动力。1986 年与 1978 年相比，粮食的商品率从 20.3% 提高到了 34.4%，社会农副产品收购总额增长了 256.7%，其中农民对非农居民零售产品的总额，增长了 11.1 倍，社会商品零售总额在农村实现的部分增长了 252.4%，其中农业生产资料的零售总额增长了 156%，农民平均每人生活消费中的商品性支出，由 39.7% 提高到 62.8%。

我国农村经济发展正反两方面的经验，清楚地说明：尽管我们在社会制度上可以超越资本主义阶段而直接建设社会主义，但在经济发展过程中，我们却无法超越商品经济而从自给半自给经济直接实现社会化的现代经济，只有大力发展商品经济才能促进农村生产力水平的提高。当我们逆此规律行事时，农村经济就难免被笼罩上凋敝衰败的阴影，而当我们顺此规律前进时，农村经济就会呈现出欣欣向荣的活跃局面。

二、在我国的社会主义初级阶段，必须为农村商品经济的充分发展创造适宜的经济体制和政策环境

农村经济体制改革目的之一，就是要为农村商品经济的充分发展创造适宜的经济体制和政策方面的环境，并以此来推动农村生产力水平的迅速提高。应当说，农村的改革已经在这方面取得了重要的成果。改革不仅在许多方面突破了原经济体制的若干环节，而且已经使农村新的经济体制的构架支点逐渐清晰地显现出来。新体制构架的这些支点，既是近年来促成农村经济增长的动因，也是日后完善农村经济新

体制的基本生长点。从这个意义上可以认为，进一步巩固农村经济体制改革已经取得的成果，是当前为农村商品经济充分发展创造更适宜环境的基本任务。

（一）进一步确立以家庭经营为基础的联产承包责任制，充分保障农户作为独立商品生产者的经营自主权益。以家庭经营为基础的联产承包责任制，虽然在实行早的地方已有9年，实行晚的地方也有了近5年的历史，而且中发〔1984〕1号文件还明确指出过：土地承包期一般应在15年以上。但从实际情况看，农民似乎仍然对现行政策能否保持长期稳定信心不足。这主要是由两方面情况造成的：一方面，是联产承包责任制的经济关系没有得到明确的法律保障，因此对于土地的发包和承包双方，在出现违约行为时，也就缺乏以法律为准绳的追究和惩处手段。这说明，像联产承包责任制这样的实际上涉及财产关系变动的重大社会经济问题，仅仅停留在政策指导的基础上是不够的，只有将行之有效的政策逐步地法规化，才能给人以长期稳定的预期。另一方面，是许多地方的基层政权组织对农户经营自主权的随意侵犯行为还时有发生，因此，农民的自主权还显得相当的不完全。这说明，对农村人民公社政社合一体制的改革，仅仅靠设立乡政府来表示政企分开是远远不够的，只有使农村的基层政权完成职能上的真正转换，才能杜绝随意用行政权力干预和侵犯农户经营自主权的问题。显然，这两方面的工作都不是一朝一夕就能完成的，因此确立以农户家庭经营为基础的联产承包责任制，保障农户的经营自主权也必然是一项长期性的艰苦工作。

（二）努力建设完整和健全的市场体系，保证商品经济的健康发展。通过各种生产要素市场，将社会经济资源和自然资源按照商品经济的规律配置成有效的生产能力，是发育完整的市场体系的一个重要内容。

既然是发展商品经济，在市场建设中就必须贯彻商品经济的规则，即必须保证等价交换法则的实行，这是发育健全的市场体系的一个重要内容。具体来说，要采取各种措施对市场上的各种不规则行为进行整肃，逐步建立规范化的市场制度。而整肃市场上的不规则行为的重要对象之一，就是必须规范那些代表政府对市场行使管理职权者的行为。从某种意义上可以认为，没有市场管理者自身的奉公守法和廉洁，就不会有合乎商品经济规律的市场规则。目前的情况是，在市场的参与者和管理者中，都存在着一小部分企图通过市场为自己捞一把的人。这些不法分子的不法行为若得不到坚决的打击，真正遵纪守法的农民在进入市场之后就注定或是将被淘汰，或是将被腐蚀。因此，通过端正政府对市场管理者的行为，来建立市场上的交易规则，已成为发育健全的市场体系的当务之急。必须明确，只有政府对市场管理者的行为有明确的规范，才能从根本上铲除市场中的各种腐败现象。

（三）*在加速提高农村生产力水平的基本思想指导下，鼓励农村的多种经济成分在以公有制为主体的基础上继续发展*。近年来，我国农村经济的活跃和发展与多种经济成分的发展密切相关。1986 年，我国农民人均纯收入中，有 81.5% 来自家庭经营，这个比重，是 1978 的 3 倍，而从集体统一经营中分配到的纯收入，只占人均纯收入的 18.5%，仅为 1978 年的 12.8%。农村多种经济成分的发展在非农产业中表现得尤为明显。1980 年，农民户办、联户办和私人办乡镇企业的个数，占全国乡镇企业总数的 88.6%，在这三类企业中就业的职工，占全国乡镇企业职工总数的 42.8%，总收入占 32.2%，利税占 38.12%。

毋庸讳言，农村中的个体和私营经济，尽管与改革前相比已有很大的发展，但发展得还很不够，这主要与目前农村尚缺乏明确的关于财产关系的法规有关。对私有生产资料的法规保障不明确，农户对发展个体和私人经济就会有顾虑。1986 年，我国每一农户拥有的生产性固定资产原值，比 1985 年仅增加 4.98%，这与 1986 年农民人均纯收入比上年增长 6.6% 相比较，显然表明农户对增加生产性固定资产投资的积极性不够高。1986 年，平均每一农户拥有的役畜、产品畜和大中型农业机械的原值，比上年减少了 1.46% 和 2.54%；工业和运输机械的原值虽增长了 28.2% 和 20.95%，但与个体和私人企业总收入比上年增长 54.5% 相比，也显得投资热情不足。

农户私有生产资料的权益得不到充分保障，除了法规不健全之外，在现实生活中也时时受到来自两方面的侵蚀。一是农村乡土社会中传统的血缘、地缘关系。一些农户通过发展个体和私人经济先富裕起来之后，亲戚邻里便纷纷向他们伸手，名目繁多的社会公益事业不断向通过发展个体经济和私人经济先富裕起来者摊派，以致许多农民企业家痛感企业要兴旺，非得“易地经营”，跳出自己熟识的社区不可。然而，在企业的工商登记要求中，除了其他各种条件外，还要求企业必须有固定的生产场所。但现行的土地管理制度又不允许私人征用土地，因此“易地经营”也就难以实现。二是政府的某些管理部门往往按过去管理国营和集体企业的老办法管理个体和私人经济，在经营方式和利益分配等方面，时有侵犯个体和私人企业权益的现象，以致使不少私人企业不得不想方设法地为自己去找一顶“集体所有制”的帽子戴上，结果扭曲了现实的经济关系，不仅不利于企业的积累和扩大再生产，也不利于加强对私人企业的管理。显然，这些现象只有通过健全法规和制度，才能逐步消除，从而为公有制占优势条件下的多种所有制经济的继续发展创造良好环境。

（四）继续变革农村的产业结构，充分开发和利用农村丰富的社会、经济和自然资源，使农村经济朝着多部门综合经营的方向发展。农村发展商品经济，除了在十几亿亩耕地上作文章外，更大的潜力在于农村多种资源的开发和利用，尤其是要注重农村丰富的劳动力资源的开发和利用。发展农村非农产业，当然是变革农村产业结构的一个重要途径。但必须看到，农业本身的发展还有极大的潜力，这不仅在于我国有144亿亩的国土面积，以及有大量的农业生产自然资源尚未开发，还在于已经开发了的资源利用得也很不充分，大有潜力可挖。产业结构变革的目的是为了更充分地利用各种资源。因此，对调整农村的产业结构，不能片面地理解成就是大力发展农村工业。事实上，由于中国农村有着8亿人口，如果只依赖于某类产业或某个部门来解决就业问题，就必然造成某些资源过度利用，而某些资源开发不足的后果，这显然不利于农村产业结构的合理化。

三、改善城乡之间、工农业之间的经济利益关系，是社会主义初级阶段保障农村商品经济充分发展的必要前提

发展商品经济，要求在市场交易中贯彻等价交换的原则，没有这个前提，商品经济就不可能得到充分的发展。我国农村商品经济的发展，目前就遇到了城乡之间、工农业之间的利益关系不平衡，因而城乡之间、工农业之间无法真正实现等价交换原则的矛盾。显然，经济体制的改革，如果不触动并逐步改变国民经济中原有的利益结构，我国农村商品经济的发展必将受到极大的阻碍。

新中国成立之初，为了巩固新生的社会主义政权，必须尽快建立我国独立的工业体系。当时，除了通过工农业产品交换的“剪刀差”来积聚发展工业的初始资本之外，我们别无选择。因此，我国工业体系的基本建立，实际上凝聚着中国农民的巨大贡献。

但是，当国民经济长期处于工农业分离、城乡隔绝的背景下发展时，农民为国家工业化提供的资金，实际上不仅仅被用于工业的建设，其中的相当部分还被转化为城市居民的生活福利。当这种现象被长期延续时，就形成了国民经济中一种固定的城乡之间、工农业之间的经济利益结构。它不仅成为我国经济流程中的一个明显特征，而且在此基础上产生种种忽视农业、轻视农民的社会观念，使农村与城市、农业与工业的交换过程中，农村、农业、农民长期处于不利的社会经济地位。城乡和工农业之间这种经济利益关系的长期失衡，实际上是构成农业发展迟滞、最终也影响城市和工业经济发展的一个重要经济原因。

党的十一届三中全会以来，国家相应采取了较大幅度提高农产品的政府收购价格，大力支持农村非农产业发展，放开多种农产品的购销和价格等重要政策措施，使以往那种不利于农村和农民的经济利益结构有了一定的改善，城乡居民人均年收入之比，由 1981 年的 2.24∶1 缩小为 1983 年和 1984 年的 1.85∶1 和 1.86∶1。

但是，城乡之间和工农业之间的利益矛盾至今仍很突出。其中最突出的问题，就是农产品的购销价格。为了减少财政补贴而偏低的收

购价格，显然对农业的增长具有抑制作用，通过财政补贴而偏低的食品销售价格，对于农产品消费的增长则具有明显的刺激作用。这一矛盾的存在，不仅会使农民因感到经济地位不利而减弱增加商品农产品生产的积极性，而且会使国家的有限的财力不恰当地过多用于对城市居民饮食的福利性补贴。

评价农产品低价收购和购销倒挂的政策，必须从历史的发展的角度着眼。当人民的温饱问题尚未得到解决之前，这一价格政策无疑是必要的。但当人民的温饱问题已基本解决，特别是当城市居民收入高速增长、已明显转向提高饮食质量时，这一政策的合理成分就开始减少，近年来我国农产品供给的波动，特别是粮食和副食品供给的波动，固然是由多种因素造成的，但低价格收购和限价销售的政策，不能不说是造成这种波动的一大经济原因。1984 年前，粮食连年大幅度增长，但购销倒挂的价格政策却使粮食的增长变成了增加政府财政补贴的动因。当 1984 年的粮食总产达到我国历史上的最高水平时，财政终于无力承担急剧增加的粮价补贴，致使 1984 年粮食的实际收购价格指数比上年降低了 0.5%。这一与自 1979 年以来粮食收购价格年年上升相反的情况的出现，不能不说是导致 1985 年粮食总产水平降低的重要因素之一。当 1985 年对肉、禽、蛋、水产品、蔬菜等副食品实行购销和价格放开的政策后，副食品的集市价格虽有较大幅度的上升，但它们的供给却增长得更快，从而使副食品市场较大地丰富起来。但当 1986 年底、1987 年上半年为控制物价指数而对集市上的副食品实行限价的行政措施之后，却很快出现“价格下来了、供给也下来了”的局面。这些情况都表明，农村实际上已具备增长农产品供给的很大潜力，但要使这种潜力释放出来，进一步改善城乡和工农业之间的利益关系，应当说是必不可少的前提条件之一。

当然，由于我国城市居民的收入水平毕竟还不算高，而农业的劳动生产率却又很低，因此，农产品的价格完全由市场来调节，至少在短时期内是做不到的，所以，农产品供给的增长，完全靠单一的价格作为刺激手段，在目前也是不现实的。但这并不是说，城乡之间和工农业之间的利益矛盾就无进一步改善的余地。在温饱问题基本解决之后，对农产品尤其是对食品供给和需求两方面的增长，都应当更新调控手段，即对食品的需求应当区分必需品和非必需品。对于必需品，采取由政府向农民低价收购，加以财政补贴后向城市居民销售的政策，这样，可以保持包括低收入者在内的全体城市居民的基本生活需要，而对于非必需品，要使其增长受到消费者自身支付能力的制约。消费者自身真实的支付能力，又将通过市场传导给生产者，变成刺激农产品供给增长的稳定动因。显然，随着城市居民收入水平的提高，通过市场价格调节农产品供求的比重，必将逐步扩大，而农村的商品经济，也只有在这个基础上才能得到充分的发展。扩大农产品供求的市场调节，是改善城乡和工农业之间利益的关键之点。当然，这是一个渐进的过程。但我们必须认清改革深入和社会经济发展的方向，努力朝着这个目标逼近，为农村商品经济的发展提供前提性的保障。

走出困境的抉择：在整治中深化改革[①]

（1989年）

一、当前经济困境的成因：国民经济环境自身诱导着经济的畸形增长

在分析通货膨胀的成因及研究抑制通货膨胀的对策中，近年来的农业情况引起了社会各界的普遍关注。而事实上，农业状况的好坏，也确与整个经济能否走出困境有着极为密切的联系，因为农业是形成一切有效供给的基础。自1985年以来，我国农业给人们的印象，似乎始终是处于一种不景气的状况之中，因此有不少同志认为，农业的增长速度下降，是近年通货膨胀局面的最主要成因之一。但实际上，如果按世界上绝大多数国家的农业增长率水平来衡量，近年来我国农业每年增长3%—4%的速度，却并不失为一种基本正常的增长速度。因为，能做到使农业增长率持续比人口增长率高1—2个百分点的国家，毕竟并不占多数。而我国，即使自1985年以来，农业的增长速度，也始终保持在这一水平之上。但是，近年来我国的农业，确实又存在着很突出的问题，这就是粮食、棉花、油料等大宗农产品的产量，已连续4年没能超越1984年就达到过的水平。因此，准确地说，人们印象中的“农业困境”，实际上乃是粮、棉、油等大宗农产品生产的困境。

就总体而言，农业增长速度基本正常，但粮、棉、油的生产却陷入了连续4年都无法摆脱的困境，这表明，近年的农业增长格局，实际上并不是整个农业的全面停滞或萎缩，而是结构性失衡的局面日渐

① 本文原载于《改革》1989年第4期。

突出。持续4年的农业增长结构失衡，至少可以说明当前的农业面临着以下三方面的问题：

（1）当前国民经济的总格局，为农业中不同产品的生产，所提供的是不平衡的外部经济环境，而粮、棉、油的生产，所得到的恰恰是一种最为不利的经济环境。

（2）农民面对不平衡的外部经济环境，作出的是符合经济规律的理性反应：放弃对粮、棉、油产量（主要是商品量）增长的追求，选择易于增加收益的产品扩大生产，以保持自身经营利润的继续增长。

（3）国民经济所提供的不利于粮、棉、油供给增长的经济环境，恰恰同时又是刺激粮、棉、油消费增长的经济环境，从而不仅致使粮、棉、油的供求矛盾重新尖锐化，而且表明，如果不改变国民经济的整体环境，粮、棉、油供求平衡的目标就无法实现。

因此，粮、棉、油生产的4年徘徊，实际上是当前国民经济格局所设定的经济环境，限制了农民的积极性对这类产品作出选择的结果。而当经营效果与经济收益具有直接联系时，农民对生产始终是具有积极性的，近年来整个农业基本正常的增长速度，就是对此的证明，由此，我们可以认为，近年来粮、棉、油生产陷入困境的局面，实际上，是国民经济为农业所提供的不平衡的外部经济环境的直接结果。而已经改变了微观经济基础的农业生产，却恰恰能针对这种外部经济环境，作出极为灵敏的反应。

上述这种情况，并不能简单地归咎为各级政府缺乏对粮食等生产的足够重视。1985年以后，各级领导对农业重要性问题的不断强调，是已经到了怎么讲都不为过的程度了，然而，粮、棉、油的生产却继续在困境中徘徊。这只能证明，当前的国民经济环境，其本身就是一种诱导经济畸形增长的环境。可见，近年来各级领导关于加强农业的强烈愿望，实际上与当前的国民经济环境是相悖的，从而使这种愿望丧失了实现的可能。

如果从当前的农业问题引申出去，我们不难看到，在当前的国民经济运行过程中，这种政府愿望与经济环境相悖的情况，是大量存在的。近年来，对经济生活中该抑制或该增强的方面，政府几乎是年年都在提出明确的愿望；但是，该抑制的却仍在膨胀，该增强的继续在相对衰弱，经济资源顽固地朝政府愿望相反的方向流动和配置。从目前的情况看，几乎是所有关系到国计民生的重要产品，所有关系到经济、社会长远发展的产业和事业，都处于一种难以摆脱的困境之中。粮、棉、油是如此，钢、铁、煤炭、石油、电力和交通运输、邮电业是如此，科技、教育和医疗卫生事业也是如此。近年来的整个经济运转情况表明，在目前这种经济环境下，越是关系到国民经济发展的基础和咽喉部门，就越是得不到必要的资源来加强和扩展，于是，整个经济的增长率越高，就越表现出一种极不平衡的畸形增长格局。因此，采取有效措施，改变目前这种诱导经济畸形增长的经济环境本身，就是走出困境的当务之急。

经济环境从来就不是自发形成的局面，它是政府对社会经济活动有目的干预的结果。从这个意义上，可以把经济环境理解为，是政府设定的经济政策所构成的经济运行的环境。这样定义的经济环境，似乎政府应当有能力随时改变它。但问题是，政府在推出某些新经济政策的同时，实际也意味着对自己原有的某些驾轻就熟的调控手段的扬弃；而当新的调控手段尚未形成，同时已出台的新经济政策又推动了经济的运行，发展到了不可能于逆转到原有的经济环境中去时，政府就会在一段时期中实际失去有效干预经济环境的能力。因此，我们认为，造成当前整个经济困境的主要原因，在于经济管理部门拿不出可以切实影响经济形势走向、从而重新构造经济增长环境的有效手段。它表明，目前的政府工作方式和质量，远不能适应改革以来已经大起变化的国民经济格局。

二、现实经济生活中的两个市场：日益失稳的“计划市场”与缺乏规范的“自由市场”

如果对 1985 年以来的农业增长结构作一个粗略的分析，就不难看出，各类农产品的增长速度，均与它们自身在购销过程中的价格形成方式，有着极为紧密的联系。大体说来，政府定价比重大的农产品，产量的增长速度都比较低，甚至出现了数年徘徊的局面；而由市场供求关系定价比重大的农产品，产量的增长速度都比较高，而且大多表现出持续增长的态势。这表明，近年来各类农产品的极不均衡增长，除了其他的各种因素影响之外，一个重要的原因，就在于事实上已经形成的两类不同市场的诱导。

经济体制改革10年来，整个国民经济活动形成了两种市场并行运转的局面。被行政性经济计划所控制着的市场，其本身已不再是一个统一的整体。由于实行了财政分灶吃饭、企业承包制等一系列新的经济政策，从中央政府到各级地方政府，直至仍被纳入计划经济轨道的企业，都形成了各自相对独立的经济利益。而这种多元化的利益结构，又形成了多元化投资主体。由于各投资主体的利益所在各不相同，因此，资源的配置只能服从于每一具体投资主体的利益要求。这样，所谓行政性经济计划控制着的市场，虽然作为概念来说，仍然是一个统一的机制，但它在现实的经济运行过程中，却早已被层层分割。每一个地方政府，都有一个它自己的行政性经济计划控制着的相对独立的市场。因此，原来那种“全国一盘棋”性质的计划经济，实际已经不复存在。对于中央政府来说，它所能控制的计划经济市场，仅仅是当前整个计划经济市场中的一小部分而已。

同样，目前的自由经济市场，也是一个极为复杂的概念。这里所说的自由经济市场，显然并不是一个规范的概念，它只是对那部分已游离于行政性经济计划控制之外的社会经济活动的笼统表述。值得指出的是，目前，有相当部分的社会经济活动，虽已游离于政府的计划经济控制之外，但从事这部分经济活动的经营者中，却有相当一部分凭借着与政府经济管理部门的特殊联系，形成了一种相当特殊的地位：它们既躲避了计划经济规则的管理，又不遵循市场经济的基本规则，从而成为社会经济活动中相当特殊的非政府垄断经营者，致使刚刚开始发育的市场经济，从一开始就受到了这种特殊经营者的垄断和封锁。同时，由于产权界定不清、劳动力、资金等要素市场的极不发育等原因，致使目前的自由经济，不仅也存在着按行政区划、按行业的层层分割问题，而且，还缺乏最必要的“平等竞争”这样一个基本规范。

并存运行着两个市场，在一定程度上带有按产品和区域划分的特点，这两个市场并行局面的形成，与中央政府行政性放权的结果有关。在前一阶段的改革中，为了保持体制转轨过程中的经济稳定，中央政府在“放权”时，实际上必须考虑到两个基本问题，即不同的产品对于国计民生的关系，以及不同的地区对于中央财政收入的关系。一般说来，对于国计民生关系越紧密的产品，中央政府对其放权的程度就越低，同样，对于中央财政收入贡献越大的地区，中央政府对其放权的程度也就越低。这一政策思路的本意，是为了在体制转轨过程中保持中央政府对宏观经济调控的实力。但它在实行过程中，却引出了一系列与初衷相悖的问题：

（1）越是与国计民生关系紧密的产品（主要是粮、棉、油以及能源、原材料和交通运输、邮电业等），就越不能按市场供求关系来定价。与其他产品的经营相比，生产这类产品的比较利益明显偏低，这既抑制了这类产品生产者的积极性，也使这类产品的生产者丧失了在社会上争取资源的能力。致使这类产品的生产，逐渐处于一种相对萎缩的状态之中。

（2）越是对中央财政收入贡献大的地区（主要是加工工业集中地区），就越缺乏按自由市场价格获得能源、原材料的能力，致使它们的经济增长困难重重，它们所创造的利税，在社会总财力中所占的份额，逐年下降。

（3）各地、各经营主体的生产积极性，集中向不受或少受行政性计划控制的产品倾注，致使下游产品加工能力的扩张，远远超出了上游产品供给增长的可能，国民经济中原有的结构性矛盾，在近年的经济高速增长中，不是被缓和，而是被加剧。

（4）结构性矛盾的加剧，进一步助长了流通领域中的混乱现象。对上游产品的垄断、封锁、倒卖等腐败现象越演越烈，不仅使行政性计划能控制的重要物资大量流失，而且使大量的经济利益中间流失，同时又助长了收入分配的不公，使经济问题逐步演化为社会、政治问题。

上述情况的发展，使中央政府在体制转轨过程中保持调控实力的愿望无法实现。行政性经济计划控制的市场迅速萎缩，而自由经济市场却在缺乏规范的条件下急剧扩张，以致出现了政府缺乏手段去把握失控的局面。

在两个市场此长彼消的过程中，中央政府始终承担着保持关系到国计民生的产品供求平衡的责任。但近年来，中央政府的岁入，其比重却在逐年下降。因此，中央政府对上述产品的投资能力也不断下降，致使整个社会出现了对关系到国计民生的产品“食之者众、生之者寡”的极不正常局面。财力和责任的极不对称，已使中央政府陷入了捉襟见肘的窘境。但更严重的问题是，在两个市场并行的局面中，各种资源从计划内向计划外市场的渗漏现象，正在日益加剧。而这种渗漏现象，由于长期得不到有效手段的严厉制止，时至今日，它已演化为我国社会经济生活中的一种运行机制，不少部门和机构，就是靠这种渗漏来实现自己的个别利益，有的甚至就是以这种渗漏作为立身之本的。计划内的资源，不断向计划外渗漏，不仅严重侵蚀了中央政府有限的调控实力，造成了经济运转过程的紊乱，而且造成了广大群众深恶痛绝的腐败现象的滋生和蔓延。

政府当前面临的最大困难是，对两个并行运转的市场，无法用统一的宏观经济政策加以调控。特别是在无法制止计划内资源不断向计划外市场渗漏的情况下，紧缩的经济政策，往往只能首先导致计划内市场的严重不景气，而对计划外市场却不会伤筋动骨。这就会进一步加剧国民经济的结构矛盾，最后迫使政府不得不重新松动紧缩的龙头。1985 年以来，我们已采取的两次紧缩政策，都是未达“着陆”的目的，就不得不再次“起飞”，这就证明了无法用一种调控手段，去管理两个市场。但这一次的宏观紧缩政策，从手段看，却仍未能跳出前两次的窠臼。为什么已被事实证明过的不成功调控手段，还要去重复采用呢？这并不是政府尚未看清当前国民经济运行中的突出问题，而在于政府目前确实拿不出行之有效的新手段。

正是从这个角度看问题，我们认为，近年来政府无法有效管理并行运转的两个不规则市场，是造成诱导经济畸形增长的国民经济环境的重要原因。因此，要想使整治真正见效，首先必须认真提高政府的工作质量，那就是，不仅要提出愿望，而且要拿出切实可行的手段，并组织好能够负起责任的行使这些手段的队伍。否则，这次的整治，重蹈前两次紧缩不成功的覆辙的危险，显然是存在的。

三、走出困境的抉择：整治与创新并重

经济陷入困境的一个重要原因，就是中央政府的宏观调控能力下降，因此才造成了整个经济环境的紊乱。但是，要整治当前的经济环境，却完全可能有截然对立的思路：思路之一，可以将政府调控能力下降的原因，归咎于现存的两个市场并行运转。因此，处方就是尽可能地压缩计划外市场，用扩大行政性经济计划市场的覆盖面的办法，来使政府原来驾轻就熟的那套管理经济的办法重新生效。思路之二，则是将政府调控能力下降的原因，认为主要是制度和组织创新的不足。因此，处方就是，在用必要的行政手段调整某些重要的经济关系的同时，通过进一步的组织和制度创新，来改进政府的调控手段，提高政府的工作质量，使政府获得驾驭变化了的经济格局的能力。我们主张，在贯彻整治的措施时，应当持第二种思路。

企图将社会经济活动的绝大部分，重新拉回到行政性计划市场控制的范围之内，在当前已只能是一种不切实际的空想。这是因为：

在整个农村，原来那种与传统经济相适应的基层组织体系现已不复存在；利益主体多元化的格局已经形成；多种经济成分的发展，使得传统经济的传统调控手段已经鞭长莫及；历时 10 年的改革开放，已使全民族的思想观念发生了巨大的变化，恢复传统经济的传统管理手段，在政治上要付出极大的代价。

因此，不能继续迷信行政性计划控制手段的有效性，这种迷信实际上已经远离当今中国的现实了。当然，这并不是说，在整治过程中不能采取强硬的行政干预。我们认为，整治中运用的行政干预措施，主要应当用于维护现行的经济法规、制度、纪律的严肃性。在推进改革、不断放权的过程中，尽管我们缺乏经验，存在着不少组织和制度上的不配套问题，但同时也必须看到，在许多重要的环节上，我们制

定了大量的经济法规、制度和纪律。现在的问题是，那种违反经济法规、制度和纪律的现象，却往往受不到彻底的追查和严厉的惩处，致使全社会都产生了一种做老实人吃亏的心理。因此，在整治中，应将行政手段作为重建制度和纪律权威的工具，使其成为监督权力、唤起责任感的工具；而不能用错地方，把它作为与价值法则作战的武器。否则，我们将是难以走出困境的。

还应当看到，宏观调控手段的失灵，实际上还只是经济走入困境的表层原因。事实上，造成宏观调控手段的失灵，除了政府的工作质量问题之外，根源还在于我国经济生活中的一系列深层矛盾，如产业结构的失调、利益关系的失衡、缺乏明确资产责任的企业制度、偏重于速度指标的发展模式，等等。因此，在整治中，如果把注意力仅仅集中在强化政府的调控手段上，显然只能起到治标不治本的效果。整治必须与继续深化改革相结合，整治如不能伴之以组织和制度的创新，那是不可能使经济真正走出困境的。

基于上述认识，我们认为，在整治过程中，必须同时抓好以下三方面的工作：第一，努力提高政府的工作质量，恢复制度和纪律的严肃性，保持经济活动的正常秩序；第二，认真调整目前某些已明显不合理的经济政策，缓和经济生活中的利益冲突，以稳定经济局面；第三，针对经济生活中的深层矛盾继续推进改革，在组织和制度创新上迈出新的步伐。只有将这三方面工作有机地结合起来，治理整顿才能真见成效，整个经济也才有可能逐步走出困境。

（一）提高政府的工作质量。

1. 各级党政机关、各级领导干部，要从各方面切实为“过几年紧日子”做出表率，对于追求享受、讲究排场、奢华过度的人和事，要进行严肃的公开处理。

2. 各级政府部门，要切实对维护各项经济制度和纪律的严肃性负起责任，特别是对于财务、信贷、税收、物资、价格等方面的重要制度和纪律，任何部门和个人都不允许随意开口子，对于各种渎职和失职行为，对以权谋私的行为，要进行严厉的惩处。

3. 切实加强监察、统计、工商、税务、金融等部门的力量，为排除地方政府对这些部门可能的行政干预，应考虑这些系统实行垂直领导，以保持它们在各地相对独立地行使自己的职能。

4. 认真转变机关作风，恢复农村改革初期那种组织干部深入实际进行调查研究的好风气；对于全局有重要参考价值的局部改革项目，要组织各有关部门会同地方和基层干部群众，共同设计方案和探索实施方法，为整治和改革取得经验与教训。

5. 精心组织裁减机关冗员的试点工作，努力扭转机关中人浮于事、不负责任的习气。

（二）必须调整的若干经济政策：

1. 金融。金融在结构严重失衡、计划内融资有大量渗漏的情况下，仅靠紧缩银根和差别利率，可能不仅达不到抽紧银根的目的，反而还会引出许多弊端。因此，较大幅度地提高利率势在必行。对于关系到国计民生的产业，在利率提高之后可对其实行财政贴息制度。高利率对于吸收和稳定存款具有明显的积极作用，但在目前大部分国有企业尚缺乏明确的资产责任的条件下，高利率对于贷款需求的作用区间可能仍是有限的。因此，利率政策调整后，企业制度的改革必须紧紧跟上，否则就只能事倍功半。建议对相当部分的国有中、小工商企业，实行拍卖或长期租赁，以硬化这部分企业对资金需求的约束。

2. 价格。价格是整治中首先需要稳定的基本目标之一。但是，对于某些非调不可的产品价格，还是需要进行及时的调整。粮食和棉花，虽已公布了要调价，但农用生资在实行专营后，价格上涨的趋势仍在发展，因此，粮棉调价后的好处，可能还不足以补偿生资的涨价；近期内，对农业价格问题，必须把力量放在抑制生产资料价格上涨上，同时，也要不失时机地推进粮油等产品销价的改革。对各类紧缺生产资料的价格，关键是要处理好两个问题：一是要制止层层加价倒卖；二是要处理好提价后财政和企业的分成关系。因此，价格的调整，必须与流通领域的清理整顿相结合。

3. 财政。除了进一步压缩预算内的财政开支之外，还必须制定更严格的制度，对几乎已与预算内收入额相当的预算外收入的开支强化管理，特别是对用于基建、奖励、福利等开支的预算外资金，要有更为严格的管理制度。财政增收的一个重要方面，就是严格税收制度。税收的减免权应受到严格的控制，对已享受税收优惠待遇的企业，应尽快进行重新审查，不合条件的应取消。税收制度应体现出它应有的强制性，对偷漏税现象一定要处以重罚，对于帮助偷漏税者舞弊的单位和个人，也必须严惩。

（三）推进组织和制度创新的若干领域。今后的改革内容，有着这样两个特征：其一，剩下还没改的，都是硬骨头，从某种程度上说，剩下的内容，没有全民族的高度凝聚力，几乎都是难以攻克的高地；其二，凭我们以往的经验，是不足以去组织和指导下一步的改革的，因此，需要大量的学习、借鉴和艰苦的试验、论证。这些难啃的硬骨头，主要是企业制度、就业制度、收入分配制度和财政补贴制度等等。这些虽然都是改革的深层内容，但是，它们的时时作祟，实际上是构成经济不稳定的重要原因。因此，不在这些方面推进组织和制度的创新，不仅改革难以深入，而且整治也是难见成效的。

1. 企业制度。企业的承包制显然对调动企业的积极性起了明显的作用。但承包制回避了产权问题，同时也无助于改善结构矛盾，这也是一个事实。因此，我们在总结承包制经验教训的基础上，将企业制度的创新继续推向前进，显然是必要的。实行股份制，是清晰企业产权关系，有利于资产存量流动，硬化经营者自我约束的一条有效途径。建议结合整治，逐步扩大实行企业股份制的试点工作。

企业不能破产，这是我们在紧缩和结构调整中面临的一大难题。国有企业不能破产，当然与我们的许多体制因素有关，但其中一个重要的原因，就是我们的国有银行也不能破产。不能破产的企业依靠不能破产的银行，双方都没有大的风险，因此也就都建立不起预算的硬约束。所以，企业制度的创新，应当和银行组织的创新相结合。我国目前的银行体系，基本是按业务范围来划分的。我们认为，银行组织的创新，应沿着使银行按其功能性质来划分的方向推进，如按银行的功能性质来划分，大体上可以分为商业性银行、合作性银行和政策性银行这样三类。商业性银行和合作性银行的自有资金，都源自股金，它们的服务对象，分别是社会一般经营者和本合作组织的成员。这两类银行虽然服务的对象不同，但如果经营不善，却都会和他们的服务对象一样，是会破产的。政策性银行则不同，它是为落实政府的产业政策而存在的贴息银行，它的服务对象，主要是生产有关国计民生产品的企业，以及各类基础设施的投资者，它以中央银行和政府财政作后盾，如无极特殊的情况，它和它的服务对象一样，一般是不存在破产问题的。银行按其功能性质的这种划分，使不同性质的企业分别与不同性质的银行相联系，政府则通过对合作银行的税率优惠、对政策性银行的贴息率变化，实际上就为各类性质的企业，提供了一个模拟而成的同规则市场，从而基本保证了资源和利润在各类企业间按平等规则分配的局面。

在我国，目前发展非国有的商业银行，显然还不具备重要条件；但在城乡集体企业和部分国有企业中，发展合作性银行的条件则是存在的。在中央银行监督下发展一定数量的以企业为股东的合作银行，就为创造可破产银行与可破产企业的联系方式创造了条件，这样也就为政府逐步办好政策性银行创造了前提。

2. 收入分配制度的创新。近年来，我国的收入分配制度，面临着两个问题的严峻挑战：第一，在职工工资、奖金、福利都大幅度增长的同时，各级财政支付的价格和非价格补贴却仍然急剧增加；第二，收入不公的现象迅速加剧，引起了社会的普遍不满。第一个问题显然与尚未触及根本的企业制度、就业制度和企业承包后出现的短期行为等都有联系，第二个问题则与当前流通领域的混乱、税收制度的执行不力等都有联系。上述两方面问题的结合，又形成了当前经济生活中的一个重要的不稳定因素，即高达5500亿元的社会节余购买力。可以想象的是，继续维持现有收入分配体制，社会节余购买力还将持续增长，这对于推进治理整顿，显然极为不利。因此，在整治过程中，也必须继续推进收入分配体制的改革。当前，应当认真开始着手做以下几项工作：（1）尽快制定详尽的关于党政机关、企业单位发放奖金、补贴、实物和开支福利的规定，进一步完善财务和银行监督，抑制消费基金过速膨胀的势头。（2）拓宽居民个人消费的领域，疏导巨额的社会节余购买力。应当加速住宅制度的改革，通过住宅私有化来吸收居民的消费资金。要注意防止居民的结余购买力大量通过直接融资转化为基建投资，因为目前的居民储蓄实际上大都被用于企业的流动资金贷款，如抽走这部分储蓄，势必进一步造成企业流动资金的紧缺。因此，居民的消费资金，还是应以具有保值性的消费资料来吸纳为主。（3）逐步改变财政补贴制度。对消费品的补贴，只要有条件，就应尽可能把对经营单位的亏损暗补，改为消费者直接的明补，既可防止补贴中间流失，又可使这些产品定量内的销售价格逐渐向市场均衡价靠拢。对于某些实际作用已很微弱的补贴，可以讲清道理，争取取消，如对居民的口粮，年节供应的优质粮部分，就可以取消补贴，对居民实际消费不了的占定量15%左右的口粮，也可以考虑核减标准。这些动作，对绝大多数家庭不会产生多大的影响，但每年也可节约150亿斤左右平价粮的财政补贴。（4）逐步建立社会保险制度，设立待业基金，为就业制度的改革创造条件。

3. 市场组织的创新。要想整顿流通领域中的混乱局面，就必须伴之以市场组织的创新和市场规则的建立。对于屡屡引起“大战”的农产品，及大量被囤积居奇、加价倒卖的工业原材料，应尽快组织起各种拍卖、批发和期货市场，每一市场内部都要有充分的竞争。进入市场的经纪人，必须经过严格的资格审查。市场的行情必须公开，逐步做到使工业原材料和大宗农产品的交易均能在场内进行。

从今年第一季度呈现的投资规模压缩、消费基金控制、货币发放、有效供给增长等经济指标来看，整治的效果并不尽人意。这不仅说明整治是一件难度极大的工作，我们不应期望短期内就能大见成效；更重要的是，它还说明，要想重新恢复政府对宏观经济的驾驭能力，就必须在整治中坚持推进组织和制度的创新，舍此就无法强化政府的调控手段，整个经济也就难以走出困境。而要推进组织和制度的创新，政府就必须认真改进作风，努力提高工作质量，少提没有保障手段的愿望，多做能切实影响经济局势走向的细微工作。只要能把治理整顿与深化改革有机地结合起来，应该说，不足20个百分点的通货膨胀局面，我们是完全有能力去逐步扭转的。

农村经济发展的关键是正确对待农民[①]

（1990 年）

最近十余年，我国的农村经济有了长足的发展，这是世人所共识的。但自 1985 年粮食生产出现较大的波动，接着又出现粮食产量持续多年徘徊的局面之后，社会各界对农村经济的现状和发展前景的评价，就开始复杂起来。对于以往十年改革过程中农村经济的发展究竟有何得失？对于农村经济的改革和增长如何会陷入近几年这种徘徊不前的局面？对于如何使农村经济尽快地走出困境？对于到底应如何规划我国农村经济的发展前景？等等。在这一系列重大问题上，近五六年，理论界和农村经济实际工作部门的许多同志，已经给出了大量的见解，但见仁见智，看法不尽一致。这既表明人们在分析问题时的方法和角度有较大的差异，同时也说明，只有跨越表象、突破局部，进入更深的层次和更广的范围来分析问题，人们的认识才有可能趋向一致。

一、近几年的农村经济发展究竟遇到了什么困难

一讲起近几年的农村经济情况，人们的眼前便出现了一片纷繁复杂的图像。这不仅因为农村经济本身是一个内在层次和联系都极为丰富的结构性问题，绝非三言两语便能讲得清楚，而更重要的是，在我们现行的经济体制下，不同的社会角色，对农村经济状况的感受，是会有很大的差异的。

---

① 本文原载于李国都主编:《发展研究通讯（1986—1989）》，北京师范大学出版社 1990 年版。

政府有关部门对近年农村经济最感忧虑的问题是，粮、棉、油等大宗农产品产量的增势停滞，在人口继续增长的压力下，致使国民人均占有粮、棉、油的数量，1988 年分别比历史最高水平减少了 8.5%、37.7% 和 20.4%①，由此给政府在安排国计民生上带来的巨大压力是不言而喻的。

而政府的这种感受，对于城镇消费者来说，显然是很难体会到的：以 1988 年与 1985 年相比，城镇居民家庭平均每人全年购买的粮食、植物油、蔬菜、肉类、家禽、鱼虾、鲜蛋、食糖、卷烟、酒类这 10 种食品中，除鱼虾一种下降了 0.02 斤之外，其余 9 种都有不同程度的增加。但城镇居民的恩格尔系数，却由 1985 年的 0.5225，降为 1988 年的 0.5136，其中购买粮食的支出，占每人全年的生活费支出的比重，由 8.95% 降为 6.85%②，下降了 2.1 个百分点。可见，即使把物价上涨的因素考虑在内，近几年基本农产品增势的不景气，似乎也并未使城镇消费者的生活质量发生逆转。

至于农民的感受就更复杂了。首先，与基本农产品增势停滞局面相反的，是农民发展生产的热情进一步高涨，以 1988 年与 1985 年相比，农民家庭平均每人的纯收入中，生产性纯收入的比重，从 88% 提高到了 90.7%，而提高的这 2.7 个百分点，又主要是来自农民家庭经营纯收入的增长。农民家庭纯收入占人均年纯收入的比重在此期间提高了 2.1 个百分点。可见，农民家庭经营内在的发展生产、增加收入的积极性并没有衰减。其次，必须看到的是，农民发展生产的积极性的导向的确与政府的愿望之间存在着较大的差异，以 1988 年与 1985 年相比，农民人均家庭经营纯收入中，来自各业的纯收入的增长速度差距，就表明了这一问题。三年间来自农业（种植业）的纯收入，增长了 16.0%（按现价计算，下同），而来自工业的纯收入增长了 267.8%，来自建筑业的增长了 66.0%，来自运输业和生产性劳务的，分别增长了 55.6% 和 88.4%，来自商业、饮食业、服务业的增长了 86.0%。这三年中，农民人均家庭经营纯收入的总增长额中，农业纯收入的增长

① 国家统计局：《中国统计年鉴 · 1989》，中国统计出版社 1989 年版，第 228 页。

② 国家统计局：《中国统计年鉴 · 1989》，中国统计出版社 1989 年版，第 737、728 页。

额，只占23.5%。而与1985年相比，1988年粮食和经济作物类的产品收购价格指数，就分别上升了36.0%和19.1%[①]。可见在这三年中，农业确实不是农民收入实际增长的动因。这就不难理解，为什么政府要求加强农业，而增产粮、棉、油的呼声却连续几年没能从农民那里得到热烈的回音。从总体看，农民致富的主要途径不在农业（粮、棉、油），这是近几年农村经济发展中一个已经引起人们高度关注的特殊现象。出现这样的特殊情况，显然有着极其复杂的社会、经济和历史的原因，我们将在后文中试析其中的部分原因。但无可回避的事实是，这种奇特现象显然与粮、棉、油的持续徘徊是直接相关的，这种奇特现象绝不是农民和政府的农业管理部门所希望产生，同时也绝不是靠他们自身的力量所能够改变的。因此，这种奇特现象的产生和存在，确确实实已使我国的大多数农民感到困惑，使我国政府的各级农业管理部门感到为难。

显然，很难简单地用“好”或“不好”来将近几年的农村经济状况作出概括。城镇居民的饮食水平在恩格尔系数下降的情况下不断提高，农民的实际收入在持续增长，这当然不能说农村的经济状况不好；但政府的粮、棉、油增产计划已连续几年没能实现，基本农产品的进口量增加、库存减少，用于基本农产品购销价格倒挂的财政补贴增势迅猛，而农民仍感到生产粮、棉、油经济上大不划算，因而农业主产品的产量连年徘徊，这又很难说农村的经济状况可使人感到踏实。但如按目前的经济体制据实分析起来，真正对当前的农村经济状况放心不下的，大概就是政府。对于农民来说，种粮、棉、油的收益不好，可以种别的，农业的收益不好，可以搞非农产业，反正东方不亮西方亮，他们总能找到收益相对较高的活计。对于城镇居民来说，农业主产品的消费者价格，那是由政府确定而与农民无大关系的，因而农业，特别是粮、棉、油生产的丰或歉，与城镇居民也是并无大关系的；该消费的，数量和价格政府不能随便动，这对于城镇居民来说，已是天经地义的事情。于是，政府对于粮、棉、油的产供销状况，就几乎负

① 国家统计局：《中国统计年鉴·1989》中国统计出版社1989年版，第7、9页。

起了全部的责任。相比之下，农民、城镇居民和粮、棉、油的经销者，在这方面的操心反倒比政府要小得多。出现这种局面的一个重要原因，就是从总体上看，人民的生活已经超越了维持生存的水平，而与基本农产品有关的购销和价格体制，都基本无大的变化。其结果，就必然是导致只有越来越少的人才会去有必要关心粮、棉、油的生产。毫无疑问，这样的体制，是难以使粮、棉、油的生产和供求关系走出困境的。

经济体制的改革，不仅需要有一个过程，而且要选择正确的入口处与恰当的过渡方式。这就需要首先分析清楚：当前农村经济发展面临的主要问题究竟是什么？我们试将社会各界对此问题的见解作一粗略的概括，并表述出自己的倾向性意见。

认识问题说。持此见解的同志认为，近年出现的这种农业经济持续徘徊的局面，主要是政府领导和农村政策部门对农业的重视不够造成的。这种见解认为，一些领导人和决策部门的负责人，在1984年我国粮食生产获得超历史水平的大丰收面前，产生盲目乐观的情绪，减少了对农业的投资，并实行了不恰当的粮食收购制度和价格政策，结果导致了粮食和其他主要农产品生产的一蹶不振、多年徘徊。因此，关键是要提高各级政府领导人对农业重要性的认识，切实增加对农业的投资。

利益问题说。这种见解认为，粮、棉、油的生产之所以会出现徘徊，主要原因在于利益关系的不平衡，生产粮、棉、油的比较利益太低，因而打击了农民的生产积极性，从而使农村资源配置的重心，越来越偏离农业、偏离种植业、偏离粮、棉、油的生产。这种见解认为，农村绝大多数地区实行“包产到户”“包干到户”的联产承包责任制之后，农户成了相对独立的商品生产者。因此，农户家庭作为一个经营单位，它必然依据市场价格的变动来进行资源配置。而近几年的实际情况是，粮、棉、油初级产品的相对价格（指政府的合同定购价格）走向日渐偏低，使资源投入粮、棉、油生产的报酬水平明显低于其他部门。因此，这种观点认为，从商品经济的角度看，由于贸易条件的不均等而引起的利益关系的失衡，将必然引出粮、棉、油生产的不景气状态。依据这一分析逻辑，这种观点认为，要使粮、棉、油的生产走出徘徊，就只能是：或者较大幅度地提高政府对粮、棉、油初级产品的合同定购价格，使合同定购价格尽可能地逼近自由市场价格，以改变因价格差别对农民造成的生产粮、棉、油比较利益偏低的现状；或者较大幅度地减少政府对粮、棉、油初级产品的合同定购数量，使农民能支配更多的余量进入自由流转，从而能从价格较高、数量较大的自由贸易过程中，获得对因完成低价格的合同定购任务的利益补偿。因此，提高粮、棉、油的政府收购价格和扩大粮、棉、油产品的市场化交易数量，是上述见解所提出的使粮、棉、油生产走出徘徊的主要政策建议。同时，作为这一政策建议的配套性措施，这一见解还要求，必须在粮、棉、油初级产品收购体制改革的同时，相应地对其消费品的销售体制进行改革，否则，就会因骤然增大政府对购销到挂的财政补贴，而使这项改革方案流产。

我们认为，上述两种见解，是近年来理论界和农业实际工作部门谈论最多、呼声最强的主要观点。除此之外，当然还有不少见解，较有影响的至少还有以下几种：

产权问题说。即认为农业实行家庭联产承包制之后，产权尤其是地权关系，不是更清晰化，而是更为模糊化了。由于地权界定不清，因而妨碍了农民对承包耕地建立起长期行为。因此，主张要在土地所有权关系上做出大文章。其政策主张，既有要求实行土地国有制的，也有要求实行土地私有或部分私有制的。

服务问题说。即认为当前农业中的主要问题，是政府各有关部门及农村社区自身，对农户的各项生产经营性服务跟不上需要，因此主张要花大力气去建立和完善对农户的生产服务体系。但其政策主张，却也有极大的差别。其中既有主张通过壮大农村集体经济的实力，以真正实现农业的“双层经营”的；也有认为依托原集体经济组织搞“双层经营”，这并没有跳出原人民公社体制的窠臼，仍然束缚着农民的自主权，因此主张取消现有的社区性农村集体经济组织，在农户经济的基础上，逐步发育合乎经典定义的农村合作经济组织。

性质问题说。即认为当前农业中的主要问题，是经营规模过小，导致政府对农业生产控制的弱化。这种见解认为，极为分散和细小的农户经济，不仅妨碍农业技术的进步，而且具有追求利润最大化目标的倾向。因此，户营经济从总体看，难以以国家利益为重。而随着耕地经营权的分散，政府和农村的集体经济组织却又缺乏矫正农户这种“向钱看”行为的实力和手段，因此才出现了近几年来这种农村产业结构严重失调，粮、棉、油的生产停滞不前的局面。故这种观点认为，从根本上说，当前农业中存在的问题，其实质是要建立什么性质的农村经济体制，是要把农民引向什么道路的原则性问题。从这个高度出发，这种见解认为，必须通过强化农村集体经济组织的经济实力和控制能力的做法，较快地改变土地分户经营的体制，从而使农村土地的使用、资金的投向等重大问题，能够通过农村的集体经济组织，来实现政府的有效控制，以达到尽快把粮、棉、油的产量搞上去的目标。

要穷举人们对当前农村经济中存在问题的各种看法是不可能的。我们在此只打算对最先提到的两种见解，即“认识问题说”和“利益问题说”作一番分析，并在阐述自己的观点时，再对上述提到的后三种见解，谈一些看法。

我们认为，“认识问题说”和“利益问题说”都是有相当的道理的，但同时又认为，它们对问题讲得不够透彻。因为归根到底，粮、棉、油是只有农民才能种出来的。因此，离开了农民这个主体，是难以找准并真正解决当前农村经济中的关键性问题的。正是从这个角度谈问题，我们的观点，可能更倾向于“利益问题说”，因为积我国经济建设40年之经验，可以得出一个公理，就是政府与农民之间利益关系处理的好坏，一般总是农村经济乃至整个国民经济状态好坏的先兆。但我们同时又认为，把政府与农民间的利益关系问题，抽象为主要是一个农产品的收购价格问题，这样的理解，是过于狭窄和过于简单化的，也是不利于分析清楚和妥善解决我们当前所面临的复杂问题的。为了分析和叙述上的便利，我们将“认识问题”“利益问题”，进一步抽象为“投资问题”“价格问题”这样两个问题。这样的抽象或许是不够全面的，但它们毕竟可以概括前述两种见解中的核心内容。

二、关于农业投资问题

对农业（种植业）投资的减少，是农业陷入徘徊、停滞并将严重影响农业增长后劲的一个重要原因，这已成为当前关心农业问题的社会各界的一个共识。但能否因而直接得出对农业投资的减少，是政府不重视农业的结果，不较大幅度的增加对农业的投资，便是政府对农业重要性的认识仍然不足的结论？这其间的逻辑关系似乎并非如此简单。

（一）政府确实减少了对农业的投资。与“五五”期间后三年相比，政府近年对农业的投资，无论在绝对额上，还是在其所占的国民经济各部门基建投资的比重上，都是下降的（见表1）。如果我们将这些数据制成图像，则更能形象地看到，政府对农业投资减少及其比重下降，对农业尤其是对整个国民经济的持续、协调、稳定发展，将造成什么样的后果。显然，当前农业投资问题的严峻性，不仅仅在于目前的投资额（尚未扣除价格指数上涨的因素）还明显低于十年之前，更为突出的矛盾，在于农业投资占国民经济各部门的份额急剧下降，它对于当前和今后一个时期内国民经济结构性矛盾的加剧，必将会引起进一步推波助澜的作用。而要改变这种状况，却也绝非一件易事。以1988年国民经济各部门的投资规模为基数，想使农业投资的比重提高1个百分点，就要使现有的农业投资额增加1/3左右。因此，不用说使“农业投资在整个基本建设投资中的比重达到18%”[①]，即使比重降低一半，为9%，现有的农业投资也需要增加约2倍，即增加100亿元左右。这对于政府在近期内来说，实在是一件“非不为也，实不能也”的难事。

① 《中共中央关于加快农业若干问题的决定》，1979年9月28日。

表 1　农业投资额及其占国民经济各部门基建投资份额

年份	农业投资额（亿元）	比重（%）
1978	53.34	10.6
1979	57.92	11.1
1980	52.03	9.3
1981	29.31	6.6
1982	34.12	6.1
1983	35.45	6.0
1984	37.12	5.0
1985	35.91	3.3
1986	35.06	3.0
1987	42.11	3.1
1988	46.17	3.0

（二）农村的投资始终保持着稳步增长的态势。与政府对农业投资的绝对额和比重都下降的情况相反的是，农村的社会固定资产投资及其在全社会固定资产投资额中的比重，却始终保持着稳步增长的态势（见表 2）。

表 2　农村社会固定资产投资总额及其占全社会的比重①

年份	1981	1982	1983	1984	1985	1986	1987	1988
农村社会投资额（亿元）	250.01	329.92	415.70	553.94	677.66	820.17	1061.06	1321.97
占全社会投资比重（%）	26.0	26.8	29.0	30.2	26.6	27.1	29.1	29.4

如果说农业，其中特别是粮、棉、油生产的徘徊局面确实是因投

① 国家统计局:《奋进的四十年》，中国统计出版社 1989 年版，第 353 页。

资减少而造成的，那么，我们现在所看到的农村社会固定资产投资持续增长的现象表明：农业投资的不足，其主要原因不在于全社会乃至农村社会的资本总量不足，而在于投资的结构性矛盾在不断加剧。农村的社会固定资产投资，无论其总额的增长速度，还是其所占全社会固定资产投资的比重，都具有相当强的稳定性。显然，现存需要讨论的问题是，为什么在全社会投资总额大幅度持续增长（包括农村自身的社会投资总额也大幅度持续增长）的情况下，农业所获投资的绝对额和比重却会越来越少？这个问题必须从政府对社会投资的可支配度，以及农民对各项投资的报酬比较这样两个方面来作分析。

（三）经济流程的变化使政府对社会投资的可支配程度日益降低。经济体制的改革，所引起的显著的经济现象之一，就是地方政府和企业在经济活动中的自主权的扩大，其间既包括地方政府和企业自身留利的增加，也包括他们对投资的决策权的扩大。因此，在这个过程中，中央政府对社会可支配资金的控制程度，对社会投资总额的支配程度，都将明显下降。而这种变化，必将对我国现行的农业投资体制产生极为深刻的影响。下面我们分别依据表 3 和表 4 所提供的数据，来分别分析一下农业投资在国家财政支出中，在全社会固定资产投资总额中的地位变化。

表 3　农业投资在国家财政开支中的地位[①]

年份	国家财政总支出（亿元）	财政对基建拨款		农业基本建设投资		财政支持农业生产支出及各项农业事业费	
		金额（亿元）	占总支出的比重（%）	金额（亿元）	相当于财政对基建拨款比重（%）	金额（亿元）	占财政总支出的比重（%）
1979	1273.9	514.69	40.40	57.92	11.25	90.11	7.07
1980	1212.7	419.39	34.58	52.03	12.41	82.12	6.77
1981	1115.0	330.63	29.65	29.21	8.83	73.68	6.61

① 国家统计局：《奋进的四十年》，中国统计出版社 1989 年版，第 423、425、355、426 页。

续表

年份	国家财政总支出（亿元）	财政对基建拨款		农业基本建设投资		财政支持农业生产支出及各项农业事业费	
		金额（亿元）	占总支出的比重（%）	金额（亿元）	相当于财政对基建拨款比重（%）	金额（亿元）	占财政总支出的比重（%）
1982	1153.3	309.15	26.81	34.12	11.04	79.88	6.93
1983	1292.5	382.81	29.62	35.45	9.26	86.66	6.70
1984	1546.4	488.93	31.62	37.12	7.59	95.93	6.20
1985	1844.8	583.80	31.65	35.91	6.15	101.04	5.48
1986	2330.8	671.82	28.82	35.06	5.22	124.30	5.33
1987	2448.5	628.15	25.62	42.11	6.70	134.16	5.48
1988	2668.3	619.49	23.22	46.17	7.45	155.10	5.81

从表3中可以看出：（1）国家财政对基本建设投资拨款，所占财政总支出的比重，其总的趋势是以较快的速度在下降，九年间，这一比重降低了17.2个百分点，平均每年要下降近2个百分点。显然，这一变化趋势必然对政府给农业的投资数额带来很大的影响。（2）政府对农业基本建设的投资额，相当于财政对基建拨款的比重，从总体看也呈下降趋势，这就决定了政府对农业投资的绝对额必然会减少。（3）对农业的投资在财政对基建拨款中所占比重的下降幅度，明显低于财政对基建拨款所占财政总开支的比重下降幅度。特别是将表3与表1作比较时，可以看出：表1所反映的1984年后，农业投资占国民经济各部门基建投资的比重持续下降，并在低水平上徘徊的情形，与表3所反映的同期情况有很大的不同，在表3中，农业投资占财政对基建拨款的比重，在1984年后经历了一个“马鞍型”并在1988年时，已接近于1984年的水平。这个情况表明，近年农业投资所占国民经济各部门基建投资比重的急剧下降，其主要原因似乎并不在于财政对农业投资的减少（但这并不是说财政对农业投资的减少没有关系）。这从农业投资在财政对基建拨款中所占的比重，明显高于其在国民经济各部门基建投资中的比重这一

点，就可以得到证明。

因此，我们可以认为，尽管农业投资在国家财政开支中的地位确有下降，但农业投资减少的主要原因，则在于近年急剧增长的全社会固定资产投资总规模中，属于财政拨款的比重在迅速降低，而农业基建投资则基本上只能来自财政拨款，因此对农业的比重急剧下降，就将成为现行投资体制下的必然结果。表 4 所反映的情况告诉我们，近年来，社会财力及社会投资规模的增长速度都是相当高的，但分析一下，就会发现这里有相当严重的问题：（1）预算内外收入合计九年间年均增长 13.4%，但国家预算内收入的年增长速度为 9.7%，而地方财政、企事业单位和各主管部门的预算外收入的年均增长速度却高达 19.6%，几乎比国家预算内收入的年平均增长速度高出 10 个百分点，致使目前的预算外收入已几乎相当于国家的预算内收入。这个现状决定了中央财政对社会可支配资金的控制能力必将明显下降。（2）九年中，全社会固定资产的投资额，年平均增长速度为 18.7%，但其中国家预算内投资的年均增长速度只有 4.6%，这就使国家预算内投资在社会投资中所占的份额急剧下降，从而使得中央政府对全社会投资结构的影响能力明显减弱。（3）这九年中，农村社会投资的年均增长速度达 20.3%，高于全社会投资的增长速度；而农村社会投资总额中农民个人的投资额一直保持在 2/3 上下。这些收入和投资的增长结构，显然将越来越不利于主要依赖于国家预算内开支的农业投资。从这个宏观背景来分析问题，我们可以认为，或者需要改变国家的收入与投资结构，或者需要改变农业投资的资金来源，否则，在现有的收入与投资流程的框架下，企图主要通过改变中央政府的财政支出结构，来使农业投资的状况得到明显的改善，其回旋余地将是极有限的。其中的难处，我们在后文中还将结合农产品的购销和价格体制，作进一步的分析。

表 4 预算内外收入及全社会投资情况[①]

年份	国家预算内收入（亿元）	预算外收入		全社会固定资产投资总额（亿元）	全社会固定资产投资总额的资金来源及各自所占比重											
		收入（亿元）	相当预算内收入（亿元）		国家预算内		国内贷款		利用外资		自筹及其他投资		全社会投资中农村社会投资额（亿元）	农村投资中个人投资	
					投资额（亿元）	%	投资额（亿元）	%	投资额（亿元）	%	投资额（亿元）	%		投资额（亿元）	%
1979	1067.96	452.85	42.4	—	—	—	—	—	—	—	—	—	—	—	—
1980	1042.22	557.40	53.5	—	—	—	—	—	—	—	—	—	—	—	—
1981	1016.38	601.07	59.1	960.01	269.76	28.1	122.00	12.7	36.36	3.8	532.89	55.4	250.01	166.34	66.5
1982	1083.94	802.74	74.1	1230.40	279.26	22.7	176.12	14.3	60.51	4.9	714.51	58.1	329.92	198.53	60.2
1983	1211.16	967.68	79.9	1430.06	339.71	23.8	175.50	12.3	66.55	4.6	848.30	59.3	415.70	305.05	73.4
1984	1467.05	1188.48	81.0	1832.87	421.00	23.0	258.47	14.1	70.66	3.8	1082.4	59.1	553.94	379.11	68.4
1985	1837.16	1530.03	83.3	2543.19	407.80	16.0	510.27	20.1	91.48	3.6	1533.64	60.3	677.66	478.43	70.6
1986	2184.52	1737.32	79.5	3019.62	440.63	14.6	638.31	21.1	132.16	4.4	1808.51	59.9	820.17	574.82	70.1
1987	2262.42	2028.80	89.7	3640.86	475.54	13.1	835.94	23.0	175.37	4.8	2154.01	59.1	1061.06	695.35	65.5
1988	2457.82	2270.0	92.4	4496.55	402.68	9.1	914.54	20.6	254.51	5.7	2874.81	64.7	1321.97	865.23	65.5

① 国家统计局:《奋进的四十年》，中国统计出版社 1989 年版，第 427、352 页。

（四）农村的社会投资量很大，但能用于对农业的投资却只占相当低的比重。1988年，农村社会固定资产投资额达1321.97亿元，占全社会投资总额的29.4%。但是在农村个人的投资中，用于房屋建设的资金比重高达85.7%，用于购买生产性固定资产的比重只有14.3%；能够想象得到的是，在这用于添置生产性固定资产的投资中，真正能用于农业的，仍然不会是大部分。农村各级集体经济组织1988年的投资总额中，用于农、林、牧、渔业的投资比重仅为9.4%，而用于工业、交通运输业和建筑业的投资，则高达69.1%。从近中期看，农村个人投资中用于房屋建设的资金，仍将保持相当高的比重。自1984年至1988年，农村每年新建房屋的总面积，分别为6亿、7亿、10亿、9亿、8亿平方米，至今仍没呈现出将明显下降的趋势。因此，对于农户的个人投资，只能考虑如何引导他们将用于生产性投资的那部分资金，更多地投向农业。而对于农村各级集体经济组织来说，则更是要考虑如何改变他们的投资结构，使其将更多的资金投向农村。要去改变农村社会投资的结构，这是件操作难度极大的事情，这不仅因为农村的社会投资，分散在4.5万多个乡、74万多个村和近2.1亿户农民家庭之中，而且，是因为这笔投资，既不属于政府，也不属于国营经济系统。因此，农村社会的生产性投资，较之于城市的投资来说更明显地呈现出利润导向的趋势。正因为这样，人们通常的设想，都认为应当通过提高农产品的相对价格，来引导农村的社会投资更多地向农业倾注。这样，我们就需要在分析农产品的价格问题时，来讨论这种构想的可能性。

三、关于农产品价格问题

近年来，我国理论界对于农产品价格问题，始终有着热烈的讨论。一般来说，多数同志都认为目前的农副产品收购价格仍然偏低，因此抑制了农民发展生产的积极性。很多同志认为，尤其是国家在1985年对粮食取消了“超购加价”、实行了“倒三七”的合同定购混合价后，对新商品粮产区的粮农是一个利益上的打击。因此，进一步认为，

1985 年出台的粮价收购和价格改革措施，是对粮食形势盲目乐观，对农业问题掉以轻心的产物，它的结果，就是农业的多年徘徊。我们认为，粮价问题若处理得不好，确实会严重伤害农民的利益。但是，农业形势，粮、棉、油的生产状况，绝不单纯地是农产品收购价格的结果，尤其在我国现行的经济体制下，农产品收购价格的变动，将受制于和影响到极为广泛的因素。因此，对农价问题的讨论，显然需要结合整个宏观经济的实际情况来进行。

（一）*农产品收购价格近年来始终处于上升状态，但农民实际得益并不多*。党的十一届三中全会原则通过的《中共中央关于加快农业发展若干问题的决定（草案）》中要求："粮食统购价格从 1979 年夏粮上市起提高 20%，超购部分在这个基础上再加价 50%。棉花、油料、糖料、畜产品、水产品、林产品等的收购价格，也要分别情况，逐步作相应的提高"。这个要求，在 1979 年 1 月召开的全国物价会议上得到了落实。1979 年的农副产品收购价格得到了较大幅度的提高，而且，在以后的十年中，农副产品的收购价格，几乎是每年均有上调。若以 1978 年的价格为 100%，到 1988 年，粮、棉、油的收购价格指数，已分别提高到了 274.4%、176.1% 和 193.7%①。若以 1950 年价格为 100%，到 1978 年时的农副产品收购价格总指数，为 217.4%；而以 1978 年价格为 100%，到 1988 年时的农副产品收购价格总指数，则为 244.5%②，这表明，在 1979—1988 年这十年中，农副产品收购价格的上调幅度，高于 1950—1978 年这 28 年的总和。农民在这后十年中，从农副产品收购价格的上涨中所得到的利益也是明显的：十年中因农价提高而平均每人增加纯收入 167.88 元，占这十年中人均纯收入增加总额的 40.8%。③当然，在农产品收购价格上涨的同时，总的物价水平也在上涨，农民也将因此而增加支出。这十年中，农民因物价总指数的上涨，总计人均多支出了 155.21 元，占同期农民人均从农价上涨中所增加收

① 国家统计局：《中国统计年鉴 1989》中国统计出版社 1989 年版，第 7、9 页。

② 国家统计局：《中国统计年鉴 1989》中国统计出版社 1989 年版，第 709—710 页。

③ 国家统计局农调队住户处：《价格变动对农民收入影响的初步分析》，《经济研究》1989 年第 9 期。

入的 92.5%。[①]。可见，在现行的经济体制下，通过提高农副产品的收购价格，虽能使农民得益，但在其他相关因素的作用下，农民从中真正得到的利益，却是微乎其微的。这十年中，因价格上涨，农民人均直接从中得益，仅为 12.67 元，平均每年 1.27 元。

（二）在价格变动过程中，农产品收购价格提高对农业生产发展的激励作用正在减弱。从表 5 中可以看出，我国近十年来农副产品收购价格指数的变动，实际上经历了一个马鞍型。在 1979 年大幅度提价后，以后各年虽年年都继续上调，但上涨幅度逐步减小，到 1985 年时，总上涨幅度降到了最低点（尤其是粮、棉、油的价格）；但 1986 年后，由于农产品供求矛盾重新突出的压力，农价上涨的幅度又逐步增大，到 1988 年时，粮、油收购价格指数的上升幅度，都已成为仅次于 1979 年的十年中的第二个高峰。但遗憾的是，1986 年以后的提价激励作用，远远不如 1984 年以前的明显。这种结果显然至少与两个因素有关：其一是多年对农业的投资不足，因此造成了农业（种植业）生产条件的恶化，致使价格刺激在短期内难以奏效；其二是尽管 1986

表 5　全国农副产品及粮、棉、油收购价格指数（以上年价格为 100）

年份	总指数	粮食类	棉花	食用植物油及油料
1979	103.9	100.7	112.0	104.3
1980	122.1	130.5	125.3	132.7
1981	107.1	107.9	116.2	105.5
1982	105.9	109.7	104.8	104.9
1983	102.2	103.8	101.5	101.5
1984	104.4	110.3	100.2	100.6
1985	108.6	101.8	97.7	104.3
1986	106.4	109.9	99.5	104.6
1987	112.0	108.0	104.7	106.0
1988	123.0	114.6	108.6	119.7

① 国家统计局农调队住户处：《价格变动对农民收入影响的初步分析》，《经济研究》1989 年第 9 期。

年后的农价的上涨幅度又明显增大，但即便如此，粮、棉、油等大宗农产品的相对价格仍处于不利的地位。因此，可以认为 1986 年以后的价格刺激尚不够强烈。

表 6 反映了 1986 年后农价上涨的激励作用不明显的问题。农民人均农业纯收入的增加额，来自两个方面，即生产发展和产品收购价格的提高。我们看到，1979 年较大幅度提高农副产品收购价格后，价格对生产的刺激作用极为明显，从 1980—1984 年，农民人均从农业生产发展中获得的纯收入增加额，明显地高于从农价提高中获得的纯收入增加额；但 1985 年以后，情况却正好相反，尽管农价仍在提高，但农民人均从农业生产发展中获得的纯收入增加额，一直低于从农价上涨中获得的纯收入增加额；到了 1988 年，这种现象发展到了极端：农民人均从农业生产发展中增加的纯收入增加额只有 2.45 元，而从农价上

表 6　粮、棉、油购价上涨和产量变动情况[①]（以上年价格和产量为 100）

年份	粮食		油料		棉花	
	价格	产量	价格	产量	价格	产量
1978	100.7		104.3		112.0	
1979	130.5	109.0	132.7	123.3	125.3	101.8
1980	107.9	96.5	105.5	119.5	116.2	122.7
1981	109.7	101.4	104.9	132.7	104.8	109.6
1982	103.8	109.1	101.5	115.8	101.5	121.2
1983	110.3	109.2	100.6	89.3	100.2	128.9
1984	112.0	105.2	101.2	112.9	101.1	135.0
1985	101.8	93.1	104.3	132.5	97.7	66.3
1986	109.9	103.3	104.6	93.4	99.5	85.4
1987	108.0	102.9	106.0	103.7	104.7	119.9
1988	114.6	97.8	119.7	86.4	108.6	97.7

① 国家统计局：《中国统计年鉴 1989》，中国统计出版社 1989 年版，第 198、199、706 页。

涨中获得的纯收入增加额却高达60.23元，即该年农民人均农业纯收入增加额中，有95.9%是从农价上涨中得到的。1985年前后的这两段情况，当然不能简单地作类比，因为80年代前期，正是我国农村发生农业经营体制改革的年代，制度变迁本身就是促进农业生产迅速发展的主动因；而1985年后，制度变迁这一特殊动因的作用，势必随着家庭联产承包制的普及和稳定而相应地减弱。但我们必须承认这样一个现实，即在目前的宏观经济背景和农业生产力水平条件下，农产品收购价格的提高，对农业生产增长的刺激作用，已经明显地减弱。这进一步说明，不从宏观经济的高度去妥善地解决产业与部门之间的利益矛盾，不能有效地制服“比价复归”的顽症，单纯靠调高农产品的政府收购价格，对于农业的发展，将越来越难以起到明显的激励作用。

（三）现行的经济体制，使政府在解决农产品价格问题上陷入了左右为难的窘境。在我们现在的经济体制下，粮、棉、油等大宗农产品，对于农民而言，政府是最大的买主，对于城镇消费者而言，政府是最大的卖主。因此，对于农民和城镇消费者来说，都只需要考虑农产品的一种价格（生产者价格或消费者价格），并根据这一种与自己有关的价格变动，来设计自己的经济行为。但政府则不同，因为他既是农产品的买主又是农产品的卖主，他就必须既考虑农产品的生产者价格，又考虑农产品的消费者价格。在我们现行的经济体制下，政府起的作用，是割断农产品生产者价格和消费者价格之间的联系。政府所起的这种作用，在不同的社会经济体制和不同的经济发展水平下，可以有以下几种不同的目标：第一，对农产品低价购入、高价卖出，使农民和城市居民同时通过价格为国家建设提供积累资金；第二，对农产品高价购入、低价卖出，由政府通过价格同时对农民和城镇居民给予财政补贴；第三，对农产品高价购入、高价卖出，政府主要只对农民通过价格给予财政补贴；第四，低价购入、低价卖出，这时，政府一方面通过价格直接使农民为国家建设提供积累资金，另一方面则有可能对城镇居民中的就业者实行低工资制度，从而扩大财政得自于企业的利税，转化为国家建设所需要的积累资金。

我国现行的农产品购销和价格制度，形成于50年代初，根据我国社会制度的性质，以及当时确定的经济发展战略目标和实有的经济发展水平，决定了我国农产品购销和价格制度，必然须服从于上述的第四个目标，即通过对农产品实行低价购入、低价销出的措施，使政府最大限度地掌握农村社会和城市企业所创造的经济剩余量，使其集中用于国家工业化所需要的巨额投资。应当承认，在新中国成立初期的国内外政治、经济条件下，我国政府通过这样的体制来积累国家工业化所需的资金，是无可厚非甚至别无选择的；也应当看到，通过这一途径，我国基本依靠自己的力量初步建成了国家工业化体系。但是，同样必须看到的，这一体制中先天就存在的矛盾，必然会随着这一体制本身运转的时间推移而逐渐尖锐化：在低农价、低工资的体制下，城镇居民所付出的代价是过“紧日子”，即居民的消费水平提高很慢；但换来的是城市工业的飞速发展，这样既保证了国家工业规模的扩大，同时也为城镇居民提供了比较充裕的就业机会，化解了由低工资制度可能引起的社会矛盾。从 1953 年到 1978 年间，我国全部职工的人均实际工资，平均每年只增长 0.38%，[①] 而同期工业总产值，平均每年增长 10.71%，[②] 同期全民所有制单位和城镇集体所有制单位的职工人数，平均每年增加 6.73%，[③] 从而使城镇居民的人均消费水平，在同期内平均每年提高 2.49%。[④] 但农村的情况则有很大的差别，农业创造的经济剩余，通过工农业产品交换的“剪刀差”，被大量地转移到了城市工业建设中，致使农业自身的积累和扩大再生产能力相当薄弱。1953 年到 1978 年间，农业总产值平均增长 2.68%，[⑤] 同期农村劳动力平均每年增长 2.01%，[⑥] 同期全国农村农作物总播种面积平均每年扩大 0.23%。[⑦] 由于 50 年代后期开始的“左”的思想路线和政策的影响，致使农村的非农产业被严重抑制，农民不得不主要在耕地上就业。而资源开发（这

① 国家统计局:《中国统计年鉴 1989》，中国统计出版社 1989 年版，第 138 页。
② 国家统计局:《中国统计年鉴 1989》，中国统计出版社 1989 年版，第 145 页。
③ 国家统计局:《中国统计年鉴 1989》，中国统计出版社 1989 年版，第 111 页。
④ 国家统计局:《中国统计年鉴 1989》，中国统计出版社 1989 年版，第 721 页。
⑤ 国家统计局:《中国统计年鉴 1989》，中国统计出版社 1989 年版，第 45 页。
⑥ 国家统计局:《中国统计年鉴 1989》，中国统计出版社 1989 年版，第 101 页。
⑦ 国家统计局:《中国统计年鉴 1989》，中国统计出版社 1989 年版，第 192 页。

里主要指农作物面积的扩大）的速度远远低于农村劳动力增长速度的实际情况，就造成了农村部分劳动力实际上的隐蔽失业，从而使得农民消费水平的提高极为缓慢。1953年到1978年，农民人均消费水平增长1.71%，[①] 比城镇居民的年均消费水平提高速度低约1/3。因此，农民与城市居民的消费水平对比，由1952年的1∶2.4，扩大到1978年的1∶2.9。[②]

由此可见，在农产品低价统派购的体制下，农村经济付出的代价是双重的：它既付出了削弱农业自身积累和扩大再生产能力的代价，又付出了农民生活水平提高缓慢的代价。因此，尽管对农产品低价购、低价销的政策，在我国工业化之初是必要的。但是，随着城市工业体系的逐步建立和壮大，这一政策也必须逐步地做相应的调整，否则，农业就难以有活力，农民就难以有积极性，长此以往，就会积累成整个农村社会发展的严重问题。而且，经济上的这种压力，一旦超出了农业和农民的承受能力，致使整个农村经济处于崩溃状态时，城市的工业也必定会因此而遭受严重的挫折。50年代末、60年代初的困难时期就出现过这种情景：由于农业凋敝，全国农村总人口数，从1958年的55273万人，降为1960年的53134万人，净减少了2139万人；[③] 其后，又导致全民所有制单位的职工人数，由1960年的5044万人，降为1963年的3293万人，净减少了1751万人，[④] 而城镇总人口数，亦同期净减少了1427万人。[⑤] 我们并不是认为，50年代末、60年代初的特殊困难主要是由农产品的购销与价格体制造成的。我们只是希望通过上述触目惊心的数据，来说明这样一个问题：如果农村的社会与经济发展长时期地滞后于工业、城市，那么，整个国民经济稳定和增长的基础则是很脆弱的，一旦遇到了特殊困难，就不仅会给农村，而且会对整个国民经济带来灾难性的后果。60年代初，政府为解决当

① 国家统计局：《中国统计年鉴1989》，中国统计出版社1989年版，第721页。

② 国家统计局：《中国统计年鉴1989》，中国统计出版社1989年版，第720页。

③ 国家统计局：《中国统计年鉴1989》，中国统计出版社1989年版，第721页。

④ 国家统计局：《中国统计年鉴1989》，中国统计出版社1989年版，第101页。

⑤ 国家统计局：《中国统计年鉴1989》，中国统计出版社1989年版，第87页。

时的特殊困难，做了多方面的大量工作。其中之一，便是大幅度地调整农产品的收购价格。1961 年与 1960 年相比，粮食的收购价格陡升了 73.4%，油料的购价上涨了 18.59%，肥猪的购价上涨了 26.39%，鸡蛋的购价上涨了 38.5%，水产品的购价上涨了 26.2%，农副产品收购价格的总指数上升了 28%。一年之内，农副产品收购价格总指数，以及粮食等主要农产品的购价指数，有如此大幅度的上升，这在我们共和国 40 年的历史上，至今仍是绝无仅有的。1962 年，在极端困难的情况下，国家对粮食、油料、肉畜的收购价格，又比上年分别调高了 5.6、1.2 和 2.1 个百分点。① 这一果断措施，对农村经济的恢复，起到了明显的作用。1962—1965 年间，粮食总产量增长了 31.88%，平均每年增长 7.16%，棉花总产量增长了 162.25%，平均年增长 27.269%，花生和油菜籽的总产量增长了 111.13%，平均年增长 20.549%。② 尽管这四年中主要农产品的高速增长，都带有明显的恢复性特征，但它毕竟为我们整个民族在经济上走出困境，奠定了必要的物质基础。

60 年代初，农村经济从崩溃到恢复，绝大多数农产品超过了历史最高水平，仅用了短短的四年，这应当说是我们社会主义制度的优越性。其中农产品价格的提高，显然起了相当重大的作用。但是，国家财政为此也付出了很大的代价，1961—1965 年间，国家在收购粮、棉、油、猪这四大农产品上，共计支出 186.7 亿元（按 1960 年购价水平计），而同期国家财政累计减收、减支分别为 976.7 亿元和 1393.3 亿元。③ 因此，不难想象，政府是在多么困难的情况下实施的农产品提高购价的政策。这五年中，政府收购粮食累计多支出 101.0 亿元，而从粮食销价的提高中，仅多收回 20.8 亿元，④ 其间的价格倒挂差额，就得由财政补贴来填平。

回顾这段历史的目的，在于说明这样一个问题：由于党和政府在当时的困难面前，采取了一系列正确的措施，因此，国民经济渡过了

① 国家统计局：《中国统计年鉴 1989》，中国统计出版社 1989 年版，第 716 页。

② 国家统计局：《中国统计年鉴 1989》，中国统计出版社 1989 年版，第 706 页。

③ 国家统计局：《中国统计年鉴 1989》，中国统计出版社 1989 年版，第 657 页。

④ 国家统计局：《中国统计年鉴 1989》，中国统计出版社 1989 年版，第 113、116 页。

难关，农业经济有了恢复和新的增长，城市居民重新过上了安居乐业的生活。但是，基本农产品购价和销价的关系却进一步被扭曲了，而且形成了一种定势：不管政府怎样提高农产品的收购价格，城镇居民消费的基本农产品，其销价基本上不能或只能极小幅度的上涨，于是，每一次农产品收购价格的提高，都意味着财政补贴的增加。这就使政府陷入了一种左右为难的境地，不提高农产品的购价，农民的积极性和农业生产的发展就得不到保障；提高农产品的购价，由于销价难以作相应的变动，因此提高购价的开支就只能全部或绝大部分由财政来负担。这一趋势的发展，从近期看，使得政府的财政捉襟见肘，不堪重负，自 1979 年来的 11 年中，国家财政收支有十年出现赤字，应该说，物价补贴的剧增，在其中所起的作用是不可低估的；从中长期看，它使得通过“剪刀差”从农民那里提取“贡税”的做法，逐渐失去了它本来的经济意义，因为从农村中转移来的这部分经济剩余，越来越没法用在经济建设上，而只能越来越多地用于城镇居民的生活消费补贴，长此以往，势必形成严重的社会问题。从 1978 年到 1987 年，国家财政对物价（其中主要是基本农产品的价格）的补贴，累计达 2725.93 亿元，占同期国家财政收入总额的 19.04%。这期间，1978 年的物价补贴，占当年财政收入的 8.37%，而 1984 年时，物价补贴已占到当年财政收入的 24.64%。1979—1984 年间，国家财政收入每年平均增长 4.99%，而同期物价补贴的开支，却每年平均增长 25.69%。[①] 如果看到了这六年中财政收入与补贴增长速度上的巨大差异，看到了 1984 年物价补贴已占财政收入近 1/4 的这种局面，也许就应该认识到，1985 年粮食收购及价格改革措施的出台，确实不仅仅只是一个对粮食形势的估计盲目乐观的问题，在其背后，至少还有着相当现实的财政原因。

事实上，我国的财政补贴还远不止物价补贴这一项。补贴的另一个大头，就是对也是因价格扭曲而造成的亏损企业的补贴，此外，直接对城镇消费者的收入补贴（如 1985 年开始实行的猪肉补贴，1988

① 国家统计局:《中国统计年鉴 1989》，中国统计出版社 1989 年版，第 657、673 页。

年开始实行的肉、蛋、糖、菜等基本副食品的补贴等），近年来也是增势迅猛。1986 年我国的补贴总额为 582.26 亿元，占当年财政收入的 25.8%，1988 年补贴总额增至 762.78 亿元，占财政收入的 32.2%，而 1989 年，补贴总额则预计高达 931.17 亿元，占当年财政收入的 32.6%①。沉重的补贴负担，使得政府在农产品销价刚性的情况下，继续通过增加财政补贴来提高农产品购价的传统做法已深感力不从心。而这种情况的延续，又必将对整个国民经济的顺利发展，构成严重的制约，其中当然也会对农业的发展产生极为不利的影响。

在这里，我们还需要分析一下政府对农业的投资与政府对农产品的补贴之间的关系，因为这实际上也是一个影响农产品价格的大问题。1952—1988 年间，农民累计上缴农业税 3712.22 亿元，② 占同期农业国民收入累计额的 9.5%，③ 占同期国家财政收入累计额的 12.24%。④ 但是，农业税，只是农业为国家提供积累的一部分。农民向国家提供积累的更大部分，在于通过工农业产品交换的“剪刀差”而缴纳的“贡税”。据权威部门测算，新中国成立以来，农民在后一种形式中向工业提供的积累，截至 1988 年，已超过了 6900 亿元，⑤ 这个数额，相当于同期农业税累计额的 185% 左右。这样，明暗税合计，新中国成立以来农民上缴给国家的积累总计当在 1.1 万亿元左右。1953—1988 年，国家给予农业的投资，累计为 1070.51 亿元；⑥ 即相当于取自农民的积累总额的 1/10 左右，此外，如加上国家财政其他各项开支给农业的资金（主要为支援农业生产支出和各项农业事业费等），1950—1988 年，国家财政共向农业拨款约为 3120 亿元。⑦ 这样，农民通过农业税和“剪刀差”上缴给国家的积累资金，已有近 30% 通过各种财政拨款返回了

① 《我国补贴知多少》，《文汇报》1989 年 7 月 16 日，第 4 版。

② 国家统计局：《中国统计年鉴 1989》，中国统计出版社 1989 年版，第 683 页。

③ 国家统计局：《中国统计年鉴 1989》，中国统计出版社 1989 年版，第 29 页。

④ 国家统计局：《中国统计年鉴 1989》，中国统计出版社 1989 年版，第 657 页。

⑤ 国家统计局：《中国统计年鉴 1989》，中国统计出版社 1989 年版，第 113、116 页。

⑥ 国家统计局：《中国统计年鉴 1989》，中国统计出版社 1989 年版，第 487 页。

⑦ 国家统计局农调队住户处：《价格变动对农民收入影响的初步分析》，《经济研究》1989 年第 9 期。

农村。而其余的70%多，则是农民对国家工业化和城市发展所作的贡献。从这些数据看，工农业产品交换的“剪刀差”，对国家工业化建设和城市发展来说，确实至关重要，因为向农民收取的农业税，从近40年的累计数来看，其绝大部分已通过财政拨款返回了农村（但以近十年的情况看，财政对农业的拨款数额，都大于收取的农业税数额，而且这一差额正呈不断扩大的趋势）。这个情况说明，政府从农村获得的经济剩余，基本上靠的是“剪刀差”这一暗税，而不是农业税这一明税。

在这样的经济体制和经济流程中，政府必须做到两点：第一，使农产品和工业品的比价实际上始终保持着相当高的价格差别；第二，使通过这种“剪刀差”转移来的农村的经济剩余量，基本上不留在工商企业之中，而是提留为政府的财政收入。这样，才能保证政府在直接对工业和城市进行大规模投资的同时，也能保持一定的对农业的直接投资能力。但自1979年开始，上述的两个条件发生了相当明显的变化。首先，是农副产品收购价格的持续提高，如前所述，从1979年到1988年这十年中，农副产品的收购价格总指数提高了144.5%，而这种提价，基本是政府行为，即提价的资金，基本出自政府的财政开支。因此，政府如不能明显地增加财政收入，其支付能力就将下降。其次，同期的工业品价格也有相当大幅度的提高，但由于改革中企业自主权的扩大，因此，工业品的提价，越来越表现为企业行为，即通过提价增收的资金，更多的是留在了企业而不是上缴给财政。

于是，一方面造成了政府在工、农业产品价格上涨过程中财政收入与支出增长的不均衡，在1979—1988年这十年中，国家财政收入年均增长8.73%，而财政支出年均增长却为9.16%，①这种情况，使国家财政必然日渐陷入捉襟见肘的困境；另一方面，由于企业留利增加，又将导致消费基金的增长快于国民收入增长速度的局面，1988年与1983年相比，我国国民收入年均增长19.1%，而同期居民货币收入的年均增长速度则达22.9%，后者比前者高出3.8个百分点②。由于政府

① 国家统计局：《中国统计年鉴1989》，中国统计出版社1989年版，第657页。

② 魏杰：《消费需求膨胀对改革和发展的影响》，《经济日报》1989年11月14日。

从工业品提价中所获的财政增收数额相对较小，因此，政府对农产品的提价就变为财政的净增支。1987 年的全国财政收入比 1986 年增加 86.37 亿元，而同期的补贴却增加了 87.28 亿元，即将全部增收都用于增补，还有 0.91 亿元的缺口。[①] 这种情况当然不可能不影响国家对农业的直接投资能力。而如果我们再把近年来基本农产品的消费者价格基本无大变化的因素考虑进来，则更容易看清政府在农业投资与农业价格的循环圈中，是陷入了一种怎样的境地。政府对农业的投资，由当前的经济体制所决定而基本不可能有收回或直接收益；因增加投资而增产的农产品，却受种种因素的制约而必须逐年提价收购，但基本农产品的消费者价格，却也因受种种因素的制约而基本不能提高；其最终结果，就是财政补贴将随政府对农业投资的增加而继续增加。显然，如果我们用一个概括来简述这一过程，那就是增加对农业投资的结果，就是继续增加对农产品价格的补贴。

毫无疑问，这是一个难以为继的经济流程。因此，如果不对现行的农产品价格体制进行改革，不仅对于继续通过政府行为不断提高农价的愿望不具现实性，而且，即使政府在短期内可以勉为其难，也会因经济流程的不合理，而使我国的整个经济发展陷入一种深深的困境。总之，我们不认为通过政府增加补贴来提高农产品的购价还有多大的潜力，这不仅仅是考虑到近年来国家财政的拮据，而且认为，这样的操作过程，对于使经济持续、稳定、协调发展的目标而言，实在是一种明显的相悖行为。

四、关键是要正确对待农民

我们在前面分析了关于主要依靠政府的财政来继续较大幅度地增加农业投资及提高农产品收购价格的困难性，并非是不赞成政府通过财政的收入分配手段，来力所能及地增加对农业的投资和提高农产品的购价，相反，我们认为这应当是政府的职责之一。我们要强调的，

① 《我国补贴知多少》,《文汇报》1989 年 7 月 16 日，第 4 版。

只是认为在近中期内，期望主要通过政府的财政来增加对农业的投资和提高对农产品购价的补贴，以求使农业走出困境的设想，是不切实际的。这种愿望，不仅超出了政府财政的支付能力，而且会继续加重我们本来就已相当深重的经济结构性矛盾，它对于我国经济体制的继续改革．对于我国经济的持续、稳定、协调发展，都将带来不利的后果。

我们主张，对于思考如何使农业走出困境的问题，要从保证国民经济的长期稳定发展着眼。那种调了粮价不得不又调猪价，动了棉价不得已再调油价，农价刚调完，工业投入品价格又急起直追的“面多了加水，水多了添面”的办法，不仅无助于农业走出困境，也直接引起了国民经济的整体性波动。作为应急性的措施，国家可以在短期内减少一些建设项目和其他开支，大幅度地增加财政支农资金，增加对农产品收购价格的补贴，如60年代初和70年代末那样（1960年和1978年，国家财政支农资金分别比上年陡增55.4%和39.3%；[①]1961年和1979年，农副产品收购价格总指数，分别比上年猛增了28.0%和22.1%）。[②]但必须看到，这都是在国民经济处于崩溃边缘时的不得已措施。更重要的是还必须看到，即使是在采取了这样的非常措施之后，农业仍然没能摆脱它周期性地成为国民经济不稳定因素的地位。

其间的原因当然是极为复杂的，若简而言之，我们认为至少有这样两个原因是不容忽视的：其一，农业和农村的发展，始终没能有机地成为整个国民经济发展战略的组成部分。尽管每个五年计划都对农业的发展提出了某些具体的指标，如粮、棉、油、肉的产量等，但保证措施都极为含糊。如为达到这些指标，所必需的社会经济资源如何筹集和供给，即资金、物资、能源、科技等来自何方，以什么方式提供给农业？对农业尚且如此，对农村的发展规划则就更为含糊，如怎样提高对农村人力资本的投资？怎样解决农村日渐严重的就业问题？怎样发展农村的科教文卫事业？等等，对这些重大问题，恐怕不要说保障措施，甚至连目标也是不甚明确的。因此，农村和农业的发展，

① 国家统计局:《中国统计年鉴1989》，中国统计出版社1989年版，第669页。

② 国家统计局:《中国统计年鉴1989》，中国统计出版社1989年版，第706页。

与国民经济整体发展间的不协调就难以避免，这种不协调所产生的矛盾经年度间的积累，达到一定的临界点之后，就迫使政府作一次大的调整。而这种调整的目的，往往仅在于短期的平衡而不在于长期的协调，故而城乡和工农之间的矛盾结构，依然如故。于是我们就难以避免这种若干年就有一次农业不景气的局面。

其二，对农业问题，重视的是农产品的供给，忽视的是农民自身的发展。农产品是农民的劳动结果，如果对农民缺乏稳定而有效的激励方式，农产品的供给显然就会缺乏“长治久安”的基础。从50年代初开始，我们实行的对主要农产品的统派购制度，将所有农民都纳入集体经济组织的制度，把农村工副业当作“资本主义尾巴”而强烈抑制的制度，通过严格的户籍管理而将农民拒之于城门之外的制度等等，如果从经济学角度作考察，就会发现这些制度的核心，在于最大限度保障政府所要求的农产品供给量。也就是说，这些制度安排的着眼点，基本在于农产品的供给，而不在于农村和农民逐步向现代化的演进。否则，就很难解释何以在我国工业化、现代化的进程中，在我国农业产值从1952年占社会总产值的45.42%，降为1988年的19.65%的过程中，①我国的农村劳动者，何以会从1950年的1.8亿多人，增加到1988年的4亿多人。②从1965年到1980年，我国城市人口年均增长2.6%,③，明显低于同期42个低收入国家年均增长3.5%和35个中下等收入国家年均增长3.8%的水平④；从1965年到1987年，我国市镇非农业人口占全国总人口的比重，由14%提高到了17.7%,⑤22年间提高了3.7个百分点，也明显低于42个低收入国家同期提高13个百分点和35个中下等收入国家同期提高12个百分点的水平。⑥

工业化进程和城市化进程的明显不协调，农业产值份额下降速度与农村人口份额下降速度的明显不协调，其结果，必然是使农民失去

① 国家统计局:《中国统计年鉴1989》，中国统计出版社1989年版，第47页。

② 国家统计局:《中国统计年鉴1989》，中国统计出版社1989年版，第101页。

③ 国家统计局:《中国统计年鉴1989》，中国统计出版社1989年版，第87页。

④ 世界银行:《1989年世界发展报告》，中国财政经济出版社1989年版。

⑤ 国家统计局:《奋进的四十年》，中国统计出版社1989年版，第350、352页。

⑥ 国家统计局:《中国统计年鉴1989》，中国统计出版社1989年版，第87页。

了许多的发展机会。由此，也不可能不影响到农产品供给的持续、稳定增长。

关于上述的第一个原因，即农业和农村发展在国民经济发展战略中的地位问题，近年来理论界已有较多的评论。因此，我们在此想着重就第二个原因，即农产品供给与农民自身发展的关系问题，作进一步的探讨。

我国人多地少，人均农业自然资源占有量水平很低，因此，农产品供给增长的约束条件很苛刻。这就迫使政府不得不极为重视农产品的供给和分配问题。但是，如果把问题推到了极端，眼里只有农产品的供给问题，看不到农村发展的必要性和满足农民利益的重要性，那到头来只能是削弱农产品供给增长的基础。在这里，我们需要认真提出一个问题，那就是农村工作的重点究竟是什么？也就是能不能把农村问题单纯化为农业问题，甚至进而把农业问题单纯化为农产品问题？毫无疑问，没有多少人会坦然承认农村问题就是个农产品供给的说法。但事实上，在党的十一届三中全会之前，却很难说我们的农村经济政策不是为了确保农产品的征购而深深地得罪了农民。

党的十一届三中全会之后，实事求是的思想路线得到了恢复，农村和农民的贫困状况得到了真实的反映，它极大地震动了制定政策的人们。于是，农民的权益问题被重新提出，并且被提到了比完成农产品征购任务更为重要的高度。在1979年9月28日党的十一届四中全会通过的《中共中央关于加快农业发展若干问题的决定（草案）》中，总结了这样一些至今仍值得我们牢牢记取的经验教训:“尤其必须首先分清究竟什么是社会主义，什么是资本主义。社队的多种经营是社会主义经济，社员自留地、自留畜、家庭副业和农村集市贸易是社会主义经济的附属和补充，决不允许把它们当作资本主义经济来批判和取缔。按劳分配、多劳多得是社会主义的分配原则，决不允许把它们当作资本主义原则来反对。‘三级所有、队为基础’的制度适合于我国目前农业生产力的发展水平，决不允许任意改变，搞所谓‘穷过渡’。”“经过实践证明行之有效的政策，切不可轻易改变，以致失信于民，挫伤农民的积极性。同时，对那些不利于发挥农民生产积极性，不利于发展农业生产力的错误政策，必需坚决加以修改和纠正。”“制定国民经济计划，必须真正做到遵守农轻重的次序，保持农业和工业的平衡，每项建设事业的发展，首先要考虑农业的负担能力。”“我们对农业的领导，一定要从实际出发，一定要按照自然规律和经济规律办事，按照群众利益办事，一定要坚持民主办社的原则，尊重和保护社员群众的民主权利。决不能滥用行政命令，决不能瞎指挥和不顾复杂情况的‘一刀切’。”这个《决定》还规定：“粮食统购价格从1979年夏粮上市起提高20%，超购部分在这个基础上再加价50%。棉花、油料、糖料、畜产品、水产品、林产品等的收购价格，也要分别情况，逐步作相应的提高。”“在今后一个较长的时间内，全国粮食征购指标继续稳定在1971年到1975年‘一定五年’的基础上，并且从1979年起减少50亿斤，以利于减轻农民负担，发展生产。水稻地区口粮在400斤以下的，杂粮地区口粮在300斤以下的，一律免购。绝对不许购过头粮。”[①] 于是，才有波澜壮阔的农村经济体制的改革，才有了使整个世界都感到震惊的1979—1984年的中国农业的高速增长。但是，不到十年的功夫，对于我国农业在70年代末是如何走出困境的一些基本经验，在一些同志那里却已经相当淡漠了。

面对近年来基本农产品供求关系重新趋紧的现状，有些同志不是从现存经济体制的弊病中去找原因，不是从继续推进改革的过程中去求办法，而是回过头去，用老眼光看待农民，用老办法去对待农民。应当看到，近年来，一些地区在对待耕地家庭承包经营制的态度上，在对基本农产品的收购政策和具体措施上，在对待乡镇企业和向非农产业转移的农村劳动力的做法上，已经造成了使广大农民不安、不满甚至产生抵触情绪的后果，如不引起警觉，党和政府与农民群众之间的关系，不是不存在被恶化的可能性的。重新使用党的十一届三中全会前的某些得罪农民的老办法，到底是否有助于我国农业走出徘徊，目前尚不得而知。但根据以往的经验和教训，有一个结果是现在就可以明确预料的，即将农民问题产品化，为了多征购些农产品而不惜得

① 《三中全会以来重要文献选编·上》，人民出版社1987年版。

罪农民，尽管有可能在一两年内多收些粮、棉、油，但付出的代价和造成的后果，都将是无法估量的。

60年代初，面对国民经济所陷入的严重困难，毛泽东同志作过一系列的反思，他说："1960年有天灾又有人祸，敌人的破坏尚且不说，我们工作上是有错误的，突出的是大办水利、大办工业，调劳动力过多。"他还谈到，第一次庐山会议后"带来一个高估产、高征购、高分配。这个教训值得我们记取"。在分析这些教训的基础上，毛泽东进一步总结说："在社会主义建设上，我们还有很大的盲目性。社会主义经济，对于我们来说，还有许多未被认识的必然王国。拿我来说，经济建设工作中间的许多问题，还不懂得。工业、商业，我就不大懂。对于农业，我懂得一点。"但是"我注意得较多的是制度方面的问题，生产关系方面的问题。至于生产力方面，我的知识很少"。他还谈到过："对社会主义，我们现在有些了解，但不甚了了。我们搞社会主义是边建设边学习。"① 大灾之中，毛泽东不仅在总结关于中国社会主义经济建设的一般性经验教训，尤其重视总结对待农民问题的经验教训，在这方面，他的体会要深刻得多、言语也要肯定得多。他在1961年时曾经这样对高级干部说"中国有五亿农民，如果不团结他们，你有多少工业，鞍钢再大，也不行的，也会被推翻的"。他还说："中国这个国家，离开农民休想干出什么事情来。"② 毛泽东的这些在痛定思痛中得出的真知灼见，时隔近30年后读来，仍使人感觉到它的振聋发聩般的力量。自然，我们当前所遇到的困难，确实并非是和30年前遇到的困难所可以类比的。但是，绝不能得罪农民这个基本经验，应当说仍然是完全适用的。从60年代初和70年代末中国农业两次走出困境的成功之例中，我们可以得出这样的经验：越是在经济困难的时候，越是要注意保障农民的权益，越是要避免将农民问题产品化的倾向；在困难中，要将眼光穿透农产品供求关系紧张的现象，看到导致这种现象产生的体制和政策原因，通过深化改革，来寻求发挥农民生产积极性、发展农业生产力的有效措施，只有这样，才能使我国农业持续稳定发

① 逄先知：《毛泽东和他的秘书田家英》，中央文献出版社1989年版。

② 逄先知：《毛泽东和他的秘书田家英》，中央文献出版社1989年版。

展，建立起长治久安的基础。

在这个过程中，国家当然应该通过经济的调整来增加对农业的投资和对提高产品购价的财政补贴，但也必须认清，对此抱过高的期望是不切实际的。因此，正确对待农民问题，说到底，就是要摆正农村发展在国民经济发展战略中的地位，以及建立起一套受农民群众欢迎的农村经济体制，用这十年的形象语言来说，即主要还得靠政策，靠政策来使农民舒心顺气，靠政策来使农民情愿将自己的经济剩余更多地转化为对农业的投资。也许有人会说，这是一个远水解不了近渴的过程，但我们认为，那也比用得罪农民的饮鸩止渴的办法要好得多。我国人均农业自然资源如此稀缺，整个国家的经济和科技发展水平又较低，要从根本上解决农业问题必然将是一个很长的过程。因此，应当放开眼量，做好打持久战的充分思想准备，脚踏实地从眼前开始认真做基础工作，注重制度和组织的建设及其经验的积累，逐步理顺工农之间、城乡之间及农村内部各部门之间的经济关系，以使农业的发展能真正建立在合乎经济规律的基础之上。只要踏踏实实地这样做，假以时日，持之以恒，5 年、10 年、20 年地坚持下去，我们确实没有理由对中国农业的持续稳定发展，抱任何悲观的情绪。

以下，我们就正确对待农民问题中的几个重要关系，作些初步的分析，以求引起讨论。

（一）农民与土地的关系。农民与土地的关系，历来是政府处理与农民之间关系的最基本问题之一。而对农民与土地之间的关系处理不当，则往往又是导致农业陷入困境的最直接原因之一。因此，在讨论如何正确对待农民问题时，首先提出农民与土地的关系问题，显然是必要的。

新中国成立 40 年来，我国农民与土地的关系已经有了几次大的变化：土地改革，从根本上铲除了在我国已延续了两千余年的封建土地关系，到 1952 年冬，全国有 3 亿多无地少地的农民，从地主、富农手里分得了约 7 亿亩耕地，摆脱了以往每年向地主交纳 700 亿斤粮食地租的重负，[①] 中国全体农民在历史上第一次真正成为“耕者有其田”的自耕农。就在土地改革即将完成之时，中共中央于1951年12月作出了《关于农业生产互助合作的决议（草案）》，并于1953年2月正式通过了上述决议。

同年12月，中共中央通过《关于发展农业生产合作社问题的决议》，1955年10月，又通过了《关于农业合作化问题的决议》，同年11月和次年6月，又相继公布《农业合作社示范章程草案》《高级农业生产合作社示范章程》。到1956年底，全国约有1.2亿多农户参加了农业生产合作社，占当时总农户的96%，其中参加高级社的农户约1.1亿户，占总农户数的88%，[②] 至此，中国农民在整体上成为小土地私有者的短暂历史，即宣告基本终结。

从1952年土改结束，到1956年底高级社基本覆盖全国农村的四年过程中，中国农民与土地的关系大体上经历了这样的变化：土地私有、分户独立经营，农户间进行劳力和生产资料使用的换工互助阶段；土地作股入社，全社实行统一经营，农民参加集体劳动，收益实行按劳分配和土地分红相结合的初级社阶段；土地无代价转为集体所有，主要生产资料折价卖给集体，实行统一经营、集体劳动、按劳分配的高级社阶段。应当指出的是，并不是所有的农户在这四年的过程中都经历了这样的三个阶段，有相当数量的高级社，是在互助组和个体农民的基础上，“一步登天”地建立起来的。

1958年8月中共中央作出《关于在农村建立人民公社问题的决议》，要求“一般以一乡一社、两千户左右”。人民公社的特征是“一大二公”，它的规模约为原有的十来个到二三十个高级社，生产资料的公有化程度也比高级社更高。对于高级社合并过程中的经济关系，决议要求：“若干社合并成一个大社，他们的公共财产，社内和社外的债务等，不会是完全相同的，在并社过程中，‘应该以共产主义的精神去教育干部和群众，承认这种差别，不要采取算细账、找平补齐的办法，不要去斤斤计较小事’”，还指出：“一般说，自留地可能在并社中

① 《经济大词典·农业经济卷》，上海辞书出版社、农业出版社1983年版。

② 《经济大词典·农业经济卷》，上海辞书出版社、农业出版社1983年版，第84页。

变为集体经营。”人民公社建立之初，在生产资料上实行了单一的公社所有制，分配上实行了工资制和供给制相结合的制度，在一段时间内，甚至实行过基本否认农户家庭为消费单位的公共食堂制度。这个决议对于人民公社意义的评价，在后人看来是难以置信的，它指出：“看来，共产主义在我国的实现，已经不是什么遥远将来的事情了，我们应该积极地运用人民公社的形式，摸索出一条过渡到共产主义的具体途径”。

同年12月，由中共中央八届六中全会通过的《关于人民公社若干问题的决议》，进一步肯定了上述的8月决议，并描述了8月决议之后三个月中形势的变化，进一步阐发了关于人民公社性质和前景的丰富想象。决议指出：“1958年，一种新的社会组织像初升的太阳一样，在亚洲东部的广阔的地平线上出现了，这就是我国农村中的大规模的、工农商学兵相结合的、政社合一的人民公社”，“只经过了几个月的时间，全国74万多个农业生产合作社，就已经在广大农民的热烈要求的基础上，改组成了26000多个人民公社。参加公社的有1.2亿多户，已经占全国各民族总数的99%以上”。在讲到公社实行工资制和供给制相结合的分配制度时，决议说：“过去经常愁吃愁喝、愁柴米油盐酱醋茶的家庭，从此可以‘吃饭不要钱，也就是说，得到了最重要和最可靠的社会保险’。”对此，决议指出：“人民公社实行的供给制度，开始带有共产主义的按需分配原则的萌芽。”

可见，兴办人民公社的最初设想中，除了进一步肯定办高级社时取消了农户对土地私有权的做法之外，还含有削弱农民根据其对土地投入劳动的多少，来作为其收入多寡依据的含义，因为收入的分配，一下子被扩大到在约2000户左右的范围来平衡，这样，对投入土地的各种劳动的精确计量的可能性和必要性，都大大地减弱了。因此，在1958年的秋冬，如果仅从经济利益的角度来看，我国农民与土地之间关系的疏远，恐怕是到了前所未有的程度。在经历了50年代末、60年代初的严重挫折之后，中共中央于1962年3月发出了《关于改变农村人民公社基本核算单位问题的指示》，要求各地农村，普遍实行将基本核算单位下放到生产队的制度，并指出：“一般说来，生产队的规模，大体上以二三十户为宜。”指示中认为：“以生产队为基本核算单位，一般说来，更适合于当前我国农村的生产水平，更适合于当前农民的觉悟程度，同时，也更适合于基层干部的管理才能。”并且明确地指出：“在我国绝大多数地区的农村人民公社，以生产队为基本核算单位，实行以生产队为基础的三级集体所有制，将不是短期内的事情，而是在一个时期内，例如至少30年，实行的根本制度。”

此后，一直到80年代初，在农村普遍实行家庭联产承包制之前的20余年中，这一制度基本上都是稳定实行的。毫无疑问，以二三十户为规模的生产队经济核算制，使得农户依其对土地投入劳动量的多少作为分配收入依据的关系得到了强化，农民之间，劳动的计量、折算、监督和评估等等的明晰程度，比以往有了提高。因此，这个指示，以及后来中共中央连续发出的相关文件，对于60年代初我国农业经济的恢复，显然是起了作用的。但是，也必须看到，这个指示，以及在其后由中共中央八届十中全会通过的《农村人民公社工作条例修正案（草案）》《关于进一步巩固人民公社集体经济、发展农业生产的决定》等，也使我国农村失去了一次调整农民与土地关系的重要机会。

因为1961年、1962年，正是我国农民自发地产生第二次“包产到户”的萌动之时（第一次“包产到户”的萌动，发生于高级社刚刚建立的1956年秋至1957年春）。1961年，我国不少地方的农村，农民和农村基层干部都已搞起了暗分明不分的“包产到户”。就农民基于其自身的利益关系来说，他们并不满足于只对人民公社作出基本核算单位下放到生产队的调整，他们要求的是通过农村经济关系的调整，使农户与耕地之间能够建立起更为直接明了的经济关系。1962年春，毛泽东派他的秘书田家英带人到由他指定的湖南韶山等地调查，但当田刚进韶山冲这个毛泽东的故里时，迎面遇到的却是社员普遍要求包产到户的强烈呼声，这件事可说是当时中国农民心态的一种典型反映。田家英在结束湖南调查后，先后在上海和北京向毛泽东及其他中央领导作了汇报。田当时认为，在手工劳动的条件下，为了克服当时的严重困难，包产到户和分田到户这种家庭经济还是有它的优越性的，他认为，集体经济现在“难以维持”，故而萌生了用包产到户和分田到户渡过难关的思想。陈云在上海看了他们的调整报告后，认为“观点鲜明”，很为称赞；周恩来则让杨尚昆从北京打电话给田家英，问：“可不可以把农村的私有部分放宽一些？”刘少奇和邓小平在北京听了田的汇报后，分别明确提出实行包产到户的主张和干脆地赞成田的设想。

从这些情况看，一场远比基本核算单位下放到生产队更为深刻的农村经济关系大调整，似乎是有可能在1962年发生的。但毛泽东坚决反对，他认为将基本核算单位下放到生产队，已是农村经济关系调整的最后界限。毛在上海听到了田的汇报后，就断然指出：“我们是要走群众路线的，但有的时候，也不能完全听群众的，比如要搞包产到户就不能听。”到了8月的北戴河中央工作会议时，毛泽东从批包产到户入手，重提阶级斗争的尖锐性。他认为，实行包产到户，不要一年，就可以看出阶级分化的结果来：“一方面是贪污多占、放高利贷、买地、讨小老婆，其中包括共产党员、共产党的支部书记；一方面是破产，其中有四属户（军、工、烈、干部家属）、五保户。”等到了9月召开的党的八届十中全会时，毛泽东则进而提出了阶级斗争要“年年讲、月月讲”的观点。① 在这之后，“包产到户”的呼声果然沉寂了近20年。

对这一大段历史作简要的回顾，目的在于使我们建立起农民与土地的关系变动和我国农村经济发展与波折之间的思维联系；在于提醒我们充分注意到，处理好农民与土地的关系，对于解决当前和今后相当长时期内我国农村经济问题的极端重要性；更在于企图用历史的经验教训来证明，以家庭经营为主的耕地承包制度，只能逐步完善，不能贸然推翻。

党的十一届三中全会以来，实行以家庭经营为主的耕地承包制度，长的地方已近十年，短的地方也已愈五年。近年来，由于农业的波动与徘徊，对于这一制度，无论是理论界、农村实际工作部门，还是在农民那里，都是议论纷纷。大家关心或曰不踏实的问题，主要集中在三个方面，即土地的所有权制度问题、土地的经营使用权问题、土地

① 逄先知：《毛泽东和他的秘书田家英》，中央文献出版社1989年版。

的规模经营问题，毫无疑问，这三个问题都与农民的利益有着极为密切的联系。

1. 土地的所有权问题。对土地所有权制度，近年来有三种政策主张，即实行私有制、变为国有制以及完善社区集体所有制。笔者认为，在理论上，各种主张都可作进一步的探讨，但在实践中，有一个基本事实是必须作为讨论问题的前提的，即无论实行何种土地所有制，在短期内恐均难以改变现有的近20亿亩耕地，是分别由约2亿户左右的农民家庭来经营的这个现状。近中期内，如想贸然地去改变这种现状，那么，这种土地所有权制度必然遭到农民的反对，如强行建立，则必然引起农村经济社会的极大波动；如果建立一种新的土地所有权制度，而对目前这种土地分户经营的现状又基本不打算去触动，那就要考虑改变目前农村土地所有权制度的目的究竟何在？综合实行土地国有制和私有制的主张，他们认为实行新制度的主要目的在于三点：（1）强化土地管理，防止农地流失；（2）增加对土地的中长期投资，强化农田基本建设；（3）促进土地流动，以期实现“规模经营”。

首先来分析国有制的主张。在我国，对农地的管理，归根到底还得依靠村一级的管理机构和干部，这种状况在近中期内是难以改变的。因此，农地国有之后，可以解决占用农地的审批权限问题。但在管理上，政府并无可能越过村的组织去作直接的操作，故土地国有制无助于解决农地的管理问题。土地国有也无助于解决增加对农地的中长期投资问题，因为地租的分配，事实上早已形成了既定的格局，在这种格局没有发生实质性变动之前，国家不可能仅根据地权在法律意义上的变动，就凭空多得一笔收益，因而也无法在现有的基础上大幅度地增加对农业的投资。那么，对农地投资的主体部分，还将来自农户和农村集体经济组织。因此，宣布土地国有，也无助于解决大幅度增加农业投资的问题。实行土地国有制之后，国家当然有权决定什么人可以承包耕地，什么人不可以承包，什么人可以多包，什么人只能少包，因而理论上政府可以通过行政手段，来促使农地的使用权流动和集中，但问题在于，土地在现阶段，不仅是农民的生产资料，而且也是农民的社会保险，在土地的这双重职能尚无法被分解之前，不允许部分农户承包耕地，或对部分农户只予承包少量耕地的做法，事实上是行不通的。因此，土地国有制也无助于解决土地经营使用权的流动和集中问题。如此来看，近中期内，作出土地国有化的制度安排是没有必要的。

再来分析土地私有制的主张。第一，实行土地私有制，与改善土地管理的现状并无直接联系。第二，实行土地私有制后，有可能促使农户对土地建立起长期行为，有可能会诱导农户对土地的长期投资。但是，综合决定农户对土地投资行为的，除了产权清晰程度之外，至少还有一个土地产品的价格因素，在农产品比价偏低，尤其是粮、棉、油比价更低的宏观背景下，仅仅靠界定土地产权，是否就能促使农民大幅度增加对土地的中长期投资，实在是很令人疑虑的事。第三，产权清晰，有利于市场发育，这在理论上似乎可作为实行土地私有制后有利于土地流动的依据，但是，在人均农地资源稀少，实行小块土地私有制的社会中，上述理论是否适用，也同样非常值得人们疑虑。因为，处于这种背景下社会的工业化过程，必然带来地价飞涨的结果，届时，土地成了农户最有效的保值手段，它似乎只会阻碍土地市场的形成，或曰实际上阻碍土地的流动和集中。这样的例子，在人地的比例关系类似我国，而制度上实行小块土地私有化的亚洲的一些国家和地区是并不罕见的。据此，即使不作意识形态方面的争辩，看来在我国重新实行土地私有制，也是不可行的。

因此，我们主张稳定现有的土地所有权制度，即完善农村社区的土地集体所有权制度。它的最大好处就是能给农民以基本的稳定感。目前存在的问题，是相当一部分地区在实行土地家庭承包经营之后，由于不能随经济关系的变化而对组织体制作出相应的变革，致使土地的集体所有权徒具虚名，并严重影响了对农地的正当管理。

因此，完善土地集体所有权制度的基本内容，应当包括这样三点：(1) 落实集体土地的所有者。应进一步明确集体土地的所有者是农村基层的社区经济组织，当前，它仍应是原人民公社时的基本核算单位（大部分地区，即为目前的农村村民小组这一级的经济组织），至于能否或怎样将集体土地的所有者，演变为目前农村中行政村级的经济组织，要视农村经济发展、农民的愿望而定。切不可随意变更农村集体土地的所有权，否则，在经济利益关系和农民的心理上，都会造成不必要的混乱。（2）明确和扩大集体土地所有者的土地收益权。目前各地实行的承包农户向集体组织缴纳“提留”的做法，经济关系上很不明确，数量也有很大的随意性，绝非长久之计。应当明确作为土地所有者的社区经济组织能够获得一定数量的地租。这样既明确经济关系，也便于确定适当的数量。地租的获得，既可通过变土地的承包制为租赁制后，直接向农户收取，也可以乡为单位，实行对农业税征收地租附加税后，再按实情返还给村经济组织。村级经济组织获取的地租，应当主要用于农田水利的基本建设和加强对土地使用中的行政性管理，应在农业银行开设专门的账户或设立专门的科目，乡政府应在农业银行的协助下，对农村地租的使用实行监督，并经核实后向农民公开使用情况。此外，对农户的宅基地和经营性非农单位的占地，也应逐步实行收纳地租的制度。（3）扩大集体土地所有者对土地的处分权。原则上应承认，除不得将土地卖给私人外，土地的集体所有者，在经内部民主协商程序之后，有权出卖、租赁、折股和抵押土地。但当农地转为非农地时，土地集体所有者的上述权力，须经政府土地管理部门的批准后，方能生效。当前，完善和强化农村土地的集体所有权，对于稳定农业的家庭联产承包制度、加强对土地的行政性管理，增加农田水利基本建设，发展农村经济组织对农户的生产经营，服务等等，都将是有利和必要的。

2. 土地的经营使用权问题。基于新中国成立后农民与土地的关系演变的沿革，首先应当承认，共同居住在同一社区内的一切农户，都具有承包（或租赁）该社区集体公有土地的同等权力，这种权力，既源于任何农民都具有的劳动的权力，也源于任何农村居民都具有获得最基本的社会保障的权力。只有在上述基础之上，才能够根据当地农村经济发展的实际状况，以及当地农民的意愿，来考虑对现有的农村土地经营使用权的调整问题。一些地区已经开始实行的从某一时点起不再随户籍人口的变动而调整土地经营使用权的做法，应当说是具有相当积极的现实意义的，它对于抑制土地经营规模的不断被分割、细化，对于抑制农村人口的盲目增长，对于鼓励农户对自己所经营的土地的投资改良，都有着明显的促进作用。与扩大集体土地所有者的收益权相结合，应当改农户对集体土地的承包制为租赁制，变经济含义模糊的“集体提留”为租赁者缴纳的地租。租赁期一般不应短于十年，但租约不能作为遗产遗传或分割。对于出让土地租赁权的农户，社区经济组织应当给予经济补偿；转让租约的行为，应当得到社区经济组织的认可。从总的发展趋势来看，对于农户承包（或租赁）集体土地的经营使用权，在近中期内首要的目标是稳定农户的期望，明确这种权力的经济关系，而调整农户对土地的经营使用权，则将是相当长的时间之后，才会成为全国性的农村政策的主要课题。

3. 土地的规模经营问题。应当看到，我国的农业最终必然也将走经营主体有较大的土地使用规模的道路。但这是一个只有建立在经济和科技都相当发达的基础上才能够实现的长远的目标，不从根本上解决广大农村劳动力的非农就业问题，没有城市化、工业化程度的极大提高，没有完善的农业市场和有效的农业服务体系，我国农村整体上的规模经营问题，还只能是美好的愿望。因此，应当明确的是，在近中期内，农业的规模经营，还只是农村中数量相当有限的少数真正具备了条件的局部地区才会面临和有能力去解决的政策问题。所以，不应当将它作为一项关系到农村全局的基本经济政策来随意谈论，否则，极易造成大多数农户的彷徨和不安，这对于稳定和完善以家庭经营为主的农业承包责任制的基本政策是不利的。当前，应当防止的是在搞农业规模经营的口号下，滥用行政权力，不顾现实经济条件的许可和当地农民的意愿，随意侵犯承包农户的权力，又搞瞎指挥的盲目倾向。

我们的农村基本经济政策，只能依据全国绝大多数地区农村的实际情况来制定，在一个有八亿多农民的国度里，任何例外的情况都将是必然存在的。但是，这些例外的情况，显然不应被作为制定全国性的农业基本政策时的依据。可以说，在当前和今后的一段时期中，研究如何抑制现有的农地经营规模不断被分割细化的政策，要比研究如何加速实现“农业规模经营”的政策来得更具现实性和迫切性。因此，过多地将理论界、农村实际工作部门和农民的眼光引到土地的“规模经营”上来，至少在近中期内是不理智的。当然，我们决不反对在那些有条件，农民也愿意搞“规模经营”的地方先改变农业家庭经营的现状，无论是土地的“两田制”承包，还是农场式的统一经营，具备了条件的，当然可以并应当搞，在新开垦的大面积耕地上，更应当搞。我们只是认为，在现阶段，不应当将目前只在极少数地区具有现实意义的土地的“规模经营”问题，与农业以家庭经营为主的基本政策相提并论，以免引起农民和农村基层干部不必要的误解和不安。

（二）农民与市场的关系。从理论上讲，我国从来就没有对农业实行过指令性计划，因而可以认为农民是始终和市场有缘的。但实际上，由于主要农产品的政府收购计划是带有指令性的，因此农民与市场的关系，事实上是一直被扭曲着的，党的十一届三中全会以后，由于农产品流通和价格体制的逐步改革，农民与市场的联系正在逐步地得到加强。据有关部门的测算，到1988年底，农民通过市场自由出售的农产品价值，约已占全部商品农产品总价值的60%。尽管由于政府收购的农产品定价偏低，在一定程度上可能夸大了上述的测算值，但应当看到的事实是，农民通过市场来出售产品、安排生产的机会和可能确实大大增加了。

现在的问题是，农民不能通过市场来自由出售的那占到商品农产品总值40%左右的产品，恰恰都是事关国计民生的最重要的基本农产品。其中绝大部分为粮、棉、油产品。我们遇到的困难是，如果不能利用市场来收购政府必须掌握的粮、棉、油数量，那就难以促使承包农户将更多的经济资源分配给粮、棉、油的生产，从而限制其产量的增长；如果充分利用市场来收购政府所需掌握的粮，棉、油数量，那就是超出了目前政府的财政支付能力（或是城镇居民的支付能力），粮、棉、油的政府收购与市场的关系问题是放在我们面前的一个两难问题。由于目前宏观经济环境不合理倾斜的问题一时难以根治，因此在大宗农产品的供求关系上，已经出现了食之者众、生之者寡的严重局面，僵持下去，将是后患无穷。因此，尽管农产品购销和价格体制的改革确有很大难度，但也必须坚持在近期内就能有所推进，以改革和理顺农民与市场的关系，保障农民的经济利益。

1. 粮食收购体制的改革。近年来，政府以低价销售给城镇居民的粮食总量，约在 800 亿斤左右，加上其他各种必须由政府保障的粮食供应量，在近中期内，政府直接掌握的粮食若低于 1600 亿斤，将是难以保障安全的。从这几年的情况看，政府掌握的这 1600 亿斤粮食中，通过国际贸易调剂的，约可达三四百亿斤，其余部分则必须由政府在国内向农户收购。对粮食收购体制的改革，大体上可作两种设想。

其一，将改革前对农民的合同定购量严格控制在现有的 1000 亿斤的水平上（内含所征公粮），对此外的政府收购量，全部实行随行就市的收购。这一做法，与现行体制的衔接比较平滑，所引起的社会震荡小，但问题是财政补贴将明显增加，粗略计算，约需增将近百亿元。

其二，将政府的收购量确定在 1200 亿斤的水平上，推进增税、提价、换购的改革措施。即：a. 提高农业税。将公粮增至 400 亿斤，即增长 60% 左右。所增公粮，由粮农负担的不应超过 300 亿斤，其余部分由非粮农承担，凡利用农村土地从事经营活动者，均应按市价折实（或折款）向政府交纳公粮；b. 降低合同定购数量，提高定购粮的价格。将合同定购量降为 400 亿斤，即比原定购数量减少 47% 左右，并将因增收公粮而节支的购粮款，用于提高定购粮的收购价格，平均粮价可提高 30% 左右；c. 改变化肥换购办法，集中 2000 万吨化肥（约占化肥总销售量的 1/5 左右），按 1∶1 比例，换取 400 亿斤粮食，价差另行结算。这三项措施，可分别达到三个目标：调整农村内部的比较利益关系，使资源配置向有利于粮食生产发展；使合同定购价格向市场价靠拢，使政府购粮行为向模拟市场转化；以实物换购来减少农户受通货膨胀的损害，同时也可在一定程度上解决化肥供销过程中的利益中间流失问题。如政府所需要超过 1200 斤以上的粮食，应全部按随行就市的原则，另行向农民议购。这一做法，涉及现行体制改革的方面和环节较多，操作难度不小，但好处在于财政增支不多，也有利于培育出新的制度因素。

无论按哪种设想进行粮食收购体制的改革，都应明确两点：一是在相当长的时间内，政府都必须确保能够掌握相当数量的粮食，这一点必须向农民讲清楚，因此近中期内，对于粮食购销体制的全面市场化设想是必须排除的；二是粮食收购体制的改革，必须有粮食销售体制改革的密切配合，否则粮价扭曲的结果总是只靠农民和政府来承担，粮食收购体制的改革是走不远的。总之，粮食收购体制的改革，在近中期内要达到的目标，是在确保政府最低限度的粮食收购量之后，使其余的商品量，能让农民真正拿到市场上去出售，从而利用市场的力量，来改善农户对粮食生产的资源配置状况。

2. 棉花等主要经济作物收购体制的改革，应当朝着逐步建立拍卖市场、批发市场、期货市场的方向发展。一些重要的经济作物，可以并且应当实行专买专卖制度。但是，专买专卖制度也不应当将农民完全屏蔽在市场之外。因此，应当逐步培育起棉农代理人、经纪人，通过他们去进行市场化的交易，以增强供求关系的透明度，减少流通中的中间环节，保障农民的经济利益。

我国农业生产，是分散在两亿多个农民家庭中进行的，再周全的计划，也不可能把农民的生产和流通活动都包容进来。因此，理顺农民与市场的关系，让农民更多地进入市场，让市场供求更多地调节农村的资源配置和农户的生产，是我们不应当也是不可能回避的重大课题。

（三）*农民与组织的关系*。通过各级基层组织，将几亿农民联系起来，这是我们党对中国农村传统社会改造的一大奇迹和一项伟业。新中国成立后，农村前 30 年的基层组织建设，有其成功的经验，也有其失败的教训。近十年来，随着以家庭经营为主的承包制的普及，农民与原有农村基层组织间的关系发生了明显的变化，其中既有有利于保障农民基本权益和促进农村经济发展的方面，也有使得农村社会发生一定程度紊乱的方面。应当说，农民与组织的关系问题，目前正处在一个重要的转折点上。从近年农村社会经济的发展状况看，农民与组织的关系，实际上有两类：

1. 农民与原有的基层社区组织的关系。原有的农村基层社区组织，都是在人民公社时期建立的政企合一的组织。人民公社体制取消之后，这些基层社区组织，既由于新的组织目的不够明确，也由于其经济依托的减弱，因而有相当数量的活动处于不正常状况。如何处理这些基层社区组织？这是当前农村经济社会发展中的一个极为重要的问题。我们认为，对待农村基层的社区组织，既要考虑到当前农村经济社会稳定的必要性，又要为以商品经济为基础的农村新的合作经济组织的生长创造条件。因此，对农村现有的基层社区组织，不应提出强求一律的政企分开的过急要求。目前农村的实际情况是，在大多数地区，基层社区组织，能够为农户提供的经济技术服务，远少于它们实际承担着的政府职能，其中特别是低价收购大宗农产品的政府职能，脱离了农村基层社区组织的作用，显然还没有其他可以替代的组织手段。因此，农村基层政企分开，只能是一个渐进的过程。

当前更迫切的问题，是必须保证农村基层真正有人管事，这不仅是政府的要求，也是农民的要求。否则，像大宗农产品的政府收购、计划生育等事关国计民生和基本国策的大事，将有落空的危险。而农民最为关心的社会治安、超越家庭的农业基本建设及其他公益事业等，也将有无人过问的危险。因此，近中期内，应继续采取鼓励社区经济发展，稳定社区组织和干部队伍的政策。同时，也要完善对社区组织和干部的民主管理和民主监督制度，以保证社区经济的收益，能更多地用于对农户的各种经济和技术服务，保证社区的组织和干部能真正解决一些农民迫切要求解决的社会问题。这样，才能使农民感觉到，这样的社区组织，是有益的。

2. 农民与新的合作经济组织的关系。目前，在市场交易程度较高的农产品经营领域中，在非农产业部门中，农村已经形成了一大批超越社区界线，由农民自愿联合而成的生产和流通领域中的新的组织。这是发育农村真正的合作经济组织的重要生长点之一。但由于现行的法规和政策，对它们的法律地位尚不够明确，也缺乏相对于个体和私营经济而言的应有优惠待遇，因此，这些组织大多尚未摆脱松散性和临时性。应尽快制定农村合作经济组织的法规，明确规定，农民的新经济组织，只要符合以下几个基本条件：①自愿加入，退出自由；②民主管理，一人一票；③利润的分配不以股金分红的方式为主；④具有逐渐增长的不可分割的公共资产的积累。就应当给予他们明确的合作经济组织地位，并享受政府通常应给予合作经济组织的各项政策性经济优惠。这样做，有利于农村资产的积累，也有利于引导农民发展合作经济，以提高自身的经济地位。

处理农民与组织的关系，应当而且必须把重点放在使组织能为农民提供服务、提供依靠、提供保障上。只要不将农村组织片面地理解为就是“管住”农民的，那么，农民是不会疏远和摆脱组织的。

（四）农民与就业的关系。农民，本来应当是一种职业的称谓，它类如工人、教师、医生等等。但在我国现行的体制下，农民，却成了一种社会身份的称谓，它表示该人不能在城镇合法定居，不能享受政府提供的低价粮油、低价住房、公费医疗，他的就业不属于政府的劳动人事部门安置，等等。而事实上，现今被称作“农民”的人中，也确有相当数量（约 1 亿人）所从事着的是非农业的工作。“农民”含义的复杂化，其本身就是我国社会经济生活中的一种极为复杂的现象。导致这种现象产生的原因，以及这种现象所掩盖着的矛盾，都可以说是不胜枚举的，但有一点是很多人都已看到了的，即这种现象与我国农村人口的就业问题密切相关。

自 1957 年以来，我国农村的耕地就一直是不断减少的，而生活在农村的人口，却一直是增加的。以 1988 年与 1961 年相比，我国的农业人口增加了 34276 万人，即增长了 62.0%；再考虑到耕地的减少，1988 年时，平均每个农业人口拥有的耕地面积，只相当于 1961 年的 60%。可见我国有限的耕地所承受着的就业压力是何等的沉重。由于我国现有 9 亿农业人口（1988 年的确切数为 89532.3 万人），[①] 如果面对这个巨大的数量认真地考虑他们的就业问题，那无疑将构成一个全世界都罕见的经济难题。新中国成立 40 年来，我国的工业和城市有了巨大的发展，但由于各种复杂的原因所致，工业和城市其他产业所增加的新的就业岗位，甚至还不足以安置“非农业人口”中新增的劳动力。那么，农业人口中新增的劳动力，其就业出路到底在哪里呢？日渐减少的耕地与日益增加的劳动力构成了相当尖锐的社会经济矛盾。

事实表明，我们以往的经济发展战略及与之相配套的一系列社会

① 国家统计局:《奋进的四十年》，中国统计出版社 1989 年版，第 350、352 页。

经济措施，没有能够解决这个矛盾。但这个矛盾在农村的积累，越来越严重地阻碍着农民富裕和农村发展的客观要求的实现。正是从这个意义上讲，近年来出现的乡镇企业的异军突起，出现的数百万、上千万进城的农民“盲流”大军，都是有着非常深刻的社会经济原因的，不能简单地责怪农民“不务正业”，不能片面地指责农民的非农产业与国营大工业“争原料、争能源，争市场”，实际上，这些都是农民在巨大的压力之下的无可奈何之举。因为十几亿亩耕地的就业框架，早已容纳不下成倍增长了的农村劳动力的就业要求。

应当承认，农民的就业问题，曾经是一个长期被忽视了的问题，而当问题被积累到相当程度，农民自己起来“无计划”地在农外领域、到城镇里来谋求解决这一问题时，我们又没有做好最必须的经济和社会方面的准备。1989年，在乡镇企业中就业的“农民”人数，第一次出现了减少的现象，已经在城里谋生的“农民”也出现了大量的倒流，这虽然与治理整顿所必然会造成的短期效应有关，但它毕竟意味着农民的就业矛盾又一次被激化了，它对于谋求社会的安定将是一个非常不利的消极因素。

必须看到，农业的发展过程，其自身并不是一个能够提供更多就业岗位的过程，在农业的发展过程中，只有那些依赖于农业、服务于农业的行业，以及那些因科技的发展而不断衍生出来的新的产业，才能和必然创造出新的就业岗位。因此，近年来，农民在就业问题上所作的选择不仅是充满着经济理性的，而且也是合乎社会经济发展规律的。继续将“农民”就业问题仅囿于在农业内解决的思路，不仅会使农民和农村，也将使我们整个民族的发展，失去太多的机会。

农民的就业问题，显然不可能在短期内得到具有根本性的解决，但如果我们不从现在起真正意识到这个问题的严重性，并认真着手做出统筹规划，就有可能会为时过晚。从某种意义上讲，解决好农民的就业问题，可能是解决好当今中国党和政府与农民关系的一个核心问题，也是解决好农村发展的一个核心问题。如果不从经济发展战略上作重大的调整，不从城乡一体化的角度规划产业结构和社会经济的发展，农民的就业问题将是极难得到解决的。

农民的就业问题尽管确是一个极大的难题，但是，如能解决得好，却又会成为促成我国经济腾飞的巨大动力。只要我们全面地看待农村问题，正确地把握农民问题与农业问题的联系与区别，真正地把农村的发展问题有机地纳入整个社会经济的发展规划中，那么，再大的难题也会是有可能得到逐步解决的。

十年前，当中国经济体制改革这场伟大的变革刚在农村发轫时，有一位长期从事党的思想工作的负责人曾讲过这样一段话："在中国10亿人口中，有8亿是农民。仅仅这一点就决定了，如果农村的事情没有办好，中国的事情就不可能办好；农民贫困，国家就不可能富裕；农业如果还停留在古代，中国就无法现代化。"这番话表明，引出农村这场伟大变革的，是我们重新重视了农民问题，把农业走出困境的立足点放在了正确处理与农民的关系之上。时隔十年，我们又遇到了农业的困境，出路同样在于调整与农民的关系。正像毛泽东在28年前所说的那样："中国这个国家，离开农民休想干出什么事情来！"

稳定基本政策是深化农村改革的前提①

（1991年）

一

由于治理整顿已见成效，经济形势趋向好转，党和国家的领导人最近适时地提出了“加大改革分量”的要求。这一要求，对于当前的农村经济改革也完全适用。

农村，曾经是我国国民经济体制改革的发轫之地。农村经济体制最初的成功改革，为国民经济其他各部门体制改革的全面展开，不仅提供了必不可少的物质基础，而且提供了值得借鉴的重要经验。但是，由于整个经济体制改革进程中各项措施的配套性不够，国民经济运行中新旧两种机制出现了对峙和胶着的局面，致使经济生活中的利益摩擦和矛盾日渐加剧。在内外两方面种种因素的掣肘之下，农村改革在80年代中后期也陷入了步履艰难的困境。

在经历了数年的徘徊之后，进入90年代，如何重新启动农村经济体制改革进一步深化的步伐，真正做到“加大改革的分量”，还可以从各个不同的角度去提出思路和构想。我认为，当前进一步深化农村改革的前提，应当首先保持现行农村经济基本政策的稳定。不强调这个前提，农村的改革不仅难以深化，而且完全有可能出现新的波折甚至大的反复。

我国当前的农村经济基本政策，是实行以家庭承包制为基础的双层经营体制。我认为，这个政策有两个基本点：（1）在基本生产资料

① 本文原载于《农业经济问题》1991年第6期。

（如土地）为集体公有的前提下，通过以家庭为单位的承包制度，实行农业的分户经营；（2）对分户经营有困难的环节，通过逐步发展和壮大集体经济而实行多种方式的统一经营。显然，前一个基本点，是这一政策的基础，而后一个基本点，则是这一政策发展和完善的方向。准确地把握这两个基本点之间的联系，其重要性在于，它可以使人清晰地认识到，所谓稳定现行的农村经济基本政策，首先就是稳定家庭承包的分户经营制度。因为，离开了这个现实的出发点，实际上也就是抛弃了发展双层经营的方向。因此，只有在稳定和完善以家庭联产承包为主的责任制的前提下，才谈得上农村改革的深化，才谈得上壮大集体经济的实力和发展各种形式的社会化服务体系。这样，家庭经营与壮大集体经济的关系，家庭经营与发展社会化服务体系的关系，就构成了进一步深化农村改革所必须认真研究的两个基本问题。

二

农户家庭经营与集体经济的关系，是我国农村改革一开始就首先遇到的一个基本理论与实践问题。经过几年的探索，党中央在 1983 年的 1 号文件中全面地阐述了这两者之间的关系，“党的十一届三中全会以来，我国农村发生了许多重大变化。其中，影响最深远的是，普遍实行了多种形式的农业生产责任制，而联产承包制又越来越成为主要形式。联产承包制采取了统一经营与分散经营相结合的原则，使集体优越性和个人积极性同时得到发挥。这一制度的进一步完善和发展，必将使农业社会主义合作化的具体道路更加符合我国的实际。这是在党的领导下我国农民的伟大创造，是马克思主义农业合作化理论在我国实践中的新发展”。这段论述，不仅指明了“统分结合”是正确处理农业中家庭经营与集体经济关系的原则，而且指出，同时发挥集体优越性和个人积极性，是具有中国特色的社会主义农业合作化的具体道路。这个文件的重要意义在于，它表明，我们党对于马克思主义农业合作化理论及其在中国实践的认识，有了一个新的发展，即在发展和壮大集体经济的过程中，不应该也不可能否认农户家庭经营的作用，从而重新确立了家庭经营在我国社会主义农村经济中的地位。

从这个文件的公布到现在，已经过去八年多了。应当承认，八年多过去了，“统分结合”的双层经营体制，在我国农村的大部分地区，还远没有发展到比较完善的程度。农村经济新的组织和制度建设之所以进展不快，原因当然是多方面的，但我认为，其中最主要的原因，则在于我们对怎样才能发展和壮大集体经济，缺乏清晰的思路和具体的政策。

其实，早在48年前，毛泽东同志就分析了使中国农村逐步走向集体化的道路。他在《组织起来》一文中指出，“在农民群众方面，几千年来都是个体经济，一家一户就是一个生产单位，这种分散的个体生产，就是封建统治的经济基础，而使农民自己陷入永远的穷苦。克服这种状况的唯一办法，就是逐渐地集体化，而达到集体化的唯一道路，依据列宁所说，就是经过合作社”。可以很清楚地看出，毛泽东在这里指明，合作社经济，是个体经济向集体经济过渡的中间环节。时隔六年，在党的七届二中全会决议中又指出，“中国人民的文化落后和没有合作社传统，使得我们的合作社运动的推广和发展大感困难”[①]。这说明，将中国农村的个体经济，逐步地引向集体经济的道路，必将是一条十分艰难而又相当漫长的道路，因为连向集体经济过渡的中间环节——合作社经济的推广和发展也深感困难。

今天的中国农村经济，已完全不同于40年前。不管在合作化、集体化的过程中有过什么样的失误，土地的集体公有制毕竟已经确立，这是我们考虑深化农村改革的基点之一，而农民的家庭经济，在绝大多数地方也早已打破了那种基本属于自给性质的封闭格局。今天的农村经济，与人民公社时期也有着显著的区别，变化的重要标志之一，就是农户家庭经济的重新崛起，而集体统一经营的比重则有了明显的下降。农民家庭平均每人的纯收入中，来自集体统一经营的部分，已从1978年的66.3%，下降为1989年的9.4%，而来自家庭经营的部分，则从1978年的26.8%，上升为1989年的82.2%[②]。截至1988年

① 《毛泽东选集》第五卷，天津人民出版社1977年版，第93页。

② 《中国统计摘要1990》，中国统计出版社1990年版，第48页。

底，农民家庭平均每户自有生产性固定资产价值达1033.03元[①]，按此测算，全国农户自有的生产性固定资产总值当在2155亿元左右。如果加上流动资金，1987年底，农民家庭平均自有生产性资金即已达1214.60元，农户自有的生产性资金总额，已占当时农村全部生产性资金的54.2%[②]。从农户拥有的生产资料数额来看，可以说，今日的农户，已不仅仅是一个经营单位，而且在一定程度上也已经是一个经济实体。这显然也是我们考虑深化农村改革的基点之一。

因此，深化农村改革，必须站在这样一个现实的起点上：一方面，是已经建立了35年的土地集体公有制；而另一方面，则是农户自有的生产性资金总额，已占农村全部生产性资金的大部分（不包括土地的价值）。显然，在这个起点上探讨壮大集体经济的问题，必须要形成一种有别于50年代中后期那样搞集体化的思路。如果再像50年代中后期那样，通过搞运动的方式，把农户的生产资料都收归集体（不论有无报偿，都是一样），显然是行不通的，那样做，必将严重恶化党和政府与广大农民的关系，造成农村生产力的严重破坏。因此，历史的教训绝不能忘记。斯大林在1930年分析苏联集体农庄运动中的主要错误时指出："集体农庄运动中的主要错误是什么？答：主要错误至少有三个。（一）违背了列宁的建立集体农庄的自愿原则。（二）违背了列宁的在进行集体农庄建设时必须估计到苏联各个不同地区的各种不同条件的原则。（三）违背了列宁的在进行集体农庄建设时不容许跳过运动尚未完结的形式的原则。"[③]抚今追夕，在考虑如何壮大我国农村的集体经济时，应当说，斯大林分析的当年苏联集体农庄运动中的这三个主要错误，仍然是非常值得我们深思的。这里需要解释的是，斯大林所指的第三个错误，他在后文中作了明确的具体阐述，即"决不能容许跳过农业劳动组合而径直成立公社"[④]。

---

① 《中国统计年鉴1989》，中国统计出版社1989年版，第187页。

② 见《经济日报》，1988年7月23日。

③ 《斯大林全集》第12卷，人民出版社1955年版，第179—184页（作者在这里仅引用了三个标题原文，未引用标题下的解释性文字）。

④ 同上，第185页。

具体到我国农村当前的实际情况，如单纯从“壮大集体经济”这一目标来看，可能提出的具体方式大概有三种：(1) 走办高级社、人民公社时的道路，把农户的生产资料都收归集体。但如前文所述，这显然是一条行不通的路。(2) 利用集体提留或国家财政拨款、银行贷款来扩大集体资产。但是，在大部分农村地区，集体提留款能用于集体经济扩大再生产的数额，实在非常有限，而国家财政、银行能够支持集体经济扩大再生产的能力，至少在近中期内，也实在有限。因此，按这条路子走，壮大集体经济的过程必然十分缓慢。(3) 走合作制的道路，充分利用集体和农户现有的资产，逐步发展与完善双层经营体制。

我认为，从我国的理论发展与实践过程来看，合作经济与集体经济应当说是有差别的。除去自愿与一人一票的民主管理原则之外，我认为，这两种经济形式的主要差别，在于其内部的财产关系和分配方式。众所周知，合作经济产生的前提，是商品经济的发展，而它产生的具体形式，则是股份制的存在。合作经济是小商品生产者采用特殊的股份制形式联合而成的一种经济组织。它既不排斥小私有制，也实行一定比例的股金分红。但随着合作经济的运转，属于劳动者共同占有的那部分集体资产，将不断增殖，而小商品生产者也将随着合作社经济的发展，而逐步成为社会化大生产的有机组成部分。但集体经济则不同，从我国以及苏联的实践来看，集体经济是以首先铲除小私有制为自己的起点的，它不承认内部成员个人拥有生产资料的权力，因此，也不承认资产具有参加收益分配的任何权力。我认为，面对我国农村当前的实际情况，在理论上区分合作经济与集体经济的不同之点，具有极其重要的现实意义，因为这关系到对2亿多农户所持有的约3000亿元自有生产性资金的基本方针和政策，更何况农户所拥有的自有资产，每年还在以10个百分点以上的速度增长着。这是我们在理论与政策上都不能回避的现实，我们只能在这个现实的基础上，逐步走向最终要实现的目标。

消灭私有制，是我们共产党人奋斗纲领的高度概括。但实践证明，消灭私有制将是一个历史过程，即使是在已经建立了社会主义制度的国家中，部分经济领域中的小私有制，也是不可能和不应当被一下铲除的。正因为如此，发展合作经济，对于发展社会主义经济制度来说，才具有特殊的重要性。马克思主义关于合作经济的理论中，有两个要点是我们应当去认真把握的。其一，合作社经济的社会属性，主要的并不是由其内部的财产关系，而是由占社会主导地位的经济性质来决定的。其二，合作社经济，在无产阶级夺取政权之后，是引导小生产者向社会主义经济过渡的中心环节。我认为，把握这两个要点，将有助于我们正确地对待农户现已拥有的生产性资金，也有助于我们寻找到逐步壮大集体经济的正确道路。

当然，按照合作制的原则来再次组织农户的经济并不是一种轻而易举的事情。相反，这肯定将是一种极其繁难的工作。但是，如果清醒地认识到我们当前的现实起点，那么，这就是一件不能再犹豫不决的大事。应当看到，现在发展合作经济的环境和条件，是 35 年前所根本不可能比拟的：第一，土地已经实行了 35 年的集体公有制；第二，相当一部分农村社区，已经积累起了一定数量的公共资产；第三，农业生产的商品化程度，已经有了明显的提高，而决定农业发展的物质技术要素的生产和流通主渠道，则基本掌握在国家的手中。因此，完全有理由认为，通过示范和提供社会帮助的方式来吸引农民的能力，要比 50 年代中期不知强多少倍。提出在新的基础上实行农业合作制的具体政策建议，需要经过反复论证和试验，这非本文所能及。本文的目的仅在于提出这样一种思路，在农户自有生产资料的数额已相当可观的现实情况下，既不能采取当年搞集体化时采用过的手段，又要在家庭经营稳定和完善的基础上壮大集体经济，那么，选择合作制的原则，走双层经营的道路，既发挥集体的优越性，又发挥农户家庭的积极性，这对于我国大部分农村来说，应当是一种合适的选择。在这种选择下，农户必然拥有从事承包地经营活动所必须的生产性资金，因此它不仅是经营主体，也是一个经济实体，而大中型农业机械、排灌设施、产品加工设施以及其他的工商企业，这些超越家庭规模的投资，则应当采取合作制的股份办法来添置和经营。这些联合经营的项目，一方面主要是为本社区的农户服务，另一方面也将成为集体资产积累的重要源泉。在这样一种选择下，稳定、完善家庭经营与壮大集体经济，显然是可以做到并行不悖的。

三

家庭经营与社会化服务体系的关系，实际上也是一个已经探讨了多年的问题，一家一户独立承担经济活动中产供销的各环节，显然是力不胜任的，因此，需要外部社会的种种服务，这是生产过程本身所提出的客观要求。对于农户来说，外部社会向其提供的生产性服务，其形式，大体可以分为两类，其一是在社区内得到的服务，其二是从社区外获得的服务。而其性质，大体也可以分为两类，其一是通过互助或联合经营而得到的自我服务，其二是通过商品交换关系而买来的服务。毫无疑问，只要是有利于生产，两种形式和两种性质的生产性服务，都应当得到发展。但是，决定家庭经营与社会化服务体系关系的核心是什么呢？是对于服务的需求和供给。即农户会对外部社会的服务提出什么样的需求，而服务体系又能向农户供给什么样的服务。从经济学的角度来分析问题，不难看出，服务中的这种供求关系的决定因素，是生产成本。没有成本约束，对服务的需求和供给都可以无限增长。正因为成本约束是客观存在的，因此，讨论家庭经营和社会化服务体系的关系问题，就不能脱离我国大多数地区农村经济的实际情况。

通过商品交换关系而买来的服务，其需求的提出，当然取决于获得服务后能否直接带来降低成本、增加收益的结果。在农业生产中，这种服务的发展，在一定程度上取决于生产的利润水平。我国农户的生产，经营规模狭小，自给性比重大，基本农产品的相对价格又偏低，因此，这类服务在农业生产中的普遍化，至少在近中期内是难以实现的。尤其是在基本农产品的生产方面，更是有着诸多的经济制约。当然，那些可以在短期内就能直接产生明显增产效益的服务，如向农户提供先进的物质技术服务，使单位农产品的成本明显降低而收益增加，农户仍是舍得花钱购买的。

农户通过互助或各种形式的联合经营而获得的自我服务，大体上有三种方式。第一是农户通过自愿联合而形成的各种专业性合伙或合作组织，它往往是围绕着某类农产品产、供、销的一个或几个环节而形成的跨越社区的组织。由于受农产品比价关系的影响，这类专业组织，往往只存在于主要受市场调节的农产品产供销领域。第二是以龙头企业为核心，通过生产的专业化分工而形成的“公司加农户”模式，其特点是生产规模大，技术水平高，专业分工细，因而经济效益好。但与农户联合的专业组织一样，它是利润导向的经济组织，在我国目前的价格体系下，它主要也只存在于受市场调节的农产品供应领域。第三是社区经济组织向农户提供综合性服务，社区组织的长处，在于它既能将市场关系内部化，又能组织农民的活劳动积累，而且它提供的服务，可以面对社区内的每一个农户，这些长处，是其他各种类型的服务组织所难以比拟的。因此，社区组织所提供的生产性服务，在农业生产中，尤其是在粮棉油等大宗基本农产品的生产中，具有难以替代的作用。

但是，社区组织所提供的生产性服务的范围和水平，直接受到社区组织自身经济实力的影响。因此，发展社区服务的问题，其实质仍然是一个壮大集体经济的问题。所不同的是，它不仅要求处理好农户家庭经营与壮大集体经济的关系，而且要求处理好农业生产尤其是粮棉油等大宗农产品的生产与其外部经济环境的关系。对于我国大多数农村地区来说，发展社区服务，必须在尊重农户家庭经济权益和充分利用原有集体组织的基础上，采用合作制的原则，通过兴办社区性的各种服务组织实体的途径来逐步完善。

应当指出的是，目前我国农村中社区性服务比较完善的地区，基本上也都是乡镇企业比较发达的地区。在这类地区，为农业提供的社区服务的成本，至少有相当部分是由乡镇企业的利润来承包的，这就是“以工补农，以工建农”的经济实质。应当说，在农业与非农产业比较利益差距悬殊的背景下，这类地区为了保持农业的稳定发展，采用这种“补农、建农”的措施，是必要的。但是，实行“以工补农、以工建农”是在我国现有国民收入分配格局下，农业尚是一个扩大再生产能力不足的产业的措施，只能是暂时的、局部的缓解这一矛盾。

而从根本上说，农业的利润率、积累率过低的矛盾，只有通过对现存的工农、城乡关系进行宏观政策调整，才能真正解决。否则，我国广大基本农区的社区服务组织，是很难获得自身发展的必要经济条件的。

通过发展合作制来发展和完善社区服务组织，除了必须妥善地处理合作组织内部的财产关系和收益分配方式之外，更为重要的是，必须有适宜的外部经济环境。这种外部环境主要由两方面构成。其一是合理的农产品（主要是大宗农产品）贸易条件，即应尽可能使农业经营也能获得社会平均利润率，其二是具有法律保障的对合作经济组织的政策性经济优惠。显然，这两个条件，在我国不是短期内就能实现的。但是，深化农村改革，必须包括这两方面的内容，而加大改革的分量，很重要的一点也在于加快这两方面改革的步伐。否则，就难以使社区经济组织逐渐增强对农户的吸引力。现存的工农和城乡矛盾，不仅阻碍着我国农业的正常发展，也阻碍着我国农村基层组织建设的健康发展。而这种宏观经济中的深层矛盾显然也必须通过宏观经济政策的调整，通过国民经济体制的配套改革才能逐步解决。而企图通过再次伤害农户的经济权益，通过让集体组织更多地运用行政手段的“统”，来将这些国民经济中的宏观矛盾，交由农村社区去作微观处理的做法，是不会有助于建立使国民经济持续、稳定、协调发展的经济体制的，而它对于农村社会经济发展的伤害，则尤为明显。

显然，发展农业的社会化服务体系，与稳定和完善农业的家庭经营，并无矛盾。在社会化服务体系的发展过程中，农户或者是服务内容的购买者，或者是在联合经营中创造并享受服务的参与者。在这两种情况下，农户都保持着它相对独立的经营主体和经济实体的身份。因此，家庭经营和社会化服务体系，应当并行不悖地共同发展。毫无疑问，发展社会化服务体系，既是为了完善家庭经营的制度，也是为了在这个过程中逐步地壮大集体经济。但是，它绝不是要取代家庭经营。

壮大集体经济和发展社会化服务体系，是我国社会主义农业经济发展所追求的目标，也是当前深化农村经济体制改革的重要内容之一。但是，从当前的实际国情出发，它们都必须在稳定和完善家庭经营的前提下，才能寻找到行之有效的具体发展道路。

九十年代农村改革与发展面临的新问题①

（1992 年）

90 年代农村经济的改革和发展，面临着一系列层次比较深、涉及面比较宽、需要从国民经济全局的高度来统筹考虑的新问题。这些问题大多不是在短期内就能从根本上解决的，但却必须及早地对这些问题有比较清醒的认识，并逐步采取各种有效的政策和调控手段，去不断地缓解这些矛盾，这样才能保证 90 年代以至下个世纪的农村经济更为顺利地发展。概括起来说，主要的问题有以下四个方面：

一、关于如何保持农民收入的持续增长问题

改革以来，农民的人均纯收入有了很大的增长。从 1979 年到 1988 年，这 10 年间农民的人均实际纯收入（即扣除物价上涨因素），平均每年增长 11.8%，增长速度是很高的。但近几年，情况却发生了很大的变化，突出的问题，就是农业增产而农民不增收或少增收，出现了农民实际收入增长停滞的不正常局面。

如从农业增长与农民收入变动的关系来分析，大体上可以把 1985 年以来这 7 年的时间分为两个阶段。在 1985—1988 年这 4 年中，农业特别是种植业的增长是很不景气的，但由于农村产业结构调整迅速（向非农产业转移劳动力 4340 万人，占 1979—1991 年间总转移量的 65%），以及农产品的贸易条件相对有利于农民，因此农民的实际纯收入是年年都有增长的。而 1989 年、1990 年这两年情况却正相反。

① 本文原载于《中国农村经济》1992 年第 5 期。

1989年粮食总产达到历史最高水平，比上年增长3.4%，但农民人均实际纯收入却比上年减少1.6%。农民实际纯收入的下降，是自改革以来的第一次出现。1990年，粮、棉、油全面丰收，农民向社会出售的粮、棉、油，分别比上年增长15.3%、23.7%和23.5%，但农民的人均实际纯收入，只比上年增长1.8%。农业的增产和农民的增收之间不成比例。而另一方面，这两年城市经济的增长不够景气，经济效益明显下降，但城镇居民的人均实际生活消费收入却增长了5.2%；1991年，农民人均实际纯收入增长2%，而城镇居民人均实际生活消费收入却增长7.7%。工农业经济增长和城乡居民收入增长这两个方面的强烈反差，既说明了治理整顿所付出的经济代价，实际上主要是由农民来承担的，也说明了目前这种国民收入的分配格局，十分不利于保护农业和农民的经济利益，如不尽快扭转，势必严重打击农民发展农业生产的积极性，最终也必然会影响国民经济全局的协调和稳定。

农民实际纯收入增长的停滞，带来的后果是多方面的。

第一，它直接抑制了农民消费水平的提高。1989年和1990年，农民人均实际消费水平，分别比上年下降了1.3和0.5个百分点，致使城乡居民的消费水平又进一步拉开距离。1979年，我国农民和城镇居民的消费水平之比为1∶2.9，在改革中，这一差距逐步缩小，到1985年达到1∶2.2，但1989年和1990年这两年又发展到了1∶2.8。应该说，这种情况绝不是单纯的经济问题，在整个国民经济实力增长的情况下，城乡居民的消费水平反而拉大了距离，这对于社会的稳定，对于巩固工农联盟，都是很不利的。

第二，抑制了农民对生产投入的增长。1990年农业生产资料的零售总额，仅比上年增长2.2%，而1989年的增长率为13.5%。相比之下，1990年农民对农业投入的增长，显得微不足道。这对今后几年农业生产的进一步增长，显然极为不利。

第三，抑制了农民购买力的增长，使社会商品零售总额中农村所占的份额下降，从而导致整个市场的缩小。1989年，农村商品零售额在社会商品零售中的所占份额，比1988年下降0.4个百分点，而1990年又比上年下降1.4个百分点，只占社会商品零售总额的55%，比最

高的1984年降低了4.2个百分点。1990年社会商品零售额为8300亿元，每个百分点为83亿元，农村商品购买份额比1988年下降1.8个百分点，就相当于农民少购买了149.4亿元的商品，而与1984年农村商品销售额所占的份额相比，却下降4.2个百分点，就相当于农民少购买了348.6亿元的商品。因此，可以说，这两年的工业品市场疲软，除了商品本身的结构、品质等问题外，最主要的原因，就在于农民购买力和农村商品零售份额的下降。从这个角度看，可见农民的收入问题绝不是农村经济的局部性问题，而是关系到城乡工商业乃至整个国民经济发展的全局性问题。

这两年农民收入增长的停滞，显然并非是农村经济增长停滞的结果，而主要是由于工农业产品的比价不合理所致。在我国目前的经济体制下，商品的流通过程，并不只是一个单纯的交换过程，同时也包含着收入的转移和分配的功能。这两年农产品的贸易条件明显恶化，农价大幅度下跌，是导致农民收入增长停滞的一个突出原因。1989年，农副产品的收购价格指数低于农村零售物价指数3.8个百分点。1990年，农价指数出现了负值，低于农村零售物价指数5.8个百分点。1989年，农民为此减少实际收入约282亿元，1990年因此而减少实际收入241亿元。

应当说，这两年农民收入增长的停滞，使农业和农民在国民收入分配格局中长期处于不利地位的矛盾进一步尖锐化了。但实际上，这是一个由来已久的老问题，长期没有得到很好的解决。从人均消费水平的提高看，1953—1990年间，城镇居民平均每年增长3.6%，而农民平均增长3.2%，特别是1985—1990年间，城镇居民年增长5.5%，农民年均增长4.0%。这怎么做得到逐步缩小差距呢？从总体的情况来看，1990年，农业部门投入了全社会60.2%的劳动者，而创造的国民收入却只占34.7%；农村人口占全国总人口的78.4%，而国民收入消费额却只占57.9%，实现的购买力只占社会商品零售额的55%（扣除农业生产资料后，农村消费品的零售额，只占社会消费品零售总额的48.7%）。当然，这里有个劳动生产率的问题，但归根到底，这种国民收入的分配格局，限制了农业的积累能力，限制了农民收入的增长，

从而也限制了工业品国内市场的扩大。

改变国民收入的分配格局，调整工农业产品的比价，对保护农业和农民的利益，是一个必要的和有效的措施，但它受国力、企业和居民承受能力的制约，也受农产品国际价格的影响，因而对此不能抱不切实际的过高期望。怎样才能形成合理的收入分配格局呢？显然不能只限于对已形成的收入作分配格局的调整。重要的是如马克思讲的那样：分配，首先是生产资料的分配。从这个意义上讲，根本的出路，在于必须使农民有机会能和耕地以外的更多样化的生产资料相结合。给农民以更大的就业空间。目前的实际情况，是投入农业，即使是投入比较利益低的粮食生产的实际劳动日值，也并不能算低，问题在于农民能够投入农业的有效劳动日受资源制约太少。即使是适应目前需求结构的变化，逐步转向优质高效型的农业，那也意味着提高农业中资金和科技投入的密集度，也同样需分配给农民更多的生产要素。因此，从根本上讲，不把农业部门的就业份额降下来，使更多的农民能够转移到新的就业岗位去创造新的财富，那么国民收入这个蛋糕就难以做大，收入分配的格局也就难以调整。从连续3年农民收入增长停滞的状况来看，农村经济的发展确实到了一个新的转折点上。要打破这种僵局，出路只有两条，一是通过调整农产品的品质结构来发展高效农业，二是通过转移劳动力来增加农民非农业收入。但实现的前提，都是要调整城乡之间的资源分配格局。

二、关于农村经济发展模式的选择问题

改革以来，特别是自1984年以来。乡镇企业的异军突起，给了人们以全面振兴农村经济的巨大希望。由于乡镇企业已经起到的巨大积极作用，使得人们，特别是使得从事农村工作的同志和广大农民自觉不自觉地形成了一种对农村经济发展模式的认识，那就是为了解决农民的就业和收入问题，为了解决对农业投入和农村的社会发展问题，一定要大力发展乡镇企业，否则农村就将苦于出路。应当说，这种认识是完全合理和必要的。

但问题也有另外一个方面。乡镇企业的主体是工业，1990年乡镇工业产值占乡镇企业总产值的74%。因此，发展乡镇企业，本质上是一个发展工业的方式问题。从这个角度看可以说乡镇企业的发展，首先关系到我国整个工业结构和布局的变动，因而也关系到我国工业的长期发展模式问题。有一个事实是必须看到的，那就是乡镇工业在整个工业产值中所占的份额正在迅速地提高。1979年，乡镇工业产值占全国工业总产值的比重为9.1%，1984年占16.3%，1990年占29.7%，11年间乡镇工业的产值比重平均每年上升1.9个百分点。按这个速度，到本世纪末，乡镇工业在全国工业总产值的比重，有可能接近50%。即一半左右的工业产值是农村创造的。如果这样，当然有它积极的方面，但也会带来不可忽视的问题。突出的问题，就是导致国家整个工业结构的轻型化。按1990年乡镇工业的产值结构分析，各类加工业创造的产值占84.7%，而采掘和原材料工业的产值只占15.3%。显然．这个结构是相当轻型化的。乡镇企业由于受投资规模的限制，相对而言总是趋于小型化和分散化．但大国的工业结构是不能过于轻型化的。因为大国的市场主要在国内，对外贸的依存度相对较低，如果工业结构过于轻型化，能源和原材料过于依赖国际市场。那首先遇到的是外汇收支难以平衡，其次是要遭受国际市场货源和价格波动的巨大风险。因此，保持一定的轻重比例，是大国对自身工业结构的客观要求。退一步讲，不去过多地依赖国际市场，随着乡镇企业的不断发展，国内市场上能源和原材料的瓶颈也日益趋紧，这不仅会影响整个工业的效益，也会使乡镇企业的发展受到极大的限制。

其次是工业化和城市化的关系问题。工业化的启动，就其本质来说，是地租转化为工业资本的过程。但在这个过程中，也必然伴随着地租转化来的工业资本向若干增长极上的积聚，这就促进了城市化的发展。乡镇企业的发展，也是地租转化为工业资本的过程。但是，它的特点之一，就是它的这种转化，是就地的、分散的，而不是集聚的，除少数地方之外，它不起推动城市化进程的作用。因此，乡镇企业的发展，确实加速了我国的工业化进程，但它同时也加剧了我国本来就很突出的城市化滞后于工业化的矛盾。这个矛盾的扩展，不仅会使工业企业本身损失集聚带来的规模效益，更主要的是使工业的扩展不能相应的带来第三产业的发展，从而损失大量就业机会。因为第三产业发展的必要前提，就是服务对象的相对集聚。我国乡镇企业的就业人数，以 1988 年最高，达 9545.5 万人，1989 年、1990 年，就业人数都是下降的。这种情况固然与治理整顿的大背景有关，但它也表明，单靠发展工业企业而缺乏相应带动服务业发展的条件，吸纳就业者的能力势必逐步下降。

显然，无论是工业的结构矛盾，还是城市化不足的矛盾，都与农民创办乡镇企业的要求并无直接联系，因为分工分业、劳动力的转移，是农村发展的必然要求。但是，如果认为找到了乡镇企业这条路，把村村乡乡办企业看作是农村经济发展的理想模式，认为可以从根本上解决农民的就业和收入问题，却是值得作一番深层次的思考的。

乡镇企业最重要的目标，是解决农民的就业和收入问题，但为了解决这个问题，是不是一定要把工厂办到农村去？因为乡镇工业产值中，以农产品为原料的只占 32.3%。大量与农业无关的工业企业为什么一定要办在农村呢？原因当然是多方面的，但其中有一个原因正在起着越来越大的制约作用，那就是农民的身份问题。

农民，本来应当是一种职业的称谓，正如工人、教师、医生等等，但在我国的特殊条件下，农民实际上已不是一种职业的称谓，而更本质的是一种身份的称谓，它主要表明，被称作农民的人，不具有城镇居民的身份。在乡镇企业中，有将近 1 亿非农就业劳动者，在各类城镇中，也有大量的农民在从事与农业无关的工作，但他们仍然被称作农民，可见，这些原农业劳动者，职业可以改变，但身份却难以改变。对农村人口实行的这种身份管理，可能有它的历史必要性，但无论如何，它使农村人口失去了太多的发展机会。而城市化的发展滞后，又显然与这种对农村人口实行的身份管理，有很重要的联系。

对农民的身份管理，在很大程度上抑制了农民的流动，从而也抑制了农民所拥有的资金的流动，这在客观上又造成了农民只能在本村本乡办工业的重要原因。但如前所述，这就损失了工业资本的集聚、损失了城市化的加速，也损失了第三产业可能提供的就业岗位。

乡镇企业过于分散而带来的弊端，目前已逐步显现，许多地方为解决这些问题，已经创造了大量有价值的经验，如兴办农民城，设立小城镇工业区、开发区等等。相信随着城市福利体制的变更，这方面的改革尝试一定会取得越来越多的成果。

乡镇企业的城镇化、以工补农政策的宏观化，当然都只能是一个渐进的过程。但无论如何，这是一种社会进步的客观趋势，我们的改革应顺应这种潮流，这样才能使我国有限的资源，在使用中发挥较高的效益。

三、关于农村财产关系的变化及农户家庭经营的地位问题

家庭联产承包制，不仅改变了农村的经营体制，也在一定程度上引起了农村财产关系的变化。对于“包产到户”，之所以说它是社会主义性质的，通常的解释一般都用这样三个要点来作概括：一是耕地仍然是集体公有的；二是贯彻的仍是按劳分配、多劳多得的原则；三是家庭经营只是集体经济内部的一个经营层次。

对上述解释中的三个要点，结合实际情况展开一下讨论就会发现问题绝不是那么简单。这里至少有两个理论问题需要进行深入研究。

第一个理论问题是家庭联产承包制，虽不改变耕地的集体所有制，但它却改变了耕地的占有方式，因而导致了一个新的矛盾，即耕地的集体所有制与经营活动的分散性和劳动产品的大部分私有制之间的矛盾。这个现实矛盾的存在和发展，是提供从集体所有的耕地上，持续地生长出属于农户私有的生产资料的条件。

家庭联产承包制，虽然没有改变土地的所有权性质，但在土地的占有权和经营使用权上，却发生了实质性的变化。农民的家庭通过承包方式，分别占有和经营着集体公有的土地。虽然占有和经营的具体地块或面积，会因各种情况而不时略作调整，但农民家庭毕竟是从这种体制中，获得了独立占有和经营一部分集体公有土地的权力。这种权力的形成，不仅导致了集体经济内部经营体制的改变，而且导致了

农村财产关系在一定范围内的变化。这是因为：

（1）农民家庭虽不是它所经营着的土地的所有者，但它却是产出的大部分劳动产品的所有者。因为国家和集体从土地产出的总产品中所作的扣除，在一定程度上只是一个确定的量，因此，农村家庭只要付出更多的劳动，就能从土地上获得更多的属于它所有的劳动产品，这就是耕地包产到户制度的激励作用之所在。

（2）在对土地产品作了“交够国家的、留足集体的”扣除之后，农民家庭追求对更多产品的私人所有的目的，显然不仅为了能更多地消费。因为农民家庭既是消费单位又是生产单位。因此属私人所有的劳动产品，必将有一部分转化为私人所有的生产资料。这样，私人所有的生产资料就从集体公有的土地上逐渐得到了繁衍。而获得更多的私人所有的劳动产品的机会，也在私有生产资料的繁衍过程中逐步扩大。因此，重新产生并不断增长属于农户私有的生产资料，就成为家庭联产承包这种经济制度的一个必然性的结果。这个发展过程，从马克思、恩格斯关于古代农业公社中，在家庭占有的公有份地上，是如何长出私产的描述的分析中，完全可以得到充分的印证。

根据国家统计局农调队对全国各地6.7万农户的抽样调查，到1990年底，平均每一农户已拥有生产性固定资产1258.06元。按同期全国共有22237.2万户农民家庭计算，全国已有属于农户私有的固定资产总值，当在2979.57亿元左右。这与5年前的1985年相比，户均生产性固定资产增长了58.74%，年均增长9.68%；全国农户私有的固定资产总值增长了85.04%，年均增长13.10%，可见，实行家庭联产承包制之后，虽然土地属集体公有的制度丝毫没有发生变化，但是，十余年下来，农户积累起来的属于他们家庭私有的生产性固定资产，无论是其存量还是其增长率，都是颇为可观的。这说明，家庭对集体公有土地的分别占有和分散经营，确实通过产品的私有而成为私有资产形成的源泉。而生产者一旦拥有了私有资产，这部分资产就必将以各种方式参与分配、获得收益，这是不言而喻的（从理论上说，资产的收益率，至少是不会低于银行的长期存款利率的）。因此，按劳分配的原则，在此之后也不得不为资产收益让出一定的地盘。

由第一个问题引出的第二个理论问题是：农户家庭仅仅是集体经济内部的一个经营层次，还是已经成为相对独立的经济实体？显然，这个问题不完全取决于农户单方面的变化。也需要具体分析集体经济在统一经营状况方面的变化。

发生于农户方面的变化是比较清晰的，特别是在“包干到户”终于取代“包产到户”以后，绝非只是承包管理方式的简单变化，这种变化的实质，在于引起了核算单位的变化。因为在“包产到户”形式中，农户的生产须按集体的计划进行，尽管它因此获得了可对耕地追加投资，从而可能获得级差地租的权力，但集体组织却仍是共同体内农业生产统一的经济核算单位。农户家庭虽也具有部分的核算功能（如核算追加投入与超指标产出的经济效果），但它并不构成一个相对独立完整的核算单位。但在“包干到户”的形式下，“包”的却是“扣除”政府所需、集体所需、社会所需。而承包耕地上产出的劳动总产品，在作了上述各项“扣除”之后，全部属于农户所有——它的经济内涵，既包括农户的生活费用，也包括维持简单再生产的经济费用，还包括扩大再生产所需要的积累资金。在发生了这种变化之后，我们看到，集体不再承担对农户的消费品分配。而经营费用的垫付与生产性固定资产的添置，通常也都已变为是农户的经济职能了。从这个意义上可以说，至少是在农业的种植业生产领域内，集体已不再是一个经济核算单位，农户反而变成一个相对独立和完整的经营核算单位。这样，农户的家庭，就不仅仅是一个简单的共同体内部的经营层次，它已经发育成了一个经济实体。因此，可以认为，“农户经济”这个概念，事实上已经形成。

以上的分析，是为了说明由“包产到户”到“包干到户”所引起的农村财产关系发生的变化，以及由这种变化所导致的农民家庭经济地位的转变。显然，大部分土地产品的所有权属于农户，是理解这一变化过程的关键，而农村经济政策的进一步完善，则必须充分考虑到这种变化了的客观现实。

四、如何正确理解农户经济、合作经济与集体经济之间的关系问题

逐步发展壮大农村的社会主义集体经济，这是我们农村经济改革和发展坚定不移的方向。但如何才能在农村经济的现实基础上，逐步地发展、壮大集体经济的实力？这就不仅是一个理论问题，而且也是一个实践问题。目前，我们至少面临着这样非常现实的两个问题：一是究竟应该如何对待农民重新拥有并不断增长的私有生产资料，才能既不伤害农民的生产积极性，又有利于集体经济实力的壮大；二是在不少地方，在实行耕地的家庭承包经营之后，集体经济基本上不再有多少统一的经营内容了。在既不能对农民的财产作“平调”，又不能主要依赖于国家的无偿援助的情况下，新的集体财产到底怎样才能生长出来呢？

在这两个现实问题背后，显然有着一个层次较深的理论问题，那就是：农户经济、合作经济与集体经济之间，到底是一种什么样的关系？而这个理论问题，又可分解为两个方面：其一，合作经济与集体经济之间，有什么联系与区别？其二，农户经济应当经过什么样的具体途径，才能最终融入集体经济？下面，就这一问题的上述两个方面，分别作些论述。

第一，关于合作经济与集体经济的联系与区别。

在我国农经理论界，长期以来一直有一种占主导地位的观点，即认为，在社会主义条件下，合作经济就是集体经济，而我认为，这种看法并不完全符合马克思主义经典作家关于合作经济理论的原意。

我们都知道，合作制这种经济组织形式，在马克思列宁主义产生之前就已存在。在资本主义制度下，由于商品经济的发展，分散的小商品生产者在激烈的竞争中，为了对抗大资本的压力和避免中间商的盘剥，因此通过合作经济组织这种联合经营的方式，以维护自身的权益。所以，商品经济的发展是合作经济产生的前提。

世界各国的合作经济制度都带有各自的某些特点，但关于合作制的若干基本原则，则是世人所公认的。这些原则中最主要的有这样四

条:(1)入社自愿、退社自由;(2)一人一票的民主管理制度;(3)不以股金分红为主要的分配形式;(4)在联合经营的过程中，一定要逐步积累起不断扩大并不可分割的公共资产。

不难看出，这些原则中体现着某些私有制的因素，如承认入社劳动者的私有产权，承认资产具有一定的参与分配的权力，等等。但是，马克思、恩格斯之所以推崇以合作制作为改造小农的基本途径，显然并不是他们没有发现合作社内部尚有这些私有的因素，甚至主要的也不是认为在合作制内部已经有了某些可以直接转化为社会主义的因素(如民主管理、限制股金分红、积累集体资产，等等)。最主要的，在于他们认为，合作生产这种经济组织形式，有利于使小生产者逐步适应社会化的大生产，从而逐步改造小生产者的传统心理和习惯，使他们能逐步地理解和接受社会主义的生产方式。所以恩格斯说:“至于在向完全的共产主义经济过渡时，我们必须大规模地采用合作生产作为中间环节。这一点马克思和我从来没有怀疑过。”[①] 马克思、恩格斯之所以把合作生产看作是改造小农的“中间环节”，显然并不是认为，合作社这种经济组织形式，就其内部的生产关系来说，已经完全是社会主义性质的。否则，就不会将其称为“中间环节”，而应当称之为小农改造的结果了。因此，合作经济不能等同于生产资料公有制的集体经济。关于这一点毛泽东在1943年的《组织起来》一文中讲得很明确:“而达到集体化的唯一道路，依据列宁所说，就是经过合作社。”[②] 可见，合作经济还只是走向集体经济的必由之路。

从实践的情况来看，合作经济与集体经济也确实是有区别的。第一，在合作经济中，农民入股财产的私有产权和这种私有产权在一定程度上参与分配的权力，是得到承认的。没有这种承认，就难以吸引农民自愿加入，也根本做不到允许农民自由退出。但是，集体经济内部是不承认私有产权和资产参与分配的权力的。第二，合作经济作为改造小农的“中间环节”，是把铲除农民的小私有制，看作自身运动的最终结果的;而从苏联和我国当年的实践来看，集体经济则显然是把

① 《马克思恩格斯全集》第36卷，人民出版社1972年版，第417页。

② 《毛泽东选集》第二版第3卷，人民出版社1991年版，第931页。

铲除农民的小私有制，作为自身运动的起点的。从这种区别来看，可以认为，在社会主义条件下，集体经济将是合作经济发展的结果，但它们显然不是同一发展阶段、相同性质的同一事物。

在理论上和政策上把合作经济与集体经济混同起来，对于指导实践是有害的。党的十一届六中全会通过的《关于建国以来党的若干历史问题的决议》指出："一九五五年夏秋以后，农业合作化以及对手工业和个体商业的改造要求过急、工作过粗、改变过快、形式也过于简单划一，以致在长期间内遗留了一些问题"。之所以会出现这些偏差，我认为，在实践中，使农业的"合作化"实际上变成了一个"集体化"的过程，也是一个非常重要的原因。

第二，怎样在不得罪农民的前提下，发展壮大集体经济。

应当说，在搞清了合作经济与集体经济的联系与区别之后，对待这个问题的原则就会比较清晰。那就是，对农民的小私有制，不能采取任何形式的剥夺，而只能用合作制的办法来发展联合经营，并在这个基础之上，逐步积累起属于集体所有的、不可分割的公有资产来。

合作经济对小农的改造作用，来自两个方面的渐变过程的合力。其一，是联合经营这种方式，会使农民逐步转变传统的心理和习惯，逐步适应社会化的大生产；其二，在联合经营的过程中，会逐步积累起不可分割的公共资产，在集体的经济实力逐步扩大的过程中，私有因素必将逐步削弱。当然，这个改造过程将会是一个相当长的时期，但是，舍此不会再有更好的办法。

所谓采用合作制的办法，实质性的内容其实就是两个，一是承认农户加入合作社的财产的私有产权，二是承认农户加入合作社的资产具有一定的参与分配的权力。这样做的目的绝不是为了巩固农民的小私有制，而是为了引导农民，向集体经济过渡；但不这样，甚至就没有合作经济，那就离集体经济更为遥远。

在家庭联产承包制的基础上，农户重新拥有并不断增长属于他们私有的生产资料，说到底，是我国现阶段农村生产力发展的客观要求，而事实上，这也确实发展了我国的农村经济。因此，对待这个问题的原则，必须符合生产关系要适应生产力发展的要求的规律。如果不能科学地处理好农户私有财产与壮大集体经济的关系，那么对农村生产力的破坏，将是难以估量的。

我国农村确实也已有了一批集体经济发展很好的典型。据调查，目前仍实行原生产大队统一经营的农村经济组织大约有7000个，约占现有村级单位总数的0.94%。应当说，这些地方的集体经济确实大多是受到当地农民的真心拥护的。但有两个问题是值得引起注意的，一是这些地方，大多数有相当发达的乡镇企业（或有较多的山林、水面、矿产等资源），有较强的集体财力用于以工补农和发展公共福利事业；二是由于乡镇企业发达，这些地方有相当一部分雇用了不少外来劳动力，而在收入分配上实际是做不到本村劳动力和外来劳动力同工同酬的。因此，在这些地方“以工补农”和发展集体福利的资金中，有相当部分实际是由外来劳动力创造的经济剩余所提供的。所以应当考虑，到底有多少地方，可以通过这种形式来发展壮大集体经济？对集体经济搞得好的地方，当然应当鼓励与支持，但是在考虑整个农村发展壮大集体经济的问题时，一定要处理好上述这占1%的地区和其他占99%地区的关系，要花更多的力量来研究绝大部分地区如何发展、壮大集体经济的问题。只有这样，才能使我们的农村经济基本政策，更加符合9亿农民的切身利益和愿望。

按市场经济的要求深化农村改革[①]

（1993 年）

进入 90 年代以来，我国的农村经济呈现出一派令人感到扑朔迷离的局面：农产品供给的情况很好，但农民的收入增长情况却不好；乡镇企业的产值增长速度很快，但其吸纳新增就业人员的能力却明显下降；农村经济增长的速度明显地高于城市，但城乡居民之间的收入与消费差距却不仅没能缩小，反而有新的扩大；等等，这些新情况的出现，表明我国的农村经济，在经历了 80 年代的改革与发展之后，已经转入了一个新的阶段。在这个新的阶段中，农村经济不仅要求继续稳定和完善现行的各项基本政策，而且需要根据市场经济发展的客观要求，进一步深化改革。而农村改革的深化，不仅要进一步完善农业和农村工商业的微观经营机制，而且必须以国民经济整体的改革与发展为背景，从城乡结合、三大产业结合、微观经营机制与宏观调控手段相结合的高度，加强改革的整体性意识，实现统筹规划、协调推进。只有这样，才能使农村经济避免发生大的波折，使农村经济的运行适应建立社会主义市场经济体制的要求，适应国民经济现代化的要求。

一、农产品供求关系的新变化，既要求加快农业市场化的改革步伐，又要求完善农产品市场安定和保护农业的措施

1989—1991 年间，我国农业的总产值，平均每年增长 4.6%，一些主要农产品的商品量，增长幅度很大，按社会收购量计，这三年中，

① 本文原载于《经济社会体制比较》1993 年第 2 期。

粮、棉、油平均每年分别增长4.4%、11.9%和6.5%，猪、蛋、水产品平均每年分别增长6.9%、11.1%和14.2%。农产品的供给情况如此之好，但农民的实际收入增长情况却很不好。上述这三年中，农民人均实际收入，平均每年仅增长0.7%，处于徘徊和停滞状态。而且，这还是全国的平均情况，如考虑到农村经济发展的地区不平衡性，则有相当部分地区，农民的收入实际是下降的。如1991年，全国农民人均实际纯收入比上年增长2%，但有8个省区（晋、内蒙古、吉、黑、苏、皖、鄂、青）农民当年收入的绝对额就低于上年，另有6个省区（湘、桂、陕、甘、宁、新）农民当年纯收入的增长幅度，低于当地农民生活费用价格指数的上涨幅度，因而实际收入也是负增长。这样，1991年，全国差不多有一半省区农民的实际纯收入是下降的。1992年，农民的收入状况似乎略有好转，全国平均农民人均实际纯收入比上年增长5.8%。但是1992年农民收入增长的动因，主要在于乡镇企业而并不在于农业。而乡镇企业发展的地区不平衡性，大大高于农业。因此，主要由乡镇企业高速增长所推动的1992年的农民收入增长，实际上就隐藏着更大的地区差异。这种收入增长，对于集中生产粮、棉、油的基本农区来说，并不可能有真正的得益。不难看出，在过去的三四年中，我国农业上出现的突出问题，并不是那种以前经常困扰我们的基本农产品的供给不足，而是在基本农产品供给持续增长背景下的农民实际收入增长的徘徊。从这一矛盾的性质来看，可以认为，当前我国农业所面临的困境，实际上是农民的困境。

什么原因导致农产品供给增长而农民实际收入增长徘徊呢？直接的原因当然是价格。近三四年来，“谷贱伤农”的现象确实是不容讳言的，农价持续低落，是近几年来农民面临的一大困惑。与1989年相比，1991年的粮食、畜禽产品的社会收购价格指数，分别下降12.5和10.1个百分点，因此，农民增售农产品不能相应地带来收入的增长。而与此同时，农村工业品的零售价格指数，却仍在持续上涨。1989年，农村工业品零售价格指数的涨幅，比农产品收购价格指数的涨幅高3.7个百分点，1990年又高8.1个百分点，1991年继续高出5个百分点。因工农业产品价格指数的逆向变化，这三年中，农民减收增支，净损失收入约640亿元。

必须指出，在过去的几年中，政府为保护农民的利益，制止农价暴跌，是做了很大努力的。1990年秋，国务院宣布，对粮食收购，实行最低保护价制度，同时还宣布，建立粮食专项贮备制度，并下达了当年多收150多亿公斤专项贮备粮的指标。这是两项在我国首次实行的新制度，对于缓解农民卖粮难、制止市场粮价的急剧下跌起到了一定的作用。1991年5月1日，国务院宣布提高对城镇居民口粮、食用植物油的销售价格，其中粮价提高67%、油价提高170%；1992年4月1日，国务院再次宣布提高对城镇居民口粮的销售价，粮价又提高44%。这两次提价，对于缩小粮油的购销价格倒挂程度、对于减少粮食和食用植物油经营的政策性亏损、对于抑制市场粮油价格的进一步下跌，都具有重要的作用。但也必须实事求是地指出，政府所采取的上述措施，其经济代价是极为高昂的，并且农价也并未因此而出现明显的回升趋势。如1992年底的粮价，除玉米比年初回升外，大米和小麦的集市价，比年初又分别下降4.5%和2.7%。

我国人均占有的农业自然资源相当稀少。因此，就中长期而言，对我国基本农产品的供求关系，决不能掉以轻心，而必须持极为谨慎的态度。但也应该实事求是地看到，近三四年来，农产品确实出现了供过于求的局面：农民卖粮难，农价持续低落，社会库存量不断增加，仓容爆满，商业部门收不进、销不出，资金大量积压，银行“挂帐”增加。这些现象的持续存在，确实表明我国农产品的供求关系，已经发生了重大的转折。农产品供求关系中的主要矛盾，已从原来那种供给数量不足、需求无法选择条件下的数量问题，转化为供给与需求之间因品种和品质不对称而形成的结构问题。应该说，在我国这样的人均农业资源条件下，农产品的供给能在数量上满足需求，本身就是一个很了不起的成就。但是，基本解决数量问题之后，供求之间的结构矛盾必然日渐突出。在供求矛盾从数量向结构转化的阶段，一方面是波动难以避免，但更主要的另一方面，则是调控供求的观念、方式和手段，也必须发生重大的转折，否则，就很难解除波动。显然，农产品在供求之间的数量矛盾，计划调控不失为一种有效的办法，统购统销即是一例；但是，农产品在供求之间的结构性矛盾，计划调控则很难有用武之地，因为，面对多样化的生产和需求，只有让供求双方通过市场作自主交换，才能使它们达到平衡，而计划显然是无法达到这样的细微层次的调控的。因此，我国农产品供求关系所发生的这个转折，实际上是提出了加速实现对农产品供求调节的市场化要求。我国农产品供给结构调整中的另一个复杂之处，就在于：为满足需求水平的提高，不仅要求农产品品种的多样化，而且要求农产品品质的高度化。我国农产品供给结构的变化，实际上已经经历了两个阶段：从统购统销开始，到以粮为纲的提出，这是一个农产品供给的品种结构不断趋向单一化的过程；而实行农村经济体制改革以后，农产品供给的品种结构，又逐渐地走向了多样化。因此，我们目前面临的农产品供求之间的结构性矛盾，主要并不是品种结构的矛盾，而是品质结构的矛盾。应该说，农产品供求之间的品种结构的矛盾，属于一种层次较低的矛盾，是农业经营者根据现时的市场供求状况和价格水平，能够迅速调整的矛盾。但正因为我们目前面临的主要是供求之间的品质矛盾，因此，单靠细小的农户自身，就很难解决这个层次较高的矛盾。实际上，自 1989 年以来，农民根据市场的供求和价格变动，在农产品品种结构的调整上，反应一直是相当敏捷的。1985—1988 年，由于粮食生产持续处于徘徊状态，社会粮食库存总计减少了相当于当时两个月的社会消费量，致使 1988 年的市场粮价达到了历史的巅峰，比 1984 年上涨 37.7%，比上年上涨 14.6%，这导致了 1989 年粮食生产的迅速回升，总产量创造了历史最高水平。但与此同时，1989 年棉、油、糖、麻等其他主要农产品的产量，却不同程度地都比上年下降。到了 1990 年，粮、棉、油、糖全面增产；而 1991 年，粮食减产 2.5%。棉、油、糖则继续增产。这三年间，农产品的品种结构调整，是显而易见的。但这种品种结构的调整，对于抑制农价下跌的颓势，几乎是无济于事。1991 年农产品社会收购混合平均价（当年价格，未扣除物价因素）中，既低于 1990 年、也低于 1989 年的品种，有粮食、肥猪、菜牛、鲜蛋、大麻、苎麻、蚕茧、羊毛、羊绒等；低于 1990 年的有苹果、柑橘；虽略高于 1990 年，但仍低于 1989 年的有菜羊、绵羊皮、水产品；而棉和油的社会收购混合平均价，1991 年也只比上年分别高

2.1 和 1.6 个百分点，均低于物价上涨的幅度。如此普遍的农产品价格低落，实际上表明，在目前的供求关系下，单纯的农产品品种结构的调整已无多大的余地，正如农民叹息的那样："种什么什么多，种什么什么赔"，就是这种格局的写照。由此也证明，农产品供求矛盾的焦点，确实在于品质结构的转换。

农产品品质结构的高度化，是引导农业走向现代化的枢纽。把握住已经出现的品质结构转化的机会，就可能促使我国农业的发展跨上一个新的台阶，而调控不当，失去了这个实现品质结构转化的机会，那么农产品供求关系中的数量矛盾，就会重新来困扰我们，农业现代化的步伐就会被迟滞。国务院于 1992 年夏召开发展优质、高效、高产农业会议，正是基于这一机遇的出现。但是，实现农产品品质结构的高度化，不仅仅是一个技术进步的过程，更重要的，是一个促进技术进步的经济体制与机制的形成过程。农民是具有经济理性的，他们是充分懂得比较利益的原则的。因此，农产品品质结构的高度化，只有建立在使农民增加实惠的基础上，才具有可行性。而农产品品质的孰优孰劣，是只有市场而绝非计划所能作出评价的。事实上，在目前这种农产品计划与市场收购双轨并行的情况下，计划收购到的从来就是相对的劣质品。这也从另一个侧面说明，不改革农产品的计划购销体制，不放手引入市场调节机制，就不可能解决农产品提高品质的问题。因此，追求优质、高效、高产农业，从本质来说，就是追求市场经济体制。

但是，放手引入市场调节机制，绝不等于政府可以对农业和农产品市场放手不管。如果仅仅是出于甩掉政府对农产品价格补贴包袱的目的，而在产品供过于求、农价低落的困难时期，不设任何保护措施地"放开购销和价格、把农民推向市场"，那无异于让农民去单独承担已成现实的市场风险，那就不仅追求不到农产品品质的高度化，就连低质农产品的供给量，也会在不远的将来骤然减少。因此，一手引入市场机制，一手完善农产品市场安定和保护农业的措施，是各级政府所面临的解决农业问题的当务之急。

完善农产品市场安定和保护农业的措施，是一项涉及面极广的工作，主要包括：改革农产品的流通体制，完善农产品的市场体系，形成主要由供求关系定价的机制；建立农产品风险基金，完善政府吞吐调节农产品市场被动的机构和手段，逐步形成具有快速反应能力的政府对大宗农产品的购销调存系统；提高农民的组织化程度，发育农民自己的农产品流通组织，建立有效的农产品市场供求信息系统；增加政府对农业基础设施、农用工业和农业技术进步的投资，扶持农业的社会化服务体系，以及改革对农产品的价格补贴制度、发展农业保险事业等等。但是，平抑市场波动的能力和对农业的保护程度，归根到底，取决于综合国力和政府的财力。在我们这样一个人口众多尤其是农村人口众多的国家里，在短期内，显然不能对政府安定农产品市场和保护农业的能力期望过高。在现实生活中，对待农业，政府更为关心的总是基本农产品供给的稳定和增长，因为这关系到市场的安定，关系到经济、社会和政治的稳定；而农民更为关心的总是自身收入的增长，因为这是他们的切身利益之所在。而政府的愿望能否实现，实际上是取决于农民的愿望能否实现的。但是，9 亿多农村人口，如果单纯地依靠政府对农业的保护措施来实现其收入的增长，那显然是超出了政府财力的负荷的。因此，要使政府的目标与农民的追求相一致，除了必要的保护措施之外，还有两个重要的问题必须认真考虑：其一是努力加快农业的技术进步，使科技这个第一生产力，给农业带来更多的收益；其二是从国民经济全局出发，调整资源配置的格局。我国的农业部门，投入了约占全社会 60% 的劳动者，而创造的国民收入却只占各部门总额的 1/3，不改变这种局面，不为现有的农村劳动者创造更多的与土地以外的其他生产资料相结合的机会，要想持续、稳定地提高农民的收入，是不可能的，从而也就难以实现农业的技术进步和农业的持续稳定增长。

二、乡镇企业要继续成为农村剩余劳动力向非农产业转移的主渠道，就必须将农村的工业化与城市化相结合，实现结构变革与布局调整

乡镇企业已成为我国农村经济中的一大支柱。1991 年，乡镇企业

的产值已占农村社会总产值的59.2%，农民当年人均纯收入的增长额中，来自乡镇企业的收入占84.5%。因此，乡镇企业的发展，对我国农村的全面振兴，对农民收入的持续增长，已具有举足轻重的地位。但近年来的乡镇企业发展中，也存在着一些突出的矛盾，其中最突出的矛盾之一，就是产值增长很快，而吸收新增就业者的能力下降。

近年来，乡镇企业的产值始终增长很快，但与此反差强烈的，是乡镇企业吸收新增就业者的能力，比1988年前明显减弱。我国的乡镇企业，是在1984年后才真正"异军突起"的。1983年时，乡镇企业的职工总数为3234.6万人；到1988年，就业职工增加到9545.5万人。5年中，平均每年增加1262.2万人。曾有人认为，1985—1988年出现的农业生产徘徊局面，是由于这一阶段农村劳动力向非农产业转移速度过快造成的，这完全是一种误解。实际上，在这一阶段里，我国农业中的劳动力总数不仅没有减少，反而还增加1106万人。可见，乡镇企业所承担的吸收农业剩余劳动力就业的任务，是极为繁重的。但在1989—1991年间，乡镇企业新增职工总数仅63.7万人，平均每年只增加21万多人，其中1989年、1990年两年，乡镇企业的职工总数，都是比上年减少的。由于乡镇企业连续3年基本没能增加新的就业岗位，因此，在这3年里，农村新增的3026万劳动者中，有2730万人不得不只能增加到农业中去就业，使农业部门中的就业者，比3年前又增加8.7%。这种情况的出现，进一步加重了耕地的就业负荷，使我国农业劳动者就业不充分的问题进一步突出，从而制约了农民收入的增长。

应该说，乡镇企业吸收新增就业能力的下降，是其自身原有的结构、布局矛盾发展的必然结果。在乡镇企业产值中，工业产值占75%左右。因此，以工业为主的产业结构，是乡镇企业的一大特征。但乡镇工业，由于受城乡分割和社区封闭这双重壁垒的限制，企业就只能分散地布局在各个乡、村之中，据抽样调查的结果推算，乡镇企业中，只有约1%是分布在县城或县以上的城市，有12%分布在乡（镇）政府的所在地，有7%分布在行政村所在地，而80%是分布在自然村中，因此，企业布局的高度分散性，是乡镇企业的又一大特征。工业企业布局分散，村村冒烟、户户做工，实际上是在农村发展工业的同时，也在促使农业向兼业化方向过渡。这种发展途径的利弊，显然不能作简单化的评价。但企业布局的过于分散，造成了农村工业化与城镇化的脱节，却是显而易见的事实。农村中工业的迅速发展，由于企业布局的过于分散，因而没能形成城镇效应。这不仅使已有的企业因不能集聚，而丧失了本可获得的外部规模效益；更主要的是工业的发展不能相应的带动服务业（特别是那些为工业企业的经营活动服务的行业）的发展。因此，农村工业企业布局的分散，造成占地多、扩散污染等，固然也是不可忽视的问题，但更主要的，还在于没能促使服务业有相应的发展，因而损失了一大批本来有可能得到的就业岗位。农村工业的发展与城镇化进程的脱节，农业中剩余劳动力转移的压力就基本落到了工业企业的身上。而农村每年要新增1000万左右的劳动者，单靠农村工业企业来解决他们的就业问题，压力就过于沉重。因此，为了更有效地解决农村劳动者的充分就业问题，显然就必须逐步引导乡镇工业企业适当集中布局，使农村工业化的发展，与中小城镇的发展、与服务业的发展相结合，这样才能为农村劳动者创造更多的就业岗位和收入机会。

造成乡镇企业的布局难以适当集中的重大障碍之一，就是农民的身份问题，“农民”本来是一种职业，但在过去的社会经济体制下，它却被演变成了一种身份。在原体制下，为了加快国家工业化资金积累的速度，对城镇职工实行了普遍的低工资和广泛的福利补贴制度。为了控制财政对城镇居民福利的补贴数量，限制农民向城镇的流动，是当时不得已的一项措施。当然，这项措施使农民失去了大量的发展机会，也是造成乡镇企业布局高度分散化的主要原因之一。现在，随着改革的深化和经济的发展，特别是城镇居民的福利制度已经开始了多方面的改革，而农民的流动性事实上也已明显增强，因此，逐步改革对农村人口的身份管理制度，就既有必要性也有可能性。农村劳动者的流动，缺乏制度性的保障，是造成乡镇企业难以适当集中的一大原因。限制农村人口向城镇的流动，是造成我国城市化明显滞后于工业化过程、造成我国服务业发展滞后于工业的主要原因之一，也是造成农村社区经济的封闭性和分散性的重要原因之一。而这两方面的原因，又造成了农村劳动者就业的不充分，从而限制了农村居民收入的增长。

对于建立市场经济体制来说，劳动者的自由流动，应当是必不可少的条件之一。因此，如何适应市场经济发展的要求，适应工业化发展的客观规律，适应农村人口逐步城镇化的历史进步趋势，改革对农村人口的户籍管理制度，改革单一的“离土不离乡”的农业劳动者向非农产业转移的模式，将是促使乡镇工业企业适当集中、促使中小城镇和服务业发展的重要前提，也是乡镇企业自身进一步发展，以更好地解决我国农村劳动者的就业和收入问题的迫切要求。

农业家庭经营地位的重新确立①

（1993年）

在实行合作化之前，农村中的家庭，从来就是一个独立的经济主体。这里讲的独立的经济主体，主要指它是一个独立的经济核算单位，生产、交换、积累和消费，都是以家庭为单位进行的。尽管在实行土地改革之前，许多农民家庭并没有或只有较少一部分自己的土地，农业生产活动是在租佃来的耕地上进行的。但自有土地和租佃土地，只关系到有无土地所有权，交不交地租，而是否拥有土地的所有权，并不是能否成为独立的经济主体的决定性条件。正因为如此，直到土地改革前，我国的农业一直保持着家庭经营的特点。而在土改之后到初级社建立之前的短暂的时期内，我国的农业也仍然保持着家庭经营的形式，只不过是所有的农户都在属于自己的土地上经营罢了。但初级社建立之后，耕地实行了合作社统一经营，于是家庭不再成为一个经营主体，而逐渐地演变为单纯的消费单位。家庭经营就此在我国农村中消失了约23年，直到1978年实行改革之后，它才又被重新确立了其应有的地位。这个曲折和反复的过程，是否也可以说明家庭经营这种形式本身在农业生产中所具有的特殊重要地位难以被替代的原因呢？

一、农业生产与家庭经营

人们都知道，农业生产具有与其他经济部门的生产所不同的特点。

① 本文原载于陈锡文著:《中国农村改革：回顾与展望》第三章第一节，天津人民出版社1993年版。

农业生产不仅仅必须借助于光、水、热、气等自然力，而且还必须依靠动植物本身的生命活动过程，显然，自然力和动植物本身的生命活动过程，都不是人类能够按自己的愿望去完全控制的。人们只能在生产的实践中去认识自然力和动植物生命活动的规律，只能利用这些规律来发展农业生产，而不能改变这些规律来为所欲为。因此，对于农业生产而言，最重要的问题，乃是生产者对自然力和动植物生命活动过程的规律的认识、把握和利用。而农业的经营形式，显然对于人们认识、把握和利用这些规律，具有极为重要的影响。用另一种表述方式则可以说，农业生产由于有其自身的特点，因此它对农业的经营组织也具有特殊的要求。

列宁曾明确指出："因为农业有着许多绝对不能抹杀的特点。由于这些特点，农业中的大机器生产永远也不会具备工业大机器生产的全部特点"①。这表明，列宁认为工业的经营组织方式，并不一定能够适应农业的客观要求。由于"经济的再生产过程，不管它的特殊的社会性质如何，在这个部门（农业）内，总是同一个自然的再生产过程交织在一起。"②因此，自然规律，在农业中的作用就显得格外明显。如前所述，农业中必须遵循的自然规律，存在于两个方面，一是自然力的变化规律，光、温、水、气等的变化，将直接对农作物的生长发生影响，农业生产者必须采取相应的措施，以减弱自然力变化对农作物可能造成的不利影响。二是动植物本身的生命活动规律，动植物在生命活动的每一个阶段，都对外部环境有着不同的要求，农业生产者必须根据这种规律，随时尽可能地满足动植物的这种要求。这两个规律的交错，使农业生产者所从事的劳动，实际上成为一种极为复杂的工作。他必须随时准确地捕捉来自自然界的和来自动植物本身的各种变化信息，并及时地作出采取何种措施的决策。因此，在农业中，决策必须尽可能地在生产现场作出，否则或是信息不足，或是贻误时机。

① 列宁:《土地问题和"马克思的批评家"》，见《列宁全集》第5卷，人民出版社1959年版，第119页。

② 马克思:《资本论》第2卷，见《马克思恩格斯全集》第24卷，人民出版社1972年版，第398—399页。

从这一要求看。在农业的经营组织中，最理想的决策者，应该是直接生产者。这样，他才能够随时处于了解动植物生长状况的地位，才能够及时地作出各种正确的生产决策。在主要靠手工劳动从事农业生产的旧中国，地主普遍地不充任农业生产的经营者，而是将土地租给佃农以收取地租，就经济行为而言，应当说他是理性的，因为他摆脱了既不从事农业生产而又要作决策的风险。而富农则是本身参加一定的农业生产劳动，同时他还雇工并自任经营者。在国外的现代资本主义农场中，我们也看到，伴随着农业的规模在不断地扩大的同时，却越来越家庭经营化，农场主主要是靠迅捷有效的社会化服务体系和雇佣季节性临时工来解决生产中的困难，而提出服务与雇短工的需求，则完全是由农场主（通常也是家长）根据自己的判断所作的决策。

什么样的农业经营组织，才能保证生产的决策者，同时又是直接的生产者呢？无疑是家庭。尽管规模较大的农业经营组织，决策者也可以参加一定的直接劳动，但这种组织至少有两个困难是难以解决的：其一是对劳动者的劳动的评价问题。因为动植物的生命活动是具有连续性的，在其生命活动周期的每一个时点，劳动者作用于它的劳动的数量和质量，都将最后体现在动植物的产量上。因此，如果不联系最终的产量来评价劳动者所付出的劳动，亦即不使每一个劳动者的劳动，作用于动植物生长的整个生命周期，那实际上就不可能准确地评价劳动者所付出的劳动。但要联系最终产量来评价付出劳动，那么不管农业经营组织在名义上有多大的规模，其实际的经营单位就已经回到家庭了。其二是对生产过程的管理成本问题，尤其是对劳动者的管理成本问题。一般而言，经营组织规模越大，人员管理的成本（绝对额）也就越大，这个问题在农业中尤为突出，因为农业劳动工种繁多、作业分散、季节差别大，如实行集体劳动，仅是制定劳动定额、检查完成情况、制定报酬标准等，就需耗费大量的时间和精力。但这个问题如果交由家庭处理，事情就简单得多了。因为家庭是一个最紧密的经济利益共同体，家庭成员之间利益摩擦和目标差异是最少的，因此，家庭成员之间无须从纯经济的角度来计较每个人的劳动付出，他们是最易于形成无须另加管理成本的紧密协作体。

在什么情况下，农业生产者才会时刻关心自然力的变化和动植物的生长情况呢？那就是自然力的变化和动植物的生长情况，与他本人的切身利益有最直接、最紧密的联系时。只有在家庭经营的情况下，这种利益才无须和别人分割，也不用担心利益的流失。而农业恰恰又是一个便于分割规模、却又不致破坏动植物生命周期完整性的产业，因此，农业是适合于家庭经营的。这一点与社会性质、生产资料的所有制性质并无直接的联系。农业的另一大特点，是生产时间与劳动时间的不一致。这个特点是副业作为农业补充的必然基础，而利用剩余劳动时间来发展副业，家庭的形式无疑也是最为有效的。

二、家庭经营与集体经济

实行合作化以后的相当长一段时间内，家庭经营都被看作是集体经济的对立物，似乎要巩固和发展集体经济，就必须彻底铲除家庭经营。问题是集体经济究竟是如何实现的呢？把农民集中起来一起劳动，那仅仅是一种形式，这种形式并不能保证劳动有效率。因此，必须找到一种劳动有效的组织方式，否则，集体经济就不能巩固和发展。事实上，自合作化开始，集体经济组织就一直在寻求有效的劳动组织形式，应该说，它也早已经被找到，那就是责任制。

农业生产责任制，是农村集体经济组织内部的一种劳动组织方式，它有一个普遍的发展过程，即从不联产的责任制发展为联产的责任制，从只联产到作业组发展到联产到户。这个发展变化的过程，实际上是在更新过去那种集体经济的模式，创造新型的，更有活力和效率的集体经济的实现形式。

不联产的责任制，几乎是伴随着原来的集体经济组织共同产生的。在 1955 年 11 月 9 日全国人大常委会第 24 次会议通过的《农业生产合作社示范章程草案》中就规定："农业生产合作社为了进行有组织的共同劳动，必须按照生产的需要和社员的条件，实行劳动分工，并且建立一定的劳动组织，逐步地实行生产中的责任制。""合作社为了实行农业生产中的责任制，应该把社员编成几个生产队，把生产队作为劳动组织的基本形式，让各个生产队在全社的生产计划的指导下，自行安排一个时期和每天的生产。”“在可能的范围内，生产队长或者生产组长应该给每个人指定负责专管的地段或者工作，彻底地实现生产中的责任制。”“生产队长或者生产组长应该在每天工作完毕的时候，检查本单位各人的工作成绩，并且根据工作定额登记各人所应得的劳动日。如果合作社还没有规定工作定额，队长或者组长要在一定时期内，召集队员或者组员，根据各人的工作状况，民主评定各人所应得的报酬。”这即是说，在刚开始实行集体统一经营形式时，人们就认识到，为了有效地组织农业生产，必须将集体组织的劳动力划分到一个一个规模更小的管理单位中去；实行统一经营的集体经济组织，不仅要对每一个劳动管理单位实行生产责任制，每一个劳动管理单位也必须对每一个劳动者实行生产责任制。

但是，由于对“集体统一经营、统一分配”认识上的差异，农业社的生产责任制从一开始就遇到了难题。

难题之一：社内的生产队，是农业生产的组织管理单位，而不是经营、分配单位。这个性质决定了农业社对生产队只能实行“包工”，而不能实行“包产”。即只能规定完成什么具体生产环节的任务，农业社给生产队记多少工分。如果实行“包产”，即完成规定的产量指标，农业社即给生产队记多少工分，那么问题就出来了，一是这种“包”法，“包”的必须是农业生产的整个周期，否则就无法“包产”；二是超额完成的产量怎么办？如将实物都奖励给生产队，那么生产队就不仅有了一定的分配权，而且为了获得超产的产品，自身也必然会形成一定的经营决策权：需要研究超产的所得是否可以弥补为超产而增加的追加投入，以及这种追加投入到底投向何处效益更好？如是投向夏粮、还是秋粮？是粮食作物、还是经济作物？抑或是农田水利基本建设？但如果生产队开始有了经营决策权和分配权，那么农业社的“统一经营、统一分配”权事实上就会被逐步削弱，最终可能导致经济核算单位的下放、变小。而这正是原来那种合作化的思路和模式所不愿看到的。但如果将超产的部分实行社队之间的比例分成，那么生产队有什么必要将超产的产量如实报给社里呢？于是就又会出现所谓生产队的“瞒产私分”问题。这又是实行“统一经营、统一分配”的农业社所不能容忍的。这样，社对队的生产责任制，从一开始就陷入了困境：如果真正实行的彻底的生产责任制，即“包产”的责任制，那么经营决策权和分配权就会逐步地移向生产队，那就无异于在否定农业社“统一经营、统一分配”的地位（1962 年 2 月 13 日党中央发出关于改变人民公社基本核算单位的指示，实际上就是验证了这个过程）；而如果只实行不彻底的责任制，即不“包产”而只“包工”的责任制，那么就没有办法准确地评价每一个实行了“包工”的生产环节或生产阶段，究竟对农业的最终产出具有多大的贡献。因此，只实行“包工”的责任制，从本质上讲是无法避免平均主义的“大锅饭”的。这就是为什么搞了那么多年的“小段包工”和“定额计酬”，最终总是避免不了落入“大概工”窠臼的原因。而克服不了平均主义“大锅饭”的弊病，农民群众的生产积极性就不可能得到充分的调动，生产就难以持续地发展，这最终也将使“统一经营、统一分配”的形式，走向否定自己的地步。

难题之二：生产队向社员实行的责任制，其实质性的困难，与农业社向生产队实行责任制时是一样的，只是产生的问题会更严重。对社员只实行“包工”的责任制，那就只能是搞“大概工”。社向队搞“包工”责任制，会导致社内队与队之间的平均主义；而队向社员搞“包工”责任制，则会产生队内人与人之间的平均主义。两个平均主义加在一起，农业生产就注定难以有什么起色。对社员搞“包产”的责任制，那就难免最终使农业的经营权回到家庭，而这在原有的合作经济理论看来，无疑是“恢复小农经济的单干、否定集体经济”。于是，又出现过一种折中的责任制，即“包产到劳”。其产生的依据，似乎劳动力是属于队里的，“包产到劳”只是队内生产管理方式的变化，而不涉及到家庭的问题。岂不知劳动者天然地就是属于家庭的，况且，社会可以对什么人才可称作劳动人口进行定义，但是家庭，特别是在农业领域内，实际上是不需要进行这样的定义的，不是整劳力，可以是半劳力，连半劳力也算不上的，还可以在生产的某些环节、某些阶段帮一把手。因此，“包产到劳”实际上最终必然“到户”。

这两个难题说明，在农业的集体经济组织中，实行责任制是绝对必要的；但是，实行责任制，而又想不联产、不到户，实际上是行不通的。不联产、不到户的生产责任制，最终会使农业的责任制形同虚设，因为它解决不了在农业这个特定领域内的对劳动的管理、监督、评价和激励问题。

农业中的责任制必须联产、到户，是否即是说农业中根本就不该搞集体经济呢？答案完全是相反的。在讨论这个问题时，有一个前提必须先搞清楚，即集体经济并不等于集体组织的统一经营。集体经济更多的是从资产的所有权性质而言的，如土地属于集体公有、大中型的农田水利基础设施、大型农机具、加工、运输设备属于集体所有，等等。但是资产属集体所有，并不等于资产必须全部由集体来统一经营。资产的所有权性质，是可以依照法律来确定的，而资产的经营形式，则是必须根据行业的特点及其他具体的因素来形成。而农业联产到户的责任制，实际上就是集体所有的资产（如土地）的具体经营形式。因此，联产承包到户的家庭经营形式，与农业的集体经济性质并不是对立的。

无论资产属谁所有，在投入运行的过程中，都有一个更趋向于集中或更趋向于分散经营的问题。而这种趋向，则更多的是由行业的特性所决定的。正如铁路运输与都市出租汽车绝不能采取相同的经营组织形式一样，农业和工业也不可能采取相同的经营组织形式。而强调农业也必须实行集中的统一经营方式，从某种意义上讲，正是忽视了农业生产自身的特点、照搬了工业生产的经营组织方式。在农业问题上，自土改后，我们党内就有过先合作化还是先机械化的争论，它的实质就是关于农业生产特性在选择经营组织形式中的地位之争。在决定先搞合作化和合作化后的农业经营形式的确定上，毛泽东的这一思想是起了举足轻重的作用的：既然西方资本主义在其发展过程中有一个工场手工业阶段，即尚未采用蒸汽动力机械、而依靠工场分工以形成新生产力的阶段，则中国的合作社，依靠统一经营形成新生产力，去动摇私有基础，也是可行的。[①]但问题也恰恰出在这里：工场手工业实行统一经营下的分工协作，可以形成新的生产力，使劳动效率高于无分工的个体手工业的原理，搬到农业生产中是否适用？我国农业经营组织形式的变迁过程，本身已经说明，这一原理在大多数情况下并不适用于农业。因为手工业和农业的劳动对象不同。农业的劳动对象是有生命的、活的动植物，尽管在农业中，耕地的经营规模是可以分割的，但是动植物的生命活动却是连续的、不可分割的。也就是说，农业，在空间上可分割，而在时间上不可分割，一个农业生产者，在他所负责的农业生产空间中，必须对他的劳动对象的生命活动的整个周期负责，否则，就无法准确地评价他在农业生产活动的每一个阶段所付出劳动的数量和质量。这与手工业的劳动对象在生产过程中可以被分割成几个阶段性的独立形态，而依据这种阶段性的半成品独立形态，就可以比较准确地评价每一生产环节上劳动者所付出劳动的质与量，是有极大的差别的。此外，动植物的生命活动是具有不可逆性的，而它却不存在于手工业中，因为在手工业的哪一道工序出了问题都还存在可以返工的可能性。因此，无论是“小段包工”，还是“定额计配”，只要这种农业生产责任制不是让一个经营主体从事生产的全过程，即不使他的劳动与农业的最终产出量联系起来，那么对于农业生产的最终结果而言，责任不清和赏罚不明的问题，就总是难以避免的。

但这并不是说，在农业中就不可以搞集体组织的统一经营。恰恰相反的，是就农业生产的全过程而言，有不少生产环节仅靠家庭经营是搞不了、搞不好或搞起来不经济的。例如从事农田水利基本建设、发展农产品的运销和加工等等。实际上，家庭的农业经营活动，是需要从外部得到大量的经济和技术服务的，而集体在这些方面则是可以大有作为的。社会化服务的问题解决得好，就可以在不改变家庭经营的基础上，使农业取得规模效益、实现现代化。因此，在农业中集体经济与家庭经营是互为需要的。

---

① 见薄一波注:《若干重大政策与事件的回顾》上卷，中共中央党校出版社 1991 年版，第 191 页。

三、家庭经济地位的重新确立

“包产到户”崛起的发源地，也是在安徽省。1978年秋，安徽遇到了历史上罕见的特大旱灾，秋种无法进行。9月1日，省委针对这种情况作出了决策：集体借给每个农民三分地种菜；对能播种小麦的旱地只要种上了就不计征购；利用荒岗湖滩种植粮油作物，谁种归谁。正如当时的中共安徽省委第一书记万里在省委研究这些决策时的会上所说的那样：与其土地撂荒，倒不如借部分土地给农民。谁知这一“借”，就一发而不可收。凭着“借”地的缘由，“包产到户”就找到了复活的机会。1978年，实行了“包产到户”的生产队，就达1200个，次年又发展为38000个，约占全省生产队总数的10%，到1980年底，安徽全省实行“包产到户”“包干到户”的生产队已发展到占总数的70%。与此同时，四川、贵州、甘肃、内蒙古、河南等地，“包产到户”也在或公开或隐蔽地发展着。到1980年秋，全国实行双包到户的生产队已占总数的20%，1981年底，扩大到50%，1982年夏季，发展为占78.2%，而到了1983年春，全国农村双包到户的比重，则已占到了95%以上。至此，“包产到户”“包干到户”实际上自1980年初以来，就已经成为我国农业中的一种主要经营形式了。

“包产到户”和“包干到户”确是农民创造、自发推广的。但是，党的政策的转变，对于家庭联产承包制迅速地确立起自己的地位，也起了难以估量的作用。邓小平同志在1980年5月31日的一次谈话中就讲：“农村政策放宽以后，一些适宜搞包产到户的地方搞了包产到户，效果很好，变化很快。”“有的同志担心，这样搞会不会影响集体经济。我看这种担心是不必要的。”“可以肯定，只要生产发展了，农村的社会分工和商品经济发展了，低水平的集体化就会发展到高水平的集体化，集体经济不巩固的也会巩固起来。关键是发展生产力，要在这方面为集体化的进一步发展创造条件。”① 应当说，邓小平同志的这个讲话，对于“包产到户”站稳脚跟、迅速普及，是起了巨大作用

① 《邓小平文选》(1975—1982)，人民出版社1993年版，第275页。

的。1982年1月，中共中央、国务院发出的关于农村经济政策的第一个1号文件中明确指出："一般地讲，联产就需要承包。联产承包制的运用，可以恰当地协调集体利益与个人利益，并使集体统一经营和劳动者自主经营两个积极性同时得到发挥，所以能普遍应用并受到群众的热烈欢迎。""承包到组、到户、到劳，只是体现劳动组织的规模大小，并不一定标志生产的进步与落后。""包工、包产、包干，主要是体现劳动成果分配的不同方法。包干大多是'包交提留'，取消了工分分配，方法简便，群众欢迎。"这就使联产、承包、到户乃至"包干"，都有了存在和发展的政策依据。而1983年的中共中央"1号文件"，则更为明确地提出：联产承包责任制，"这是在党的领导下我国农民的伟大创造，是马克思主义农业合作化理论在我国实践中的新发展。"这一评价，确实使农民吃了"定心丸"。

农业集体经济组织中的生产责任制，经历了一个从不联产到联产，从只许联产到队、到组到联产到户的阶段，实际上反映了人们对农业中集体经济实现形式的一个认识过程。从1956年秋天始，只要哪里允许农民自主地选择农业的经营形式，哪里的绝大多数农民就一定会选择联产到户的形式。这种现象，是绝不能用农民的"小农经济意识"来作解释的。它实际上反映的是农业生产本身的特点对其经营组织形式的客观要求，否则，为什么许多"离土不离乡"、亦工亦农的农民，并不提出将乡镇工业企业也要联产到户呢？至于那些适合于家庭经营的农村二、三产业，当然另当别论。农业中家庭经营的地位被重新确立，是农业经营体制反映了农业生产规律的一种表现，因此，也就不难解释为什么实行家庭经营之后，我国的农业生产能有如此惊人的增长了。

但是，家庭被作为一个经营层次引入集体经济之后，其意义绝不仅仅在于使农业的经营形式更适应农业生产特点的要求这一点上。因为当家庭作为一个相对独立的经营主体投入运行之后，农村的财产积累、分工分业、要素的流动和重新组合等规则，实际上都将发生意义深刻的变化。它是真正使农村经济从封闭走向开放、从传统走向现代化的基础。因此我们说，在农村中家庭经济的地位被重新确立，其意义是怎么估价也不为过的。没有联产承包和家庭经营，农村经济改革和发展的所有后续变化，都将无从谈起。所以，以家庭联产承包为主的责任制和统分结合的双层经营体制，必须作为我国农村经济中的一项基本制度，长期稳定实行。

股份合作制：农村经济的新希望①

（1994 年）

在当前的农村经济改革发展中，股份合作制正在许多地区迅速兴起。这是继实行家庭联产承包责任制之后，农民群众和农村干部，对农村经营组织形式的又一个新的创造。

改革开放十几年来，农村中属于集体和属于农户自由的生产资料，都有很大幅度的增长，因此清晰产权关系，保障资产所有者的合法权益，已经成为农村集体经济组织和广大农民的迫切要求。而另一方面，随着经济的发展，无论是农村集体经济组织，还是农民的家庭经营活动，又都希望能逐步地扩大生产经营规模，提高生产社会化程度，以提高经济效益。面对上述这两种客观要求，实际上就需要找到一种新的资产经营或经济组织形式，而股份合作制，正是顺应了这两方面的客观要求，才应运而生的。

但是，随着农村经营体制改革的深入，特别是在普遍实行了以家庭联产承包为主的责任制之后，农村经济中的财产关系，也发生了极为深刻的变化。其中一个最主要的变化，就是农民的家庭，从改革前的完全不拥有生产资料，开始逐步拥有属于他们自己的生产资料。实行家庭联产承包制之后，农民的家庭，按照承包合同，将承包耕地上的产品“交够国家的，留足集体的，剩下都是自己的”了，极大地调动了农民的生产积极性。根据国家统计局对全国 6.7 万个农民家庭的抽样调查，到 1992 年底，平均每个农民家庭已经拥有属于自己的生产性固定资产 1643.95 元。按此推算，全国 2.28 亿农户，就已经拥有属

① 本文原载于《中国改革》1994 年第 5 期。

于他们自己的生产性固定资产3750多亿元。这些资产的形成，对近年来我国农村经济的发展起到了极为重要的作用。

另一方面，由于实行统分结合的双层经营体制，在农户资产增长的同时，原集体经济组织所拥有的生产性固定资产也在不断地增长。改革之前的1978年，人民公社三级经济核算单位所拥有的集体公有固定资产，一共只有849亿元，但目前农村集体公有的生产性固定资产，已有3000亿元左右。由此可以看出，家庭联产承包制，实际上具有一种不损害集体财产的农户资产积累机制，这是家庭联产承包制之所以深受农民欢迎的重要原因之一，也使得农村增加了一种财产的增长机制。

农村生产性固定资产的总量增加了，所有者也趋于多样化，这是当前我国农村中财产关系的基本事实。因此，在农村的财产关系方面，我们实际上面临着两大重要的政策问题。第一，不断增长的集体财产如何清晰产权的问题。乡、村两级集体经济组织，是由以前的公社和大队演化过来的。而在以前的公社经济中又有生产队的投资。所以，如果不明确界定各级集体经济组织内部的产权关系，就必然出现乡、村、组集体经济组织之间利益关系不清，尤其是村、组集体经济的财产权益受到损害的问题。第二，不断增长的农户资产如何受到保障的问题。在50年代中期以后的合作化过程中，由于出现了“要求过急、变动过快、工作过粗、形式过于简单划一”的偏差，农户原有的生产资料一概都“归了大堆”。现在，经过十几年的改革和发展，农民家庭又逐渐积累起了一部分属于他们自己的资产。农民珍惜这些资产，担心它又被“归大堆”的心理，是不难被理解的。因此，无论采取什么样的经营形式，都不能再去剥夺农民、伤害农民、随意的再将农户资产“归大堆”。

我们既不能剥夺农民的财产权益，又要顺应生产发展的客观要求，在一定范围内实现资产的联合经营，这就必须借助股份这种形式。股份，就是将分散的资产集聚起来进行联合经营的一种形式，它是可以被多种经营组织所借用的。股份有限公司，有限责任公司可以借用股份这种形式，合伙企业和合作经济组织也可以借用股份这种形式。合作经济组织如果不借用股份这种形式，就不可能把它的成员的部分资产集聚起来，联合经营。

严格说来，50年代中期以后所实行的集体经济，与国际上所通行的合作经济之间，是有着很大差别的。其中最主要的差别有两点：第一，是关于组织内部成员的财产权益问题。原来的集体经济内部实行生产资料的单一公有制，因此，他不承认内部成员拥有个人的资产权益；而合作经济则承认内部成员拥有个人的股权，并当成员要求退社时允许他抽回这部分股份。第二，是关于资产能否在一定程度上参与分配的问题。原来的集体经济组织实行单一的按劳分配制度，因而也不承认资产具有参与分配的权利；而合作经济组织则有条件地实行股金分红，因而也承认资产具有一定的参与分配的权利。不难看出，这种差别归结于一点，就在于是否承认入社社员的个人产权。

股份合作制的兴起，正是反映了人们要求在清晰产权关系的基础上，实行资产联合经营的愿望。在农民的实践中，股份合作制是针对这两方面的实际问题展开的。一方面，它针对着改革后新形成的农户自由资产的联合经营问题，股份合作制首先在农村的民营企业中被大量采用。由于实行了股份合作制。联合经营的资产，产权界定清楚，投资者的资产权益得到了较好的保障，因此，农民将自有的部分资产投入到这类企业中去，普遍都比较放心、踏实。另一方面，股份合作制也针对着解决原集体经济中财产关系不清的问题。在集体所有制的乡镇企业中，股份合作制也被大量采用，它既清晰了企业初始投资的产权关系，又有利于企业打破社区的封闭，增加了资产的流动性，并且，也较好地理顺了社区组织与集体乡镇企业的关系，有利于实现政企分开。总的看来，在深化农村改革的过程中，定会产生越来越重要的作用。

当然，现在的股份合作制企业，其内部财产关系的类型还是非常复杂的。可以说，股份合作制实际上是一种过渡形态的企业制度。现在实行股份合作制的经济组织，有一部分将来会逐步地发展为规范的合作经济组织，而另一部分，也完全可能走向规范的有限责任公司或有限股份公司。但这种走向规范化的过程，需要股份合作制这种经济形式有一个自身的发展过程，也需要有政策和法规的逐步引导。

股份合作制，为农民提供了一种既保障其财产权益、又实现了联合经营的形式，同时又为农民提供了一种选择未来的更为规范的经营形式的机会。它是使农村的财产关系由模糊走向清晰、由封闭走向开放的一种重要的资产经营形式，因此我们应当鼓励和支持它的发展，并在发展的过程中逐步地对其加以引导，使之逐步地规范化。

关于农产品流通体制改革的问题①

（1994 年）

农村普遍实行家庭联产承包责任制之后，在农村经济内部、在农村与国民经济的整体关系等方面，引发了一系列深刻的后续变革。其中最主要的后续变革，有以下几个方面：①导致了农产品的商品市场和农村的要素市场逐步发育；②打破了农村单一的生产资料公有制的结构，使多种经济成分和多种经营形式得到了发展；③调整了农村的产业结构，使农村经济朝着充分利用资源、多部门综合经营的方向发展；④促使政府更多地运用价格、税收、利率等经济杠杆和契约等法律手段，来改善对农村经济的宏观调控方式。

在上述各方面的后续变革中，农村流通体制、特别是农产品流通体制的改革，具有十分重大的意义。因为实际上，独立的商品经济经营主体的形成、农业市场体系的发育、政府对农村经济调控手段的变革等等，都是建筑在农产品流通体制变革的基础之上的。

一、农产品流通体制改革的阶段和进程

改革前的农产品流通，基本上是由政府实行计划控制的。进入流通的全部农产品中，由政府定价的比重高达 92.6%。这种高度集中的僵化的农产品流通体制，严重抑制了农业经营者的生产积极性，使我国农产品的供求关系，长期陷入紧张状态。但由于政府低价收购农产品的体制所形成的“价税合一”的机制，在长期运行中已经形成了一

① 本文原载于《中国党政干部论坛》1994 年第 6 期。

定的利益结构，因此，改革农产品的流通体系，必然要涉及农产品的生产者、经营者、消费者以及中央政府与地方政府、中央政府各部门之间、地方政府之间的利益关系的调整。这是一件牵一发而动全身的十分复杂的工作，稍有不慎，就可能引起全局性的经济和社会震荡。因此，对农产品流通体制的改革，党中央和国务院采取了积极稳妥的小步推进的措施。它大体经历了以下几个阶段：

（1）减少强制性的统派购任务，使农民得以休养生息。1978 年 12 月，党的十一届三中全会通过了《中共中央关于加快农业发展的若干问题决定（草案）》，并于次年党的十一届四中全会上予以通过。这个决定规定：在今后一个较长的时期内，全国粮食征购指标继续稳定在 1971—1975 年“一定五年”的基础上，从 1979 年起减少征购任务 50 斤。并规定：水稻地区口粮在 400 斤以下，杂粮地区口粮在 300 斤以下的，一律免购。这就基本保证了农民解决温饱所需的口粮。减少了对粮食的统派购任务，而国内的供求缺口，则由国家通过增加进口来弥补。

（2）提高政府对计划内农产品的收购价格。根据《中共中央关于加快农业发展的若干决定》，从 1979 年夏粮上市开始，政府对粮食的统购价格提高了 20%，超购部分再加价 50%；棉花的收购价格，从 1979 年新棉上市开始，在上年已提价 10% 的基础上，再提价 15%，北方另加 5% 的补贴。从 1979 年 3 月开始，到同年 10 月，政府陆续提高了粮食、油料、棉花、生猪、菜羊、菜牛、鲜蛋、水产品、甜菜、甘蔗、大麻、苎麻、蓖麻油、桑蚕茧、南方木材、毛竹、黄牛皮、水牛皮等 18 种农副产品的收购价格。据国家物价局计算，上述 18 种农副产品收购价格的平均提高幅度达 24.8%，使全国农民当年增加收益 70 亿元左右。此后，政府的农副产品收购价格逐年有所提高。到 1983 年，农副产品收购价格的总指数，已比 1978 年提高了 47.7%，而 1991 年和 1978 年相比，农副产品收购价格总指数，已提高了 168.6%。

（3）打破单一的国合商业购销农副产品的体制，发展多渠道经营的流通体制。1978 年，国合商业收购的粮食，占社会收购总额的 100%，食用植物油占 99.55%。而棉花一直是由政府全额收购的。但到1982年，国合商业收购的粮食和食用植物油，在社会收购总量中的比重，已分别降为92.4%和95.2%。此后，城乡集市贸易迅速发展，农副产品流通的多渠道经营格局逐步形成。1978年，在社会农副产品收购总额中，由商业部门收购的比重，占82.4%，到1991年，这一比重已降为58.9%；而农民直接向非农民销售的农副产品，则从1978年的占社会农副产品收购总额的5.6%，上升为1991年的21.8%。特别是一些主要副食品，农民对非农民直接零售的数量，已在同类产品的社会收购总量中，占有相当高的比重。

（4）调整政府商业部门对城镇居民的食品销售价格，逐步缩小主要农产品价格购销倒挂的矛盾。自1979年较大幅度提高农副产品的收购价格之后，由于并没有相应地调高政府商业部门对城镇居民的销售价格，致使农副产品的经营出现了购价高于销价的购销价格倒挂现象，1990年销价低于购价26.2%。由于政府可用于粮价补贴的财力有限，因此，再不调整粮油等主要农产品对城镇居民的零售价格，不仅会严重影响财政的收支平衡，而且也会使政府无力去提高农副产品的收购价格。1991年5月1日开始，商业部门对城镇居民定量供应的粮食零售价格，一次提高了68%，对定量内的食用植物油一次提价170%；1992年4月1日再次提高了城镇居民定量内的粮食零售价格，两次提价，使居民口粮的零售价格提高了120%以上，从而使主要农产品价格的购销倒挂情况，有了明显的好转。提高对城镇居民定量内粮油的零售价格，虽属行政性调价的范围，但是，这种较大幅度校正价格扭曲的措施，为理顺农产品的流通体制，扩大市场调节在农产品供求关系中的作用，显然具有重要的意义。

（5）建立粮食最低保护价格和设立粮食专项贮备制度，加强政府对粮食供求关系的经济调节手段。1989年以后，我国的粮食生产走出了连续几年徘徊的局面。但由于粮食市场体系发育不完善，一些粮食主产区开始出现农民卖粮难现象，致使市场粮价下跌，农民利益受损。为了保护粮食生产能力、保护农民利益，国务院于1990年秋采取了两项重大措施，一是建立粮食收购最低保护价，这项措施的出台，缓解了市场粮价急剧下跌的趋势；二是粮食专项贮备制度，即在正常的流转库存之外，政府粮食部门在丰年多购部分粮食用于贮备，以应付粮食市场的波动。到1991年秋，政府的粮食专项贮备已超过700亿斤，这不仅在一定程度上缓解了农民的卖粮难，更主要的，是使政府具备了吞吐调节、平抑市场波动的实力和手段。这就为下一步粮食流通体制的深化改革，准备了重要的物质基础。

（6）分区决策，逐步放开粮食的购销和价格，使粮食的供求关系更多地接受市场调节。随着粮食供求关系的逐步变化，国务院先后在粮食购销体制上采取过两次重大措施。一次是1985年，正式取消了粮食的统派购制度，全面实行政府粮食部门与农民的合同定购制度；农民在完成合同定购任务之后，余粮可以自由上市，政府粮食部门也可以在市场上以议价向农民购买粮食，这就形成了计划收购与市场收购并存的“稳一块、活一块”的“双轨制”。进入90年代，国务院再次决策，允许各省根据当地的实际情况，分区决策粮食的购销制度是否全面放开，实行完全由市场定价和收购的“单轨制”。到1993年底，全国已有95%以上的县（市）实行了粮价放开。根据各地实际情况，实行分区决策的粮价放开，既避免了全国齐步走可能带来的社会震荡，又切实地推进了粮食购销体制和价格的改革，表明我国农产品流通体制改革，已进入了一个以建立市场体系和健全政府宏观调控能力为主的新阶段。

二、当前农产品流通体制中存在的突出问题

进入90年代以后，我国农产品的供求关系有了明显的变化，但总的来说，农产品流通体制的改革，还是相对滞后于供求关系变化的现实，因此出现了一系列新的突出矛盾。

（1）农产品的品质结构不适应市场的需求，加剧了农产品流通不畅的矛盾。近年来出现的农产品流通不畅，固然有流通体制本身的问题，但在流通体制的背后，有着更深层次的另一个问题，那就是农产品的品质问题。在人民的生活越过温饱水平之后，基本农产品的收入弹性就会明显降低，人们会逐渐转向更高品质的需求和更多样化的消

费。在这种情况下，农产品供给的品质结构如不能发生相应的变化，而单纯只有数量上的增长，产品的积压和价格下跌就难以避免。只有使农业生产与农产品的消费之间建立起更直接的联系，才能使农产品的供给更能适应市场的需求。

（2）农产品经营部门职能不清，加大了农产品流通体制改革的难度。国有商业和合作商业组织中的农产品经营部门，在计划经济的体制下长期承担着农产品流通和政府调控的双重职能。这主要是由于农产品收购中的“价税合一”与农产品销售中附有福利性补贴的原运行机制造成的。因此，加快农产品流通体制的改革，必须首先使政府所属的流通机构做到政企分离。否则，政府对农产品市场的调控职能，与商业机构的企业行为缠在一起，就既难以搞活商业企业，也难以发挥政府对保障农产品市场安定的职能。因此，商业部门改革，要将流通体制的改革，与政府机构改革结合在一起，才能切实向前推进。

（3）市场发育不全、发育不良，使市场调节的作用难以真正发挥。相对于改革初期，农产品市场确有了很大的发展，但与当前农产品流通的客观要求相比，农产品的市场建设还有很大的差距。一方面，地方政府与商业部门以行政手段干预农产品流通的现象时有发生，致使农产品封锁、大战交替出现；另一方面，市场的组织和制度建设严重滞后，往往使得有规则的市场缺乏活力，而有活力的市场则又缺乏规则。因此，在下一步加快市场设施建设的同时，必须花费更多的力量，去完善市场的组织和制度建设。

（4）政府对农产品市场的调控手段不足，难以有效保障农产品市场的安定。目前，虽然建立了粮食收购的最低保护价，设立了粮食专项贮备制度，但总的说来，政府对农产品市场的调控手段和实力都还不足，尤其是运用经济手段引导农民适应市场需求提供产品的能力不足。因此，尽管政府为保护价和专项贮备制度付出了巨大的财力，但自 1990 年以来就出现的基本农产品供大于求的趋势仍无力扭转，致使农民的人均纯收入连续 3 年陷入徘徊状态。目前，政府既为眼前面临的因收购资金、库容不足而无法多购农民手中的待售产品焦急，又为农民因连续几年“卖粮难”而收入增长徘徊，因而很可能将会再次出现粮食供给骤减而忧虑。政府面临的这双重压力，也从一个侧面说明了政府对农产品市场调控手段的乏力。随着粮食等基本农产品的逐步放开，加速完善政府的调控手段，是当务之急，这需要从市场监测、农产品安定基金的设立到执行吞吐调节的政府机构和职能的健全等各方面加快建设。否则，在农产品供给较充分时放开价格，让“市场调节”，而当农产品供给波动时，又难免会重走政府专营的老路。在这种反复中，利益受损最严重的，无疑是农民。因而这种反复，必将伤害政府与农民之间的关系，必须从这个高度来认识完善政府对农产品市场调控手段的必要性和迫切性。

当前中国的粮食供求与价格问题[①]

（1995 年）

一、当前中国粮食价格的基本情况

自 1989 年中国的粮食总产量恢复增长以来，直到 1993 年 10 月以前，中国的粮食供求关系一直是比较宽松的。粮食的市场价格也曾一度下跌。1991 年因灾减产后，市场粮价虽有上涨，但涨幅不大。1993 年与 1990 年相比，粮食的收购价格总指数上涨了 15.3%，其中集市贸易市场上的粮食零售价格指数还下降了 0.1%。而同期全国零售物价总指数上涨了 22.8%，其中农业生产资料零售价格指数上涨了 21.7%；全国居民消费价格指数上涨了 26.2%，农村居民消费价格指数上涨了 21.8%，均高于粮食价格上涨的幅度。

但是，自 1993 年 11 月开始，市场上粮食价格却突然大幅度上涨。从 1993 年 12 月 28 日开始，国务院规定全国城镇所有国有粮店，对大米、面粉和食用植物油必须按规定价格销售。同时，开始动用政府储备粮向粮价涨幅高的地区调运，以平抑粮价。在有的城镇，对集市上的粮价也实行了限价措施，有的地方还恢复使用已被取消了的城镇居民购粮证或粮票，对国有粮店限价销售的粮食，实行限量供应。在采取了上述措施之后，粮价迅猛上涨的势头虽得到了控制，但粮价继续上涨的趋势却仍在发展。到 1994 年 3 月底，全国粮食的市场价格平均比上年上涨了 37.3%，其中稻谷价上涨了 47.0%，小麦价上涨了 8.6%，玉米价上涨了 37.5%。而到 9 月底，市场粮价已比上年同期上涨了

① 本文原载于《中国农村经济》1995 年第 1 期。

62.3%，比 1994 年年初上涨了 39.8%。

截至 1994 年 9 月底，集市上 3 种主要粮食的价格水平和上涨幅度如下：大米每公斤 2.41 元，比上年同期上涨 84.7%，比本年初上涨 49.7%，比 8 月底上涨 6.5%；小麦每公斤 1.25 元，比上年同期上涨 48.8%，比本年初上涨 31.6%，比 8 月底上涨 5.0%；玉米每公斤 1.14 元，比上年同期上涨 40.1%，比本年初上涨 30.2%，比 8 月底上涨 2.7%。粮价上涨也带动了饲料和肉、禽、蛋产品的价格上涨。9 月底，集市上米糠和麦麸的价格分别为每公斤 0.67 元和 0.97 元，比上年同期各上涨了 40.7% 和 52.7%；猪肉的集市价为每公斤 12.54 元，鸡蛋为每公斤 7.24 元，分别比上年同期上涨 72% 和 22.4%。

1993 年是中国粮食生产获得大丰收的一年，粮食总产量达到了创纪录的 45644 万吨，比上年增长了 3.1%。在粮食总供给明显增加的情况下却发生粮食价格大幅度上涨的局面，这似乎令人难以理解，但具体分析起来也不奇怪。引起粮价大幅度上涨的主要原因有以下四个：

一是自 1990 年起连续几年粮食价格偏低，客观上需要调整粮价和其他商品之间的比价关系。因此，这一次的粮价上涨中应该说包含着一定的合理因素。

二是政府主动出台的结构性价格调整所引起的成本推动。1994 年实行的汇率并轨、国产原油提价等措施，对农业生产资料，尤其对化肥、柴油、农用塑料膜等的价格上涨推动很大，1994 年 8 月农业生产资料价格比上年同期上涨了 34.5%。从这一点来看，应该说今年粮价将有一定上涨，本是预料之中的事。当然，涨幅如此之大，则是出乎意料的。

三是目前粮食市场极不完善，流通秩序混乱，中间费用过高，结果是既推动了粮食销售价的上涨，又拉动了粮食收购价的上涨。造成这种局面的一个重要原因，是国有粮食部门的购销价格差过大。国有粮店目前销售的粮食，基本都是 1993 年以前收购的。1993 年粮价低，政府对晚稻的合同定购价为每公斤 0.74 元，但目前国有粮店对大米的零售价一般均为每公斤 2.00 元左右；1994 年政府对晚稻的合同定购价为每公斤 1.04—1.08 元。晚稻的出米率一般在 72%—75%，加工过程中的砻糠、米糠也归国有粮食部门所有。即使按1994年政府合同定购价计算，每公斤大米的购销价格差至少也在0.50元以上。而如果农民自己加工，每公斤稻谷的费用一般不会超过0.05元，且米糠等副产品还归他自己。这种情况一是使农民不愿将粮食多交售给国有粮食部门，二是给私营粮商抬高粮食的市场收购价留下了很大的余地。

四是粮食供求关系中品种、品质的矛盾明显突出，而这一矛盾又并非是粮食供给总量的增加所能缓解的，还使政府对粮食市场的调控增加了难度。因这一矛盾正日渐成为影响中国粮食市场价格波动的敏感因素，故本文将着重分析这一问题。

二、粮食供求中品种、品质结构的矛盾对粮价上涨的影响

除了其他原因之外，粮食供求中品种、品质的矛盾日渐突出，是1993年年底市场粮价大幅度上涨的一个重要因素。应该看到的是1993年11月市场粮价上涨时，政府的结构性调价尚未发生，因此，当时的粮价上涨，实际上主要是粮食品种供求结构失去平衡而引起的。

（一）关于粮食品种供求结构的失衡。1993年，粮食总产量比上年增长3.1%，但其中稻谷的产量却比上年减少4.6%。1993年的稻谷总产量为1777万吨，不仅低于1989—1992年4年间的任何一年，甚至比9年前的1984年的产量还低56万吨。因此，1993年底的粮价上涨，主要原因不是总量供给不足，而是粮食品种供求结构的失衡。以1993年与1984年相比，9年中，全国总人口增长了13.57%，而稻谷的总产量却反而减少了0.32%，因此，稻谷的供求关系必然要紧张。实际上，稻谷供求关系趋紧的矛盾已积累了3年，只是由于1993年减少的幅度过大（852万吨），供求矛盾才突然变得尖锐了。中国稻谷产量最高的是1990年，为18933万吨，此后已连续3年未达到此水平。如以1990年的稻谷产量为基数，此后3年中累计减产的总量已达2026万吨，超过了日本全国两年的稻谷生产总量。中国南方居民以大米为基本口粮，全国居民的口粮消费中，稻谷的消费比重占到60%—65%，这种消费习惯具有极强的刚性。因此，尽管粮食总产量增长，但只要

稻谷的供给偏紧，整个粮食市场就会显得偏紧，因为其他品种的粮食无法对大米进行替代。在正常情况下，中国的稻谷产量一般都占粮食总产量的42%—45%，而1993年这一比重却降到了38.9%。从1982年开始，中国人均占有稻谷的数量就超过了150公斤，其中1984年超过170公斤，其余年份大多接近160公斤，而1993年人均占有的稻谷却只有149.9公斤，是12年来第一次出现人均稻谷占有量低于150公斤的局面。正是由于1993年稻谷在粮食总产量中的比重和人均占有量都降到了近十几年来的最低点，因此才造成了1993年晚稻上市后稻谷的市场价格率先陡涨，进而引起其他品种粮食价格的相继攀升。由稻谷减产而引起整个粮食市价较大幅度上涨的情况，近10年来已发生过多次。1985年稻谷减产5.4%，次年粮价上涨9.2%；1988年，稻谷减产3.0%，次年粮价上涨21.3%；1991年稻谷减产2.9%，次年粮价上涨24.3%；1993年稻谷减产4.6%，就不难理解粮价必然会大幅度地上涨了。由此可见，稻谷供给偏紧，已经成为引发中国粮食市场价格波动的一大敏感因素。而稻谷减产对整个粮价波动的影响，显然也不是其他品种粮食的增产所能抵消的。1994年中国稻谷的总产量估计又将比上年减少200万吨左右，因此，对于早稻上市之前市场粮价继续上扬的可能性仍要有足够的估计。

从1989年以来，中国的粮食总量虽然是增长的，但这种增长的品种结构和地区结构却都是不均衡的。因此，这种结构失衡的总量增长，实际上也正在积累着粮食市场供求与价格的波动。

近年来中国的粮食增长，靠的主要是北方地区的旱作粮食。以1993年与1984年相比，中国粮食的总产量增长了12.06%，其中小麦产量增长了21.15%，玉米产量增长了39.90%，大豆产量增长了57.84%，薯类产量增长了11.69%，只有稻谷的产量反而下降了0.32%。中国稻谷播种面积的94%、产量的92%是集中在秦岭—淮河以南，但1993年，在南方14个省（区、市）中，只有安徽一个省的稻谷产量是增长的，其余均减产。1993年稻谷减产在30万吨以上的省区共有9个，其中北方1个南方8个，即辽宁、江苏、浙江、福建、江西、湖北、湖南、广东、四川，其中除辽、闽之外其余7个省均减产50万吨以上，而湖北、广东、四川的减产都超过100万吨，3个省减产合计为412.9万吨，占全国减产总量的48.5%，其中尤以广东减产最多，为174.4万吨，占全国减产总量的20.5%，比其本省上年的稻谷产量减少11.1%。

南方14省区1990—1993年稻谷产量变化 单位：万吨

年份/省区市	1990	1991	1992	1993	93/90（%）	93/92（%）
上海	177.4	181.4	166.7	154.0	−13.2	−7.6
江苏	1708.5	1632.8	1728.2	1680.0	−1.7	−2.8
浙江	1321.4	1443.0	1299.8	1216.7	−7.9	−6.4
安徽	1340.1	1058.0	1233.5	1248.6	−6.8	1.2
福建	731.2	725.7	733.0	694.5	−5.0	−5.3
江西	1587.7	1552.3	1473.6	1410.6	−11.2	−4.3
湖北	1789.6	1553.9	1746.5	1621.5	−9.4	−7.2
湖南	2468.2	2473.3	2423.1	2343.5	−5.1	−3.3
广东	1677.7	1619.1	1565.3	1390.9	−17.1	−11.1
广西	1200.8	1186.8	1242.9	1228.3	2.3	−1.2
海南	144.2	150.9	159.8	150.1	4.1	−6.1
四川	2197.4	2105.6	2140.6	2027.1	−7.8	−5.3
贵州	360.3	433.0	379.0	369.7	2.6	−2.5
云南	516.5	512.5	501.2	476.5	−7.7	−4.9

南方近年稻谷产量下降的主要原因，一是耕地面积的减少，如广东稻谷的播种面积，1993年与1990年相比，减少了819万亩，即减少了17.2%；江苏1993年比1990年减少了264万亩，即减7.2%；浙江减少370万亩，即减10.4%；江西减少641万亩，即减13.0%；湖北减少388万亩，即减9.8%；湖南减少517万亩，即减7.9%。二是稻谷与其他粮食品种的比价不合理，水稻生产无论是劳动消耗还是物质消耗都比小麦生产高得多，但稻谷的政府定价一直比小麦低，尤其是早稻价格更低，1994年早稻的政府定价每公斤为0.84元，小麦价为1.08元，早稻价只相当于小麦价的78%。在农村劳动力流动性增大、就业机会增加的情况下，南方经济较发达地区的农民，对增加比较利

益偏低的水稻生产的热情下降。因此，不采取有力措施控制耕地的减少，不适当调整稻谷与其他品种粮食的比价关系，要恢复南方稻谷的产量将是很困难的。

（二）关于粮食品质结构与流通渠道的矛盾。1994 年政府对粮价上涨也采取了一系列平抑措施。但总的说来，效果并不十分明显。于是社会上开始流行两个观点：一是认为政府粮食部门储备量数量不实，因为实际上并没有所说的 4000 万吨储备粮，因此抛不出粮来平抑市场粮价；二是认为政府粮食部门为本部门谋利益，没有认真采取平抑市场粮价的措施。这两个观点是否真有道理，还可以通过调查再作分析。但事实上是由于粮食的品质结构矛盾日渐突出，仅有储备粮的数量是根本不足以平抑粮食的市场价格的。中国粮食生产的规模细小、经营分散，加上地区之间自然条件差别很大，因此粮食的品质差距大，标准化程度低。这种情况决定了不同的收购价格、不同的流通渠道，所掌握的粮食的质量是有很大差距的。通常情况下，政府定的粮食收购价都低于市场的收购价。1994 年，早稻的政府定价为每公斤 0.84 元，而市场收购价一般为 1.20 元；晚稻的政府定购价为每公斤 1.04—1.08 元，而市场购价则在 1.40—2.00 元之间；小麦的政府定购价为每公斤 1.08 元，而市场购价一般在 1.25 元左右；玉米的政府定购价为每公斤 0.64 元，而东北产区的市场购价则在 0.85—0.90 元左右。政府定购价与市场收购价的价差如此之大，决定了政府粮食部门不可能收购到质量好的粮食。而多数城镇居民由于收入水平提高，用于购买粮食的支出在消费性支出中所占的比重又较低（1993 年全国平均只占 6.25%），因此宁可多花点钱去购买质量高的粮食，也不愿为省钱去购买质量差的粮食。这就给可以按市场价收购粮食的私营粮商提供了扩大贸易量的机会。由于私营粮商很了解政府粮食部门没有高质量的粮食可以销售（特别在大米上更是如此），因此他们根本不担心政府抛售储备粮能够平抑质量较高的市场上的粮价。目前，北京市国有粮店限价销售的大米为每公斤 1.92 元，但购买的人并不多；而集市上粮商卖的大米为每公斤 2.60—3.00 元，生意却不错。这种情况表明，如继续实行政府低价收购粮食的政策，那么政府储备粮的功能就需要重新研究。政府通过低价只能掌握质量较低的粮食，因此所储备的粮食主要也只能起到备战备荒、救灾救济和保障低收入者基本口粮需求的作用，在非直接食用的饲料粮、工业用粮等方面，政府储备粮可以发挥一定的平抑市价的作用，但在口粮方面，却很难要求它也起到平抑市价的作用。

三、当前中国粮食购销体制的改革

进入90年代后，中国明显加快了粮食购销体制改革的进程。1991年中央政府提出了“分区决策、分省推进”的粮食购销体制改革部署，广东等省在1992年年初率先实行了放开粮食销售价格的改革措施。到1992年年底，全国已有30%以上的县、市放开了粮食的销售价格；到1994年年初，放开粮食销价的县市已扩大到99%，至此，全国放开城镇居民口粮销售价格的改革已基本完成。这方面的改革之所以推进较快，一是由于当时粮食的供求关系比较宽松，政府对粮食的定价与市场价比较接近，因此放开销价对社会的影响不大；二是各级政府的财政平衡比较困难，放开粮食的销价可以使政府尽快卸掉对粮价补贴的包袱。但从现在的情况看，由于各级政府急于卸财政补贴的包袱，因此，放开粮食销价的步伐走得很快，但粮食的市场建设等工作没有很好跟上，致使粮食销价放开之后，并没有形成完善的粮食市场。另一方面，政府对城镇居民的粮食销价放开了，但向农民收购合同定购粮的价格却基本都未放开。如1993年政府对合同定购粮的平均收购价为每公斤0.80元（其中包括0.08元的农业生产资料价格补贴款），1994年政府对合同定购粮的平均收购价格为每公斤1.04元（已取消农业生产资料价格补贴款）。这就出现了一个矛盾：粮食销价放开而购价不放开，农民感到吃亏。目前政府向农民定购的粮食为5000万吨，其中约1000万吨为征收的农业税，农民实际向政府交售的合同定购粮为4000万吨。如按每公斤粮食的政府收购价与市场收购价相差0.2元计，则农民在完成粮食的合同定购过程中，至少要少得80亿元人民币。购销价格没有同时放开，还引出了其他两个问题，一是政府粮食部门对农民的收购价与对城镇居民的销售价之间的价格差比以前扩大了，二是私营粮商的市场收购价与政府粮食部门的定购价之间的价格差比以前扩大了。显然，这两个问题都容易造成农民更不愿意把粮食交售给政府的粮食部门。

1993 年 10 月下旬召开的中央农村工作会议曾确定：1994 年的粮食收购实行“保量放价”的政策，即政府向农民收购 5000 万吨合同定购粮的数量不变，但收购的价格将随行就市。但由于会后不久即出现市场粮价较大幅度上涨的局面，因此“保量放价”的政策实际上未能实行。1994 年政府确定的粮食收购方针，是在比 1993 年提高价格 30%（即从每公斤 0.80 元提高到 1.04 元）的基础上，向农民收购 9000 万吨粮食，其中 5000 万吨按以前的办法以任务形式落实到农民家庭，另 4000 万吨由政府粮食部门仍按政府规定的价格在市场上收购。但现在由于市场粮价涨幅较大，政府粮食部门对秋粮的收购难度相当大。一些地方政府为了完成合同收购计划，不得不对合同定购粮加价收购。如广东省在 1994 年春天就宣布以每公斤 1.40 元为粮食收购的最低保护价，这个价格比中央政府规定的早稻收购价格约高 60%；而江苏省则规定，对中央政府定价分别为每公斤 1.06 元和 1.08 元的杂交籼稻和粳稻分别加“抗旱补贴”0.12 元和 0.16 元，加价幅度分别为 11.3% 和 14.8%。中央政府不鼓励也不限制地方政府的这种加价做法，但却明确规定：地方政府在粮食收购中的加价部分，不得计入粮食的调运和销售价格，加价部分只能列入地方政府的财政补贴开支。

总的看来，目前秋粮收购的矛盾较大，一些地方政府为了压低市场粮食购价，以保证按政府定价完成合同定购粮的任务，已经开始采用行政手段来限制粮食的市场收购和市场流通。

四、对目前中国粮食供求与粮食价格问题的看法和建议

基本看法是，当前和今后一段时期内，对中国粮食供求和价格波动影响较大的因素，不是总量问题而是品种和品质问题，其中优质大米供给不足，是尤其突出的问题。但也应看到，1994 年的粮价上涨中，存在一些特殊原因。第一是前几年粮价持续过低，按现在的比价关系，

粮价确应适当提高；第二是1994年的粮价上涨，受政府主动出台的结构性调价影响很大。从以上两点来看，应当说1994年的粮价上涨中，有一部分因素是合理的和必然的。此外还应看到，土地、劳动力、资金和生产资料等要素价格的上涨在今后一段时期内将难以避免，因此，粮食的价格也必然将逐步有所上升，否则就难以保证国内粮食供给的逐步增加。

有以下三点建议供参考：

（一）努力稳定和恢复国内的稻谷生产。

1. 适当调整政府对稻谷的合同定购价。1994年政府对稻谷的合同定购价，早稻每吨为840—880元，晚稻每吨为1040—1080元，低于每吨小麦1080元的水平，更明显低于国际市场的价格水平。不调整稻谷与其他粮食品种的比价关系，不按国际市场的规律使水稻价高于小麦价，国内的水稻生产和稻谷收购都将日益困难。

2. 严格控制耕地流失。在追求经济发展中，保护耕地的问题日益突出。土地管理法在不少地方实际上并未得到有效的执行，这一现象在南方沿海经济发达地区特别突出。要采取有力措施控制耕地的流失，强化耕地的复垦补偿制度，避免东南沿海经济发达地区继续出现稻谷产量较快下降的局面。

3. 适当鼓励北方增加稻谷生产。目前北方稻谷产量的比重不高，但扩大的潜力不小，如黑龙江省1993年的稻谷产量比1990年增加了23.5%。北方稻谷品质好，特别适合于中国北部和东部地区居民的需求。因此增加北方稻谷的生产，对于缓解中国北部和东部优质大米的供给，作用将会日益突出。

（二）适当扩大利用国际市场来调节国内稻谷的供求与价格。

当前要特别注意两个问题。一是由于按政府定购价收购的稻谷，其价格明显低于国际市场的价格，因此，在扩大了地方政府和粮食部门的外贸自主权之后，出现了不顾国内需求、竞相增加出口稻谷的现象。这不利于国内稻谷供求的平衡和价格的稳定，而这种现象目前仍在发展。二是可以适当鼓励有外汇支付能力的东南沿海发达省市的地方政府，增加一定数量的大米进口。如按目前的市场价格计算，广东珠江三角洲地区的早稻价格为每吨1400—1600元（人民币，下同），中晚季优质稻每吨为1700—2400元，折合成米，分别为2000—2300元和2350—3300元左右。因此，只要有外汇支付能力，目前增加进口部分大米，在经济上并不吃亏。

（三）加快粮食购销体制的改革和粮食市场的建设。

1. 粮食收购中的政府定价过低，引起了诸多的矛盾，如农民不愿向政府粮食部门交售粮食；政府只能购到低质粮食，难以发挥平抑市场粮价的功能；政府粮食部门的购销差价过大，粮食生产者的利益被中间环节截留过多；与国际市场的价格差太大，不利于政府利用国际市场的粮食来调节国内粮食市场的供求与价格波动等等。因此，粮食购销体制的改革，还是要下决心尽快走购销都放开的路子。作为过渡，可以先对原定的5000万吨合同定购粮实行“保量放价”的办法。

2. 应尽快完成对私营粮商的资格审查。现在的私营粮商“有利一哄而上，无利一泻而退”，毫不承担粮食供求的社会责任，只对粮食市场的供求与价格波动起推波助澜的作用。应当允许私营粮商介入粮食的流通，但对他们的资格应实行严格的审查，例如要规定他们的资金额、粮食的库存量以及必要的设施条件等，不具备条件的不允许从事粮食经营。

3. 在城镇开设政府的平价粮店。目前政府的粮食储备系统尚无力平抑整个粮食市场上的价格，对优质粮更是如此。因此要把政策目标修正到保障城镇低收入者基本口粮的供应上来。在城镇（特别是在居民收入相对较低的内地中小城市和县城）开设政府平价粮店，由政府规定并公布价格，专门销售价格较低、口感较差的粮食，以保障低收入者的基本口粮需求。这对于稳定全体市民的心理有较大的作用。

4. 加快国有粮食部门的政企分设。粮食流通秩序的混乱，与国有粮食部门至今政、企不分关系极大。政府只应留下精干的政策性粮食机构以承担行政性职能，大部分国有的粮食机构都应尽快转变成真正的经营性机构，不再赋予其行政职能。

5. 加快粮食流通设施、市场设施及信息传播设施的建设，逐步完善中国粮食的市场体系。

我国农业的近忧与远虑①

（1995 年）

改革 16 年来，我国农业和农村经济有了很大的发展。在全国总人口不断增加，经济总规模不断扩大的情况下，农产品的供给始终基本满足着社会的需求，应当说，这是我国农业和农民为经济建设和社会发展所做出的巨大贡献。但也必须看到，在当前的农业和农村经济中，确实存在着若干深刻的矛盾，其中有的矛盾在 90 年代变得更为尖锐了。极为现实的矛盾是，人增——地减——粮紧的趋势仍在进一步发展。据预测，我国总人口的增长，将在 2030 年前后达到 16 亿左右。这意味着在未来的 35 年中，我国农业的负荷还将日渐加重，并最终面临在人均不足 1 亩耕地的条件下，能否自主解决吃饭问题的巨大挑战。因此，我们必须居安思危，认真解决好农业问题。

从 1993 年秋冬开始出现因粮价上涨而带动大部分农产品价格上涨的局面以来，农业和农村经济中存在的问题再次受到了社会各界的广泛关注。问题的生成绝非一朝一夕之故，且也难以穷举。但农业和农村经济的问题之所以会爆发性地显现，主要是以下原因的迭加之故：即不稳定的经济格局恶化了农业所处的外部经济环境；基本农产品收购与农业投入品销售的体制不对称损害了农民的经济利益；农村就业状况的恶化影响了农民的收入。

1988 年，我国发生了自改革以后至当时最为严重的通货膨胀局面。物价指数比上年上涨了 18.5%（涨幅比上年高 11.2 个百分点）。该年秋季开始，中央实行了对经济的“治理整顿”。在紧缩的政策下，经

① 本文原载于《开放潮》1995 年第 3 期。

济陷入了低速增长。GDP 的增长由 1988 年的 11.3% 降为 1989 年的 4.3% 和 1990 年的 3.9%。这两年，工业年均只增长 4.2%，建筑业则年均负增长 3.7%，而农业（种植业）的年均增长则达到了 5.9%，粮、棉、油的产量在两年内分别增长了 13.2%、8.7% 和 22.2%。但由于紧缩造成的需求疲软，农产品的价格却随着农产品产量的增长而下降。以粮价为例，1991 年粮食的收购价格比 1989 年下降 12.6%。由此出现了农民增产不增收的局面。1991 年经济开始回升。1992 年、1993 年两年，GDP 的年增长速度达到了 13.5%，其中工业和建筑业年均增长分别为 21.4% 和 18.0%。以基本建设投资规模急剧扩张为主动因的这一轮经济高速增长，导致了农业中生产要素的大量外流。1992 年、1993 年两年净减少耕地 414.7 万亩（年均实际占用耕地 1103.8 万亩），是 1989—1991 年间的 12.2 倍。国家基本建设投资中用于农业的比重，也由 1991 年的 4.0% 降为 1993 年的 2.8%。1992 年不少地方出现的农产品收购“打白条”，农民负担大幅度增加的现象，实际上是为加快经济增长速度而强制性地从农业和农民那里攫取资源的反映。上述情况表明，经济增长大起大落的波动，对农业和农民没任何好处：增长速度过低，导致需求疲软，农产品价格下跌，农民增产不增收；速度过高，导致农业生产要素外流，农业萎缩。因此，不稳定的经济环境，实际上是对农业发展的最大损害。

1994 年，为了加快向社会主义市场经济体制的转变，中央出台了一系列重大的改革措施，其中包括若干结构性调价措施。与农业关系密切的调价措施主要有两个方面，一是汇率的并轨，二是原油的调价。汇率并轨后，人民币对美元贬值，导致进口货物国内销价的上涨。我国每年需进口 2000 多万吨化肥，取消了平价外汇后，仅汇率变化，就使进口化肥销价的涨价总额超过了 100 亿元人民币。原油提价后，国家取消了向农业供应的平价柴油，农民为此需多支付 100 亿元以上。而实际上，问题还要严重得多。因为国家原定的控制化肥销售价格的措施基本未能奏效，因此化肥实际上是按由供求决定的市场价在销售（大多数地区，国产优质化肥的零售价一般都高于国家控制价的 10% 以上，进口化肥则高出 35% 以上）。化肥货缺价高的现象，在 1994 年下半年已成为一个极为普遍的现象，但时至1995年春耕，却仍无可能出现转机的迹象。而另一方面，粮、棉等基本农产品的收购，却仍然实行着由政府定价的合同定购价。虽然1994年的粮、棉合同收购价比上年都有较大的提高，但从实际情况看，与市场价格的差距却仍在30%—40%左右。目前，我国粮食商品量中政府定购的部分约占40%，而棉花从政策上讲则是100%应由政府收购。因此，明显存在的价格差，使农民在经济上所遭受的损失是不言而喻的。农产品和农业投入品在购销体制上的不对称，就如农民所说的那样：粮棉收购是计划价，化肥销售却是市场价，算来算去总是农民吃亏。如果将问题再深入一层：农民吃亏的部分到底流向了何方，是变成了国家的积累，还是成了对城镇居民的补贴？或者主要是在流通环节中就已经流失？那就更值得引起人们的深思。

在任何国家，农业问题都关系到两个方面，即农产品供给和农民收入的增长。中国的情况更为特殊，这就是在长期实行隔绝城乡人口流动的前景下，造成了农村人口数量的巨大。这种情况决定了越来越多的农村人口，不可能单纯地依靠越来越少的耕地实现持续的收入增长。于是，就有了乡镇企业的异军突起。实际上，80年代中期农民收入的增长，有很大的因素是来自于农业劳动力向非农产业的转移就业。可以认为，如果不是乡镇企业的发展，使非农产业产值占到了农村社会总产值的70%以上，那么我国的农业和农村，就绝不可能发展到今天这个程度。但自80年代末以来，乡镇企业在吸纳新增就业者的能力方面，却也开始下降。从1984年到1988年，乡镇企业中新增的就业人数达6311万，年均增加1262.2万人，相当于同期农村年均新增劳动者数量的117.4%。而1989年到1993年，乡镇企业新增的就业人数为1911.2万，年均只增加382.2万人，相当于同期农村新增劳动者数量的45.6%。不难看出，农村的就业状况是进一步恶化了。这也是为什么近年来流动进城的农村劳动者数量剧增的重要原因之一。农村劳动者就业不充分，其直接结果必然是农村居民收入增长的缓慢。1989年到1994年，农民人均实际年收入，平均每年只增2.7%。按1994年的农民人均收入水平（现价1220元，按1990年价计为803元），要在

2000年达到小康水平所要求的1100元（1990年价），今后6年（含1995年）农民人均的实际收入，每年平均必须增长5.4%，即要比前6年的增长速度高一倍。显然，不改变农村劳动者的就业分布与我国人口的城乡分布，要实现这样的目标将是极为困难的。而农民收入增长缓慢，其结果必然是农业增长的内在动力减弱。从这个意义上讲，不解决农村劳动者就业和农民的收入增长问题，也就不可能解决农产品的持续稳定增长问题。

我国农业面临的问题很多，其中的不少问题解决起来也绝非一朝一夕之功，必须抓住根本，及早安排。其中保护耕地，保护粮田；加快粮食购销体制的改革；扩大农村劳动力的就业空间，千方百计增加农民收入应是眼前要着力解决的几个问题。

粮食供求形势重新趋紧，主要是南方稻谷播种面积减少太多所致。以1993年和1990年相比，南方14省（区、市）中，除安徽外，稻谷面积无一不减，其中面积减少5%以上的有7个省，最多的减了11.1%。因此，此次粮价上涨的最直接原因，就是稻谷供求的紧张。我国稻谷的最高年产量为1990年的18933万吨，此后已连续4年未达到此水平。如以1990年的稻谷产量为基数，1991—1994年这4年累计减产的稻谷数量已超过3000万吨，相当于日本国3年的稻谷总产量。自80年代中期以来，我国粮食产量的增长已呈越来越依赖于北方的趋势。以1994年与1984年相比，我国粮食总产增长9.2%，其中小麦增长了16%，玉米增长了34%，唯有稻谷减少了0.9%。时过10年，人口已增长15%，但稻谷却不增反减，其供求关系怎能不紧张？自1978年以来，我国总人口增加了2.2亿人，相当于增加了两个四川省的人口，但耕地面积却减少了6243万亩，相当于减少了一个四川省的耕地面积。这种局面如得不到严格的控制，粮食基本自给岂非要成空话？这次由稻谷引发的粮食供求波动，实际上提出了一个值得警醒的问题：我国稻谷播种面积和总产量的90%以上都在南方，稻谷的减产，实际就是南方粮食的减产。这与近年来南方特别是东南沿海地区，在经济的高速增长中，不注重保护耕地和粮田，不注重粮食生产的稳定与发展，是有着直接联系的。为追求经济的高速增长，不惜以牺牲耕地、牺牲农业、牺牲粮食生产为代价，无疑是一种极为危险的倾向。不要以为有了钱不愁买不到粮，如果每个省、每个县都这样想，就必将无粮可买；也不要以为有了外汇就可以吃进口粮，目前整个国际市场每年的谷物交易量也不过2亿吨，只相当于我国目前粮食年产量的45%。因此，在粮食问题上绝不能有多少幻想，只能是立足于基本自给。而实现这一目标的最基本条件，就是要保护好有限的耕地和粮田。由于耕地是不可再生的农业资源，因此，“守土有责”必须作为任何一级政府的基本任务之一，忘记了这一条，就是忘记了中国的基本国情。

从事农村实际工作的同志普遍反映，当前农村的粮食收购工作难度很大。难就难在政府的定购价与市场价格之间的差距太大。归根到底，这实际上是个很现实的利益问题。政府向农民定购1000亿斤粮食，扣除200亿斤公粮，其中属于买卖关系的是800亿斤粮。如按1994年秋后的定购价与市场价计，每斤的价差不会低于0.15元，800亿斤粮，就使农民少得了120亿元钱。问题在于农民做的贡献到底干什么用了？多数城镇居民没能或不愿从国有粮店买低价粮，这是1994年的普遍现象。向农民低价收来的粮食到底流到了哪里？既然城镇居民买不到或不愿买国有粮店的低价粮，那还非要农民交那么多低价粮干什么？过去城镇实行低工资，因此粮食实行低销价，政府就得向农民收低价粮。现在城镇居民的收入提高了，相当数量的居民宁可多花点钱到市场上买优质粮，也不愿为省钱去买国有粮店的低质粮，这实际上必然使国有粮店的销售量明显下降。居民收入的提高，客观上已经不再需要在基本口粮上实行全民补贴，因此，农民也就没有必要再交售那么多低价粮。需要继续在基本口粮上实行补贴的，是少部分低收入者。而农民应交售的低价粮，也只能是对应于低收入者的基本消费量，否则，农民所做的贡献，就必然会在粮食的购销环节中大量流失。农民少交售低价粮，不等于农民就少交售粮；国有粮食部门少收低价粮，也不等于不掌握粮源。根本的问题是必须将低价粮的收购数量控制在必要的范围之内。超出了这个范围，国有粮食部门就必然政企难分；而只要政企不分，国有粮食部门掌握的粮食，也就绝不会等于是政府掌握的粮食。因此，必须加快国有粮食部门政企分开的步伐，这是深化粮食购销体制改革的关键。一方面是国有粮食部门的政企分开，另一方面是按“保量放价”的原则压缩低价收购的数量，扩大市场定价部分的比重，农民增产粮食的积极性才能得到调动，粮食的购销体制也才能逐步理顺。

农民收入低，自然与农业的劳动生产率低有关。但农业的劳动生产率低，却又是我国农村劳动力就业极不充分的直接结果。因此，提高农业的劳动生产率，除了要大力推进农业的科技进步之外，更关键的还在于要转移农业的剩余劳动力。否则，不但农民富不了，农业的集约经营、规模经营也都将难以实现。乡镇企业的发展为农业剩余劳动力的转移开创了一条重要的途径。但也必须看到，乡镇企业如不逐步改变目前这种极度分散的布局，其吸纳新增劳动力的能力必将逐步下降。因为分散的加工企业，无法有效地带动服务业的发展；而单一的发展加工业，其市场容量毕竟有限。因此，必须把乡镇企业的进一步发展与小城镇的建设紧密地结合起来，使乡镇企业适当集中发展，这样才能带动服务业的发展，为农业剩余劳动力提供更多的就业机会。这就需要加快小城镇户籍制度的改革，让一部分农民“离土也离乡”，使其稳定地在小城镇中就业、定居。不仅如此，大中城市在加强管理的基础上，也必须适量地吸收农村的劳动者。农村人口向城镇的逐步迁移，是经济发展、社会进步的必然结果。这个历史潮流是不以人的意志为转移的。实事求是客观分析，应该看到，目前我国农村的就业问题之所以如此尖锐，实际上是过去长期实行城乡隔绝的户籍制度所酿成的苦酒。这一矛盾如再不及早着手解决，日后必将演化为影响全局稳定的严重后果。更现实的问题，是农业的剩余劳动力如不能转移，农业的效率就难以提高，农业的发展也就将难以为继。

无论是改革还是发展，我国的农业都还面临着极其繁重的任务。但是，保护资源、理顺价格、扩大就业，无疑在其中具有突出的重要地位。抓好了这三个环节，应当说我国的农业必定会有光明的前景。

“九五”时期农村经济改革与发展研究①

（1996 年）

一、“八五”农村改革与发展回顾

“八五”期间农业生产整体水平比“七五”有所提高，农林牧渔总产值由“七五”末年的 7662.1 亿元，增加到 1994 年的 15750 亿元，增长一倍以上。扣除价格上涨因素，1994 年比 1990 年增长 29%，平均年增长 6.57%。在农产品供给方面，“八五”期间主要农产品年平均产量（以 1991—1994 年平均计算）比“七五”也有较大增长，其中：粮食多 3641 万吨、棉花多 51 万吨、猪牛羊肉类多 958 万吨、油料多 322 万吨、糖料多 1927 万吨、水果多 1104 万吨，基本满足了“八五”期间国民经济发展和人民生活提高的要求。在农业增长的同时，农村二、三产业也有长足发展，乡镇企业总产值由“七五”末期的 0.9 万亿元，增加到 1994 年的 3.9 万亿元。1994 年乡镇企业利润总额达到 2380 亿元，交纳税金 1377 亿元，并且还提供了大量支农资金。“八五”期间，国家出台的农村政策主要包括：（1）稳定和完善以家庭联产承包为主的双层经营体制；（2）保证农产品收购资金，避免打白条；（3）减轻农民负担；（4）改革粮食购销体制，放开粮食销售价格；（5）提高粮棉收购价格；（6）建立粮食风险基金和国家储备制度；（7）建立基本农田保护制度；（8）扶持粮棉主产区发展经济；（9）建立高产优质高效农业示范区；（10）推动乡镇企业产权制度改造；（11）支

① 本文系国务院发展研究中心农村发展研究部课题组研究报告主要内容，报告由陈锡文、陆文强、徐小青执笔，原载《管理世界》1996 年第 2 期。

持中西部地区发展乡镇企业；（12）加大扶贫开发力度；（13）进行供销合作社管理体制的改革等。在这些政策中，起支柱性作用的主要有以下三个。

（一）稳定和完善家庭联产承包责任制。在“八五”初期，中央就针对围绕家庭承包制的争论，明确强调了家庭联产承包制是适合我国农村大部分地区的基本经济制度，以后又决定将耕地承包期延长30年，这对整个“八五”期间农业生产的发展起了重要的稳定作用。同时，中央还对完善承包制做了大量工作，并制定了具体政策：（1）提倡“增人不增地，减人不减地”的做法，以此稳定土地承包，克服土地频繁调整与分割的现象；（2）提出在坚持集体所有的前提下，允许土地使用权依法有偿转让，本着群众自愿的原则，可以采取转包、入股等多种形式发展适度规模经营，提高农业劳动生产率和土地生产率；（3）加强农业社会化服务，提出要逐步形成社区集体经济组织、国家经济技术部门、各种民办专业技术协会（研究会）等组织相结合的服务网络，以保证家庭经营适应市场经济发展的要求。

（二）改革粮食流通体制。为了改变“七五”期间粮食购销的“双轨制”，1991—1992年，国家两次提高城镇居民口粮销价，使粮食经营大体达到购销同价的水平。1993年国家又果断宣布放开绝大部分地区的粮食销价，取消了使用长达几十年的粮票，使粮食经营向市场化迈出了一大步。为了逐步实现粮食收购价格的市场化，1994年国家取消了平价生产资料的供应，并大幅度提高了粮食收购价格，保证农民收入也有增长。1995年，又进一步取消了指令性收购的400亿公斤议价粮任务，这意味着国家计划收购的粮食比上年减少了44%，使市场调节范围大大增加。为了适应中央政府调控量的减少，保证各地粮食的生产和供给，中央提出了“米袋子”省长负责制，试图通过省际利益再分配，达到收购价格逐步市场化的目标。

（三）推动乡镇企业产权制度改造。为了克服农户联营和农户与集体联营中权益不清的问题，以及在集体财产管理中，体现农民所有者地位，消除集体企业“干部所有”的现象，中央提出要发展股份制和股份合作制的乡镇企业，进行乡镇企业产权制度和经营方式的创新，进一步增强企业的活力。

二、"九五"面临的主要问题

（一）日益突出的人地矛盾。"九五"期间我国人口仍会有较大增长，年均增长在1300万左右，到2000年人口达13亿左右。而我国有限的耕地却在继续减少，"八五"前三年耕地减少2939万亩，平均每年减少979万亩，而且东部高产粮田减少更快。如果在"九五"期间不能有效地控制耕地减少的速度，到下个世纪将会引发严重的社会经济问题。

（二）农业投资严重不足。在"八五"期间，农业基本建设投资占国家基本建设投资总额的比重连年下降，1991年占4%，1993年就已降到2.8%。财政支农资金占国家财政支出数的比重，由1991年的9.11%减到1993年的8.6%。1993年国家信贷总规模增长22.46%，全国农村信贷总规模仅增长19.86%，低2.6个百分点。在国家投资不足的同时，国家为收购农产品还大量占用农村信用社的资金，即占用农村信用社的一般转存款，1990年为320亿元，到1993年增加到689.94亿元，1994年已超过1200亿元。这些资金是为保障城市农产品供给服务的，但却加重了农村资金短缺的问题。

（三）粮食流通领域问题严重。现在国家向农民征购的粮价平均为每公斤1.08元，而市场成品粮销价则超过收购价一倍以上，相当多的地区，粮价已经超过每公斤2.8元，大幅度价差是在流通领域中形成的，生产者和消费者都没有得到好处。更严重的是，在这样高价位粮食经营中，还有相当多的国有粮食经营企业上报亏损。这些企业为了增加自身收入，采取各种手段，使许多问题复杂化。例如，有的企业在收购中，对那些不种粮食的农民只收取收购价与市场价的差额款，这一方面掩盖了粮食生产中的问题，另一方面也造成国家存粮账面与库存不符的情况。这些问题反映出现有体制上的矛盾性。我们无法要求国有粮食企业既成为自负盈亏的经济实体，又要求它去承担平抑市价的责任。我们不能一手建立国家粮储制度，一手又把储备粮简单地交给经营企业去管理；我们很难一方面建立市场竞争机制，另一方面又限制非国有粮食系统以外的组织和个人进入粮食经营领域。

（四）农业综合生产能力提高减缓。尽管“八五”期间的粮食平均年产量比“七五”高，但是“八五”期间粮食生产处于徘徊状态，这与“七五”期间粮食的增长态势形成鲜明对照。“七五”末年比“七五”初，粮食年产量增加了5473万吨，而1994年比“八五”初的1991年仅增加981万吨，增加量不足“七五”增加量的1/5。这种情况若不能得到根本改变，在“九五”期间要使粮食生产达到5亿吨的产量是难以做到的。造成农业综合生产能力增长缓慢的具体原因主要有:（1）中低产田改造速度不快，现在每年只改造2000万亩，如此下去，到本世纪末只能使1/6的中低产田得到改造;（2）农业生态环境不断恶化，土壤质地下降，沙化面积和水质污染面积日益扩大;（3）农业生产资料使用量减少，1993年拖拉机、水泵等8种主要农用机械产量和销售量大幅度下降，1993年上半年化肥销售量比上年同期下降23.7%;（4）科技进步不快，现在科技在增产中的作用仍停留在30%—40%，而发达国家早已超过60%，而且科技储备不足，缺乏像前些年推广的杂交水稻、杂交玉米那样高产、突破性强的新品种，同时，农业技术推广情况也不佳。

（五）就业和收入问题严重。目前城乡收入差距约为3倍，而且这个差距还在扩大。1993年，扣除涨价因素，农村人均收入增幅比城市低7.5个百分点，1994年，国家虽大幅度提高农产品收购价格，但农村人均收入增幅仍比城市低3.3个百分点。按可比价格计算，1994年农村人均收入比1991年仅提高了11.9%，而同期城市人均收入则提高了30.6%。伴随城乡收入差距的扩大，东西部地区收入差距也在扩大，两者交织在一起，使全国大部分农村人口收入低的问题更加突出。与此同时，农村劳动力就业问题日益严峻，预计到“九五”末期，农村剩余劳动力将超过2亿人，很可能成为我国经济发展最主要的制约因素。

三、关于“九五”政策建议及其分析

（一）改善农业发展的物质条件。农业发展政策的主要目标，是努力提高以粮食产量稳定增长为主要标志的农业综合生产能力，确保粮食生产能力在“九五”期末达到5亿吨，为下个世纪国民经济发展奠定基础。

1. 完善保护耕地的政策。“九五”期间每年占有耕地要控制在500万亩以下，争取“九五”期间占用耕地不超过2500万亩。目前对耕地管理的法规，主要是国家土地管理法和国务院基本农田保护条例。但这两个法规在实际中遇到以下问题：第一，土地法虽规定了省、县两级政府每次审批土地量的权限，但缺乏把国家保护目标与政府行为联系起来的机制，地方政府往往把出让土地作为财政收入的重要来源，从而通过多次审批而大量占用耕地。第二，土地管理法中没有具体规定地级市政府审批土地数量的权限，而把确定地级市审批土地数量的权限交给省级政府来决定，结果造成地级市政府批地严重失控，有的地级市甚至拥有相当于省级的批地权力。第三，农村社区集体所有的土地，缺乏有效的控制办法。农户扩大宅基地，兴办乡镇企业（包括联办与合资企业）的占地，避开了土地管理部门的有效控制，致使农地流失严重。在“九五”期间严格耕地保护的措施：（1）要把控制目标层层分解，不论是政府还是农村社区，都不能突破年占用额度；（2）农村社区土地，主要依靠乡、村两级组织进行目标管理；（3）各级政府出让土地的收入，中央政府要收取一定比例，用于补偿在其他地方开发荒地的费用；（4）增加宜农荒地的开垦，力争“九五”期间新增开垦耕地2500万亩，使耕地总面积到本世纪末仍保持在现有水平。

2. 提高复种指数。只有粮食播种面积稳定在16.5亿亩水平上，我们才有使粮食产量达到5亿吨的资源保证。在合理调整种植业生产结构的情况下，要努力把耕地复种指数由目前的155%提高到160%，从而保证粮食的播种面积不少于16.5亿亩。提高复种指数的关键是充分利用冬闲田和改进耕作技术，加种冬小麦、油菜、绿肥和扩大间种、套种等。

3. 增加有效灌溉面积。粮食增产在相当多的地区取决于水的供给，

“九五”期间要保证再增加6000万亩的灌溉面积，达到8亿亩有效灌溉面积。但现在全国8.4万座水库中，有1/3以上带病运行，万亩以上灌区虽有4.6亿亩，但有效灌溉面积仅占设计的70%。这些灌区工程基本完好的占30%，报废的占10%，不同程度老化损坏的占60%。因此“九五”期间不仅要新建一批水利设施，还要修复、配套原有的水利工程，投资额、投工量都较大。

4. 强化科技兴农。重点抓好：（1）良种的引进、培育和推广；（2）节水农业和旱作农业的研究与推广。已有的实践证明，作物更换使用新品种，一般可直接提高单位面积产量5%—10%。争取在“九五”期间使水稻、小麦、玉米的用种全面更新一次。目前我国粮食用种量占总产量的4%，使用良种可普遍节约用种量，若节约一个百分点的用种，就等于节约90多亿斤粮食。我国目前农业缺水3000亿立方米，但同时用水过程的浪费又极为严重，因此，一方面要推行管道化灌溉，节约用水，另一方面要研究旱作农业技术，提高西北地区的生产水平。现在的问题，一是科研资金投入不足，大体只能满足50%的经费开支；二是农业科技推广能力严重削弱，我国曾培养的150万专业人员，现只有一半留在农业领域。因此，在“九五”期间要下决心提高农业科研水平和技术推广能力。

5. 加强中低产田改造和商品粮基地建设。我国目前中低产田面积近9亿亩，占耕地面积的近2/3。按粮食播种面积计单产在500斤以上的省（区）有10个，400斤以下的省（区）有8个，有12个省（区）在400—500斤之间，这说明增产的潜力还很大。农业综合开发的主要任务，是对内涝、旱地、盐碱地和酸性土壤地等中低产田进行改造，使增产潜力大的地区成为新的商品粮基地。争取在“九五”期间完成2亿亩以上的中低产田成片改造和开发。我国计划建设提供商品粮在1亿斤以上的商品粮基地县有886个，“八五”期间已建成和在建的有500多个，其余要在“九五”时期建成，届时仅这些县就可产粮7000亿斤以上。另外，我们在抓好基地县建设的同时，还应集中投资抓好增产潜力大、粮食商品量多的行政地区（市）一级的商品粮大基地建设，新形成十几、二十几个增产在10亿斤以上的地区，使国家能从这些地区稳定地多掌握200亿斤左右的商品粮。

6. 提高农用工业生产能力。化肥是粮食增产最基本的物质要素之一，而化肥生产也是农用工业的薄弱环节。目前我国需求量为1.3亿吨，而实际生产能力为1.1亿吨，有2000万吨的缺口要依靠进口。但现在国际市场价格不断上涨，进口到岸价已达到每吨250美元，致使零售价每吨逼近2500元人民币。长期依赖进口补国内化肥不足的缺口，供货量和价格的波动风险都很大，因此，在“九五”期间必须新建、扩建、改建一批化肥厂，其中磷肥厂可通过向矿区迁移，调动矿区生产积极性，以满足不断增加的需求。经过“九五”的努力，争取在下个世纪初实现氮肥基本自给，磷肥适当进口，钾肥因资源限制还需进口解决。

7. 增加农业投入。上述诸多措施都涉及对农业增加投入的问题，这是农业发展的一个基本问题。针对目前农业投入不足的现实，在“九五”期间要对以下政策进行研究和决断：（1）考虑设立农业投资法，规定各级政府对农业投入的最低比例，以扭转现在农业投资下降的趋势；（2）各商业银行都应按存款和贷款总额的一定比例，承担一部分农业贷款的义务。在研究这些政策的同时，国家基本建设投资中农业投资、财政预算内开支的支农资金和信贷资金中农业部门的比重都要有所提高。其中：用于农业的基建投资应逐步恢复到占国家基建投资的7%—8%左右，而1994年仅占2.6%；财政用于农业开支的增长幅度应保持高于经常性收入的增长幅度；信贷资金新增总规模中，用于农业的不能少于10%，另外，农业信贷资金的增幅要比信贷资金总增幅高出1—2个百分点。只有通过这样硬性指标，才能改变农业投入下降的局面。

要总结和吸取地方政府增加农业投入的成功经验。浙江、江苏等省自筹农业发展基金、水利建设基金，从省属企业和乡镇企业的销售收入中提取一定比例作为基金来源，保证了农业投资有长期稳定的来源。实践证明，这样做不仅可能，而且效果显著，地方政府可以做，中央政府也可以考虑做。建议中央政府设立农业发展基金，其资金来源可从以下几方面考虑：（1）从经营性企业的销售收入中提取一定比例；（2）从国有土地出让金中提取一定比例；（3）从经营性基本建设项目的投资额中提取一定比例。只有这样，才能在二、三产业迅速扩张的过程中，相应增强农业的基础地位，使国民经济三大产业的结构保持大体合理的比例关系。目前乡镇企业已承担了很大一部分农业生产和农村建设投资，在对各类企业公平税赋中，要充分考虑到乡镇企业所具有的“以工补农、以工建农”的特殊功能，在税收政策上应对乡镇企业有所区别，以保持乡镇企业生存和发展的能力。农民作为农业主体之一，其主要投资职能，是承担生产经营费用和购买固定资产，在规模较大的农业基本建设投资方面，主要只能以活劳动积累的方式参与投入。县、乡政府和农村集体经济组织，都要认真组织好农民在农田水利基本建设方面的劳动积累。

（二）完善农业微观经营机制。“九五”期间，在微观经营机制方面，主要是落实“八五”期间中央制定的有关稳定和完善家庭联产承包制的各项政策。

1. 坚持家庭联产承包制长期不变。邓小平同志针对我国农业长期发展提出了“两个飞跃”的重要思想：“第一个飞跃，是废除人民公社，实行家庭联产承包制为主的责任制。这是一个很大的前进，要长期坚持不变。第二个飞跃，是适应科学种田和生产社会化的需要，发展适度规模经营，发展集体经济。这又是一个很大的前进，当然这是很长的过程。”这就是说，实行家庭联产承包制为主的责任制，要长期坚持不变，在此基础上，要随着科技的进步和生产过程的社会化，逐步发展适度规模经营，壮大集体经济的实力。必须看到，邓小平同志所讲的第二个飞跃，是一个科技进步、社会与经济发展的客观过程，它是不可能采用行政手段，通过改变家庭联产承包为主的责任制而实现的。以家庭联产承包为主的责任制和统分结合的双层经营体制，是我国农村的基本经济制度，必须长期保持稳定，而不能轻率地搞什么新花样，否则，会影响农村社会与经济稳定的大局。因此，不仅在“九五”期间，而且在更长的时间里，我们都必须坚持党在农村的基本政策，使家庭联产承包制和统分结合的双层经营体制长期得到稳定。在“九五”时期，要把中央关于土地承包期再延长30年的政策，作为坚持党的基本政策的一件大事来抓好，真正让农民吃“定心丸”。

2. 在稳定土地承包权的基础上，健全符合市场经济规律的土地经营使用权流转机制，有条件的地方要逐步发展耕地的适度规模经营。土地对于农民来说，既是生存保障，又是生产要素。“八五”期间，虽然中央已经制定了土地承包期再延长30年的政策，但大多数农村地区，仍主要把土地看作生存保障，并作为福利来分配。结果土地行政调整不断进行，一方面土地承包出现新的不稳定，导致农民产生短期行为；另一方面土地作为生产要素不能得到更充分的利用，原有土地经营规模不断分割、细化。这说明，就整体情况而言，抑制现有的土地经营规模进一步被分割、细化的趋势，是比扩大现有土地经营规模更为迫切的现实任务。中央提出在有条件的地方，可提倡“增人不增地，减人不减地”的办法，使土地生存保障的功能服从于作为生产要素的功能，只有生产得到发展，生存才能有更大的保障。在土地承包期内，在坚持土地集体所有的前提下，本着群众自愿的原则，可以采取土地经营使用权转包、转让等多种形式，使耕地的经营使用权逐步集中，发展适度规模经营。而发展规模经营，要认识到规模经营不等于集体统一经营，在家庭经营范围内也能实现规模经营，要坚持群众自愿的原则，避免行政干预，使规模经营健康发展。我们要处理好发展耕地适度规模经营的目标和条件之间的关系。一般来说，农业劳动力已较大规模地向非农产业转移，相当数量的农村人口已经可以不依赖土地作为谋生的唯一手段，是实行耕地经营使用权适当集中，发展规模经营的最必要条件。而乡、村集体组织能够向农户提供较完备的产前、产中和产后的经济技术服务，则是规模经营得以发展的充分条件。同时，不能把发展规模经营的目标简单化为便于收购合同定购粮。由于目标的错位，在某些地区已经出现农户经营规模扩大，但单位面积土地产出率反而下降的现象。我国人多地少，必须始终把提高土地产出率放在重要位置。因此，扩大耕地的经营规模，必须与提高农业的集约化程度紧密结合起来，要把实现农业现代化作为规模经营的标准。

3. 发展和完善农业社会化服务体系，发展农户连接市场的中介组织。建设农业社会化服务体系必须多管齐下：（1）乡、村集体经济组织的主要功能，是为农户提供各种有效的经济与技术服务，因此，必须通过发展开发性农业和兴办乡镇企业等途径，壮大集体经济实力，办好农民一家一户办不了、办不好、办起来不经济的事情。（2）鼓励农户在自愿、互利的基础上发展多样化的联合与合作组织，特别要鼓励发展那些跨社区的专业联合与合作组织，提高农户自我服务能力。（3）鼓励发展贸、工、农一体化的经营方式，既提高农业的综合效益，又提高农民进入市场的组织化程度。（4）采取多种措施稳定和加强农业技术推广网络。（5）深化供销社和信用社的改革，使其真正恢复农民合作经济组织的性质，真正为农业、农民和农村经济服务。

（三）流通体制改革。农产品流通体制改革的重点是粮食和棉花。

1. 完善中央宏观调控下的粮食省长负责制和地区平衡政策。这一政策是在我国人多地少、地区差异大、交通运输不便的国情下，以及在经济快速增长阶段忽视农业、忽视粮食生产成为普遍现象的特殊背景下提出的。这一政策并不是要求各地实行粮食的自给自足政策，而是要求各地在贯彻"先吃饭、后建设"的原则中，坚持把加强农业放在首位，制止一些地方已经出现的粮食生产滑坡的危险趋势，在努力稳定和增加本省粮食供给的同时，通过粮食市场来调剂余缺，从而实现各省（区）的粮食供求平衡。在近年的经济快速增长中，农业生产要素大量流失，造成粮食生产滑坡，粮食总产量下降，并因耕地减少而不再可能恢复历史最高产量的行政区域，已逐步从县扩大到地（市），进而又扩大到省。目前，广东、浙江粮食总产已不可能恢复到历史最高水平，江苏亦处于自给自足的边缘。近年来，我国粮食生产"北增南减"，东南沿海经济发达地区，粮食生产呈明显徘徊，甚至下降的趋势，致使我国大多数居民的主要口粮品种——稻谷的供求关系趋紧。由于自然气候的原因，我国稻谷播种面积和产量的90%以上均分布在南方。而1994年与1984年相比，全国粮食总产虽增长了9.3%，但新增的产量中，玉米占了68.4%，小麦占了30.4%，稻谷却减少了1.3%。由此可见，近年我国粮食供求关系重新趋紧的主要症结，在于南方粮食尤其是稻谷生产的徘徊乃至下滑。如何恢复并继续增加我国的稻谷产量，是当前和今后一段时期内我国农业当务之急。由于品种不同，北方增产的玉米和小麦在消费中无法替代南方减产的稻谷，因此，实行“米袋子”省长负责制，不仅对于保证我国粮食总产量的稳定增长，而且对于保持我国粮食品种结构在供求上的平衡，都是极为必要的。以大米作为主要口粮的日本、韩国等国家，在粮食大量进口的情况下，不惜以高昂的代价，始终保持自给有余的稻米生产能力，其根本原因在于世界粮食市场上的大米出口量非常有限，正常年景1500万吨左右，仅占世界粮食出口总量的6.8%，不及我国大米年产量的12%，只相当于湖南省大米产量的85%左右。因此，像我国这样的大国，一旦稻谷生产出现问题，即使有钱，国际市场也帮不了我们多少忙。1993年我国稻谷减产了871万吨，折合大米为610万吨以上，这已经相当于国际市场出口总量的40%，相当于日本全体国民7个月的口粮。可见，在我国处于工业化加速发展的时期中，由于存在着农业生产要素易于流失，市场发育还不完善的问题，对粮食实行省长负责制是非常必要的。但与此同时，必须加快粮食购销体制的改革，培育粮食市场，完善管理机制。避免出现粮食主产区产量下降和省际粮食流通的封锁。同时，中央政府也要给予必要的协调。

2. 加快粮食购销体制改革和促使国有粮食企业职能分离。目前，国家征收粮食1000亿斤，这是国家所要掌握的最必要的粮源。但是，在征收合同定购粮时，遇到越来越大的困难，由于价格低，农民不愿意把粮食交售给国家，基层干部对一些农户不得不采取强行收购的办法，引起干群矛盾的加剧。按1994年价格计，国家合同定购价平均0.54元，而市场收购最低价为0.8元，差价为0.25元左右。也就是说，除200亿斤农业税折实外，800亿斤合同定购粮中包含200亿元的暗税。与此同时，由于我国城镇口粮销价已基本放开，国有粮店虽按政策规定限价供应部分口粮，但由于品质较差，中、高收入的城镇居民一般都不愿购买。这就造成了合同定购粮在购、销价格与数量上出现了较大的差额。这部分差额究竟流向何方？付出这一差额的农民和并未得到这个差额的那部分城镇居民，对这种购销体制显然是难以理解的。

进一步改革粮食购销体制，可有两种思路：

第一，可按照“提税减购”思路进行改革，即把暗税变明税，然后放开收购价。由于农民交纳的200亿元暗税，按市场价可购250亿斤粮食，因此，（1）国家把征实的农业税由200亿斤粮食提高到450亿斤；（2）合同定购粮食减到550亿斤，并实行“保量放价”，即定购量要保证，但价格随行就市。这样做的好处是：首先，实现了价、税分离，农民完税之后，粮食的收购价格就由市场的供求决定，虽然农民多交了250亿斤农业税，但由于取消了“暗税”，且其余粮食可按市场价出售，实际收入并没有减少，但却转换了粮食收购机制，有利于粮食市场的发育。更重要的是，农民种粮的积极性，主要是来自市场粮价的刺激，而“提税减购”的做法，扩大了由市场定价的粮食比重。同时，450亿斤的农业税征实，约占总产量的5%，这个税赋额也并不重，农民的实际税负并没有因此而增加。其次，这450亿斤农业税折实的粮食，在数量上完全可保证城市低收入居民的基本口粮供应，以及军粮和救灾粮的供应。我国在粮食销价放开前，城镇凭票供应的粮食约为800亿斤左右，目前城镇中相当部分居民已消费高价优质粮。最后，促使国有粮食企业职能分离，解决既是经营企业又是福利机构的问题。由于这450亿斤粮食是税收所得，费用仅限于收购、加工、运输和销售等环节的开支，因此国家便于控制其销售价格，国有粮食部门也不会因经营这部分粮食，而发生购销价格倒挂造成的亏损。粮食企业经营的其他粮食，也就可以随行就市，取消限制价，从而使企业的政企职能分离，增加透明度。

第二，分几年逐步提高定购粮价格，使其最终达到市场价，然后放开定购粮价格。这个思路的要点包括：（1）在“九五”期间每年提高定购粮价格15%—22%，在“九五”末年使其达到市场价水平，然后放开定购粮的收购价格，国家按市场价收购。（2）目前，国家除收购1000亿斤定购粮外，还在市场收购800亿斤左右的粮食，这两项约1800亿斤，为收购这些粮食国有粮食企业享受优惠利率的贷款。随着收购价格的提高，可不增加优惠利率的贷款规模，而通过减少收购量，来解决资金问题。争取在三年时间，把用优惠利率贷款在市场收购的粮食从800

亿斤减到400亿斤，这样既不增加国家负担，也推动粮食经营市场化的发展。（4）解决好国有粮食企业600亿元挂账问题，争取在3~5年内，由中央、地方、企业分解消化，并做好企业职工的分流、安置工作。（5）加强国家专储粮的管理，既不过量占压资金，也不能随便挪用。

3. 改革棉花购销体制。目前，棉花的生产、流通和加工的主要问题是：第一，供不应求的缺口大。现在每年需求9000万担，而收购量则不足7000万担。为了刺激生产，国家拟定的皮棉收购价格每担700元，实际到厂的标准棉价为18300元/吨，而进口标准棉到厂价为18200元/吨，进口棉比国内价还低100元。可见，提高国产棉花收购价格的潜力已不大。而长江中游棉区的产量也很难维持，因这些地区前几年棉花的发展，主要是由粮食价格太低而促成的，现在粮价提高，对棉花生产会有影响。第二，产区和销区矛盾大。在棉花“经营、价格、市场”三不放开的情况下，产区和销区的利益冲突较大。现在，我国有18个棉产区，其中9个为主产区，它的棉花产量占全国的93%，纱锭占62%；9个次产区的棉花产量占全国的6.8%，纱锭占10%。而京、津、沪三市，产量仅占全国的0.5%，但纱锭却占20%。第三，棉加工品的出口结构不合理，出口主要以坯布和低价纺织品为主，在棉花价格提高后，生产企业经营出现困难。

解决问题的措施是：（1）下决心压缩过大的棉纺加工能力，逐步实现棉花的供求平衡。我国棉花消耗量中用于出口的约占1/3，在过去外汇短缺的情况下，努力增加棉纺织品的出口是必要的。但随着我国出口商品结构逐步改变和出口额的迅速增长，棉纺织品在出口创汇中的重要性正在下降。我国耕地有限，随着人口继续增长和经济的发展，粮、棉争地的矛盾会日益突出，只有结合外贸结构的变化，使棉花的生产、加工逐步转向满足国内市场为主，才能保证棉花的供求平衡。（2）推动棉纺加工能力向产区迁移，实行产销直接挂钩，节约棉花流通费用。（3）创造条件逐步放开价格，并帮助棉农提高组织化程度，发展棉花市场。要逐步使基层供销社成为棉农的代理机构，在棉产区发展棉花的拍卖市场和期货市场，使棉花交易规范化。（4）中央要继续掌握新疆调出的棉花和进口的绝大部分棉花，以保证重点棉纺基地的供应和对棉花市场进行吞吐调节的主动权。

（四）扩大农民就业和增加农民收入。在农产品价格逐步放开之后，农产品价格上涨，对农民收入增长的作用将会减弱；而实现较充分的就业，才是保证农民收入不断增长的重要途径，同时也是实现农业现代化的必由之路。"九五"期间，要使农民生活达到小康水平，必须在保证粮食生产稳定发展的前提下，合理调整农业生产结构，全面发展林牧副渔各业，并通过各种途径，促进农业剩余劳动力向二、三产业转移，扩大农村劳动力的就业空间和收入来源。

1. 发展开发性农业，以及高产、优质、高效和外向型农业。农业的发展，决不能局限于14.3亿亩耕地上，要鼓励大力开发荒山、荒坡、水面、草原等非耕地农业资源，全面发展林牧副渔各业，既增加农民就业机会，又增加各类农产品的供给。要积极推广各种先进适用技术，大力发展高产优质高效农业，进行农业的深度开发，提高农业的综合效益。要利用韩国和我国台湾省土地价格上涨，农业和农产品加工业寻求出路的机会，积极引进资金和技术，发展外向型企业。争取利用它们已经形成的外销渠道，发挥我们的优势，占领它们行将退出的高价值农产品国际市场。必须明确，向农业的深度和广度进军，是农民扩大就业，增加收入的重要途径。

2. 发展乡镇企业仍是重要措施。随着市场竞争激烈程度的提高，乡镇企业扩大再生产由外延转向内涵，明显出现了资本替代劳动的趋势，增加吸收劳动力的能力明显下降，应该看到，这是符合经济发展规律的。但是，我国乡镇企业发展很不平衡，中西部地区还很落后，推动中西部乡镇企业的发展，将会缓解农村人口就业压力。促进中西部乡镇企业的发展，不仅要在资金和政策上给予支持，更重要的是鼓励已在东部就业的管理和技术人才返回中西部地区发展生产，国家要建立相应的支持机制。同时，要鼓励东部发达地区的乡镇企业积极进入国际市场，为中西部乡镇企业的发展提供必要的国内市场。同时，必须逐步引导乡镇企业适当向小城镇集中布局，以利于节约土地，保护环境，加强管理，沟通信息，提高生产经营水平，推动第三产业的发展，增加大量就业机会。农村人口的城镇化，还可切断农民与土地的联系，促进土地规模经营的发展。把乡镇企业发展与小城镇建设结合起来，要加强规划和引导，主要应依托现有的小城镇，避免大量占用耕地和造成新的分散建设。

3. 完善跨地区迁移就业人口的管理。农村剩余劳动力向东部和城市流动也是农民提高收入的一条重要途径，对东部地区和城市的发展做出了巨大贡献。但是，过量农村人口涌入大中城市，也会给城市基础设施和政府管理带来压力，甚至引发一些社会矛盾。因此，对跨区域流动进城就业的农村人口，必须加强引导和管理。比较现实的做法是实行用工的“登记制”，用人单位和就业人员须到有关部门登记，不登记者则要追究责任。由于“登记制”没有强制性的限制因素（特殊行业的特殊要求除外），雇佣双方没有必要逃避这个程序。在这个基础上，逐步实行按居住地和职业进行管理的制度。这样就保证了治安、计划生育等管理机构掌握情况，跟踪管理。既消除了人口流动带来的弊端，又增加了农民的就业机会，提高了收入。另外，还要做好职业培训、职业介绍，以及劳动力输入地与输出地有关政府部门的联系等方面工作。

建立粮食供求稳定增长机制的思考[①]

（1997 年）

如对我国近中期粮食供求趋势做一些分析性研究，我认为未来的粮食供给总量是能够基本满足粮食消费需求的，粮食供给能力本身不应成为很大问题，而最为关键的在于必须使粮食供给特别是国内的供给建立稳定增长的机制，这是当前中国粮食问题的症结所在。

目前粮食供给不稳定，市场大起大落的问题极为突出，这也是丰收后的一个隐忧。今后要加强粮食供给的稳定性，关键是要解决市场问题，当然这并不意味着可以忽视粮食生产上依然存在着的需要解决的诸多难点。但从以往经验来看，粮食生产的波动往往缘于市场的波动。而生产的一个小的波动却表现为市场很大的波动。所以处理好市场问题尤其是重视市场流通对生产的反作用，对于解决今后一段时间粮食供给的稳定具有重要的意义。

当前，影响粮食供给稳定性的主要因素细分起来很多。从生产上讲，自然灾害是最大的不稳定性因素。中国总体上说是个自然灾害比较频繁的国家。生产有一定的波动是不可避免的，自然灾害也很难不让其发生。增加农业基础设施投入，增强抗灾能力促进技术进步等是保持粮食生产稳定的重要措施。但这是一个长期积累的过程。市场的不稳定性则很大程度上是由于经济关系不顺、经济体制不顺造成的。要想获得比较稳定的粮食增长，还要更多地从市场方面、从经济体制方面入手。具体可归纳为以下几个问题。

① 本文原载于《瞭望》新闻周刊 1997 年第 2 期。

一、GDP 过快增长会对粮食生产形成不利的经济环境，粮食品种结构失衡同样会引发市场供求矛盾

粮食生产的稳定增长，首先需要适宜的宏观经济环境。GDP 的增长速度对农业影响是非常大的。我们工业的年增长速度一般为 13%—15%，即使目前银根较紧，12%—13% 工业增长速度还是能达到，如放一放就可能接近 20% 左右。而农业花大气力下苦功夫能达到 5%—6% 就很不易了。因此如果经济增长一味追求 GDP 的高速度，而农业增速就很难跟上去，那么迅疾上升的工业和其他非农业就会吸引走大量资源，农业包括粮食生产的资源也会向非农产业流动，这就给农业和粮食生产带来很大的不利。1992 年和 1993 年基本就是这样一种情况，工业、房地产和 GDP 的增长速度很快，农业中大量土地、资金、劳力向非农产业流动，导致 90 年代初期粮食生产处于徘徊状态，个别年份甚至出现下降。

在 GDP 过快增长情况下，由于中国地区差别比较大，实际上经济实力强的东南沿海等南方地区经济增长速度显然要比北方快得多。地区经济发展的差距过大，必然引发粮食的地区供给和品种结构失衡问题。由于中国地理特殊，主产稻谷、玉米、小麦三大品种分布在不同地区，因此，粮食总产量的增长并不能反映出地区产量和粮食品种结构的变化。到目前为止，稻谷播种面积 90% 以上分布在南方，也就是秦岭淮河地区。而 90 年代初这些地区尤其是东南沿海地区经济增长速度明显加快，带来一个直接后果就是稻谷播种面积明显下降，最显著的 1992 年、1993 年两年全国稻谷播种总面积大概要比 1990 年减少 4000 万亩，稻谷产量明显下降。实际上这几年粮食北增南减的局面反映在品种上就是作为饲料用的玉米增速非常快，而作为口粮用的大米增长非常缓慢，个别地区是下降的。但玉米和大米之间的替代性非常差，玉米在今天已不是一种主要的口粮，大米却至今仍是我国 60% 以上居民的基本口粮，因此，玉米增而大米减，是解决不了供求矛盾的。

所以我不大赞成在粮食问题上笼统地搬用市场经济的一般理论：认为只要完全放开，有市场调节，就可以解决矛盾。有一种观点认为，可以让南方、东南沿海地区大幅度调整农业生产结构，少生产一些粮

食，多生产一些高附加值的东西，多出口多创汇，收入增加了可以多拿些钱到中西部买粮食，这样可以促进中西部粮价上涨，也刺激农民的积极性，刺激总产量的增长。这个逻辑，不考虑品种问题，只考虑总量问题是可以的。如果考虑到品种问题就说不通。南方减的是稻谷，而北方增的是玉米，这两者是难以替代的。因此，忽视南方的粮食生产，其后果就是稻米供给不足，尽管这不一定影响全国粮食总量增加，但因为品种不对路，满足市场需求还是有困难。所以粮食问题，一是总量，二是品种结构，两者都会造成市场供求的矛盾。即便总量能平衡，由于品种失衡造成市场供给需求不对应的危机也是存在的。

如果经济增长结构不协调，居民收入增长速度过快，超过了农业承载能力，一定会带来农产品价格大幅度上涨，这反过来对整个经济的稳定又很不利。

所以整个宏观经济增长速度控制得好，对保持农业尤其是粮食供给关系稳定非常重要，而我们往往在这一点上容易出问题，隔几年就会出现较大的经济波动，由此造成农业波动也比较大。宏观经济波动大对农业的投入、需求、价格都会发生很大的震荡，对粮食生产造成不利影响，这是影响粮食供给稳定性的一个很重要的因素。

二、滞涩的粮食流通体制无法平抑市场风险

第二个因素是当前粮食的流通体制不顺。典型表现是粮食少了大家都插进来多渠道经营；粮食多了，大家又觉得无利可图而退出，都扔给粮食部门这个主渠道经营。这个情况实际上表明中国的粮食市场还没有得到很好的发育，流通渠道非常不健全。目前，作为主渠道的粮食部门本身的职能、性质定位也非常不明确。之所以这么讲，因为，从政府角度往往把粮食部门视作政府的职能部门，而粮食部门的广大职工大多把自己看成是企业，这里有一个很大的错位，往往导致政府的目标在粮食系统那里很难实现。对农民来说，粮食少了值钱，多了反而不值钱。所以搞农业的同志有种无奈的说法：农业一靠投入，二靠政策，三靠科技，还有一个就是靠减产，一减产农业就值钱。很重

要的一条，从总体上讲就是政府、企业、消费者、农民在粮食问题上由于长期受计划经济的影响，承担市场风险的意识都不强。政府部门希望粮食系统用它的经营利润来消化应该政府承担的责任；粮食部门指望靠政府用它的政策性补贴来解决自己的经营亏损；农民盼着粮价年年涨；城镇居民希望工资是长的，粮价是不动的；这几对矛盾交织在一起不能得到合理疏通，就造成市场风险难以分解。

三、专储粮的“吞”和“吐”，不经过市场就影响不了市场

第三个原因是吞吐调节机制不健全。吞吐调节机制不健全不是单纯地讲有没有专项储备。重要的是这些专项储备到底产生了什么作用？1993 年底粮食市价陡涨后，1994 年，粮食的抛售数量是很大的，当时有很多指责：抛了这么多粮，粮价就是不降，是否储备部门没抛或内部自己“吃”掉了？应该说储备部门确实是抛了，那么如此这般道理何在呢？我认为原因之一是储备粮质量差。现在城镇居民收入提高，中等以上收入的居民基本不在国有粮店买粮吃，自由市场上小贩卖的粮食质量相对要好，因此抛售储备粮难以平抑市场价。就好比彩电涨价，你抛多少黑白电视机也没用，彩电该涨还是涨。

但更重要的原因是吞吐调节的机智不对头。我们经常说用保护价向农民收购，但这几年实际上很少用保护价来增加储备库存，很少在粮多的时候直接向农民收购转储，大量都是以前收的现在销不出去，粮食部门想办法把以前收的议价粮转为专储粮，库容没怎么动，市场上也没增加新的收购量。这种“吞”的方式怎么可能影响到市场粮价？同样，前几年粮食“吐”的也很多，有时一年“吐”300 来亿斤粮食。但在什么时候“吐”，以什么价格“吐”对市场没有交代。那么市场也就不可能受这种“吐”的影响。而且在“吐”的方法上也存在很大问题。1994 年长江以南地区玉米价格 9 角一斤，国家专储局从东北调进玉米到江南的抛售价是 6 角多一斤。一斤差价二角多，这么大的差价，造成谁拿这些粮，谁就可以得暴利，还怎么会让玉米顺利

地“吐”到市场上去呢？还没“吐”到市场上就早已被人吃掉了。如果运用经济手段去影响粮食市场，应该是通过传媒告诉经营者和老百姓，政府的专储粮以什么价格运进来，运进多少，这才能起到平抑市价的作用。而且市场9角一斤，先“吐”到8角多就够了，等市价降了，可再依次往下压。如一下降到6角，其结果就一定是有权有势有关系的人拿走，由他们再去市场上谋高利。所以“吞”和“吐”不通过市场就等于是在粮食系统内部进行“黑箱作业”，这当然也就影响不了市场，这种吞吐机制实际上对市场价格就不起作用，能起到的作用是救灾救荒，备战备荒，只是在量上保证满足基本需求。

四、运用国际市场调节国内市场能力薄弱

第四个原因是我们现在利用国际市场的能力太弱，不能很好地以此来调节国内粮食市场。这不是单纯地争论进口多少的问题，而是怎么把粮食的进出口与调节国内的供求很好结合的问题。最近有一种议论，关于1995年粮食是否进口过多。1995年进口1985万吨粮食，确实是历年来比较大的数字，对国际上也有很大的影响。但计算一下，就很难说进口多了：其中小麦比常年多增加的进口量实际还赶不上1994年的减产量，而从总量来看，进口的粮食是弥补不了1994年减产和专储库容减少这两个缺口的。问题是1995年粮食大量到岸的情况下，专储库容不仅没有增加反而还在减少，仅在9—12月间专储库存就又减少了三四十亿斤，到年底降为建立专储以来的最低点。进口粮到岸了，专储粮还在抛，那么农民把粮卖给谁？实际上卖粮的困难很大程度上是1995年专储粮抛售与进口粮到岸搅在一起造成的，如果抓住进口量增加和国内增产的时机补充专储库容，就不会有这种情况。

五、保证粮食供给稳定性的政策思考

从近几年粮食波动来看，影响我国粮食供给稳定性主要是以上四

个因素。当前粮食供给关系总的来说是比较宽松的，因此对于推进改革完善新体制是一个比较有利的时机。

——对于粮食流通体制进行改革，很多问题国家已经明确，粮食流通体制非改不行，有关方面正在设计框架思路与实施办法。我认为有这么几个方面必须考虑：

（一）价格机制问题。多年来，粮食实际上仍是“双轨制”，即由政府定一个低于市价的订购价，再有一个市场形成的或粮食部门影响的议购价。那么有没有可能形成订购价与市场价大体并轨的一种价格呢？按目前来看已具备这样的条件。一方面国家在这几年通过连续地较大幅度提高订购价格之后，实际上已经使订购比较接近市价，另一方面我国粮价不断上涨，也使国内价格不断接近国际价格。这两个条件的具备，有利于我们形成由市场供求决定的粮食价格。但操作起来难度仍然是很大，价格随行就市这个“行、市”具体如何理解就是一大难题。因此，尽管改革价格机制的条件已具备，但要做的工作还很多。

（二）粮食部门的改革问题。粮食部门的改革一直在讲两条线运行，但从目前状况看，如果真正要使政企这两部分业务分开，必须做到以下几点：第一，专项储备粮和经营周转粮要分开；第二，管理储备的行政部门和管理粮食经营的行政部门要分开；第三，中央的粮食储备和地方储备要分开。而这三个方面分开又要做到人、财、粮、库彻底分开，否则搅在一起就无法理清。我主张粮食部门应做一个痛下决心的选择，作储备的把经营放出去，作经营的把储备交出来。两者合一粮食部门是负不起这个责任的。同时，要逐步发育若干个独立经营的大型粮贸企业，以形成粮食市场和市场经营的主体。

——要下决心改变一下储备粮的吞吐调节机制。首先“吞粮”的时候一定要直接面对市场面对农民，按保护价由储备系统直接向农民收购，不能只在粮库里划转。同时“吐粮”一定要公开，一定要透明，这样才能影响粮食市场。要对社会公布在什么地方吐，吐多少，什么品种，价格多少。吞吐粮食不能在系统内部操作。这样才能影响市场。

——更好地利用国际市场。我国粮食进出口问题除了解决品种、地区差异之外，很重要的是应和储备调节联系在一起，做到反应灵活，国家储备这一块就有可能实现不赔钱少赔钱甚至赚钱的目标。中国作为一个粮食生产总量世界第一，消费量世界第一的大国，完全应该更多地积极地去参与国际市场，而且得到我们应该得到的利益。

改革开放十几年来，平均每年净进口粮食650万吨，单看粮食我国是一个进大于出的国家。当然，如果算上我们出口的肉类和其他食品，我们是出大于进的。但是，既然粮食总要进口，能否考虑选择某些港口城市划出一个保护区，吸引外资来建粮库、粮食加工厂，虽然粮食在保税区里，但毕竟买卖方便，便于及时调节国内余缺。不要等到丰收就去卖粮，歉收再订粮。而丰收时国际市场粮价下跌，歉收时期价格上扬，卖粮买粮都不上算。在利用国际市场方面必须考虑中国的独特优势，就是我们总产量世界第一，消费量第一，进口量总体来说数量也是非常大的，因此我们应该在国际粮食市场占据应有的地位。

——1996年粮食总产量已达到4.8亿吨这个历史新水平，要想继续增加粮食产量，无论在资金上还是在科技投入上都要花费很大力气。在经济体制转轨时期，多考虑一点市场因素，多考虑一点经济关系和经济体制对粮食供求稳定性的影响是非常必要的。否则向农业投入很大，生产能力形成了，由于市场不稳定，最终还是难以达到粮食供给稳定的目标。尤其近两年连续丰收，总的增量达到700亿斤，在这样大好形势下，有条件使改革推进步伐更大一些。这样既解决眼前问题，也能形成一个长治久安的粮食流通体制。

在家庭承包经营的基础上逐步实现农业现代化①

（1998 年）

农村改革已经取得的最重要成果之一，就是废除了人民公社“一大二公”的制度及其高度集中管理的农业经营体制，在农村普遍实行了以家庭承包经营为基础，统分结合的双层经营体制。这一新体制实行 20 年来所取得的成就是有目共睹的，党中央也早已明确：这种新的经营体制，是我国乡、村集体经济组织的一项基本制度，一定要长期坚持，不能有任何的犹豫和动摇。对于在现有生产力水平下农业实行家庭承包经营的必要性，人们已经形成共识。但对于在家庭承包经营的基础上，我国农业能否实现现代化，人们的认识却还不尽相同。

家庭经营的农业能否现代化，这本来不应该成为一个问题，因为在已经实现了农业现代化的国家中，几乎无一例外地实行的是家庭经营。但由于我国人多地少，家庭经营的土地规模太小，因此一些同志对我国农业家庭经营能否实现现代化持有疑虑。这种疑虑不无道理。但要看到，我国农业家庭经营的土地规模小，其根本原因不在农业自身，而是由于二、三产业不够发达、城镇化水平不高，致使农业中的富余劳动力未能大量地转移出去。如果没有农业劳动力的转移就业，即使不搞家庭经营，把分户承包的土地合并在一起经营，按劳动者平均的土地经营规模依然是十分狭小的。同理，如果农业劳动力能够转移就业，那么家庭经营的土地规模逐步扩大就是不争的事实。这样，问题就又回到了起点，即在家庭经营的基础上，我国的农业究竟能否

① 本文原载《求是》杂志 1998 年第 20 期。

现代化？以家庭承包经营为基础、统分结合的双层经营体制究竟是否要长期保持稳定？

要正确认识家庭经营能否现代化的问题，首先要搞清农业为什么要以家庭经营为基础。一般说来，这是由于现阶段我国农业的生产力水平低，生产手段落后的缘故。这是一种符合实际的解释。正是由于破除了人民公社那种高度集中统一管理的经营体制，使农民家庭有了经营自主权，才调动了农民的生产积极性，推动了农村生产力的发展。可见，生产关系必须适应生产力发展的要求是一个普遍规律。但对农业实行家庭经营的认识仅仅停留在这一普遍规律上是不够的，否则就难以理解为什么在生产力发达、农业已经现代化的国家里，仍然实行的是家庭经营。必须看到，农业实行家庭经营，并不是在我国实行经济体制改革以后才产生的特有现象。纵观古今中外的农业，家庭经营实际上是一种历史性的现象，也是一种世界性的现象。这就不难看出，农业实行家庭经营，实际上还与农业这个产业自身的特殊规律有关。

关于农业的特殊规律，马克思主义经典作家有过许多论述，其中主要的有两点：一是农业是经济再生产同自然再生产交织在一起的过程；二是农业的生产时间和劳动时间存在着差别。这就决定了农业的经营组织形式必须有其自身的特点。第一，经营决策者同时也是直接生产者。农业经营与别的产业不同，除了经济规律之外还必须遵循自然规律。农业中的自然规律主要表现在两方面：一是作为农业生产条件的自然界光、温、水、气等的变化规律；二是作为农业劳动对象的动植物本身的生长规律。农业经营必须随时准确地把握这两个方面的变化，才能及时作出有利于生产的决策。显然，不在农业生产的现场、不是农业的直接生产者，就难以做出正确的农业经营决策。第二，农业生产者应当对生产周期的全过程负责。由于动植物的生长是一个连续的过程，只有形成了农业的最终产品，才能准确地评价生产过程中劳动者在每个环节上所付出的劳动。因此农业生产者应当对生产周期的全过程负责，才能使他的全部付出与最终产品挂起钩来。第三，农业生产者应当能自主地安排自己的剩余劳动时间。由于农业中生产时间和劳动时间存在着差别，前者长，是连续的，后者短，是间断的，这就形成了农业生产者在每个生产周期中都有一定的剩余劳动时间。只有当生产者能自主支配自己的劳动时间时，才能最充分地利用自己的剩余劳动时间，才能真正使农业和副业同时得到发展。而在现有的各类经营组织形式中，家庭经营这个形式是最能适应农业这个特殊要求的。既然农业实行家庭经营是由农业自身特有规律决定的，因此，只要农业生产自身规律不改变，农业实行家庭经营也就没有理由要改变。这一点已经在不同生产力水平、不同社会性质的国家中得到了证明。我国的特殊性在于农村的土地是属于集体所有的，因此，我国农业的家庭经营是农户承包了集体土地的家庭承包经营。

家庭承包经营是我国农业逐步现代化的现实基础，离开了这个基础，非但不可能走向现代化，反而会否定双层经营这个农村的基本经营制度，走回“一大二公”的老路上去。因此，家庭承包经营必须长期保持稳定。有的同志将我国的农业家庭承包经营称为“小生产”，认为小生产不仅不可能现代化，而且在当前发展市场经济的条件下已经显得很不适应。这是值得商榷的。由于特殊的国情所决定，我国农业的家庭承包经营就其土地面积而言确实规模狭小，但这并不能等同于“小生产”。“小生产”的本意并非指生产规模的大小，而是指一种社会生产方式。在自然经济条件下，指的是生产的自给自足；在商品经济条件下，指的是生产缺乏社会化的分工协作。不可否认，由于地区发展的不平衡，这两种“小生产”在一些地区都还存在着。但是，靠简单地取消家庭承包经营、靠合并起来搞所谓的统一经营，表面看生产规模似乎扩大了，但“小生产”的基本属性却未发生根本改变。因此，没有经济与社会本身的发展，小生产的社会生产方式是难以改变的。但就我国大多数地区的农村而言，实行家庭承包经营之后，随着生产的发展，随着整个社会、经济的进步，已经在农业和农村经济的各个方面引发了极为丰富多彩的改革，如生产要素的流动和重新组合、分工分业的发展和产业结构的变革、多种形式的经济合作与联合等等，这无疑都说明了农村已经从封闭走向了开放。实际上，在市场经济大潮的冲击下，在激烈的市场竞争中，小生产的社会生产方式是难以生存的，社会化的生产方式将必然为家庭经营的农户所接受。近些年来，农民对于建立健全社会化服务体系和发展贸工农一体化的产业化经营的呼声，已经真切地反映出了农民对于社会化生产方式的向往。从为市场生产，到利用社会化的分工协作使自己的生产逐步走向专业化，已成为农业家庭经营逐步迈向现代化的重要体现。因此，在农业实现现代化的过程中，需要改变的并不是家庭经营这种形式，而是家庭经营运行的社会经济环境和条件。建设农业的社会化服务体系，发展贸工农一体化的产业化经营，就是在改善农业家庭经营运行的环境和条件。有了社会化服务体系和产业化经营作支撑和依托，家庭经营完全可以解决利用现代科学技术、扩大生产规模和走向市场的问题，并由此逐步实现农业的现代化。其实，我们在发达国家看到的现代化农业，主要的并不在于他们家庭经营中农业生产手段的现代化，而在于那里有发达的农业社会化服务体系，有发达的农产品生产、加工、销售一体化的网络。随着我国农业社会化服务体系建设的加强，随着农业产业化经营的发展，一些地区农业现代化的道路已经初现端倪。因此，我们完全有理由相信，按照党的十五大和十五届三中全会指出的方向坚定不移地走下去，我国农业在家庭承包经营的基础上必将逐步实现现代化。

农业税与农民负担[①]

（1998 年）

改革开放 20 年来，我国农村发生了巨大的变化，农业综合生产能力得到提高，12 亿人的吃饭问题已经基本解决，农民生活水平有了显著改善，这些变化无疑给我国国民经济注入了活力。但是我们也应该清醒地看到，我国是一个农业大国，农业人口为 9.1 亿，占全国总人口的 75%；从总体上看，农民收入水平还比较低，1997 年，全国农民人均纯收入大约是 2090 元，与城市居民人均纯收入相比还有很大差别。在农民的纯收入中，有一部分还要用来支付生产费用。因此，农民购买消费品的支出相对就很低。据统计，去年我国社会商品零售总额中消费品部分有近 27000 亿元，其中农民的购买力只有 12000 亿元左右，只占总额的 43%。算起来，大概 3 个农民的购买力才相当于 1 个城市居民的购买力。与此同时，一些地区向农民乱收费、打白条的现象又十分严重。因此，减轻农民的负担，切实增加农民的收入，不仅对于农民的富裕有重要意义，还直接关系到农村市场的开拓，国内需求的扩大和整个国民经济的发展。

农业税是国家向从事农业生产取得农业收入的单位和个人征收的一种税。我国农民有一个非常好的传统，他们一直认为，种地就要缴皇粮纳国税，这是多少年来形成的一种认识，从这个意义上讲，农民有一个很好的纳税观念。农业税在我国是一个很重要的税种，但它的征收数量并不是很大，并且随着经济的发展，农业税收的比重呈逐年下降趋势。新中国成立后，农业税一直是按照地亩的常年产量来征收

① 本文原载于《中国税务》1998 年第 11 期。

的。大概在1954年、1955年，农业税占粮食产量的比重是最高的，国家征收的公粮约占粮食总产量的14%—15%。60年代初，国家基本确定了一个原则，不管粮食产量增加多少，公粮的总额不增长。近二三十年，我国征收的农业税大概每年在220亿斤左右。我国粮食产量从改革初期的约6000亿斤，增加到现在的约10000亿斤，但是农业税没有变，还是220亿斤。农业税实际上只占粮食总产量的2.2%左右，这对农民来说负担不算重。

“农民负担”是一个很笼统的大概念。通常人们所讲的农民负担，主要包括四大部分内容：一是税收。大部分农民能接触到的主要有三个税种，一个是农业税，即公粮，每年上缴国家220亿斤粮食，这是农民应该缴的，而且是依法必须缴的，对农民来说并不重；第二个是屠宰税；第三个是农业特产税。二是农民经常讲的承包费，包括公益金、公积金、管理费。此外，像计划生育、民兵训练、修路架桥等，都要交一些费，这在农业管理部门叫“三提五统”。在村里要交三项提留费用，向乡里要交五项统筹费用。国务院规定，八项费用合起来不能超过上年农民纯收入的5%。第三个就是我们经常说的“三乱”。指的是对农民乱罚款、乱收费、乱集资。这些是没有政策依据的，而且收取的时候没有什么规范的做法。但这种现象还是长期存在。还有的地方对农民乱涨价，比如现在农民反映最强烈的电费问题。据我所知，供电部门把电送到村头变压器上，每度电费是5角至6角，但向农民就收1元多甚至2元钱，这里就有很多把别的钱摊到了电费上。其中有一部分是合理的，因为农村的输电线路很长，中途要损耗；但是还有一些是不合理的，农村有些部门，有些个人，依仗特权，用电不掏钱，摊到农民头上。这样做不仅加重了农民负担，而且对国家的一些部门、对整个国家的形象都造成了损害。又如有的地方要盖栋大楼，建个市场，修条路架座桥，乡财政拿不出钱来，就摊到农民头上，乱集资。这些做法国务院都是不允许的，但现在很多地方、很多部门仍在收这种钱。“三乱”对加重农民负担起了很坏的作用。第四个就是农民义务工问题。国务院明确规定，一个农村劳动力一年是15个到20个义务工，但有些地方任意扩大用工量，从而加重了农民的负担。如一些地方规定，不要农民出工，却要农民每个工交20元或30元钱，这对农民来说也是一个很大的负担。把这些因素加在一起，应该说农民负担是比较重的。如果一个地方真正执行好国家政策，按规范收“三提五统”的费用，其他不合理的费用都取消，在自愿的前提下让农民合理地拿钱来顶工，农民负担是可以控制在合理的范围之内的。

综合以上分析，农民负担大体可分为两大部分。一部分就是按照国家法律法规征收的税收，另一部分就是按照有关政策规定收的费和要出的义务工。也就是说，一块是税，一块是费。从现在农民的实际负担来看，税是小头，费所占的比重是大头。真正要减轻农民负担，就要区分哪些合理哪些不合理，切实把不合理的大头控制住，才能减轻农民负担。税虽然是小头，但也有需要完善和改进的地方。向农民征的税收中，农业税是最规范的，而且可以说是最轻的，但是屠宰税和农业特产税在征收中还是有相当大的问题。比如农业特产税，你种了西瓜你要缴农业特产税，我没种西瓜当然就不缴了。但有些地方为了增加县财政、乡财政收入，不管人家种特产没有都收农业特产税，按农民形象的说法，特产税没按特产收而按地亩收，这对很多农民来说，就是额外的负担了。再如屠宰税，本来也是很清楚的，你养了猪要杀才缴屠宰税，你养了猪不杀就不缴屠宰税。但有的地方不管你杀不杀，甚至不管你养不养，都要交屠宰税。农民气愤地说，这是按人头收猪头税，这当然就非常不好了。

总体上讲，税占农民负担的比重不大，对“三提五统”，义务工、积累工等问题，应严格按国务院规定执行;“三乱”现象最不合理，要加大治理力度，做到标本兼治。所谓治标的方法就是加强管理，该收的收，不该收的一分都不能收。国务院为此下发了一系列文件，但农民负担重的问题还是很难控制得住，什么原因呢？除了治标还要不断加强外，治本的工作还没开始是个很重要的原因。治本就是应将税和费的改革尽快提上议事日程，如果税和费搅在一块，实际上是把好多不规范的、违反政策的事借规范的、有法律依据的收税强加到农民头上了，不仅加重了农民的负担，而且也给税收抹了黑。实际上，对农民来说，真正应该承担的，我认为应是三个方面：税、费、租。理论界有一种说法叫“提税”，我们现在为什么费要收这么多呢？也就是税收过轻了之后，政府开支不够，便以各种各样的名义向农民去收费。如果正当的税收维持在农民能承受、政府够开支的情况下，很多费就可以不收。比如，农业税从50年代初期占粮食总产量的14%—15%降到现在的2.2%，这个税率确实是过轻。轻了对农民当然是好事，但是轻到政府不够开支又会出现新问题。很多地方强调：政府开支不够，所以我就去收费。收费没有法律依据他就可以胡来，胡来就必然加重农民负担。所以税率要合理，既能让农民承受，不影响农民的生产和生活，又够政府必要的开支。“提税”就是把税率提高到既能让农民承受又够政府开支。第二个叫“除费”，不合理的费根本就不让他收。第三个叫“明租”。交租是农民自己的行为。农民向集体承包土地交的钱，现在叫“三提五统”，在经济学上讲不清楚。首先它不是税，同时我们又没有用“租”这个概念，如果说农民这块土地是租来的，他交地租也是天经地义；现在我们不用“地租”而用“三提五统”这个概念。收地租就很明白，这块地一年能产1000斤粮食，作为出租土地的集体组织就可以和农民商量一个地租数量，农民交完就不管了，这很清楚。但“三提五统”就概念不清，它是根据村里和乡里需要的开支来确定，需开支多少是干部们定的事，如果他今年想多做一些事或多增加一点干部的工资、补贴时，他收费就要增加，摊到农民头上。

租、税、费这三个东西是不同的。租是根据经营者向别人租用生产要素时付出的资金，完全是经营行为，农民应根据他所使用的生产资料来确定给所有者提供的资金；费，按理讲除税之外任何国家都有一定的规费。比如国家提供的某些服务只有一部分人享用了，一部分人没享用，这时就要收费。坐飞机要买机场建设费，这是国家批准的。只有坐飞机的人才买机场建设费，不坐就不买。如果向所有的人收这项费用，对大部分不坐飞机的人就不公平。税费改革很重要的前提就是税费分开。很多地方向农民收费时是打着收税的幌子，所有向农民要的钱都说成向农民收农业税，这是国家不允许的。税是有法律依据的，它带有强制性，也有很明确的规范性，能够纳入税收的应尽量纳入税收，实在纳不进去的，应由政府的有关部门按政策制定明确的规费。你需要这样的特别服务，就要交纳这部分规费。至于农民跟集体经济的关系，他们承包的山林、承包的土地交纳的费用，从本质上说就是租金。租金应根据生产要素本身的价值来计算它的数量，不应该由村里花多少钱就收多少钱，农民当然是不堪承受。

从一个国家的发展过程看，从农业社会向工业社会、传统社会向现代化社会发展的过程中，税制建设是个很重要的内容。应逐步以规范的收税来代替不规范的收费，逐步增加税收在农民负担中的比重，相应地砍掉不合理的收费负担，这样才能把农民的整个负担从总体上减轻下来，同时建立起一个比较规范的税制。

关于进一步完善粮食流通体制改革的若干建议[①]

（1999 年）

1997 年，国务院作出了《关于进一步深化粮食流通体制改革的决定》。三年来，各级围绕贯彻落实以“三项政策、一项改革”为主要内容的粮改方针和政策，做了大量工作，付出很大的努力，取得显著成效。这项改革的出发点是在粮食供给相对充裕的情况下，保护粮食生产能力，保护农民积极性，避免粮食生产在连续丰收之后出现大的滑坡。实践证明，这一决策是完全正确的，对防止粮食生产大起大落发挥了不可替代的作用。如果没有按保护价敞开收购农民余粮的政策，粮食生产就不会有今天这样的好形势。

一、粮食流通体制面临的问题

随着我国农业和农村经济进入新的发展阶段，我们已经有条件、也有必要更多地发挥市场机制的作用，调控农产品生产总量和品种，以利于更好地推进农业和农村经济结构的战略性调整；有条件、也有必要抓住当前农业生产连续丰收、粮食库存过多的有利时机，将粮食流通体制改革再向前推进一步，以利于从根本上解决粮食收储中的政策不落实、财政补贴负担沉重等问题。目前，粮食流通遇到的主要问题是：

（一）保护价政策越来越难以落实到位。前两年在仓容和资金都有

① 1999 年 4 月 23 日专门撰写的政策建议报告。

保证的情况下，各地的保护价政策得到了较好的落实。但去年以来，随着库存增加、财政补贴缺口拉大和不能及时到位，国有粮食企业的收储压力越来越大，收购能力越来越弱。各地粮食收储企业为了维持经营，普遍采取了压级压价的做法，造成粮食的实际收购价持续下跌，去年不少地方的小麦和稻谷实际收购价都跌破了 0.4 元每斤。保护价形同虚设。有的基层同志尖锐地说，现在最大的假话是按保护价敞开收购农民余粮。

（二）国有粮食企业的库存急剧增加。由于粮食已经连续五年丰收，加上国家敞开收购，按照定购价和保护价收进粮食的高价库存大大增加。现在全国粮食库存高达 5000 多亿斤，远远超过正常库存（占粮食年产量 20% 左右）的需要。为了保证经营利润，粮食企业将低价收进的粮食进入市场流通，按定购价收进的粮食放进仓库。这样，在市场周转的主要是当年粮食，而按定购价或保护价收进的粮食库存则持续增加。这些压在库里的粮食风险很大：不仅继续占用资金，还要国家持续补贴保管费和利息，存放时间长了，还将由于变质、损耗而严重贬值。

（三）对国有粮食企业的超储补贴持续增加。每年 400 多亿元，加上农业发展银行的亏损，实际一年已达到 700 亿元。由于压低了收购价，这一笔补贴，农民没有从中得益。

（四）潜亏增多。由于市场价格越来越低，粮食库存和超储补贴、仓储费用越来越多，国有粮食企业库存粮食的经营成本变得越来越高。而且，粮食企业收购中的压级压价又为市场粮价走低起了推波助澜的作用。这样，库存粮食与市场的差价将越来越大，库存粮食更加无法顺价销售，国有粮食企业的亏损将进一步增加。

出现这些问题的原因是什么？我们认为，最根本的是粮食供大于求，粮食的优质化程度慢，对粮食生产总量的调节力度不够，致使扩大市场销售的难度加大，实现粮食顺价销售的难度更大。同时，目前的粮食流通体制还有两个重要的薄弱环节。

其一是保护面过宽，保护量过大。这带来两个结果：

一是造成农民对粮食结构的调整缺乏紧迫感，因为不管种什么，不管种多少，反正国家保证收购。虽然最近已有一部分粮食退出了保护价收购，但这还不够，不足以影响到粮食生产总量的调整。南方早籼稻、东北春小麦加上等外玉米，只占我国粮食总量的10%，且现在还在生产，另外的将近90%没有触及，总量仍然过多，库存胀满。并且已退出的部分，流通问题也还没有解决好。

二是造成用粮企业、消费者和农民的存粮大大减少，本来应由社会承担的一块存粮大量转移给了国有粮库。反正有国家在收，用粮企业就不用存粮，随用随买，可以大大节约流动资金。城市居民因为不担心粮价波动，并且是越来越便宜，也不用存粮。结果是大家都把国有粮食企业当作自已的免费粮仓。

其二是粮食企业改革滞后，官商作风没有根本改观。粮改的三项政策能否顺利实施，在外部环境上，取决于粮食的供求关系；在内部运行上，取决于一项改革——国有粮食企业政企分开、减员增效。唯有将粮食部门的政府职能与市场功能真正分开，形成一支人员精干、自负盈亏的经营队伍，才有可能主动地参与市场竞争，积极地收购和销售粮食，努力实现顺价销售。从三年的实践来看，在“三项政策、一项改革”中，落实力度最不够、对粮改的顺利进行和粮食正常流通制约最大的，是粮食企业改革。有人说，现在的国有粮食企业是全国最大的大锅饭。虽然这几年的改革取得一定成绩，但从政府、农民对他们的要求来看，还远远不够。

一是政企仍然不分。虽然在粮食局之外专门成立了粮食经营公司，但实际是多安排了一批干部，不少粮食局长仍然是公司的总经理。

二是分流人员不彻底。不少地方不仅没有分流出去，而且将原来的一些季节工变成了长期工。队伍庞大，经营成本居高不下，无法参与正常的市场竞争，只能拼命争取国家的补贴，靠补贴养队伍；而有了补贴，依赖性更大，更没有积极性去自觉执行按保护价敞开收购农民余粮的政策。基层普遍反映，为什么个体私商可以走村串户去收粮，而国有企业只能当坐商，并且农民送上来还拒收限收，就因为它有政策补贴可吃。

三是国有收储企业的政策性收储业务与加工、流通等经营业务实际没有分开。粮食企业集政府职能与企业行为于一身，粮食多时参与压级压价，粮食少时参与入市抢购，不仅加剧了市场的混乱，也使政府调控市场的信号失真，不能发挥促进市场流通、推进结构调整的作用。

四是处在垄断地位又不执行保护价政策。国家将粮食收购权交给国有粮食企业，本来是为了管住粮食市场，防止私商哄抬或压低粮价，稳定市场供应，稳定粮价。但实践中，国有粮食企业实际不执行按保护价收购的政策，但农民的粮食又没有其他出路，仍然只能由国有粮食企业收购，这就使国有粮食企业有条件随意地压级压价，并得到了一块被人为压低价格的低价粮，这至少带来两个不好的结果：一是农民的利益受到严重伤害；二是其他非国有粮食系统的粮食加工企业、饲料企业只能从粮食企业购买他们低价进高价出的粮食，不正常地加大了经营成本。这些企业或者无法生存，被迫关停并转；或者弄虚作假，挂靠国有粮食企业。实际上，一些有办法的个体私营大户从国有粮食企业那里借块牌子，照样可以经营粮食。

二、完善粮食流通体制改革的两点建议

总的考虑，是要使粮食流通体制更加适应当前粮食的供求形势，使国家粮食政策的执行从主要依靠收购队伍的自觉性和积极性等人为因素，转变到更多地依靠体制和机制的力量；在保护好粮食生产能力的基础上，使粮食生产的总量更多地接受市场机制的调节。

（一）进一步缩小保护面。保护粮食生产能力，保护农民种粮积极性，是各级政府义不容辞的责任，不管什么时候，这个方向不能变。但是在目前粮食供大于求的情况下，保护面不能太宽，不然就不能推动农民主动调整结构，多生产优质品种。现在部分粮食品种已经退出保护价收购，但仍有几个问题：一是退出的品种和数量都还不够，不足以影响总量。二是有的粮食是按等级来确定是否退出，等级之间差别很小，但价差很大，结果，等级差的反而容易卖掉，没有退出保护的高等级粮食仍然不好卖。而且，按等级确定是否退出，落实到每一

个收购点，技术上很难操作，容易产生压级压价和弄虚作假。三是市场很难管住。要对每一个粮食收购点是否收进等外粮食、是否拒收限收等内粮食进行监督，成本极大。

因此，为使保护价政策既能起到保护农民积极性、保障我国粮食安全的作用，又能推动农民加快农业结构的调整，以适应国民经济对农产品优质化和多样化的需要，应当对保护的面作更大的调整。

第一，总的目标，是将口粮与饲料粮、种子粮分开，保证口粮的收购和供应，其他饲料粮和种子粮放开。

第二，按品种和区域而不是按等级确定保护范围。如东北玉米全部退出，小麦只保护黄淮海主产区，整个长江流域的小麦都退出保护。

第三，放开后的粮食品种的购销市场彻底放开，粮食企业自由参与市场经营。不退出保护价的粮食也要允许用粮单位入市收购。

（二）进一步改革国有粮食企业。粮食企业改革的立足点是：将粮食企业承担的政府职能与市场职能彻底分开，一部分成为真正的政府粮库，独立地行使政府职能，充分发挥吞吐粮食、调剂余缺、平抑物价的作用；一部分走向市场，与其他企业平等进行竞争。具体说，可以将现有粮食企业分成两块：

一块是根据我国实际需要的储备数量，以新建的中央直属粮库为主，确定一部分粮库为国家粮库，保住不动，承担政府的粮食储备任务，不承担经营责任，也不参与经营活动，完全根据政府指令收储、保管和调运粮食。这部分粮库的运转费用包括职工工资，由国家全额负担。

一块是其余粮库，概不承担政府职能，面向市场，参与竞争。如果国家需要它们储备部分粮食或参与保护价收购，可以采取“栈租制”，由县级粮食局根据本地储备任务，采取分解任务或招投标的办法，下达给各基层粮库，这部分粮食的收购费用由政府承担，与企业经营无关。对储备粮的处置权在政府，企业只能保管，不能销售，政府付给保管费；对按保护价收购的粮食，企业可以自主销售，销售价与收购价之间的价差归企业，卖不掉的仍可卖给国家。

三、关于现有库存问题

现有5000多亿斤粮食库存中，超储部分在3000亿斤左右。按目前供求形势来看，寄希望于实现顺价销售的可能性已经不大。

一是今后粮食涨价的空间很小。尽管现在粮价过低，但从长期看，特别从加入WTO看，我国的粮价还不能过高。同时如果粮价要高到足以使现有库存粮食能够顺价销售出去的程度，那对市场物价的牵动作用就可能过大。农产品尤其是食品价格大幅度上涨，往往会带动物价全面上涨。

二是粮食生产在正常年景下不大可能发生大幅度减产。近20年来，减产幅度最大的是1985年，减了600亿斤。就是再次出现这样大的减产，对于目前5000多亿斤的库存总量，仍然不会有太大的影响。

那么，现在的超储粮食怎么办。有一个方案可以考虑：为了帮助今后不再承担政府职能的国有粮食企业走向市场，同时也为了防止这些企业竞相抛售库存粮食，搞乱市场，可以将国有粮库的超储部分由政府认定一个略低于市场价的优惠价，卖给这些需要与政府职能脱钩的粮库。国家承担其中的价差损失。因为这个价格略低于市场价，粮库经营这些粮食仍有利可图；又正因为仅是略低于，且这批粮食实际上相当于让这些粮库实现政企分开、走向市场、自负盈亏的一次性的启动资金，经营得好坏，直接关系粮库每个职工的切身利益，粮库就不至于将这些粮食压价抛售。这就可以保证市场的稳定。这样做，还有一个效果，就是可以使粮库的亏库部分冒出来。有利可图，又有断炊的风险，粮食企业才会变坐商为行商，才会千方百计地去销售粮食，去跟加工企业联系业务，去扩大粮食的加工转化增值。

四、缩小保护范围、实行政企分开可能产生的影响

一是会有一部分国有粮食企业无法适应激烈的市场竞争，被淘汰出去，由此会有一批企业倒闭或被其他企业并购，一批职工会下岗。

这是企业改革的成本。

二是由于市场竞争激烈，粮食的购销主体大大增多，粮食的流通量大大增加，会带来一定的市场的波动，增加人们的涨价预期，这样，用粮企业和城乡居民会增加存粮。这将有利于减轻政府的库存压力。

三是由于大面积的小麦和玉米退出保护价收购，一些种地成本高、又缺乏其他生活来源的农民会出现收入减少。同时，市场的粮食供应总量会减少。这将有利于缓解粮食供大于求的压力，推动农业的结构调整，从长远看，粮食总产量少一些，也有利于提高种粮的比较效益。

四是局部地区的粮价会出现较大波动。一部分经营严重不善、管理者对企业前途失去信心的企业会发生低价抛售粮食的短期行为。但总体上看，只要卖给企业的那部分粮食的价格底线设计好，多数企业会理性经营。加强工商管理，亦可控制住市场的波动。

关于停收农业税、农业特产税、生猪屠宰税和教育集资一年的建议①

（1999 年）

今年，中央提出把增加农民收入、保持农村稳定作为农村工作的两大重点，非常切合农村的实际，得到了各方面的赞同。但从当前农业和农村经济运行的状况看，要实现增加农民收入的目标仍有很大难度。这主要是多数农产品仍没有走出销售不畅、价格低迷的困难局面，其中生猪价格更是大幅度下跌，导致一季度农民家庭经营的人均现金收入与上年同比出现负增长（人均比上年同期减收 4.8 元，即减少了 1.5%；其中畜牧业人均减收 12.38 元，即减收 12.8%）。同时，由于国民经济结构调整的大环境等多种因素所致，乡镇企业增速趋缓、就业容量继续缩减，农民外出打工的机会也在减少。最近出台的调整粮棉价格和购销的政策，既符合当前的市场供求状况，也有利于促进优化农业生产结构、提高农产品的品质，最终将有利于农民收入的增加，但在近期这毕竟也是农民减收的一个因素。

鉴于当前农民增收因素不多、减收因素不少的实际情况，采取切实有效的措施减轻农民的实际负担，就具有特别重要的现实意义。建议国家停收农业税、农业特产税、生猪屠宰税和教育集资一年。由此出现的财政缺口，以发行地方政府债券解决。具体理由如下：

一、历史的经验教训证明，每当农民增收困难时，负担的问题就会更加突出。而如果农民收入上不去、负担下不来，就会直接影

① 1999 年 6 月专门撰写的政策建议报告，载于《国务院发展研究中心择要（专送件）》1999 年第 1 号。

响农村的稳定。农村中不少恶性案件、群体性事件往往发生于这样的背景之下。采取停收农村这三税和教育集资一年的措施，既体现了国家对农民的关怀，确保了这部分实惠可以直接到农民手中，还为地方作出了千方百计减轻农民负担的表率，可以极大地增强农民群众对党和政府在政治上的凝聚力，有利于维护好农村稳定这个大局。

二、粮棉价格和收购政策调整后，农民的短期利益会有所受损。国家采取变价格保护为减免税收的政策，不仅在利益上对农民给予了适当补偿，而且更有利于促进农业生产结构的调整。一是减免农业税既给了农民实惠，又强化了引导农民近期适当调减粮食产量的信号，有利于加快缓解粮食总量供大于求的局面。1997 年全国征收的农业税按实物计算为 246.6 亿斤细粮，约占粮食总产量的 2.5%。当前粮食市场供过于求，库存很大，销售困难，停征一年公粮，有利而无弊。二是按目前的税制，除了粮棉油外，其余的各种农副产品及土特产品，几乎都在农业特产税的征收范围之内。在多数地方农业特产税征收办法极不规范的情况下，这很可能会成为农民调整农业生产结构的障碍。三是年初以来生猪和仔猪价格都大幅度下滑。按目前的生猪收购价格，多数农民养猪是亏本的。免一年屠宰税，对农民养猪的积极性也是一种必要的保护。

三、农村税收尤其是农业特产税和屠宰税，征收办法的不规范已使相当多地区的农民怨声载道。不少地方对这两个税种都是按县财政开支的需要下达征收数额。在农村中，不按税则规定据实征收，而是向乡村分摊税收指标、农业特产税按人口或承包地亩收、农业税和农业特产税重复征收，以及按人口征收屠宰税（农民称之为“猪头税按人头收”）等现象相当普遍。暂时停征农业特产税和屠宰税，既让利于农民，又冻结了这两税征收中的种种混乱现象，也为农村税费改革创造了有利条件。

四、教育集资是在农民人均纯收入 5% 的负担之外另设的收费项目，主要用于校舍危房改造等教育条件的改善。但目前农村不仅眼下没有多少增收门路，而且还面临着一些过去积累下来的复杂问题。如

1997年以来水旱灾害交替发生，部分地区农民迫切需要休养生息，重建生活和生产的基本条件；又如清理农村合作基金会的工作已开始全面进行，部分农户在“两金一部”中的储蓄可能会受一定损失，不少地方的县乡干部都在担心因此而出乱子。这一轮教育集资已经又收了5年多时间，鉴于农村目前的状况，暂时停收这一集资应是必要和可行的。

五、今年恰逢新中国成立50周年大庆。我国历史上，每逢国有大典，也多行减免税赋之举，以期举国同庆。今年停收农村三税和教育集资，无论对农村的稳定还是让农民感受党和政府的关怀，都具有特殊的政治意义。同时，因新中国成立50周年大庆而采取的减免税赋措施，也不会被误解为长期政策，该恢复征收时也易于被农民理解和接受。

据有关部门掌握的情况，1997年，全国征收的农牧业税205.87亿元，农业特产税169.73亿元，屠宰税约20亿元（估计实际征收达40亿元左右，约有一半未入账），教育集资款约65亿元。三税一集资的总额约为480亿元。但教育集资主要用于校舍建设，暂缓一年问题不大；农业税征收的粮食实物，一时难以销售，只会增加库存和保管费用；因此，真正影响税款入库的，实际上主要只是农业特产税和屠宰税这210亿元。对因停收这部分税收使地方财政开支出现的缺口，建议以发行地方债券的办法解决。

我国从未发行过地方政府的债券，今后也不能轻易开此口子。但在特定条件、特殊情况下，经中央批准后也可考虑适当采用。建议以农村三税前三年实际征收总额的平均数为基数，确定此特种债券的发行总额（是否应将农业税计算在内，还可以再研究）；债券期限为三年；由省级政府分别申请，报中央审核批准；向银行发行；今后由各级财政逐步消化偿还。

征收农村三税，行为不规范和搭车乱收费现象很普遍。因此，应把停收一年作为重要契机，加快制定和推出农村税费改革的方案。1997年初修订土地管理法时，中央先宣布了冻结一年审批非农占地和县改市，又在修订刑法时增加了惩治土地方面犯罪的若干条款。这样，既有效遏止了法律修订期间对耕地占用的混乱现象，又使修订的法律颁布后顺利转向了新的管理体制和机制。农村税费改革也可以借鉴这一成功的经验，先冻结一年农村三税的征收，然后制定农村税费改革的方案，规范农村的税制。待实行新的税费制度时，就能给农民一个耳目一新、清正廉明的感觉。

“十五”期间农业农村经济发展基本思路①

（2000年）

1998年10月，党的十五届三中全会通过了《关于农业和农村若干重大问题的决定》。这个《决定》对我国农业的发展阶段做出了重要判断：粮食等主要农产品由过去的长期供给不足，变为“总量大体平衡，丰年有余”。这标志着我国农产品供求中数量不足的矛盾已基本缓解，以追求粮食等主要农产品数量增长为基本目标的农业将发生重大转变。由此，我国农业开始进入一个新的发展阶段。

一、新阶段农业、农村问题的实质是农民的收入增长问题

缓解粮食等主要农产品供求中数量不足的矛盾，是多少代中国人梦寐以求所追求的目标。它的实现，对我国社会经济发展的历史性意义，是怎么估价也不为过的。但是，当人们还来不及为粮食的“丰年有余”而尽情喜悦的时候，就发现历来被看作我国改革首战告捷之地的农村，却已经暴露出越来越多的令人忧虑的矛盾和问题。近年来，人们在谈论我国经济生活中的诸多矛盾时，最为集中的话题之一，便是农民的“收入上不来，负担下不去”。这表明，现阶段人们对我国农业、农村问题的关注，其焦点已从农产品的供求转到了农民本身。经济社会的方方面面都已经感觉到，当前农民收入增长所面临的严峻困难，已经成为制约整个国民经济实现良性循环的

① 本文为2000年底完成，载于《国务院发展研究中心调查研究报告》2001年第171号。

一大障碍。农产品供求数量矛盾的缓解难道对农民是苦酒？这个问题本来应该是常识，因为任何产品的供过于求，对生产者而言都意味着收益减少乃至亏本。然而即便出现农产品的供不应求，对我国农民来说也绝不是什么福音。在农产品供不应求时，有统购统销的体制向城市和工商业转移着农民的经济剩余；当农产品供过于求时，政府对农产品收购的价格保护，却又大量地流失到了垄断部门的手中。可见，只要不彻底破除计划经济的体制，农产品的短缺也好、过剩也罢，最终受损害的都将是农民。而现阶段的我国恰恰是处于市场经济体制尚未健全、计划经济体制仍有很大惯性的过渡时期，因此，农民利益受损的原因，在很大程度上就是来源于种种体制性的障碍。

“九五”期间，我国农民的收入增长幅度逐年递减：1996年农民人均纯收入的增长幅度为9.0%，1997年为4.6%，1998年为4.3%，1999年为3.8%，2000年仅为2.1%。在“九五”后3年，农民人均纯收入的年均增长速度仅为3.4%，尚不及同期城镇居民可支配收入年均增长速度7.2%的1/2。由此，城乡居民收入（城镇居民人均可支配收入/农民人均纯收入）的差距，也从1997年的2.47:1，扩大为2000年的2.79:1。但还必须看到，这只是全国农民收入状况的平均数据。在我国各地农村经济社会发展差距极大的情况下，平均数据往往总是掩盖着众多的矛盾和问题（如2000年上海农民的人均收入为5596.09元，而贵州则只有1374.16元，前者为后者的4倍以上）。因此，对于农民收入状况的严峻性，必须作更进一步的分析。

（一）*农民收入增长困难的突出矛盾是农业减收*。近年农民收入增长幅度的下降，还只是农民收入问题的表象。问题的严峻性其实主要在于农民来自农业的收入连年减少。表1是近4年农民人均纯收入的构成及其变化。

表 1　近 4 年农民人均纯收入的构成及其变化

年份	生产性纯收入（元）	第一产业纯收入（元）	第二产业纯收入（元）	第三产业纯收入（元）
1997	1987.28	1267.8	437.78	281.81
1998	2039.58	1237.44	498.92	303.22
1999	2078.62	1180.02	564.30	334.30
2000	2129.55	1136.08	598.27	395.20
2000 年与 1997 年相比	+142.27	−131.61	+160.49	+113.39

这就不难看出，尽管 2000 年农民的人均生产性纯收入比 1997 年增加了 142.27 元，但同期人均来自农业的纯收入却减少了 131.61 元，即比 1997 年减少了 10.4%。在 1998—2000 年这 3 年中，农民人均来自农业的纯收入是每年递减的，1998 年比 1997 年减少 30.25 元，1999 年比 1998 年又减少 57.42 元，2000 年比 1999 年再减少 43.94 元。根据农业普查统计，我国农村住户中，有 59.3% 属于“纯农户”（家庭从业人员从事的主要行业均为农业），另有 18.2% 是“农业兼业户”（家庭从业人员中从事农业的人数大于从事非农业的人数），以农业为主要收入来源的这两类农户，合计占农村住户总数的 77.5%。由此就不难判断，在过去 3 年中由于农业持续减收，因此绝大多数以农业为主要收入来源的农户，他们的人均纯收入实际上是处于负增长状态。

部分农业大省和非农产业不发达的西部省区，就是在这样的背景下出现了农民人均纯收入整体减少的严峻局面。1999 年和 2000 年全国分别各有 6 个省区的农民人均纯收入比上年减少，表 2 为这两年农民人均纯收入减少的省区和数额。

表 2　1999—2000 年农民人均纯收入减少的省区示数额

1999 年人均减少收入（元）	山西 85.98	辽宁 78.75	吉林 123.01	黑龙江 87.17	甘肃 35.77	新疆 126.97
2000 年人均减少收入（元）	广西 183.82	辽宁 145.46	吉林 238.09	黑龙江 17.71	陕西 12.00	宁夏 29.85

辽、吉、黑三省已连续两年人均纯收入减少，其中吉林省农民人均纯收入两年累计减少了 361.10 元，2000 年的人均纯收入已比 1998 年降低了 15.2%。

农业减收的基本原因是农产品市场的变化。自改革以来，农业收益的主要来源已经发生过两次重大变化。从 1979 年到 1984 年，我国各类农产品基本都处于短缺状态，家庭承包经营激发了广大农民的生产积极性，农产品总量在短短五六年中有了迅猛增长，农民的增收主要就来自于农产品总量的增加。自 1984 年开始，主要农产品短缺的状况已有很大程度缓解，粮食、棉花等还发生过两次短时期的“卖难”。因此，农民靠增加农产品的产量已经难以保持农业净收益的增长。80 年代中期以后，农业收益的增加，靠的主要是农产品价格的上涨。1996 年农民的人均纯收入之所以能够增加 9%，就与这一年国家对定购粮价格提高了 42% 有关。但进入 90 年代中期以后，我国多数农产品出现了供过于求的局面，而价格也大多已明显高于国际市场的水平，因此，增产、提价均已无空间，这就导致了农民来自农业纯收入的持续下降。可见，改革以来农业增收的经验性途径，在当前的农产品市场状况下已经失效，要实现农业和农民的增收，就必须在整个国民经济的结构调整中另辟蹊径。

（二）农民收入增长困难的深层原因是就业不充分。2000 年，我国农村劳动力总量已达 47962 万人，其中从事农林牧渔业的劳动力达 32797.5 万人，占总量的 68.4%，占全国从业人员的 46.1%。而 2000 年的国内生产总值中，农业所占的份额仅及 15.9%。农业的劳动生产率只相当于社会平均水平的 1/3，这是农民主要靠农业难以保持收入增长的关键所在。

但农业劳动生产率低的原因是多方面的，其中有限耕地上农业劳动力的总量居高不下，是造成农业劳动生产率低、农民收入难以增加的根本原因。80 年代中期开始，由于乡镇企业异军突起，农村二、三产业开始较大规模地吸纳农业剩余劳动力，但直到 1992 年，农林牧渔业的劳动力才开始出现绝对量的下降。近年来，由于乡镇企业所处的整体经济环境发生较大变化，其自身也正处于结构调整和体制创新的转折阶段，因此不仅没能增加吸收新的就业人员，1997年、1998年两年合计还减少了近1000万从业人员，致使在农业中就业的劳动力总量从1997年开始又出现反弹，并持续3年呈增加趋势。1999年在农业中就业的劳动力数量已比1996年回升了651.4万人。2000年在农业中就业的劳动力虽比上年略减，但仍比1996年多537.1万人。“八五”期间，我国农业中的劳动力总量减少了1001.9万人，而整个“九五”期间，在农业中就业的劳动力总量不仅没有减少，反而还增加了463万人，致使本来就相当严重的农业劳动力过剩、农民就业极不充分的状况更加恶化。

“九五”期间，我国农村劳动力共增加2920万人，年均增加约584万人。从近年的实际情况看，如不开辟新的转移渠道，仅靠在农村内部、靠发展乡镇企业就地转移这一种方式，农业劳动力的总量又将进入一个增长期，对提高农民收入和保持农村稳定都极为不利。事实上，在农民来自农业的纯收入连续3年下降的情况下，全国平均的农民纯收入之所以还能保持低速增长，关键就在于农民外出流动打工就业的收入在增长。1997年农民人均纯收入中来自农业的比重为63.8%，到2000年这一比重已下降为53.3%，3年中下降了10.5个百分点。这样的变化固然与近年农业的比较效益低下有关，但它更深刻地说明了，只有努力促使农村劳动力更充分地就业，农民的收入才有可能保持正常的增长。

只有减少农民，才能富裕农民，这是世界各国促进农业、农村发展的基本经验。而我国农民增收所面临的最大困难，也恰恰在于向二、三产业和城镇转移所面临的困难。工业化与城镇化的脱节，GDP中农业比重下降而农业中就业人员增加的巨大反差，无疑是抑制农民实现增收愿望的最沉重障碍。近年农民的增收困难，与我国城镇化进程的缓慢有着直接的联系。自1979年到1995年，我国城镇人口的比重从17.92%提高到了29.04%，城市化率平均每年提高0.654个百分点。而1996—1999这4年中，城镇人口的比重只提高了1.85个百分点，平均每年仅提高0.463个百分点。限制农民转移进入城镇定居的森严壁垒已经建筑了40多年，按以往有关部门制定的每年“农转非”的指标严格控制在城镇人口总量0.15%的水平之下的规定，即便是依2000年第五次人口普查的45844万城镇人口计，全国每年能够实现“农转非”

的人口也仅仅是不足68.5万人，尚不及农村每年新增人口的12%。可见，原有的对农民转移进入城镇定居的有关规定，与实现“减少农民”的目标是背道而驰的。

正是在农村人增地减、城镇壁垒森严的严酷背景下，为了寻求扩大就业、增加收入的现实途径，乡镇企业才应运而生并异军突起，背井离乡在流动中寻求就业机会的农村劳动力才形成了滚滚洪流。毫无疑问，乡镇企业和流动就业，是广大农民求生存、求发展的愿望在现存经济体制下的本能使然。在这里，愿望和体制之间的矛盾和冲突已经到了水火难容的地步。显然，如果真想增加农民的收入，就不能不把着力点放在扩大农民的就业机会上，否则，不仅会抑制农民收入的增长，而且必然使我国的农业劳动生产率持续低下、农产品成本持续上升，农业在总体上逐步丧失竞争力。

（三）近年农民的收入状况已经严重影响国内市场的扩大。在农民收入增长乏力的背景下，自1998年以来，农民人均的家庭经营费用和生活消费支出出现了减少或停滞的现象，表3是这方面的变化情况。

表3　1999—2000年农民人均家庭经营费用和生活消费支出情况　　单元：元

年份	总支出	家庭经营费用支出	生活消费支出	其中：食品支出	其中衣着支出
1997	2536.79	706.27	1617.15	890.28	109.41
1998	2457.17	652.48	1590.33	849.64	98.06
1999	2390.37	599.77	1577.42	829.02	92.04
2000	2652.38	654.26	1670.1	820.51	95.95

1998年、1999年两年农民人均家庭经营费用支出是连续减少的，1999年已比1997年减少了15.1%（减少106.50元）。而2000年人均家庭经营费用支出的增加，一是恢复性的，因为比1997年的水平还低7.4%；二是有很大的被动性质，主要是抗旱费用增加、燃油价格提高等因素所致。

农民人均生活消费支出变化也带有相同的特征：1998年、1999年连续两年减少，1999年比1997年减少了2.5%（减少39.73元）。2000年人均生活消费支出虽然比上年增加了92.69元，但也带有很大的被动性，一是人均食品支出在连续两年减少的基础上继续减少，而衣着的支出虽略有增加，但仍低于1997年、1998年的水平；二是支出增加较多的主要是服务性收费的涨价所致，如医疗保健，支出增加17.55元，增长25.1%，交通及运输支出增加24.40元，增长35.5%，文化教育娱乐用品及服务支出增加18.38元，增长10.9%。上述三方面基本是被动性的商品和服务消费支出就增加了60.33元，占全年人均生活消费支出增加总额的65.1%。因此，2000年农民人均生活消费虽有所增加，但真正能作用于农民生活质量提高的部分却很有限。

以上的农民人均生产、生活费用支出情况，还只是全国的平均数，而绝大多数以农业为主要收入来源的农户，他们的支出下降情况显然比平均数更为严重。而这也正是农村消费品市场所占份额不断下降的一个重要原因。

表4　县及县以下消费品市场所占份额

1996年	39.65%
1997年	39.01%
1998年	38.86%
1999年	38.68%
2000年	38.18%

由此可见，农民开支的缩减和停滞，实际上已经影响到了整个国内市场的扩大。自亚洲金融危机爆发以后，党中央、国务院及时制定了扩大内需的方针，并已开始初见成效。但必须清醒地看到，即使按第五次人口普查的统计，我国2000年的农村人口仍占全国总人口的63.8%（按户籍统计，农业人口占总人口的73.3%）。显然，如果占人口大多数的农民的购买力不能提升，我国巨大的国内市场就仍然只能是潜在的而并非是现实的。因此，扩大内需的具体措施必须能够有效地带动农产品销售和农民就业机会的增加，否则农民就难以从中增加收入，也难以形成有支付能力的需求去带动国内市场的扩大。而在已经采取的扩大内需的举措中，最为醒目的两项是大规模投资兴建大型基础设施和增加城镇职工的收入。从实施效果看，

这两大举措对带动需求无疑有着重要的促进作用，但对农民增收的绩效却并不显著。大型基础设施建设对于增加农民就业和使用乡镇企业产品都极为有限；增加城镇职工收入主要是带动了住宅、汽车、教育、旅游等新兴消费市场的扩张和增加了储蓄，而在城镇居民群体总量有限的条件下，对带动农产品市场扩张的作用相当有限。据统计，2000 年城镇居民的人均可支配收入，比 1996 年增加了 1441.1 元，但这 4 年中城镇居民人均用于食品的开支只增加了 53.6 元，食品的收入弹性系数不足 0.04，意味着在此阶段，城镇居民人均可支配收入每增加 1 元，用于食品的开支只增加不到 4 分钱，这其中还包括在外用餐费用的增加。因此，如何使扩大内需的具体措施更有效地向农业、农村、农民倾斜，促使农民收入和消费的增长，将是实现扩大国内市场的关键所在。

在农业、农村经济发展的新阶段，我国农产品的供求关系明显宽松了，与此相适应的是，人们也必须将关注农业、农村问题的眼光，从看重农产品供给的增长转向农民收入的增长。没有八九亿农民的富裕和文明，中国就不可能有真正意义上的现代化。40 年前，正是我国经济陷入极度困难的时候，毛泽东曾痛定思痛地对党的高级干部们说："中国有五亿农民，如果不团结他们，你有多少工业，鞍钢再大，也不行的，也会被推翻的"。他还极为深刻地总结道："中国这个国家，离开农民休想干出什么事情来。"[①] 如今，我国农民的数量比毛泽东当年发此感叹时要多得多，对于农民地位和作用的重要性，对于农民收入和购买力增长的全局意义，我们当然也应该比之 40 年前有更为自觉、更为深刻的认识。

二、"十五"期间农村经济发展发基本思路

（一）"十五"农业、农村经济的发展目标。党中央从作出农业发展进入新阶段的判断，到提出新阶段农业、农村经济工作的中心任务

① 逄先知:《毛泽东和他的秘书田家英》，中央文献出版社 1989 年版。

是进行战略性结构调整，以及明确新阶段和农业战略性结构调整的基本目标是增加农民收入，对当前农业、农村经济状况的分析和解决问题的思路是十分清晰的。“十五”计划纲要根据中央对农业、农村问题的判断、分析和要求，从四个方面对农业、农村的发展提出了具体的指导性指标：

一是到“十五”期末农业产值占GDP的比重降到13%以下，即今后5年内要再降低近3个百分点。随着工业化、城镇化的进展，农业占GDP的比重不断下降是一个必然规律。明确提出这一指标就是要使人们充分认识到：农业在整个国民经济中的基础地位和支撑作用，绝不会因为农业产值比重的下降而下降。这就需要从各个方面努力去巩固和增强农业在国民经济中的基础地位。

二是到“十五”期末畜牧业产值占农业总产值的比重要达到35%以上。“九五”期末这一比重为29.8%，5年内要提高5个百分点以上。实现这一指标是与农业进入新阶段，需要大力转化初级农产品的要求相一致的。在很大程度上，畜牧业的发展水平是衡量一个国家农业发展水平的重要标志之一，畜产品的消费水平是衡量一个国家居民生活质量的重要标志之一。在现阶段，大力发展畜牧业，对于农业自身的发展和提高人民生活质量都具有重要现实意义。

三是“十五”期间要转移4000万农业剩余劳动力。这是一个极为艰巨和繁重的任务。但显然，再不加快农业剩余劳动力转移，无论是农业、农村的发展还是农民收入的增长，都将难以摆脱困境。

四是“十五”期间农民人均纯收入年均要增长5%，比“九五”发展纲要提出的目标高1个百分点。在“九五”期间农民人均纯收入增长幅度逐年递减、2000年农民人均纯收入仅增长2.1%的基点上，“十五”期间要实现农民人均纯收入年均5%的增长速度，难度相当大。但不实现这个目标，整个国民经济就将难以实现良性循环。

（二）推进战略性的结构调整，是“十五”农业、农村经济发展的主线。农业、农村经济进入新阶段，面临许多新挑战，需要从观念上、思路上、政策上实行一系列转变，这就必须对我国农业、农村经济的结构进行战略性的调整。

1. 全面优化农产品品种、提高农产品质量，把农业发展转到以提高质量和效益为中心的轨道上来。90年代初，提出了发展高产、优质、高效农业的思路，农产品的产量增长还是放在第一位的。在当前我国农产品供求关系的背景下，必须在保护主要农产品生产能力的基础上，明确使农业的发展转到以提高质量和效益为中心的轨道上来。必须加快建设农产品的市场信息体系、农产品的质量和安全性标准体系、农产品的品质检验和检测体系，才能使我国的农业按照国内外市场的需求，生产出优质、安全的产品来，提高农业的效益和国际竞争力。

2. 优化农业区域布局，发挥各地农业的比较优势。过去各地追求主要农产品的自给率，实属计划经济体制下的短缺所迫而无奈。当前主要农产品实现了"总量基本平衡，丰年有余"，最近国务院又先后做出关于深化棉花和粮食流通体制改革的决定，使得调整农业区域布局、发挥各地农业比较优势的条件更为成熟。浙江省在今年初率先取消了粮食定购合同，由农民自愿与粮食购销企业签订合同，价格随行就市，大大促进了农业生产结构的调整。浙江的粮食产销缺口，通过与黑龙江、吉林、湖北、江西、安徽等粮食主产省签订"保量放价"的购销合同来保障，同时还大量吸引外地粮商进入浙江，搞活粮食流通，按市场经济的规则发展粮食的省际贸易。这不仅大力推进了浙江的农业结构调整，扩大了农产品出口，增加了农民的收入，同时也使粮食主产区获得了更为广阔的市场，能更充分地发挥其粮食生产的比较优势，使粮农也增加收入。

3. 加大对初级农产品的转化和加工。在经济发展和人民生活水平达到一定程度后，居民生活费开支的恩格尔系数下降和食品本身的收入弹性下降，将是两个具有必然性的发展趋势。这对农业发展是一个严峻挑战，主要依靠初级农产品开拓市场的难度会越来越大。必须通过农产品的转化和加工，才能既增加农产品的价值，又通过现代技术提供丰富、多样的产品，以引导消费、开拓新的农产品市场。通过发展农业产业化经营，不仅能够推动农产品营销和加工业的发展，而且能够提高农业和农村经济的组织化程度、向农民及时传播市场信息、推广先进适用技术、降低农民进入市场的风险，是在家庭承包经营基础上逐步实现我国农业现代化的一条现实途径。

4. 积极稳妥地推进城镇化。1998 年召开的十五届三中全会，提出了发展小城镇是带动农村经济和社会发展的大战略。“十五”计划对城镇化问题作了专门的阐述和规划。关于我国的城镇化究竟应当走什么样的道路，理论界还有很大争论。有的同志认为“城镇化”的提法不科学，应明确提“城市化”。也有的同志认为应重点发展大、中城市，以实现规模效益、更好地发挥中心城市的辐射和带动功能。“十五”计划提出要走出一条大、中、小城市和小城镇协调发展的具有中国特色的城镇化道路，并对大、中、小城市和小城镇的发展都作了具体要求。发展大、中城市，当然更有利于提高城市的经济效率和实现规模经济；但从促进农村人口更快转移的角度看，小城镇更有现实意义。大、中城市的发展能够为农民进城就业提供机会，但是，这些城市的生活水平和社会保障要求使农民很难在短期内在这些城市定居。更多的情况是农民在大、中城市通过打工实现初步积累后，再回到他们原来所在地的县城或建制镇转为非农业人口。提出把小城镇作为发展的重点，是从加快农村人口向城镇转移、定居的实际需要出发的，它并不限制大、中城市的发展。实际上，也只有大、中、小城市和小城镇协调发展，才能够为农业剩余劳动力提供更充足的就业岗位、提供使农村人口逐步进入城镇安居乐业的条件。必须把握小城镇建设的重点是县城和一部分基础好、有潜力的建制镇。我国有县城（包括县级市、区）2000 多个、建制镇 1.9 万多个，因此绝不能遍地开花地搞小城镇建设，否则就会成为一场劳民伤财的灾难。但如果切实搞好城镇体系的规划，从建制镇中有重点地选择一小部分，加上 2000 多个县城，经过一二十年的努力建设，这四五千个小城市、小城镇的发展，就会对农村人口的大规模转移，对优化整个国家的产业结构、企业布局、人口分布和劳动力就业结构都将起到非常积极的促进作用。

三、当前值得特别关注的两项农村基本政策

（一）减轻农民负担。减轻农民负担是党中央、国务院历来高度重视的一项农村基本政策，多年来也采取了一系列措施在遏制农民负担不断加重的趋势。但实际上农民的负担还在涨。据农业部统计，2000年全国农民直接负担的税费共1778.9亿元，平均每个农民负担199.8元。其中各种税收92.6元，“三提五统”66.2元，“两工”以资代劳6.31元，集资等各种社会负担34.68元。与1999年相比增长了3.3%。由此可见，仅靠政策的规定和限制，实际上是很难真正减轻农民负担的，要实现这个目标还必须研究制定治本之策。

在反复研究并广泛征求意见的基础上，中央于2000年初提出了税费改革的方案，并在安徽省进行了试点。从安徽试点的情况看，税费改革的效果是明显的，全省农民平均每人减轻负担30多元，人均负担下降幅度超过了30%。但试验也暴露出改革方案本身存在的一些问题：主要是计税方法复杂和农户之间出现了新的税负不公。在目前的管理体制下，对于农民和基层干部来说，要真正理解、把握并对农业税的计税面积、常年产量、计税价格等这样一些基本概念达成共识，实在不是一件容易的事情。农户间出现了新的税负不公，主要是由于税费的征收对象有所改变而引起的。过去税费按人头收缴部分所占的比重大，人多地少的负担重；改革后税费统一归入农业税，税随地走，地多人少的负担就重了。解决这些问题，还需要在试验中进一步取得经验，对方案进行调整和完善。

但除了完善税费改革方案本身之外，要真正减轻农民的负担，显然还有一系列更深层次的问题需要认真考虑，否则就难以使减轻农民负担、保持农村各项社会事业发展、保证农村基层政府和组织运行这三个方面都相得益彰。而实现不了这三位一体的目标，农民的负担即便一时能够减轻，也迟早还会出现反弹。

必须考虑的问题至少有这样四个方面：

1. 财政体制问题。这里的关键是农村基层政府的财权和事权相一致的问题。从农村基层政府的实际运行看，开支最大的是教育。乡

镇政府对教育的开支一般在财政开支中都高于60%，有的甚至达到80%，因此不少地方的农民都说“负担围着教育转”。这并不是说教育不重要，也不是说农村的教育开支过大，而是说农村基层政府在教育问题上的财权和事权太不一致。尽管自2001年开始，农村教师的工资由县财政统一发放，但财源还需要乡镇上缴，因此并没有从根本上解决问题。其次是相当部分乡镇政府的财力，保得了工资就保不了运行，结果是养了兵无法打仗。不能为农民提供服务，农民当然就不满意。因此，有必要从财权和事权相统一的角度，考虑县乡财政体制的改革问题。

2. 农村基层的政府机构设置和职能定位问题。机构臃肿、人浮于事的状况，在上层政府或许主要是个效率问题，但在农村，则首先就是个财政问题。据有关资料显示，2000年末全国财政负担的人员（不含军队和武警）总量中，由县乡财政负担的比重高达69.7%，而同期县乡财政的收入却只占全国财政总收入的20.7%。在这样的状况下，为保工资、保运行，相当部分地区的农民负担难以减轻也就具有了必然性。因此，加快政府的机构改革、职能转换和人员精简，就成为减轻农民负担的一个必要前提。

3. 发展和繁荣县以下地区经济的问题。县乡财政的好转要靠县和县以下地方经济的发展。县乡经济的一大特点，就是没有多少国有经济，更少国有大中型企业。因此，一个时期以来，在财政、金融等各类资金集中向国有大中型企业倾斜的背景下，县和县以下地方经济的发展就难以得到必要的资金支持。尤其是在相当部分的中西部地区，原有的地方国有企业因种种原因而极不景气，民营企业又因缺乏资金等原因而难以顺利成长，致使县乡经济难找新的生长点，县乡财政难有新的税源，于是农民的负担也就减不下去。我国户口在县和县以下的人口将近11亿，其中农业人口9.2亿，在县城和建制镇的人口约1.7亿。如果相当部分地区的县乡经济凋敝、税源枯竭，将导致什么样的后果，这无疑是一个值得人们深思而又必须及早采取措施解决的重大问题。

4. 部分乡村基层干部的思想和工作作风问题。尽管导致农民负担沉重的根本原因并不在乡村干部而在于体制，但部分乡村干部的思想和工作作风问题，也确实在加重农民负担方面起到了推波助澜的作用。有些乡村干部不从实际出发，超越农民的经济承受能力搞建设项目；有些乡村干部贪图享受，甚至肆意挥霍农民的血汗；有些乡村干部对待农民简单、粗暴，不能体谅农民的疾苦，如此等等。要从根本上解决这些问题，除了加强思想教育之外，还必须扩大农村基层的民主，加强村民自治的制度建设并完善干部的选拔和监督机制。

由此可见，农村税费改革实际上是一项宏大的系统工程，涉及方方面面的配套改革。因此，在现阶段，农村税费改革的推进必须与严格对农民的负担管理相结合，标本兼治，才能在过渡期间控制住农民负担的总水平，保持农业经济发展、农民生活改善和农村社会稳定。

（二）稳定农村土地承包关系和确立土地使用权流转的基础。当前，在农业结构的调整中，一些地方在耕地使用权的流动和集中方面出现了一些新情况。据农业部有关部门的统计，目前以各种形式流动使用权的耕地约占承包耕地总面积的5%—6%，多数发生在沿海发达省市。发达地区流转的耕地约占承包地的8%—10%，有些县市已达到20%—30%；内地流转的耕地约占承包地的1%—2%。从总体看，农村已经发生使用权流动和集中的耕地所占比重并不大，但一个时期以来，理论界和新闻媒体对此发表的见解和报道，却似乎已使其成为当前农村问题中的一大热点。之所以出现这种现实和舆论不协调的状况，除了新闻媒体对新鲜事物敏感的天性之外，实际上还与人们对现行农村土地承包政策、对我国农业现代化具体途径等重大问题的认识存在分歧有关。鉴于耕地承包制度是改革后形成的农村基本经营体制的基石，因此，对于耕地使用权流动和集中的问题，必须从大多数农村的现实状况出发，用理性的态度慎重对待，以避免引起农村基本经营体制的动摇。

目前，采用“反租倒包”形式收回农户承包地的做法有所增长。“反租倒包”是乡村向农户付一定租金，将农户承包地的使用权收归集体，集体再将其租赁给外来公司、大户，或是在进行一定投资后再将其“倒包”给本村的部分农户。但无论是以哪种形式将收回的土地

“倒包”出去，集体收到的租金一般都高于向农户“反租”时所付的租金。“反租倒包”可以使乡村干部得到比向农户直接收取承包费更高的租金收入，是这种形式在一些地方迅速扩大的一个重要原因。

应该看到，同是“反租倒包”，情况也有很大的差异。有些地方确实是严格执行土地承包政策的，既保障了农户在土地上的权益，又提高了农业的生产效率、增加了农民的收入。但也有不少地方存在着曲解、甚至违背土地承包政策的问题。主要是：第一，不尊重农民的意愿。村里在向农户“反租”承包地时往往附加种种不合理的规定，如对不愿意将土地“反租”给村里的农户，表面上不强迫，同意给农户调整承包地，但却往往调给其偏远的、土质差的地块，结果使农户感到得不偿失，不得不同意将自己的承包地“反租”给村里。第二，混淆了土地的承包权与经营使用权的关系。有的地方在农户租出土地的使用权后，就取消了农户对土地的承包权；更普遍的情况，是农户在租出使用权之后，虽然名义上还保留着承包权，但实际上却失去了由自己来经营承包土地的基本权利，使承包权演变成了仅仅是那一点有限的租金。第三，明着“反租”、暗着“倒包”，土地租金的收益分配缺乏公开性和合理性。农户只知道“反租”时村里付给自己的租金价格，一般都不知道村里将土地“倒包”出去时的价格。正因为如此，村里通过“反租倒包”获得的租金差额，往往高于农户获得的土地使用权转让租金。因此，村组织获得的已经不是中介性的服务费收入，而是类似于“二土地出租”性质的地租收入了。

农业实行以家庭承包经营为基础、统分结合的双层经营体制，所取得的最重要的体制性成果，就是使农户获得了承包集体土地和在承包地上自主经营的权力；而“反租倒包”后，农户虽然能够获得一定的租金，但却失去了对承包土地的经营自主权，因此它实际上是村组织对农户土地承包权的赎买。经过这种赎买，农户再次失去了经营主体的地位。出现这种深层次的变化，到底会在农村引起什么样的制度变迁，我们的整个经济、社会发展是否已经为这种变迁做好了准备、提供了条件，确实需要作更全面的分析和研究。

由于我国农产品的供求关系发生了阶段性的变化，因此当前农业、农村中出现了不少前所未遇的新情况、新问题。一些地方之所以积极推动以“反租倒包”为主的耕地使用权流动和集中，出发点也许是为了解决这些新问题。但“动地”是否就能够解决这些新问题，“动地”之后会不会引发更复杂的矛盾，对此必须作慎重考虑。尤其是对以下三方面的关系应当作更深入的分析：

（1）农产品供求周期性波动和农地使用制度的关系。我国目前正处于农产品供过于求的阶段，农业的比较效益也处于低谷。这导致部分农民的生产积极性下降，有的出现土地撂荒，有的感到不如把土地租出去收租金更上算，等等。但农产品的供求是有周期性变化的，当市场出现供求大体平衡甚至供不应求时，农产品价格必然上升，这时农民就又会感到自己种地更上算，就会要求收回自己的土地使用权。这种情况过去曾多次发生过。更值得注意的是，农产品供求波动是经济运行中的短期矛盾，而土地制度则是社会经济的基本制度，为解决短期矛盾而动摇基本制度往往会得不偿失。

（2）农民流动就业的不稳定性与农地使用制度的关系。近年来，外出流动就业的农民数量在逐步增加，但必须看到的是，他们中大多数人的就业并不稳定，能够在外定居不再返乡的更是凤毛麟角。在相当长的时期中，大多数农民还是只能以土地作为最基本的生活保障，在外暂时找不到工作，回家有块承包地，至少还可以吃饱肚子。因此，稳定农村土地的承包关系，使农民形成在城乡之间“双向流动”的就业机制，是当前保持农村乃至整个社会稳定的一大重要条件。一些发展中国家之所以会在大城市周围形成大片的贫民窟，就是因为破了产的农民失去了土地，他们只能单向流入城市，即使没有就业机会也无法再返回农村，结果就成为社会不稳定的因素。至少在没有别的手段可以替代土地作为农民的基本生活保障之前，对于流动就业的农民也必须保持原有土地承包关系的稳定。

（3）公司进入农业与农民就业及农村社会结构演变的关系。农业的家庭经营，不仅是一种经营方式，也是农民的生活方式。因此世界各国对于公司、企业进入农业都采取极为谨慎的态度，一般都只允许公司、企业在农业的产前、产后领域从事经营活动，而对公司、企业进入农业的直接生产领域，则都有严格的限制。日本自二战后实行土改一直到1961年，在长达15的时间中法律不仅严格禁止法人进入直接的农业生产领域，还规定非农业生产者不得拥有农地，规定农户拥有的土地不得超过3公顷、出租的土地不得超过1公顷，超过的部分必须由政府强制收购等，其目的是不允许在农业人口大批转移之前，就出现以大资本排挤小农户和土地兼并的现象。当这方面的法律有所修改时，日本的农业人口已从1946年的占50%降到了1961年的只占27%。即便如此，日本的法律至今仍对公司进入农业直接生产领域有着一系列严格的附加条件。而在以农场规模大而著称的美国中西部地区的9个州，至今也还定有“禁止非家庭性的公司拥有农地和从事农业生产”的法律。以大资本排挤小农户，追求农业的效率，必须具备相应的社会、经济条件，否则就会造成严重的社会问题。美日等国之所以做出这样的限制，至少是出于以下的考虑：一是农民的就业保障。大片圈地，必然造成部分农民的失业。二是农民身份的转变。土地兼并，大公司排挤小农户，尚未转移的农民就会从自耕农变成雇农，这对农民的心理、行为以及整个农村的社会深层结构等许多方面都会产生深刻的影响。三是对土地的利用方式。土地由农民自有自耕并世代继承，农民就会把土地作为财富，从而非常珍惜土地；而公司、企业在租赁期内仅仅把土地作为生产要素，容易在使用中造成生态环境恶化的长期问题。我国农村人口众多，不加限制地让公司、企业进入农业的直接生产领域，会不会影响农民的长期、根本利益需要认真考虑。为此，对承包地的“反租倒包”和公司、企业进入农业的问题必须采取慎重的态度。一方面，应当鼓励和支持工商企业进入农业，但是应当主要鼓励和支持它们进入农业的产前、产后领域为农民提供社会化服务，鼓励它们对待开发的非耕地农业资源进行投资开发，而对于公司、企业大量占用农民的耕地、从事直接的农业生产活动，则不应当鼓励和支持。

有些同志认为30年不变的土地承包期是土地流动和集中的障碍，这实际上是个误解。中央比较集中的规定土地政策的三个文件，都是在强调稳定土地承包关系的基础上鼓励土地使用权的流转、集中的。

第一个是1984年的1号文件，规定土地承包期15年不变，明确鼓励土地使用权向种田能手集中；第二个是1993年的中央11号文件，提出土地承包期30年不变，更加明确了在承包期内土地的使用权可以在农民自愿基础上依法、有偿流转；第三个是1997年的《关于稳定土地承包关系的通知》，对土地流转做出了若干具体规定。从法律上看，《土地管理法》对农村土地流转也做了专门的规定。因此，延长土地承包期和土地使用权的流转并没有矛盾。中央强调的是要稳定农户的土地承包权，同时鼓励农民在承包期内自愿流转土地的使用权。我国农业经营确实存在着土地规模狭小的问题，但这是农村人多地少的国情决定的。要解决这一问题，必要的条件就是加快工业化、城镇化进程，大规模地实现农业劳动力的转移。离开这些条件搞土地集中和规模经营是行不通的，因为那实际上就是人为搞土地兼并、迫使自主经营的农民变成雇佣者。因此，在稳定土地承包关系的基础上让农民自己做主，这是农户承包期内土地使用权流转的基础。

粮食供求形势转折和农业结构调整①

（2000 年）

改革以来，由于实行了正确的农村政策，加上不断对农业增加投入和推进农业的技术进步，粮食产量有了很大的增长。十五届三中全会对当前的粮食供求状况，作出了“总量大体平衡，丰年有余”的判断。1995 年以来，粮食连续 5 年获得好收成，年年都有节余。5 年下来，国家粮食部门的库存达到了 5500 亿斤，农民的存粮在 1998 年底达人均 1324 斤，扣除自给性生产、生活所需后，人均余粮约在 500 斤左右，据此推测，农民余粮的总量当在 4500 亿斤以上。这样，不计 1999 年秋粮，目前全社会的粮食节余量就在 10000 亿斤上下，相当于一年的总产量。鉴于当前粮食的供求形势，下一步的农业和农村经济应当采取什么样的决策部署，需要进行认真的分析和研究。

一、90 年代中期以来粮食生产能力确实上了一个新台阶

进入 90 年代以来，特别是自 1993 年中央加强对经济的宏观调控以来，粮食生产确实得到了加强，粮食生产的综合能力迈上了一个新的台阶。自 1995 年以来，粮食连续 5 年获得好收成，这主要得益于三个方面：

一是中央采取了正确的农业政策。主要是延长土地承包期，稳定土地承包关系；1994 年、1996 年连续两次大幅度提高粮食定购价格，总的提价幅度达到 102%；实行按保护价敞开收购农民余粮等。这些政策

---

① 本文原载于《国务院发展研究中心调查研究报告》2000 年第 9 号。

都有效地调动了农民增加粮食生产的积极性。有三个数据可以说明这一点。第一，粮食的种植面积扩大。1992—1994 年间，粮食种植面积年均为 16.53 亿亩，而 1995—1998 年间，扩大到了年均 16.85 亿亩，平均每年多种 3200 万亩粮食。第二，农田灌溉面积扩大。1998 年比 1992 年增加了 5560 万亩，使灌溉面积扩大了 7.63%。第三，化肥的施用量增加。1992—1994 年间，年均施用化肥 3133.3 万吨（折纯量，下同）；而 1995—1998 年间，年均施用化肥 3872 万吨，增长了 23.6%。

二是农业的科技进步对粮食增产起到了重要的促进作用。这几年，良种统一供给、地膜覆盖、间作套种，以及设施农业、节水农业、旱作农业和农田机械作业等都有很大的发展，使粮食的单位面积产量明显提高。1998 年，谷物的亩产达到 660.4 斤，比 1992 年的 579 斤提高了 81.4 斤，即提高了 14%。1998 年的粮食总产量比 1992 年增加了 15.7%，可以说主要靠的是单产的提高。

三是应当实事求是地说，这几年没有发生严重影响粮食生产的全面的、特大的自然灾害。1998 年虽然发生了长江、松花江和嫩江流域的特大洪水灾害，但对我国农业生产威胁大的主要还是旱灾。这几年北方发生过局部性的旱灾，如 1997 年和 1999 年，都造成了秋粮较大的减产。1997 年北方的旱灾使玉米这一个品种就减产 463.2 亿斤，1999 年的秋粮也要减产近 200 亿斤，说明我国农业抵御旱灾的能力还比较弱。而比较幸运的是近几年我国恰好处于丰水期，因此虽然使江河防洪遭受了较大的压力，但对粮食生产来说却是相对有利的。从这 5 年的情况来看，粮食的生产能力可以说接近了 10000 亿斤（1995—1998 这 4 年平均为 9888 亿斤），但这个生产能力还没有经受过严重的、全面的、连续的自然灾害的考验，因此还不能说已经是相当稳定的生产能力。

二、粮食的需求也发生了明显的变化

由于国内外经济环境的变化，在粮食供给明显增加的同时，粮食的需求也在发生明显的变化。这主要反映在两个方面：

第一，居民尤其是城镇居民消费行为的变化。由于整个国民经济的增长状况出现了阶段性的变化，由此也引起了居民尤其是城镇居民消费行为的变化。90年代前半期，经济高速增长。1991—1995年GDP的年均增长率达11.98%；但90年代中期以后，由于国内外经济环境的变化，1996—1998年GDP的年均增长率降为8.72%，其中1998年的增长速度为7.8%，比1992年降低了6.4个百分点，而1999年则继续降低为7.1%。国民经济增长速度的放缓，当然也影响居民收入的增长速度。1996—1998年间，城镇居民人均可支配收入的年均增长率为4.35%，比1991—1995年间降低了3.6个百分点。而在收入增长率降低的同时，居民对今后的收入和开支预期也发生了明显的变化，因此，储蓄倾向进一步增强。1996—1998年这3年，居民储蓄增加了23745.2亿元，超过了1991—1995年这5年的增加总额（22542.5亿元）。后3年居民储蓄的年均增加额，比前5年的年均增加额高出了75.56%。这样，居民尤其是城镇居民的消费增长速度必然会降低。这在居民的食品消费方面反映得特别明显。1998年，城镇居民用于食品消费开支的绝对额比上年下降了0.81个百分点，其中粮食开支下降4.75个百分点，肉禽及其制品开支下降6.16个百分点，蔬菜和果品开支分别下降3.37和4.96个百分点。当然，由于物价指数下降，居民食品开支的下降，并不等于消费量的减少。但这对于正在快速增长的农产品供给而言，需求的增长毕竟是明显地减弱了。

第二，城镇居民的生活从总体上进入小康，对食品的需求从追求数量增长为主转向追求品质的提高为主。我国城镇居民的恩格尔系数1998年已降为44.48%，比1990年的54.24%下降了近10个百分点。城镇居民的口粮1998年为173.44斤，比1990年的261.44斤减少了33.7%，人均猪牛羊肉消费量1998年为38.44斤，其中猪肉31.76斤，分别比1990年减少了11.6%和14%。但与此同时，城镇居民对家禽、鲜蛋和水产品的需求量还在继续增长。这表明，城镇居民今后对动物性食品的需求增长，将更多地转向饲料转化率更高的家禽、鲜蛋和水产品，这意味着城镇居民对粮食间接消费量（主要是饲料粮）的增长速度也将趋缓。

这两个情况说明，目前粮食消费量增长的缓慢，既有它的特殊性，也有它的阶段性。由于粮食消费的增长低于供给增长，因此才出现了较大的粮食节余。

三、当前的粮食过剩，是阶段性、结构性、地区性的过剩，也是低消费水平下的过剩

所谓阶段性的过剩，主要是指两方面：一是指目前城镇居民的消费结构正处于一个重要的变化阶段。当前城镇居民为今后的长期消费，如购买住房、汽车，以及子女教育和自己的养老保险等的储蓄明显增加，因此食品消费的增长正处于一个低迷期。二是农民的食品消费增长还没有进入高峰期。目前农民人均猪牛羊肉的消费量还只有26.4斤，只相当于城镇居民肉类消费高峰期的60%；家禽的人均消费量只及目前城镇居民的50%，鲜蛋和水产品的人均消费量都不足目前城镇居民的40%。这就不难看出，如果农民对动物性食品的消费量增加到城镇居民目前的水平，我国饲料粮的需求大约还将增加60%。这还没有加上新增人口的消费。因此目前的粮食过剩，只是当前这个特殊阶段的特殊情况。

所谓结构性的过剩，主要是指粮食的生产结构和消费结构在品种质量上的不适应。由于多方面的原因，目前在生产上还在继续提供大量市场不适销的粮食品种。如早籼稻，年产量大约在八九百亿斤，东北三省和内蒙古东部生产的水分较高的玉米，年产量也在八九百亿斤，另外还有二三百亿斤东北的春小麦和南方的冬小麦，这些品质较低的粮食，年产量合计在2000亿斤左右，约占我国粮食年产量的20%上下。目前库存积压多的主要也是这类品质低的粮食。随着农业生产结构调整、科技进步和政策的引导，这些低品质的粮食将会逐步被替代，因而很可能会出现一个粮食品质明显提高，但粮食总产量略有下降的过渡性阶段。

所谓地区性的过剩，指的是粮食过剩主要发生在八九个主产省区，其中又主要是东北和内蒙古的玉米和南方早籼稻的主产省区。如果到

粮食销区作些调查，那就不难发现，那里的用粮单位，像粮食加工厂和饲料厂，也包括城镇居民在内，他们的存粮实际上都是低于正常年景的水平的。由于国有粮食购销企业库存多，用粮单位就少存甚至不存粮，这反过来又加剧了主产区的粮食过剩。同时，地区之间的不平衡问题也不能忽视，年年都有部分地区是因灾而缺粮的，况且全国目前还有4000多万贫困地区的农民尚未解决温饱问题。

所谓低消费水平下的过剩，主要是指我国城乡居民的总体收入和消费水平还不高，所消费的食品大都是初级产品和初级加工品，因而制约着粮食和其他农产品加工、转化行业的发展。目前，我国农产品加工业产值仅相当于农业总产值的80%左右，而在发达国家，农产品加工业产值一般都相当于农业产值的3—4倍。所以，随着居民收入水平提高和农产品加工业的发展，对粮食等初级农产品的需求必然还会大大增加。此外，还有某些传统消费习惯的影响，也造成我国居民对某些农产品的消费量偏低。如牛奶，去年我国的总产量才662万吨，只及酒类产量的1/4。而随着居民生活水平提高和消费观念的转变，像牛奶这样的粮食转化产品，消费量是必然会大大增加的。

因此，既要看到当前确实出现了粮食过剩的局面，又必须看到这种过剩有着明显的阶段性、结构性、地区性和目前低消费水平的制约性。可以说，在我国的人地比例关系下，出现粮食的过剩局面，只能是一种暂时的、特殊的情况，而不可能是一种常态。

四、必须对农业和农村经济实行战略性的结构调整

1998年年底召开的中央农村工作会议，分析了主要农产品的供求形势，提出农业和农村经济的发展进入了一个新阶段，并根据目前粮食库存和社会节余数量较大的事实，明确要求将结构调整作为农业和农村经济工作的中心任务。从1999年农业生产的实际情况看，结构调整是有进展的。粮、棉、糖这三大作物的面积，分别比上年减少了1200万、1000万和400多万亩；同时，油料和蔬菜面积分别扩大了1260万和1500多万亩。除了种植面积上的调整外，粮食作物的品种

结构也有调整。稻谷生产重点压缩了早稻，增加了优质稻；小麦重点是优化区域布局，增加生产优质专用麦；玉米生产调整的重点，是控制住东北的越区种植问题。

但从目前粮食阶段性过剩的实际情况看，这样的调整还不够，还有必要在近期进一步加大农业结构调整的力度。因此，刚刚闭幕的2000年中央农村工作会议，又明确提出：实行战略性的结构调整，是当前和整个新阶段农业和农村工作的中心任务。从当前的粮食生产形势看，必须实行控制总量、提高质量的措施，否则库存消化不了，农民的粮食卖不出去或卖不了好价钱，粮食实际价格难以回升，对国家和农民都不利。但粮食问题不是孤立的，它是与整个农业和农村经济，乃至和整个国民经济紧密联系在一起的。因此粮食生产的调整，也必须与整个农业和农村经济的战略性结构调整结合起来。所谓战略性的调整，一是不能仅仅在多种或少种些什么上做文章，而要着眼于农业、农村乃至整个国民经济的全局和长远发展来考虑调整问题；二是要把握住当前粮食等农产品供给充裕的机遇，做几件过去想做但没有条件做的大事，使农业和农村的发展真正进入一个以质量和效益为中心的新阶段。当前至少要从以下几个方面去努力调整农业和农村经济的结构。

（一）着眼于从总体上提高农产品的品质。农业发展进入新阶段，最主要的标志之一，就是农产品供求中的数量矛盾缓解，品种、质量的矛盾开始突出。以粮食为例，年产5亿吨的粮食产量中，约有1亿吨左右是品质较差的品种。这些低品质的粮食生产出来，往往是销售困难，造成大量积压，成为无效供给。但如不生产这些品种，却不仅会造成农民就业和收入上的困难，还必然会引起粮食总供给的不足。因此，现实的出路，就在于通过优化品种来提高这些低品质的粮食的质量。当前粮食出现阶段性供过于求的局面，为着力抓好粮食优化品种和提高质量，提供了难得的机遇。

在这个阶段，农产品的生产，从总体上看，应当是宁可少些，但要好些。种植业的产品是如此，养殖业的产品也是如此。在新品种的培养和种、养技术成熟之后，农产品的总体产量就还会继续增长。

（二）下大力促进初级农产品的转化和加工。受农产品消费收入弹性低的影响，在人们的温饱需求基本满足后，初级农产品进一步扩大直接消费的市场就受到很大的制约。因此，要扩大农产品的市场，必须着力于扩大初级农产品的转化和加工。农产品的转化，主要指畜牧业和水产养殖业的发展。畜牧业的发展水平，是农业发展水平的标志之一，畜产品的消费量，是国民生活质量的标志之一。我国1998年的畜牧业生产总值，只占农业生产总值的28.6%，加上渔业也只占农业生产总值的38.4%，应该说转化的水平还相当低。但过去由于粮食等主要农产品供给不足，养殖业的发展必然受到很大的制约。现在粮食的供求关系宽松了，大力发展养殖业尤其是畜牧业的机会和条件成熟了。将初级农产品转化为更多的肉禽蛋奶和水产品，既是满足人民生活水平提高的必然规律，也是不断开拓农产品市场的客观要求。从表面上看，目前我国畜产品的市场似乎也处于饱和状态。但细一分析，可以说潜力还很大。

一是优质畜产品，如三元杂交的瘦肉型猪、地养的土种鸡等还都是供不应求。因此，畜牧业也有一个优化品种、提高品质才能扩大市场的问题。

二是奶类，目前的生产和消费量都还很低。而奶类是最符合人类营养和健康要求的动物性食品之一，随着人们收入水平和保健意识的提高，奶类必将是居民食品消费中的一个新的热点。

三是农村居民总体上对动物性食品的消费水平还很低，随着农民收入的提高，农村必将成为一个巨大的动物性食品的消费市场。

四是我国的养殖业产品在国际市场上仍具有一定的优势，近年来，我国活动物和动物产品的出口额一直保持在40亿美元左右，只要解决好有关的技术和政策问题，畜产品、水产品的出口还将会有很大的潜力。农产品经过加工，不仅可以生产出多样化、高品质的各类消费品，还可以提供大量的工业原料。发展农产品加工业，无疑是拓展农产品市场的一条重要途径。目前，我国农产品加工业的水平还很低，通过运用高新技术，实行对初级农产品的深度加工，还可以为农产品的增长提供极为广阔的市场空间。

（三）充分发挥各地比较优势，实现农业生产力的优化布局。在粮食等主要农产品供不应求的局面下，各地追求主要农产品的基本自给实属无奈。但在当前农产品供求关系比较宽松的条件下，通过优化农业生产力的区域布局来发挥各地农业的比较优势就具备了现实的可行性。优化农业的生产力区域布局，要着重抓好四个层次的问题。

一是在东南沿海经济发达地区和大中城市的郊区，只要有条件发展经济价值高的其他作物，就不必追求粮食的自给率。只要注意保持和提高农业的综合生产能力，注意保护生态环境，就可以在农业生产结构的调整上迈出更大的步伐，一旦市场供求发生变化，根据需要再行调整就是了。

二是对过去迫于生存压力，毁林、毁草开荒和盲目围湖造田的地方，要有计划、有步骤地实行退耕还林、还草、还湖，使不适合耕作的劣等土地逐步退出农业生产，既促使农产品在总量上尽快恢复供求平衡，又着眼于长远，加强生态环境建设，使农业和整个经济、社会实现可持续的发展。

三是粮食主产区要在优化品种、提高质量的基础上进一步提高农业的综合生产能力，以适应经济发达地区和生态脆弱地区调整农业生产结构的需要。同时，也要逐步改变主要只提供初级产品的局面，通过发展粮食的转化和加工来提高自身的经济效益。

四是各地都要发挥自身在区位和资源等方面的比较优势，大力发展具有自身特色的农产品，并要努力将特色农产品发展为具有市场竞争力的品牌农产品，稳定和扩大自身的市场占有份额。这四个层次的有机结合，就可以促进我国各地的农业逐步形成互补互利的格局。

（四）继续发展乡镇企业，积极促进小城镇健康发展。在我们这样一个农村人口众多的国家里，从根本上讲，要富裕农民，就必须逐步减少农民。只有使农业的富余劳动力逐步转移到二、三产业去就业，使农村人口逐步转移到城镇去安居乐业，农业才能逐步扩大经营规模、提高资金和技术的集约程度，降低生产成本、提高经济效益，增加农民的收入。发展乡镇企业，是改革以来党领导下的农民群众创造的一条转移农业富余劳动力的成功途径。乡镇企业的异军突起，不仅转移了数以亿计的农业富余劳动力，而且也为支持农业和农村社会的发展做出了巨大的贡献。乡镇企业已经成为农村经济中的一大支柱，也是整个国民经济中的一支重要的生力军。乡镇企业的兴衰，对农业、农村乃至整个国民经济都具有举足轻重的影响。当前，乡镇企业正处于结构调整和体制创新的关键时期，各级政府都要采取有针对性的政策措施，支持乡镇企业继续健康发展。我国农村数量巨大的富余劳动力，仅靠乡镇企业这一条途径来转移是不够的，况且乡镇企业那种高度分散的企业布局也不利于其自身的持续发展。因此，党的十五届三中全会提出了发展小城镇这个大战略。发展小城镇，可以促进农业富余劳动力更大规模地向非农产业转移，可以促进乡镇企业适当集中布局，可以使更多的居民享受现代城市文明。在当前，发展小城镇也是扩大国内投资和消费需求、优化整个国民经济结构的重要举措。因此，必须将搞好小城镇建设作为农业和农村经济实行战略性结构调整的一大内容切实抓好。小城镇的发展，一要切实搞好规划，只有明确了城镇规划体系，才能避免一哄而起和盲目攀比，才能突出重点，使具备条件和具有潜力的小城镇优先发展，发挥对农村的辐射和带动作用。二要制定一系列有利于促进小城镇健康发展的具体政策和措施，包括小城镇建设的用地政策、户籍管理政策、基础设施和公用事业的建设政策、社会福利政策，以及符合社会主义市场经济要求和适合小城镇特点的管理体制等。三要把小城镇建设的立足点放在促进小城镇经济的发展上，只有促使经济能繁荣，小城镇才能持续健康地发展。

当前粮食的阶段性过剩是客观存在的，因此控制近期粮食生产的总量是必要的。要把解决粮食阶段性过剩的近期要求，与确保国家粮食安全、适应居民消费结构变化、提高农业综合效益和竞争力、实施可持续发展战略等长期目标结合起来，才能真正使这一轮农业和农村经济的结构调整实现战略性的发展目标。

五、从长期看，必须高度重视保持和提高粮食的生产能力

今后的二三十年中，我国有几个大的趋势不可能改变。一是总人口还要继续增加，虽然增加的速度会逐步降低，但人口的基数越来越大，每年增加的绝对量还会是相当大。二是人民的生活水平要不断提高，尤其是数量巨大的农民的生活在进入21世纪后会有一个质的变化。三是工业化、城镇化的步伐会加快，因此总体上耕地仍然是逐步减少的趋势。“人增、地减、消费水平提高”，这三个大趋势交织在一起，就会在今后二三十年中形成两对增和减的关系。一个是人口增加、耕地减少；再一个是人均消费食品的数量可能减少，但质量却要大大提高，实际上是需要有更多的粮食来转化和加工。因此，尽管当前存在粮食过剩的问题，但从中长期看，还是必须高度重视保护和提高我国的粮食生产能力。而粮食生产能力是必须有足够数量的耕地来作保障的。日本目前是1.3亿人口，近7400万亩耕地，人均不足0.6亩地。但日本的谷物自给率只有28%，按热值计算的农产品自给率是41%。按它进口的农产品总量计，相当于在国外占用了1.8亿亩耕地。它所消费的全部农产品，实际上需要2.54亿亩耕地来提供，人均需要近2亩地。而我们现在的人均耕地，即使按19.51亿亩计，也只有1.56亩。所以，从中长期看，说我们的粮食生产能力过剩、说耕地太多了，是不合实际的。只要基本耕地的数量保住了，农田基本建设的水平能不断提高，我们就始终把握着结构调整的主动权。粮食多了，可以调种别的作物；市场变化了，一旦有需求，调过来再种粮食就是了。因此，保护耕地和农业基础设施建设这两条，任何时候都不能放松。

我国在相当长的时期内都将是一个发展中的国家，因此一定要促使国民经济始终有必要的增长速度。这就决定，尽管当前宏观调控的重点是避免通货紧缩，但从中长期看，避免通货膨胀仍将是更为经常性的任务。从前几次出现通货膨胀的教训来看，农产品尤其是食品价格的大幅度上涨，往往都是带动物价全面上涨的龙头。这是因为我国居民生活费开支中用于食品的比重还很高，1998年城镇居民为

44.48%，农民为53.43%。因此，保持农产品尤其是食品价格的基本稳定，无论对人民生活还是对宏观经济的稳定，都至关重要。农业无论如何不能发生大的波折。这就需要始终保持足够的粮食生产能力。根据供求状况，年度之间的产量可以由市场和政府的调控手段来调节，但总的生产能力必须保持稳定并逐步提高，这是由我国的国情所决定的。

长期坚持党的农村基本政策 稳定完善农村土地承包制度①

（2002 年）

2002 年 8 月 29 日，第九届全国人民代表大会常务委员会第 29 次会议通过了《中华人民共和国农村土地承包法》。该法开宗明义地在总则第一条就阐明："为稳定和完善以家庭承包经营为基础、统分结合的双层经营体制，赋予农民长期而有保障的土地使用权，维护农村土地承包当事人合法权益，促进农业、农村经济发展和农村社会稳定，根据宪法制定本法。"这言简意赅的一段话，明确了我国农村实行以家庭承包经营为基础、统分结合的双层经营体制，是宪法的规定；阐述了要促进我国农业、农村经济的发展和农村社会的稳定，就必须坚持和完善以家庭承包经营为基础、统分结合的双层经营体制；指出了要稳定和完善以家庭承包经营为基础、统分结合的双层经营体制，就必须赋予农民长期而有保障的土地使用权，维护农村土地承包当事人的合法权益。可见，制定和实施《农村土地承包法》的基本目的，就是要赋予农民长期而有保障的土地使用权。而实现这个目的，对于长期坚持党在农村的基本政策，稳定和完善农村的基本经营制度，促进农村经济和社会的持续稳定发展，无疑具有极为重要的现实意义和影响深远的历史意义。

一、农村土地承包制度是党的农村基本政策的基石

长期实行"以家庭承包经营为基础、统分结合的双层经营制度"，

① 本文原载于《农村合作经济经营管理》2002 年第 12 期。

是十一届三中全会以来党的整个农村基本政策的核心内容。而农村土地实行以家庭承包经营为基础的制度，则是党在农村一系列基本政策的基石。

我国整个国民经济的体制改革是从农村开始突破的，而农村的改革则是从变革农业的经营制度入手的。我国农村自1958年开始实行人民公社体制后，其经营体制虽然几经调整，但“一大二公”的性质和“统一经营、统一核算、统一分配”的体制始终没有改变。在人民公社这种性质和体制下，广大农民丝毫没有经营自主权，因此严重缺乏生产积极性，导致农业和农村经济的发展长期滞后，严重影响了国民经济和社会的健康发展，严重影响了包括农民在内的广大人民生活水平的提高。

1978年12月13日，在为党的十一届三中全会作准备的中央工作会议上，邓小平同志发表了《解放思想，实事求是，团结一致向前看》的具有重要历史意义的讲话。他在讲话中明确指出：“如果现在再不进行改革，我们的现代化事业和社会主义事业就会被葬送”。他说，“要通过加强责任制，通过赏罚严明，在各条战线上形成你追我赶、争当先进、奋发向上的风气”。“在经济政策上，我认为要允许一部分地区、一部分企业、一部分工人农民，由于辛勤努力成绩大而收入先多一些，生活先好起来”。“这是一个大政策，一个能够影响和带动整个国民经济的政策，建议同志们认真加以考虑和研究”。① 随后召开的党的十一届三中全会深入讨论了农业问题，通过了《中共中央关于加快农业发展若干问题的决议（草案）》。十一届三中全会的公报指出：“全会认为，全党目前必须集中主要精力把农业尽快搞上去，因为农业这个国民经济的基础，这些年来受了严重的破坏，目前就整体来说还十分薄弱。只有大力恢复和加快发展农业生产，坚决地、完整地执行农林牧副渔并举和‘以粮为纲，全面发展，因地制宜，适当集中’的方针，逐步实现农业现代化，才能保证整个国民经济的迅速发展，才能不断提高我国人民的生活水平。为此目的，必须首先调动我国几亿农民的

---

① 见《新时期农业和农村工作重要文献选编》，中央文献出版社1992年版，第3—4页。

社会主义积极性，必须在经济上充分关心他们的物质利益，在政治上切实保障他们的民主权利”。①

党的十一届三中全会拉开了我国农村改革的序幕。安徽、四川、贵州等省的部分农村干部和农民，率先实行了“包产到户”和“包干到户”等农业经营形式，对人民公社高度集中统一的经营体制进行了改革。邓小平同志高瞻远瞩，当“双包到户”还处于萌芽状态、人们对其方向是否正确还争论不休之际，他于1980年5月31日的一次谈话中就明确指出“农村政策放宽后，一些适宜搞包产到户的地方搞了包产到户，效果很好，变化很快。安徽肥西县绝大多数生产队搞了包产到户，增产幅度很大。‘凤阳花鼓’中唱的那个凤阳县，绝大多数生产队搞了大包干，也是一年翻身，改变面貌。有的同志担心，这样搞会不会影响集体经济。我看这样的担心是不必要的”。② 根据邓小平同志的这个讲话精神，中央召开了省（区、市）党委第一书记座谈会，讨论了加强和完善农业生产责任制问题，并形成了讨论纪要。1980年9月27日，中央发出了印发这个会议纪要的《通知》，要求各地党委及时组织传达讨论，澄清思想，统一认识，结合当地具体情况贯彻执行。《通知》在总结了十一届三中全会以来各地农村实行多种形式生产责任制的经验的基础上，指出：“我国地区辽阔，经济落后，发展又很不平衡，加上农业生产不同于工业生产，一般是手工操作为主，劳动分散，多方面受自然条件的制约。这就要求生产关系必须适应不同地区的生产力水平，要求农业生产的管理有更大的适应性和更多的灵活性。在不同的地方、不同的社队，以至在同一个生产队，都应从实际需要和实际情况出发，允许有多种经营形式、多种劳动组织、多种计酬办法同时存在。随着生产力水平的提高，这些办法和形式，不同时期又会有相应的发展变化。因此，凡是有利于鼓励生产者最大限度地关心集体生产，有利于增加生产，增加收入，增加商品的责任制形式，都是好的和可行的，都应当加以支持，而不可拘泥于一种模式，搞

① 见《新时期农业和农村工作重要文献选编》，中央文献出版社1992年版，第10页。

② 见《新时期农业和农村工作重要文献选编》，中央文献出版社1992年版，第52页。

'一刀切'。"[①] 在《通知》精神的指引下，全国农村迅速掀起了实行各种形式的生产责任制、改革人民公社体制的大潮。

1982年1月1日，中共中央批转了《全国农村工作会议纪要》（即农村改革中的第一个1号文件）。文件指出："截至目前，全国农村已有百分之九十以上的生产队建立了不同形式的农业生产责任制。""建立农业生产责任制的工作，获得如此迅速的进展，反映了亿万农民要求按照中国农村的实际情况来发展社会主义农业的强烈愿望。生产责任制的建立，不但克服了集体经济中长期存在的吃"大锅饭"的弊病，而且通过劳动组织、计酬方法等环节的改进，带动了生产关系的部分调整，纠正了长期存在的管理过分集中、经营方式过于单一的缺点，使之更加适合于我国农村的经济状况。"[②]1983年1月2日，中共中央发出了《关于印发〈当前农村经济政策的若干问题〉的通知》（即第二个1号文件）。文件指出："党的十一届三中全会以来，我国农村发生了许多重大变化。其中，影响最深远的是，普遍实行了多种形式的农业生产责任制，而联产承包制又越来越成为主要形式。联产承包制采取了统一经营与分散经营相结合的原则，使集体优越性和个人积极性同时得到发挥。这一制度的进一步完善和发展，必将使农业社会主义合作化的具体道路更加符合我国的实际。这是在党的领导下我国农民的伟大创造，是马克思主义农业合作化理论在我国实践中的新发展"。[③] 至此，以家庭联产承包为主的责任制，已经成为我国农村集体经济组织中普遍实行的一种最基本的经营形式。1983年10月12日，中共中央、国务院发出《关于实行政社分开建立乡政府的通知》，废除了在农村实行长达25年之久的人民公社政社合一的体制。

从党的十一届三中全会到正式废除人民公社体制，期间围绕着农村基本经营体制经历了4年跌宕起伏的改革。改革的核心实际就是集

① 见《新时期农业和农村工作重要文献选编》，中央文献出版社1992年版，第58—59页。

② 见《新时期农业和农村工作重要文献选编》，中央文献出版社1992年版，第115—116页。

③ 见《新时期农业和农村工作重要文献选编》，中央文献出版社1992年版，第165页。

体土地的经营方式。在人民公社体制下，农村土地实行集体统一经营，产品统一支配，效益统一核算，收入统一分配。这种经营体制严重抑制了农民家庭和个人的生产积极性，形成了吃集体“大锅饭”的弊端。因此，农村政策一放宽，广大农民群众就把改革的焦点集中到了土地的经营组织方式上。而农民首选的土地经营方式，就是“包产到户”。这样的选择，既有现实的要求，也有历史的经验。从当时的现实要求看，由于人民公社体制的长期压抑，更由于“文革”期间“四人帮”推行极“左”路线的破坏，农业和农村经济已经到了崩溃的边缘，农民生活极其困苦，农村有2亿多贫困人口连温饱也得不到保障，因此农民迫切盼望对严重束缚他们手脚的管理过分集中的经营体制进行彻底的改革。从历史经验看，“包产到户”这种形式自建立高级农业生产合作社的1956年开始，为了对抗过分集中而导致“大呼隆”“大锅饭”的农业经营体制，不少地方的农民就曾自发地、反复地实行过。虽然在当时的历史条件下，“包产到户”的经营形式一次次地被强行地压制下去了，但农民对于在集体土地上搞“包产到户”获得明显效益的记忆是深刻的，经验也是成熟的。因此，农村政策稍一放宽，农民就自然而然地再次选择了“包产到户”。实行“包产到户”后，农民得到了两大好处：一是联产计酬。生产队以各家各户承包地上的产量来确定分配标准，与过去相比，按劳分配的原则得到了更充分的体现。二是支配自家劳动力的自由。各家各户可以根据自己承包地上的需要来自行安排家庭劳动力的使用，再不必像过去那样由生产队统一安排出工和集中劳动了。但是实行“包产到户”后，土地虽然承包到户了，而土地上的产品仍然是由生产队统一支配的。因此，“包产到户”实际上是农民分户劳动、产品统一支配、集体统一核算、收入统一分配，生产队仍然是农业和农村经济的基本核算单位，而农户并没有成为真正的经营主体。毫无疑问，如果只是实行“包产到户”，人民公社的体制就必将继续延续。而这显然是广大农民所不能接受的，也是不符合农业生产的客观规律的。在广大农民的强烈要求和实际推动下，继续深入的农村改革迅速将“包产到户”进一步推向了“包干到户”。“包干到户”与“包产到户”虽只是一字之差，但内涵却有着重要差别。中共中央1982年一号文件指出："包干到户这种形式，在一些生产队实行以后，经营方式起了变化，基本上变为分户经营、自负盈亏"。"包干大多是'包交提留'，取消了工分分配，方法简便，群众欢迎"。[①]用群众的话说，就是"大包干、大包干，直来直去不拐弯，交够国家的，留足集体的，剩下都是自己的"。因此，大包干的经营方式，不仅彻底打破了以生产队为单位统一支配产品、统一经营核算、统一收入分配的"大锅饭"体制，而且使农户真正变成了农业和农村经济的经营主体。应该说，没有"包干到户"经营方式的普及，人民公社的经营体制是不可能被废除的。所以，可以说，"包干到户"的经营方式，是农村经济改革在农业经营体制方面所取得的最重要的制度性成果。

从人民公社生产队的统一经营、统一核算、统一分配，到"包产到户"的农民分户经营、集体统一核算和分配，再到"包干到户"的农民分户经营、自负盈亏，表面看来是农村经济核算体制的变化，但实际上推动这种变化的，则始终是农村集体土地经营体制的变革。变革的焦点，始终围绕着是否使农户真正成为土地的自主经营者。而农村改革前后正反两方面的经验已经充分说明，这就是能否真正调动农民积极性的关键所在，这也是是否在经济上保障农民物质利益、在政治上尊重农民民主权利的根本所在。因此，可以说农村的经济改革，最本质的层次实际上就是农村土地经营制度的改革。十一届三中全会以来所形成的党在农村的一系列基本政策，都是在土地集体所有、农民分户承包、家庭自主经营、农户自负盈亏的土地经营制度基础上形成的。因此，改革以后确立的农村集体土地"以家庭承包经营为基础、统分结合的双层经营制度"，实际上就是党的整个农村基本政策的基石。动摇了农村的土地承包制度，就动摇了农村的基本经营体制，也就等于从根本上否定了新时期党的农村基本政策。

回顾我国农业和农村经济半个多世纪来的发展历程，不难看出，家庭经营能够在我国农业中重新确立起主体性的地位，是经历了多少磨难和曲折，付出了多少代价之后才换来的，农村改革能够取得这一

① 见《新时期农业和农村工作重要文献选编》，中央文献出版社1992年版，第117、118页。

制度性的成果，是来之不易的。《农村土地承包法》赋予了农民长期而有保障的土地使用权，这就使“以家庭承包经营为基础、统分结合的双层经营体制”，从拥有宪法和政策所赋予的地位进而更拥有了具体法律条款所明确保障的地位，这对于巩固和发展农村改革的基本成果，在此基础上促进我国农业、农村经济和社会的持续发展和稳定，无疑具有巨大的作用。

二、延长土地承包期、稳定承包期内的土地承包关系，是农业生产自身规律和农村社会发展现状的客观要求

《农村土地承包法》规定：“耕地的承包期为三十年。草地的承包期为三十至五十年。林地的承包期为三十至七十年；特殊林木的林地承包期，经国务院林业行政主管部门批准可以延长。”“承包期内，发包方不得收回承包地。”“承包期内，发包方不得调整承包地。”这些明确的法律规定，概括起来其实就是两个字：长和稳。即土地的承包期必须足够长，承包期内的土地承包关系必须保持稳定。这实际上也充分体现了党的农村土地承包政策的一贯精神。

在社会主义初级阶段，土地不仅是我国农民最基本的生产资料，而且是我国农民最基本的生活保障。从总体上看，在相当长的时期内，我国农村的土地都将发挥这种双重性的功能。正因为如此，土地的承包期就必须足够长，承包期内的土地承包关系就必须保持稳定。

（一）土地作为农民最基本的生产资料，必须有足够长的承包期和稳定的承包关系。土地作为农民从事农业生产的基本生产要素，具有区别于其他生产要素的若干显著特点。首先，土地具有不可移动性。而其他的许多生产要素，如资金、劳动力等等则都具有可以流动的特点。因此，制造业、加工业和服务业都可以选择地点进行投资，如某一地点的投资条件不理想，可以将资金、劳动力等要素转移到别处去投资，以获得更高的经济效益。但作为农业生产要素的土地则不同，山坡地不可能转移到平原去，处于干旱地区的耕地也不可能转移到水资源充沛的地方去。正因为土地不可能移动，因此想要在既定的土地

上使农业生产获得更高的经济效益，就必须对既定的土地进行相应的投资，以改善农业的生产条件。而为改善农业生产条件而对土地进行的投资，一般都具有投资量大、回收期长的特点，如进行农田水利设施建设，改良土壤，修筑梯田，种植防风固沙林带等。如果土地的承包期短，农民对土地的投资还来不及收回，就不会有人愿意对土地增加投入。生产条件得不到改善，土地的产出率和农业的经济效益就都难以得到提高。我国人多地少，大多数耕地至今仍属于生产条件较差的中低产田，为满足经济、社会发展和人民生活水平提高的需要，必须充分调动广大农民群众的积极性，长期进行坚持不懈的农业基础设施建设以改善农业的生产条件。而足够长的土地承包期，显然就是调动农民这方面积极性的最必要前提条件之一。

其次，合理耕作的农地具有可长期重复使用的特性。绝大多数生产资料在投入生产的过程中都会被逐步磨损，最终失去使用价值。但投入农业生产的土地则具有很大的特殊性：合理耕作的农地不仅不会被磨损，反而还可能逐步提高土壤的肥力。但不合理地使用耕地，采取对耕地掠夺性经营的方式，则土壤的肥力会快速下降，严重的甚至可能退化为荒漠，失去其农业使用的价值。因此，只有使农业经营者珍惜使用着的土地，土地才可能长期保持和逐步提高肥力。而要使农民珍惜土地，给予其足够长的、承包关系稳定的使用期乃是必不可少的基本条件之一。如果土地的承包期过短，承包期内土地的承包关系又不稳定，就只能导致承包者对土地产生掠夺性的经营行为。我国大多数地方的人均耕地都极为稀缺，要满足经济、社会持续发展和人民生活不断改善的需要，就不仅需要严格保护耕地的数量，更需要不断提高耕地的质量。因此，确保农户拥有足够长的土地承包期，确保承包期内土地承包关系的稳定，是调动农民珍惜土地、投资土地积极性的基本要求，也是实现我国有限的耕地能够永续利用的客观要求。

（二）土地作为农民最基本的生活保障，也必须有足够长的承包期和稳定的承包关系。我国当前并在今后相当长的时期内都将处于社会主义初级阶段。初级阶段就是不发达阶段，农村则尤其不发达。目前，我国城市的社会保障制度还处于艰难的初创阶段，不仅不够完善，而且不同城市之间还存在着很大的差距。要在城市建立起比较完善的社会保障制度，还需要付出极大的努力和花费相当长的时间。而以我国的国情国力，要使就业、住房、医疗、养老和最低生活等现代社会的保障制度覆盖广大的农村地区和农村人口，显然将需要更长的时间。因此，农户承包的土地作为农民最基本的生活保障，在相当长的时期内都具有不可替代的作用。现在虽然有一亿多农村人口处于流动就业的状态中，其中有相当部分进入了城市就业，但他们的就业和收入都是不稳定的。城市较高的住房和社会保障费用，也使得进城就业的农民只能在青壮年时靠自身打工的收入暂时滞留在城里，而难以真正在城市永久定居。因此，绝大多数进城就业的农民，他们在相当长时期内往往处于在城市和乡村间“双向流动”的状态：当城市能找到工作时，他们从农村流向城市；而当在城里找不到工作时，他们就从城市流回农村。由于家里有份承包地，回到农村，至少还可以有饭吃。如果农民失去了农村的土地，在城市找不到稳定工作而又没能纳入社会保障系统，那么不仅农民自身的生计受到威胁，也一定会成为社会不稳定的因素。一些发展中国家的大城市周围，之所以会有大量的贫民窟，一个重要的原因，就是破了产的农民在农村已无立锥之地，不得不流浪进城，而在城里既无工作，也无住房，更得不到基本的社会保障，但在农村也已断了生计，于是才不得不沦入城市贫民窟。显然，在没有别的手段可以替代土地作为农民的社会保障时，法律和政策就必须保持农民拥有稳定的土地使用权。这不仅是保障农民基本生活条件的需要，同时也是保持整个社会稳定的需要。

正因如此，《农村土地承包法》明确规定：“国家实行农村土地承包经营制度（第3条）。”“农村土地承包采取农村集体经济组织内部的家庭承包方式（第5条）。”“农村集体经济组织成员有权依法承包由本集体经济组织发包的农村土地。”“国家依法保护农村土地承包关系的长期稳定（第4条）。”这就使农村的土地经营制度、土地承包方式、农民在本集体经济组织内对土地的基本权利和保持长期稳定的土地承包关系都得到了国家法律的有力保障。

三、全面准确地理解和执行《农村土地承包法》，稳定和完善农村土地承包制度

全面准确地理解和执行《农村土地承包法》，对于稳定和完善农村土地承包制度必将起到极大的促进作用。《农村土地承包法》的内容相当丰富，每一条具体条款都应当得到切实的执行。为此，首先必须准确地把握这部法律的基本精神，其次必须依据法律来正确处理稳定土地承包关系与促进土地承包经营权流转这两者之间的关系。

（一）赋予农民长期而有保障的土地使用权，是《农村土地承包法》的基本精神。应该说，《农村土地承包法》中的许多精神，在党中央、国务院以往的政策文件中、在国家的其他相关法律和法规中都已有体现。因此为加深对《农村土地承包法》的理解，应当结合这一系列原有的政策文件和法律法规一起学习，以了解这部法律产生的依据和渊源。但在学习《农村土地承包法》的过程中，对该法中的两条明确规定，应当特别注重全面理解和准确把握，这就是第 26 条“承包期内，发包方不得收回承包地”，以及 27 条“承包期内，发包方不得调整承包地”。必须看到，这是第一次以清晰的法律条文对发包方的“权力”作了如此严格的限制。对发包方明确规定的这两个“不得”，是该法重要的“法的精神”。非如此，就难以真正实现赋予农民长期而有保障的土地使用权。因此，在理解该法列出的特殊情况下发包方可以收回承包地和对个别农户间的承包地做适当调整的规定时，必须严格把握法的精神，决不能随意扩大范围和违背法律规定的操作程序。

《农村土地承包法》规定发包方可以收回承包地的，只有一种情况，那就是“承包期内，承包方全家迁入设区的市，转为非农业户口的”（第 26 条）。

《农村土地承包法》允许对承包地进行适当调整的特殊情况，指的是“承包期内，因自然灾害严重毁损承包地等特殊情况对个别农户之间承包的耕地和草地需要适当调整的”，其程序是“必须经本集体经济组织成员的村民会议三分之二以上成员或者三分之二以上村民代表的同意，并报乡镇人民政府和县级人民政府农业等行政主管部门批准”。

但该法同时也规定:“承包合同中约定不得调整的，按照其约定”（第27条）。

（二）不能将稳定土地承包关系与土地承包经营权的流转对立起来。农村土地使用权流转，是当前农村政策讨论中的一大热点。《农村土地承包法》对此作出了一系列明确的规定。在这个问题上，关键是要处理好四个关系。

1. 土地承包关系“稳”与土地使用权“动”的关系。有同志认为，土地承包期30年不变的政策，妨碍土地使用权的流动和集中。这是极大的误解。从中央出台第一个延长土地承包期的文件开始（1984年1号文件），历来的政策都明确，在稳定农户土地承包权的基础上，允许土地使用权自愿、依法、有偿流转。因此，实际上并不存在所谓“土地使用权流转的政策障碍”问题。关键是要明确土地使用权流转的前提和主体。

所谓前提，就是土地的承包关系必须稳定。目前的法律和政策规定土地的承包期限是30年，那么这30年内的土地承包关系就必须稳定。如果土地的承包关系处于不断的变动之中，那就不可能有什么土地使用权的流转，而只会有承包权的行政性调整。承包关系不够稳定，这是农村土地使用权流转机制难以健康发育的主要原因。为确保承包期内土地承包关系的稳定，《农村土地承包法》除了明确规定在承包期内发包方不得收回和调整承包地外，还进一步规定:“承包期内，发包方不得单方面解除承包合同，不得假借少数服从多数强迫承包方放弃或者变更土地承包经营权，不得以划分‘口粮田’和‘责任田’等为由收回承包地搞招标承包，不得将承包地收回抵顶欠款”（第35条）。这些明确而具体的法律规定，为承包期内土地承包关系的稳定提供了有力的保障，因而也为土地承包经营权的自主流转创造了必要的前提条件。

所谓主体，就是已经承包到户的土地，到底是自己经营还是转让给别人经营，只有承包农户这个主体才能决定。目前的情况是，在土地使用权是否流转的问题上，往往承包农户自己做不了主，而是某些组织或个人在越俎代庖。为此，《农村土地承包法》不仅规定:“通过家庭承包取得的土地承包经营权可以依法采取转包、出租、互换、转让或者其他方式流转”（第 32 条），而且明确规定：“土地承包经营权流转的主体是承包方”（第 34 条），“任何组织和个人强迫承包方进行土地承包经营权流转的，该流转无效”（第 57 条）。显然，只要坚决贯彻执行这些法律规定，明确了前提和主体，按照平等协商、自愿、有偿的原则，承包土地的使用权完全是可以在农户自主的条件下自由流转的。

2. 土地使用权流转中的“人、地”关系。目前农户承包土地的经营规模细小，导致农业劳动生产率低，农产品的国际竞争力不强，这是事实。但这是我国农村人多地少的国情决定的。要改变这种状况，首先必须逐步改变大多数人口在农村的国情。因此，要发展土地的规模经营，与其说必须促进农村土地的流转，不如说必须促进农业富余劳动力的转移更为迫切和符合实际。实际上，土地流转、规模经营本质上是一件工夫在外的事情：农村二、三产业发展了，城镇化水平提高了，农村人口转移了，土地使用权的流动和集中也就水到渠成了。如果农村的人口转移不出去，而土地的经营使用权却已经集中到了少数人（或公司、企业）手里，那就不叫土地使用权的流动和集中，而是土地的兼并。那就一定会影响社会稳定。随着经济和社会的发展，我国城市化的水平必然会逐步提高。但这是一个渐进的、漫长的发展过程。在这个过程中，农民向城镇的转移往往还面临着许多不确定的因素，如就业和收入的稳定性问题，获得土地以外的其他形式的社会保障问题等。因此，对尚处于不稳定转移状态中的农民，也不能剥夺他们的土地承包权。《农村土地承包法》规定：“承包期内，承包方全家迁入小城镇落户的，应当按照承包方的意愿，保留其土地承包经营权或者允许其依法进行土地承包经营权流转”（第 26 条）。

3. 土地使用权流转中农户和公司、企业之间的关系。从国际经验来看，坚持“农地农用”，是一个普遍性的基本制度。它包含两个主要方面，一是农地要尽可能保持农业用途，二是农地要尽可能由农户经营。核心都是为了保护农户，避免出现大资本排挤小农户、出现农地大规模被兼并的现象，以免造成农民失业、沦为雇农乃至流离失所等严重社会问题。因此，对于法人进入农业，大面积租赁农地、经营农业直接生产领域所可能带来的社会性、长期性问题，必须慎重对待。应当明确三方面的问题：一是农地使用权的流转应当主要在农户之间进行，这是逐步扩大农业经营规模，但又不破坏农村社会结构基础的客观要求。为此，《农村土地承包法》不仅规定土地承包经营权的“受让方须有农业经营能力”，而且规定“同等条件下，本集体经济组织成员享有优先权”（第 33 条）。二是应当鼓励公司、企业进入农业，但主要是进入农业产前、产后的经营性服务领域，而不是农业的直接生产领域。要支持农业产业化经营，以“公司带农户”和“订单农业”等方式，向农户推广优良品种、先进技术、市场信息、购销农产品，加快农业技术进步和提高农民进入市场的组织化程度。但不应当提倡公司大面积租赁农户的承包地从事农业直接生产领域的经营，这种“公司取代农户”的做法，充其量只能雇佣少数农民打工，而不可能解决大多数失去土地使用权的农民的就业问题。可以鼓励公司、企业投资开发尚未充分利用的农业资源，但不要在现有的耕地上做文章，不要与农民争利。三是在土地使用权的流转过程中，必须保护原承包农户的权益。首先，必须确保土地使用权的转让是出于承包农户的自愿。对此，《农村土地承包法》规定：“土地承包经营权采取转包、出租、互换、转让或者其他方式流转，当事人双方应当签订书面合同”（第 37 条）。这即是说，土地使用权流转过程中，不能由发包方或者其他组织、个人在未经承包农户授权的情况下，擅自替代承包农户与受让方签订土地使用权的流转合同。其次，必须确保转出土地使用权的承包农户的经济利益。对此，《农村土地承包法》规定：“土地承包经营权流转的转包费、租金、转让费等，应当由当事人双方协商确定。流转的收益归承包方所有，任何组织和个人不得擅自截留、扣缴”（第 36 条）。“任何组织和个人擅自截留、扣缴土地承包经营权流转收益的，应当退还”（第 58 条）。

4. 各地具体经营方式与农村基本经营制度的关系。我国农村地区间的差距极大，因此，在稳定农村基本政策的前提下，应当允许存在不同的具体经营方式。目前农村土地使用权流转最多的省，流转的土地也仅占该省土地总面积的13.5%，涉及的农户占全省总农户的15%。这就需要考虑两个问题：第一，绝大多数农户实际上还不可能将自己承包地的使用权流转出去。这种状况，对于大多数地区、大多数农户来说，在相当长的时期内是难以改变的。政策的着眼点，不能只关注少部分发达地区的情况，而必须始终关注整个农村基本面的状况。从我国整个农村基本面的状况看，稳定家庭承包经营为基础、统分结合双层经营的体制，显然决不能动摇。第二，即使在发达地区，土地使用权的流转也必须依法、有序、规范地进行。《农村土地承包法》明确规定："生地承包经营权流转的主体是承包方。承包方有权依法自主决定土地承包经营权是否流转和流转的方式"（第34条）。"承包方可以在一定期限内将部分或者全部土地承包经营权转包或者出租给第三方，承包方与发包方的承包关系不变"（第39条）。因此，决定土地使用权是否流转和怎样流转完全是承包农户自己的事，不存在土地使用权流转后影响原承包农户权益的问题（除非原承包农户在经发包方同意后自愿将土地承包经营权转让给其他从事农业生产经营的农户；即便如此，受让土地承包经营权的农户，在与发包方确立新的承包合同后，土地使用权的流转仍然不影响新承包农户的权益），更不存在由于某些地区土地使用权流转的增加，就要否定这些地区以家庭承包经营为基础的农村基本经营制度的问题。已经承包到户的耕地，是自己种还是将使用权流转出去，必须让农户自己作主，乡镇和村组只能引导和提供服务，不能刮风，更不能为了与民争利而采取剥夺法律赋予承包农户权益的做法。只有这样，农村土地承包关系的稳定与农村土地使用权的流动和集中才能并行不悖，农民的经济利益和民主权利才能真正得到保障，我国农业才能在稳定和完善农村基本经营体制的基础上逐步实现现代化。

加入世贸组织与我国农业的发展[①]

（2002 年）

一、加入世贸组织后对我国农业的直接影响

加入世贸组织是我国政府对建立社会主义市场经济体制、坚持对外开放的一个最新也是最坚定的公开表示。这具有重大的政治和经济意义。入世之后，我国将朝着加快建立社会主义市场经济体制的目标更坚定地前进，也一定会在更宽的领域、更深的层次上进一步加快对外开放。世贸组织是市场经济国家和地区的政府间组织，世贸组织对其成员起约束作用的是它那一整套按照市场经济规则所制定的法律和法规。对于世贸组织成员的政府来说，最重要的一点就是要认同这一整套法律体系。这对于我国的农业来说，当然也意味着将面临一系列新的机遇和挑战。

世贸组织的法律体系所规范的领域，主要可以分为四个大的方面。第一个方面是货物贸易领域，就是产品的进出口。人们现在谈论最多的入世对我国农业的影响主要就是指这一领域。第二个方面是服务业领域。作为世贸组织的成员，它的服务业市场也必须对外开放，并逐步做到给外商以非歧视性的国民待遇。这对我国的农业和农村经济必将产生越来越深刻的影响，因为外资的金融、保险和流通等经营性机构有可能在这样的背景下逐步进入我国的农业和农村。第三个方面是和前两个领域有关的知识产权问题，这和我国农业的关系也非常密切。因为这涉及不少动植物品种以及有些农药、化肥的专利问题。第四就

① 本文原载《农业经济问题》2002 年第 6 期。

是投资领域，允许外资进入所有对外开放的经济和社会领域，当然也包括农业和农村领域。所以，入世之后不能单纯地只看到国外农产品有可能对我国增加出口这一点，因为这仅仅是农业受影响的一个方面。还需要加强研究入世之后在服务业领域、知识产权领域以及投资领域可能发生的变化，而我们目前对这些方面的研究，显然是很不够的。

入世之后对农业首先产生的影响，就是货物贸易方面的影响，即进口的农产品可能增加。这种对农业的直接影响，主要表现在以下四个方面。

（一）关税减让。在 1994 年关贸总协定组织转为世贸组织之前的乌拉圭回合谈判过程中，就已经明确关税减让将作为今后世贸组织成员的一个重要原则，并确定了发达国家应将进口关税的总水平逐步降到 3.3%，发展中国家应逐步降到 12.3% 的目标。农产品的进口关税减让必然也要服从于这个总体上的关税减让格局。入世之前我国农产品进口的平均关税税率是 21.3%。我国承诺入世第一年，也就是 2002 年，农产品进口的平均关税税率要降到 18.5%，到过渡期末，也就是 2004 年，要降到 15.8%，到 2008 年要进一步降到 15.1%。农产品进口关税的减让，就意味着进口农产品在中国市场上的销售价格可以降低，这当然也就意味着进口农产品在我国国内市场上的竞争力将会增强。所以，关税减让毫无疑问将会对我国农产品的价格总水平形成一个实实在在的压力，从而会对我国的农业生产、农民的就业和收入都产生直接的影响。

但是，也要看到由于各类农产品原来的进口关税不同，入世之后我们承诺的对各类农产品进口的关税减让幅度也不同，再加上各类农产品在我国居民实际生活中的地位不同，因此，虽然关税减让所表现出的总趋势是进口农产品的竞争力有可能增强，但具体到每类农产品上，它产生的实际影响是各不相同的。我个人认为，大致会产生大小不同的三类影响。

第一类是属于不会受多大实际冲击的产品。典型的代表性产品就是粮食。我国入世之后，一方面要看到粮食所受的冲击可能是最大的；但同时也必须看到，对于粮食的冲击并不是来自关税减让。之所以说关税减让对粮食的实际冲击不大，一个重要原因就是我国过去粮食供不应求，进口粮食是我国自身的需求，所以我国在过去相当长的时间中对粮食进口不征收关税。直到 1994 年实行新的财税制度之后，才开始对粮食征收进口关税，但征收的也是 1%—3% 的象征性关税。入世后，我国对关税配额内进口的粮食，将征收 1%—10% 的关税，对超过配额进口的粮食将征收 65% 的关税。从这个角度看，尽管入世后粮食的进口可能会有所增加，但原因却并不在于关税的减让。

第二类是会受到一定影响，但至少近中期内影响不会很大的产品。比较典型的如牛肉。我国在入世之前对牛肉征收的进口关税税率是 40%，到过渡期末将降到 12%，降幅是比较大的。但是，说它受的冲击不会太大，一个重要原因就是目前能向我国出口的牛肉主要是高档的牛排肉。这样的牛肉在它的产地价格就不低，进入中国市场后主要只能在高档宾馆销售，市场非常有限。我国国内市场大量销售的牛肉，主要来自耕牛和奶牛的淘汰牛，这样的牛肉价格要比进口的牛肉价格低得多，往往只有 1/10 甚至更低。所以，从这个角度看，牛肉的进口关税下调后，那些高档宾馆、大的西餐厅可能进口量会有适当增加，但对整个国内牛肉市场的影响是有限的。当然可能会对我国的肉牛专业饲养企业带来一定冲击。因为我国肉牛专业饲养企业生产的高档牛肉，在质量和价格上与进口牛肉有很大的相似性。但总的看，在牛肉的进口上，关税减让不会对国内市场形成很大冲击。

第三类是受冲击相当大的产品。有代表性的是三类农产品，既棉花、植物油等土地密集型的大宗农产品、部分水果等鲜活农产品，以及部分农产品的加工制成品。一般来说，凡土地密集型的农产品，我国的劳动生产率都偏低，所以棉花、油料等农产品的进口关税下调后，就会对国内同类产品的生产带来很大的压力。而水果等鲜活农产品则主要是品质问题，即我们的差距主要不在价格上，而是在品种、质量上。入世前我国对水果进口的关税税率是 20%—40%，入世之后，要逐步调减到 10%—12%，减幅比较大。我国在 2001 年 11 月 12 日正式加入世贸组织，而进口水果数量增加、价格下降的效应则在 2002 年元旦一过就明显表现出来了。2002 年春节期间我曾在北京几个大超市做了一个简单的调查，据售货员讲，2002年春节的洋水果销售价格，大约比2001年国庆期间下降了30%—40%，因此销售的数量明显增加。农产品的加工制成品，由于国外的同类产品中科技含量比较高，市场竞争力确实比较强。如葡萄酒。这几年葡萄酒的国内消费量越来越多，市场前景很好。入世之前，我国对进口葡萄酒征收的关税税率是60%，入世之后，税率要逐步降到25%以下。进口关税率的大幅度下调，必然给外商创造了增加对我国出口的机会。实际上，在国外销售的普通佐餐用的干红、干白葡萄酒，它的售价并不高，在美国超市也只卖五六美元一瓶。如果进口关税降到25%左右，进口葡萄酒对国内的很多葡萄酒在价格上就有很强的竞争力。欧洲有一些葡萄酒的价格更低，葡萄牙最普通的干白葡萄酒的出厂价格每瓶只有1欧元左右，不到8元人民币，即使加上进口关税和运输等其他费用，到我国市场的销售价格也不会太高。因此，对国外农产品加工制成品可能带来的冲击，要有充分的估计。

我个人认为，关税减让从总体上要求我国必须尽快降低农产品的生产成本，这样才能避免国外农产品可能大规模进入我国市场的局面。但也必须看到各类农产品受关税减让的实际影响是各不相同的，因此必须对农产品做分门别类的具体分析，以制定出每个品种的具体对策，这样才能真正做到扬长避短，充分发挥我国农业的比较优势。

（二）**进口关税配额**。入世之前，对很多重要产品的进口我国可以采取主动配额的办法，希望进口的产品多给一些配额，不希望进口的就少给甚至不给配额，同时还有进口许可证制度可以限制。但这些非关税壁垒的做法，入世之后都必须大幅度削减。加入世贸组织之后，为了使一些关系国计民生的敏感产品不至于造成太大的进口冲击，按世贸组织的规定可以通过制定进口关税配额的办法来加以管理。世界贸易组织允许的农产品进口关税配额制度，实质意义是对农产品进口国的农业给予一定的保护。因为关税配额的数量，使得可能进入我国市场的这类农产品被掌握在一个可控的范围之内。但是，承诺进口关税配额的数量，不等于承诺必须进口这么多农产品。承诺的进口关税配额只是给了国外这类农产品准入我国市场的机会。同时，在承诺的关税配额数量内，对进口的这类产品将实行比较低的关税税率。这就是说，允许以较低的关税税率进口配额数量内的产品，但政府不承诺一定要购买这些数量农产品。承诺的关税配额数量内的产品最终能否都进口，完全由市场需求来决定。

加入世贸组织后，对于敏感产品的进口到底怎样管理，在世贸组织的成员中也是各不相同的。比如说，粮食的进口对很多国家来讲都是敏感问题，对我国是敏感问题，对日本也是敏感问题，因为日本的大米生产能力过剩。但作为世贸组织的成员日本必须开放一定的国内大米市场。在具体做法上，日本的选择跟我国就不一样。日本目前选择的是最低进口量承诺的制度。所谓最低进口量承诺，就是政府作了这个承诺之后，不管国内有没有市场需求，进口的数量都必须达到这个最低承诺量。目前日本政府承诺，大米每年的最低进口数量是 70 万—80 万吨，约占其国内消费量的 7%—8%。

我国选择的是对敏感农产品的进口关税配额管理制度。从世贸组织 140 多个成员对进口关税配额管理产品的实际执行情况看，平均实现的进口数量约占承诺的进口关税配额量的 2/3，因此，国际上也并不是承诺了的关税配额数量就都实现进口的。

我国承诺的实行进口关税配额管理的农产品有五大类，即粮食、植物油、食糖、羊毛、棉花，在这五大类之下还有一些具体的科目，每一个科目都有各自的配额数量。此外，因为我国是世界上最大的化肥进口国，所以对两类化肥的进口也实行关税配额管理制度。下面主要谈一下关于粮食的进口关税配额问题。

这里至少有四个问题。第一，我国承诺的粮食进口关税配额数量到底是多还是少？这个问题，学术界、理论界和实际工作部门有不同的看法。我国承诺的粮食进口关税配额量，2002 年是 1830.8 万吨，其中，小麦接近 850 万吨，玉米接近 600 万吨，大米接近 400 万吨。按照世贸组织的规则，承诺的进口关税配额量在过渡期内每年都必须有所递增，所以到过渡期末的 2004 年，我国承诺的粮食进口关税配额量是 2215.6 万吨，其中，小麦 960 多万吨，玉米 700 万吨，大米 530 多万吨。这个量到底是大还是小呢？用两个参照数比较一下可能更容易讲清楚。第一个参照数，是1995年我国进口粮食2008万吨。因此，1995年的粮食实际进口量比我国承诺的2002年的粮食进口关税配额量大概还要多170多万吨。第二个可以参照的数量，是1996年我国政府发表的粮食白皮书。其中讲到，中国是一个人口众多的大国，因此中国保持比较高的粮食自给率对全世界的粮食安全都是一个重要的贡献。从这个角度考虑，中国希望能够保持95%以上的粮食自给率。也就是说，在1996年的时候，我国政府就考虑有不超过5%的国内粮食需求可以从国际市场上去购买。按我国现在的粮食需求量来算，这大约就是2500万吨。而到2004年，也就是到过渡期末，我国承诺的粮食进口关税配额2215万吨，比当初估计的2500万吨还少280多万吨。因此，用这两个参数来衡量，我认为我国承诺的粮食进口关税配额不能算多。

第二，必须看到我国目前正处于粮食供过于求的阶段，在这样的特定情况下承诺的这些粮食进口关税配额，压力就很大。从1995年到1999年连续5年的丰年有余，造成目前粮食的库存数量很大，市场粮价低迷。由于承诺了粮食的进口关税配额，如果2002年开始进口增加，对我国的粮食市场、农民的粮食生产和国有粮食部门的库存，都可以说是雪上加霜。

第三，目前粮食进口增加也不利于我国农业的结构调整。国务院在2001年夏提出东南沿海的八个粮食主销省市（北京、天津、上海、江苏、浙江、福建、广东、海南）放开粮食的购销和价格。这八个省市的粮食市场完全放开，目的之一是为了促进他们加快农业结构的调整。从实行的情况看，一个非常明显的效果就是，这八个省市的粮食种植面积明显减少，其他高价值的经济作物种植面积明显增加。据有关部门初步测算，1999年以前，这八个省市的粮食产销缺口是2000万吨；而放开粮食市场、加快结构调整之后，估计到2002年底，这八个粮食主销区的产销缺口将扩大到4000万吨。也就是说，由于结构调整，可能增加2000万吨的粮食缺口。按照当初的设想，沿海发达地区和大都市郊区少种一点粮食，多种一些高价值的经济作物，不仅对增加当地农民的收入有好处，而且可以把当地的粮食市场更多地让给粮食主产省区，这对于主销区扩大粮食销售，增加粮农的收入也有好处。但入世后的情况就不确定了。通过结构调整调出来的主销区的粮食市场空间，搞不好就会被国外进口的粮食所占据。这种可能性是存在的，因为对主销区的粮食经营者来说，他不管你是中国粮食还是外国粮食，谁的粮食价格低、质量好就要谁的，这在市场经济的运行规则中是难以控制的。而如果出现这种情况，对内地粮食主产区就会造成极大的压力。

第四，因为我国的粮食统计口径与国际上大不相同，所以不能简单地按照我国承诺的粮食进口关税配额，天真地认为入世之后有可能进口的粮食就是2000万吨上下。首先，在我国的统计资料中，粮食项下没有大米这项指标，我国历来用的是稻谷这个指标。但我国承诺的粮食进口关税配额，是按国际惯例用的大米这个指标。今年的399万吨进口关税配额大米，如果折成我国通常使用的稻谷指标，大约就是570万吨稻谷。这样，在我国承诺的粮食进口关税配额总量上，就必须加上170万吨才能跟我国的粮食统计口径一致起来，那就是2000万吨，比文字上的承诺增加了9.3%。到2004年，用我国的粮食统计口径计算，也比承诺的2215.6万吨进口关税配额要多228万吨，增加10.3%。其次，我国是把大豆和薯类算作粮食的，而国际惯例的统计指标没有粮食这个概念，只有谷物。我国承诺的进口关税配额实际上都是谷物，不包括大豆。我国从1996年开始就已经对大豆进口实行了单一关税管理的制度，即只对进口大豆征收3%的关税和13%的增值税，此外并没有数量限制。2001年我国实际进口的大豆是1394万吨。这就出现了统计口径上的问题。进口了近1400万吨大豆，按世贸组织的统计口径，这不是粮食；但按照我国的统计口径这就是粮食。假设2002年承诺的2000万吨谷物进口关税配额都实现进口，再加上大豆的进口还保持在2001年的1400万吨，那么，按我国的粮食统计口径计算，实际可能进口的粮食就是3400万吨，相当于我国2001年粮食总产量的7.5%。这就需要认真琢磨一下了。1996年我国的粮食问题白皮书说进口不超过5%的粮食问题不大。但现在是有可能进口量会占总产量的7.5%，因此很多问题就得重新考虑。我并不是说进口量不能超过5%，问题在于超出了原来的估计，就需要重新作出评估。需要根据新的可能性所带来的影响，对我国自身的粮食生产能力，对国家的粮食安全问题，对农民的就业和收入问题等，有一个重新评估。从这个角度看，我国2002年潜在的粮食进口的可能性是3400万吨，而谷物的配额、豆油的配额在过渡期内都在逐步增加，到2004年，潜在的可能进口的粮食，按我国的统计口径折算，将会达到3800万—4000万吨，将可能接近占我国粮食生产能力的8%，所以，不能简单地按承诺的谷物进口关税配额来衡量粮食的进口可能性。如果我国进口的粮食数量（包括大豆在内）达到3500万—4000万吨，按我国现在的粮豆劳动生产率计算，就相当于挤占了2000万—2500万个农民的农业就业岗位。而按照2001年的价格，把粮豆进口增加所受到的冲击主要算在12个粮食主产区上，就将使这12个粮食主产区的农民人均收入受影响达100—120元。所以我觉得，对于入世后粮食进口增加所可能带来的影响是不能低估的。尤其是在1997—2001年我国粮食连续5年净出口的背景下，如果从2002年开始变成净进口，而且净进口的数量逐步增加，这个冲击对相当数量的农民来说是可想而知的。在当前农民增收很困难的背景下，对粮食的进口问题需要慎重对待，至少在认识上不能掉以轻心。

（三）停止对出口农产品的补贴。这一条对我国农业的影响也不小。自1997年以来我国一直是粮食的出口大于进口，一个很重要的因素，就是这几年我国玉米的出口量比较多。2000年玉米的出口量约1100万吨，2001年玉米的出口量约600万吨。我国玉米比国际市场价格高，能够出口的一个基本原因就是价格补贴，而且补贴所占的比例还不小。吉林是玉米大省，2001年吉林的玉米出口每吨补贴387元，约合46—47美元。现在国际市场上玉米价格是90—100美元/吨，补贴47美元差不多就补贴了近一半的价格。2002年入世之后就不能实行出口补贴了，玉米的出口就很困难。要是一方面出口出不去，另一方面进口又可能增加，就会对消化目前库存积压的玉米造成双重的压力，这对国内粮食价格的回升、农民收入的增长也将带来一定的不利影响。

（四）农业的国内支持和补贴政策必须按照世贸组织的规则进行调整。入世之后，政府不能对农产品的出口进行补贴，但对农产品在国内的生产还是可以给予补贴的，只是这种补贴必须符合世贸组织的规则。就是大家经常讲的“绿箱政策”“黄箱政策”“蓝箱政策”等。在补贴额的计算等方面也会有一系列的变化。比如，我国农业法中有一条涉及政府对农业的投资，规定各级政府对农业投资的增长幅度不能低于本级财政经常性收入的增长幅度。这个计算方法与世贸组织的规则就不一样。按世贸组织的规则，“黄箱政策”的补贴额是定得很清楚的，发达国家用于“黄箱政策”的补贴可以相当于农业生产总值的5%，发展中国家可以相当于10%。我国入世谈判的结果是“黄箱”补贴可以占农业生产总值的8.5%。这样的计算方法与我国财政收入的增长就没有多少联系。所以，整个补贴额的计算以及补贴的方式、方向都必须根据世贸组织的规则进行调整，这也是一项急迫而又庞大的政策性系统工程。

二、实行战略性的结构调整是增强应对入世能力的根本途径

1998年10月，党的十五届三中全会作出了《中共中央关于农业和农村若干重大问题的决定》。这个决定涉及的内容非常丰富，其中有一点和判断当时的农产品供求关系直接有关。决定认为，粮食等主要农产品由过去的长期供给不足转变为现在的总量大体平衡、丰年有余。这不仅是对农业、农村经济发展阶段的一个重要判断，而且也是对整个国民经济和社会发展阶段的一个重要判断。我国这样一个人口众多的大国，实现主要农产品从供不应求到总量大体平衡、丰年有余，是一个非常了不起的转变。1998年底的中央农村工作会议依此指出，中国的农业、农村经济发展进入了一个新的阶段，就是农产品供求中的数量矛盾基本缓解了，下一步的发展要以质量和效益为中心，提高农业的综合素质和农产品的竞争力。2000年年初召开的中央农村工作会议进一步明确提出，农业、农村经济发展新阶段的中心任务是实行战

略性的结构调整。

战略性结构调整和我们一直在说的农业、农村经济结构调整有什么联系和区别？我认为，以前进行的农业、农村经济结构调整，是偏重于数量方面的结构调整；而这次提出的战略性结构调整的基本着眼点在于优化品种，提高质量，从整体上提高农业的素质。这是个根本性的变化。这两者也不能截然分开，战略性的结构调整当然也包括数量调整在内。但之所以要提出战略性的结构调整就是因为在新的阶段，仅仅有数量性的结构调整是不够的，因为数量性的调整尽管非常见效，可是余地也很有限。比如说，根据我国现在的粮食生产技术水平和各方面的管理水平来看，我国现在每亩播种面积的粮食产量是290公斤左右，我国粮食的总需求是4900亿—4950亿公斤，在这样的技术水平下要满足需求，粮食的播种面积必须稳定在16.5亿—17亿亩之间。如果粮食的播种面积低于16.5亿亩，当年生产的粮食就满足不了需求，就要挖库存、进口，粮价就会明显上涨。如果粮食的播种面积超过17亿亩，当年生产的粮食就供过于求，就会出现过剩，粮价就会下跌。所以，正常情况下粮食的播种面积可以调整的最大范围是5000万亩左右。但是，能调的5000万亩与17亿亩的粮食总播种面积相比，只占3%左右，与我国23亿亩的农作物总播种面积相比只占2.1%，能够调整的余地很小，因为调大了，粮食又会出现新的不平衡。同时，农民还必须考虑调下来的地种什么，不然就没有收入。从这几年的情况看，北方很多粮田调减下来后，不少农民都种棉花。但棉花也有它的供求规律。现在我国棉花的总需求量是400万吨左右，按目前的生产技术水平，有6000万亩的种植面积就够了。这几年的实际情况是，棉花的价格大起大落。1998年国家规定每公斤皮棉的收购价是14元，价格太高了，所以纺织业没有竞争力。因此，国务院1998年底发布了通知，从1999年开始放开棉花的流通和价格，结果棉花价格急剧下跌，很多主产棉区的棉花价格从上年的14元/公斤跌到1999年的7元/公斤。农民不满意，2000年就少种，结果供不应求，棉价大涨到12元/公斤左右。这比种粮食划算，所以2001年农民又开始大种棉花，棉花总播种面积7500万亩，比正常的播种面积多出1500万亩。

结果，2001 年的棉花总产量是 520 万吨，比正常需求多出 120 万吨，棉花的价格又回到了 7 元 / 公斤。可以判断，2002 年的棉花价格肯定又会涨，因为农民又会少种。所以，这里有一个很大的困难就是，你想多调减一点，但减下来的这些地干什么？

还有一类调整，就是种蔬菜。据统计，现在全国的蔬菜种植面积约为 2.5 亿亩，全国人民人均近 0.2 亩菜地，其中还有相当一部分是设施农业，是大棚，一年四季都可以种。2000 年，我国蔬菜总产量达 4.4 亿吨，约占全球蔬菜总产量的 2/3。

结果是相当多地区的蔬菜面积在增加，农民出售的蔬菜数量在增加，但蔬菜生产的收入却不见增加，因为菜的价格在下降。因此，仅重视数量方面的调整，余地是很有限的，调到一定的程度就调不动了，因为每一个品种都有它自身的供求规律。

但是，着眼于品质问题的战略性结构调整就不同。比如，粮食播种面积还是 16.5 亿亩，不增加也不减少。但在这 16.5 亿亩的粮食播种面积上，每一寸土地都可以调整品种，淘汰市场不适销的低劣品种，更换市场上受欢迎的优良品种，这样的调整就不受数量的限制，而整个农业的效益却大不一样了。不仅种植业要进行这样的调整，畜牧业、水产业、林果业等也必须进行这样的调整。在多数农产品供过于求的背景下，农业的结构调整必须从追求产品数量的增长，转向追求产品质量的提高。这样，才能提高我国农产品的市场竞争力，这才是应对入世后新局面的根本途径。也只有实现了这种转变，才能在提高整个农业经济效益的基础上，继续增加农民来自农业的收入。

加入世贸组织对不同的地区、不同的行业、不同的产品、不同的人群所产生的影响是很不一样的。当前必须考虑的一个很现实的问题，就是入世之后可能有相当一部分地区的农民就业和收入会受到影响。自 1997 年以来，农民的收入状况总体上很不理想，一些传统农区的纯农户还出现了持续的收入负增长。入世后这个局面会更严峻。但是，我认为，还是必须理性地分析现阶段农民的收入增长问题。

当前制约农民收入增长的主要因素有以下两大方面。

第一，来自出售农产品的收入、来自农业的收入在减少。这是当前农民收入增长面临的最大问题。1998年全国农民来自农业的收入比上年减少30多元，1999年又减少50多元，2000年继续减少40多元，三年之中全国农民人均来自农业的收入减少了131元。2001年，由于粮价上涨，农民来自农业的收入有所增加，比上年增加了30元。也就是说，2001年农民来自农业的收入比1997年还少100元。这是农民收入为什么增长困难的一个重要原因。但这种状况是与我国目前的发展阶段联系在一起的。说解决农民增收问题难度大，原因也是在这里。我国目前的社会发展处在一个什么样的阶段？这可以从各个角度去分析。江泽民同志在十五届五中全会上讲，到20世纪末，我国已经在总体上实现了小康水平。在2001年的“七一”讲话中，他又明确提出，我国已经进入了一个全面建设小康社会的阶段。我觉得，这个阶段的一大特点是居民的消费结构发生快速变化。在城镇、在沿海发达地区，绝大部分居民已经进入小康，其中为数不少的人已经达到了相对富裕的水平。从居民尤其是城镇居民的消费结构看，正在发生两个明显的规律性变化。一是居民的生活费开支中用于食品的开支明显减少，即恩格尔系数下降。2001年城镇居民的恩格尔系数已经低于38%，农民的恩格尔系数也已经低于48%。这是一个在现阶段不以人的意志为转移的变化。二是食品的收入弹性系数在明显下降。1998年中央提出实行扩大内需的方针之后，采取了两大措施，一是通过发行国债来带动投资需求的增长，二是通过给公职人员增加工资来带动居民消费需求的增长。这两大措施在总体上都收到了明显的效果，但也必须看到在拉动农产品市场方面的作用却十分有限。我做了一个很粗略的分析，2000年城镇居民人均可支配收入是6280元，比1996年增加了1441.1元，但2000年城镇居民人均用于食品的开支，却只比1996年增加了53.6元，如果以此直接计算城镇居民的食品收入弹性系数，那只有0.04，也就是说，在这4年中，城镇居民每增加1元钱的可支配收入，只有0.04元是花在增加食品的消费上。最近，国家统计局公布的当今城镇居民的六大消费热点是住房、汽车、子女教育、外出旅游、网络和通信、服务业，显然没有农产品。现在很大的问题就是，城镇居民的收入在增长，但他们的钱就是不往农产品上花。这对农民增加来自农业的收入当然就很困难了。因此我们说这是一个发展的阶段性问题。这个阶段是逾越不了的，只有继续向前发展，让城镇居民的收入有更大的增长，才有可能使居民消费大量档次更高的，以及经过加工的农产品，那时候农产品的市场才能继续扩大，农民来自农业的收入才能继续增长。

第二，农民的就业极不充分。很多经济学家对农民增收开出的方子都很一致，就是加快工业化，加快城镇化。这无疑是很正确的。世界各国的发展规律都证明，只有减少农民才能富裕农民，而要减少农民就只有通过工业化、城镇化。但我国现在所处的发展阶段却对大规模转移农民也很不利。江泽民同志在十五届五中全会的报告中讲到，我国现在正处在工业化任务尚未完成，信息化时代已经到来的阶段。有人把它概括为这是工业化和信息化并行的阶段。这个阶段可以刻画出很多特点，但其中一个重要的特征就是，在这个阶段资本和技术对劳动的替代趋势越来越明显。也就是同样的投资所创造的就业岗位比以前要少得多。所以，我们这个特殊阶段的工业化、城镇化，对转移农村人口来说，与先行发达国家在工业化初期的情况就很不相同。大量的就业岗位被高新技术的设备、仪器替代了，这对于大规模转移农村人口在客观上就带来了一定的障碍。分析一下 GDP 增长结构就能看出，农业的比重逐年下降，占全社会 50% 的农业劳动力只创造 GDP 的 15%，这是农民难以富裕的根本原因。因此农民必须往非农业部门转移。但转到什么部门、从事什么行业？当前的情况是，增长最快的行业主要是 IT、网络、通信、金融等产业，它们对经济增长的贡献最显著。但这些产业最大的特点是资金和技术的高度密集，资本的有机构成高，对从业人员的素质要求也高，农民即使有机会转移出来也很难进入这类产业。乡镇企业的从业人员 1996 年达到 1.35 亿，2001 年降到不足 1.3 亿，这也反映了市场和技术的变化。与 1996 年相比，2000 年从事农林牧渔业的劳动力不仅没有减少，反而还增加了 537 万人。这表明，农业剩余劳动力无论是“离土不离乡”的就地向农村非农产业转移，还是向城镇流动就业的转移，都遇到了新的困难。因此，在目前这个阶段如何促进农业剩余劳动力的转移就业，需要研究许多新的课题。这并不是说农民没法转移了，而是真正要有新思路，要深化改革，一要坚持所有制结构的多样化，二要坚持技术手段的多层次，三要大力促进服务业的发展。

改革20多年来，我们过去熟悉并且比较成功的农民增收的途径，现在基本已经失效了。过去农民增收的途径主要是三条：一是农业增产，增产就增收，20世纪80年代前半期就是这个状况；二是农产品提价使农民增收，80年代后半期到90年代中期这个作用很明显；三是发展农村非农产业、靠乡镇企业的发展带动农民增收。过去的成功经验现在都遇到了新情况。因此，2002年的中央农村工作会议指出，新阶段农民增收要有新思路，要采取综合性措施。朱镕基同志在2001年全国“两会”所作政府工作报告中讲到，农民增收的根本性措施就是实行农业和农村经济的战略性结构调整，但也要抓好针对性强、见效快的其他措施。比如加大退耕还林的力度。实行退耕还林对那些生态脆弱地区、贫困地区农民的增收具有明显作用，因为这个政策是国家出钱。每退耕还林1亩地，国家大约要补助200元钱，因此农民可以通过退耕还林直接增加收入。另一个措施就是加快推进税费改革。安徽省税费改革的试点搞了两年多，总的来看效果很明显。平均每个农民减负30多元，减幅大约为30%。农民要减负，同时要保证农村基层政权和基层组织的正常运行，要保证农村教育等社会事业的继续发展。所以税费改革只有实现这“三位一体”的目标才算真正成功。为此，中央财政对实行税费改革的地方都增加了转移支付资金。2002年中央决定把农村税费改革的范围再扩大16个省区市，这样，加上已经实行改革的安徽和江苏，全国就有18个省区市实行农村税费改革。中央这几年一直强调农民增收问题要加法、减法一起做，在农民增收困难的情况下，减负也等于是增加农民的实际收入。还有就是增加国家对农业、农村基础设施建设的投入。2001年底中央经济工作会议提出，国债投资要向农业、农村倾斜，尤其要用于农业、农村的中小型基础设施建设，比如乡村道路、人畜饮水工程、农村能源建设、草场围栏等。规模不大，但一是可以明显改善农业农村的生产条件和生活条件，有利于降低农民的直接生产费用；二是可以吸引大量农民参与，使他们以劳务形式直接获得一部分收入。

总的感觉是，农业在应对入世后挑战的问题上，不能只看到农产品或农业这个产业可能受到的影响，更要看到农民在就业、收入方面可能受到的影响，否则内地尤其是粮棉主产区的农民就可能受到很大的压力。

有人把世贸组织的规则称作“国际行政法”，可见入世对于转变政府职能和行为方式的迫切性。我认为我国当前在农业行政方面最迫切需要解决的是两方面的问题。

一是必须迅速完成农业国内支持保护政策的转变。因为自入世之日起，农产品的出口就不能补贴，如果国内的农业支持补贴政策不到位，就会带来很大问题。按照世贸组织的规则，至少在三个方面，仍然是可以进行国内农业补贴的。第一个方面是“绿箱政策”，就是不引起农产品价格扭曲的补贴。世贸组织规则允许范围内的这类补贴是很广泛的。如农业基础设施建设、促进农业科技研究、加强对农民的科技培训、政府建立农产品市场信息体系和质量标准及检验体系以及重要农产品的储备等。对于“绿箱政策”，世贸组织的规则没有设定补贴的上限，只要有能力都可以补。这是提高我国农业素质和农产品竞争力的一个非常关键的方面。入世之后，政府完全可以进一步加大对农业的投入，但要符合世贸组织的规则要求。第二个方面是“黄箱”例外补贴，即所谓的微量允许支持。根据世贸组织的规定，发达国家可以补贴相当于农业生产总值的5%，发展中国家可以补贴相当于农业生产总值的10%。我国在谈判中确定的补贴比例为8.5%，按此计算，我国的“黄箱”例外补贴可达到1740亿元左右。当然实际上我们的国情国力不可能补这么多。但重要的是，对小麦、玉米、棉花等重点产品的补贴必须尽快到位，否则就很难和国际市场的同类产品抗衡。从这个意义上讲，对“黄箱”例外的补贴从政策设计到操作过程都要尽快完成。第三方面是“蓝箱”补贴，这主要是用于结构调整中的休耕补贴。目前能给得起这种补贴的主要是发达国家，但发展中国家必要时也可以做。所以我觉得政府转变行为的一个重要方面，就是要尽快完成国内农业支持政策体系的调整，这才能使我国农业尽快适应入世后的新形势。

二是尽快完善政府对农业的服务功能。我国农业行政部门在这方面已经作了不少努力，但是和市场经济国家相比，差距还是很大。从当前的情况来看，最需要解决的是给农民提供及时、全面、准确的市场信息服务。

现在表面上看各方面发布的市场信息也很多，但其中一个很大的问题就是基本上只向农民提供现时价格信息。而产品的现时价格信息如果没有相关的分析资料做支撑，就非常容易对生产者产生误导。美国农业部提供的农产品市场信息涉及120多个国家、60多个品种，并都在法定的日子公布，保证公众在平等的条件下能够同时获得这些信息。它通过五个环节来收集、整理和发布信息。第一个环节是美国国家农业统计局，它在46个州设有办公室，拥有全国200多万个家庭农场的基本数据资料库。它通过各州的办公室直接给农户打电话询问等方法，对农民的种植意向进行调查，并运用卫片、航片、遥感和抽样调查等手段对各主要农作物进行种植面积和产量的调查和预测。第二个环节是农业部的市场管理局。它主要掌握国内现货市场供求和价格变化的情况。第三个环节是农业部的海外服务局，它通过各种途径收集世界各国各类农产品的生产、市场供求和价格的变化情况。第四个环节就是农业部的经济研究局，它利用各种资料进行各主要农产品的品种分析，完成各主要农产品当年的全球和各主要国家的平衡表。最后是农业部的世界展望局，它不仅牵头来统一分析和评估所有的资料，还通过卫星系统随时监测世界各地的自然灾害情况。这样，各主要农产品的全球产量、国内产量、供求状况、价格变化等情况和分析材料就出来了。最后得出的数据，由农业部部长签署之后对外在法定的日期公布。农民可以通过网络、电话或邮寄等方式，从美国农业部及其有关职能局得到这一整套完整的市场信息。其实，这整个过程中的基本技术手段我国都掌握，但最大的问题是我国的这些技术手段和相关的专业人员往往是被分割在各个不同的部门，不能形成合力来集中做好这项工作，资源没有得到很好的整合和充分的利用。这就需要进行体制改革，转变职能、观念和行为，以更好地为农民服务。

澳大利亚的农业展望大会是另外一种向农民披露市场信息和农业政策的方式。这个会议是完全对社会公开的，交了报名费后谁都可以参加。它最大的特点是，会议不由政府而是由电视台来办。电视台的人主持会议，请政府各有关部门的负责人来这里讲解农业政策、发布重要农产品市场信息的分析报告。会议的全过程进行电视直播，并公布会场的传真机和电话号码，任何人有问题都可以直接询问，主持人会要求报告人进行现场解答。这样，全国所有的农民都能通过电视直播，了解当年的农产品市场信息和政府的农业政策，不明白就问，很解决问题。

所以我认为政府转变职能、观念和行为，更好地为农民提供公共服务，是农业提高竞争力的一个非常重要的保障。在这方面，我们的政府显然面临着非常繁重的任务。因此有人说入世的挑战与其说是对经营者的，不如说是对政府的。只有加快转变政府的职能，才能使我国适应世贸组织规则的过程更短一些，使得农业提高竞争力的过程更快一点。

全面建设小康社会的关键是统筹城乡发展[①]

（2003年）

党的十六大提出了要在本世纪头20年集中力量全面建设惠及十几亿人口的更高水平的小康社会的奋斗目标。江泽民同志指出:“这次大会确立的全面建设小康社会的目标，是中国特色社会主义经济、政治、文化全面发展的目标，是与加快推进现代化相统一的目标，符合我国国情和现代化建设的实际，符合人民的愿望，意义十分重大。”到20世纪末，我们已经实现了现代化建设“三步走”战略的第一、第二步目标，人民生活总体上达到了小康水平。之所以在这个基础上还需要有一个全面建设小康社会的发展阶段，就是因为现在达到的小康还是低水平的、不全面的、发展很不平衡的小康。正是从这个意义上说，实现全面建设小康社会的奋斗目标，关键就在于统筹城乡经济和社会的协调发展。

一、全面建设小康社会必须加快缩小城乡差距

缩小城乡差距是我国经济社会发展的一项长期历史任务。但在总体上已达到小康，并提出全面建设更高水平小康社会的目标后，加快农村发展，加快缩小城乡差距的进程，无疑已经成为当前和今后一段时期关系全局的重大任务。

城乡差距过大，是对如期实现全面建设小康社会目标的重大制约。江泽民同志在十六大报告中指出，“城乡二元结构还没有改变，地区

① 本文原载于《中国农村科技》2003年第10期。

差距扩大的趋势尚未扭转，贫困人口还为数不少”。从这样的国情中不难看出，在总体上达到小康的背后，主要是农村，尤其是中西部地区的农村实际上离小康水平仍有相当的差距。到2000年底，我国政府有关部门在90年代确定的16项“小康”指标，尚有3项即农民人均纯收入、农村居民人均每日蛋白质摄入量和普及医疗卫生达标县建设未能实现。在目前的近8亿农村人口中，有3000万人还未能解决温饱问题，还有约6000万人没能稳定地超越温饱水平，农民人均纯收入2001年在千元以下的户还占农户总数的10.71%，而人均纯收入在4000元以上的户，只占农户总数的15.07%，农村发展的滞后由此可见一斑。

与此同时，城乡居民收入差距扩大的趋势却仍未能得到遏止，2001年，我国城镇居民的人均可支配收入为6860元，农民的人均纯收入只有2366元，两者的差距为1：2.90，而1978年时城乡居民的收入差距为1∶2.57。2001年农民人均纯收入比上年增长4.2%，城镇居民人均可支配收入比上年增长8.5%，2002年前9个月。农民人均现金收入比上年同期增长5.3%，而城镇居民人均可支配收入却增长了17.2%，即2002年农民人均纯收入比上年约可增长百元，而城镇居民的人均可支配收入却能一举增长千元以上，城乡居民的收入差距由此必然突破1∶3。同是农民，地区之间的收入差距也相当悬殊，2001年，人均纯收入最高的上海市农民为5871元，为全国平均水平的2.5倍；最低（除西藏外）的贵州省则仅有1412元，不及全国平均水平的60%。沪、黔两地农民的收入差距达1∶4.16，而1996年时这两者的差距是1：3.79。

由于农民的人均纯收入中还包括必须为第二年生产垫付的经营费用，因此，城乡居民实际生活水平的差距更大。2001年，城镇居民人均消费支出5309元，农民1741元，为城镇居民的32.8%；城镇居民的人均食品消费2014元，农民831元，为城镇居民的41.3%；城镇居民的衣着消费534元，农民99元，为城镇居民的18.5%；城镇居民用于购买家庭耐用消费品及服务方面的消费439元，农民77元，为城镇居民的17.5%，在医疗保健、文化教育和娱乐用品及服务方面，城镇居民的人均消费分别为343元和690元，农民为97元和193元，分别相当于城镇居民的28.3%和30%。

城乡之间在经济发展和居民收入及消费水平上的明显差距，既表明了我国经济在今后相当长时期内存在着的巨大的发展空间，也反映出当前制约我国经济增长的关键之所在。不难看出，如果我国农民的收入和消费达到目前城镇居民的水平，我国的国内市场至少将再扩大数倍，但眼前的实际却是由于农民购买力水平低、提高慢，致使国内市场的扩大受到了严重制约。1978年时，我国县以下市场实现的社会消费品零售额占社会消费品零售总额的43.18%，这个比例在1990年时降到了37.04%，1995年时降为25.82%，而到2001年则仅为25.19%。居住在乡村的人口占全国总人口的62.34%（如按户籍计，则农业户口的居民占全国总人口的73.17%），但乡村的消费品市场却只占全国消费品市场的1/4，这就是我国这个举世公认的大市场为什么至今仍然还是个潜在的而并非是现实的大市场的基本原因。实际上，农村发展的滞后，必然也制约着城市经济和工商业的发展，如洗衣机、电冰箱和彩色电视机。2001年在农村的普及率分别为每百户29.94、13.59和54.41台，分别比城镇少66.26、68.31和66.09台。如果农村能够达到城镇目前的水平，仅需要新购置的这三大家用电器，就各需要1.6亿台以上，分别相当于目前家用洗衣机和电冰箱约12年的全国总产量、彩色电视机4年多的全国总产量。可见，当前我国的城乡差距，不仅可能成为实现全面小康社会的重大制约，而且也已经成为扩大国内市场、保持经济持续快速增长的现实障碍。

二、加快城镇化进程是解决农民增收的根本出路

当前农村中最突出的问题是农民收入增长困难，它不仅制约着农村经济和社会的发展，也制约着缩小城乡差别的进程。20世纪90年代后半期开始出现的农民增收困难局面，是与我国农产品市场的转折性变化联系在一起的。1998年10月，党的十五届五中全会对我国农产品供求关系做出了重大判断：粮食等主要农产品由过去的长期供给

不足，已变为“总量大体平衡，丰年有余”。由此，我国农业的发展进入了一个新的阶段，农业进入新阶段之后的中心任务，是实行战略性的结构调整，即从过去的主要追求农产品产量的增长，转向以优化品种、提高质量、扩大加工、增加效益为中心的轨道。但是，不仅实现这样的调整需要一个过程，而且现存的城乡二元结构客观上也制约着这个调整的过程。

农民增收困难的局面已持续了6年。在我国粮食等主要农产品进入了总量平衡，丰年有余的新阶段后，主要依靠增产和提价的办法已不足以使农民增收。而乡镇企业的发展也正处于一个重要的结构调整期，在一般加工、制造业生产能力过剩，以及必须更加注重节约资源、保护环境和安全生产的社会要求下，乡镇企业已不可能再靠低水平的数量扩张来实现增长。实际上，自1997年以来，乡镇企业的从业人员数量就始终未能达到自己的历史最高水平。

农民从农业中增收困难，农业剩余劳动力向非农产业转移就业困难，是当前制约农民收入增长的两大主要因素。实际上，近年农民从农业中获得的人均纯收入，不仅没有增加，反而在减少。1997年，农民人均来自农业的纯收入为1267.69元，而2001年则仅为1165.17元，4年间人均在农业纯收入上减少了102.52元，而我国在农业中就业的劳动力总量2001年与1996年相比，却不仅没有减少，反而增加了约200万人。造成这种局面的重要原因之一，在于我国经济和技术的发展出现了重要的阶段性的变化。首先是居民收入和消费水平的阶段性变化。全国在总体上达到小康，城镇居民则绝大多数已稳定进入小康，居民的消费结构出现了阶段性变化。2001年城镇居民的恩格尔系数已降至37.9%，食品的收入弹性系数急剧下降。以2001年与1996年相比，城镇居民的人均可支配收入增长了2020元，但用于食品的开支只增加109元，且增加的又只是在外就餐和烟、酒、饮料等与农民增收关系不紧密的开支，而在粮、油、肉、菜这4大项农产品的开支上，却项项减少，合计人均开支比5年前减少了131.2元。在这样的背景下，农民在总体上岂能从农业中增收？其次是技术进步的阶段性变化。从20世纪90年代中期起，我国就开始进入工业化与信息化并行的阶段，不仅高新技术的发展加快，而且高新技术改造传统产业的步伐也加快，出现了资本和技术替代普通劳动力的趋势，就业的压力明显增大，农业剩余劳动力向一般加工、制造业的转移步履更加艰难。形成这种局面的原因，主要在于我国城乡人口分布和产业结构的不合理，农业占国内生产总值的比重已降至15.2%，而农业劳动力却仍占全国从业人员总量的44.4%。同时，服务业在GDP中的比重却只占33.6%。由于城乡人口分布的不合理，购买农产品的消费群体过小，因此在人均GDP尚不足1000美元之时，便已出现农产品过剩而导致谷贱伤农的局面。由于服务业比重低，大量农业剩余劳动力都向加工、制造业挤，使得转移就业的途径日见狭窄。而城镇化水平低和服务业比重低，又具有内在的必然联系，因此，从根本上说，当前制约农民收入增长的基本原因，就在于城乡二元结构所导致的城镇化进程明显滞后。

必须加快我国城镇化进程，这已成为举国上下的共识。但对于为什么要加快城镇化，以及城镇化应当走什么样的具体道路等，却由于人们有着不同的视角而存在不同的理解。从江泽民同志所作十六大报告关于加快城镇化进程的论述中，可以清晰地看到，不管对于城镇化问题有着什么样的理解，在现阶段的我国，之所以必须加快城镇化进程，最基本的目的，还是在于使农村富余劳动力向非农产业和城镇转移，否则就不仅难以完成建设现代农业，发展农村经济，增加农民收入这一全面建设小康社会的重大任务，也违背工业化和现代化的必然趋势。因此，必须按照十六大精神，以加快农村人口向城镇的转移为主要目标，坚持走大中小城市和小城镇协调发展的中国特色的城镇化道路，加快消除不利于城镇化发展的体制和政策障碍，引导农村劳动力合理有序流动。

三、要加快形成城乡统筹发展的观念和体制

必须在全社会尽快形成建设全面小康社会的完整概念，不能偏重于城市的、发达地区的率先实现现代化程度，而看不到内地尤其是广大中西部地区农村经济社会发展明显滞后的状况。有条件的地方当然

应该发展得更快一些，但同时也必须在此基础上建立、完善规范的公共财政和转移支付制度，以促使内地农村的面貌有更快的变化，从而保障整个国家较为均衡地发展，保障实现整个中华民族的现代化。

要克服对小康社会，对现代化目标的片面理解。有些同志只看重GDP增长速度和人均GDP水平的指标，只看重财政收入的增长指标。而农业由于不仅受经济规律的制约，同时还受自然规律的制约，因此其对GDP和财政收入增长的直接贡献，从指标上看必然是有限的。在农业占GDP比重逐步下降这一规律背后，还要看到，从保障人类食品供给的角度看，农业作为经济、社会稳定和发展的基础是不可能改变的规律，以及农业人口随GDP中农业比重的下降而下降的规律。忽视了这后两个规律，是不可能建成全面的小康社会，也是不可能实现现代化的宏伟目标的。

农村发展滞后的根源在于经济发展滞后。因此，加快农村小康建设的根本途径，就在于促使农村的生产力有更快的发展。近年农村经济发展的基本经验已经证明，新阶段的农业和农村经济只有坚持实行战略性的结构调整才能开创新局面。但这仅靠农民的努力是不够的，还需要政府各有关部门和社会方方面面的引导和支持，真正落实党中央提出的对农民实行多予、少取、放活的方针。早在20多年前党的十一届三中全会上，党中央就明确提出："逐步实现农业现代化，才能保证整个国民经济的迅速发展，才能不断提高全国人民的生活水平。为此目的，必须首先调动我国几亿农民的社会主义积极性，必须在经济上充分关心他们的物质利益，在政治上切实保障他们的民主权利。"这是我们党总结几十年农业、农村、农民工作正反两方面经验后得出的对待农业、对待农民所必须坚持的基本准则。应该说，只有真正贯彻这个准则，才能加快形成统筹城乡发展的观念和体制。江泽民同志在十六大报告中依据我们党对待农业、农民的这一准则，提出了坚持党在农村的基本政策，尊重农户的市场主体地位，推动农村经营体制创新，建立健全农业社会化服务体系，加大对农业的投入和支持，减轻农民负担，保护农民权益，消除不利于城镇化发展的体制和政策，引导农村劳动力合理有序流动，以及加大对农村教育的支持，着力改善农村医疗卫生状况等。只要认真贯彻、落实这些方针、政策和措施，坚持完善统筹城乡经济社会发展的新体制，我们就一定能够解决好“三农”问题，如期实现全面建设小康社会的奋斗目标。

当前农业农村工作的形势和任务①

（2004 年）

一、关于当前形势

在党中央、国务院高度重视解决好“三农”问题的大背景下，今年以来的农业农村形势出现了两大喜人的变化。即粮食增产，农民增收。国家统计局公布，今年夏粮增产 93 亿斤，增长 4.8%。上半年农民人均现金收入 1345 元，比去年同期增加 186 元，扣除物价指数，增长 10.9%，两位数增长，多年没有过，尤其是农民收入高出城镇居民人均可支配收入增幅 2.2 个百分点，也是多年没有过的。政策的带动，工作的推动，市场价格的拉动，再加上天气帮忙，农业出现了一个重要的转折。这个转折可以说是中央在实行经济的宏观调控中，使农业得到加强的一个表现。总结历史经验教训可以发现，凡经济过热，农业一定受损。所以，把中央实行宏观调控的目标、把整个国家的经济结构调整联系在一起看，农业的确正处在一个重要的战略机遇期。

对上半年好形势要认真、客观、冷静地分析。下半年乃至明年的工作怎么做，也要进行谋划。夏粮增产，早稻增产，但下半年不确定因素还不少。今年是病虫害的高发年，主汛期也刚到。即使全年粮食总产实现 9100 亿斤，和需求相比还差 700 亿斤。当然，库里还有粮，加起来还是供过于求。但必须看到，20 个月来，每个月的粮食库存都在减。今年夏粮丰收了，早稻也开镰了，但入库的进度明显慢于去年。

今年粮食总产的目标是达到 9100 亿斤，要达到很不容易。但即使

① 本文原载于《农村工作通讯》2004 年第 8 期。

达到了，这离确保粮食安全还有很大距离。什么叫粮食安全，FAO（联合国粮农组织）有个定义，就是在任何时候、任何情况下要保证任何人能够买得起维持基本生活的有营养的食品。所以，要把问题考虑得更深一层，粮食安全不光是总量问题，还有价格问题、结构问题、质量问题。

主产区现在担心，粮食收购入库季节会不会出现粮价下跌？这主要是流通体制问题，实质是不同经济主体之间的利益矛盾问题。现在大家都在博弈，农民觉得小麦七毛钱一斤还不行，国有粮食部门担心不能顺价销售，就不愿出高价。销区在那儿看，希望产区粮价跌下来。现在有人说粮价在高位运行，我们查过历史资料，1995 年 5 月，三种粮食的市场平均价每斤八毛六，时间都过去八九年了，生产成本提高了多少，人们收入水平提高了多少，所以目前粮价的水平，对农民刺激仍然不够大。

因为耕地减少，农田水利失修，结构调整，粮食综合生产能力实际是下降的。目前把所有的生产能力都发挥出来，大概也就是 9500 亿到 9600 亿斤，还是满足不了需求。所以，大家一定要看到明年进一步提高粮食产量的难度。

关于农民收入问题，我们头脑也要清醒。各省都感到，增收形势多年没这么好过，至少是 1997 年以来没有过。但必须看到：一是这个 10.9% 是和去年上半年比的，去年基数很低，去年上半年农民现金收入只增长 2.5%，因为去年第二季度农民现金收入是减少的，负增长 3.3% , 主要是受到 SARS 的影响，所以今年增幅是高了。二是今年上半年农民收入中来自农业的比重明显增加。就全国来说，来自农业的收入占 50% 以上。但问题是，统计局对 6.7 万户抽样调查得出的结果显示，农民从农业增收的 94 元全部来自价格上涨。出售农产品的收入，按去年的价格、今年的数量算，今年上半年比去年上半年还少收入 2 元钱。今年下半年价格可能会有波动，但从总供求的情况看，今后几年，农产品的价格不会亏待农民，但生产资料价格控不住，又抵消了农产品价格回升给农民的好处。农业部算了个大账，今年上半年，由于生产资料价格上涨，导致农民生产成本增加 390 亿元，“三补一改”给农民430亿元实惠，还剩40亿元。况且430亿元现在还没有都到农民手中，尤其是税费改革，目前还没全到位。对生产资料价格，大家也要理智一点看，既然是市场经济，怎么能管得住，煤、油、气、运都在涨价，你总不能让生产化肥、薄膜的企业老亏本啊。所以，一定是水涨船高。一定要清醒看待上半年形势，要看到困难、问题和矛盾，真正看透了，你才会觉得下半年、明年的任务非常繁重。

二、关于下半年、明年要做的主要工作

大家对此都谈到了，我只是概括一下至少要做好五件事，或者说现在要认真研究和考虑五件事。

第一件事，在完完整整把现有政策贯彻到底的基础上，进一步完善政策，并加大现有政策的力度。

今年出台的政策，一方面充分反映了党中央、国务院对农业的重视，大的方向毫无疑问，调动了农民积极性，促进了粮食生产。但从操作性的角度看，怎么让这些政策低成本、高效率运行，以及它的整体性等都还需要研究。首先是要检查这些政策是不是到位。在保证政策到位的同时，大家都开动脑筋，做三件事：一是怎样完善现有的政策；二是怎样配套现有的政策，让它形成合力；三是怎么让现有的政策机制化、制度化。对种粮农民的直补资金、良种补贴的资金都还将增加，怎么把这个钱花好？一句话，必须花到粮食上，要进一步研究。

深化粮食流通体制的改革，贯彻粮食流通管理条例，具体决策权是在省政府。大家回去一定要跟省政府说清楚，对那些走村串户上门收购的小商贩不要卡。只要把那些坐地商、批发商管好，市场就乱不了。农业部门主要是搞生产，但对粮食流通体制改革一定要清楚，它是农村改革的一项重要内容。大家都要从自己的实践中总结经验教训，把政策一步步地完善，最后形成一个稳定的刺激粮食生产的有效机制。

第二件事，一定要下决心逐步地把粮食生产能力恢复起来。

恢复粮食生产能力，价格、补贴这都是短期的。长效的实际是两个，一是农业生产条件的改善，就是基础设施建设，农田水利建设，

二是科技的进步。

对农田水利基本建设增加投入，钱从哪里来？一定要有个好的机制。欧盟有团结基金，就是按各国GDP总量，从中拿出一定比例来支持农业基础设施建设，谁富谁就拿得多，穷国也要拿；花的时候，谁的人均GDP少就多给钱。从长远考虑，我们确实要有一些大手笔来建立粮食生产稳定增长的投入机制，各省都要想办法来解决长期稳定的资金来源问题，当然也有金融支持。现在大家可以回过头去看党的十一届三中、四中全会决定，那时就提出，则政对农业投入资金要占到整个财政支出的18%以上，事实上，从来没有达到。那时也明确提出金融要对农业投资给予大力支持，实行长期低息、微息贷款，要求贷款期限长到10至15年，乃至20年。但一直到现在，农业仍没有长期贷款。这项政策过去25年了也没有落实。

除了改善农业生产基础设施外，还有最重要的就是科技。农业科技机构不少，国家有农科院，一直到地区有农科所，县县乡乡不管怎么样，都有那么一个机构，但科研和推广工作明显滞后。再严格的耕地保护制度，一点地不减是不可能的，我们面临的趋势是耕地越来越少，粮食需求越来越多，因此，必须看清楚，粮食问题最终要靠科技解决。解决中国的粮食问题到底要攻几个关，必须要既有长远规划，又要尽早研究。科技问题最终还是一个体制问题，无论科技攻关和技术推广，一定要下大功夫进行改革，当然也要增加投入。我们把农业基础设施建设和农业科技这两篇大文章做好，是完全有可能保持粮食持续稳定增产的。

第三件大事，推进各项改革。

今年中央1号文件明确了农村四项改革。三项改革已经出台，还有一项改革正在研究。已经推开的是粮食流通体制改革、农村税费改革试点和农村金融体制改革。这几件事，我们从事农业的同志千万不要认为是别的部门的事，一定要深深地扎进去，好好地研究它。粮食流通体制改革国家发改委在抓，农村信用社改革银监会在抓，税费改革财政部系统在抓，这些都是对我们农业农村经济发展事关重大的课题，搞农业、农村工作的部门一定要主动贴上去，花大功夫去研究和解决好实际问题。

农村金融体制改革8个省的试点成绩不小，资金增加了，机制也在改，但存在的问题也不少。比如，各地都在抓信用社扩股。但有的地方扩股第一是找那些用贷款大户。个体户之所以要进来当股东，目的很清楚，就是要多贷款，这在以后就可能出现关联贷款的问题。第二种是让信用社工作人员入股，有的是贷款入股，目的就是想多分红利。有的省还规定“必须帮助信用社清理贷款，凡由村组承贷农户使用，以及类似的贷款，都要把债务按谁使用、谁受益、谁还贷的原则落实到农户”。这里的政策界限很难把握，村组贷款修了路、修了学校，这算不算农户受益？如果都用这种办法处理，弄不好要出大问题。

税费改革这件大事尤其要作为重中之重。这是涉及整个农村经济、政治、社会各方面的一次重大变革。今年的农村税费改革全部到位后，农业税大概还有300多亿元，今年这一轮改革完成后，农民负担人均又可减掉30到40元。现在剩下的300多亿元的农业税没减掉，不是中央拿不出这个钱，但为什么只在黑龙江、吉林进行全免试点呢，关键就是后面配套改革的四件大事，乡镇机构改革人员精减、农村教育卫生体制改革、县乡财政体制改革和乡村债务问题。如果都减完了，这几项改革却跟不上，那整个农村经济社会的管理就很难运转，农民负担也会出现反弹。农村税费改革不是把农民的负担全部变成国家财政的负担，如果那样就不叫改革。关键是如何使农村的社会、经济、政治管理体制，能和社会主义市场经济相适应，能和农村的实际相适应。

第四件大事，一定要把农村的基本政策稳定好。

《农村土地承包法》和2001年中央18号文件，关系农民的根本利益，一定要不折不扣地贯彻落实好。《农村土地承包法》最核心的是两句话，第一句是“发包方在承包期不得收回承包地”，第二句是“承包期内发包方不得调整承包地”。农村确实存在人地矛盾，但要想通过调整土地去解决人地矛盾，那永远也解决不了这个矛盾，只能是把土地的经营规模越调越小，把地块越调越碎。所以这件事必须按照中央的政策和国家的法律去办。法律也有规定，对占有土地悬殊太大的个别户可以调，但不能普遍大动。15年不变再加上30年不变，本意就是讲不变了。2001年中央18号文件，主要是规范农村土地流转，关键是两条，“反租倒包应予制止”，“工商企业长时间、大面积租赁农民的承包地，中央不予提倡”，一定要深刻领会这两句话的含义。按现在的土地制度，农户是独立市场主体，把农民的土地经营权拿走了，让他再变雇工。这是非常深刻的社会变化，不光对农村经济，对整个社会结构都有非常深刻的影响。土地作为现在农民生活最基本的保障要讲公平。在土地问题上有三件事必须考虑。第一，必须考虑效益，真要搞规模经营，功夫就要用在动人上。人转移走了，土地使用权的流动和集中才是水到渠成，瓜熟蒂落。人没转移，把地集中起来，不是制造社会矛盾吗？第二，必须考虑到现阶段土地对农民的功能和作用，不光是简单的生产资料问题，而是农民安身立命的社会保障。第三，这是宪法和法律赋予农民的权利，任何机构、组织和个人都不能侵犯。

征地制度改革难度非常大，大家要意识到这半年是暂停征地，因此到期后要注意反弹。现在基本农田保护责任在国土部，不在农业部，但农地我们一定要看住。现在的征地制度，有明显的漏洞。第一，规划可以随便调整，规划随便调，他就违不了规。第二，基本农田调整的权力在地方，要用基本农田他可以先调出去。铁本[①]占了2000亩基本农田没有报国务院，因为地方先把基本农田调了。第三，项目分拆审批。铁本占地6000亩，分14个项目报省里审批。第四，用违规的占用耕地来建设项目可以事后追认。我们有最严格的土地制度，但在实践中却是最松弛的管理机制。今年从5月至10月，这半年清理整顿土地市场期间，停止审批农地征收。有的地方就干脆宣布将农民的土地收归国有。6月30日某报有篇报道的标题是“27万农民变市民，集体土地归国有”。市政府一句话，2000多个村27万农民的地就被拿走了。这种做法完全违背了宪法关于征收农民集体土地的有关规定，目的就是不按法定程序报批征收农地的手续。《宪法》第10条，第一句是城市土地归国家所有，第二句是农村土地除国家另有规定之外属农

① 铁本事件：民营企业江苏铁本钢铁有限公司，2003年6月开建800万吨钢铁项目，该项目未经国家有关部门审批，而是采取了未批先建、化整为零等违法手段，在常州市新北区春江镇违法占地近6000亩，后该事件被国务院严肃处理。

民集体所有，第三句是为了公共利益的需要国家可以依照法律的规定征用征收土地并给予补偿，这三句话说得很明白，根本不存在不经法定程序审批、政府就可以公布农民集体的土地被收归国有的问题。

第五件大事，就是树立科学发展观，统筹城乡协调发展。统筹城乡发展要站在全局高度，要有全球眼光。从现在到2020年全面实现小康过程中，整个经济社会的发展有两件天大的事。一件就是国内的协调发展，再不协调发展，社会矛盾会不断加剧，整个发展成本会不断提高。第二件大事，就是我们在国际上怎么和平崛起。这两件大事是连在一起的。最近经济学界议论得较多的一个问题，就是拉美陷阱问题，所谓拉美陷阱。就是城乡和经济社会发展不协调，经济有增长，社会无发展，不能只看GDP的总量和人均，还要看结构和用途。巴西2002年人均GDP达到3000多美元，2002年城镇化率达到82%，但可怕的是他们全国1.69亿人口中，34%是贫困人口。圣保罗、里约热内卢等大城市的贫民窟是怎么形成的，就是大资本到农村兼并小农户的结果，所以他们对我们的家庭承包赞不绝口，认为巴西当初如果看到这一点，就不会是现在的这个样子。从这件事上我们要看到统筹城乡发展的重要性.

当前农业和农村的工作很多，我这里讲的也是挂一漏万。总的就是一条，对今年上半年农业农村经济形势的好转要有清醒的认识，绝不能盲目乐观，后面的压力很大，任务很繁重，尤其明年农业农村工作再上一个台阶的难度相当大，对此我们要有足够的思想准备。

推进社会主义新农村建设①

（2005 年）

全面建设小康社会最艰巨、最繁重的任务在农村。正是从这一实际国情出发，党的十六届五中全会审议通过的《中共中央关于制定国民经济和社会发展第十一个五年规划的建议》（以下简称《建议》），从社会主义现代化建设的全局出发，明确提出了继续把解决好“三农”问题作为全党工作的重中之重，实行工业反哺农业、城市支持农村，推进社会主义新农村建设的要求。

一、推进社会主义新农村建设是适应我国经济社会发展新阶段提出的必然要求

建设社会主义新农村的目标，曾多次出现在党的文件中。十六届五中全会《建议》再次提出建设社会主义新农村这个目标和要求，有着鲜明的时代特征。

（一）改变农村经济社会发展明显滞后的局面，是全面建设小康社会过程中最艰巨的任务。近年来，我国工业化、城镇化步伐加快，国民经济持续较快增长，但城乡之间的发展差距却有继续扩大之势。农业、农村经济的发展在这样的新背景下出现了不少新问题，突出反映在粮食生产滑坡和农民增收困难上。城乡居民收入差距进一步扩大。

针对这种情况，党中央、国务院及时明确了要对农业、农村、农民实行“多予少取放活”的方针，并出台一系列强有力的政策措施。

① 本文原载于《人民日报》2005 年 11 月 4 日。

中央在2004年1号文件中实行“两减免、三补贴”的政策，使农民从减免农业税、免征除烟叶外的农业特产税和种粮直接补贴、购买良种补贴、购买大型农机具补贴中，直接受惠451亿元。2005年的中央1号文件继续加大“两减免、三补贴”的力度，政策直接给予农民的实惠比上年又增加251.4亿元。由于这些政策措施的强力推动，以及市场粮食价格回升和气候比较有利等因素的共同作用，农业、农村经济形势出现了明显的转机。2004年粮食总产量达到9389亿斤，比上年增加775亿斤，当年增产的数量为有史以来之最；农民人均纯收入比上年增加314元，达到2936元，增长6.8%，是1997年以来的最高增幅。2005年，粮食生产和农民收入增长继续保持良好势头。

但是，农村经济社会发展明显滞后的局面是长期形成的，改变农业和农村的落后面貌必须付出长期艰苦的努力。正如2005年中央1号文件所指出的：“必须清醒地看到，农业依然是国民经济发展的薄弱环节，投入不足、基础脆弱的状况并没有改变，粮食增产、农民增收的长效机制并没有建立，制约农业和农村发展的深层次矛盾并没有消除，农村经济社会发展明显滞后的局面并没有根本改观，农村改革和发展仍然处在艰难的爬坡和攻坚阶段，保持农村发展好势头的任务非常艰巨。”“十一五”时期是承前启后的重要时期，只有切实推进建立有利于逐步改变城乡二元结构的体制，加快农业、农村发展和农民增收的步伐，促进农村经济社会全面进步，才能在本世纪头20年如期实现全面建设小康社会的宏伟目标。

（二）我国总体上已经到了“以工促农、以城带乡”的发展阶段。城乡二元结构存在的时期，是许多发展中国家在工业化进程中难以避免的一个发展阶段。我国是在一穷二白的基础上、在自力更生的条件下开始推进工业化的，最初的积累资金只能主要来自农业，农业和农民因此为国家的工业化作出了巨大贡献。但与此同时，城乡的二元结构也在进一步强化。特别是近年来，相对于快速发展的城市而言，农村经济社会发展滞后的矛盾日益突出。我国农村人口占大多数，城乡之间发展的不协调不仅制约着农村生产力的发展和农民生活质量的提高，而且也明显制约着国内市场的扩大。我国社会消费品零售总额中在县和县以下实现的比重，1993年为42.0%，1996年为39.6%，2001年为37.4%，2004年只有34.1%。这从一个侧面表明，农村发展的滞后和农民收入增长的缓慢已成为影响经济持续快速增长的一大瓶颈。

针对我国城乡发展不协调的突出矛盾，党的十六大明确提出统筹城乡经济社会发展的要求，十六届三中全会进一步明确了这一要求。在十六届四中全会上，胡锦涛同志提出了“两个趋向”的重要论断：“纵观一些工业化国家发展的历程，在工业化初始阶段，农业支持工业、为工业提供积累是带有普遍性的趋向；但在工业化达到相当程度以后，工业反哺农业、城市支持农村，实现工业与农业、城市与农村协调发展，也是带有普遍性的趋向。”我国现在总体上已经到了以工促农、以城带乡的发展阶段。我们应当顺应这一趋势，更加自觉地调整国民收入分配格局，更加积极地支持“三农”发展。从2004年和2005年两个中央1号文件中，人们能够明显地感受到，“工业反哺农业、城市支持农村”的方针已经开始实施，解决“三农”问题的政策力度正在不断增强。

近年来，随着我国经济的快速增长和综合国力的明显提高，逐步改变城乡二元结构的条件正日渐具备。按可比价格计算，我国2004年的人均国内生产总值是1989年的327.2%，财政收入也达到了26355.88亿元。与此同时，第一产业在国内生产总值中的比重从25%下降到15.2%；居住在农村的人口也从占总人口的73.79%减少到58.24%。全面推进社会主义新农村建设，努力实现城乡协调发展，已经成为我国现阶段经济社会发展的客观要求和迫切任务。

二、坚持以城乡统筹发展来推进社会主义新农村建设

《建议》提出的关于建设社会主义新农村的要求，一个鲜明的新特点是，要在积极推进城乡统筹发展的前提下建设社会主义新农村。我国现阶段统筹城乡发展，就是要实行“工业反哺农业、城市支持农村”的方针。《建议》提出：要“坚持‘多予少取放活’，加大各级政府对农业和农村增加投入的力度，扩大公共财政覆盖农村的范围，强化政

府对农村的公共服务，建立以工促农、以城带乡的长效机制”。因此，建设社会主义新农村，既要充分调动广大农民的积极性，也要切实贯彻好“工业反哺农业、城市支持农村”的方针。只有结合好这两方面的力量，才能按照时代发展的要求推进新农村建设。

合理调整国民收入分配格局，建立统筹城乡发展的长效机制。造成农村基础设施建设和社会事业发展滞后的重要原因之一，是财政和金融对农村的支持不足。2004 年，我国农村固定资产投资占全社会固定资产投资总额的 16.34%；各级财政支农支出占国家财政总支出的 5.89%；农业贷款余额占金融机构各项贷款余额的 5.55%。农村在上述各项资金支出中所占的比重，与农村人口所占的比例、农业和农村经济在国内生产总值中所占的份额相比，显然很不相称。《建议》明确要求:“调整财政支出结构，加快公共财政体系建设。完善中央和省级政府的财政转移支付制度，理顺省级以下财政管理体制，有条件的地方可实行省级直接对县的管理体制”;“深化农村金融体制改革，规范发展适合农村特点的金融组织，探索和发展农业保险，改善农村金融服务”。根据这些要求深化改革，扩大公共财政覆盖农村的范围，改善农村金融服务，加快形成促进农业和农村发展的财政和投融资体制，是新阶段推进社会主义新农村建设的重要条件。

加快形成有利于农业、农村发展和农民增收的市场体制。建立城乡统一的市场体制包括许多内容，而当前农民最迫切的要求是《建议》提出的“逐步建立城乡统一的劳动力市场和公平竞争的就业制度，依法保障进城务工人员的权益”。农村人多地少，加快农村劳动力向非农产业和城镇的转移就业，是增加农民收入的必由之路。1990 年，在农民的人均纯收入中，家庭经营和工资性收入的比重分别占 75.56% 和 20.22%，而 2004 年这两项指标已变为 59.45% 和 34.0%。这表明，就业结构和收入来源的变化对农民增收的作用日益重要。因此，在加快城镇化进程中，应当通过加快完善市场体制来为农民提供更多、更便利、更公平的就业机会。

加快形成有利于促进农村公共事业发展的机制。农村发展的滞后还突出地反映在教育、卫生、文化等公共事业方面。在以往较长的时间里，由于受财力的限制，政府对农村提供的公共服务不足，农村的教育、卫生、文化等公共事业主要由农民和农村集体经济组织自己办，与城镇差距很大。近年来，这种状况已经开始发生变化。中央在2003年初就提出了“国家今后每年新增教育、卫生、文化等事业经费，主要用于农村”的要求；在2005年的中央1号文件中，对此再次作了明确规定。从2005年开始，在592个国家扶贫开发工作重点县实行了对农村义务教育阶段贫困家庭学生免杂费和课本费、对寄宿生补助生活费的政策。《建议》进一步提出，“十一五”期间，要将“两免一补”的政策扩大到农村所有的义务教育阶段贫困家庭的学生，并实现对农村义务教育阶段的全体学生免收杂费。2002年10月，党中央、国务院作出了《关于进一步加强农村卫生工作的决定》，明确了加强农村公共卫生工作、推进农村卫生服务体系建设、建立和完善新型农村合作医疗制度与医疗救助制度等任务，农村的卫生医疗状况有了一定的改善。在中央和地方财政的共同支持下，新型农村合作医疗的试点工作进展顺利。到2005年6月底，在开展新型农村合作医疗试点的641个县（市、区）的2.25亿农村人口中，已有76%的人自愿参加了这项制度。《建议》再次强调，要“加强农村公共卫生和基本医疗服务体系建设，基本建立新型农村合作医疗制度”。国务院将从2006年起，进一步加大中央和地方财政对建立新型农村合作医疗制度的支持力度，到2008年将在全国农村基本普及新型合作医疗制度。《建议》还提出，在已经取得试点经验的基础上，要“实施农村计划生育家庭奖励扶助制度和‘少生快富’扶贫工程”。《建议》明确要求加大对农村基础设施建设的投入，加快乡村道路、农村电网和农村信息化等建设，逐步解决农村的饮水困难和安全问题，以及发展沼气等适合农村特点的清洁能源。《建议》还提出，要“坚持最严格的耕地保护制度，加快征地制度改革，健全对被征地农民的合理补偿机制”。这显示了对保障失地农民生存发展权的高度关注。在进一步完善国家、集体和家庭等多方面力量相结合的农村现有社会保障措施的基础上，《建议》还根据部分地区的试点经验，提出了“有条件的地方要积极探索建立农村最低生活保障制度”的要求。

三、以促进农村经济社会全面进步为目标推进社会主义新农村建设

推进社会主义新农村建设，必须全面深化农村改革，激发农村自身活力，在国家政策的扶持下，大力发展农村生产力，加快改善农村的生产生活条件和整体面貌，促进农村经济社会全面进步。因此，必须根据《建议》提出的总体部署，按照“生产发展、生活宽裕、乡风文明、村容整洁、管理民主”的要求，全面推进新农村建设的各项工作。

坚持和完善农村的基本经营制度，坚持以经济建设为中心，努力发展农村生产力，促进农民收入持续增长。建设新农村的首要任务，就是推进现代农业建设。《建议》明确提出了建设现代农业的总体要求：“加快农业科技进步，加强农业设施建设，调整农业生产结构，转变农业增长方式，提高农业综合生产能力。”完成这一任务的关键在于，保护和调动广大农民群众发展经济的积极性。以家庭承包经营为基础、统分结合的双层经营体制，是党领导下的亿万农民在改革中的伟大创造，是我国宪法所规定的农村基本经营制度，具有广泛的适应性和旺盛的生命力。《建议》明确提出，要“稳定并完善以家庭承包经营为基础、统分结合的双层经营体制，有条件的地方可根据自愿、有偿的原则依法流转土地承包经营权，发展多种形式的适度规模经营”。我国农业的发展始终承担着保障国家粮食安全和增加农民收入的双重任务。因此，要坚持以经济建设为中心，把推进现代农业建设、提高粮食生产能力、促进农民收入持续增加作为新农村建设的出发点和基本目标。按照《建议》提出的要求，在稳定和完善农村基本经营制度的基础上，健全农业技术推广、农产品市场、农产品质量安全和动植物病虫害防控体系；在完善现有农业补贴政策的基础上，逐步建立符合国情的农业支持保护体系；在增强村级集体经济组织服务功能的同时，鼓励和引导农民发展各类专业合作组织，提高农业的组织化程度。

巩固农村税费改革的成果，全面推进农村综合改革，为建设社会主义新农村提供体制保障。新农村建设必须伴随一系列体制创新，其

中一大任务就是推进以巩固税费改革成果为主要内容的农村综合改革。"十一五"时期的第一年，全国将全面免征农业税，农民种地必须交纳"皇粮国税"的历史在延续了2000多年后即将终结。这是国家、集体与农民三者利益关系的一次重大调整，由此必然提出加快推进涉及面更广、层次更深的农村综合改革的任务。取消农业税的积极意义显而易见，但也使农村原有的深层次矛盾凸显，并引发了大量的新情况、新问题。只有下决心深化改革，进行体制创新，才能巩固和发展农村税费改革已经取得的成果，才能保证农村经济社会的稳定发展和新农村建设的顺利推进。因此，《建议》提出，"十一五"期间，要"基本完成乡镇机构改革、农村义务教育和县乡财政管理体制等改革任务"。这些改革任务涉及农村经济社会的方方面面，核心是要建立起精干高效的农村基层行政管理体制和覆盖城乡的公共财政制度。应当从各地实际出发，在认真总结试点经验的基础上，积极稳妥地推进农村综合改革，为建设社会主义新农村提供可靠的体制保障。

搞好乡村建设规划，逐步改善村容村貌。在着力解决直接关系农民切身利益的各类生产生活问题的基础上，要切实加强乡村规划，使乡村的建设和管理符合社会主义新农村的要求。乡村建设规划的实施是一项长期任务，既要着眼于改善村容村貌，又要从当地实际出发，尊重农民的意愿，充分考虑农民的承受能力；既要坚持节约和集约使用土地的基本原则，又要便于农民生产生活，体现地方特色。农村各地的发展差距很大，改善村容村貌的工作也必然是起点有差距、过程有快慢、水平有高低，切不可脱离实际，违背农民意愿，盲目攀比，而必须坚持从实际出发，统一规划，分步实施，因地制宜，稳步推进。建设新农村，农民是主体。因此，《建议》对推进新农村建设提出了必须牢牢把握的两大重要原则，这就是"从各地实际出发，尊重农民意愿"和"通过农民辛勤劳动和国家政策扶持"。只有始终坚持这两大原则，社会主义新农村建设才能在符合农民意愿、带给农民实惠、得到农民拥护的基础上扎实稳步地向前推进。

注重培育和造就新型农民，形成良好的社会风貌，进一步完善村民自治机制。建设新农村，离不开培育和造就新型农民。《建议》要求

“培养有文化、懂技术、会经营的新型农民，提高农民的整体素质”。这是把农村巨大人口压力转化为人力资源优势的根本途径，也是持续推动社会主义新农村建设的力量源泉。要通过发展农村教育事业、活跃农村健康的文体活动、加强农村精神文明建设、完善农民职业技能培训制度等措施，在农村形成良好的社会风貌，使新一代农民有健康成长的良好社会环境。在转变乡镇政府职能的同时，应切实加强农村基层组织建设。通过认真开展保持共产党员先进性教育活动，增强农村基层党组织的凝聚力、战斗力和创造力。要发展基层民主，通过完善“一事一议”和村务公开等制度，保障农民依法行使民主权利，健全村党组织领导的充满活力的村民自治机制，为建设社会主义新农村提供可靠的组织保障。

当前农村土地政策中值得重视的几个问题[①]

（2006 年）

我们就农村土地问题到安徽、江西、河南、山东、湖南、河北等地进行了专题调研。总的看，当前农村的土地政策基本是稳定的，但也出现了一些新情况和新问题。现将有关情况和我们的看法及建议报告如下。

一、关于土地承包问题

近年来，随着国家对农村土地承包法律法规和政策的健全，农村土地承包关系总体上稳定。从我们调查的省份看，截至 2005 年底，农村土地承包合同和承包经营权证书发放到户率均已达到 85% 以上，土地经营权的流转，基本上也能按照“自愿、依法、有偿”的原则进行。特别是实行“两减免三补贴”政策后，土地的利益关系出现了一些新情况，各地按中央的要求妥善调处各类土地纠纷，维护了农村稳定、促进了农业发展。但在调查中也发现，一些地方存在着土地承包经营权落实不到位、土地流转不规范甚至违背农民意愿强迫流转等问题。这主要表现在以下三个方面。

（一）一些地方仍在不断对承包地实行“小调整”。调查发现，有不少地方长期对农户承包土地采取“三年一小调、五年一大调”的办法，并没有真正落实土地承包期 30 年不变、承包期内发包方不得收回与调整农户承包地的法律规定。造成这种情况主要有三方面原因：一

① 本文是 2006 年 8 月 9 日给国务院领导的报告。

是对农村土地承包的有关法律和政策存在认识上的偏差。早在1984年，中央决定将农村土地承包期延长到15年时，就在该年的中央1号文件中规定："在延长承包期以前，群众有调整土地要求的，可以本着'大稳定，小调整'的原则，经过充分商量，由集体统一调整。"但此后有些地方却把"大稳定、小调整"误解为在承包期内也适用的政策。二是农民普遍存在"怕吃亏"的思想。在经常实行"小调整"的地方，不少农户认为，以前因别人添丁调了我的地，现在我家增人却不再调地，自己就吃了亏。因此，一旦实行了"小调整"，就必然陷入恶性循环，不得不经常进行调整。三是利益关系所致。个别地方的基层干部或是想为自己和亲戚朋友谋利，或是想在征地补偿款上做文章，或是为了避开矛盾图省心，于是就在承包期内不断调整承包地。而有的省在制定《实施〈农村土地承包法〉办法》时，把法律允许的调整承包地的"特殊情形"，从"灾害损毁等"明确扩大到"人口增加""土地征占"等。这就可能使土地承包期"30年不变"、承包期内发包方不得收回与调整承包地等法律规定更难以落实。

（二）工商企业进入农业领域直接经营农地，引发矛盾和纠纷。工商企业进入农业，是改造传统农业的一条重要途径。但世界各国对工商企业进入农业，一般都鼓励他们为农户提供产前、产中和产后的各项社会化服务，不鼓励甚至限制他们购买、租赁农地从事直接的农业生产，主要是担心出现大资本排挤小农户的现象。我国20世纪90年代出现农业产业化经营后，工商企业与农业的关系逐步密切，部分地区出现了龙头企业到农村租赁农户承包地、雇佣农民直接从事农业生产经营的情况。之所以由"公司+农户"演变为"公司租地、雇农民"，主要是因为目前农村组织化程度低、农民缺乏现代市场意识，公司感到与一家一户的小规模农户打交道，不仅组织成本、交易费用高，而且在技术和产品上也不易实现标准化。但由于公司与农户毕竟是不同的利益主体，因此企业到农村租赁土地、雇佣农民的经营形式，也存在着相当的风险和矛盾。一是企业一般都不愿意直接和农户打交道，大面积租赁农田往往是通过村组织以"反租倒包"的方式来实现，而农户的利益也往往在这个过程中受损。二是企业大面积租赁农户承包地后，会将企业面临的市场风险放大为全体被租地农户的风险。三是企业租赁土地后，往往会一定程度上改变用途，而企业一旦退出，原有的土壤肥力和水利设施等则难以恢复。四是农户由自主经营者变为受雇佣者之后，农民的心理、农村的社会结构也将随之产生深刻变化。正是由于企业租赁农地直接经营农业可能导致复杂的结果，而农户在这个过程中又往往总是处于弱势，因此中发〔2001〕18 号文件曾明确提出："不提倡工商企业长时间、大面积租赁和经营农户承包地"，并强调要制止"反租倒包"的做法。但由于各地农村差别很大，尤其是前几年因为种粮效益低、税赋重，不少农民弃耕或不愿多种地，乡村为了完成农业税和"三提五统"，一些地方就引进企业或大户来租赁耕种农民的承包地。但实行税费改革和种粮补贴等政策后，农民种地积极性提高，强烈要求收回已由乡村组织出面租赁给企业或大户的承包地，由此产生了不少矛盾和纠纷。因此，如何规范工商企业进入农业的行为和范围，仍是需要加强研究的紧迫问题之一。

（三）一些地方盲目集中、强迫流转农户的承包地，损害了农民的利益。近年来，随着农民外出务工增多，土地流转现象有所增加，沿海发达地区土地流转的比例相对更高一些，如福建省泉州市流转的土地面积达到 20% 以上。从总体上看，承包土地的经营权流转适应了农村经济发展和劳动力转移的趋势，基本遵循了"自愿、依法、有偿"的原则。但有些地方也存在违背农民意愿强迫流转的现象。同时，土地流转中程序和手续不完备的问题较为普遍，口头协议多、书面合同少，听任自流多，管理服务少，为日后产生纠纷埋下了隐患。

稳定农村土地承包关系事关重大，为此我们建议：

第一，要进一步加大宣传力度，全面、正确、广泛地对有关农村土地承包的法律和政策进行宣传和引导。

第二，要加大贯彻执行《农村土地承包法》的力度，落实发包方在承包期内不得调整承包地、不得收回承包地的法律条款。特殊情形下在个别农户之间确需对承包土地作适当调整的，须严格依法律规定的程序进行。

第三，工商企业投资开发农业，应当主要从事产前、产后服务和

“四荒”资源开发，采取公司加农户和订单农业的方式，带动农户发展产业化经营。不提倡工商企业长时间、大面积租赁和经营农户承包地。对已经签订了土地流转合同的企业，必须在农户自主决策的基础上，逐户落实租赁合同，乡村集体不得截留应归农户所有的土地转包费和租金。

第四，发展规模经营必须从农民转移就业的实际情况出发。从目前多数地区农村的实际情况看，我国总体上还不具备广泛提倡推进规模经营的条件。虽然我国城市化水平从1978年的18%已快速提高到2005年的43%，但由于农村人口基数大、增长快，因此尽管农村劳动力中从事农业的比重已从1978年的92.9%下降为2005年的59.5%，但从事农业的劳动力数量并没有减少，反而从1978年的28456万人增加到了2005年的29976万人（同期从事非农业的农村劳动力数量，已从2182万人增加到了20412万人）。在耕地数量逐步减少的情况下，从事农业的劳动力总量仍未见少，因此，从总体上看，目前多数地区并不具备实行规模经营的条件。对确有条件发展适度规模经营的发达地区和大中城市郊区，应在搞好中介服务和管理的基础上，按照“自愿、依法、有偿”的原则，引导农民自主决策、规范有序地推进土地经营权的流转和适当集中。

二、关于村庄规划和农村居民点建设问题

中央提出新农村建设以来，不少地方，特别是在各地确定的新农村建设试点地区，都加快了村庄规划和整治步伐。今年中央1号文件指出，推进新农村建设是一项长期而繁重的历史任务，因此“必须坚持科学规划，实行因地制宜、分类指导”。但从当前村庄规划和建设情况看，有些地方存在着对中央这一要求理解不透的问题，主要表现在两个方面：

（一）在制定规划的指导思想上存在“偏”“高”“急”的倾向。一是在对生产发展和农民增收缺乏思路、解决农民最急迫的实际问题缺乏措施的情况下，只注重制定所谓整治村庄和拆建房屋的规划，偏离

了发展农村经济这个中心。二是脱离当地经济社会发展水平，超越农民承受能力，盲目攀比发达地区，把村庄建设规划和建设标准定得过高。三是少数地方对规划急于求成，对村庄街道和房屋的建设“限期整改”，搞大拆大建，损害了农民利益，伤害了农民感情。

（二）一些地方在推进合并自然村、建设农村居民点的过程中存在盲目性。提出新农村建设以来，一些地方加快了合并自然村、建设农村居民点（或称中心村、新社区等）的进程。各地农村差别很大，对这一做法不能一概而论。但从调查的情况看，至少有三个问题值得慎重考虑。

一是合并自然村将直接导致对农村土地所有权关系的调整。自20世纪60年代初人民公社实行“三级所有，队为基础”的体制以来，绝大多数农村土地的所有权始终稳定在过去的生产小队、现在的村民小组层面上。《土地管理法》在阐述“农民集体土地所有权”时，明确了有三种不同类型：即属于村农民集体所有、属于村民小组农民集体所有和属于乡（镇）农民集体所有。据国土资源部统计，目前90%以上的农村土地属于村民小组（过去的生产小队）所有，约有9%属于村委会（过去的生产大队）所有，属于乡镇集体（过去的公社）所有的土地不足1%。2004年8月28日修订通过的《土地管理法》规定，农村集体所有的土地“已经分属村内两个以上农村集体经济组织的农民集体所有的，由村内各该农村集体经济组织或者村民小组经营、管理”。农民对此是非常清楚并完全认可的。但合并自然村，就意味着相当数量的农民将搬离本村民小组、到其他村民小组的土地上去安家，这将引起农村现有土地（包括宅基地）所有权关系的变化。在吸取了人民公社初期“一平二调”严重后果的教训后，中央一直强调不允许搞农村集体生产资料所有制（包括土地）变更的“穷过渡”，因此，我国从未制定过农村集体组织之间土地所有权关系变更的法律和政策。而在缺乏法律和政策规范的背景下，贸然进行大规模的自然村合并，将会在农村引发一系列经济纠纷和影响社会稳定的不利因素。

二是合并自然村也必然影响农村土地承包关系的稳定。《农村土地承包法》规定：“农民集体所有的土地依法属于村农民集体所有的，由村集体经济组织或者村民委员会发包；已经分别属于村内两个以上农村集体经济组织的农民集体所有的，由村内各该农村集体经济组织或村民小组发包。村集体经济组织或者村民委员会发包的，不得改变村内各集体经济组织集体所有的土地所有权。”但合并自然村后，至少会先引起农户宅基地所有权的变化，进而又会引起部分耕地所有权的调整，其结果将直接影响到因并村所涉农户的土地承包关系的稳定。

三是有些地方推进自然村合并的动机就在于增加非农建设用地。因此，在这些地方，尽管农民“免费”或花费很少就搬进了新居，有的甚至每户能分到两三套住宅，但是，撤销自然村后所整理出的土地，却基本都被充作了当地建设用地的指标，实际是起到了扩大投资规模的作用。

对上述两方面的问题，我们建议：

第一，村庄规划和整治必须处理好“拆与建”的关系。村庄建设要统一规划、分步实施，不能急于求成。目前在大部分农村地区，村庄规划和整治的主要任务，是改善农民的基本生产生活条件和人居卫生环境。住宅是农户的基本财产，拆旧建新要符合农户意愿和承受能力。对有建新房屋要求的农户，要引导他们按照农村用地和村庄建设规划进行建新拆旧。但这是一个渐进的过程，决不能违背农民意愿、超越农民承受能力搞强制性的大拆大建。

第二，农村老村落的衰亡和新居民点的形成，是经济社会长期发展的结果。合并自然村，至少必须同时具备三个条件：一是具有合乎经济社会发展规律的科学规划；二是具有调节农村公私财产尤其是农村土地所有权关系的法律和政策；三是具有与这种拆建规模相适应的经济承受能力。当前，多数地区农村并不同时具备上述三个条件。因此，我们认为，除在得到批准的城市规划区内，各地政府不宜在公布“新农村建设规划”时提出本地区合并自然村的数量指标和时间进程，以避免引起农民思想混乱甚至心理恐慌。而在已经批准的城市规划区内，则应加快“村改居”后新居民点的规划和建设，以汲取“城中村”的教训，避免重复拆建和浪费。

三、关于宅基地问题

从调查情况看，尽管大部分省（区、市）和市县都制定了农村宅基地管理的政策规章，明确了实行“一户一宅”的制度，也制定了宅基地的审批程序和相关管理制度，但农村宅基地在使用和管理中仍存在着不少问题，突出的是一户多宅、建新不拆旧、超面积建房和违法占用耕地建房等。

从长期看，随着农村人口和户数的增加，现行“一户一宅”的宅基地供给制度将很难持续下去。我国2005年的农业户籍人口比1978年增加了18.16%，年均增长0.62%；但同期农村的户数却增加了45.40%，年均增长1.39%。农村户数的增长速度是人口增长速度的2.24倍；户均人口从1978年的4.63人下降为2005年的3.76人，平均每户减少0.87人。这与农民生活质量提高、预期寿命延长、人口老龄化和核心家庭增加等因素都直接相关，但也与“一户一宅”的宅基地供给制度有紧密联系。

“一户一宅”制度下农村宅基地使用的无偿性和易得性，刺激了农民尽可能多占宅基地的行为；同时，“一户一宅”制度本身也存在不够明确之处，这就导致农村较为普遍地出现了超标准占地、一户多宅、“空心村”等现象。“一户一宅”制度的初衷在于遏制“一户多宅”。但在实际操作中，一是“户”的概念不明确。子女只要结婚，就可以取得新的宅基地，不要就是“吃亏”，由此也推动了分户建立核心家庭的趋向。二是“宅”的概念也不明确。各地根据当地人均土地状况，大多对每户宅基地的审批指标控制在120至200平方米。但是，绝大多数农民都将这一指标理解为是住房主体建筑的墙基面积，并不包括辅助用房、柴草垛、场院、院落等占地面积。而客观上，如真将农户的生产（家庭副业）生活空间限制在120至200平方米之内，在多数地方也并不现实。但由于不少地方对“宅”的占地范围缺乏明确规定，造成了农民在主体住宅之外尽可能多地占地、乱搭滥建。

据统计，包括农村居民点的公共建设用地在内，浙江省农村居民点2004年占地总规模达36.1万公顷，人均用地从1996年的122平方米增至164平方米；湖南省农村人均建设用地约187平方米。江苏省江阴市2005年农民人均住房面积61.3平方米。北京市青云店镇户均宅基地1.2亩，户均1.15个宅院，按北京市“一户一院”标准，超标1400宗，超标占地面积合计占宅基地总面积的59%。广东省东莞市共有本地农业户籍人口30多万人，而农民住宅却有90万栋。湖北省京山县9792个自然村中，50%以上存在“建新不拆旧”现象。对比那些现存的明清古村落惜地如金般的规划和建设，农村宅基地制度确已到了必须进行重大改革的时候了。

为此建议：

第一，按照现行宅基地制度的规定和原有的审批政策，对农村宅基地进行清理。由于宅基地问题涉及面广，且直接牵扯不少群众的切身利益，因此，必须严格把握好法律和政策界限。要充分发挥村民民主监督的作用，实行公开、公平处理。当前，主要是解决好一户多宅、“建新不拆旧”以及滥占耕地建房等问题。超面积占用宅基地的问题，可放在实施村庄建设规划的过程中逐步解决。

第二，随着人地关系逐步趋紧，京、津、沪、苏、浙、粤的一些地区早已停止了“一户一宅”的宅基地供地制度，要总结这些地方的经验，为下一步制定农村宅基地制度的整体改革方案提供借鉴。

四、关于违法占地和违章建筑问题

当前在农村地区出现了多种形式的违法占地、违章建筑。一是“以租代征”；二是向社会销售“村证房”；三是擅自在农业用地上修建“标准厂房”向社会出租。上述问题，有的是因过去鼓励发展乡镇企业、允许农村集体自有建设用地的遗留问题，但也有的是近年土地控制严格后出现的新情况，特别是有的地方已将“农民集体所有建设用地”演变成类似招商引资的房地产经营行为。这些现象一旦蔓延，至少将产生两个严重后果：一是大量流失优质耕地，使实行最严格的耕地保护制度落空；二是非农建设的供地闸门失控，使投资规模难以遏制、宏观调控的目标难以实现。

为此建议：

第一，对以上各种形式的违法占地和违章建筑，要全面排查，区别情况，明确政策，尽快处理。

1. 禁止以任何名义通过“以租代征”方式擅自将农用地转为非农建设用地。已经占用的，除追究违法者的责任外，应将擅自转用的农田面积，转为该地区今后年度的新增建设用地控制指标，并扣减今后年度相应的建设用地计划指标。

2. 禁止以任何形式向社会销售农村住宅。在批准的城市规划区内，对“村改居”住宅小区的建设用地，应纳入城市建设统一规划，依法办理农用地转用和土地征收手续。对为保证被征地农民生活水平不降低和长远生计而以建安成本价提供的安置住房和供农户出租的住房，在转为商品住宅向社会销售时，必须补足相应的国有土地出让金和其他应缴纳的税费，否则不予办理房屋产权证和过户手续。在非城市规划区，除按政策向农户提供宅基地外，应明确个人和集体组织均不得擅自修建向社会销售的商品性住宅。除在本集体组织成员之间，农户自用住宅只能出租，不能出售。

3. 除已经依法取得的农民集体建设用地外，任何个人和集体组织均不得擅自在农用地上修建向社会招租的“标准厂房”等经营性建筑设施。与外来投资者合作经营的项目，除使用已经依法取得的农民集体建设用地外，凡涉及农用地转用的，必须符合规划、办理农用地转用审批手续，并纳入年度土地利用计划。

第二，鉴于“乡镇企业”的性质和功能均已发生较大变化，因此，有必要根据新情况对“农民集体所有建设用地”的范围重新进行界定，完善相关法律和政策，堵塞违法占用农地、擅自出租农民集体土地用于非农业建设等漏洞。

五、关于城镇建设用地增加与农村建设用地减少挂钩

随着工业化、城市化的推进，城乡人口的此消彼长将是必然趋势。因此，提出城镇建设用地增加与农村建设用地减少相“挂钩”的总体

思路，在基本趋向和原则上无疑是正确的。但从实际工作看，把这一原则性的趋向直接作为规划和调节城乡建设用地的具体政策，则很可能会出现偏差。

一是在现行体制下，城市扩展与农村人口减少并不同步。虽然农民流动进城务工的人数逐年增加，但由于城乡二元结构的体制阻碍和社会保障制度的不健全，进城农民中能定居城镇的只是凤毛麟角。因此，我国近十年的城镇化，被不少专家称作是土地的城镇化而不是人口的城镇化。城镇化发展至今，尚没能为农户举家向城镇迁徙而减少农村建设用地创造条件。

二是依我国法律，城市土地与农村土地分属两种不同的所有制。城市建设如需占用农村土地，必须依法办理农用地转用审批及土地征收手续。简单地将“挂钩”理解为增加城镇建设用地的具体政策，不仅可能严重侵犯农民的权益，而且也容易造成实际建设用地的失控。

三是将“挂钩”作为具体政策来实施，容易引发鼓励拆并农村居民点的做法。调查发现，个别地方为扩大城镇建设用地，制定了大规模合并农村居民点的规划，有的已经开始实施。而这些做法，又往往被冠以“新农村建设”之名。这种大拆大建的现象，不仅容易造成土地违法违规行为的增加，而且容易使新农村建设偏离中央确定的正确轨道。

为此建议：

第一，必须明确，城乡建设用地的“挂钩”，是经济社会发展反映在土地利用上的总体趋向，是制定土地利用总体规划的战略性思路，而不是一项具体政策，尤其是不能为了增加城镇建设用地而强行拆并农村居民点。

第二，对实行“挂钩”试点的地域要作出严格限制。明确只能在城市规划区域内、结合“城中村”改造等情况才能进行。在非城市规划地区，不开展“挂钩”试点。

第三，城市规划区内通过“挂钩”节余的村庄建设用地，依法办理土地征收手续后可纳入城市建设用地指标；非城市规划地区通过土地整理、“空心村”整治、农村居民点合理集并等所节约的土地，原则上均应复垦为耕地。

土地问题，关系到亿万农民的切身利益和农村基本经营制度的稳定，也关系到宏观调控目标的实现和经济社会的可持续发展。要以严格保护耕地、切实保障农民权益为出发点，适应新情况，尽快完善相关的法律和政策。

关于在农村普遍建立最低生活保障制度的建议①

（2006年）

我们了解到，经过多年探索和实践，农村建立最低生活保障制度的工作已经有了很大进展。目前，全国已有21个省区市（其中东、中部各8个，西部5个）在2080个县（市、区）建立了广覆盖的农村低保制度；其余10个省区市正在120多个县（市、区）开展试点，其中鲁、云、桂、青四省将于今年底前也推出农村低保制度。这样，进入2007年，全国将有25个省区市建立起了农村低保制度。

一、农村低保对象的测算

据有关部门测算，全国需纳入农村低保的对象约3600万人，扣除已纳入"五保"供养对象的约570万人，实际需纳入低保的农村人口约3000万人。目前，已纳入低保的农村人口约1300万人，另有700万人已纳入农村特困户定期定量救济对象（月人均救济16元），有关的地方政府为此共安排财政支出约46亿元。尚需纳入农村低保的还约有1000万人，另有约700万人需从农村特困户救助制度转向农村低保制度。

二、已实行的农村低保标准和实际补贴水平

截至今年9月，已实行农村低保的20个省区市制定的农村最低生

① 本文系2006年11月28日撰写的政策建议报告。

活标准平均为1045.4元，实际补贴水平为每人每月36.6元（年439.2元）。

东部8省区市平均低保标准为1572元，上海最高为2560元，辽宁最低为853元；实际补贴平均每人每月53.5元（年642元），北京最高，每人每月82元（年984元），辽宁最低，每人每月20元（年40元）。

中部8省区市平均低保标准为725元，江西最高为840元，山西最低为668元；实际补贴平均每人每月24.5元（年294元），海南最高，每人每月32元（年384元），吉林最低，每人每月20元（年240元）。

西部4省区平均低保标准为630元，四川最高为668元，甘肃最低为600元，实际补贴平均每人每月24.6元（年295.2元），甘肃最高，每人每月36元（年432元），四川、山西最低，都是每人每月15元（年180元）。

三、农村普遍建立低保制度的时机已经成熟

到2007年，尚需建立农村低保制度的省区只剩6个，即皖、鄂、黔、藏、宁、新。建议中央对这些地方给予适当补贴，按低标准、广覆盖的原则，争取2007年在全国建立起全面覆盖的最低生活保障制度，以基本解决农村贫困人口的温饱问题，并在2007年的实践中，通过深入调查研究和认真测算，研究制定中央财政对中西部各省区公平、规范的补贴制度。

四、关于农村低保制度与扶贫开发的关系

目前，在已实行农村低保制度的中西部地区，有9个省区确定的最低生活标准低于或等于683元。而当前农村扶贫开发工作的难度，不仅在于要解决2365万人均纯收入不足683元的农村极端贫困人口的

温饱问题，还在于要实现4000多万人均纯收入虽高于683元、但不足944元的农村低收入贫困人口的稳定脱贫问题。我们认为，随着经济社会的发展和政府财力的增强，我们已有条件基本解决农村最贫困人口的温饱问题。因此，开发式扶贫的目标，应该转向避免已解决温饱的农村贫困人口的返贫问题，以逐步实现6000多万农村贫困人口的稳定脱贫。因此，农村建立保障制度后，开发式扶贫仍有大量繁重艰苦的工作要做。

虽然以解决基本温饱问题为目的农村低保是低水平的，但在农村建立起这一广覆盖的低保制度，就使得城乡居民在最低生活保障方面实现了制度性的均等化，并实现了基本解决农村贫困人口温饱的目标。这不仅对于建设社会主义新农村、构建社会主义和谐社会具有重大现实意义，而且必将在国内外产生巨大政治影响，收到良好社会效果。

关于统筹城乡经济社会发展[①]

（2007年）

城乡发展失衡，是当前我国经济社会发展的突出矛盾。尽快改变农业和农村的落后状况，是关系社会主义现代化建设全局的重大战略问题。

随着社会主义市场经济体制不断完善和综合国力不断增强，目前我国总体上已经到了“以工促农、以城带乡”的发展阶段。在科学分析经济社会发展阶段性特征和主要矛盾的基础上，党的十六大提出了统筹城乡经济社会发展的要求，十六届三中全会提出了科学发展观、“五个统筹”和“建立逐步改变城乡二元结构的体制”，党的十六届五中全会提出了建设社会主义新农村的重大历史任务，十六届六中全会部署了构建社会主义和谐社会的重大战略任务。这些都为进一步推进城乡统筹发展明确了思路、创造了条件。

近年来，中央以科学发展观统领经济社会发展全局，实施了一系列支农惠农的重大政策措施，在国民经济和社会整体发展的同时，农业和农村发展也出现了诸多积极变化。但仍应该看到，我国人口众多、资源不足和体制特征等国情，决定了我国工业化、城镇化和现代化将是一条非常独特、十分复杂和漫长的道路。因此，准确地把握基本国情和发展阶段的特征，科学地制定方针政策，对于建立“以工促农、以城带乡”的长效机制、加快统筹城乡经济社会发展的步伐至关重要。

---

① 本文系2007年向中央报送的重大专题报告。

一、统筹城乡发展面临的重大问题

实现统筹城乡经济社会发展目标尚面临诸多矛盾，主要表现在农业发展条件、基本经营制度、乡村治理结构、城乡发展差距和城镇化道路等五个方面。

（一）农业发展受到严重制约。我国人均农业资源占有水平低，生态环境较为脆弱。经过长期努力，我们基本实现了粮食等主要农产品供求总量平衡、丰年有余。但由于人口和食品消费将持续增长，而农业资源呈减少趋势，生态环境继续恶化，农业设施仍很脆弱，科技支撑能力不足，今后一个时期，实现粮食等主要农产品基本自给的目标仍面临严峻挑战。

1. 资源环境约束趋紧。耕地日渐减少。据统计，1996—2005 年，耕地面积减少 1.2 亿亩，人均耕地面积已降至 1.4 亩，仅相当于世界平均水平的 40%。预计“十一五”期间，每年将新增建设用地 400 多万亩，其中需要占用耕地约 280 万亩。

水资源短缺。我国人均拥有的淡水资源为 2098 立方米，约相当于世界平均水平的 1/4。降水的时空分布极不均衡，其中 80% 的水资源集中在南方，降水夏秋多、冬春少，干旱缺水越来越成为制约农业发展的瓶颈。

农业生态环境仍趋恶化。荒漠化面积已经达 262 万平方公里，并且每年以 2400 平方公里的速度扩大。水土流失面积已达 162 万平方公里，土地严重退化。工业“三废”排放、农业大量使用化学物质、畜禽排泄物和农村垃圾未经处理等造成农村污染不断加剧，受污染的农田面积已达 1.5 亿亩，江河湖泊的污染也日益严重。

2. 农业基础设施薄弱。在全国 18.3 亿亩耕地中，有效灌溉面积仅为 8.4 亿亩，为耕地总面积的 46%。全国小型灌区渠道完好率和渠系建筑物完好率平均不足 50%，约有 1 亿亩灌溉面积因设施损坏老化或水源变化等原因实际已无法灌溉。中低产田占耕地总面积的 68%。防灾抗灾能力薄弱，每年因灾减收粮食超过 600 亿斤。全国农业生产综合机械化水平仅为 36.5%，机耕、机播和机收水平分别为 50.7%、

31.2%和22.7%。

3.科技支撑能力不足。2005年，我国农业的科技贡献率为48%，比发达国家平均水平低30个百分点左右；科研成果转化率只有30%，比发达国家低40个百分点左右。农业科研投资强度仅为0.36%，中央财政农业科研投入70亿元，仅占科技投入的5.24%，远低于农业增加值占国内生产总值的比重。农业科技的研发能力、成果转化能力、推广应用能力等都相对薄弱，特别是农民整体素质不高，将成为农业发展的长期制约因素。

4.国际竞争能力不强。户均经营规模小是提高我国农业劳动生产率的最大制约，基础设施薄弱、科技支撑能力不足、组织化程度低、国家对农业支持保护体系不完善等，又进一步弱化了农业的国际竞争力。目前全国加入合作组织的农户仅占农户总数的9.8%。2000—2003年，我国农产品生产者支持估计值仅相当于农业总收入的1.8%，而OECD国家高达30.8%。

2000—2004年，我国农产品出口额占世界农产品出口额的比重维持在3%左右，农产品进口额占世界农产品进口额的比重却由3.3%上升到5.1%。农产品出口增长相对缓慢，进口压力却不断加大。从2004年开始，我国农产品国际贸易已连续三年出现逆差。2005年，大豆、棉花分别进口2659万吨、265万吨，占国内需求总量的60.5%和31.8%。

（二）城乡差距扩大趋势短期难以扭转。近年来，中央采取了一系列强有力的政策措施促进农村经济社会加快发展，但是，受二元经济体制和发展阶段的影响，城乡发展差距继续扩大的态势仍未改变，实现城乡协调发展的任务非常艰巨。

1.农民收入持续增长的难度加大。2004年以来，农民收入增长保持在6%以上，但这是在粮食等农产品价格恢复性上涨、各项支农补贴持续增加的基础上实现的，今后保持农民收入持续增长的难度仍然很大。2005年，来自农业的增收部分占农民人均纯收入增长的比重已经下降到22.46%。由于短期内较大幅度提升农产品价格的空间不大，而农业生产资料价格上涨的趋势难以改变，因此，农民依靠农业增收的难度大。2004年，国家直接给予农民的粮食直补、良种补贴、农机具购置补贴为145.22亿元，2005年和2006年分别比上年增加27.3亿元和16.18亿元，补贴增加的幅度正逐年下降。2006年，农业三税已经取消，义务教育阶段学杂费也即将全部取消，通过“少取”增加农民收入的余地也在缩小。工资性收入增加是近几年农民增收的一大亮点。2000—2005年，工资性收入占农民人均纯收入的比重从31.2%上升到36.1%，2005年工资性收入的增量已占农民增收总额的55.3%。一方面，农村青壮年劳动力希望常年或季节性外出打工的愿望在增强，另一方面城镇吸纳农村转移劳动力的增速在减缓。因此，今后农民工资性收入的增长也将面临挑战。

2. 城乡居民收入差距持续扩大。改革开放以来，城乡居民收入都有较大幅度增加，但收入差距却从1978年的2.57∶1扩大到2005年的3.22∶1。从现实看，由于经济发展阶段的影响和城乡二元结构的体制制约，在较长时期内，城乡居民收入差距扩大的趋势仍然难以遏制。

当前，我国正处于工业化、城镇化快速发展时期，在市场机制的作用下，资金、土地、人才等要素快速向城市集聚，客观上加大了城乡发展的差距，这也是已经实现工业化的国家在发展过程中曾出现过的普遍现象。但是，我国城乡发展差距持续扩大的根本原因还在于长期存在的城乡二元结构的体制制约。这一体制的基本特征是，在固定资产投资方面重城市、轻农村，在产业发展方面重工业、轻农业，在就业和社会保障方面重市民、轻农民，由此造成了在工业化程度较高背景下城乡经济社会发展差距仍在扩大的现状。“十五”期间，农村固定资产投资为49419亿元，仅占全社会固定资产投资的16.73%。2005年，农村固定资产投资比上年增长18%，增幅低于城镇9.2个百分点；农林牧渔基建投资占全社会基建投资的比重仅为5%。城乡分割的就业、社会保障等体制尚未根本改变。

3. 农村基础设施建设滞后。近年来，国家高度重视农村基础设施建设，投资在逐年增加，但由于长期欠账太多，广大农村地区“行路难、饮水难、用电难、用气难”等问题仍较为普遍。到2005年底，全国尚有4万个行政村不通公路，县乡公路中四级和等外公路仍占

79%，村道中四级和等外公路为98%。3.2亿农村人口饮水不安全或饮水困难，其中，饮用水氟砷含量超过国家生活饮用水卫生标准的有5000多万人，因污染和自然饮用水微生物含量严重超标的有1.3亿人，饮用苦咸水的有近4000万人，饮水困难的有9000多万人。目前，全国仍有2000万农村人口用不上电，约有1.5亿左右农户需要解决烧饭取暖的燃料问题。

4. 农村社会事业发展滞后。农村教育、卫生、文化和社会保障等事业严重滞后，从根本上制约了农村的发展和农民素质的提升。2002年，全社会教育总投入为5480亿元，其中用在城市的占77%，用在农村的只有23%；2005年，全国农村中小学仍有危房面积约3670万平方米；农村人口中初中及以上文化程度的占39.1%，比城市低26.3个百分点。2000—2005年，每千人卫生技术人员市、县之比从2.155：1扩大到2.30：1；中西部地区农村乡镇卫生院危房率高达33%。2004年，全国文化事业费113.6亿元，农村仅占26.5%；全国还有近4000个乡镇没有文化站。农村医疗、最低生活保障等社会保障体系尚不健全。目前农村参加养老保险人数仅为5400多万人；我国社会救助资金占GDP的比例不足0.2%，是世界上社会救助资金投入比例最低的国家之一。

（三）农村基本经营制度亟待稳定。我国农村实行以家庭经营为基础、统分结合的双层经营体制，这是由基本国情和农业产业特点决定的。稳定这一制度，可以为促进农村经济发展、社会和谐提供一个坚实的基础性平台。当前，农村土地承包关系存在着诸多不稳定因素，必须引起高度重视。

1. 基本国情和农业产业特点决定了我国必须实行家庭承包经营。我国户均土地经营规模很小，是由人口众多、土地资源稀缺的基本国情决定的。2005年我国城镇化水平已经达到43%。但按户籍统计，目前农村人口仍有约9.5亿，约有2.5亿个农户，平均耕地规模只有7亩多，不仅远低于欧美国家，而且也低于日、韩等亚洲国家。今后一个时期，即使农村劳动力继续向非农领域转移，但农村人口数量依然庞大，人地矛盾依然突出，农户经营规模依然狭小，这是由资源禀赋决定的。基本国情还决定了农村劳动力向非农领域转移是一个漫长过程，在相当长的时期内农户普遍的经营规模不可能明显扩大。

农业生产实行家庭经营，符合农业这个产业自身的内在规律，适应农业对生产组织方式的特定要求，因而这是世界各国农业普遍采取的生产经营方式。在农村实行以家庭承包经营为基础，统分结合的双层经营体制，是我国实行经济体制改革所取得的最重要制度性成果之一。正是由于赋予了农民经营自主权，才极大地调动了生产积极性，极大地解放了农村生产力。因此，坚持基本经营制度、稳定农村土地承包关系，不仅具有必然性，而且具有重大现实意义。

2. 农村土地承包关系存在不稳定因素。当前，农村土地承包关系还存在不稳定因素。一些地方仍在不断调整承包地，一些地方盲目集中土地、强迫农户流转承包地，不少工商企业进入农业领域大规模、长时间租赁农地等等。这些做法影响了农民正常的生产生活，侵犯了农民的合法权益，影响了农村基本经营制度的稳定，引发了农村新的经济社会矛盾。造成这些不稳定因素的成因主要是三个方面：第一，现行的法律法规还存在一些缺陷和不足。现有法律将农村土地界定为“农民集体”所有，但对“集体组织成员”却缺乏明确的法律界定。农村土地 90% 以上属村民小组所有，而村民小组自身却缺乏独立的法律地位。第二，许多基层干部把法定的农村土地承包期 30 年不变，误读为可以“大稳定、小调整”，将农民的承包地三五年一调整，没有真正落实法律规定。此外，许多地方将“反租倒包”作为招商引资的条件，导致工商企业长时间、大规模租赁经营农户承包地的现象有所蔓延。第三，近年来土地流转发展较快，总体上是在适应农村经济发展的基础上进行的，但也有不少地方存在违背农民意愿强制流转侵害农民利益的现象。

（四）乡村治理结构尚不完善。改革开放以来，我国在广大农村地区废除了人民公社体制，逐步确立了新的乡村治理结构基本框架。但从现实运转情况看，还存在不少矛盾和问题。

1. 乡镇政府职能定位不明确。合理定位乡镇政府职能，对在农村基层建立高效运转、服务到位的国家行政管理体制至关重要，有利于农村经济发展和社会稳定。截至2005年底，全国共有乡镇政府35509个。按现行法律规定，乡镇政府的职责是保障本地区居民人身财产安全、社会政治权利，执行乡镇范围内的经济社会发展规划和预算，管理经济、社会、民政、公安、司法和计划生育等行政事务。同时，乡镇政府还要执行上级交办的招商引资、农业结构调整等其他经济社会发展事项，即所谓“上面千条线，下面一根针”。把乡镇政府定位为一个“全能政府”的最大弊端是既“缺位”又“越位”，很容易造成该干的事干不好，不该干的事却干了不少。

从现实来看，目前乡镇政府在提供公共服务和公共产品方面存在明显缺位。在公共服务方面，为农户提供技术、信息、市场营销等服务很不健全，为农民提供教育、卫生、文化和社保等公共产品的能力很弱；在社会管理方面，加强社会治安、化解矛盾冲突、维护农村稳定等方面的能力也亟待提高。另一方面，乡镇政府超越职权范围，政事不分、政企不分、政社不分的现象比较普遍。一些乡镇政府直接包办应该由社会化服务组织提供的生产服务，干预企业生产经营，甚至强迫农民进行农业结构调整。乡镇政府职能定位不明确，在农村综合改革中，转变乡镇职能就难以落实，机构就难以精简，而机构臃肿带来的直接后果就是乡镇行政运行成本居高不下，财政负担难以减轻，乡镇债务不断增加。

2. 乡镇政府与村民自治组织关系不明确。《村民委员会组织法》规定:“乡、民族乡、镇的人民政府对村民委员会的工作给予指导、支持和帮助，但是不得干预依法属于村民自治范围内的事项。村民委员会协助乡、民族乡、镇的人民政府开展工作。”但法律没有具体规定哪些属于“村民自治范围内的事项”；村委会协助乡镇开展工作的规定过于抽象和原则，乡镇开展的各项工作都可以包括在内；对于乡镇政府侵犯村民自治权的司法救助缺乏相应规定。

乡镇政府与村民自治组织的关系不明确，使乡镇政府和村委会的“指导与被指导”关系，变成了“领导与被领导”关系，依靠行政命令管理农村事务，直接派钱派物。一些乡镇政府控制村委会选举，甚至存在违反法定程序直接指定村委会成员的现象；一些乡镇政府直接干预农村生产经营和公益事业建设活动，甚至采取行政命令方式规定农民“种什么、种多少”；有的地方不尊重农民意愿、不顾农民承受能力，搞“政绩工程”；还有一些乡镇政府借助“村财乡管”来强化对村委会的控制，不仅有悖于宪法和村民自治原则，也为某些乡镇干部以权谋私提供了条件。这些现象在一定程度上妨碍了村民自治，侵犯了农民的权益，影响了社会和谐。

3. 村委会与村民小组关系不明确。村民小组是村民自治的一个层次，在绝大多数农村是土地所有权的代表，理应负责经营、管理属于村民小组的集体土地和其他财产。由于许多地方没有明确界定村委会与村民小组的关系，村委会侵犯村民小组经济利益的现象十分普遍。在一些地方，村委会替代村民小组发包组有土地，甚至强行调整农民承包地、剥夺村民小组的土地所有权，不利于农村社会稳定。

（五）城镇化道路面临严峻挑战。我国正处在城镇化加速发展时期，在这个过程中，尽管农村人口会逐步减少，但总量巨大的人口仍将长期生活在农村的基本格局不会改变。在人口规模如此庞大的国度，推进城镇化没有现成的经验和模式可循，因此，我国的城镇化的方式是独特的、过程是漫长的。在此时期，如果不能正确地选择城镇化道路，不能科学地制定过渡期政策，不能彻底消除城乡分割的制度性障碍，就有可能减缓我国经济增长和阻碍现代化进程。

1. 现阶段的城镇化只是“准城镇化”。大量农民工进城并成为产业工人的重要组成部分，是促进城市经济发展不可或缺的力量。但值得重视的是，进城就业的农民并没有变成真正的市民。农民进城不能定居是现阶段我国城镇化中的普遍现象，这样的城镇化实际上是“准城镇化”。

改革开放以来，我国的城镇化率已经从 1978 年的 18%，增加到 2005 年的 43%，年均增长率达到 0.93 个百分点；城镇人口从 1978 年的 17245 万人，增加到 2005 年的 56212 万人，年均增加 1440 万人。但是，按户籍统计，2005 年的农业人口为 94908 万人，占总人口的 72.6%；而根据居住地统计，2005 年的乡村人口为 74544 万人。也就是说，有 2 亿多农民离开户籍所在地半年以上进城务工经商。这些农民虽然进了城，但定不了居；虽然离开了村，但拔不了“根”。现行户籍制度和福利制度加大了农民进城的风险和成本，加剧了进城农民的边缘化。现有大中城市房价贵、房租高，造成了农民进城定居门槛高，这些制约因素使数以亿计的农民工只能往返于城乡之间。特殊国情决定了目前我国城镇化的特征是“准城镇化”，但是，工业化、城镇化的含义绝不仅限于农民流动进城打工，它的真正内涵应当是农民的市民化，让进城农民真正融入城市。

2.“准城镇化”过程中要素流动的特殊性。农民进城务工加速了农村劳动力流动，据2000年第五次人口普查显示，省内流动占65%，跨省流动占35%；流动人口中15—35岁人口占全部流动人口70%以上。2005年，农村外出务工劳动力12578万人，约占乡村劳动力的23%。其中，举家外出的劳动力2540万人。同时，资金、土地等生产要素的流动也在加速。近年来，随着国民经济快速成长，农地转用速度惊人，1996—2005年，耕地净减少1.2亿亩，其中因城市建设用地减少1680万亩；保守估计，1978—2000年，因征地补偿过低造成超过2万亿元的地价流入城镇。农村资金外流日渐严重，2005年农行、农发行、农信社、邮政储蓄四类机构的储蓄存款总额超过10万亿元，而当年全部涉农贷款余额约为4万亿元，仅占存款余额40%；县以下银行业金融机构贷款占存款的比率为56%，比全国平均水平低13个百分点，据估计，农村资金通过各种渠道流入城市约45000亿元。

应该看到，一方面农村劳动力、土地、资金等要素流动是市场机制作用的结果，它加快了工业化、城镇化的进程；另一方面，要素的单向流动又不可避免地带来一些不利影响。随着工业化、城镇化进程加快，将越来越多地占用农地，使农村人地矛盾更加尖锐，征地补偿及失地农民安置问题更加突出；农村劳动力流动也会引发一些社会问题，如留守妇女、儿童和老人问题，农业从业人员素质降低等问题。

3.我国的“准城镇化”将是一个漫长的过渡期。从国际经验看，工业化与城镇化本应是一个同步过程，工业化发展推动了产业结构调整，进而又推动了就业结构的转变，第一产业从业人员比重下降、非农就业人员比重上升，最终推动了城镇化发展。新中国成立以来，我国走了一条城乡隔绝的工业化道路。近年来，虽然城镇化进程加速，但在经济发展阶段和体制转轨的影响下，我国还将经历一个漫长的“准城镇化”过渡期。

20世纪90年代中期人均GDP超过1000美元后，产业结构发生了重大变化，我国已经进入了工业化中期阶段。第一产业增加值占GDP的比重由1978年的29.1%，下降到2005年的12.5%。但是，第一产业从业人员占全社会从业人员的比重仍然高达44.7%，发达国家在此阶段的比重通常在10%以下。就业结构变化与产业结构变动不同步，导致了城镇化出现偏差。根据世界银行资料，以常住地口径测算，1999年中国城镇化水平为32%，低于世界平均水平14个百分点，低于中等收入国家平均水平18个百分点，低于高收入国家平均水平45个百分点。国际上城镇化与工业化通常比值为1.4—2.5，2000年我国的比率仅为0.8。显而易见，我国城镇化水平明显落后于工业化。

我国城镇化进程相对缓慢的根本原因在于城乡分割的二元体制。首先是就业政策。当前城乡分割就业的制度约束仍然普遍存在，极大地限制了农村人口向城市转移。各地在就业管理上延续多年形成的“先城镇，后农村”“先本地，后外地”的计划经济管理模式，歧视进城务工农民，形成城乡劳动力的就业机会不平等和利益分配不公平，强化了劳动力市场的分割，造成经济效率和社会福利的损失。其次是社会保障制度。城市居民的社会保障制度正在逐步完善，而农民的社会保障在很大程度上仍依赖于土地。农民进城务工已经与城市的产业体系融为一体，并对城市经济发展和财政税收做出了巨大贡献，但他们无法进入城市保障体系。再次是户籍制度。现行的户籍制度强化了农民工的社会身份特征，并以此为基础，在经济住房供给、公共医疗、子女教育等方面设置了一系列歧视性政策，直接限制了进城务工人员在城市定居和发展。

4. 我国农村将长时期拥有众多人口。随着我国经济持续稳定的增长，城镇化水平还会继续提高，但在未来相当长的一段时期内，农村仍然会拥有众多人口。当前我国的城镇化只是“准城镇化”，大量进城农民无法真正在城市定居，其中相当部分还只能返回农村。因此，农村的实际人口数量比按43%城镇化率计算的规模要大得多。据世界银行预测，2010年我国人口将达到13.66亿，城镇化率达到47%；2020年人口将达14.49亿，城镇化率55%。依此推算，到2010年乡村人口为64202万，2020年乡村人口还会继续增加到79695万。因此，基本国情决定了我国的城镇化进程将是一个漫长而艰巨的过程，在这个过程中，还会有大量的农村人口长期存在，“三农”问题始终是关系全局发展的重大战略问题。在快速城镇化进程中农村仍将保有巨量人口，这是由我国的特殊国情决定的。这种状况，又决定了我国的现代化必将经历一条独特的发展道路。

二、统筹城乡发展的指导思想和基本原则

（一）指导思想。统筹城乡经济社会发展，必须坚持以邓小平理论和“三个代表”重要思想为指导，坚持以科学发展观统领经济社会发展全局，坚持把解决好“三农”问题作为全党工作的重中之重，实行工业反哺农业、城市支持农村和多予少取放活的方针，努力消除城乡分割的二元体制，建立“以工促农、以城带乡”的长效机制，促进社会公平正义和民主法制，巩固、完善、加强支农惠农政策，切实加大农业投入，推进现代农业建设，强化农村公共服务，深化农村综合改革，稳步推进新农村建设，确保社会更加和谐。

（二）基本原则。

1. 必须坚持公共品和要素投入向农村倾斜。实行基本公共服务均等化，促进资金、人才等要素投入向农村倾斜，是统筹城乡经济社会发展的基本保障。农村发展严重滞后的根本原因在于教育、卫生、文化、就业服务、社会保障和公共基础设施建设等方面的财政投入严重不足；农业农村经济发展相对缓慢的重要原因在于不仅资金、人才等生产要素注入不够，而且大量外流。因此，要切实把基础设施建设和社会事业发展的重点转向农村，积极调整财政支出结构、固定资产投资结构和信贷投放结构，建立“三农”投入稳定增长的机制，形成新农村建设稳定的资金来源。制定有效政策，建立必要机制，引导和规

制资金、人才等要素流向农村，整合城乡教育、卫生和文化资源，支持新农村建设。

2. 必须坚持实行城乡统筹的城镇化过渡期政策。积极稳妥、渐进有序，制定实施过渡期政策，是加快推进城乡统筹的有效方式。鉴于人口数量众多、资源相对不足、城乡发展失衡和经济体制转轨等基本国情，以及城乡经济结构和人口结构将长期处于变动之中的现实，城乡一体化很难一步到位。因此，既要不失时机地积极推进工业化、城镇化，又要千方百计地支持农村、扶持农业、关爱农民，采取积极的过渡性政策措施，并行不悖地推进城镇化和新农村建设，加快国家现代化建设步伐，努力实现社会和谐。

3. 必须坚持立足国内基本解决“吃饭”问题。始终保障粮食等主要农产品基本自给，是确保经济发展、社会稳定和国家安全的基本前提。对于一个快速发展的大国而言，粮食等主要农产品既是一般性商品，也是重要战略资源和国际政治斗争的筹码，如果过于依赖国际市场，容易在战略上丧失主动权，在国际竞争中处于不利的地位。因此，要坚持立足国内实现粮食等主要农产品基本自给的方针，把保护好耕地、水资源和农业生态环境视为国家和民族生存发展的重要基础。加快现代农业建设，努力提高农业综合生产能力，确保粮食等主要农产品供给安全。

4. 必须坚持稳定农村基本财产制度。在政治上尊重农民的民主权利、在经济上保障农民的财产权利，是农业、农村经济发展与社会和谐稳定的制度基石。稳定农村基本经营制度，保障农民土地承包经营权和住宅、生产资料等财产权利，是宪法赋予农民的基本权利，任何时候都不能动摇，任何组织和个人都不能改变。因此，在推进工业化、城镇化和建设新农村的过程中，要切实维护法律法规的尊严和权威，完善相关法律制度，为农村经济社会发展和国家现代化全局奠定坚实的基础。

三、统筹城乡发展的基本对策

在工业化、城镇化加速发展时期，统筹城乡经济社会发展必须坚持推进城镇化和新农村建设并举的方针。一方面要避免出现城市“贫民窟”现象，积极解决好农民进城“扎根”的问题，稳妥处理好农民离乡“蒂落”的问题；另一方面要遏制城乡差距进一步扩大的趋势，实行“以工促农、以城带乡”和“多予、少取、放活”的方针，加强对农业农村的投入和支持，进一步完善使土地、资金、劳动力等要素流动更有利于农业农村发展的重大政策，切实改善农业发展条件、加强农村公共服务、稳定基本经营制度、完善乡村治理结构。

（一）**大力推进现代农业建设**。在自然资源约束趋紧，特别是农业物质装备水平和科技水平较低的情况下，提高农业的效率、效益和竞争力的出路在于加快现代农业建设，这是别无选择的战略性举措，也是建设新农村的重要内容。

1. 加强农业基础设施建设，改善农业发展条件。为确保国家粮食安全和农业可持续发展，必须保有最低限度的耕地，提高耕地质量，改善农业生产条件，保护农业资源和生态环境。长期坚持最严格的耕地保护制度，坚决制止减少基本农田，加大土壤改良力度，加快建设高标准农田；大力加强农田水利设施建设，提高灌溉能力和灌溉效率，引导农民和社会力量建设水利；继续加大生态保护和建设力度，改善农业生态环境。

2. 加快农业科技创新步伐，转变农业增长方式。科技创新是提高农业综合生产能力和竞争力的关键，是转变农业增长方式、支撑农业持续发展的根本。努力提高农业科技创新能力，建立国家级农业科技专家协调机制和创新基地，启动一批重大农业科技专项和重点项目，力争在重点领域和关键环节取得突破，增加农业科技战略性储备，加大成果转化推广力度，提高农业的产出能力、改善资源利用和投入品使用效率。培育和造就新型农民，大规模开展农业生产技能培训，推动劳动者从主要依靠体力和经验向主要依靠科技转变。

3. 完善市场体系和调控机制，提高流通效率、保障市场稳定。发达的流通产业和现代的市场体系，是现代农业的重要保障；建立有效的调控机制，是实现供求平衡、维护市场秩序的必要手段。必须强化农村流通基础设施建设，发展现代流通方式和新型流通业态，培育多元化、多层次的市场流通主体；提高农民组织化程度，引导支持农民发展专业合作社和农产品加工贸易企业；健全农业社会化服务体系，通过对农业生产各环节的社会化服务，提高小规模农户生产的社会化程度；加强农产品生产环境和质量安全监管，完善市场服务；明确主要农产品产销和贸易的国家战略，制定产业和品种长远发展规划；加强对农产品进出口的有效调控。

（二）强化农村公共服务。逐步实现基本公共服务均等化，是统筹城乡经济社会发展的重点，也是构建和谐社会的重要内容。

1. 加强农村基础设施建设，改善农民生产生活条件。改变农村的落后面貌，解决农民最急迫希望解决的生产生活问题，必须加强农村水利、交通、能源、信息等基础设施建设。加快解决 3.2 亿农村人口的饮水安全问题，特别是优先解决人口较少的民族、水库移民、血吸虫病区和农村学校的安全饮水；加强农村公路建设、养护和管理，尽快实现全国乡村道路通达、通畅，逐步实现县乡道路网络化；继续推进农村电网改造和建设，加强农村水能资源开发，加快推广农村沼气；加快农村信息化进程，推进信息进村入户。

2. 推进农村社会事业，促进农民全面发展。加快发展农村教育、卫生、文化和社保等社会事业，不仅关系到农业农村发展，也关系到工业化和城镇化进程，是提高民族素质的重大战略任务。巩固农村九年制义务教育成果、提高教育质量，采取有效措施大力发展农村职业技术教育；加强农村三级卫生服务网络建设，扎实稳步实施新型农村合作医疗制度，建立和完善符合农村特点的基本卫生保健制度和医疗保障制度；加强农村公益性文化设施建设，加快推进广播电视进村入户，逐步建立覆盖城乡的公共文化服务体系；逐步建立农村最低生活保障制度，完善农村救济制度，积极探索农村养老保险制度。

（三）稳定和完善农村土地制度。稳定农村基本经营制度，保障农民土地财产权益，节约利用农地资源，不仅关系到农民的切身利益和农业的持续增长，而且直接影响到我国工业化、城镇化的长远发展。

1. 稳定农村土地承包关系，健全土地产权和使用制度。稳定农村土地承包关系，是坚持党在农村基本政策的核心，也是经济持续发展和社会和谐稳定的基础。当前重点是加大《农村土地承包法》等法律法规和相关政策的宣传力度，切实贯彻落实好承包期内不得调整、不得收回承包地等法律和政策；根据农村发展的实际和保障农民权益的需要，修订《土地管理法》等法律法规的有关条款，尽快制定《农村土地承包法》实施细则；健全农村土地产权（包括承包权）登记、纠纷仲裁等基础制度，制定城市和农村统一的土地权属登记办法，尽快出台《农村土地承包纠纷仲裁法》。

2. 引导农村土地经营权流转，促进耕地要素市场发育。按照“自愿、依法、有偿”的原则，充分发挥市场机制在配置土地资源中的基础性作用，建立规范、公平的耕地经营权流转市场，提高土地利用效率，实现公平交易，保障农民权益。鼓励发展中介机构，完善耕地经营权流转市场体系；通过建立流转信息网络，开展耕地流转供求登记、信息发布、价格评估、法律政策咨询等中介服务，为耕地流转搭建良好平台；加强耕地流转相关的法制建设，依法规范管理耕地流转；加快征地制度改革步伐，进一步保障农民的合法权益。

3. 完善农村宅基地政策和村庄规划，节约农村建设用地。节约集约利用稀缺的土地资源，是我国现代化建设过程中必须长期坚持的重大原则。完善农村宅基地政策，科学规划乡村布局，是节约农村建设用地的有效途径。改革现行宅基地制度、调整审批政策，着重解决一户多宅、“建新不拆旧”以及滥占耕地建房等问题；探索停止“一户一宅”宅基地供地制度的具体办法，开展农村宅基地制度改革试点。规划村庄布局要实行分类指导，在城市规划区内，村庄规划要与城镇建设规划相结合，实行统一规划、分步建设、逐步实现集中居住，并统筹考虑解决农民就业、子女教育、公共基础设施配置、社会保障体系等问题；在永久性的农村地区（基本农田保护区域），要严格保护国家划定的基本农田，村庄的规划和建设要本着节约使用土地、方便生产生活、体现农村特色、完善基础设施、有利村庄整洁的要求，顺应经济社会发展规律，因地制宜、因势利导，在尊重农民意愿和不超越农民承受能力的基础上逐步推进。

（四）*加大财政金融和产业支农力度。*积极调整国民收入分配结构，继续坚持“多予少取放活”方针，逐步加大公共财政对农村的覆盖，引导金融资金和社会资金投向农村，鼓励工商产业向农村延伸，从根本上改变农村资金、技术和人才严重匮乏的局面。

1. 加大财政金融支农力度，建立“以工促农、以城带乡”长效机制。加快公共财政覆盖农村的进程，调整财政支出结构，建立财政支农支出的稳定增长机制和“以工促农、以城带乡”的长效机制。国家财政新增教育、卫生、文化等事业经费和固定资产投资增量主要用于农村，逐步加大政府土地出让金用于农村的比重；深化农村金融改革，健全农村金融机构体系，创新金融业务，改善金融服务，鼓励金融机构增加对“三农”的信贷投放，引导邮政储蓄等资金回流农村；运用财税、金融政策引导社会资金投向农业农村；加快农业投入的立法进程，形成农业农村发展资金来源的法律保障。

2. 健全农业支持保护体系，提高农业效益和竞争力。根据国家财力增长情况和 WTO 规则，不断巩固、完善和加强支农惠农强农政策，逐步形成目标清晰、受益直接、类型多样、操作简便的农业补贴制度。继续实行粮食直补、良种补贴、农机补贴、生产资料价格综合补贴和粮食最低收购价政策，继续加大对粮食主产县和财政困难县乡的奖励补助；加快建立农业风险防范机制，加强自然灾害和重大动植物病虫害预测预报和预警应急体系建设，积极推进农业政策性保险，对农户参保实行财政补贴制度。

3. 引导产业支农，优化产业结构。推动城市涉农加工制造产业向县域合理转移，是以工促农、以城带乡的重要举措。制定鼓励政策，引导农产品加工业向县域集聚，支持城市加工制造企业通过收购、兼并、技术转让、产品扩散、分包加工等方式，参与县域企业改造升级，促进农村中小企业发展，扩大农民就地、就近转移就业空间，增加农民收入。

4. 鼓励社会投入，促进农村发展。必须不断开辟新的农业投入渠道，综合运用税收、补助、参股、贴息、担保等手段，为社会力量投资农业农村创造良好环境，逐步形成社会力量广泛参与的多元化投入机制；鼓励社会各界捐助、投资建设农村生产生活设施；组织动员社会力量参与农民培训、医疗服务、文化普及等社会事业。

（五）健全农民工保障和服务制度。农民工问题是我国城镇化进程中的一个特殊社会现象。在推进工业化、城镇化和新农村建设的过程中，必须根据农民进城务工和农村发展的阶段性特征，制定和实施过渡性政策。当前的重点任务就是要贯彻落实《国务院关于加强农民工工作的意见》，解决农民工实际困难，促进城乡统筹。

1. 严格执行用工合同制度，保障农民工合法权益。加强劳动合同立法，全面推行劳动合同制度，是保障农民进城就业权益的基本前提。加强对用人单位订立和履行劳动合同的指导和监管，切实保护农民工工资收入、劳动安全、工伤保障等基本权益；建立健全农民工工资保证金制度，不断完善预防和解决拖欠工资的长效机制；加强农民工劳动保护，依法实行农民工工伤保险制度；禁止使用童工，维护女职工和未成年工特殊劳动保护权益。

2. 加强农民工技能培训，提高转移就业能力。提高农民工素质，关键在于增加培训经费投入，提高培训质量，不断改善培训条件，强化培训手段，扩大培训范围。鼓励用工企业到劳务输出地开展定向培训，组织动员社会力量广泛参与农民转移就业培训。适应产业发展和升级的要求，从农民工中培育一批中高级技工。

3. 为农民工提供基本公共服务，提高农民工的生活质量和社会地位。按照城乡统一、公平就业的要求，为农民转移就业提供基本公共服务。进一步加强服务体系建设，为农民工外出就业提供信息、中介、安全等服务；在编制发展规划、制定公共政策、建设公共设施等方面，要充分考虑农民工生活、住房、子女上学、医疗卫生和养老保障等需求；为外出务工农民回乡创业提供资金、信息、技术、营销等服务；抓紧研究制定有关政策措施，促进有条件的进城务工农民逐步融入城镇，在城镇“扎根”，最终变为市民，实现真正意义上的城镇化。这不仅有利于公平对待进城务工农民，而且有利于流动外出的农民最终脱离土地，为留在农村的农民创造扩大农地经营规模的条件。

（六）发展壮大县域经济。县域经济是推动我国经济增长的重要力量，也是扩大农民转移就业的一大潜力所在，是促进农民收入增加的重要举措。

1. 培育县域产业支柱，壮大县域经济发展基础。加强城乡发展统筹规划和产业政策引导，为县域合理承接相关产业和企业创造有利条件。加快县域经济管理体制改革，积极探索省直管县的体制，扩大县域经济发展空间；科学合理制定县域产业布局和发展规划，重点在县城和中心镇发展农产品加工业和为城市企业配套的制造业；采取税收、金融、工商等方面的优惠政策，支持城市产业向农村转移和扩散。

2. 鼓励发展特色产业，形成县域经济支柱。立足各地农村的自然和人文优势，培育主导产品，优化区域布局，发展特色产业。因地制宜地发展具有地方特色、民族特色和历史传统的各种物质、非物质产品和产业，发展园艺业、特种养殖业和乡村旅游业；通过规划引导和政策支持，发展“一村一品”，培育一批特色明显、类型多样的专业村、镇，形成县域经济的产业支柱。

3. 发展服务产业，繁荣县域经济。大力发展直接为农业生产和农民生活服务的产业，是促进农民创业、就业的重要举措。以县城和中心镇为重点，根据农民的实际需求，发展商贸、餐饮、运输、旅游、信息、金融等服务产业，为农民提供农产品运销、生产资料、日用消费品，以及科技、信息、法律、财务等全方位服务。

（七）加强基层民主和党组织建设。统筹城乡经济社会发展，建立充满活力、安定有序、公平正义的和谐新农村，必须进一步加强基层党组织建设、完善村民自治机制、推进基层民主法制建设。

1. 加强农村基层党组织建设，进一步发挥党组织的核心作用。巩固和发展保持共产党员先进性教育活动的成果，围绕统筹城乡发展和建设新农村，加强农村基层党组织建设，发挥基层党组织凝聚人心、推动发展、促进和谐的作用。把政治素质好、工作能力强、群众公认的好党员选拔到基层党组织的领导班子中来，探索从优秀村干部中考录乡镇公务员、选任乡镇领导干部的有效途径；健全党的组织生活，帮助生活困难的党员解决实际问题；加大对农村基层组织阵地建设的投入；建立党支部与村委会联席制度，加强做好农村各项工作的协调配合。

2. 完善村民自治机制，促进农村发展和稳定。健全村党组织领导的充满活力的村民自治机制，促进农村发展、构建和谐乡村。完善村民自治机制，重点要抓好健全村务公开和民主议事制度，让农民群众真正享有知情权、参与权、管理权和监督权；进一步实践好民主选举、民主决策、民主管理和民主监督，提高村民自治能力与水平；探索村民自我教育、自我管理和自我服务的新机制，完善乡村治理结构，发挥农民服务组织管理农村经济社会事务的作用；推进基层民主法制化，完善村民自治章程，规范村民自治行为和管理办法，发挥村民会议和村民代表会议在村民自治中的重要作用。

当前农产品价格上涨中值得注意的几个问题①

（2007 年）

自去年秋冬以来，不少农产品的价格渐次上涨，引起了社会各方面的高度关注。总体看，这一轮农产品价格的上涨，既有成本推动、供求变化等一般性因素的作用，也有资源配置变动、经济全球化等更深层次的原因，因此值得高度关注。

一、农价持续 10 年低迷是此轮农价上涨的前因

1994 年我国出现了自改革以来的物价最高涨幅，此后国家为调动农民生产积极性连续采取了两次大幅度提高粮食收购价格等措施，因此，我国多数农产品的价格在 1996 年达到了当时的历史最高水平。但此后 10 年，农产品价格总体上处于持续低迷。以 1996 年 5 月为基数，2006 年 5 月，全国粮食的价格指数为 0.9873，肉禽及其制品的价格指数为 1.0155，蛋类的价格指数为 0.6925。以 1996 年 12 月为基数，2006 年 12 月粮、肉禽和蛋的价格指数则分别为 1.0606、1.1284 和 0.9872。农价持续 10 年低迷，但农业生产成本、居民收入水平等均有明显提高。以 1996 年为基数，2006 年的农业生产资料价格总指数为 1.096，其中饲料的价格指数为 1.168。应当指出的是，此轮农价上涨的迹象其实在 2003 年秋就已显现，由于中央自 2004 年起采取了“四减免、四补贴”等一系列支农惠农政策，在一定程度上减缓了农民

① 本文系 2007 年 6 月专门撰写的政策建议报告。

生产成本增长的势头，从而也遏制了农产品价格的上涨。但从 2006 年起，支农惠农政策的新增力度相对减弱，而由能源价格上涨引起的农业生产资料价格涨势强劲，由此引发了自去年秋冬开始的新一轮农产品价格上涨。

二、近期国内农产品价格上涨的成因

这次的农价上涨，不同产品有不同的成因。

首轮是去年入冬后的小麦涨价。去年小麦丰收，总产达 2089.4 亿斤，比上年增产 7.2%，且库存相对充裕。涨价的原因，主要在于流通出现了短暂的梗阻。

接着是食油涨价。主要原因是消费量增加、国内油料和大豆减产、国际市场大豆价格上涨。2006 年我国油料减产 0.6%，其中油菜籽减产 3.1%；大豆减产 2.5%。与此同时，国际市场大豆价格涨势明显。国内油用大豆批发价从 2006 年 12 月初开始大幅度上升，一个月内每吨上涨 260 元，涨幅超过 10%。

第三波是 2007 年春季开始的猪肉涨价。肉价的明显上涨，除了饲料价格上涨的成本推动外，还有两个特殊原因：一是上年春季生猪疫病较重、存栏母猪减少，导致今春进入生猪出栏减少的周期；二是参照系失真。2006 年 5 月的猪肉价格，是 2003 年 9 月以后 33 个月中的最低价格，今春猪肉价格上涨，具有明显的恢复性质。2007 年 5 月，36 个大中城市的猪肉平均价格为 9.54 元 / 斤，比 2006 年 5 月的 7.29 元 / 斤上涨了 30.9%，但比 2004 年 10 月的 9.01 元 / 斤，仅上涨 5.9%。

最近，食油价格又开始上涨。主要原因是国内油菜籽、大豆的预期产量将继续下降，而国际市场植物油和大豆价格将继续上涨。目前，新油菜籽已上市，生产价格在 1.5—1.8 元 / 斤，与去年同比上涨约 50%，预示着新菜籽油的出厂价格将有较大幅度上涨。

三、国际市场的粮食价格正明显上涨

受生产减少、需求增长和库存下降等原因的影响，进入 2007 年后，国际市场粮价继续上涨。

小麦：美国 3 月份现货离岸价分别为 211 美元 / 吨（硬红冬）和 221.5 美元 / 吨（硬红春），同比分别上涨 13.9% 和 13.4%。一季度期货均价为 181.3 美元 / 吨（硬红冬）和 185.2 美元 / 吨（硬红春），同比分别上涨 29.3 美元 / 吨和 35 美元 / 吨，涨幅分别为 19.3% 和 23.5%。

玉米：美国 3 月份现货离岸价为 173 美元 / 吨，同比上涨 61.3%；3 月份期货价为 162.7 美元 / 吨，同比上涨 80.4%。

大米：今年一季度，曼谷大米离岸价逐月上涨，1 月每吨 282 美元，2 月 290 美元，3 月达到 297 美元，比去年同期上涨 12.7%，为 1997 年 8 月以来的最高水平。

总体看，国际市场粮价仍将呈上涨之势。但由于今年美国及全球玉米种植面积都将明显扩大，预计全球出口量可达 8784 万吨，比上年增加 8.3%，其中美国预计出口 5715 万吨，比上年增加 4.8%。在此背景下，3 月份美国玉米现货离岸价的涨幅已趋缓。

四、大豆和植物油是我国易受国际市场价格波动影响的“两大软肋”

从我国近中期粮食供求情况看，谷物受国际市场价格波动的影响较小。依 2006 年的产需状况，小麦丰年可略有节余，大米总量能实现紧平衡，而只要合理控制对燃料乙醇的转化量，玉米也可基本满足需求。只要坚持改善农业生产条件，促进科技进步，形成合理价格，谷物有望年均亩产提高 1% 左右。这样，在严格保护耕地和粮食播种面积基本稳定的前提下，使我国谷物少受国际市场的影响，是有可能做到的。

但我国大豆和食用植物油却正受到国际市场日益深刻的影响。主要原因是国内产不足需，进口量不断增加。2006 年，我国生产大豆

1590万吨，生产油料3059万吨；进口大豆2827万吨，折油510万吨，而豆粕则是重要的饲料蛋白；此外还进口食用植物油671万吨。目前进口的大豆和食油（包括国内以进口大豆加工的油脂）均已占国内消费量的60%以上，因此，我国饲料和食油价格在很大程度上已受国际市场左右。有鉴于此，对调控国内畜禽产品和食油价格的难度应有足够估计。

五、此轮国际市场农价上涨的新特点，是农产品与能源产品价格形成了直接的比价关系

农产品与能源价格历来就存在一定比价关系，但以往的比价关系是间接的，如粮肥比价等。而当前情况已发生显著变化。究其原因，一是美国占领伊拉克后导致世界石油价格暴涨，二是布什政府大肆鼓吹以农产品加工生物质能源，从而导致玉米价格暴涨。这两者的结合就使玉米与石油形成了直接的比价关系。按目前的加工水平，大体上3.3吨玉米可生产1吨燃料乙醇，由此也就产生了玉米与石油之间的直接比价。不难设想，在世界石油价格居高不下的背景下，玉米的使用将在利益趋动下有可能更多地转向加工燃料乙醇。而这又将引起各粮食品种乃至整个农产品之间比价关系的变动，进而推动国际市场农产品尤其是粮食价格的整体攀升。对可能形成的这种局面，我们应有足够的估计。

六、几点思考

（一）从全球看，此轮农价上涨与能源价格上涨直接相关。在能源价格坚挺的背景下，农价总体上不易回落，并很可能由此攀上一个新的平台。因此，对农产品供求和价格问题，要着眼全球、着眼长远抓紧部署综合性跟踪分析和趋势研究，以形成中长期应对之策。

（二）从国内看，农价上涨对调动农民生产积极性和增加农民收入有利。由于国际市场对国内粮食（谷物）、畜禽产品及食油价格的影

响程度各不相同，因此要采取有区别的政策措施保护不同群体的利益。对农民，应继续采取鼓励增加生产的政策措施，巩固、稳定、加强支农惠农政策；对多数城镇市民，在收入保持较快增长的条件下，应有能力自行消化食品价格的上涨；对城镇低收入及特殊群体（如大学生）可适时实行适当价格补贴。

总体看，保持适当的价格刺激有助于促进国内粮食（谷物）增产，从而有条件形成国内粮价对国际粮价（包括运费）的竞争优势。这不仅可减弱国际市场对国内粮价的冲击，还可能提高我国对周边国家（如日、韩）粮食进口需求的影响力。

（三）肉价的上涨有助于推动生猪生产的恢复和稳定今后的市场价格，但仍需采取综合措施以形成稳定的长效机制。一要从资金、设施和队伍等方面切实加大对动物疫病的防治力度；二要加快形成对畜禽养殖业的政策性保险机制；三要尽快制定促进畜禽养殖业尤其是生猪规模化生产的政策措施；四要加强对畜禽生产和市场变化的信息搜集和通报；五要在大中城市建立必要的畜禽产品储备和市场调节机制。

（四）除大豆和食油外，还有若干农林产品我国对国际市场的依赖程度较高，见下表。

2006 年我国对若干农林产品的进口情况

农林产品 / 数量	棉花（万吨）	天然橡胶（万吨）	原木（万立方米）	锯材（万立方米）	木浆（万吨）	羊毛（万吨）
进口量	364.3	161.2	3215	607	759	29.96
国产量	674.6	53.8	6112	2984	370.8	42.92
进口量相当于国产量	54%	300%	53%	20%	205%	70%

注：木浆为 2005 年数据。

对这些产品，要从如何加强国内生产的支持保护及应对国际市场变化这两个方面，抓紧开展战略性研究，以避免国内相关产业受到大的冲击、市场和价格出现大的波动。

关于当前农业农村经济社会形势和主要政策问题①

（2007 年）

一、关于当前的农业形势

在讨论中，大家对今年上半年的农业形势作了很认真的分析。一致认为，几年来，特别是党的十六大以来，农业和农村的形势非常好。我跟大家的看法一样：粮食连年增产，农民持续增收，而且增产幅度之大，增收幅度之高是多年来所没有的。形势好应充分肯定，但另一方面，我们做农业农村工作的同志还是要有忧患意识，要看到形势也有严峻的一面。应该在思想认识上、工作方法上、政策措施上都要适应新的形势、进行新的调整。

（一）我国农产品需求已经进入快速增长阶段。一方面形势非常好，另一方面也要看到我们面临的问题。比如，在肯定粮食持续增产的同时，也要看到供求形势还很严峻。举几个数字就可以看出来。第一，2004—2006 年粮食连续三年增产，第一年增产 770 多亿斤，第二年 290 多亿斤，第三年 260 多亿斤，三年合计增产 1335 亿斤，这是历史上罕见的、了不起的成绩。第二，2006 年 9949 亿斤的产量与 1998 年 10246 亿斤的历史最高水平相比，还差 297 亿斤。第三，据统计，2006 年全国粮食总消费量 10154 亿斤，而 2006 年粮食总产量才 9949 亿斤，产需缺口 205 亿斤。这三个数放在一起看，应该说有喜有忧，三年增产 1335 亿斤、但离历史最高水平还差 297 亿斤，而去年 9949

① 本文根据 2007 年 9 月 6 日在杭州召开的农村工作座谈会上的讲话录音整理而成。

亿斤的粮食产量来之不易，但和实际需求相比还差205亿斤，这就是当前粮食的基本供求格局。这说明，进一步发展农业生产，尤其是稳定发展粮食生产，仍然是建设社会主义新农村、全面建设小康社会对我们提出的迫切要求。

近年来，我国进入了一个农产品需求快速增长的阶段。有两大影响因素：一是随着城乡居民的收入水平不断提高，农产品消费量相应增加；二是城镇化加速，增加了商品农产品的消费需求。2006年和1996年相比，10年间全国总人口增加了9000万，新增的人口超过了拥有8000万人口的德国。不仅如此，城乡居民分布也发生了变化，10年间城镇人口增加了2亿。城镇人口增加意味着过去相当数量的农产品生产者正在变成农产品的消费者。进城前农民消费的大部分农产品是自给的，一旦进入城镇，就变成了商品农产品的购买者。我做过一个统计，农民变成市民之后，虽然口粮消费有所下降，但其他农产品的消费量都明显增加。2006年我国市民人均消费的植物油比农民高出15.5%，肉类和家禽的消费量市民比农民高出47.7%多，蛋类要高出133.3%，水产品要高出200%。影响商品农产品消费量增加的，还有一个重要因素就是农民生产结构、生活方式的调整。很多农民从事专业化生产，自己不生产粮食、不生产蔬菜，而是到市场购买。一些地区的农户即使生产粮食，比如东北农民种玉米，而玉米不是口粮，因此他仍然需要把玉米卖掉再到市场上买大米、面粉。

总之，经济社会发展的变化所引发的农产品需求变化是十分复杂的。概括讲，是需求数量在增加，质量要求在提高。要满足这样的需求，农业承担的任务非常艰巨，做农业和农村工作的同志责任就非常重大。

（二）资源环境压力加大，农产品供给的增长能力受到挑战。面对这样一种消费需求的变化，我们的供给能力到底如何？从总量来看，我国不少农产品产量稳居世界第一。但仔细分析，中长期的供给形势不容乐观，主要问题来自自然环境、资源条件的制约。

第一，土地资源。由于工业发展、城市建设、基础设施建设及农业结构的调整、退耕还林等原因，耕地面积正在逐年减少。1996—

2006年耕地面积减少1.24亿亩，而全国耕地面积超过一亿亩的省份目前只有6个。此外，由于我国工业化还没有完成，城镇化还没有过半（2006年城镇化率是43.9%），耕地继续减少的趋势短期内还无法扭转。

为保护耕地，我国实行着最严格的土地管理制度。国务院现在每年审批400万亩建设用地，其中耕地280万亩。昨天讨论的时候，有的省的同志讲：2007年全省只有18万亩建设用地指标。其实在全国400万亩建设用地中，18万亩的指标已经不少了。2006年底全国的耕地面积是18.27亿亩，若要保住18亿亩的红线，还有2700万亩可用于建设用地。按照一年占用400万亩、其中耕地不超过280万亩计，7到10年的时间就用完了。事实上，每年各地上报国务院的用地需求量大约为1200万—1300万亩，国务院批准的只有400万亩，但是大家都清楚，不批就不占了吗？不批照占的有，甚至根本不报就占的也有。土地是农业最基本的生产要素，土地不保农业就岌岌可危。当然要靠不断提高农业的科技含量来增加单位面积产量。坦率说，这几年粮食增长主要就靠单产的提高。2007年的粮食总播种面积达到了15.8亿亩，和2003年相比增加了9000万亩。今后，面积增加会越来越难，只有通过不断提高单产才能满足我们对粮食和其他农产品的需求。现在是市场经济，政府不应该也不可能用行政手段强制农民种这个种那个，刚才小组汇报讲得非常好，就是市场规律在起作用。粮食面积为什么难以扩大？因为种粮回报率低。蔬菜、其他经济作物面积你不要求它也在扩大，因为有市场需求、比较效益高。在土地资源不断减少的情况下，我们必须满足日渐增长的农产品需求。这是一个严峻挑战。

第二，水资源问题。水利专家讲，水的短缺有三种情况：一是资源性短缺，比如西北很多地方根本就没有水；二是工程性短缺，有水，但不修渠道、不打井用不上；三是水质性短缺，水质恶化了，不仅不能喝，甚至不能灌溉。这三种类型的短缺我国都存在。北方很多地方是资源性短缺，西南很多地方是工程性短缺，发达地区很多地方是水质性短缺。水是生命之源，对农业来说至关重要。正常情况下，我国人均水资源拥有量大概在2100立方米左右。而全球人均水资源拥有量是8000立方米，我们是世界平均水平1/4多一点。刚才讲到土地，

18.27 亿亩土地，13.14 亿人，人均是 1.39 亩，相当于全球平均水平的 40%，而人均水资源只相当于全球水平的 26%，水资源短缺的严峻性比土地问题更加突出。同时，我国水资源的时空分布极不均衡。空间上看，水资源主要分布在南方，时间上看，主要分布在 7、8、9 三个月。多的时候洪水成灾，缺的时候一滴水都没有。这样的水资源分布状况，使我国在历史上就形成了一个南粮北运的产需格局。大运河从杭州通到北京的通州，主要就是为了运粮，历史上的“漕粮”“漕运”从来都是安天下的大事。运河自隋朝开凿，意味着在隋以前南粮北运的格局已经形成。形成这样格局的原因在于：水、土、光、热的组合南方比北方好。像我这个年龄的人还很清楚，江南很多地方是鱼米之乡，而北方水土条件好的地方常被誉为“赛江南”。但是，近二三十年，中国粮食产销格局已经完全转变了——变成了北粮南运。这样的变化不能简单地讲好与不好、对与不对，但这是实际发展的结果。发生这一变化的基本原因，是由于东南沿海发达地区改革开放的步伐迈得快，工业化、城镇化进展快，占用土地多，导致粮食生产减少。全国 2006 年和 1998 年相比，粮食总产量下降了 297 亿斤，而沿海 10 省市的粮食总产量却下降了 614 亿斤。这说明东部地区减产后的缺口主要靠中西部地区补充。这里的问题是什么呢？如果说水、土、光、热条件好的地方粮食产量逐步下降，而要靠水、土、光、热条件差的地方把粮食缺口补上，这种生产格局的可持续性显然需要认真考虑。比如说稻谷，身处过去“鱼米之乡”的江南人越来越多地吃黑龙江大米。当然，黑龙江发展粮食生产很有潜力，两江一湖地区（黑龙江、乌苏里江、兴凯湖）的水利设施搞好了，再增加 300 亿斤粮食产能的可能性是有的。但有两个问题：第一，两江一湖是界江、界湖，黑龙江、乌苏里江是界河，兴凯湖我国界内的面积并不大，大头属于俄罗斯，这就使水资源的利用变得复杂起来；第二，东北地区大面积生产稻谷，对整个生态变化带来的长远影响现在还看不清楚。

我并不是说南方不应搞工业化、城市化，要把田退回去种水稻。这里讨论的只是一个基本事实，即粮食的产能越来越北移，面临的突出问题不是没地而是缺水。从历史和国际经验看，降雨量低于 400 毫米的地区发展农业尤其是种植业是不利的。我国400毫米的降雨线在哪里？从黑龙江的漠河拉一条线到云南的腾冲，这条线右下方靠东南的降雨量在400毫米以上，左上方靠西北的降雨量在400毫米以下。当然，这是历史上的，现在全球气候变化，这条线也会有变化。从世界标准看，人均水资源不足400立方米是极度缺水的地区。以色列降雨量400毫米左右，因此它的灌溉农业、精细农业、设施农业特别发达，但这样的农业搞粮食就难了。所以，我国粮食产需缺口要长期靠北方增产来弥补，这条路是不是可以持续地走下去，需要我们认认真真地去思考。

此外，城镇化、工业化正在往内地推进，没有一个地区会心甘情愿地停留在传统的农业社会。从这个意义上讲，适合中国国情的、适合中国资源环境条件的农业发展道路，仍在探索之中。怎么能做到工业化、城镇化和农业现代化并行不悖地推进，还是需要深入探索的一大课题。我们刚刚越过总体小康，农产品供给能力、水土资源环境就已面临如此严峻的状况，如果按照党的十六大报告提出的实现全面小康，即惠及十几亿人口的小康，农产品消费需求将对农业生产、资源环境带来更大的压力。所以，在看到需求增长这个挑战的同时，更要清楚地认识到还有资源环境约束这个挑战。这也是中央领导同志反复强调对中国的农业要有忧患意识、要有危机感的一大原因。

（三）国际农产品市场正在发生急剧变化。挖掘农业的多功能性是好事，但生物质能源、生物基材料的发展，使农产品的用途特别是粮食、谷物的用途从食品也转向了工业。这一变化直接导致世界粮价的大幅度上涨。2003年3月伊拉克战争爆发之后，油价暴涨两倍多，从20多美元一桶升至70多美元。油价贵了，用玉米、甘蔗等转化燃料酒精的问题就提出来了。2006年，美国提出20%的石油燃料要用生物质酒精替代，并提供大量补贴推进转化。这就直接拉高了玉米价格。而玉米价格上升，农民就多种玉米，这又影响了其他农产品的生产，带动了其他农产品价格的上涨。我国生物质能源技术的起步不算晚。2006年生产102万吨燃料酒精，用了360万吨玉米，大体比例是3.3吨到3.5吨玉米转化一吨燃料酒精。当然，这是一个动态过程，油价继续上升，这个比例还可以提高；油价往下走，技术水平低的企业就得退出。这次的猪肉价格上涨，有疫病问题、生产周期问题，但也有饲料价格不断上涨的成本推动问题。由于我国玉米目前还是供大于求，不用大规模进口，所以国际饲料价格对我们当前的直接影响还不算大。

这一轮全球农产品价格上涨，重要原因就是谷物产品的价格和石油的价格形成了直接的比价关系。粮食、谷物过去只是人类和动物的能源，现在也可以变成工业的能源。玉米到底是人吃、喂猪还是开汽车，要由其产生的效益来决定。这对整个农产品市场供求和价格变化的影响是非常深刻和长期的。

目前国内农产品市场价格的波动，有合理回归的成分。但也要看到，对有些农产品价格的波动，我们的调控能力有限。这是因为我们的资源配置和农产品产出结构存在两大软肋：一是大豆。2006 年我国大豆播种面积是 1.4 亿多亩，产量 1600 万吨，进口为 2827 万吨。2007 年国内播种面积又减少 1000 多万亩，产量可能达不到 1500 万吨，估计进口将超过 3000 万吨。4500 万吨大豆的总需求，2/3 需从国际市场进口。按出油率 18%—20% 计算，进口 3000 万吨大豆大约可以榨 500 多万吨油，2400 多万吨豆粕。由于受国际市场影响过大，国内豆油和饲料的价格存在很大的不可控因素。二是油料作物。我国今年植物油消费约 2300 万吨，自产 1000 万吨左右（包括菜籽油、大豆油、花生油等），需要进口 1300 万吨。进口的大豆可以榨 500 多万吨豆油，每年还要进口 600 万—700 万吨植物油，2006 年进口了 670 万吨。2300 万吨油脂消费量，约 1300 万吨需要进口，国内市场的价格就将明显受国际市场的影响。现在国际市场大豆价格约 380 美元 1 吨，比 2006 年高 1/3，棕榈油、菜籽油的价格和 2006 年相比也上涨了 30% 到 40%，国内的植物油价格当然也要上涨。

针对这种情况，如何充分发挥自身的优势把中国的农业搞好，以满足中国的基本需求，这是我们必须研究的一个大问题。总体上计算，我国进口农产品大约相当于在境外用了人家四五亿亩土地。按我国目前的生产水平计算，3000 万吨大豆大约需要 2.5 亿亩地，相当于目前全国蔬菜的总面积。进口的六七百万吨油脂折算下来也需要上亿亩地。2006 年我国棉花产量 670 多万吨，是历史最高水平，又进口 370 多万吨，也是历史最高水平。按我们目前的生产能力计算，370 多万吨棉花需要 4000 多万亩地。还有一些产品，比如说木材，为保护生态环境，国内供给严格控制，但需求呈几何级增长，进口势必增加。现在原木和锯材 40% 以上的消费量依靠进口，年进口量超过 4000 万立方米。纸浆是木材的衍生品，生产高级纸要用木浆，而我们只有 400 万吨生产能力，每年需进口约七八百万吨，木浆的需求 2/3 靠国际市场。另外，我国一年橡胶需求量在 250 万到 260 万吨左右，自产仅 50 多万吨。羊毛大体上也是如此。我们水土资源紧缺，多进口农产品替代水土资源当然是好事，但不利的是价格容易受国际市场的影响，存在较大风险。如何科学利用国内的农业资源，把受国际市场影响的这种风险降到最低，这是我们当前农业政策中迫切需要认真考虑的事情。除进口外，我们出口也不少，蔬菜、水果、畜产品、水产品等。正如大家这几天谈到的，出口环境也越来越严峻，各种技术壁垒在不断提高。在经济全球化背景下发展农业，既有有利的方面，也有不利的方面。如何趋利避害，是政策制定中要认真思考的问题。

从长期来看，中国的农业不容乐观，要常怀忧患之心。从事农村工作的同志们必须站在国家、民族利益的高度，确保农业生产持续稳定发展，这是维护国家经济安全的必然要求，也是我们的基本职责。要按照党中央的要求，以世界眼光、战略思维来观察和考虑我们所面临的问题，看到我们长期面临的挑战和压力，这才能保持农业的持续稳定发展。

二、当前农村经济社会发生的深刻变化

我们已经进入新世纪、新阶段。新世纪是指进入 21 世纪，新阶段是指全面建设小康社会的阶段。进入新世纪新阶段以来，经济社会的全方位改革开放带动了农村经济社会发生着深刻的变化。这就需要我们与时俱进地解放思想、深化改革，推进理论创新、实践创新，使农村的经济社会管理体制和运行机制更加符合实际状况。

对于当前农村经济社会的深刻变化，我用这么三个词来形容：就是村庄空心化、农业兼业化、农民老龄化现象初现端倪。这“三化”在各地区有差异，但无非是程度的差别而已，农村劳动力输出大省这一情况可能更普遍。村庄空心化有各种原因，如宅基地制度问题——建了新房没拆旧房，但农业人口大规模外出显然强化了这个趋势。现在，农民人均收入中工资性收入比重越来越高，2007 年大概可以超过 40%。农业越来越兼业化，纯农户比重越来越低正在成为一个趋势。农村青壮劳动力都外出打工了，农村的老龄化程度已经高于城市。理论界也在讨论中国由劳动力富裕到劳动力短缺这个拐点什么时候到来？社会科学院人口研究所所长蔡昉认为拐点已经来了，我国已经进入劳动力短缺的阶段。他的研究成果在学术界引起轩然大波，很多人不同意。事实上，他所定义的劳动力短缺是指在工资福利不变的情况下，非农产业的劳动力供给将会出现短缺。现实状况是，农村青壮年劳动力大量流出，留在农村从事农业的基本是老人和妇女。这个变化，很难简单评价它的好坏，因为它是事实，这是工业化、城市化发展中的普遍规律。从理论上讲，农业有两大类型，一是传统国家的农业，主要是欧洲、亚洲等开发比较早的国家。根据考古发现，西安半坡的出土文物表明，我国黄土高原种植粟（小米）的历史已有 8000 多年，而宁波河姆渡的发掘证明，长江中下游的稻谷生产也已有 7000 多年的历史。一般来说农耕文明历史悠久的国家，都是人口密度大的国家，也是农业经营规模比较小的国家。二是新大陆国家的农业，主要指哥伦布发现新大陆以后，近 500 多年才发展起来的北美、南美、澳洲等新大陆国家。这些国家农业的开发时间短，相对人少地多，它与传统农业国家的一大区别是农村基本上没有村庄，而是较大规模的家庭农场。观察传统农业国家的发展，村庄空心化、农业兼业化、农民老龄化在工业化、城镇化过程中都出现过。工业化、城镇化必然要推进，推进到一定程度会出现农业农村“三化”问题。怎么处理好这些问题，这是对我们农业农村工作的新挑战，至少给我们出了三个新题目。

（一）农民转移就业和城镇化问题。大量农村劳动力虽然已经进城就业、生活，但他们仍处于城市管理的边缘。就连到底有多少人进了城、处于什么状态也没有一个部门能讲得清楚。从统计资料上看，2006年城镇化率是43.9%，城市人口已达5.77亿人，相应的农村人口降到56.1%、7.37亿人。但按户籍统计，农业户口大约是9.49亿人，这就是说，大约有2.12亿农业户籍的人口并不住在他的户籍所在地，这其中到底有多少人进了城镇，讲不清楚。

除了基本情况不清外，对外出务工农民的叫法也有争议。有人说“农民工”这个概念不好，带有歧视性。但不叫农民工待遇就好了吗？为什么叫“农民工”而不叫“进城务工农民”，一个重要原因在于农民外出务工不见得都进城，在县以下就业的也很多，乡镇企业就有1.4亿从业人员。所以，光保护进城就业农民的权益还不够，在城市之外就业的农民工权益同样要保护。

已经进城的农民工怎么保障他们的权益？最基本的就是要监督企业与农民工签订劳动合同。没有劳动合同，就从根本上剥夺了农民工的各项权利，出了问题也无据可查。从劳动合同开始，到工资支付、生产条件、生活环境，以及他们的社会保障、子女入学等都需要加强保障工作。

这部分农村劳动力的外出带来很多新问题，从培训、就业指导等服务开始，到就业之后的各项权益保护，再到他们离开农村后家里出现的所谓留守老人、留守妇女、留守儿童等。如此大规模的人口流动必然引发诸多新问题，怎么办？工作该谁做？如何去做？随着城乡统筹这个概念深入人心，城市各个部门会越来越多地关心这个问题，但对农村工作部门来讲，做好这个事情是责无旁贷的。农村工作部门一定要积极参与这项工作。至少首先要把情况搞清楚，到底出去多少人？进了城之后是个什么的状态，这样在制定有关农民工政策的时候，我们才可以去据理力争。2006年国务院发了5号文件，建立了农民工联席会议制度，一共有30多个部门参加，办公室设在劳动社会保障部，有这个制度和没有这个制度确实是大不一样。

未来农民工流动会形成什么格局，这取决于我们的城镇化道路怎么走。2000年中央对“十五”计划的建议提出：要走出一条大中小城市和小城镇相结合的城镇化道路。对这个问题理论界一直有争议。一些搞宏观经济学的专家提出：为什么要搞新农村建设？农民问题应当靠城市化来解决；发展小城镇会造成资源浪费，发展大城市才更有效率；从全球尤其是从发达国家的经济和人口布局看，经济产出和人口分布主要是在离海岸线200公里以内的地区，因此有些同志认为应通过发展沿海经济带、发展大城市来大规模转移农村人口，最终解决农民问题。这些问题在学术上尽可探讨，但我们做实际工作、制定方针政策、制订长远规划，一定要从中国的实际国情出发。世界上真正可以和中国国情相提并论的国家很少，全球200多个国家和政治实体，人口超过1亿的国家不到10个，超过10亿人口的国家就是中国和印度。别的国家经验当然要借鉴，但是从人口规模来看，这不是同一个数量级的问题。看了美国就说解决问题主要靠沿海地区，但美国人口刚超过3亿，比我们少10亿人。研究了日本又认为它就是关东、关西两大都市圈，但日本还不到1.3亿人，不足我国人口的1/10。近来谈韩国经验的多了起来，但韩国一共才4000多万人，一个首尔地区就占了全国近一半人口。他们的经验当然要借鉴，但照搬他们的模式解决不了我们的问题，因为根本不在一个数量级上。一定要从中国的实际出发，不仅要看到我国城镇化将是一个漫长的过程，而且要看到我国将长期有大量人口在农村生产和生活。近年来，我们城镇化进程比较快，每年提高1.3个百分点，如果一年提高一个百分点，到建成全面小康时城镇化率就能达到55%左右。到2050年基本实现现代化时，我国的城镇化率可能提高到60%甚至70%。但即使这样还将有30%的人口在农村。根据专家测算，中国人口的峰值将是15亿左右，30%就是4.5亿人。还有4.5亿人口在农村，那是什么概念？那就和新中国成立之初差不多。

中国的城镇化进程还有许多复杂的问题要解决。农民进城必须解决三大问题：居住、就业、社保。如果2.5亿农户有一半进城，那就是1.25亿户。如果户均50平方米的房子，就要建62.5万亿平方米的房子，相当于2006年全国商品房销售面积的10.3倍。

有些地方提出以土地换社保让农民进城，我认为这个问题要慎重。人不能光靠低保活着，还是得有就业，真正过不去的才能纳入低保。

所以，农民进城的首要问题是就业。从现状看，制造业已存在产能过剩，靠原来的增长方式去扩大就业，市场的制约将越来越大。当然，也有发展不足的，比如服务业。服务业有两大类，一类是传统服务业，零售、餐饮、宾馆等；现代服务业则天地宽广，银行、保险、会计、审计、广告等等，但因大多数农民素质不够，很难进入这些产业。因此，在城镇化加速推进的过程中，有两点是要清醒把握的：第一点，推进城镇化和建设新农村必须并行不悖，不能指望靠一个问题去解决另外一个问题。第二点，农民进城绝不是简单的事情。什么时候有能力解决农民的就业、居住和各项社会保障，我们才敢放开了胆子往前走。有些同志批评农民工的双向流动就业影响城镇化进程。当然，能让农民彻底离开土地，踏踏实实在城里安居乐业再好不过，但是如果不想让他变成流民、变成城市贫民，就必须有能力解决好农民进城后的就业、居住和社会保障问题。这不是一个月那点低保的钱就可以打发的，把几亿人弄到城市吃低保，这个社会还安定得了？所以，首先要给农民创造进城就业的机会，他有机会获取更多收入，社会财富才能增长，国家财政才能增收，才会有条件逐步解决上述三大难题。需要强调的是，被征用土地的农民必须纳入社会保障，这是国务院2004年28号文件规定必须做到的。这些问题很多已超出了农村工作的范围，但涉及农民的根本利益，我们就必须认真去做。

（二）提高农民组织化程度和增强农业社会化服务体系问题。农民老龄化、农业兼业化趋势的出现，迫切需要我们做大量深入细致的工作来提高农民的组织化程度，同时要加强农业的社会化服务体系建设，这两项工作已刻不容缓。从日本、韩国等传统农业国家工业化过程中的经验看，这两件事做好了，六七十岁的农民只要身体健康就仍可经营农业。

一定意义上讲，中国农民组织化程度之高是世界少有的：每个人都在一个村委会里面。但真正有经济实力的村集体组织还不多。在多数地区，村民委员会还是一个内向型、从事社会管理的组织。而在市场经济条件下，农民更迫切需要的是外向型、经营性的组织。当然，在提高农民组织化程度问题上，各地还是应从实际出发，有条件的地方比如说苏南、浙北等农村集体经济实力比较强的地区，可依托现存的三位一体的组织——既是党支部又是村委会，还是农民集体经济组织，来解决提高农民组织化程度和完善社会化服务问题。其他一些集体经济没多少实力的地区，就需要引导农民自己组织起来，走发展合作组织的道路，在政府的支持下，依托农民的专业合作组织，提供自我服务。今年7月1日开始实施《农民专业合作社法》，要抓住这个契机，努力提高农民的组织化程度，增强农民自我服务能力。

在这方面，国际上有些经验很值得我们学习。比如，有一个概念叫农机环或农机圈，这是从德国引进的一个概念。什么叫农机环或者农机圈？由于一家一户的经营规模和资金都有限，没有能力购置全套的农机具，同时一家一户购买的农机闲置时间也太长。为降低成本，提高农机效率，合作组织对农户购置农机进行统一协调，你家买播种机，我家买收割机等，几户、十几户农民就组成了一个农机环。我们有些基层干部在面对农业发展的新问题时，往往不去认真学习和思考，不愿意花力气做提高农民组织化程度、完善社会化服务的事情，只想简单地把农民的承包地集中起来实行所谓的规模经营。这样做起来似乎简单，但如果城镇化还不足以吸纳那么多农民，那就后患无穷。从国际经验看，与我们类似的东亚、西欧等传统农业国家，还没见过有哪个国家制定法律一定要把家庭经营的土地合并起来搞所谓的规模经营。而都是通过提高农民组织化程度、加强对农民的社会化服务来为家庭经营提供适宜的外部条件。

要狠下决心，通过扎扎实实、艰苦细致的工作来提高农民组织化程度、增强农业社会化服务，以解决农业发展面临的诸多难题。这几年小麦产量连续丰收，良种贡献很大，而另一个重要原因是数以万计的收割机从南到北地给农户提供收割服务。如果没有这个条件，在青壮劳动力都外出打工的情况下，小麦丰产也难以丰收。这就是农业社会化服务的重要性。所以，村庄空心化、农民兼业化、农民老龄化问题的出现，对我们加强农民的组织工作，加强对农业的社会化服务体系建设提出了非常迫切的要求。

（三）加强乡村社会治理问题。取消农业税之后，农村基层面临着很多未曾遇到过的新问题。比如，乡、村公益事业怎么进行？公共设施怎么建设？“一事一议”达不成一致意见怎么办？一些地方集体经济没有实力，乡村干部待遇上不去，变成能人不干村里的事，但能力弱的人又干不了村里的事。这些新情况概括起来有以下几个方面。

1. 乡村治理体制问题。回顾农村制度的演变，在实行家庭承包经营之后，有几个大的变化：一是土地由农户家庭承包，实现安徽小岗农民说的交够国家的，留够集体的，剩下都是自己的；二是国家和集体的都不交了，税费全免；三是农民的自主权进一步扩大，开始大规模流动外出就业，甚至举家外出。从上述变化中可以看到，农户在经济上对传统乡村组织的依赖程度正在不断降低。这种背景下，如果仍然想靠原来的办法管理农村、管理农民肯定不适应。我也很清楚，基层工作困难很多，乡村两级面临的难题很多。但如果老想着回到计划经济时期，像人民公社时那样，一手是权，一手是钱，都拿在干部手里，干部叫农民干什么农民就干什么，已经没有这种可能性了，这也不符合建立社会主义市场经济体制的基本要求。农民在能够自由流动的社会中，对于集体组织的经济依赖性在明显降低，他随时可以“用脚投票”——不满意就走人。因此，乡村治理从制度设计到具体运行都需要做新的探索。

虽然在乡村治理方面已经制定了不少法律和政策，但有些规定自身存在着矛盾和漏洞，尚需要在实践中不断完善。比如说，根据调查，我国农村的土地所有权91%是村民小组的，即过去的生产队，但拥有土地所有权的这一级组织却没有独立的法律地位，因为村民小组不是一个法定的独立组织，它是村委会的内设组织。村民委员会是法定的自治组织，但绝大部分村委会却没有土地的所有权。这就存在矛盾：拥有财产权的组织没有法律地位，而有合法地位的组织却没有财产权。把土地的发包权、集体财产的管理权交给村委会，让没有所有权的人在那管财产，有所有权的组织却被虚置，长此下去就可能出问题。再一个矛盾是，农民外出就业，甚至举家迁出都是允许的，但他的财产，包括土地、住宅、长期积累的集体财产等，都难以变现，一迁出就一无所有了，那谁还愿意迁出呢？

2. 农村自治组织的治理成本问题。宪法规定我国有两类自治组织，一是农民的自治组织，二是城市居民的自治组织。如果比较两个自治组织，会发现从功能到运行机制都有很大差别。在座所有人，有家有户口你就一定属于一个居民委员会。城镇居民很少与居委会闹矛盾，为什么？因为居委会与居民之间很少有经济利益关系。居委会给居民提供了很多方便：搞好环境卫生、组织社区文体活动、搞好小区治安等。但在经济上，居民对居委会没有任何依赖关系，就业、住房等都不是由居委会提供的。反过来，居委会还会运用公共财政，代表政府对居民进行社会管理及提供公共服务。如果这种管理和服务恰恰是居民所需要的，居民对居委会的工作就会很满意；如果提供的服务不是居民所需要的，那也无所谓，因为居民不为此承担费用。但是，村委会就不同了，村委会从人员工资、管理费用到公益事业、基础设施的建设等，都需要自行筹集经费。集体经济好的地方，不从农民身上拿钱，由村集体支付各种费用那就好办一些。而集体经济不发达的地区，就需要从农民身上收钱办事。这就出现了一个大问题：农村自治组织的运行成本该由谁来负担？我们一直是希望通过发展集体经济来解决这个问题。有的地方也确实找到了出路，就是办乡镇企业。但每个村庄都办企业行不行？有条件的可以，没条件的到底怎么发展集体经济？还有些地方有山有水，可以拍卖“四荒”资源，也还有些集体的收入，但平原地区除了耕地没有别的怎么办？一些地方乡村干部打农民承包地的主意，或者以各种名义从农民身上收钱，说到底，就是没有集体的经营性收入。因此，对多数村的党支部书记、村委会主任来说，靠发展集体经济来解决村委会的运行经费，难度就很大。为什么？因为合作化前没有集体经济，合作化、公社化后也就是把农民的地拿过来才算有了集体经济。废除人民公社时，很多地方除了土地并没有什么集体经济的经营项目，实行土地承包到户后，集体手里就基本没有什么别的资产了。所以，村民自治的成本该由谁支付、新型乡村治理结构到底应该怎么产生，是要认真探索研究的一个重大课题。

应该说，能靠集体经济解决问题的要坚决支持他继续往前走，但要做到财务公开。确实没有条件的乡镇，就要考虑逐步转化为公共财政的开支。否则，就会出现乡村事务无人管理的混乱局面。北京市这几年各级财政给村委会转移支付的力度比较大，一个村一年至少给13万到18万元，除了村里的干部补贴外，还可以做一点公益性的事情。因此，要完善乡村治理结构，就要加大对农村基层的转移支付。我要再次强调：不是说不要发展集体经济，我们一定尽一切可能发展壮大和巩固集体经济。但也要清楚地看到，不是所有地方都有条件办企业，办不了企业也没有其他资源的地方，到底用什么方法来维持村委会的运行，这个问题必须要提到我们的议事日程上来认真考虑，否则农村基层政权就难以稳固。

3. 乡镇政府职能与公共资源配置问题。随着乡村治理结构改革的深化，还有很多重大问题放在我们面前，比如说乡镇政府职能到底如何确定？十五大确立的政府职能是四件大事："经济调控、市场监管、社会管理、公共服务"。但这四句话用到省一级政府就不完整了，金融调控是经济调控的重要手段，但省级政府没有金融调控的权力。那么用到乡一级政府怎么说呢？有同志提出乡级政府主要是社会管理和公共服务，但也有些同志认为乡镇政府不抓经济，不招商引资不行。这两天的讨论也有同志提出：不能把乡镇机构改革简单化为就是精简机构、精简人员，关键是要转变职能。但乡镇政府的职能究竟是什么？恐怕不能搞一刀切，因为乡镇之间差别太大，发达地区一个乡镇的经济规模和财政收入可能超过传统农区的一个县市。因此要深入调查研究，要从实际出发。

与乡镇政府定位、职能转变相伴随的另一个问题是公共服务的资源配置问题，或者说乡镇事业机构的改革问题。这涉及两类问题，一是具有社会管理的职能，如动物疫病防控，这不仅涉及农业发展和农民利益，而且关系社会公共卫生。这样的职能只能加强不能削弱，因为这是带有强制性的社会管理职能。二是具有公共服务性的职能，如教育、医疗等。过去每个乡镇有中心小学，大一点乡镇还有初中，初小大多分布在村里。随着城镇化进程推进，这种资源配置格局也遇到了新的挑战。为了优化资源配置，合并农村学校，有人说好，但也有说不好。说好的人认为集中了优质教育资源，能为农村孩子提供更好的教育服务；说不好的人认为学校离家远了，孩子上学不安全、增加家庭开支等。乡村卫生资源也面临同样问题。过去每个乡镇都有卫生院，现在交通条件大大改善，很多农民小病不出村，大病就到县医院，乡镇卫生院看病的人反而少了。如何配置乡村各种公共资源，既提高资源利用效率，又方便农民生活，是一个需要认真调查研究、切实加强规划的大问题。

通过城镇化把农民变市民、提高农民的组织化程度、为农民提供优质的农业社会化服务并逐步完善乡村治理结构，为农民提供更多更好的社会管理和公共服务资源，我们要比以往任何时候都更加关注这些问题，否则我们就难以适应农村经济社会发生的深刻变化。要拓展我们的视野，进一步加强和完善我们的工作，以尽力缓解农村经济社会转型时期的震荡，这将是我们当前工作的一大重点。

三、几个具体政策问题

（一）对农民直接补贴政策问题。会上有同志提出：现在补贴的名目越来越多，原来是种粮直补、良种补贴、农机补贴，后来增加了农业生产资料价格综合补贴，现在又出来母猪补贴，将来可能还有奶牛补贴等等。其实，这些补贴政策从一出台就存在不同看法，有同志认为你这点补贴对农产品的供给刺激作用有限。也有同志讲，落实一次补贴做一次表，一次一次上墙公布，一户一户把钱发下去，行政成本太高。还有同志说与其把这点钱给农民，还不如给乡或村，把资金集中起来修条公路或建个什么设施不好吗。

在实地调研过程中，很多基层的同志都向我们反映过这些意见。我想这件事情还是要深入细致地做好基层干部的思想工作。落实对农民的生产补贴政策，确实使基层干部增加了很多工作量。但也要看到，与税费改革前相比，挨家挨户上门催粮催款催税费的工作量也不见得小。况且现在我们还可以运用现代金融体系把补贴发下去。这里最重要的问题是不能失信于民，党和政府讲了的话就得掷地有声，直接涉及农民利益的政策不能轻易改变。比如，如果现在宣布取消种粮直补，农民可能就认为国家是嫌粮食多了，那会产生什么后果？从这个意义上讲，维护党和政府的信誉和保持政策的连续性、稳定性，对取信于民、保持生产的稳定性具有决定性的作用。政策可以完善，但决不能轻言改变，我们要总结经验把工作做得更好。

另一方面，基层同志们提出的意见也有合理性。比如干部的补贴怎么落实，农村的基础设施如何建设，哪些钱应该农民自己出，哪些钱应该国家给。因此，应该抓紧研究随着经济的发展，乡镇以上的各级政府怎么按照统筹城乡发展的要求，增加对农村的转移支付问题，以更多地担负起农村基础设施建设和社会事业发展的责任。但必须明确的是：党中央、国务院决定直接补贴给农民的资金，决不能挪作他用。如果把政策定了应该直接发到农民手里的钱拿去干了别的事，你干了也未见得就好。农民会有意见，党中央、国务院给我们补贴的钱你为什么不给我？干群关系就会产生新的矛盾。

我们总体上已经进入以工促农、以城带乡的发展阶段，但有些同志一讲新农村建设，首先想到的就是要让农民自力更生，好像农村的路就该农民修，农村的学校就该农民建。要农民艰苦奋斗，用自己的辛勤劳动建设自己的美好家园，这话当然没错。但不能因此就不讲政府的责任。城市的基础设施建设和社会事业发展不都是政府花钱吗，也没听说哪个城市修马路、建公园要市民们去自力更生、艰苦奋斗的。因此，农村的基础设施建设、社会事业发展，能动员农民多尽一些义务更好，但政府的责任一定要尽到。必须打破城乡二元结构所衍生的观念和体制，改变政府只承担城市建设和发展的责任，不承担农村建设和发展职责的错误认识，才能真正实现统筹城乡经济社会发展的局面。

（二）农村土地政策问题。中央反复强调，土地制度是党的农村政策的基石。宪法规定，以家庭承包经营为基础的统分结合的双层经营体制，是我国农村的基本经营体制。而这一基本经营制度与土地问题直接相联，所以，必须非常严肃认真地对待土地政策。目前，农村土地政策面临三大问题。

1. 征地制度问题。当前的征地制度从根上讲还是与计划经济体制有关。计划经济时代，国家征地农民是欢迎的，因为征地就意味着农民变成城里人，政府就必须为其安排工作、安排住房，生老病死全部都有了保障。在这样的体制中，直接征用农民的土地不会有什么大问题。但是现在情况不同，地征走，人不管，对农民伤害极大。针对这样的问题，国务院 2004 年 28 号文件提出：第一，提高补偿标准；第二，落实安置政策；第三，纳入社保体系。国务院 2006 年 31 号文件进一步明确：土地出让金要有更大的比例用于安置失地农民、返还农业和农村的建设。在目前的土地征用制度下，严格按国务院 2004 年 28 号文件和 2006 年 31 号文件精神办事，才能维护好农民的权益。

从今后的发展方向看，征地制度的改革应当遵循公共利益的原则，就是只有出于公共利益的需要政府才能征地，其他目的的土地利用不应当行使政府的征地权。但政府不为经营性目的征地，并不是说经营性用地就可以随意买卖。世界通行的规则是政府根据土地利用规划对土地实行用途管制。土地利用规划的制定过程应当公开、透明，但规划通过了就是法律，就必须严格执行。只有规划许可用于建设的土地才能进入建设用地市场，其他土地一律不得擅自进入建设用地市场。

我国建设用地制度的改革方向也是对土地利用的用途管制。有人说，改革征地制度，首先应当明确什么叫公益性用地，因此要制定公益性用地目录来规范。其实我到美国、加拿大考察，那里也没有什么公益性用地目录。他们的法院告诉我，公益性用地是社会常识，政府违背社会常识去征地，那是行不通的。而非公共利益的用地，那就看规划是否许可搞非农建设，如果规划许可，就由供地者与用地者按市场经济原则来谈判。因此关键还是要严格对土地的用途管制，要树立土地利用规划的权威。只有这样，才能依法保护好耕地，保护好农民的基本权益。

2. 关于稳定家庭承包经营制度问题。中央在家庭承包经营方面的政策从来都是清清楚楚的：首先是稳定基本经营体制，稳定农村土地承包关系；其次是在这个前提下，按照依法自愿有偿的原则，允许土地承包经营权流转集中，发展各种形式的适度规模经营。但是，承包合同一签订，承包期内的土地怎么用？是承包户自己种还是转给人家种，那是农户的权力，政府和村组织不能越俎代庖替农户做决策，更不能强迫农户非要怎么做。土地承包经营权的流转、集中、发展规模经营可以去引导、可以去示范，但是不能强迫。市场经济的前提是清晰的产权，否则没人敢交易。对土地流转市场来讲，清晰的产权就是稳定的土地承包关系。在农村分工分业、劳动力外出不断发展的背景下，土地承包关系越稳定，农民就越敢流转承包经营权，土地经营使用权的流转市场也就越发展。在这个过程中，政府和村组织的责任不是替农民做主，而是为农民服务。有些地方在乡镇建立土地流转服务中心、在村里设立土地流转服务站，还有的地方建立“托田所”“土地银行”等，就是为想流转土地的农民提供服务，土地流转的市场也就逐步发展起来了。

3. 关于农村集体建设用地问题。当前农村土地制度中存在的第三个大问题是农村集体建设用地问题。农村集体建设用地包括乡镇企业、农民住宅以及乡镇和村的公益性设施这三项，如果这三项用地符合土地利用规划、符合农地转用的法律规定，就可以不经国家征用直接转为建设用地。这件事情以前很清晰，但最近的情况开始复杂起来。比如说，乡镇企业用地属于农村集体建设用地范围。但什么是乡镇企业？《乡镇企业法》有明确规定：一是农村集体经济组织或农民兴办的企业叫乡镇企业；二是乡镇企业对本集体经济组织要承担以工补农的义务，符合这两条的才叫乡镇企业。但现在乡镇企业大多都改制了，真正符合《乡镇企业法》规定的其实已经很少了。那为什么不少地方还在以兴办乡镇企业的名义申报集体建设用地呢？

我国的《土地管理法》有两条例外：第一条例外是乡镇住宅、农民住宅和乡村公益性设施建设用地不用征地，就是可以不向国家申请国有土地，而用农民集体的土地；第二条例外是农村集体所有的土地禁止以出租、转让等方式进行非农业建设，但原来的乡镇企业发生破产或兼并的情形，它的土地使用权就可以跟着走。现在这两个“例外”被放大了，不少地方不管不顾，大规模以集体建设用地的名义搞非农建设。一些地方擅自占用农地盖标准厂房对外出租，或者未经批准就招商引资办所谓合资企业，还有就是擅自建设所谓的“小产权房”。坦率地说，土地这个闸门之所以控制不住，与有些地方擅自改变农村集体建设用地的性质和用途有关，这不仅直接影响到国家宏观调控的成效，还直接影响到将来的粮食安全、影响到农民今后的长远利益。

我们搞农村工作的同志，一定要有一个基本素质，就是把涉及农村土地问题的法律法规政策烂熟于胸。必须对《宪法》《土地管理法》《村民委员会组织法》《农村土地承包法》和《物权法》等法律中涉及农村土地的相关条款非常了解。同时，还有党和政府的有关文件也要了解。比如，提出农村土地承包期延长到15年的是中央1984年1号文件，后来明确再延长30年的是中央1993年11号文件。此后还有两个非常重要的文件：一是关于制止两田制的1997年两办16号通知，二是关于规范土地流转的2001年中央18号文件。这些都是我们必须学习和掌握的法律法规和政策，掌握了这些，才能依法管理和保护耕地，才能维护好农民的基本权益。

走中国特色农业现代化道路[①]

（2007 年）

农业是国民经济的基础。在我们这个有着十几亿人口的国家中，这是已被历史反复证明了的客观规律。进入新世纪新阶段，工业化、信息化、城镇化、市场化、国际化正以前所未有的深度和广度快速推进。在这样的背景下，只有加快现代农业建设，才能加强农业的基础地位，以保障农业稳定发展、农民持续增收、农村全面进步。这对于全面建成小康社会、加快推进社会主义现代化建设，无疑具有极为重要的现实意义。为此，党的十七大报告明确提出：在扎实推进社会主义新农村建设的进程中，要“坚持把发展现代农业、繁荣农村经济作为首要任务”，“走中国特色农业现代化道路”。

一、加快推进农业现代化，是全面建设小康社会的必然要求

改革开放以来，我国农业的发展取得了举世瞩目的成就。但由于人口众多、人均农业自然资源相对稀缺，农业生产条件和生产手段总体上还比较落后，粮食等主要农产品在正常情况下仍处于供求紧平衡的状态，还有若干农产品则需进口补充。随着经济社会发展和人民生活水平的提高，社会对农产品的需求在日益增长，农业必须实现持续稳定发展，才能满足全面建设小康社会的需要。

① 本文原载于《十七大报告辅导读本》，人民出版社，2007 年 10 月出版。

（一）我国正处于农产品需求持续较快增长的阶段。近年来，我国经济持续快速发展，城乡居民收入明显增加，社会对农产品的需求处于持续快速增长阶段，这对农业发展提出了新的更高要求。以 2006 年与 1996 年相比，我国城乡居民除口粮外，对大多数农产品的人均消费量都明显增加。

表 1 城乡居民人均主要农产品消费量

（单位：斤）

年度	粮食	植物油	肉类	蛋类	奶类	水产品
1996	414.0	11.0	30.4	10.5	4.3	10.8
2006	297.3	13.5	40.0	14.7	22.1	17.0
2006/1996	−28%	+23%	+32%	+40%	+414%	+57%

还要看到，我国当前正处于城镇化快速推进阶段。以 2006 年与 1996 年相比，全国总人口增加了约 9000 万人，但同期城镇人口增加了 2 亿以上；10 年间，我国人口城镇化率从 30.48% 提高到了 43.90%，年均提高 1.34 个百分点，即平均每年增加 2000 万以上城镇人口。城镇化水平的提高，是经济社会发展的必然规律和重要标志。但是，这意味着以往的农产品生产者将逐步转变为农产品消费者，同时也意味着整个国家的人均农产品消费量将显著增加。从 2006 年的情况看，我国城镇居民对植物油、肉禽、蛋类和水产品的人均消费量，分别比农民高 15.5%、47.7%、133.3% 和 200%。因此，在全面建设小康社会和城镇化快速推进阶段，我国主要农产品的生产必须保持稳定的持续增长。

（二）我国农业发展的资源约束条件正日益严峻。正如党的十七大报告所指出的那样，在各种因素的综合作用下，“农业稳定发展和农民持续增收的难度在加大”。当前，我国农业的生产条件正面临日益严峻的挑战。一是耕地面积持续减少。1996 年，我国耕地总面积为 19.51 亿亩，到 2006 年底，已降为 18.27 亿亩，10 年间净减少 1.24 亿亩。而我国工业化任务尚未完成、城镇化进程尚未过半，尽管坚持实行最严格的土地管理制度，但耕地继续减少的趋势仍难以扭转，每年仅建设用地就至少需要新增占用400万亩。二是淡水资源短缺。目前我国人均淡水总资源仅2100立方米左右，是世界人均水平的1/4左右，且水资源的时空分布极不均衡，北方地区总体上严重缺水。但东南沿海等水资源条件较好的地区，工业化、城镇化进程明显快于全国，一方面是集聚的投资多、吸引的外来就业人口多，另一方面则是耕地减少多、粮食生产能力下降多、粮食需求增长多。2005年东南沿海10省市的粮食总产量比1998年减少614亿斤，即减少了17.6%；其在全国粮食总产量中的比重也由34.02%降至29.67%。我国历史上长期形成的“南粮北运”格局已被“北粮南运”所替代。但粮食生产是高耗水产业，将粮食增产的重任交由水资源更为短缺的北方地区来承担，其可持续性值得深思。三是近年来农田水利设施老化失修严重。2006年，我国耕地的有效灌溉面积为8.48亿亩，仅占总面积的46.41%，一半以上耕地仍是靠天吃饭。每年因自然灾害损失的粮食就超过700亿斤。

（三）我国农业的根本出路在于加快科技进步。我国人均耕地、淡水等自然资源数量大大低于世界平均水平，农业受到的自然资源制约日益突显，继续靠增加自然资源投入来增加农产品产出的余地已越来越小。不仅如此，大量使用化肥、农药、兽药等投入品，还制约了我国农产品质量安全水平的提高，导致农业面源污染日益严重。据统计，新中国成立以来，全国约有2亿吨化肥、农药等化学物质投放在土壤中。目前，我国化肥年使用量达4600多万吨，氮肥当季利用率只有30%左右，造成地表水富营养化和地下水污染。全国农药年使用量近130万吨，不同程度遭受农药污染的农田面积达到1.36亿亩；地膜的大量使用也形成了新的污染源。

要打破日益严峻的资源约束，实现农业的持续稳定增长，根本出路在于加快农业科技创新，加大科技成果的转化和推广力度，提高资源和投入品的利用效率。目前，我国农业科技贡献率只有48%，科研成果转化率只有30%，分别比发达国家约低30和40个百分点左右。对此，我们要有紧迫感和忧患意识，要在加大保护资源环境力度的基础上，走依靠农业科技进步不断提高耕地产出率、资源利用率和劳动生产率的农业现代化道路。

二、从我国实际国情出发，走具有中国特色的农业现代化道路

党的十七大报告指出，我国“农业基础薄弱、农村发展滞后的局面尚未根本改变”。这是我国推进现代农业建设的现实出发点。同时也决定了我国必须走出一条具有中国特色的农业现代化道路。

（一）坚持统筹城乡经济社会发展的基本方略。“解决好农业、农村、农民问题，事关全面建设小康社会的大局，必须始终作为全党工作的重中之重”，这是十七大报告提出的明确要求。把全党的思想统一到这个高度，才能为推进我国的农业现代化进程创造适宜的社会氛围。综观世界各国农业的发展，有不少国家在推进工业化、城市化的进程中，都曾因一度忽视农业而导致农业衰退、农村凋敝，致使整个国家的发展和稳定为此付出了沉重代价。随着工业化的发展，农业在国内生产总值中的比重逐步下降，农业所直接提供的税收在国家财政收入中的比重也变得越来越微不足道。这是现代国家经济发展的必然规律。但这丝毫也改变不了农业仍然是国民经济基础的地位。我国是一个人口众多的发展中社会主义国家，农村人口至今仍占多数。这个基本国情决定了“三农”问题始终关系着整个国家发展稳定的全局。如果因农业在国内生产总值和财政收入中的比重下降而忽视农业，那就违背了科学发展观的基本要求和经济社会发展的一般规律，会使我国的发展进程遭受重大挫折、付出沉重代价。因此，在全面建设小康社会的进程中，必须牢固树立把解决好“三农”问题作为全党工作重中之重的思想，坚持走统筹城乡经济社会发展的道路。

（二）实施工业反哺农业、城市支持农村的方针。“建立以工促农、以城带乡的长效机制，形成城乡经济社会发展一体化新格局”，这是党的十七大报告对加快形成新型工农城乡关系所提出的明确要求，也是推进我国农业现代化所不可或缺的体制和政策环境。我国农业和农村发展长期滞后，根本原因在于由城乡二元结构所派生的经济社会管理体制尚未打破，以及由此所导致的农村生产要素持续流失、对农业的资金技术支持明显不足的局面尚未改变。因此，加快建立逐步改变城

乡二元结构的体制，实施工业反哺农业、城市支持农村的方针，是推进我国农业现代化的当务之急。任何国家的农业现代化，都不可能仅仅依靠农民自身的力量。建立公共财政体制、完善转移支付制度、形成既符合世界贸易组织规则又具有本国特点的农业支持保护体系，是已经实现了农业现代化国家的普遍做法。随着工业化、城镇化水平的不断提高，我国在这方面也已迈出重要步伐。党的十六大以来，中央采取了一系列重大措施，如全面取消农业税收，对农民实行各项直接生产性补贴，中央财政建立对财政困难县乡和产粮大县的奖励补偿机制，明确要求各级政府把基础设施建设和社会事业发展的重点转向农村，建立健全和落实保障农民工合法权益的各项政策和制度等。这些都标志着具有我国特点的以工促农、以城带乡的长效机制正在形成。只要坚持这个方向，按照党的十七大提出的“形成城乡经济社会发展一体化新格局”的目标前进，具有中国特色农业现代化道路的体制和政策环境就一定能够日趋完善。

（三）**着力增强农业综合生产能力**。农业的综合生产能力，是农业现代化水平的基本标志。发展现代农业、扎实推进社会主义新农村建设，就必须花大力气增强我国农业的综合生产能力。我国不少农产品的生产总量位居世界前列，但从投入产出和经济效益看，仍明显落后于发达国家。如我国谷物、肉类、禽蛋、水果的产量均居世界第一位，但我国2005年每千公顷化肥的施用量高达366.5吨，是世界平均水平的3.5倍，分别是日本、美国、法国的1.6倍、3.6倍和6倍，不仅生产成本高，而且还污染了环境。因此，推进我国农业现代化，必须着力增强农业的综合生产能力。

党的十七大报告针对我国农业现状中的突出矛盾，对增强农业综合生产能力的若干重要问题提出了明确的要求。

一是在注重加强农村基础设施建设的同时，要更加注重农村市场和农业社会化服务体系的建设。良好的基础设施是提高农业竞争力和农村居民生活质量的基础。当前，农业农村基础设施建设滞后的问题仍很突出。因此，要进一步加大政府投入，建立引导农民和社会力量等多渠道投资的机制，加强农田水利设施续建配套建设，加大病险水库除险加固力度，推进重大生态工程建设，加强水土流失综合治理，加快建设高产稳产的标准农田，解决农村安全饮水问题，加大乡村道路建设力度，提高农村信息化水平，推广可再生清洁能源和农村生活垃圾、污水集中处理设施建设等，切实改善农业生产和农民生活条件。但农业农村的发展，仅靠加强基础设施建设还不够。近年来大豆等行业受到进口产品严重冲击、猪肉等产品的价格大幅波动、肉禽果菜和水产品等出口遭遇技术壁垒限制等现象说明，在农业市场化、国际化水平日益提高的情况下，没有健全的农村市场体系和完善的农业社会化服务体系，农业的效益和国际竞争力将很难提高。对此，十七大报告指出，要“加强农业基础设施建设，健全农村市场和农业服务体系”。在强化农村基础设施建设的同时，必须大力发展农村现代流通方式和新型流通业态，培育多元化、多层次的市场流通主体；健全适应农业市场化、国际化的社会化服务体系；加强对农产品进出口的调控，维护国内农业生产和农产品市场的基本稳定。要在农业的产前、产中、产后的各个环节，加大对农户的经济和技术服务，帮助农户增强抵御自然和市场风险的能力，促进农业生产稳定发展、效益稳步提高。

二是在注重农产品产量增长的同时，要更加注重提高农产品的质量安全水平。以往，我国农业的主要矛盾是供给不足，目前则已进入粮食等主要农产品总量基本平衡、丰年略有节余的阶段。随着人民生活水平的提高，消费者对食品的需求，已从吃得饱向吃得好、吃得营养、吃得健康转变，农产品的质量安全状况已经成为影响农业效益和消费者健康的关键因素。国内外发生的食品安全事件也表明，质量安全已经成为农业和食品国际竞争力的决定性因素。十七大报告指出，在“增强农业综合生产能力，确保国家粮食安全”的同时，要“加强动植物疫病防控，提高农产品质量安全水平”。必须严格贯彻《农产品质量安全法》，加强动植物疫病防控，积极推行农业标准化，加快完善农产品质量安全标准体系，建立农产品质量可追溯制度，依法保护农产品注册商标、地理标志和知名品牌，严格执行转基因食品、液态奶等标识制度，加强农产品生产环境和产品质量的检验检测，保证上市农产品的质量安全。

三是在注重提高农业农村经济效益的同时，要更加注重确保国家的粮食安全。比较效益低是农业发展面临的重大挑战。而农业中种粮的效益尤其低下，这是对农民种粮积极性的极大制约。党的十六大以来，党中央采取了一系列强有力的支农惠农举措，对调动农民种粮积极性和促进粮食生产回升发挥了明显作用。但2006年全国粮食播种面积仍比1998年减少了1.25亿亩。现代农业是高效农业，不提高农业的效益，农业就没有出路。因此，必须继续推进农业产业结构的战略性调整和发展优势农产品产业带，促进农业的多元化经营、区域化布局、专业化生产，提高农业的产业化水平和整体经济效益。在优化农业结构的过程中，必须按照十七大报告的要求，“加大支农惠农政策力度，严格保护耕地，增加农业投入，促进农业科技进步，增强农业综合生产能力，确保国家粮食安全”。各项支农惠农政策要向粮食主产区倾斜，健全完善的支持和保护粮食生产的政策体系，千方百计提高粮食生产的综合经济效益，以调动农民种粮和主产区各级政府发展粮食生产的积极性，稳步提高粮食生产能力。

四是在注重增加对农业设施装备投入的同时，要更加注重对新型农民的培养。发展现代农业固然必须提高农业的设施和装备水平，但归根到底，还必须依靠现代农民。因此，在加强农业设施装备的同时，必须着力提高农村劳动者的素质。2005年，全国5.04亿农村劳动力中，小学及以下文化程度的占34.10%，其中不识字或识字很少的占6.87%。近年来，农业兼业化和农民老龄化的趋势已现端倪，不抓紧培养高素质的新一代农民，农业就将面临后继乏人的危险。因此，必须大力“培育有文化、懂技术、会经营的新型农民”，造就现代化的农业经营主体。要大力开展农业生产技能和市场经济知识培训，积极发展种植、养殖业的专业农户，培育从事农产品流通的经纪人及其组织。要加快发展农村职业技术教育、成人教育，加大对大专院校和中等职业学校农林专业学生的助学力度，并鼓励他们毕业后到农村去发展现代农业。

五是在注重提高农业生产能力的同时，要更加注重在坚持农村基本经营体制基础上创新农业经营形式。古今中外农业发展的普遍规律证明，家庭经营是最适合农业特点的生产经营形式。新中国成立以来的经验教训则表明，家庭经营也是保护农民基本权益的有效形式。综观世界各国，凡农业已现代化的国家，无不实行家庭经营。因此，农业家庭经营与农业现代化并不矛盾，关键在于工业化要向家庭经营注入现代生产要素，城镇化要为扩大家庭经营的规模转移农村人口，市场化要为家庭经营提供完善的社会化经济技术服务。因此，宪法规定的“以家庭承包经营为基础、统分结合的双层经营体制”这个我国农村的基本经营制度必须长期坚持。在此基础上，各地要根据城镇化和农民转移的实际状况，如十七大报告所指出的那样，“按照依法自愿有偿原则，健全土地承包经营权流转市场，有条件的地方可以发展多种形式的适度规模经营”。与此同时，还要“探索集体经济有效实现形式，发展农民专业合作组织，支持农业产业化经营和龙头企业发展”，在稳定和完善家庭承包经营的基础上，不断提高农户发展生产和进入市场的组织化程度。

三、全面深化农村改革，着力促进农民增收减负，为扎实推进现代农业和社会主义新农村建设提供体制保障

近年来，国家支农惠农的政策力度在不断加大。但由于城乡二元结构和发展阶段的影响，城乡发展差距依然明显。1985 年到 2006 年，城乡居民的收入差距从 1.86 : 1 扩大到了 3.28 : 1。必须全面深化农村改革，加大公共财政向农村的覆盖，加强农村公共服务，扩大农民就业空间，促进农民增收减负，为扎实推进现代农业和社会主义新农村建设提供体制保障。

（一）深化农村综合改革。我国正处于工业化、城市化快速发展阶段。在市场机制的作用下，资金、土地、人才等要素快速向城市集聚。由于城乡二元结构的影响，政府提供的公共服务主要集中在城市，由此造成农民经济负担沉重、生产缺乏资金和技术支持，农村基础设施建设和社会事业发展明显滞后。要扭转城乡差距扩大的趋势，必须深化经济体制改革、实现体制机制创新。十七大报告明确了当前和今后

一个时期农村改革的若干重点："深化农村综合改革，推进农村金融体制创新，改革集体林权制度。"

一是积极稳妥推进乡镇机构改革。乡镇机构改革的关键是转变基层政府职能，将更多精力转向加强社会管理和提供公共服务。要改革财政体制，增强基层政府服务能力，精简机构和财政供养人员，建立精干高效的农村行政管理体制，在减轻农民负担前提下为农村发展经济、逐步实现基本公共服务均等化创造条件。

二是加快公共财政覆盖农村的进程，加强农村公共服务。要进一步调整国民收入分配和财政支出结构，建立财政支农支出稳定增长和以工促农、以城带乡的长效机制。国家财政新增教育、卫生、文化等事业经费和固定资产投资增量主要用于农村，逐步加大政府土地出让金用于农村的比重。着力解决农民最急迫希望解决的生产生活问题，改善农民生产生活条件。树立基本公共服务均等化的观念，巩固农村免费义务教育成果，扩大农村新型合作医疗制度覆盖面，逐步建立覆盖城乡的公共文化服务体系；提高扶贫标准和扶贫开发水平，加快农村贫困人口脱贫进程；普遍实行农村最低生活保障制度，完善农村救助制度，探索农村养老保险制度。

三是推进农村金融体制创新。近年来，通过深化农村信用社改革、推进邮政储蓄机构改革、拓展农业发展银行职能、发展农村小额贷款、放宽农村地区银行业准入条件、开展农业政策性保险试点等措施，农村的金融服务有所加强。但长期形成的农村资金外流、金融支持明显不足的局面仍未根本改观。2006 年末，全国金融机构农业贷款余额为 1.32 万亿元，仅占各项贷款余额的 5.86%，不及第一产业增加值占国内生产总值比重的一半。城乡金融资源配置严重失衡，农村金融服务严重不足，已成为制约农村发展的一大瓶颈。为此，要制定切实可行的改革措施，继续推进农村金融体制创新。要强化金融机构支持农业农村发展的社会责任、培育发展新型农村金融组织、规范引导民间金融、强化农业政策性银行功能、加快完善农业保险和再保险体系；要进一步完善农村信用社的管理体制、产权制度和治理结构，提高资产质量。要在提高农村金融机构运行效率、经营效益和加强风险防范的基础上，明显改善对农村的金融支持和服务。

四是改革集体林权制度。集体林权制度改革是继耕地实行家庭承包经营后的农村经营体制又一重大变革，对调动林区农民的生产积极性、解放林区生产力具有巨大促进作用。各地试点工作的实践证明，按照农村基本经营制度的要求，在保持集体林地所有权不变的前提下，确立农户的经营主体地位，明晰集体林地的使用权和林木所有权，放活经营权，落实处置权，保障收益权，同时推进相关的配套改革，将有力地促进传统林业向现代林业的转变，更好地实现林业生态效益、经济效益和社会效益的有机统一。

（二）*以促进农民增收为核心，多渠道扩大农民就业*。农民增收难的基本矛盾在于就业不充分。十七大报告要求："以促进农民增收为核心，发展乡镇企业，壮大县域经济，多渠道转移农民就业。"近十余年来，农民非农就业人数快速增加。1996年到2006年，农民的工资性收入占人均纯收入的比重由23.4%提高到了38.2%。2006年，农民新增的332元人均纯收入中，工资性收入占60.3%，可见劳务收入已成为当前农民增收的支柱。要继续多渠道增加就业机会，促进农民增收。

一是充分挖掘农业内部的就业和增收潜力。要努力发挥农业的多种功能，按照国内外市场的多样化需求，提高农业的集约化、精细化水平，加快发展特色农业、生物质产业、旅游农业，推进"一村一品"的发展，不断拓展农业内部的就业空间和增收渠道。

二是发展乡镇企业，壮大县域经济，促进农民就地就近转移就业。继续支持耗能少、污染低、效益高、就业容量大的乡镇企业发展。以产业政策和区域政策为引导，合理调整城乡和区域间的经济布局。要结合西部大开发、振兴东北地区等老工业基地、促进中部崛起等发展战略，按主体功能区规划的要求，积极推进中西部地区发展县域经济和提高城镇化水平，促使资金、人才和项目合理向内地中小城市转移，为形成合理的经济布局和农村人口就地就近转移创造条件。

三是维护农民工合法权益，为农民外出就业提供服务。2006年，农村外出务工达13212万人，人均月工资收入946元。外出务工已成为农民转移就业、增加收入的重要渠道。大中城市要全面落实国家关于保障农民工合法权益的各项政策，完善对农民工的就业和社会服务。要提高对农民外出务工经商的职业技能培训水平，加强保障农民工在劳动合同、工资保障、职业安全、社会参与等方面的合法权益；为农民工家庭提供子女义务教育、基本医疗卫生、基本社会保障等方面的服务。

（三）并行不悖地推进城镇化和新农村建设，形成城乡经济社会发展一体化的新格局。人口总量大且农村人口比重高是我国的一大国情。改变这样的国情将是一个艰苦而又漫长的进程。从农村角度看，富裕农民就必须减少农民，这也是逐步实现我国农业现代化的重要条件。数量巨大的农村人口向城镇转移，既是我国未来几十年在扩大内需基础上实现经济持续快速增长的不竭动力，但也将使城镇在未来相当长时期内承受扩大就业、增加住房和健全社会保障体制等方面的巨大压力。因此，必须从我国的实际国情出发，并行不悖地推进城镇化和新农村建设。要继续促进大中小城市和小城镇协调发展，多层次提高我国城镇化水平，增强城镇对农村人口的吸纳能力，并为陆续离开户籍所在地、在城镇稳定就业和居住的农民逐步转变为市民创造条件。同时还须清醒看到，我国人口比美国多10亿，是日本的十倍多，在可以预见的未来，不可能像美、日等国那样实现人口基本城镇化。在相当长的历史时期内，我国仍将有数以亿计的人口生活在农村，这将是难以回避的事实。因此，在积极推进城镇化的同时，必须高度重视新农村建设。在统筹城乡经济社会发展方略的指引下，按照“生产发展、生活宽裕、乡风文明、村容整洁、管理民主”的总体要求，扎实推进社会主义新农村建设，不断改善农村生产生活条件，逐步提高农民综合素质，为发展现代农业创造适宜条件。因此，十七大报告提出的“要加强农业基础地位，走中国特色农业现代化道路，建立以工促农、以城带乡长效机制，形成城乡经济社会发展一体化新格局”的要求，将是我们在全面建设小康社会和实现现代化进程中必须始终坚持的发展方向。

健全严格规范的农村土地管理制度[①]

（2008 年）

当前，全党全国人民正在认真学习贯彻党的十七届三中全会精神。十七届三中全会通过的《中共中央关于推进农村改革发展若干重大问题的决定》中，明确提出了健全严格规范的农村土地管理制度。土地制度是农村的基础制度，农村的土地管理不仅关系到农村的改革发展稳定，也关系到统筹城乡土地资源的合理利用。因此，十七届三中全会提出健全农村土地管理制度问题，必然引起广泛的关注。

一、探讨我国土地管理制度的改革和完善，必须坚持三大前提

在任何国家，探讨土地管理制度都必须遵循若干必要的前提。因为土地的很多特性有别于一般的自然资源和生产要素，不设定必要的前提，就无法讨论问题。从我国国情和当前发展的阶段性特征看，探讨土地问题，至少应遵循三大前提。

第一，土地管理制度的改革，必须有利于推动科学发展、促进社会和谐。其中应包含三层内容：

一是必须有利于守住 18 亿亩耕地的红线。我国耕地资源稀缺，到 2007 年底，耕地总面积已降为 18.26 亿亩，人均不及 1.4 亩，仅为世界人均水平的 40%。在过去的 11 年间，我国耕地总面积减少了 1.25

---

① 本文根据在首届城乡土地管理制度改革滨海新区高层论坛上的发言整理，原载于《中国土地》2008 年第 1 期。

亿亩，而我国31个省（区、市）中，耕地面积超过1亿亩的只有4个，其中黑龙江1.77亿亩，内蒙古、山东、河南的耕地面积在1亿亩到1.2亿亩之间。11年就失去了像河南这样一个粮食产量占全国1/10的农业大省的耕地，应当令人震惊。严格保护耕地是基本国策，必须长期坚持，否则就无以推动科学发展、促进社会和谐。

二是必须有利于保障农民的合法权益。在推进工业化、城镇化的进程中，不可能完全不占农地，这就必然涉及农民的权益问题。我国现行的法律规定，城市的土地为国家所有。因此，城市的扩张就意味着农民的土地被征收。这不仅涉及被征地农民的切身利益，也会对农村土地承包关系产生影响，乃至关系到农村社会的稳定。工业化、城镇化带来了巨大的财富增长，对那些为此贡献出自己土地的农民，当然必须让他们共享经济社会发展的成果。

三是必须有利于国家宏观调控目标的实现。投资规模是国家宏观调控的一大目标。近几年，国家把建设用地的供给作为调控宏观经济的一道闸门。土地是投资的载体，建设用地的供给控制不住，社会融资的总规模就控制不住，钢铁、水泥以及其他建材行业的规模扩张也就控制不住，还会给水、电、路、气等公用设施带来难以缓解的压力。因此，必须管住建设用地的总供给，才能有效控制投资的总规模，以实现国家宏观调控的目标。

第二，土地管理制度的改革和完善，必须遵循现代国家对土地利用和管理的一般规律。现代国家对土地利用和管理的原则，大体可以概括为四句话：统筹规划，分类管理，用途管制，严格审批。因为土地不能移动、不能再生，因此土地资源的利用是否科学合理，关系整个国家的可持续发展和社会公共利益。为此，国家必须按照不同的功能需求来规划整个国土的各类用途。在政府对土地实行用途管制的前提下，市场机制仍将在功能相同的土地利用中发挥资源配置的基础性作用。改变规划确定的土地用途，必须经过严格的法律程序，这是现代社会中人们的常识。在现代国家中，决定土地用途的，不是土地的所有者，而是代表社会整体利益的土地利用规划。认为规划确定的不同功能的土地，可以依据所有者的意愿、可以按照追求利润最大化的原则而随意变更，这是对现代国家土地利用和管理原则的极大误解。当然，为使土地利用规划确实能够代表社会公共利益，规划的制定和修编就必须切实做到科学、民主、公开、公正。这些，是任何市场经济国家都共同遵循的土地利用和管理原则，我国自然也不能例外。

第三，我国土地管理制度的改革和完善，必须正视改革开放30年来已形成一套法律法规和政策体系的基本事实。由于土地管理的法律法规和政策体系尚不完善，因此必须对其进行改革。但决不能以此作为无视现行法律法规和政策的存在、为所欲为地滥用土地的理由。

设定了这些前提，在讨论土地管理制度改革时，才能避免忽视国家整体和长远利益、忽视土地用途管制的原则、忽视现行法律法规和政策存在的倾向。

二、对十七届三中全会作出的关于农村土地管理制度改革要求应有全面的理解

十七届三中全会对农村土地管理制度的改革，提出了一系列非常重要的原则性要求。最重要的是坚持和完善农村基本经营制度。

关于农村基本经营制度，《决定》讲得非常清楚，就是以家庭承包经营为基础、统分结合的双层经营体制。这个基本经营制度既适应社会主义市场经济体制的要求，也符合农业生产自身的特点，是我们党在农村各项政策的基石，必须毫不动摇地长期坚持。

《决定》提出，现有的农村土地承包关系要保持稳定并长久不变，是这次文件的一大亮点和创新。自农村实行改革之后，1984年中共中央1号文件提出了土地承包期延长到15年。1993年中共中央1号文件又提出15年土地承包经营期到期后再延长30年。现在根据农民的期盼，把土地承包关系确定为“长久不变”，意义非常重大。农民吃了长效“定心丸”，将会更珍惜土地、投资土地，以及在从事别的行业时放心自主地流转土地。

对农民来说，土地承包经营权的流转，法律规定得很清楚，1984年中央1号文件，同一段里上一层讲延长土地承包期，下一层就讲鼓

励耕地向种田能手集中；1993 年 11 号文件，上一层讲土地承包 15 年到期后再延长 30 年，下一层就讲允许农民依法自愿有偿流转土地承包经营权。2002 年全国人大常委会通过《农村土地承包法》，里面有整整一节 12 个条款是讲农村的土地承包经营权，怎样依法自愿有偿地进行流转。因此，对于农民依法自愿有偿流转土地承包经营权，在现行的法律法规政策上从来就没有障碍。但就像《决定》明确的那样，土地承包经营权流转，不得改变土地集体所有性质，不得改变土地用途，不得损害农村土地承包权益。

从完善农村土地承包经营制度这个角度来讲，应该认认真真地考虑，怎么让农民的土地承包经营权做到长久不变。《决定》明确提出，要搞好农村土地确权、登记、颁证工作。没有这项制度，一代人、两代人还可以，再往后就没有人搞得清楚了。长久不变是指农户的承包经营权，允许因各种情况变动由承包农户自主对经营权进行流转，要加强这方面的工作。党的十七大提出，要发育农民土地承包经营权流转市场；十七届三中全会进一步要求加强土地承包经营权流转的管理和服务。职能部门原来主要是管理土地承包经营权的合同登记，现在还要给农民提供土地流转的平台，提供信息和服务。从经济学角度来讲，只有产权清晰稳定，流转市场才能健康地发育。30 年来为什么流转市场发育不起来？很重要的一点就是农民的土地承包经营权不够稳定。因此，做好农民承包土地的确权、登记、颁证工作，是确保农民土地承包关系长久不变的基础性工作，也是建立健全土地承包经营权流转市场的前提。

党的十七届三中全会的《决定》提出了要实行“两个最严格的制度”：一是最严格的耕地保护制度，要坚守 18 亿亩的耕地红线。二是最严格的节约用地制度，要从严控制城乡建设用地的总规模。这两个制度配套之后，对土地的管理将更加严格。只有一个 18 亿亩耕地红线要求的最严格的耕地保护制度，是不够的。实行最严格的节约用地制度，目的是要从严控制城乡建设用地的总规模，就是既不能通过乱占耕地搞建设，也不能通过其他手段来擅自扩大建设用地。现在有些地方进行试验，搞宅基地换房、村庄拆并，还有通过城乡建设用地增减挂钩，让农民集中居住之后节约土地，经过国务院有关部门的批准，都可以试。但问题是必须服从这两个最严格制度的约束。也就是说，不能因此而擅自增加计划外建设用地。整理村庄，改善农民住房条件，只要符合农民意愿，又有经济承受能力，都可以进行。但目的应该是为农民服务、支持“三农”工作，而不是因此而得到额外的建设用地。如果目的就是想超越国家的宏观控制，擅自增加建设用地，就既不符合十七届三中全会的要求，也不符合现行的有关法律法规和政策。

三、《决定》对征地制度在三个重要环节上提出了今后的改革方向

第一是城镇建设用地。宪法规定，城市的土地属于国家所有。《决定》提出，凡是纳入城镇规划圈的建设用地还得征收，但明确提出要保障农民的权益，征收农村集体土地要按同地同价的原则进行补偿。更重要的是改革征地制度本身。《决定》提出，要严格界定公益性和经营性用地，逐步缩小征地范围，完善征地补偿机制。这是一个大问题，怎样严格区分两类建设用地，逐步缩小经营性征地范围，完善征地补偿制度，这些都要深入研究。

第二是城镇规划圈外建设用地的改革。这是一个非常重要的突破。《决定》中讲到，在城镇规划区以外经批准占用农村集体土地的非公益性项目，允许农民依法通过多种方式参与开发和经营，并要保障农民合法权益。这三句话操作起来难度很大，首先要区分是公益性还是非公益性，我们到底用什么办法去区分？用行政许可区分还是用社会常识去区分？《决定》公布后，很多人打电话问：是不是现在就可以到农村买地了？城镇规划区外的经营性建设是不是就不受约束了？这要对社会广为宣传，必须是在严格用途管制的前提下，用地照样要符合当地规划并纳入用地指标。对于农民来说，他获得了一个非常大的权益，用土地所有权可以去参与土地的非农建设项目的开发和经营，这是非常有意义的。在起步阶段，我是主张口子还是小一点。因为我们现在各个方面都存在对用地的需求饥渴症，放大可能把不住，宁可起

步稳一点，将来条件成熟了再放开。

第三个重要的环节就是要逐步建立城乡统一的建设用地市场。依法取得的农村集体经营性建设用地，可以而且必须到这个市场里去，以公开规范的方式转让土地使用权。这里面的限制也是非常明显的。集体建设用地有三类，这个说法很清楚，排除了宅基地，也排除了乡村公益性建设用地，实际上农村经营性建设用地主要就是指乡镇企业。通过这种方式盘活一些利用效率很低的农村集体建设用地，是好事，但是这一条路到底怎么走，还有许多重要的环节需认真讨论。首先，怎么样界定乡镇企业用地？《乡镇企业法》规定非常清楚，农村集体经济、农民在农村投资的企业叫乡镇企业。如果按照这个法律的界定，大概乡镇企业不是太多，很多都是跟城市甚至跟外商合资的企业。当然《乡镇企业法》也允许农民跟别的投资者进行联营，所以界定乡镇企业用地本身也是很复杂的事情。其次，允许闲置或者利用率很低的乡镇企业用地进入市场流转，过去批的地流转出去了，以后还批不批？如果前头不断地流转出去，后面不断地再批准，就都变成集体经营性建设用地了。这就带来一个明显的问题：继续批乡镇企业用地，仍然是城乡分割，建立城乡统一的建设用地市场就不存在。因此，到时候应该改变按照所有制管理土地的方式，把农业用地和工业用地区分开来，按照土地用途进行管理。

《决定》指明了农村土地管理制度改革的方向，是很重大的改革决策，但是需要研究的事情很多，因此《决定》非常明确地要求，要抓紧完善相关的法律法规和配套政策，规范推进农村土地管理制度的改革。规范推进是非常重要的。现在只是提出了方向，还没有实施细则，国土资源管理部门在这个时候要更加严格才行，只有等具体改革措施拿出来后才能往前推进。

四、各类涉及突破现行法律的农村土地制度改革试验，必须坚持程序、可控、预案、封闭的原则

关于各种各样的涉及农村土地制度的试验，是大家很关注的。农

村改革实际上一直是从试验中提取规范性的政策，这是我们党的重要经验。包产到户和包干到户从开始到认可的过程，大概经过了四年，是从农民的创造中提取养分提升和升华出来的。所以，对于试验，农村改革从来不陌生，而且应该积极地去推进。但是，30 年前和 30 年后毕竟有很大的区别。30 年来，我国已经初步形成了一个法律法规体系，尽管还有很多体制机制需要改革，但毫无疑问，不能漠视它的存在。既然是改革试验，在有的地方就可能要突破现行的法律法规和政策。批准某个试验区，其突破是得到认可的。在我们这个法治国家，改革试验必须遵循以下原则。

第一个原则就是程序。确定要做的试验，如果不涉及法律当然可以，但是涉及法律就要严格规定，即突破了什么法律就一定要得到该法律立法机关的认可。否则谁都想搞，那制定法律还有什么用？还能不能建设法制型社会？以严格的程序批准试验是必须的。

第二个原则是可控。既然是试验，就必须掌握在可以控制的地域范围内。比如，一个试验项目在多大范围内进行，一个村、一个镇还是一个县？报了什么，批了什么，就只能在这个范围内执行。必须可以控制，不能控就不能叫试验了。

第三个原则是预案。凡是试验就可能成功也可能失败。成功了不要紧，皆大欢喜，报到中央，全国推广。如果试验失败怎么办？而试验本身就应允许失败。对当地政府来说，失败了没关系，但是参与试验的农民怎么办？他们的身家性命在里面，能仅仅说句“对不起，这项试验失败了”就不管了？所以，一定要承担起对参与试验农民的责任，要建立这样一套机制。

第四个原则是封闭。在封闭的范围内试验，冷静观察，实际操作，看到底行还是不行。把全局的问题放到局部试验，目的就是要减少对社会的震荡。所以我不赞成涉及突破现行法律法规政策的试验项目在验收和批准推广之前就作公开宣传。

不是不允许试验，要试，这四个原则是要把关的。当这项试验到一定程度，各方面都认可了，觉得可以，那验收之后报党中央、国务院批准，在全国推广，这才是承担试验改革的责任。农村土地问题涉及千家万户，凡是关系到广大农民切身利益的事情，我们一定要慎之又慎。所以，我赞成试验，但是试验要讲规矩，试验要有程序，按批准的内容规范去推进。这样才能在不引起社会动荡的情况下，针对现行土地管理制度中突出的问题，尽快实行改革，把我国农村的土地管理制度建设得更好。

努力开创农村改革发展新局面①

（2008 年）

党的十七届三中全会，从中国特色社会主义事业总体布局和全面建设小康社会战略全局出发，审议通过了《中共中央关于推进农村改革发展若干重大问题的决定》。全会《决定》全面贯彻党的十七大精神，高举中国特色社会主义伟大旗帜，以邓小平理论和“三个代表”重要思想为指导，深入贯彻落实科学发展观，按照党的十七大提出的“走中国特色农业现代化道路，建立以工促农、以城带乡长效机制，形成城乡经济社会发展一体化新格局”的新要求，描绘了农村全面小康建设的宏伟蓝图，制定了新形势下推进农村改革发展的行动纲领。我们一定要深入学习、广泛宣传、全面贯彻、认真落实，真正把思想和行动统一到中央关于加强“三农”工作的战略决策重大部署上来。下面，我从三个方面向大家介绍全会《决定》的重要精神和主要内容。

一、新形势下推进农村改革发展的战略意义

改革开放以来，每当农村改革发展处在关键阶段，党中央都召开全会专题研究农业农村问题。1978 年，党的十一届三中全会原则通过《中共中央关于加快农业发展若干问题的决定（草案）》（党的十一届四中全会正式通过），拉开了农村改革的序幕；1991 年，党的十三届八中全会通过《中共中央关于进一步加强农业和农村工作的决定》，充分肯

① 本文系 2008 年 11 月为贯彻落实党的十七届三中全会《决定》举办的全国县委书记培训班的讲义。

定了10多年农村改革的方向和成就，强调要长期稳定并不断完善农村基本制度；1998年，党的十五届三中全会通过《中共中央关于农业和农村工作若干重大问题的决定》，系统总结了农村改革20年的基本经验，明确了推进农村改革发展的前进方向。这几个全会决定在我国农村改革发展的不同阶段起到了重要指导作用。

在国际形势继续发生深刻变化、我国改革发展进入关键阶段的新形势下，党中央决定十七届三中全会专题研究推进农村改革发展问题，主要考虑是：30年农村改革发展确实取得了巨大成就，有许多经验值得总结；农业农村确实发生了深刻变化，有许多难题需要破解；实现全面建设小康社会宏伟目标，对农业农村发展确实提出了新的更高要求。

（一）*30年农村改革发展的成就经验值得认真总结*。30年农村改革发展，使我国农村发生了翻天覆地的巨大变化，极大调动了亿万农民积极性，极大解放和发展了农村社会生产力，极大改善了广大农民物质文化生活。农村改革发展的伟大实践，为建立和完善我国社会主义初级阶段基本经济制度和社会主义市场经济体制进行了创造性探索，为实现人民生活从温饱不足到总体小康的历史性跨越、推进社会主义现代化作出了巨大贡献，为战胜各种困难和风险、保持社会大局稳定奠定了坚实基础，为成功开辟中国特色社会主义道路、形成中国特色社会主义理论体系积累了宝贵经验。全会《决定》充分肯定了农村改革发展取得的伟大成就。主要归纳了五个方面。

一是农村体制改革取得重大突破，初步形成了适合我国国情和社会生产力发展要求的农村经济体制。废除人民公社，推行以家庭承包经营为基础、统分结合的双层经营体制，赋予农民经营自主权，确立了我国农村的基本经营制度；全面取消农产品统派购制度，放开粮食等农产品流通，建立了农产品和生产要素市场体系；实行多予少取放活的方针，取消沿袭数千年的农业税，对农民实行直接补贴，初步形成了新时期强农惠农的政策体系；逐步改革城乡二元结构体制，扩大公共财政覆盖农村的范围，推进社会主义新农村建设，着手构建统筹城乡发展的制度框架。

二是农业综合生产能力显著提高，依靠自己力量稳定解决了全国人民吃饭问题。30年来，我国粮食生产先后跨上7000亿斤、8000斤、9000亿斤、10000亿斤4个台阶，创造了用不到世界9%的耕地和全球6.5%的淡水资源养活世界21%的人口这个了不起的奇迹。1978年至2007年，我国粮食产量增长6成，棉花增长2.5倍，油料增长3.9倍，糖料增长3.8倍，水果增长26倍，肉类增长7倍，水产品增长9倍。粮食、蔬菜、水果、肉类、禽蛋、水产品等产量连续多年居世界第一，农产品供应日益丰富、市场琳琅满目，结束了主要农产品长期短缺的历史，为胜利实现我国现代化建设前两步战略目标作出了重大贡献。

三是农村经济全面繁荣，成功开辟了中国特色工业化、城镇化、农业现代化道路。农林牧渔全面发展，乡镇企业异军突起，小城镇蓬勃发展，县域经济不断壮大，农村劳动力大规模转移就业，亿万农民工成为产业工人重要组成部分，有力推进了中国特色工业化、城镇化、农业现代化。农民人均纯收入由134元增加到4140元，扣除物价因素，年均实际增长7.1%；农村没解决温饱的绝对贫困人口由2.5亿减少到1479万，为世界反贫困事业作出了巨大贡献。

四是农村社会主义民主政治建设、精神文明建设和社会事业发展成效明显，显著提高了广大农民思想道德素质、科学文化素质和健康素质。农村社会主义民主不断扩大，农民民主权利得到有效保障，农村依法治理不断加强，乡镇机构改革不断深化，基层政权建设明显加强。农村社会事业加速发展，2007年，全国1.5亿农村中小学生免交学杂费，并免费获得教科书；7.3亿农民参加新型农村合作医疗，覆盖面达到86%；3566万农村困难群众享受最低生活保障。农村饮水、电力、道路和沼气等基础设施建设全面加快。农村文化体育事业日益繁荣，公共文化服务能力不断提高，农民群众精神文化生活状况明显改善。

五是农村党的建设不断加强，有效夯实了党在农村的执政基础。以村党组织为核心的村级组织配套建设全面推进。农村“三个代表”重要思想学习教育活动和保持共产党员先进性教育活动取得积极成效，农村党的建设“三级联创”活动深入开展。村党组织领导的充满活力的村民自治机制逐步建立和完善，农村党群干群关系融洽。

全会《决定》深刻总结了农村改革发展的宝贵经验。重点归纳了五条。

一是坚持把解决好农业、农村、农民问题作为全党工作重中之重。这是我们党指导“三农”工作一以贯之的战略思想，也是农村改革发展取得辉煌成就的坚强政治保证。30 年来，我们党充分认识到“三农”工作的极端重要性和长期性、艰巨性、复杂性，始终把农业作为安天下、稳民心的战略产业，把农村作为全面建设小康社会的重点，把农民问题作为我国发展中的根本问题。几乎每年都要召开一次中央农村工作会议，发出中央指导“三农”工作的文件，对促进农业增产农民增收农村繁荣作出安排部署。20 世纪 80 年代初期，改革进入启动阶段，连续发出 5 个中央 1 号文件指导农村改革发展。进入 21 世纪，改革发展进入关键性的战略机遇期，又陆续出台 5 个中央 1 号文件，在指导思想上突出强化农业基础地位，在政策制定上把保障农民利益放在首位，在战略部署上优先安排农村工作，在资金投入上重点向农村倾斜，在组织保障上不断加强农村基层组织和基层政权建设，加强和改善党对农村工作的领导。正因此，农村改革取得巨大成功，农村发展取得伟大成就。历史经验反复告诉我们，任何时候都要强化农业基础地位、强化农村发展机制、强化农民权益保障，任何时候都要在指导思想、政策制定、战略部署、工作安排、财力分配、干部配备等方面把解决农业、农村、农民问题放在突出位置，切实体现“重中之重”的要求。

二是坚持农业基础地位。这是农村改革发展取得辉煌成就的关键之举，也是经济社会发展规律的根本要求。农业生产归根结底是人类生存发展的需要，历朝历代无不以农为本。在传统农业社会里，农业是人的衣食之源，也是国家财政的主要来源。进入工业化社会之后，农业依然是经济社会发展的基础，农业的发展水平始终决定着二、三产业发展的规模和速度，决定着城市化的规模和程度。在现代化过程中，农业占整个经济总量的比重逐步下降是客观规律，但农业的多种功能不断拓展和延伸，农业的基础地位和作用丝毫不会因此改变。对于我们这样一个十几亿人口的大国，农业的基础地位更是高于一切。农村改革发展所以取得举世瞩目的成就，最基本的前提就在于我们始终把强化农业基础地位、实行最严格的耕地保护制度、稳定发展粮食生产作为“三农”工作的着力点；始终遵循现代农业发展规律，把加快发展现代农业作为社会主义新农村建设的首要任务。

三是坚持社会主义市场经济改革方向。这是激发农民积极性、搞活农村经济的动力源泉，也是贯穿农村改革发展始终的一条主线。围绕建立社会主义市场经济体制的目标，按照供求决定价格、市场配置资源的基本取向，设计和实施农村土地制度改革、农产品流通体制改革、农村金融和财税体制改革，大力培育农产品市场和要素市场，推进农业市场化、产业化、国际化。进入新世纪，我们实施统筹城乡发展战略，推动形成城乡经济社会发展一体化新格局，都是为了把农业农村经济纳入社会主义市场经济轨道，发挥市场机制对资源配置的基础性作用，进一步激活农村要素活力，促进城乡资源的流动、城乡优势的结合，为农村发展注入新的动力和活力。

四是坚持走中国特色农业现代化道路。这是我国农村改革发展的基本方向和根本任务。30 年来，我们始终立足我国基本国情和农业发展阶段，遵循农业现代化发展的一般规律，不断稳定完善农村基本经营制度，把体制改革和技术创新作为推动农业现代化的两个车轮，明确要求把发达国家现代农业理念与我国国情结合起来，把日益发展的现代科学技术和精耕细作等传统农业技术结合起来，走节约土地型和资本、技术、劳动密集型相结合的中国特色农业现代化发展道路，着力用工业化、信息化装备、改造、提高农业发展水平。

五是坚持保障农民物质利益和民主权利。这是农村工作必须始终遵循的基本准则，也是改革得到农民支持拥护并取得巨大成功最基本最实质的原因。通观农村改革发展的全过程，我们始终注意尊重农民的首创精神，解决好农民最关心最直接最现实的利益问题，确保农民享有经济上的主体地位、政治上的主人公地位，保护好、调动好、发挥好农民群众的积极性、创造性，实现好、维护好、发展好农民群众的根本利益。家庭承包、乡镇企业、村民自治、社会主义新农村建设，都是在农民首创的基础上提炼总结推广的。

（二）当前推进农村改革发展面临的困难挑战需要认真应对。尽管农村改革发展取得了举世瞩目的成就，但必须清醒看到，随着工业化、信息化、城镇化、市场化、国际化深入发展，我国农村正在发生重大而深刻的变化、经历广泛而深刻的变革，既蕴含难得的机遇，又带来严峻的挑战。同时，长期积累的深层次矛盾日益凸显，发展中出现的新问题不断涌现。主要表现在以下四个方面。

一是农村经济体制尚不完善，构建城乡经济社会发展一体化体制机制要求紧迫。改革虽然最早从农村突破，农村也早已明确要建立以家庭承包经营为基础、统分结合的双层经营的微观经营制度，但在家庭经营基础上如何形成既能保障农户权益、发挥分散经营积极性，又能有效提高农民进入市场组织化程度、降低农户生产成本和市场风险的良性局面，至今尚未真正破题。另一方面，在现代社会中，农业农村的发展必然离不开以工促农、以城带乡机制的建立，离不开国家对农业支持保护体系的完善。就我国当前的城乡发展状况而言，统筹城乡的管理体制不健全、市场体系不完善的问题还非常突出，农村土地、劳动力和资金等生产要素大量流向城市，形成新的工农、城乡“剪刀差”。

二是农业发展方式依然粗放，保障国家粮食安全和主要农产品供求平衡压力增大。耕地减少、水资源匮乏的趋势难以逆转，人口资源环境对农业的约束增强。气候变化影响加剧，极端灾害天气增多。生产要素和生产资料价格大幅上升，农业比较效益又趋下降，保持农业稳定发展难度加大。我国耕地总面积已从1996年的19.51亿亩减少到2007年的18.26亿亩，减少了6.4%；人均耕地面积相应地从1.59亩减少为1.38亩，减少了13.2%。而随着人们收入水平的提高，对农产品的需求却在与日俱增。在现有生产条件下，为满足消费需求，部分农产品的进口数量在逐步增加。2007年，我国进口大豆、棉花和食用植物油分别达到了3082万吨、246万吨和838万吨。

三是农村社会事业和公共服务水平较低，改变农村落后面貌任务艰巨。虽然近几年农民收入增长较快，但城乡居民收入差距仍然持续扩大；虽然近几年农村公共事业发展明显提速，但城乡社会发展差距仍然很大。1978 年，城乡居民收入差距为 2.57∶1，这一差距在 1985 年曾缩小为 1.86∶1，此后逐步扩大，1995 年回复到 1978 年水平，2002 年超过 3，达到 3.11∶1，而 2007 年这一差距进一步扩大到 3.33∶1。同时，城乡在道路供电饮水燃气等基础设施建设、教育文化卫生和社保等社会事业发展以及政府所提供的公共服务方面，更是存在着明显差距。因此，在增加农民收入、改变农村落后面貌方面，我们仍然面临着长期而艰巨的任务。

四是农村社会利益格局深刻变化，加强农村民主法制建设、基层组织建设、社会管理任务繁重。实行改革开放政策后，城乡之间生产要素的流动明显增强，农村劳动力在农村经济分工分业不断发展的背景下向二、三产业和城镇大规模流动。到 2007 年，离开乡镇到外地就业的农村劳动力数量已超过 1.3 亿人，加上在本地乡镇企业就业的农村劳动力，全国农村从自家承包地上转移出来的劳动力总量已超过 2.2 亿人。随着农村大量青壮年劳动力的外出转移就业，不少传统农区的农村出现了“村庄空心化、农业副业化、农民老龄化”等趋势，这对农村的经济发展、社会管理提出了一系列前所未有的新问题；在公有制为主体、多种所有制经济共同发展的社会主义市场经济不断发展的背景下，农民思想活动的独立性、选择性、多样性、差异性明显增强，同时农村的社会结构、社会组织形式、社会利益格局也在发生深刻的变革，这些都对加强农村的基层组织建设和社会管理提出了一系列新的课题和新的挑战。

针对上述问题和挑战，全会《决定》归纳了“三个最”：农业基础仍然薄弱，最需要加强；农村发展仍然滞后，最需要扶持；农民增收仍然困难，最需要加快。这也是对加快“三农”发展必要性和紧迫性的最新概括，警示我们务必保持清醒头脑，切实增强忧患意识，毫不松懈地推进农村改革发展。

（三）实现全面建设小康社会的宏伟目标迫切需要加强农业基础加快农村发展。全面建设小康社会的重点难点在农村，最广泛最深厚的基础也在农村。全会《决定》按照党的十七大主题，从继续解放思想、坚持改革开放、推动科学发展、促进社会和谐四个方面，科学分析了推进农村改革发展在全局中的战略地位和重要作用，深刻阐述了新形势下推进农村改革发展的重大意义。夺取全面建设小康社会新胜利，开创中国特色社会主义事业新局面，农村改革仍然是我国改革的关键环节，农业农村发展仍然是我国发展的战略基础。抓住农村改革这个关键环节，夯实农业农村发展这个战略基础，在农村改革发展上取得新突破，就能掌握整个改革开放的主动权，就能带动我国经济社会新一轮发展。

一是继续解放思想，必须结合农村改革发展这个伟大实践，大胆探索、勇于开拓，以新的理念和思路破解农村发展难题，为推动党的理论创新、实践创新提供不竭源泉。我国改革率先从农村突破，农村改革为城市和其他领域改革探索了路子，“三农”工作理论创新、实践创新为形成中国特色社会主义理论体系积累了宝贵经验。继续解放思想，必须勇于变革思想观念，敢于突破传统束缚，跳出“三农”抓“三农”，抓好“三农”促全局，在“三农”工作理论创新上取得新突破，在“三农”工作实践上积累新经验，为丰富发展中国特色社会主义理论体系作出新贡献。

二是坚持改革开放，必须把握农村改革这个重点，在统筹城乡改革上取得重大突破，给农村发展注入新的动力，为整个经济社会发展增添新的活力。可以说，在进入新世纪、进入全面建设小康社会的新阶段，推动我国继续改革发展的巨大动力，很大程度上就蕴藏在形成城乡经济社会发展一体化新格局的进程之中。着力改变城乡二元结构的体制、促进城乡经济社会的协调发展，必将为我国深化改革增添强大动力，为经济社会的持续发展注入勃勃生机。农村的改革过去为全局改革探索了诸多突破口、提供了许多宝贵经验，进一步推进农村改革发展，必将继续为全局的改革发展探索新的途径、提供新的启示。

三是推动科学发展，必须加强农业发展这个基础，确保国家粮食安全和主要农产品有效供给，促进农业增产、农民增收、农村繁荣，为经济社会全面协调可持续发展提供有力支撑。我国作为一个人口大国，只有坚持把解决好十几亿人口吃饭问题始终作为治国安邦的头等大事，确保国家粮食安全和主要农产品供求平衡，才能为改革发展稳定奠定坚实的基础。只要人们吃饱了肚子，只要市场供应不脱销、不断档，全局就出不了什么大问题。

四是促进社会和谐，必须抓住农村稳定这个大局，完善农村社会管理，促进社会公平正义，保证农民安居乐业，为实现国家长治久安打下坚实基础。我国人口的大部分至今生活在农村，即使城镇化有了长足发展，仍将有数亿人口在农村生产生活，因此，农业生产、农村经济和农民生活水平的不断提高，农村社会的持续稳定，将是我国经济社会持续稳定发展的最坚实基础。可见农村改革发展关系全局，在新形势下推进改革发展，必须着力在农村改革发展上取得新突破。

二、新形势下推进农村改革发展的总体思路

（一）总体上“三个进入”的基本判断。全会《决定》指出，“我国总体上已进入以工促农、以城带乡的发展阶段，进入加快改造传统农业、走中国特色农业现代化道路的关键时刻，进入着力破除城乡二元结构、形成城乡经济社会发展一体化新格局的重要时期”。这“三个进入”的基本判断，明确了新形势下推进农村改革发展的背景和起点，为我们制定强农惠农政策提供了依据和遵循。

一是进入以工促农、以城带乡的发展阶段。这是从工业化、城镇化进程看我国发展所处的阶段。在党的十六届四中全会上，胡锦涛同志首次提出“两个趋向”的重要论断；在2004年的中央经济工作会议上，胡锦涛同志作出我国现在总体上已到了以工促农、以城带乡发展阶段的重要判断。经过改革开放30年来的持续发展，我国经济总量显著增大，综合国力显著增强，财政实力显著增加，已具备工业反哺农业、城市支持农村的基础和条件。改革开放以来，我国国内生产总值保持了令世人惊叹的速度，年均增长9.8%。2007年，我国国内生产总值折合26681亿美元，占全球总值的5.5%，已居世界第四位；货物进口贸易额达到9558亿美元，占全球的6.7%，居世界第三位；货物出

口贸易额达到12180亿美元，占全球的8.8%，居世界第二位；外汇储备达到15283亿美元，已跃居世界第一位。

二是进入加快改造传统农业、走中国特色农业现代化道路的关键时刻。这是从现代化发展进程看我国农业发展所处的阶段。经过多年发展，我国农业已经到了转变发展方式的重要关口，到了提高物质技术装备水平的紧要关头。工业化快速发展，为改造传统农业提供了现代生产要素和管理技术。城镇化加速推进，为转移农村富余劳动力、推进农业集约化经营创造了有利时机。促进农业自身又好又快发展，也对建设现代农业、提高农业自身素质、效益和竞争力提出了迫切要求。

三是进入着力破除城乡二元结构、形成城乡经济社会发展一体化新格局的重要时期。这是从统筹城乡的角度看我国工农、城乡关系发展所处的阶段。加快农村改革发展，迫切要求消除城乡协调发展的体制性障碍，形成生产要素、公共资源向农村倾斜的体制机制；推动科学发展、促进社会和谐，迫切要求构建新型的工农、城乡关系，缩小城乡发展差距。

（二）推进农村改革发展的指导思想和目标任务。全会《决定》全面阐述了今后一个时期推进农村改革发展的指导思想，明确了目标任务，提出了重大原则。

关于指导思想。全会《决定》提出，新形势下推进农村改革发展，要全面贯彻党的十七大精神，高举中国特色社会主义伟大旗帜，以邓小平理论和“三个代表”重要思想为指导，深入贯彻落实科学发展观，把建设社会主义新农村作为战略任务，把走中国特色农业现代化道路作为基本方向，把加快形成城乡经济社会发展一体化新格局作为根本要求，坚持工业反哺农业、城市支持农村和多予少取放活方针，创新体制机制，加强农业基础，增加农民收入，保障农民权益，促进农村和谐，充分调动广大农民的积极性、主动性、创造性，推动农村经济社会又好又快发展。这个指导思想，把建设社会主义新农村、走中国特色农业现代化道路、加快形成城乡经济社会发展一体化新格局三者有机联系在一起，并上升到“战略任务”“基本方向”“根本要求”的高度，完整阐述了推进农村改革发展“以什么为指导、围绕什么任务、沿着什么方向、按照什么要求、达到什么目标”等一系列重大问题，构成了今后推进农村改革发展的总体思路。

关于目标任务。根据党的十七大提出的实现全面建设小康社会奋斗目标的新要求和建设社会主义新农村的部署，全会《决定》提出了到2020年农村体制改革、现代农业建设、增加农民收入、农村民主政治建设、强化农村基本公共服务、加强农村生态文明建设的目标任务，既鼓舞人心、催人奋进，又符合实际、切实可行。其中，到2020年农民人均纯收入比2008年翻一番，要求今后12年年均增长5.95%（按不变价计算），从近年实际情况看是积极稳妥的。

（三）推进农村改革发展的重大原则。总结多年农村工作实践经验，把握新时期农村工作规律，全会《决定》提出了推进农村改革发展必须遵循的重大原则，即“五个必须、五个始终”。

一是必须巩固和加强农业基础地位，始终把解决好十几亿人口吃饭问题作为治国安邦的头等大事。这项原则强调了农业在我国国民经济和社会发展中的极端重要性。在我国现代化进程中，不管农业在经济总量中的份额如何下降，农业基础地位都不会改变；不管我国经济社会发展到什么程度，吃饭问题始终是大事，任何时候都不可放松。

二是必须切实保障农民权益，始终把实现好、维护好、发展好广大农民根本利益作为农村一切工作的出发点和落脚点。这项原则强调了保障农民权益的极端重要性。30年农村改革发展的实践证明，我们什么时候在保障农民物质利益、维护农民民主权利方面做得好，什么时候农民积极性就高；什么时候农民主体作用和首创精神发挥得好，什么时候农村发展活力就强、形势就好。现在和将来都必须牢记这一条。

三是必须不断解放和发展农村社会生产力，始终把改革创新作为农村发展的根本动力。这项原则强调了农村改革创新的极端重要性。过去，农村发展取得巨大成就，靠的是改革创新；今后，解决农村发展中的问题，根本的还是要靠改革创新。必须坚定不移地深化农村改革，依靠农民首创精神和基层大胆探索，把改革创新贯穿到农村工作各个方面、各个环节。

四是必须统筹城乡经济社会发展，始终把着力构建新型工农、城乡关系作为加快推进现代化的重大战略。这项原则强调了统筹城乡的极端重要性。统筹城乡居科学发展观“五个统筹”之首。今后，释放农村生产力潜能，改变农村落后面貌，加快农村经济社会发展，必须在统筹城乡发展上迈出实质性步伐。把统筹城乡明确作为一条重大原则，顺应了现代化发展规律，体现了当前我国发展的阶段性特征。

五是必须坚持党管农村工作，始终把加强和改善党对农村工作的领导作为推进农村改革发展的政治保证。这项原则强调了党的领导的极端重要性。党管农村工作是中国共产党的一个传统，也是一个重大原则。“三农”工作涉及面广、情况复杂、任务艰巨，必须以改革创新精神全面推进农村党的建设，不断提高党领导农村工作的能力和水平，巩固党在农村的执政基础。

三、新形势下推进农村改革发展的重大举措

全会对加强农村制度建设、积极发展现代农业、加快发展农村公共事业作出了全面部署，提出了一系列推进农村改革发展的重大举措。这些重大举措，注重制度建设，力求在体制机制创新上取得突破；注重抓住关键，力求解决带方向性、战略性、根本性的重大问题；注重突出重点，力求集中力量办好关系全局、影响长远的大事。

（一）关于农村制度建设。制度建设是体制创新的集中体现和最终成果。全会《决定》既着眼于激发农村发展活力，又着眼于优化农村发展外部环境，既着眼于调整生产关系，又着眼于完善上层建筑，具体强调了“六大制度”建设。

一是农村基本经营制度。《决定》在充分强调“毫不动摇”的基础上，鲜明提出了“一个长久不变”“两个转变”。“毫不动摇”，就是以家庭承包经营为基础、统分结合的双层经营体制，是党的农村政策的基石，必须毫不动摇地坚持。在这个问题上，我们必须十分清醒，决不能有任何含糊。“一个长久不变”，就是赋予农民更加充分而有保障

的土地承包经营权，现有土地承包关系要保持稳定并长久不变。这是全会《决定》的一大亮点，政策指向十分明确，目的就是要更好地稳定农民对土地经营的预期，给农民吃长效“定心丸”。“两个转变”，就是家庭经营要向采用先进科技和生产手段的方向转变，增加技术、资本等生产要素投入，着力提高集约化水平；统一经营要向发展农户联合与合作，形成多元化、多层次、多形式经营服务体系的方向转变，着力提高组织化程度。这是对今后完善农村基本经营制度作出的一个方向性概括，也是一个新的重大政策表述。此外，还对集体林权、国有林场和重点国有林区、国有农场、草原承包经营等制度改革也作了相应部署。

二是农村土地管理制度。全会《决定》重点提出实行“两个最严格制度”、建立“两个市场”和保障“两个权益”。“两个最严格制度”，就是坚持最严格的耕地保护制度和实行最严格的节约用地制度。全会《决定》非常明确地提出要坚决守住18亿亩耕地红线。在此基础上，首次提出实行最严格的节约用地制度，并在划定永久基本农田、不得跨省区市进行占补平衡、从严控制城乡建设用地总规模等方面作出了一系列具体政策规定。“两个市场”，就是建立健全土地承包经营权流转市场和逐步建立城乡统一的建设用地市场，目的是通过市场机制来促进和规范土地承包经营权和农村集体经营性建设用地流转。在建立健全土地承包经营权流转市场方面，鲜明提出了“一个允许”“三个不得”。“一个允许”，就是按照依法自愿有偿原则，允许农民以多种形式流转土地承包经营权，有条件的地方可以发展专业大户、家庭农场、农民专业合作社等规模经营主体。“三个不得”，就是土地承包经营权流转，不得改变土地集体所有性质、不得改变土地用途、不得损害农民土地承包权益。关于征地制度改革，国土资源部负责同志还有专题，这里只扼要强调一下基本精神。在逐步建立城乡统一的建设用地市场方面，着眼于强化土地征占约束机制、让农民分享土地增值收益，对改革征地制度提出了新的政策规定，强调征地要按照同地同价原则给农村集体组织和农民合理补偿。在土地利用规划确定的城镇建设用地范围外，经批准占用农村集体土地建设非公益性项目，允许农民依法通过多种方式参与开发经营并保障农民合法权益。农村集体经营性建设用地必须通过统一有形的土地市场、以公开规范的方式转让土地使用权。“两个权益”，就是依法保障农民对承包土地的占有、使用、收益等权利和农户宅基地用益物权，明确了完善土地承包经营权权能、保障农户宅基地权益的政策指向。为保证土地管理制度改革稳步有序推进，全会《决定》强调抓紧完善相关法律法规和配套政策。

三是农业支持保护制度。全会《决定》明确完善 4 项支持保护制度：对健全农业投入保障制度，提出了“三个大幅度”的要求，即大幅度增加国家对农村基础设施建设和社会事业发展的投入，大幅度提高政府土地出让收益、耕地占用税新增收入用于农业的比例，大幅度增加对中西部地区农村公益性建设项目的投入。这进一步表明了中央加大“三农”投入的决心。对健全农业补贴制度，明确国家对农民实行直接补贴是一项长期政策，要求扩大补贴范围，提高补贴标准，完善补贴办法，逐年较大幅度增加农民种粮补贴。同时，针对农资价格上涨较快、农民收益减损较多的状况，提出完善与农业生产资料价格上涨挂钩的农资综合补贴动态调整机制。对健全农产品价格保护制度，全会《决定》强调理顺比价关系，通过稳步提高粮食最低收购价、充实主要农产品储备、优化农产品进出口和吞吐调节机制等措施，保持农产品价格合理水平，防止“谷贱伤农”。对健全农业生态环境补偿制度，要求形成有利于保护耕地、水域、森林、草原、湿地等自然资源和农业物种资源的激励机制。

四是现代农村金融制度。农村金融体系不健全，农户和中小企业贷款难，仍然是当前农业发展和农村建设的瓶颈制约，各地普遍反映强烈。为创新农村金融体制，加快完善农村金融体系，全会《决定》从原则要求、政策支持和放宽准入三方面作出了政策安排。具体提出了七项新政：第一，要求各类金融机构都积极支持农村改革发展；第二，明确提出县域内银行业金融机构新吸收的存款主要用于当地发放贷款；第三，规范发展多种形式的新型农村金融机构和以服务农村为主的地区性中小银行；第四，大力发展小额信贷；第五，鼓励发展适合农村特点和需要的各种微型金融服务；第六，允许有条件的农民专业合作社开展信用合作；第七，扩大农村有效担保物范围。同时强调要加强农村金融监管，有效防范金融风险。

五是促进城乡经济社会发展一体化制度。全会《决定》从统筹城乡规划、产业发展、基础设施建设和公共服务、劳动就业、社会管理五个方面，提出了建立促进城乡经济社会发展一体化制度的若干政策措施，特别是对推进户籍制度改革，保护农民工权益、促进县域经济发展提出了新的政策要求。在促进县域经济发展方面，强调了三点：第一，扩大县域发展自主权，增加对县的一般性转移支付、促进财力与事权相匹配；第二，推进省直接管理县（市）财政体制改革，优先将农业大县纳入改革范围；第三，有条件的地方可依法探索省直接管理县（市）的体制。对一体化制度建设，有关部委的负责同志要作专题报告，这里就不再展开了。

六是农村民主管理制度。全会《决定》主要从三个方面提出完善农村民主管理制度。在基层政权建设方面，提出继续推进农村综合改革，明确要求2012年基本完成乡镇机构改革任务，着力增强乡镇政府社会管理和公共服务职能。在村民自治机制方面，强调推进民主选举、民主决策、民主管理、民主监督实践，推进村民自治制度化、规范化、程序化。同时，从确保农村基层政权和组织正常运转出发，提出要采取多种措施增强基层财力，积极稳妥化解乡村债务，健全农村公益事业建设机制。在农村法制建设方面，强调要完善涉农法律法规，增强依法行政能力，强化涉农执法监督和司法保护。

（二）关于发展现代农业。全会《决定》要求集中力量办好关系全局、影响长远的大事，从七个方面进行了具体部署。一是确保国家粮食安全；二是推进农业结构战略性调整；三是加快农业科技创新；四是加强农业基础设施建设；五是建立新型农业社会化服务体系；六是促进农业可持续发展；七是扩大农业对外开放。突出强调了确保国家粮食安全和加强现代农业的物质技术支撑。主要明确了各地区都要分担国家粮食安全责任，支持粮食生产的政策措施向主产区倾斜，加快落实全国新增千亿斤粮食生产能力建设规划；强化主要农产品生产大县财政奖励政策，增加主要农产品有效供给；落实农产品生产、收购、储运、加工、销售各环节的质量安全监管责任，确保农产品质量安全；不断促进农业技术集成化、劳动过程机械化、生产经营信息化，加快科技成果推广普及；突出农田、水利、农机三大关键环节，加强农业基础设施建设，特别强调要集中建成一批大中型水利骨干工程；力争三年内在全国普遍健全乡镇或区域性农业技术推广、动植物疫病防控、农产品质量监管等公共服务机构，逐步建立村级服务站点；健全符合世界贸易组织规则的外商经营农产品和农业生产资料准入制度。关于发展现代农业，有关部委的负责同志还将作专题报告。

（三）**加快发展农村公共事业**。全会《决定》从八个方面作出了进一步部署。

一是繁荣发展农村文化。全会《决定》从三个方面对繁荣发展农村文化提出了要求。第一，坚持用社会主义先进文化占领农村阵地，坚持用中国特色社会主义理论体系武装农村党员、教育农民群众，扎实开展社会主义核心价值体系建设。第二，建立稳定的农村文化投入保障机制，推进重点文化惠民工程，尽快形成完备的农村公共文化服务体系。第三，广泛开展农民乐于参与、便于参与的文化活动和群众性精神文明创建活动，形成男女平等、尊老爱幼、邻里和睦、勤劳致富、扶贫济困的社会风尚。

二是大力办好农村教育事业。全会《决定》强调要发展农村教育，促进教育公平，提高农民科学文化素质。第一，从巩固农村义务教育普及成果出发，要求完善义务教育免费政策和经费保障机制，保障经济困难家庭儿童、留守儿童特别是女童平等就学、完成学业，促进城乡义务教育均衡发展。第二，强调加快普及农村高中阶段教育，首次提出重点加快发展农村中等职业教育并逐步实行免费，健全县域职业教育培训网络，加强农民技能培训，广泛培养农村实用人才。这是继免费义务教育政策之后又一促进教育公平的重大举措。第三，鼓励人才到农村第一线工作，增强高校为农村输送人才和服务的能力，对到农村工作的毕业生实行优惠政策。

三是促进农村医疗卫生事业发展。全会《决定》提出“三个一”的要求：健全“一个保障”，即巩固和发展新型农村合作医疗制度，提高筹资标准和财政补助水平，坚持大病住院保障为主、兼顾门诊医疗保障；完善“一个网络”，即建立健全农村三级医疗卫生服务网络，重点办好县级医院并在每个乡镇办好一所卫生院，支持村卫生室建设，向农民提供安全价廉的基本医疗服务；强化“一项服务”，即扩大农村免费公共卫生服务和免费免疫范围，加大地方病、传染病及人畜共患病防治力度，逐步推行住院分娩补助政策。同时，强调坚持计划生育的基本国策，稳定农村低生育水平。

四是健全农村社会保障体系。全会《决定》强调，贯彻广覆盖、保基本、多层次、可持续原则，加强三项制度建设。第一，按照个人缴费、集体补助、政府补贴相结合的要求，建立新型农村社会养老保险制度，创造条件探索城乡养老保险制度有效衔接办法。第二，完善农村最低生活保障制度，加大中央和省级财政补贴力度，做到应保尽保，不断提高保障标准和补助水平。第三，完善农村社会救助制度，积极发展农村社会福利和慈善事业。

五是加强农村基础设施和环境建设。全会《决定》对农村饮水、道路、能源、环境等基础设施建设作出了具体安排，强调科学制定乡镇村庄建设规划、健全农村公共设施维护机制。明确提出五年内解决农村饮水安全问题，确保“十一五”期末基本实现乡镇通油（水泥）路，进而普遍实现行政村通油（水泥）路，推广农村可再生能源技术，形成清洁、经济的农村能源体系，实施以改水、改厨、改厕、改圈和垃圾集中处理为重点的农村清洁工程。

六是推进农村扶贫开发。全会《决定》强调扶贫开发必须作为长期历史任务持之以恒抓紧抓好。在扶贫方针上，明确坚持开发式扶贫方针，实现农村最低生活保障制度和扶贫开发政策有效衔接。在扶贫政策上，实行新的扶贫标准，对农村低收入人口全面实施扶贫政策。在扶贫任务上，把尽快稳定解决扶贫对象温饱并实现脱贫致富作为新阶段扶贫开发的首要任务，重点提高农村贫困人口自我发展能力。在扶贫协作上，继续开展党政机关定点扶贫和东西扶贫协作，鼓励社会其他方面积极参与扶贫开发。

七是加强农村防灾减灾能力建设。全会《决定》强调了农村防灾减灾工作的特殊重要性，明确了农村防灾减灾能力建设标本兼治的主要方向，要求提高灾害处置能力和农民避灾自救能力，并强调全力做好汶川地震灾区农村恢复重建工作。

八是强化农村社会管理。全会《决定》提出要完善农村社会管理体制机制、加强农村社区建设、保持农村社会和谐稳定，在完善矛盾纠纷排查化解机制、搞好社会治安综合治理、建立健全农村应急管理体制、巩固和发展社会主义民族关系、依法管理宗教事务等方面进行了部署。这方面，中央政法委也要作专题报告。

（四）关于加强和改善党的领导。围绕加强和改善中国共产党对农村工作的领导，全会《决定》从工作体制、基层组织、党风廉政等方面提出了新的要求。要点是三个：第一，坚持把解决好“三农”问题作为全党工作的重中之重不动摇，在政策制定、工作部署、财力投放、干部配备上切实体现全党工作重中之重的战略思想；第二，完善干部考核评价体系，把粮食生产、农民增收、耕地保护、环境治理、和谐稳定作为考核地方特别是县（市）领导班子绩效的重要内容；第三，加强基层干部队伍、党员队伍建设，拓宽农村基层干部来源，注重从农村致富能手、退伍军人、外出务工返乡农民中选拔村干部，引导高校毕业生到村任职，实施一村一名大学生计划。

我国农业农村的六十年沧桑巨变[①]

（2009年）

新中国成立以来，我国农业农村经历了深刻的制度变革、取得了巨大的发展成就。近代以来，中国充满着内忧外患，乃至沦落为半殖民地半封建国家。在占全国人口绝大多数的农村地区，生产停滞，经济凋敝，土豪劣绅当道，农民生活困苦，成为中华民族面临生死存亡巨大危机的缩影。从19世纪40年代起，多少仁人志士为改变国家命运、实现民族复兴进行着不屈不挠的斗争，但是这一理想只有在中国共产党领导的中华人民共和国成立之后才可能真正得以实现，我国的农业和农村也由此发生了翻天覆地的变化。

一、我国农业农村60年发展取得的巨大成就

“民以食为天”，这是中华民族早就认识到的关于民族生存发展的基本规律。但在漫长的历史进程中，广大人民群众却时时处于食不果腹、衣不蔽体的贫困状态之中，这种现象到近代愈演愈烈。1949年，我国粮食总产量仅为11318万吨，人均占有量仅为209公斤，根本满足不了广大人民群众的温饱需求。新中国建立后，党和国家高度重视农业的发展，通过土地改革实现了农民“耕者有其田”的世代追求，极大地调动了亿万农民的生产积极性，主要农产品产量迅速增长。到1952年，我国粮、棉、油、糖的总产量分别比1949年增长了44.8%、193.7%、63.5%、168.1%，人均占有量分别提高了37.9%、179.3%、

① 本文原载《求是》2009年第19期。

55.8%、155.3%。农业的恢复和发展有力地支持了国家的社会主义建设、改善了广大人民的生活。特别是实行改革开放以来，农业和农村经济更是进入了快速发展的时期。2008 年，我国粮、棉、油、糖的总产量比 1978 年分别增加了 73.5%、245.6%、465.9%、463.4%，人均占有量分别增加了 25.2%、151.1%、308.4%、306.7%。农业的发展不仅极大地改善了农民自身的生活，而且为实现人民生活从温饱不足到总体小康的历史性跨越、推进社会主义现代化提供了重要的物质基础。

除了农业以外，整个农村经济也发生了深刻变化。首先是农业生产结构更趋合理。农、林、牧、渔各业在农业总产值中的比重，由 1978 年的 80%、3.44%、14.98%、1.58%，转变为 2008 年的 48.35%、3.71%、35.49%、8.97%。其次是农村非农产业快速发展。乡镇企业从无到有，2008 年的增加值达到 8.4 万亿元，相当于当年国内生产总值的近 28%。再次是农村就业结构深刻变化。在农林牧渔各业中就业的农村劳动力比重，由 1978 年的 92.4% 下降到 2008 年的 64.8%；除了有近亿农村劳动力在本乡镇转移到非农产业就业的外，更有大批农村劳动力外出务工经商，到 2008 年 6 月底外出农村劳动力已超过 1.5 亿人，不仅拓宽了农民的就业空间和增收渠道，而且为推动工业化、城镇化起到了巨大促进作用。在农村经济发展和国家政策的扶持下，农民收入水平显著提高。1978 年全国农民的人均纯收入仅为 134 元，2008 年为 4761 元，扣除物价因素后，30 年来的年均实际增长速度为 7.1%。农村扶贫开发工作取得显著进展。1978—2007 年，农村贫困人口总数减少了 2.35 亿人以上，贫困发生率从 30.7% 降至 1.6%。2008 年，国家实行新的扶贫标准，对农村低收入人口全面实施扶贫政策。按照新标准统计的农村贫困人口为 4007 万人，贫困发生率为 4.6%。农民的消费水平随收入的增长而不断提高。2008 年，农民的恩格尔系数平均已降为 43.7%，人均年末住房面积已达 32.42 平方米，农村居民平均每百户拥有的电视机、电冰箱、摩托车、洗衣机、电话机和移动电话已分别达到 109.1 台、30.2 台、52.5 台、49.1 台、67.0 台和 96.1 台，空调机和家用计算机每百户也已有 9.8 台和 5.4 台。在公共财政的阳光普照下，农村文化、教育、卫生和社会保障事业都有长足发展。广播电视“村村通”已基本实现，“农家书屋”建设快速推进；农村义务教育经费保障机制进一步完善，在免除学杂费的基础上实行了免费提供教科书；新型农村合作医疗制度已全面覆盖，筹资标准不断提高；最低生活保障制度已在农村普遍建立，新型农村社会养老保险试点工作即将展开。社会主义新农村建设不断取得新进展，农村正朝着生产发展、生活宽裕、乡风文明、村容整洁、管理民主的目标不断迈进。

二、深化改革和制度创新为农村经济社会发展提供了不竭的动力

新中国成立前后由中国共产党领导的农村土地改革，为我国农村经济社会的发展奠定了重要的政治和制度基础。土改使农民成为土地的主人，免除了3000万吨以上粮食的地租，亿万农民的生产积极性由此得到集中迸发，这对巩固新生的人民政权、解放农村社会生产力、恢复和发展国民经济起到了不可替代的历史性作用。在20世纪50年代中期的农业合作化过程中，出现了对改造个体农户的要求过急，工作过粗，改变过快，形式也过于简单划一等问题，人民公社制度则进一步放大并使这些问题长期存在，伤害了农民的合法权益和生产积极性。经历了“文革”十年的浩劫，党的十一届三中全会恢复了实事求是的思想路线，作出了改革开放的历史性抉择，并原则通过了《中共中央关于加快农业发展若干问题的决定（草案）》，由此在农村率先拉开了改革的序幕。

农村的改革，首先是从变革农业经营体制入手的。以家庭承包经营为基础、统分结合的双层经营体制迅速取代了以统一经营、统一分配为特征的人民公社经营体制。在不改变土地集体所有性质的基础上，充分发挥了家庭经营的积极性，使农民的劳动和农业生产的最终成果直接挂钩，解决了长期存在的劳动“大呼隆”、分配“大锅饭”的痼疾，再次解放了农村社会生产力，农业生产和农村经济得到迅速发展。与此同时，在农产品的收购中不断深化对统派购制度的改革，一方面逐步提高农产品的国家收购价格，一方面逐步扩大自主流通、市场定

价的农产品比重，逐步形成了在国家宏观调控下按市场需求调节农业生产、按供求关系确定农产品价格的体制和机制。在重新确立家庭经营在农业中地位和不断完善国家农业调控方式的背景下，农村出现了生产要素自由流动和重新组合、经济结构深刻变革的活跃局面：乡镇企业异军突起，个体私营经济如雨后春笋，外出务工经商的民工潮汹涌澎湃，农村的经济和社会从封闭走向了开放。在废除人民公社体制、撤社建乡的同时，党和国家及时在农村推行了村民自治制度。广大农民依法行使着民主选举、民主决策、民主管理、民主监督等权利，以村党组织为核心充满活力的村民自治机制正在形成。

世纪之交，我国人民跨越了总体小康的目标，开始向全面建设小康社会目标迈进。正是在这样的背景下，党的十六大针对我国经济社会发展进入新阶段的新要求，明确提出了统筹城乡经济社会发展的重大发展思路和战略目标。胡锦涛同志明确指出，全面建设小康社会最繁重、最艰巨的任务在农村，要把解决好“三农”问题作为全党工作的重中之重。党中央、国务院根据工业反哺农业、城市支持农村和多予少取放活的方针，推出了一系列深化农村改革发展的重大举措。

一是农村税费改革。2006 年，国家宣布彻底取消农业税、农业特产税、牧业税和屠宰税等农业税收，包括在试点过程中已经取消的“三提五统”，共减轻农民负担约 1250 亿元。至此，专门针对农民收取的“皇粮国税”制度在实行了 2600 年之后终于寿终正寝。这不仅对减轻农民负担，而且对调整国民经济的分配格局都具有重大意义。

二是对农业生产者进行直接补贴。2004 年，国家出台了对农业生产者进行直接补贴的重大政策措施。对农民的种粮补贴、良种补贴、购置农机具补贴、农业生产资料价格综合补贴从最初的 145 亿元增加到 2008 年的 1230 亿元，对农民增收节支、调动生产积极性发挥了巨大作用。

三是扩大公共财政对农村覆盖的范围、增加对农民提供的基本公共服务内容。党的十六大以后，中央明确提出了要把基础设施建设和社会事业发展的重点转向农村。农村饮水、电网、道路、沼气的建设得到明显加强。在农村饮水困难问题基本得到解决的基础上，国家加大了解决农村饮水安全问题的投入。近年来，我国已解决 1.54 亿农村人口的饮水安全问题，预计到2012年将解决整个农村的饮水安全问题。从20世纪90年代末开始，国家大力推进农村电网改造，国家电网供电区内所有农村基本实现了户户通电，大电网对农村人口的覆盖率超过了95%。乡村道路建设快速发展，截至2008年底，全国乡镇通沥青（水泥）路率达88.7%，87%以上的建制村已通达公交班车。国家大力扶持农村发展清洁能源，到2008年底农村沼气用户已超过3000万户。农村义务教育经费保障机制进一步完善，在农村率先实现了义务教育阶段免除学杂费、免费提供教科书、对家庭经济困难的寄宿生提供生活费补助，并提高了公用经费标准及中西部地区农村校舍维修改造的补助标准。2009年，国家安排的农村义务教育经费达到662亿元。建立新型农村合作医疗制度，从人均每年筹资30元起步，逐步提高到50元、100元的水平，2009年中央财政对此的补贴已达253亿元，参加新型农村合作医疗制度的人数已达8.3亿，基本实现了对农业人口的全覆盖。在农村普遍建立了最低生活保障制度，2009年上半年有4472万多农村人口纳入了低保。在2009年3月举行的十一届人大二次会议上，温家宝同志又宣布年内将在占10%的县（市）范围内开展个人缴费、集体补助和政府补贴相结合的新型农村社会养老保险试点工作，其中中央财政将对地方进行补助，并直接补贴农民。这些有力的强农惠农举措初步形成了一个以工促农、以城带乡的政策体系，不仅保护了农民的利益，调动了农民的积极性，实现了近年来农业发展、农民增收、农村稳定的好局面，而且对促进经济社会全局的发展、形成城乡经济社会发展一体化新格局、逐步实现基本公共服务均等化等，都具有重大的历史意义。由于这些新制度，不少农民质朴地说，终于盼来了“种地不交税、上学不付费、看病不太贵、养老不犯愁”的好光景。

三、党的十七届三中全会明确了新形势下农村改革发展的目标和任务

在农村改革30年之际，中国共产党召开了十七届三中全会，着重

研究了新形势下推进农村改革发展的若干重大问题。三中全会的《决定》指出，尽管我国农业农村发展已经取得了举世瞩目的成就，但是农业基础仍然薄弱，最需要加强；农村发展仍然滞后，最需要扶持；农民增收仍然困难，最需要加快。我们必须居安思危、加倍努力，不断巩固和发展农村好形势。《决定》明确了到2020年农村改革发展的总体要求和目标任务，提出把建设社会主义新农村作为战略任务、把走中国特色农业现代化道路作为基本方向、把加快形成城乡经济社会发展一体化新格局作为根本要求。按照《决定》对今后12年农村改革发展作出的部署，针对当前农业农村面临的新情况、新问题，要加快研究出台促进农村改革发展的重大举措，花更大气力努力解决几件事关全局的农业农村重大问题。

（一）抓紧制定保障重要农产品长期供求平衡的发展规划和政策体系。近年来我国农业的生产能力逐步提高，粮食亩产连续五年创历史新高。但在耕地不断减少，人口持续增加，需求明显增长的背景下，我国农业自然资源不足的矛盾日渐凸显。2008年，我国耕地面积为18.26亿亩，农作物播种面积为23.44亿亩。在目前的农业生产条件下，这些资源实际上难以满足我国社会对农产品的需求，因此部分农产品的进口近年来明显增加。在这样的背景下，我们必须居安思危，未雨绸缪，抓紧研究制定我国主要农产品供求平衡的长期战略。一要实行更严格的耕地保护制度和节约用地制度，到2020年前坚决守住18亿亩耕地的红线。要加快征地和农村集体建设用地制度改革，形成集约、节约用地的新机制。这是我国主要农产品立足基本自给的基础。二要尽快明确重要农产品的核心产区和后备产区，完善农产品主产区的利益补偿机制，加快研究相应的扶持政策。三要加大对农业水利设施建设和中低产田改造的投入力度，以资金投入替代自然资源。要尽快采取措施，明确中央与地方的责任、形成多渠道筹集建设资金的途径。四要加快农业科技进步，在良种培育、适用技术推广、重大病虫害防治、培养新型农民等环节上实现新突破，以科技进步促进农业发展。

（二）稳定和完善农村基本经营制度。以家庭承包经营为基础、统分结合的双层经营体制，是改革以来形成的、适应社会主义市场经济体制、符合农业生产特点的我国农村基本经营制度。一要毫不动摇地坚持这一基本经营制度。农业实行家庭经营，是农业本身的特性决定的。在已经实现了农业现代化的国家中，无一例外地实行着家庭经营。农村改革后实行家庭承包经营 30 年来的成就有目共睹。只有坚持这一制度，才能赋予农户充分的经营自主权，才能充分调动广大农民的生产积极性。在这个基础上，引导农民发展多种形式的经济合作与联合，不断完善农业的市场体系、社会化服务体系和国家对农业的支持保护体系，才能在家庭经营的基础上逐步实现农业现代化。二要稳定农民预期，保持农村土地承包关系的稳定并长久不变。土地的一个基本特点，就是如果经营者合理使用，悉心照料、增加投入，就能实现永续利用并提高生产能力。一旦采取掠夺式经营，地力就迅速下降，甚至成为荒漠。实行家庭承包经营，就必须给承包者以长期稳定的预期。《决定》提出，“现有土地承包关系要保持稳定并长久不变”，这是顺应自然规律和社会规律、实现农民期盼、让农民倍加珍惜土地、不断提高土壤肥力的重大举措。三要推进农业经营体制创新，加快农业经营方式转变。《决定》提出“家庭经营要向采用先进科技和生产手段的方向转变”，“统一经营要向发展农户联合与合作，形成多元化、多层次、多形式经营服务体系的方向转变”的要求。第一个转变是要求农户遵循发展现代农业的规律，不断提高集约化水平，提高农业发展的质量和效益，但这需要在国家扶持和社会提供服务的背景下才能实现。第二个转变是根据社会主义市场经济的规律，打破认为只有本集体经济组织提供的服务才是统一经营的认识局限，拓展农业统一经营的发展空间。无论是本集体经济组织、政府的经济技术服务机构，还是农民新型合作组织、农业社会化服务组织、农业产业化经营中龙头企业等，只要为承包农户提供生产技术服务，帮助农民解决那些一家一户办不了、办不好、办起来不经济的难题，就都属于统一经营的范畴。四要规范农村土地承包经营权的流转。国家的法律和党的政策历来允许农村土地承包经营权流转。《决定》进一步明确了土地承包经营权流转必须遵循“依法自愿有偿”的原则，并明确规定：土地承包经营权流转，不得改变土地集体所有性质，不得改变土地用途，不得损害农民土地承包权益。为保障农户土地承包权益和规范发展农村土地承包经营权流转市场，必须搞好农村土地的确权、登记、颁证工作以及加强土地承包经营权流转管理和服务等基础性工作。

（三）加强政府对农业的支持保护体系建设。在工业化、城镇化快速推进的背景下，农业面临着比较利益下降、经营成本上升、生产要素外流等挑战，政府必须加大对农业的支持保护力度，才能促进农业健康发展。除逐步增加财政支农资金外，还应加快农业政策性金融和政策性保险体系的建设。在加大对农民直接补贴的同时，还要加快完善对低收入群众的食品价格定向补贴制度。稳住低收入者的基本生活需求，才能够充分发挥市场机制的作用。

（四）要坚持城镇化和新农村建设的双轮驱动。我国农村人口数量巨大，一方面，要富裕农民就必须减少农民，因此要推进城镇化，为农民向非农产业转移创造条件；另一方面，也要看到，即使我国城镇人口比重达到了70%，农村还将有几亿人口，因此，还必须坚定不移地推进社会主义新农村建设。新农村建设的基础是发展农业和农村经济，但从当前的实际状况看，还必须提高政府对农民提供公共服务的水平。这方面的制度已经初步建立，关键是要形成农村教育、医疗、文化和社会保障的资金稳定增长机制，逐步实现城乡基本公共服务均等化。我国的城镇化，要把最大限度吸纳农村人口、拓展农民向非农就业的转移空间作为一大重要任务。从我国国情出发，必须坚持走大中小城市和小城镇协调发展的道路。要结合主体功能区规划，合理调整经济布局，加快发展中小城市、小城镇和县域经济，为更多农民就近转移创造条件，引导人口合理分布，使农民分享城镇化成果。

加快推进我国农村改革发展[①]

（2010 年）

一、党的十六大以来农村改革发展取得的巨大成就

党的十六大以来，我国农业农村发展进入了改革开放以来第二个最好的时期。经过多年的持续努力，现代农业建设稳步推进，农村经济不断繁荣，农民收入持续较快增加。

一是农业综合生产能力不断提高。2009 年，我国粮食总产量再创历史新高，达到 10616 亿斤，比 2003 年提高了 2000 亿斤以上。近年来，棉花、糖料、肉类、禽蛋、奶类、水产品等农产品的生产也保持稳定发展。

二是农民人均收入持续较快增长。2003—2009 年，农民人均纯收入从 2622 元提高到 5153 元，增长速度连续 6 年保持 6% 以上。国家扶贫工作重点县农民人均纯收入水平保持高速增长，农村绝对贫困人口数量继续下降。

三是农村劳动力转移就业态势良好。2008 年，乡镇企业从业人员达到 15451 万人。目前，进城务工农民估计在 1.6 亿人以上。农民大量进入非农领域和城镇就业，不仅直接增加了农民的收入，而且带动了农民知识技术和管理水平的提高、生产生活方式的变化和农村社会结构的转型。目前，有 13 个省份建立了城乡统一的户口登记管理制度，限制农民进城落户的条件明显放宽。

四是农村基础设施建设和社会事业发展取得重大进展。农村民生

① 本文是 2010 年 7 月为中宣部组织的宣讲提供的稿件。

加快改善，对促进社会公平正义、缩小城乡发展差距起到了重要作用。通过实施“十一五”规划，共解决全国1.65亿人的农村人口饮水安全问题。预计到2014年，将可以全面解决农村人口安全饮水问题。2006—2009年，中央共投资1661.7亿元，新改建公路144.1万公里。预计到今年底，全国96.1%的乡镇，东、中部地区94.2%的建制村，西部地区98.1%的建制村通公路。国家电网供电区内所有农村基本实现了户户通电，大电网对农村人口的覆盖率超过了95%。农网改造深入推进，基本实现了城乡居民生活用电同网同价。国家大力扶持农村发展清洁能源，到2008年底农村沼气用户已达到3049万户，年产沼气113.9亿立方米。预计到今年底，全国将有4000万农户使用沼气。农村危房改造项目已经启动，农村居民居住条件加快改善。

农村免费义务教育全面实现，农村中小学生人均公用经费分别达到500元、300元，中西部地区农村校舍维修改造的补助标准得到提高，中等职业学校农村家庭经济困难学生和涉农专业学生免费教育开始实施。新型农村合作医疗实现全面覆盖，参合人数达8.33亿人。农村计划生育家庭奖励扶助制度全面实施。农村最低生活保障制度全面建立，使4759.3万人受益。新型农村社会养老保险制度试点县开始启动。农村文化事业快速发展，广播电视村村通、农村电影放映工程、农家书屋工程、农村党员干部远程教育网络建设等一系列文化下乡工程顺利实施。

四是农村改革取得重大突破。坚持农村基本经营制度，稳定了党在农村的基石。坚持实行最严格的耕地保护制度，耕地大量减少的势头得到明显遏制。推进农村税费改革，减轻农民负担约1250亿元。2009年，“四项补贴”已经增加到1230.8亿元。集体林权制度改革取得重大突破，60%以上的集体林地得到确权。乡镇机构、农村义务教育经费保障机制、县乡财政管理体制改革稳步推进。农村金融、供销合作、国有农场、大湖区农民负担、水管体制、基层农技推广体系、兽医管理体制等方面的改革也取得明显进展。

“三农”工作开创了新的局面，为我国成功应对国际金融危机的冲击提供重要支撑，为保增长保民生保稳定提供了基本条件，也为转变我国发展方式和实现全面协调可持续发展提供了较好条件。

二、新时期农业农村政策体系的形成过程

到目前为止，我国已经初步构建了一个适应我国发展阶段的新的农村政策框架体系。这个体系的形成，是党中央、国务院立足全局、准确把握经济社会发展规律、不断深化对农村改革发展的认识、科学进行重大决策的结果。

党的十六大是一个重大转折，标志着我国农业农村发展进入了一个新的阶段。十六大提出全面建设小康社会的目标，标志着我国进入了一个新的发展阶段，农村改革发展的大环境背景因此有了深刻的变化。十六大报告明确提出，“现在达到的小康还是低水平的、不全面的、发展很不平衡的小康”，“城乡二元结构还没有改变”，并首次明确要求以统筹城乡经济社会发展的思路来解决好“三农”问题:“统筹城乡经济社会发展，建设现代农业，发展农村经济，增加农民收入，是全面建设小康社会的重大历史任务。”在当年年底召开的中央农村工作会议上，中央强调，全面建设小康社会最艰巨、最繁重的任务在农村，为新时期农业农村政策的出台做了充分的铺垫。党的十六届三中全会通过的《中共中央关于完善社会主义市场经济体制若干问题的决定》提出了“五个统筹”的要求，并将统筹城乡发展作为第一位的要求，将“建立有利于改变城乡二元结构的体制”作为完善社会主义市场经济体制的主要任务之一。

2004 年，党中央、国务院出台了新世纪以来的第一个中央 1 号文件，要求按照统筹城乡经济社会发展的要求，坚持“多予、少取、放活”的方针，力争实现农民收入较快增长，尽快扭转城乡居民收入差距不断扩大的趋势。出台了降低农业税税率和实行种粮直接补贴、良种补贴、农机补贴的“三补贴”政策，后来又加上了农业生产资料综合补贴，成为农业“四补贴”。此后，每年的党中央、国务院的 1 号文件都是关于农业农村工作的，每个文件都既对农业农村工作进行全面部署，又有所侧重，亮点频出。

在党的十六届四中全会上，胡锦涛同志在进行国际经验比较的基础上指出："纵观一些工业化国家的发展历程，在工业化初始阶段，农业支持工业，为工业化提供积累，是带有普遍性的趋向；但在工业化发展到相当程度以后，工业反哺农业、城市支持农村，实现工业与农业、城市与农村的协调发展，也是带有普遍性的趋向。"2004年年底，胡锦涛同志在中央经济工作会议上明确指出，我们国家总体上已经进入了一个以工促农、以城带乡的发展阶段，统一了要加大对农业农村支持的思想和认识。2005年的中央1号文件提出，农村改革和发展仍处在艰难的爬坡和攻坚阶段，要按照统筹城乡经济社会发展的要求，坚持"多予、少取、放活"的方针，强化对农业的支持保护，力争实现农民收入较快增长，尽快扭转城乡居民收入差距不断扩大的趋势。在这个文件中，出台了农村义务教育"两免一补"这一重大政策。

2005年，中央的十六届五中全会通过的关于"十一五"规划的建议要求，要坚持以科学发展观统领经济社会发展全局，并明确全面建设小康社会的难点在农村和西部地区。要从社会主义现代化建设全局出发，统筹城乡区域发展。这次全会还把建设社会主义新农村作为我国现代化进程中的重大历史任务提了出来。2006年的中央1号文件对建设社会主义新农村这一重大历史任务进行了专门部署。从2000年开始，我国就开始农村税费改革试点，并不断克服重重困难，取得了显著进展。基于前几年的改革探索，这个文件提出了2006年在全国范围取消农业税的这一重大政策，标志着在我国绵延了2600年的农业税寿终正寝，也标志着国家和农民之间的关系发生了历史性变化。

党的十六届六中全会通过的《中共中央关于构建社会主义和谐社会若干重大问题的决定》指出，我国社会总体上是和谐的，但也存在不少影响社会和谐的矛盾和问题，并将城乡、区域、经济社会发展不平衡作为首位的问题，要求促进城乡协调发展。2007年的1号文件以建设现代农业为主题，对扎实推进社会主义新农村建设进行了部署。这个文件出台了实现农村最低生活保障制度全覆盖这一重大政策，对促进社会和谐起到了非常重要的作用。

党的十七大报告在肯定协调发展取得显著成就的同时明确提出，

农业基础薄弱、农村发展滞后的局面尚未改变，要求将统筹兼顾作为深入贯彻落实科学发展观、作为夺取全面建设小康社会新胜利的根本方法，要求加强农业基础地位，走中国特色农业现代化道路，建立以工促农、以城带乡长效机制，形成城乡经济社会发展一体化新格局。2008 年 1 号文件以加强农业基础建设为主题，对进一步促进农业发展农民增收进行全面部署。2008 年，党中央、国务院还专门就全面推进集体林权制度改革发布文件，要求用五年左右时间，基本完成明晰产权、承包到户的改革任务，又一次极大地解放了农村的生产力。

我国的改革是从农村开始的。在改革开放 30 周年之际，考虑到“三农”工作事关全局、农业农村发展又处于关键阶段，党的十七届三中全会重点研究了农村改革发展问题，通过了《中共中央关于推进农村改革发展若干重大问题的决定》，进一步明确农业农村发展的方向和任务。这次会议全面总结了农村改革发展的主要成就、肯定了农村改革发展作出的重大贡献、总结了农村改革发展的基本经验，并警示性地提出：农业基础仍然薄弱，最需要加强；农村发展仍然滞后，最需要扶持；农民增收仍然困难，最需要加快。这次全会做出了这样的重大判断：我国总体上已进入以工促农、以城带乡的发展阶段，进入加快改造传统农业、走中国特色农业现代化道路的关键时刻，进入加速破除城乡二元结构、形成城乡经济社会发展一体化新格局的重要时期。针对目前的新形势，会议要求把建设社会主义新农村作为战略任务，把走中国特色农业现代化道路作为基本方向，把加快形成城乡经济社会一体化新格局作为根本要求，从体制机制创新、现代农业建设、农民收入增长、基层组织建设、完善公共服务、保护生态环境等六个方面提出了到 2020 年农村改革发展的基本目标任务。受国际金融危机冲击的影响，2009 年是新世纪以来我国发展最困难的一年，只有稳定了农业农村，应对危机和转变经济发展方式才有坚实的基础。中央 1 号文件围绕农业稳定发展农民持续增收对落实党的十七届三中全会的精神进行了部署。2009 年，国务院还专门发出了关于开展新型农村社会养老保险试点的指导意见，标志着我国进入了老有所养制度化的时代。

今年的 1 号文件继续以夯实农业农村发展基础为主题，要求全党务必居安思危，切实防止忽视和放松“三农”工作的倾向，努力确保粮食生产不滑坡、农民收入不徘徊、农村发展好势头不逆转。把统筹城乡发展作为全面建设小康社会的根本要求，把改善农村民生作为调整国民收入分配格局的重要内容，把扩大农村需求作为拉动内需的关键举措，把建设现代农业作为转变发展方式的重大任务，把建设社会主义新农村和推进城镇化作为推动经济平稳较快发展的持久动力，按照稳粮保供给、增收惠民生、改革促统筹、强基增后劲的基本思路，毫不松懈地抓好农业农村工作。

三、当前农村改革发展值得重视的几个问题

农村改革发展涉及方方面面，在工业化、信息化、城镇化、市场化、国际化的大背景下，新出现和需要解决的问题非常多。从当前的实际来看，有这样几个难以回避的突出问题需要抓紧研究。

一是农产品保障能力问题。目前，我国的谷物能够立足国内实现供求基本平衡。但要看到，我国目前有一些大宗农产品的进口量在急剧增加。2009年，我国进口大豆和食用植物油分别达到4255万吨、816万吨，进口额分别达到187.87亿美元、58.95亿美元。2008年，我国大豆单产为114公斤/亩，油菜籽单产为122公斤/亩、出油率为30%左右。照此估算，如果由国内生产，需要占用播种面积3.73亿亩和2.23亿亩，两者合计相当于我国目前农作物播种总面积的1/4。我国进口林产品数量和金额也已经非常惊人。2009年，我国进口原木2806万立方米、锯材988万立方米、纸浆1368万吨、纸及纸板331万吨，进口额40.86亿美元、23.19亿美元、68.44亿美元、31.46亿美元。显然，在目前的生产格局下我国无法实现国内供求平衡。而高度依赖国际市场不可避免地有这样的问题：一是在发生禁运、国际市场供给不足等特殊情况下，难以进口到我们自己需要的农产品；二是我国进口大量增加，必然带动国际市场价格大幅度上涨，这已经为近年的实际情况所证明。在这样的背景下，我国必须坚持实行严格的耕地保护制度，决不能轻言放松耕地保护。即使实际耕地面积比目前统计的数

据有所增加，也不能改弦更张，因为实际生产能力并没有增加。同时，要抓紧研究适合我国自身情况的农业发展战略，合理确定生产结构，促进技术进步，科学进行生产布局，有效利用境外资源。

二是农业经营主体问题。农业的劳动对象是有生命的动植物。因此，农业除了必须遵循经济规律外，还必须遵循自然规律。只有农业的直接生产者同时也是经营决策者、他的劳动付出与最终产品直接挂钩的情况下，才能实现生产者对整个生产过程的全面负责，才能最大限度地降低农业的不确定性。农业实行家庭经营，是农业本身的特性决定的。从世界各国农业生产的情况来看，尽管经营规模大小有很大差异，但经营主体基本上为农户。日本的农业发展条件与我国类似，长期以来，日本实行严格农业者认定制度，工商企业不得直接进入农业生产环节。直到近年在农业经营者老龄化非常高、农地抛荒现象越来越多、农业人口仅为全部人口5%左右的情况下，才在对农地必须农用提出更为严格要求的前提下，逐步放松了对工商企业进入农业生产的限制。

在我国农业人口数量庞大且占全国人口大多数的情况下，稳定农户的经营主体地位非常重要。正因为如此，党的十七届三中全会再次强调："以家庭承包经营为基础、统分结合的双层经营体制，是适应社会主义市场经济体制、符合农业生产特点的农村基本经营制度，是党的农村政策的基石，必须毫不动摇地坚持。"

但目前面临的现实问题是，单个农户的经营规模小、技术水平低、装备水平差，收益水平低，从根本上制约了农民从事农业的积极性。而在这种情况下，近年来，一些地方工商企业进入农村直接租用农地的现象越来越多、规模越来越大，不仅直接导致大量粮地非粮化，掠夺性经营的问题愈发严重，也损害了农民的长远利益、动摇了农村基本经济社会制度的根基。如何在确保农户经营主体地位的前提下，提高农业经营效益、保护农民的长远利益、稳定农村经济社会的根基，需要抓紧探索、不断完善制度框架。

三是实现城镇化和新农村建设的协调发展问题。从现代化国家的发展过程来看，随着工业化水平的提高，城市化水平也会相应提高。

城市化水平的高低，已经成为经济社会发展水平的一个重要标志。但长期以来，我国城镇化水平大大低于工业化水平。尤其值得注意的是，尽管近年我国经济高速增长，但人口城镇化率提高幅度却从2003年提高1.44个百分点下降到2008年的0.74个百分点，城镇化步伐明显放缓。城镇化发展不足，将对整个经济社会的发展形成重大制约。顺应经济社会发展规律，提高我国的城镇化水平，是促进我国经济社会全面协调发展的必然要求。

我国城镇化发展不足，主要有两个问题。第一个问题是资源配置不合理，城镇结构失衡。长期以来，我国走的是一条偏重东部地区大中城市发展的城市化道路。2007年末，全国地级以上城市人口占全国人口总数的28.2%，固定资产投资占全国固定资产投资总额54.1%，地区生产总值占全国GDP的63%。在这样的格局下，人口、劳动力也必然向大中城市集中。但大中城市的生活成本高昂，农民工实际上很难长期生活下去，只能像候鸟一样不断迁移。而人口过度集中，也给大中城市的资源环境、基础设施、公共服务、社会管理带来巨大压力，很难实现可持续发展。要实现协调发展，根本的出路在于改变目前偏重大中城市的城市化道路，实行投资、项目的“下沉”和“内转”，走出一条大中城市和小城市、小城镇协调发展的中国特色城镇化道路，为农民的就地就近就业、就近转为城镇人口创造必要的条件。第二个问题是注重将农村地区的土地、劳动力等生产要素吸纳到城市，而没有为农民提供到城镇生活的必备条件。目前的基本做法是农村土地转为城镇建设用地，对农民的长远生计考虑得不够；允许农民进入城镇务工，而不愿让农民长期留下来。将农村土地和劳动力简单为生产要素，忽视与之无法割裂的整个农村经济社会结构问题，必然影响社会的长期稳定。尽管2008年城镇化率已达到45.7%，但实际有1.7亿以上的人口却未能转为市民。将农民转为市民，必须建立农民市民化的制度基础。其中首要的，是社会保障问题。从世界各国的情况来看，一般都建立了城乡一体社会保障制度。只要按照流入的要求按时足额缴纳一定年限的保费，流动人口就可成为当地居民。而我国现行城乡割裂、地区割裂的社保体系，极大地制约了农民转为流入城镇的居民。

实现真正意义上的城镇化，必须解决农民进入城镇后的社会保障、就业、住房、教育、医疗等切身利益问题。从近期来看，要把具备条件的农业人口转为城镇人口作为推进城镇化的重要任务。

还要看到，城镇化不能解决我国的整个发展问题。有关专家测算，2020 年我国人口将达到 14.49 亿，即使城镇化率达到 55%，乡村人口还会在 6.5 亿以上。在相当长的历史时期中，我国农村仍将有巨量人口。因此，我国必须把城镇化和新农村建设作为双轮驱动，不能偏废任何一个方面。要坚持将建设社会主义新农村作为我国现代化进程中的一项重大历史任务，因地制宜、量力而行、尽力而为地推进。研究完善城镇化和新农村建设协调推进的政策体系，不仅是“三农”工作的重要任务，也是整个发展全局的重要任务。

推动农业现代化与工业化、城镇化同步发展①

（2011 年）

一、准确把握“三化”同步发展的要求

推进农业现代化，是党的十七届五中全会的一个重要内容。十七届五中全会强调，要在工业化、城镇化深入发展中同步推进农业现代化，即“三化同步”。而且明确这是我国“十二五”时期的一个重大任务，这句话含义很深，至少包含了三个层面的思想。

第一个层面，农业现代化是我国矢志不渝追求的重大目标。1954 年 9 月 23 日，周恩来总理在一届全国人大一次会议上作《政府工作报告》提出，要“建设强大的现代化的工业、现代化的农业、现代化的交通运输业和现代化的国防”。1961 年 3 月 20 日，他在广州中央工作会议上指出：必须从各方面支援农业，有步骤地实现农业的机械化、水利化、化肥化、电气化，从而明确了农业现代化的基本内涵。1980 年 12 月 25 日，邓小平同志在中央工作会议上的讲话中指出：“我国农业现代化，不能照抄西方国家或苏联一类国家的办法，要走出一条在社会主义制度下合乎中国情况的道路。”可以说，这是对走有中国特色农业现代化道路的初步构想。进入新世纪以后，江泽民同志在十六大报告中指出，统筹城乡社会发展，建设现代农业，发展农村经济，增加农民收入，是全面建设小康社会的重大任务。胡锦涛同志在十七大报告中明确指出要加强农业的基础地位，走中国特色的农业现代化道

① 本文是根据 2011 年 9 月 28 日为湖北省委中心组学习会所作专题报告录音整理。

路。回顾这段历史可以看出，建设现代农业一直是党和国家追求的重大目标。农业现代化这个目标，不仅是“三农”工作的要求，而且是全党全国人民的要求，因为它是全面建设小康社会、实现国家现代化的一个重大任务。

第二个层面，当前已经到了必须加快推进农业现代化的历史阶段。进入新世纪以来，我国经济社会发展形势发生了很大的变化。一是农业占整个 GDP 的比重发生了大的变化。改革开放之初，1978 年全国 GDP 只有 3800 多亿元，农业增加值是 1200 多亿元，农业占 GDP 的比重为 28.2%；到了 2010 年，我国的 GDP 达到 39.8 万亿元，农业增加值 4.05 万亿元，农业占 GDP 的比重已经降到了 10.2%。二是国家财力有非常大的变化。2010 年中央财政收入达到 8.3 万亿元。不要说跟改革开放初期相比，就是跟世纪之交的 2000 年中央财政收入 1.34 万亿元相比，都有很大的增加。随着财力的增长，很多过去想办却办不了的事情，现在已经具备办的条件了。三是农村人口在逐步减少。随着城镇化的推进，在改革开放初期，1978 年我国城镇化率为 17.92%。根据 2010 年公布的人口普查统计数据来看，城镇化率达到了 49.68%。2011 年将是中国城乡关系发展变化具有历史意义的关键年，如果按现在的统计口径，我国的城镇化率 2011 年就可能超过 50%。从中国历史来看，城镇人口多于农村人口，2011 年是第一年。正是由于发生了这样一些深刻的变化，国家对“三农”的投入不断增加。2011 年，中央财政对“三农”的投入将会突破 1 万亿元。如果加上地方的财政投入，今年全国对“三农”的投入会超过 2.5 万亿元，地方财政对“三农”的投入会超过财政支出的 30%，这在以前是不可想象的。正是由于具备了这些条件，现在已经进入加快推进农业现代化的历史阶段。

第三个层面，要正确把握工业化、城镇化、农业现代化的关系。为什么要在工业化、城镇化深入发展中同步推进农业现代化？因为实现农业现代化，需要以现代科学技术和工业、商业的支持为前提。随着工业化、城镇化的推进，一定要考虑到怎样去带动“三农”工作，为“三农”问题的解决创造一个好的氛围。反过来，农业也要为工业化、城镇化作支撑、作基础。工业化、城镇化越是快速推进，也就越要有一个现代化的农业。如果农业依然滞后的话，那么我们国家目前已经存在的不协调、不全面、不可持续发展的这种局面，就会进一步加剧，就会影响全局。

总之，我们对十七届五中全会提出的“三化同步”一定要有深刻的认识。只有这样，才能进一步重视农业现代化建设，推进“三农”问题更好地解决。下面，我就农业现代化问题谈三个方面的情况和体会，供大家参考。

二、什么是农业现代化

这个问题其实是一个老问题。十一届三中全会之后，理论界、学术界、实际工作者就曾经对农业现代化问题作过广泛深入的讨论和研究。可以说，因为各国的情况不同，各国所处的发展阶段也不同，到目前为止，对农业现代化这个概念还没有一个权威的、统一的解释。但是最本质的含义，就是现代要素对农业的投入。要理解农业现代化，就要把握现代农业和传统农业到底有什么区别。因为讲现代农业，是相对传统农业而言。农业现代化，就是传统农业发展到现代农业的演进过程。

（一）抓住现代农业的本质特征。农业是一个含有多个部门的大产业系统，既有种植业，也有畜牧业，还有水产业、林业等等，但是它的核心和支撑体系还是种植业，其基本特点就是绿色植物在人的劳动作用下，通过光合作用转化和储存太阳能的过程。正是由于绿色植物的光合作用奠定了农业的基础，所以从这个角度讲，农业是一个生命体的生产过程。在这个过程中，无论是现代农业还是传统农业，它的本质没有变化。人类要依靠绿色植物，同时作用于绿色植物，让它有更高的效率去转化太阳能，这就是我们的目的。对比一下传统农业和现代农业，大家就会感觉到，在传统农业的范畴之内，有两个最基本的特点。第一个特点，就是传统农业中能量的转化和物质的循环是在一个封闭的系统之内。所谓传统农业，包括耕地、播种、中耕除草、收获、消费、饲养畜禽等过程，最后人畜粪便、废弃物重新回到土地补充养分，保持土壤的肥力。在这个过程中，农业所获得的所有能源以及投入生产的各种各样的物质，都来自农业自身，它是一个封闭的循环圈，外部进入的只有太阳能。正因如此，它缺乏外部的投入和物质，所以农业的生产效率是比较低的，长期保持在一个比较低的水平上。第二个特点，就是传统农业中技术的进步主要依赖于劳动者经验的积累。一个新品种的形成，一种新工具的诞生，都要经过漫长的时间，要经过很多代人的经验、教训、总结，才能向前推进一小步。特别是优良品种的发现，往往是一种偶然，才能进行推广，所以传统农业的进步是非常缓慢的。但是，中国农业有7000年以上的历史，创造了灿烂的农业文化，为我们提供大量的、非常有价值的财富。所以我们说发展现代农业，一定是在传统农业的基础上向前推进的。

现代农业与传统农业的主要区别，主要有两个不同特征。第一个特征，在现代农业过程中，能量的转移和物质的循环是一个开放的系统。开放最重要的标志，就是在农业中开始使用化石能源和矿物质肥料。化石能源如煤炭和天然气，矿物质肥料如氮、磷、钾。因此，增加了新的能源，增加了新的肥料，使得农业转化太阳能的效率得到极大的提高。第二个特征，就是农业科技的进步，主要是靠科技人员独立的研究和实验来获得。过去需要多少代人的积累，才能实现某个品种的变化、良种的选育和生产工具的革新。现在通过科学家独立的研究就能实现，大大地加快了科技进步的进程。一直到几十年前，我们的农业，尤其是大的品种，往往是自己选种。现在农民都知道每年的种子需要购买，因为那是专业化生产的良种。生产工具的进步更不用说了。我们国家小麦过去长期是一个短缺品种，这几年小麦产量迅猛增长，除了种子的进步、农艺的进步之外，非常重要的一条就是机械化的收割，现在小麦的机收率在90%以上，农民从繁重的劳动中解放出来，就愿意种小麦了。所以，科技的进步对农业的发展意义非常大，要高度重视农业的科学研究和农技推广。

（二）传统农业向现代农业转变的技术路径。传统农业是从什么时候开始转变为现代农业的？它在转变过程中遵循的主要技术路线是什么？具体的时间难以确定。但我们了解到，在英语词汇当中，“现代化”这个词最早出现在17世纪80年代，是伴随工业革命产生的。有了工业革命之后，才能给农业提供现代的投入要素，因此农业现代化应该是产生在工业现代化之后。从目前世界上最早实现工业现代化国家来看，大致上可以说是在工业革命之后农业开始逐步进入现代化的。但我国的这个进程比较晚，从能源转化和物质循环这个角度来看，我们国家利用化石能源和矿物质肥料，到现在也不超过100年。从现在掌握的资料来看，中国第一个兴办具有现代意义农场的人是清末民初的张謇，江苏南通人，他办了很多实业，如军工业、企业，也办了一个农场。这个农场在全中国第一次使用了用柴油带动的抽水机，第一次使用了肥田粉，也就是化肥。但张謇只是一个很小的个体，我国广泛使用化石能源和矿物质肥料，应该是20世纪50年代后期，即人民公社之后。所以对我们国家来说，传统农业向现代农业转变的过程其实并不长。但目前在我国最先进的农业地区，所使用的生产工具和达到的生产水平，则进步得非常快。作为一个超大型的国有农业企业，黑龙江省农垦总局有一块稻田，面积达到1.6万亩，是30多个农户通过集中联片土地整理之后形成的。由于需要灌溉，稻田要求非常平整。他们平整田地所用的是激光平整仪，连美国人都赞叹不已。施肥、喷药也是飞机航空作业。任何人去看了之后，都会兴奋不已。

在发展现代农业过程中，从进入起点，到后期发展，国情不同、资源禀赋不同，或者政策选择不同，推进农业现代化的技术路线是有所区别的。区别在哪里？经济学中有一个理论，叫替代理论。就是说一个产业的发展或者一个地区的经济发展，它一定有长板和短板，要用优势替代劣势，用长板替代短板。一个桶能装多少水，不是由它最高的那块板来决定，而是由最低的那块板来决定。想整体提高这个木桶装水的能力，就要把最低的那块板补齐补长。发展现代农业也是要解决农业的“短板”问题，在各国传统农业中，那块“短板”的情况是不一样的。如日本人多地少，他们搞现代农业的替代要素，一定是要让土地高效产出，就要使用化肥。而新大陆国家，人少地多，劳动力缺乏，所以他们选择的要素是能替代劳动力，就是使用农业机械来替代劳力。当然，随着农产品需求的增加、城镇化率的提高、科技的发展，不同类型国家农业现代化路径的趋同性也日益明显。美国现在有 3 亿多人，他们的人口剧增，不能单靠土地开发来解决，也要提高农产品单位面积的产量，需要良种、需要化肥。日本的城镇化也在不断推进，他们的农民数量在整个国家的比重已经降到 4% 左右，而这些农民 70% 以上都是 65 岁以上的老人。随着农村劳动力剧减、老龄化程度提高，他们也要寻找替代劳动力的要素，也要提高农业机械化。我国尽管农业现代化的起步比较晚，但我们不必走前人的路子，机械化、化学化、良种化都用。

（三）农业现代化发展的阶段性。一开始，几乎所有人都把农业现代化看作是一个物质和技术问题。主要由工业提供物质输入，如化肥、农药、薄膜等，以及提供耕、种、收等各种科学技术。但发展到一定程度后，越来越多的人开始认识到，要让这些物质和技术的投入真正发挥作用，还至少要解决两大问题。第一个是制度问题。大家都了解美国、欧盟、日本这三大现代农业地区，他们的农业制度是比较健全的，能够做到让农产品生产大体稳定，价格也在一个合理水平。重要的是他们采取一系列的政策和制度，来保证农民的收入不低于其他的劳动者，这才让农民有积极性。这套制度的核心理念是要保护农民的利益，不让农民因为是农业生产者而吃亏。第二个就是培育能很好使用现代农业技术的经营主体和现代的农民合作组织。一位诺贝尔奖获得者曾经讲过，所谓现代农业，就是把大工业所提供的现代物质要素，投入到农业过程之中；为了使现代要素更有效地发挥作用，就必须有配套的现代农民。党的十六届五中全会提出建设社会主义新农村，要培养有文化、懂技术、会经营的新型农民。没有这样的农民，掌握不了最先进的技术。有了现代的物质和技术，有了现代的农民，这个问题就很好解决。现代的农民合作组织在农业中具有非常关键作用，这样能够让农民实现自我服务，解决大量单个农户解决不了、解决起来不经济的问题。

党的十七届五中全会明确提出，“三化同步”是“十二五”的一个重大任务，在这个过程当中，我们应该运用已有的经验，加深对农业现代化的理解和认识。从我们国家的实际情况来看，应当从六个方面来协调和推进现代农业的发展。第一，改善现代农业的生产条件。就是加强农业基础设施以及农田水利建设，补齐短板是促进现代农业发展一个非常重要的关键因素。今年以来的水旱灾害严重以及旱涝急转，再一次提醒我们，没有强有力的政策措施，没有充分保障的水利设施，要想获得好的收成是不可能的。所以，要建设高产稳产的高质量农田，完善农田的水利设施，在有条件的地方发展设施农业。第二，改进生产工具。现代农业要向机械化方向发展，用机械代替人力畜力。第三，健全对农业支持保护政策体系。这包括实行直接补贴、实行最低粮食收购价政策、建设农业农村基础设施、加快科技进步、培养现代农民等。第四，加强农产品市场。这几年大家都有体会，仅仅猪肉价格，短短三年时间有四次大的起伏，这些都是经验教训。要深刻总结为什么短板没有补齐，就会导致猪肉价格大的波动？总体来讲就是市场体系建设不够，生产者、消费者之间的信息反馈渠道不畅通。第五，加快现代农业产业体系建设。在这方面，湖北通过抓农产品加工“四个一批”工程，抓农产品转化增值，取得了非常丰富的经验。第六，培育现代农民和现代农民专业合作组织。以上六点抓好了，就能大大加快现代农业建设的发展步伐。

三、推进现代农业发展的紧迫性

为什么我国要发展现代农业，紧迫性在哪里？很多同志在学习十七届三中全会《中共中央关于推进农村改革发展若干重大问题的决定》中，可能对这三句话有深刻的理解：“我国总体上已进入以工促农、以城带乡的发展阶段，进入加快改造传统农业、走中国特色农业现代化道路的关键时刻，进入着力破除城乡二元结构、形成城乡经济社会发展一体化新格局的重要时期。”这里用了三个时限上的界定，一个叫发展阶段，一个叫关键时刻，一个叫重要时期。对促进农业现代化用了“关键时刻”，是非常让人深思的。别的都是讲一个阶段、一个时期，为什么讲农业现代化用“关键时刻”？中央决定用这个词，实际上是要给我们一种紧迫感。因为“时刻”稍纵即逝，抓不住就过去了，所以发展现代农业具有紧迫性。为什么这么说，可以从很多方面去论证。就我的理解，想简单地围绕三个字、三组数据介绍一些情况。三个字是“粮、钱、人”。“粮”就是粮食安全。这几年我国粮食年年丰收，即便如此，我们的粮食仍然不够，仍然需要进口，而且进口的规模还在逐年增加。“钱”就是农民收入。这几年农民收入增长很快，但是城乡居民之间的收入差距并没有缩小。在工业化、城镇化快速推进的情况下，城乡居民的收入差距还在扩大，这是需要认真思考的重大经济和社会问题。“人”，就是农民自身的发展。这几年城镇化率提高很快，但是撇开表象的统计数据，认真地想一想，进城的农民当中，有几个成为真正的市民？农民虽然进了城，但他们享受不到市民应该享有的权利，这涉及2亿多人。所以这三个字、三组数据是发人深省的，也就促使我们必须加快推进“三化同步”。

（一）**确保国家粮食安全**。进入新世纪，特别是十六大以来，2004年到今年，我们可以非常自豪地说，粮食实现了“八连增”，而且每年的粮食产量有非常大的提高。2003年的粮食产量是8614亿斤，去年达到了10930亿斤，产量提高了2300多亿斤。今年粮食总产量将达到11000亿斤以上。因为今年夏粮增产了62亿斤，早稻增产了28.5亿斤。而且今年秋粮丰收在望，估计全年粮食总产量在11200亿斤左右，也是历史最高水平。古今中外，粮食连续八年每年增产，这是不多见的，我们实现了，应该说粮食生产现在是一个相当好的时期。但是，应该实事求是地看到问题。从现在的情况看，至少有三大问题是需要探讨的。

第一，粮食生产带有明显的恢复性质。粮食超过万亿斤，我国在20世纪末就已经实现了。粮食生产在1996年就首次登上了1万亿斤的台阶。1978年粮食产量是6095亿斤，用18年时间上了四个1000亿斤的台阶。随后连续两年粮食都在增产，2008年达到10246亿斤。但后来由于种种原因粮食产量滑下来了，到2003年只有8614亿斤。1998—2010年，我国粮食共增产6.67%，而同期我国人口增长7.38%，可见粮食的增长率低于人口的增长率。

第二，粮食产区的布局越来越不平衡。2010年，全国31个省

（市、区）有 14 个粮食产量是低于 1998 年的。尤其是沿海发达地区，工业化、城镇化推进得早、推进得快，提供的就业机会也多，跑到他们那里吃饭的嘴多，粮食需求量自然大。按照经济学的理念划分，全国分东部、中部、西部三大地带。东部沿海地区是 10 个省（市、区），西部 12 个，中部 9 个。去年东部 10 个省（市）有 8 个粮食产量低于 1998 年。因此粮食的增产越来越依靠粮食主产区，而且主要集中在北方几个省区。一亩稻谷一季大概需要 1500—2000 立方米水，粮食生产耗水非常大。中国的水资源主要在长江以南，所以现在不少粮食主产区依靠过度地抽取地下水维持，从而形成巨大的漏斗区，对环境构成比较大的威胁。如果处理不好利益关系，让调出粮食的主产区总吃亏，那很难长期持续下去。

第三，粮食主要品种结构不平衡。按照我国的统计口径，粮食包括小麦、稻谷、玉米、大豆和薯类。小麦的产量按正常年份将近 2400 亿斤，如果每年都能达到 2300 亿斤以上，我国能够自给而且略有结余。稻谷是我们最大的粮食品种，每年有接近 4000 亿斤的产量。总体上，除了小品种、一些名贵品种外，虽然是紧平衡，大体上是够的。玉米每年产量大约 3600 亿斤，这个数量从目前来看，也可以平衡。因为人吃的大约只有 20%，80% 作为饲料和工业原料。关键要看工业和畜牧业对玉米的需求，如果这块增长太快了，那就可能出现短缺。现在由于能源紧缺，发展生物质能源的问题就提出来了。玉米是加工燃料酒精非常好的原料，技术上没问题。但现在国务院很明确，要限制以粮食作为工业原料加工能源，人都不够吃，还要去“喂”车，那不行。但由于受经济利益的驱动，我国已经形成的燃料酒精的加工能力，就可以消耗 5000 万吨玉米。如果让这一块自由发展，玉米是无论如何不够的。

除三大谷物我们可以基本平衡外，我国的大豆缺口非常大。中国是大豆的故乡，长期以来，中国大豆产量、出口量都雄居世界第一。但进入新世纪以后，我们的产量跌至世界第三，由过去世界出口第一变为世界进口第一。现在国内大豆的产量是 1500 万吨，实际需求量已经达到 7000 万吨，去年进口量是 5480 万吨。全球大豆的产量是 2.5

亿吨，出口量是9200万吨，也就是说，全球大豆出口的60%运到了我们国家。进口大豆第一是榨油，5吨大豆可以榨1吨油，来补充我国植物油的不足。第二，豆饼是非常重要的饲料蛋白。我国的大豆需求7000万吨，5500万吨依赖于国外，依赖程度达到75%。因为价格管不住，国际市场上大豆一涨价，植物油就要涨价，豆饼也要涨价，随之饲料就涨价，肉、禽、水产品都要涨价。所以大家为什么感觉这几年植物油和禽畜产品的价格这样大的波动起伏，最主要的是定价权不在我们手里。另外还有安全风险，一旦出现天灾人祸，进口不了这么多大豆怎么办？这是一个很大的问题。除了进口这么多大豆以外，我们的植物油也不够。人们生活水平提高后，肉禽蛋白随之增加，植物油也大大增加。全国的植物油消费相当高，一年大概接近2600万吨，人均38斤，我国自己产油不到1000万吨，进口大豆能榨1000万吨左右，还差600多万吨，去年进口了687万吨植物油。

1996年，世界粮食首脑会议在意大利罗马召开，当时李鹏同志在大会上郑重向全世界宣告，中国已经基本解决了粮食问题，承诺我国的粮食自给率要保持在95%以上。但实事求是地讲，去年仅进口大豆一项，就占粮食产量的10%，对这个局面，我们要很清醒。而且植物油需求越来越大，2500万吨我们自给只有1000万吨，自给率只有40%，这个局面不是短期内能解决的。所以党的十七届三中全会提出在农业上要居安思危，要意识到我们的农业问题还没有真正解决好。

于是就有很多同志讲，调整粮食结构，多生产大豆、多生产油料不就解决这个问题了吗？这个问题提得非常好，但我们没有那么多资源啊。只有18.26亿亩的耕地，如果调整，哪些可以少种？哪些可以多种？一算账，发现没有一样可以少种。加上复种指数，可以折算成23.5亿亩。其中16.5亿亩要种粮，否则产不出10000亿斤粮来。还剩下7亿亩种什么呢？这就包括蔬菜、油料、棉花、糖料，大约分别占用了2.7亿亩、2亿亩、7000万亩、3000万亩。剩下的一点，茶、麻、烟、药都要用，所以没地可调。现在平均1亩地可出大豆230斤，5480万吨大豆不进口，要多少地？要4.8亿亩耕地。另外还进口了687万吨油，如果按国内油菜籽的30%出油率估算，需要2300万吨菜籽，也得2亿亩以上。这样算下来，我们至少需要30亿亩的播种面积，粮食才能完全自给，保守计算我们用了人家7亿亩左右的播种面积。糖也要进口，今年已经进了120多万吨。中国作为世界上最大的养猪大国，4亿多头猪，价格一波动，猪肉也要进口，1—8月份已经进口了200万吨猪肉。粮、棉、油、糖、肉几大项，每年都要进口，心里能不发慌？在大农业里，还有一些问题也很难解决，比如橡胶，我们一年消耗天然橡胶280多万吨，而自己产量从来没有超过60万吨，220万吨需要进口。木材，从原木到锯材、木片、纸浆，我们的自给率只能保持在60%左右。这些矛盾，不是短期内能解决得了的。要清醒认识到农业的发展赶不上国民经济建设的需要，赶不上人民生活水平提高的需要，确实任重道远，不能掉以轻心，要有危机感。过去中国人形容“两难”问题，说前有狼后有虎，现在是“房顶上还有一只金钱豹”，这就是“三难”问题，也许将来还有“四难”“五难”问题。

当今整个世界格局正在发生变化，全球农业也出现了一些新变化，这对我们会有非常大的影响。

第一大变化是水土资源趋紧。我昨天来的时候田喜秘书长跟我讲，怎么去非洲种地、怎么去发展农业，因此一定要有全球眼光。在经济全球化的背景下，只要有可能，就要更多地去利用国际市场、国际资源，这是应该的，但心里要有个底数，什么东西可以靠人家，什么东西必须靠自己，人家帮不了。现在全世界的耕地面积210多亿亩，其中种粮的大约100亿亩。全球人口今年突破70亿，人均3亩耕地。我们国家去年13.4亿人，人均1.36亩耕地，只相当于世界平均水平的45%左右。全球每年大约生产谷物22.5亿吨，其中10亿多吨小麦，8亿多吨玉米，4亿多吨大米，加上2.5亿吨大豆，全球的粮食一年约25亿吨。我们很了不起，以全球8.5%的耕地，生产了全球22%的粮食，养活了全球19.8%的人口。但也不能轻易说，粮食安全就过关了。所以，为什么要发展现代农业，就是因为农业已经没有新的资源可以开发，其中尤其是水资源。过去我们一直讲中国人多地少，但水资源一直讲得不够。我们国家人均水资源只有2200立方米，只相当于全球人均水平的28%，而且分布很不均衡。因此，大家一定要看清楚水资源的危机。现在很多西方的政治家、经济学家甚至军事家都在讲，20世纪后半叶即“二战”以后的战争，主要目的是石油。进入21世纪，如果真正发生大战，目的可能就在于水资源。由于水土资源不足，我们既要很好地保护耕地，也要大力发展现代农业，改善农业的生产条件。

第二大变化是生态环境的恶化，对农业的影响非常大。我们搞农业的同志要有这个认识，过去怪别人，认为工业的发展、城镇的发展把农业的环境搞坏了，但现在农业自身的污染和排放也是不低的。COD（化学需氧量）的排放，农业占了40%多，其中主要是畜牧业。化肥、农药使用不合理，不仅成本高，而且污染环境，所以农业要加快转变发展方式。

第三大变化是全球气候变化。近几年来，极端性气候灾害明显增加。比如湖北今年旱到洪湖见底，西南从去年秋天到今年秋天还没有解旱，这在历史上很少见。再加上洪涝灾害引发的地质灾害，给人民生命财产造成巨大的损失。

第四大变化是对农产品新的需求在增长。去年美国生产酒精用了1.28亿吨玉米，他们的玉米总产量3.2亿吨，过去每年出口1亿多吨，现在基本上用于生产汽车燃料了。巴西更多地用甘蔗生产酒精，欧盟主要拿油菜籽来生产生物柴油。每3斤玉米可生产1斤酒精，如果原油价格超过60美元一桶，他们就有盈利。现在原油价格即使跌下来了，也要80多美元一桶，所以拿玉米生产酒精是有利可图的。对我们的压力是什么呢？生产燃料酒精要用玉米，玉米的价格就上来了，美国农民就多种玉米，就占用了种大豆的耕地。美国是我国进口大豆的第一大国家，他们的大豆一减产，价格就上来了，就会对我们产生压力。

第五大变化是越来越把农产品作为金融衍生品进行投机。国际粮价的波动很多是游资在炒作，我们国内也有这种情况。去年大蒜、绿豆的价格，都是这么炒作起来的。就全球来说，随着经济快速的发展，货币太多了，要寻找出路，就找到了农产品。

第六大变化就是全球农产品生产成本上升。全球大宗物品价格的上涨，矿产品价格的上涨，现在化肥中的钾肥和磷肥都需要进口，这都是矿产品。随着原料价格的上涨、能源价格的上涨，还有人工费用的上涨，现在劳动力市场比较充分、比较完善，劳动力大概一天要100元，不便宜，都导致农业成本的提高。

这六大变化趋势在我们国家都是有反映的。从“粮”引出的数据，确实不容乐观，由于人均农业资源稀缺，要解决好中国的粮食安全问题，不容易。

（二）缩小城乡居民收入差距。去年我国城镇居民可支配收入是19109元，农民人均纯收入是5919元，城乡居民收入比是3.23∶1，差距处在历史最高位置。改革开放初期，1978年我国城镇居民可支配收入是343元，农民人均纯收入是134元，收入比是2.57∶1。党的十一届三中全会之后，改革首先在农村突破，农民最先得到实惠，开始几年农民增收比较快，到1983年城乡居民收入比一度缩小到1.83∶1。但从1984年开始，差距逐步扩大。到2002年，城乡居民收入比首次突破3∶1，以后再没有降下来。在工业化、城镇化快速推进过程中，城乡居民收入分配问题不仅是一个经济问题，相当程度上还是一个社会问题，在这个问题上要有充分认识。“十一五”期间我们采取了一系列的强农惠农政策，城乡居民收入差距比基本上没有扩大，这说明国家的农民增收政策是比较有效的。“十一五”期间农民收入年均实际增长8.9%，也是历史上增收水平比较高的。同时还要看到，农民内部自身的收入差距也相当大。31个省（区、市）中，去年农民纯收入达到全国平均水平的只有12个，低于平均水平的有19个。所以说平均数代表不了大多数，大多数在平均数以下。农民人均收入水平最高的4个，依次是上海、北京、浙江和天津，都超过万元。还有4个最低的，西藏、云南、甘肃、青海，不到4000元，这就是我们的基本状况。“十二五”规划明确提出，扣除物价指数之后，农民人均纯收入增长每年应超过7%，这不是简单就能做得到的。对农村来说，到底靠什么增加农民的收入？到底什么时候才会出现城乡居民收入比开始缩小的拐点？值得认真分析。

第一，从收入结构分析。去年全国农民人均纯收入5919元，其中第一大块来自家庭经营的收入是2833元，占纯收入的比重为47.9%。这是一个很重要的指标，就是说农民的纯收入来自农业的占不到一半，这就是全国的基本状况。第二大块就是工资性收入2431元，比重为41%。这是两块大的，还有两块小的：一是转移性收入，主要是对农民的补贴537元，占纯收入比重为9.1%。二是财产性收入，就是租金、息金等168元，比重为2.8%。家庭经营收入十年前占纯收入的比重是63.3%，十年时间下降了15.4个百分点。所以，今后相当一段时间，家庭经营收入很难成为农民收入增长的一个重要支柱，因为它的比重在不断下降。工资性收入在十年前占31.2%，十年时间提高了9.8个百分点，所以工资性收入在今后一段时期一定会成为农民收入增加的一大支柱。这就要求城镇创造条件，给农民提供更好的就业机会，帮助农民增收。

第二，从农产品的价格分析。其一，按1979年到2010年这32年时间农产品价格变化测算，农产品价格对农民收入的关系比是0.56，农产品价格上涨1个百分点，农民收入可以上涨0.56个百分点，这个弹性系数是很大的。所以农产品价格上涨，是农民增收的一个非常重要的途径。从全球范围来看，中国的农产品价格确实很低。当前，控制物价是宏观经济调控的一个非常重要的措施，但从长远来看，没有一个合理的农产品价格，农民的积极性是很难保持的。其二，农业生产资料价格的上涨对农民收入的关系比是−1.28，农业生产资料每上涨1个百分点，农民收入就要下降1.28个百分点。其三，在家庭经营收入中，起决定性作用的是粮食的单位面积产量，它对农民收入的弹性系数是4.27。就是说，单位面积产量每上升1个百分点，来自农业的收入可以上升4.27个百分点。

所以，从这样的分析来看，将来农民增收至少有三个渠道。第一就是非农就业，增加工资性收入。这几年农民工资性收入每年上升1个百分点，相反，家庭经营收入每年下降1个百分点。第二就是提高农产品价格。农产品价格必须理顺，农产品价格上涨，或者通过市场让消费者承担，或者通过补贴由公共财政承担。第三就是依靠科技进步，提高农业的单位面积产量。今年各种粮食作物平均亩产670斤，提高1个百分点，就是提高6—7斤粮食，按现在的价格算就是七八元钱。这也从另外一个方面说明，我们为什么要加快建设现代农业，因为现代农业能够促进农民增收。

（三）推动农民变市民。工业化、城镇化过程中，怎么加快农业人口转移？这既是工业化、城镇化的前提，也是发展现代农业的前提。农民减少了，才能扩大农业经营规模。否则农民种的地很少，就是给他先进的技术，很多也用不上。我国人均只有1.36亩耕地，1户人家差不多半公顷土地。日本农户户均有1.2公顷土地，比我们大得多。因此，大规模的减少农业农村人口，是发展现代农业的基础。近几年城镇化率差不多以每年1个百分点的速度在提高，去年城镇居民的比重已经占到了49.68%。到“十二五”期末，全国的城镇化率有望达到54%左右。今年是历史性的一年，城镇居民所占比重首次突破50%，这组数据非常让人受鼓舞，但背后隐含的问题不少。大家知道我们现在人口统计上有两套数据，一套数据是按国际惯例，即按居住地统计，居住半年以上即可统计为该地的居民。这个办法是科学的，也是符合国际惯例的。但因为中国人的社会福利是跟户籍在一起的，这并不意味着我们已经解决了那么多进城的农民的问题。按统计数据，去年全国总人口是13.3792亿人，按居住地统计的城镇人口是6.6557亿，农村人口是6.7415亿。而按户籍计算，去年农村人口是9.6312亿，就是说有2.8897亿农村人口被统计在城镇人口里。这些人，由于在城镇中居住、生活、就业已经超过半年了，所以被统计为城镇人口。但是，这接近2.9亿的农村户籍人口，我们帮他们解决了什么问题？住房有吗？就业稳定吗？社会保障纳入了吗？如果什么都没有解决，我们就要想清楚，这些人的问题迟早要解决的。而解决一个城镇户口的成本是多少？像成都这样的大都市，解决一个大概需要20万元。3亿人，一个人20万，要多少钱？而且后面还有源源不断的人往城里进。现在这样拖着不动，但总是要解决的。由于这个庞大群体的特殊情况，中国的城镇化进程就变得非常复杂。如果按户籍统计，我国去年的城镇化率是28.11%，和公布的49.68%相比，相差21.57个百分点。我国

1978 年时城镇化率是 17.92%，32 年仅提高了 10 个百分点。

城镇化的本质就是农民的市民化。从全球农业现代化过程来讲，都有一个基本的特点，就是农业人口的转移是农业现代化过程中最为关键，也是难度最大的问题。解决不好，农民转移不出去，城市不发展，工业不发展，谈何现代化？转移出去了，解决不了他们的非农就业，那就会出现拉美等一些国家的“贫民窟”现象。我们现在解决了一半，解决了农民进城从事非农就业的问题，但没有解决城里人能享受的社会福利待遇。中国人口那么多，这个压力之大，我们要有充分估计。

四、坚持走有中国特色的农业现代化道路

这是党的十七大提出来的，我在学习这个报告时，感受最深的就是为什么要提“有中国特色的农业现代化”。农业现代化模式有美国的，有以色列的，有法国西欧的，有日本韩国的，我们要走中国特色的农业现代化道路，到底是什么含义？我觉得要认真研究。从农业经济学的发展来说，我们把农业分为两大类，一类是新大陆国家农业，一类是传统国家农业。传统农业国家基本特征是土地开发的历史很长。像我国的农业就有 7000—8000 年以上的开发史，东亚、西欧这样的地区和国家基本上都有几千年的农业发展史。由于漫长的开发史，人类繁衍的时间很长，相对于新大陆国家来说，我国有自身特点。

第一，就是人多地少，这是我国的基本国情。很多同志说，我们国家的农业经营规模这么小，怎么实现现代化？应该搞大规模农业。但是，人多地少这个局面，不是党和国家的政策定出来的，它是客观现实决定的。我们的法律和政策要保证公平公正，城里吸纳不了，就得让农民在农村活下去。要扩大经营规模，很简单，就要转移农村人口。但是再怎么转移，我们只有 18.2 亿亩耕地，2 亿多农户，户均 7—8 亩地。如果户均达到 10 亩地，要转移出去几千万农户。而户均 10 亩地显然是不行的，够不上规模经营。而户均 100 亩地呢，只需要 1820 万农户，这就要转移出去将近 2 亿农户啊！而且即使转成了，跟

美国相比又算什么？我去看美国的农庄农场，上万亩是常见的事情。人多地少的基本国情改不了，这就是我们的基本国情。

第二，中国水资源很短缺。前面说过，我国水资源短缺，高耗水农业不符合中国的国情。以色列虽然干旱缺水，但农业非常发达，他们解决了节水灌溉问题。我们现在的18.2亿亩耕地，有效灌溉面积不到一半。还有一半，没有水源也搞不了。所以，要发展节水农业，发展旱作农业，我们国家也有一半地区的农业是要这样发展的，这就是我国的特色。

按照十七届三中全会决定的要求，推进农业现代化要在以下几个方面下功夫。

一要培养现代农民。什么叫有文化、懂技术、会经营的现代农民？我们现在确实要考虑，5年、10年之后谁来种地？这是我们面临的一个大的问题，不考虑不行了。日本讲核心农户，讲农业接班人。我每次去日本，他们都跟我讲农业接班人问题、核心农户的培育问题。我们现在不考虑这个问题，将来也要出大麻烦。在上海这样的发达城市，农民人均纯收入已经达到1.3万多元。谁来种地、如何增加种地的收益是一个非常现实的问题。我去看了黄浦江以南的一个村庄。他们通过土地整治，形成了集中连片的耕地，以每100亩地左右为一个单元，承包给专业农户经营。与之同时，利用社会化服务力量提供各项专业化服务。其中，一对中老年夫妻承包了一块，每年种一季水稻一季小麦，或者一季水稻一季油菜，种田收入大概可以达到6万元左右。他们还经营了一个养猪场，帮公司养猪，公司按照每头50元给养护费。一茬猪400头，一年养三茬，共1200头，每头50元，一年又有6万元的收入。种地和养猪一年总收入达到12万元，他们非常满足。

二要提高农民的组织化程度。在短期内，经营规模很难扩大，这是我们面临的一个基本问题。但是，靠一家一户自己又解决不了自身的困难，所以大家都在探讨出路。有的同志认为，家庭经营潜力已经挖尽了，需要换别的形式，有的就请公司、企业进来替代农民，农民把耕地租给公司、企业，然后给他们打工，这是一种考虑。有的同志认为，要大力发展农民专业合作组织，让农民自己给自己提供服务，自己给自己提供保护。还有的同志认为，要更多地发展中小型家庭农场。但从总体来说，我觉得大力发展农民合作经济组织，提高农民的组织化程度是基本的出路。

比如湖北的春晖集团，他们通过土地股份合作制、农机专业合作社、农业生产管理合作社，在一个区域流转了6000多亩地，带动了2万亩的规模来生产他们所需要的稻谷。这样农民还是生产主体，但组织化程度大大提高，生产的产品质量、效益也高。发展农民专业合作组织，在我们这样一个相当长时期内，小规模经营数量比较多的国家，是不可不做、不得不做的事情。环顾与我们条件相近的国家，日本也好，韩国也好，都是靠这样的办法引导农民走向农业现代化的。

三要加大社会化服务体系建设。因为经营规模太小，很多现代化的设施单个农户买来不经济，也用不上。而通过健全社会化服务体系，则可以为单个农户提供良好的外部条件。比如，我国实行全国联动机收，40万台小麦联合收割机从南到北作业，解决了3亿多亩麦田的收割问题。我国联合收割机的收割时间在全球是最高的，大大提高了机械装备的利用水平。

四是要建立完善农业支持保护制度。最开始2003年的时候，国家给农民的四大补贴才130多亿，今年超过1400亿元，但我觉得还不够。如果我们给城市低收入者一个比较高的补贴，那我们的农产品价格还可以往上涨，农业的比较效益就可以大幅度提高。实现对农业的支持保护，根本的要求就是要让农业有效益，让种地的人不吃亏。

加入WTO之后，对农业的补贴规定了黄箱政策、绿箱政策等等，黄箱政策是受限制的，依据产量和价格的补贴是被纳入黄箱的，农业补贴占农业生产值的比重，发达国家达到5%，发展中国家可以达到10%，我们国家只能8.5%。但我国农业GDP是4万多亿，8.5%也可以到3000多亿，我们现在才1400亿，所以空间还很大。发达国家在加入WTO之后，基本上都转入收入补贴。

欧盟、美国都规定什么规模的农场一年应该达到多少收入水平，达不到就给你补贴。日本搞了一个居民收入10年倍增计划，而且规定农民收入要高过城市居民收入。日本实行劳动日定价，不管是什么行业的劳动者，从事一天劳动，不能低于3万日元。我在日本访谈了一个农民，他一年劳动收入就有1200万日元。这么多年来，他们的经济虽然发展不快，但农民收入一直超过城市居民收入。统计数据显示，他们农民的收入每年大概660万日元左右，比城市居民高出30万—40万。当然，日本之所以能这样做，一个基本的条件是其农民数量减少到只占国民的4%。目前，我们远远没有达到这个发展水平，但方向一定要清楚。在工业化、城镇化推进过程当中，一定要增加农民的收入，否则农产品供给就没有保障。

除了财政对农业的支持之外，还有一个重要杠杆，就是金融。在我国，金融对农业的支持显得太弱。要学习和参照发达国家的经验，政府给予费用和利息补贴，或者促使政府用法律规定，不管什么性质的银行、不管设在多大的城市里，必须拿出一定比例的存款余额交给中央银行，由中央银行用到农村金融方面去。

在工业化、城镇化深入发展中同步推进农业现代化，不仅是一个经济问题，也是一个非常复杂的社会问题。在这个过程中，我们要特别重视加快推进城乡基本公共服务均等化。我曾经算过一个账，到2030年我国人口15亿，那时城镇化率即使达到70%，仍然有4.5亿人在农村。而实现了城乡基本公共服务均等化，农民也就有了非常大的自主选择权。只有真正倾听农民的呼声，了解农民的追求，同时了解整个经济社会发展各个方面的要求，才能更好地完成党的十七届五中全会提出的工业化、城镇化、农业现代化“三化”同步推进的重大历史任务。

我国城镇化进程中的“三农”问题①

（2012年）

一、我国当前农业农村形势及其与城镇化的关联

（一）党的十六大以来我国农业农村发展的形势总体向好。粮食产量从2003年的8614亿斤提高到2011年的11424亿斤，年度产量提高了2810亿斤，增长了32.62%，年均提高3.59%。农民人均纯收入从2003年的2622元提高到2011年的6977元，扣除价格因素后实际增长93.1%，年均增长8.6%。今年夏粮增产71亿斤，早稻增产11亿斤，全年有望继续增产，实现“九连增”；农民上半年人均现金收入4303元，同比增加597元，增长16.1%，扣除价格因素后实际增长12.4%，比上半年城镇居民可支配收入（12509元，实际增长9.7%）的增幅高出2.7个百分点。

（二）可以说，党的十六大以来是我国农村经济社会发展最快的阶段，是党的强农惠农富农政策出台最密集的阶段，也是农民得到实惠最多的阶段。在这个阶段，中央出台了一系列在我国农业农村发展史上具有里程碑意义的重大政策。

免除了专对农民收取的农业税，每年减轻农民负担1335亿元。实行对农业生产的直接补贴制度，从2004年的145亿元增加到今年的1653亿元。实行农村义务教育经费由国家保障的制度，按生均经费600元计，每年需财政支出700多亿元。建立新型农村合作医疗制度，今年人均筹资标准300元，其中财政补助240元，8.34亿人，需财政支出

① 本文原载于《国家行政学院学报》2012年第6期。

2000亿元。建立农村最低生活保障制度，5200多万人纳入保障网，今年上半年人均月补差106元，年度支出将超过660亿元。建立新型农村社会养老保险制度，今年底将实现全覆盖，60岁以上老人每人每年将获得由财政支付的基础养老金660元，预计全年支出将达800亿元以上。民政部门今年对农村543万“五保”供养人员的支出将约为130亿元。

以上各项由财政支出的经费约7300亿元，而这些支出，都是在党的十六大以来才逐步形成的。这在相当程度上也说明，农村的好形势是靠好政策换来的，而好政策的高含金量，是要靠强有力的、不断增长的政府财力作支撑的。因此，全局经济的快速增长，是中央能够出台这一系列强农惠农富农政策的大背景。我国国内生产总值从2000年的99215亿元增长到2011年的471564亿元、国家财政收入从2000年的13395亿元增长到2011年的103740亿元，这是中央能够出台这些好政策、能够做到许多以前想做而做不了的好事、实事的经济支撑。

（三）新世纪以来既是我国农业农村发展最快的时期，也是我国城镇化进展最快的时期。城镇化率从2000年的36.22%提高到2011年的51.27%，11年间提高了15.05个百分点，年均提高1.37个百分点。这11年间，我国城镇常住人口增加了2.3亿人以上（从2000年的45906万人增加到2011年的69079万人），增加了50.48%；同期乡村人口减少了1.5亿人以上（从2000年的80837万人减少到2011年的65656万人），减少了18.78%，我国乡村人口在1995年达到峰值，为85947万人，16年来，共减少了20291万人，其中新世纪以来减少的为15181万人，占16年来减少总数的74.8%。综合这些数据，不难看出农业农村的发展与城镇化进程之间确实存在着密切的内在联系。城镇化的快速推进，为农村人口的大规模转移提供了就业、居住等方面的必要条件。城镇化是扩大内需的重要途径，与我国的工业化水平相比，我国城镇化仍然明显滞后，我国城镇化水平（尤其是真实城镇化的水平）还有很大的上升空间。因此，坚持贯彻落实科学发展观，在经济社会发展全局中切实按照全面、协调、可持续的理念来科学推进城镇化，就一定可以使城镇化成为今后相当长时期中推动我国经济社会持续稳定发展的强大动力。

二、城镇化进程中需要特别注重解决好“三农”问题

这既是世界各国都需要把握的一般规律，更是我们这个农村人口众多的人口大国必须更加注重的重大问题。城镇化进程中需要解决好的“三农”问题很多，这里仅就三个事关全局的突出问题介绍一些情况、谈谈个人的看法。

这三个问题分别是城镇化进程中的粮食和其他主要农产品供求问题（粮）；城镇化进程中的农村土地问题（地）；城镇化进程中的农民转市民问题（人）。

（一）城镇化进程中的粮食和其他主要农产品供求问题。城镇化一方面会不同程度地减少耕地，从而影响粮食和其他农产品的产出；另一方面，又会引起农村人口大规模向城镇转移。这既会增加社会对商品性农产品的需求，又因农村人口进入城镇后在生活方式和饮食质量方面的改善而增加对农产品的需求。2011 年，我国农村居民除人均粮食消费高于城镇居民外，人均消费的鲜菜比城镇居民低 22%，食用植物油低 19.4%，猪牛羊肉低 33.7%，家禽低 57.5%，鲜蛋低 46.5%，水产品消费仅及城镇居民的 1/3。因此，在城镇化进程中必须随时关注粮食和其他主要农产品的供求状况，否则就难以保持城镇化进程的可持续性。

党的十六大以来的这些年，是我国农业生产发展最好的阶段，粮食产量实现了“八连增”，年总产量已连续 5 年超过 1 万亿斤，去年又超过了 1.1 万亿斤，其他主要农产品的产量也不断创造新高。但是，由于国家经济社会的快速发展，人民生活水平的不断提高，从一定程度上可以说，当前已经出现了农业发展的速度赶不上社会对粮食和其他主要农产品需求增长的速度，直接的表现就是粮食和其他主要农产品进口的数量在快速增加。

1. 粮食和其他主要农产品进口的快速增长。2012 年上半年，我国农产品进出口总额 837.2 亿美元，其中出口 295.5 亿美元，同比增长 4.7%，进口 541.7 亿美元，同比增长 28.8%，上半年我国农产品国际贸易的逆差 246.2 亿美元。2012 年 1—7 月，我国进口粮食 4861.8 万

吨，同比增长38.8%，出口粮食167.5万吨，同比减少0.5%；其中进口大豆3492万吨，同比增长20.1%。1—7月，我国进口食用植物油400万吨，同比增长17.9%。今年上半年，我国进口食糖144.5万吨，同比增长1.8倍。进口乳制品66.8万吨，同比增长20.3%，其中进口奶粉35.7万吨，同比增长8%，我国国产奶粉占有的国内市场份额已不足30%。此外还进口猪肉30多万吨。去年我国生产棉花660万吨，进口棉花331万吨。其他非耕地农产品如木材、纸浆、天然橡胶、羊毛等的进口量及其占国内需求的比例也都相当可观。

有关专家测算，如按我国现有的农业生产水平计算，我国2010年净进口农产品的数量已相当于在境外利用了6.3亿亩农作物播种面积，相当于我国同年农产品播种总面积241012万亩的26.14%。

2. 必须立足国内努力增加粮食和其他主要农产品生产。坚持实行最严格的耕地保护和最严格的节约用地制度；加强以农田水利为主的农业基础设施建设，改善农业生产条件；大力推进农业科技进步，转变农业发展方式；完善农产品流通方式、发展农产品加工业；关键在于健全国家对农业的支持保护体系，调动农民生产积极性。包括健全对低收入人口的食品供给保障机制，为充分发挥价格机制的作用创造条件。

国家从2004年开始建立主要粮食品种的最低收购价制度。2004—2007年，早籼稻0.7元/斤，中晚籼稻0.72元/斤，粳稻0.75元/斤，白麦0.72元/斤，红麦0.69元/斤。

2008年开始提价，今年的最低收购价为：早籼稻1.2元/斤，中晚籼稻1.25元/斤，粳稻1.4元/斤，小麦1.02元/斤。与2007年相比，分别提高了71.4%、73.6%、86.7%和41.6%、47.8%。年均提价幅度为11.38%、11.66%、13.30%和7.20%、8.13%。

我国农业生产成本在快速上升，包括农业生产资料价格、土地租金和农业用工的费用都有明显上升。

日本去年稻谷（粳稻）的生产者价格折合人民币约为8.4元/斤，今年已上市的约为9.33元/斤（农民出售的每60公斤糙米分别为1.8万日元和2万日元）。

3. 我国人口、耕地及粮食产量在全球的比重。我国 2011 年人口 134735 万人，约占全球约 71 亿人的 18.98%。我国 18.2 亿亩耕地，约占全球 210 亿亩耕地的 8.67%。我国去年粮食总产量 57121 万吨，约占全球粮食总产量 25.73 亿吨的 22.2%；其中我国谷物产量 51939 万吨，约占全球谷物总产量 23.23 亿吨的 22.38%。从长期看，必须认真研究农业如何“走出去”，如何在农业上更好利用国际国内两种资源、两个市场的问题。

（二）城镇化进程中的农村土地问题。城镇化进程中涉及的农村土地问题很复杂，这里仅对三个有关问题谈点个人看法：一是征收农民集体土地问题；二是农村建设用地问题；三是农地经营的形式和规模问题。

1. 征收农民集体土地问题。这是我国城镇化进程中面临的最突出问题之一。在我国现行法律体系下，城镇在地域上的扩张主要是依靠政府征收农民集体的土地来实现。征收的农民集体土地，不仅为城镇发展提供了投资载体，而且为城镇建设提供了巨额资金，但农民为此则付出了巨大的代价。人们对现行的农地征收制度批评很多，中央也早就明确了改革征地制度的基本方向。党的十六届三中全会决定就提出：按照保障农民权益、控制征地规模的原则，改革征地制度，完善征地程序，严格界定公益性和经营性建设用地，征地时必须符合土地利用总体规划和用途管制，及时给予农民合理补偿。以后又逐步完善，党的十七届三中全会决定提出：改革征地制度，严格界定公益性和经营性建设用地，逐步缩小征地范围，完善征地补偿机制。依法征收农村集体土地，按照同地同价原则及时足额给集体组织和农民合理补偿，解决好被征地农民就业、住房、社会保障。这些年来，在提高征地补偿标准和落实被征地农民的社会保障等方面有明显进步，但关于严格界定公益性和经营性建设用地、逐步缩小征地范围的改革则尚未启动。征地制度改革涉及复杂的利益关系调整，牵一发而动全身，改革的难度极大。目前看，至少还存在法律问题、土地财政和土地利用中的利益矛盾这样三方面的障碍。

（1）法律问题。宪法对此的有关规定是：城市土地属于国家所有。虽然宪法规定国家依法征收土地的前提是为了公共利益的需要，但土地管理法的规定却是：任何单位和个人进行建设，需要使用土地的，必须依法申请使用国有土地（农民和农村集体组织经依法批准使用本集体组织所有的土地进行建设的除外）。因此，相关的法律条款不做修改，征地的范围就难以缩小。

（2）土地财政问题。随着征地规模的扩大和土地价格的提高，征地与地方政府财政的关系也越来越紧密，土地出让收入已经在地方（主要是市、县两级政府）财政收入中占据重要地位。因此，改革征地制度，对地方政府的财政收支影响极大。

据有关部门统计，全国土地出让金收入，2008 年是 10375 亿元，2009 年是 13965 亿元，2010 年是 29110 亿元，2011 年是 33166 亿元。同期与房地产相关的地方税收收入分别为：2008 年 5880 亿元，2009 年 7687 亿元，2010 年 10417 亿元，2011 年 8379 亿元。将此两项合计作为土地财政收入，从 2008 年到 2011 年分别占地方财政收入的比重为 25.12%、28.11%、37.19% 和 31.59%。考虑到省、区政府并无直接的土地出让收入，因此，市、县两级政府土地财政收入的比重显然更高。

但情况正在起变化。一是国内外经济形势的变化影响着土地出让的情况。2012 年上半年入库的土地出让收入为 11572.86 亿元，同比减少了 28.9%。二是近年来征地拆迁补偿的支出在明显提高，导致土地出让纯收入的比重不断下降。2009 年征地拆迁补偿的支出为 5180.58 亿元，占土地出让金收入的比重为 37.10%，当年土地出让的纯收入为 8784.18 亿元；2011 年的征地拆迁补偿支出为 23629.97 亿元，占土地出让金收入的比重上升为 71.25%，当年土地出让的纯收入为 9536.27 亿元。2011 年土地出让金收入总额比 2009 年增加了 19201.48 亿元，即增长了 137.50%，但征地拆迁补偿的支出却增加了 18449.39 亿元，即增长了 356.13%，因此纯收入仅比 2009 年增加了 752.09 亿元，仅增长 8.56%。这表明，即便是为了地方政府的土地财政收入，再沿着现行的土地征收办法走下去，也将越来越成为“鸡肋”了。

（3）土地利用中的利益矛盾。据有关部门统计，2012 年二季度全国不同用途的土地平均出让价格为：商业服务业用地为 5728 元 / 平方米，住宅用地为4522元/平方米，工业用地为659元/平方米。工业用地的价格仅相当于商服用地价格的11.5%、住宅用地价格的14.6%。这样的供地价格结构表明，政府在出让工业用地时绝大多数是亏本的。但为了今后的税收和就业，亏本也要出让工业用地。为了既保证工业用地的低价格，又实现土地征收出让中的资金平衡，地方政府就不得不一手压低对被征地农民的补偿水平，而另一手又不得不抬高对城镇住宅和商业服务业用地的供地价格，其结果是导致被征地农民和城镇居民两方面都强烈不满。

过低的工业用地供地价格，一方面使被征地农民和城镇居民的利益严重受损，另一方面又引发相当部分工业企业可以不顾投资成本而无序扩张。在某种程度上可以说，这是制约我国经济发展方式转变、产业结构调整升级的一大原因。如果说，当初为了做大我国的加工制造业，这样做有其必要性和合理性，但到了现在，我国已经成为全球制造业的第一大国（据美国经济咨询公司环球视通的数据，2010年我国制造业的产出占世界总额的比重为19.8%，已超过美国为世界第一），已被人称为“世界工厂”，且有些产业的产能已明显过剩，在这样的背景下，如再不改变对工业用地供地的低地价甚至零地价的做法，将会后患无穷。

（4）综合上述几方面的原因，可以说推进我国征地制度改革的条件正在逐渐成熟。政府征地行为在世界各国都有，但征地权力的使用，是被严格限制在满足社会公共利益需要的范围之内的。世界各国的城市化都要使用农地，政府的职责是组织社会做好土地利用规划和建设规划，并严格按照规划对土地的利用实行用途管制，没有必要在按规划改变土地用途的同时非要改变土地的所有权。韩国、我国台湾省在大规模推进城市化时，都实行过对农村土地的“区段征收”制度，即在按规划改变农村土地用途时，规定农民把40%—50%的土地所有权交由政府，由政府进行开发融资和安排基础设施建设，其余土地可由农民按新用途的价格自行处置，政府再依法对土地交易实行税收调节。通过这样的方式，既保证了城市建设按规划进行，又促进了土地按市场价格机制使用，还使得城镇化同时也成为富裕农民的过程。我们应当借鉴别人的有益经验，审时度势、与时俱进地改革我国城镇化进程中的征地制度，使它更加符合中国特色社会主义市场经济体制的要求。

当然，除了征地制度的改革外，还必须有用地制度的改革，尤其是工业用地如不改变现在这种粗放的、不合理的用地方式，再征多少地也是不够用的。

目前的工业用地有很大的节约余地。据我们对上海市松江区漕河泾新经济园的调查，该园采取对入驻企业出租生产经营用房为主，在建设中努力向空中和地下发展，扩大公共空间；在招商中坚持选择高技术、高增加值、高影响力和高集约度的企业，取得明显的节约土地和高产出效果。2011 年，该园区已建生产经营用房 24 万平方米，入驻企业 190 余家，平均每个企业用地不足 2 亩；2011 年，园区每平方公里平均产出 136 亿元，而上海市级以上开发区每平方公里产出为 60 亿元。该园区所在的松江区其他 1.26 万家工业企业已使用土地 11 万亩，平均每一工业企业用地近 9 亩。全区工业企业上缴税收 110 亿元，平均每亩土地产生税收 10 万元。而漕河泾新经济园平均每亩土地的税收达到了 60 万元。同时，漕河泾新经济园还注重带动农民致富，在足额支付每亩 26 万元征地补偿款后，又与园区所在地的新桥镇按 6∶4 的比例共出资 1 亿元注册成立园区开发公司。2011 年共分配红利 6000 万元，其中新桥镇分得的 2400 万元红利，在被征地农民的强烈要求下，只分配了 1000 万元，余下的 1400 万元拟与园区方商议用于增加注册资本金。

2. 农村集体建设用地问题。农村集体建设用地是指符合规划、经国家依法批准由农民和农村集体组织自用的建设用地。它的基本特点，一是批准使用的是本集体组织自有的土地，二是只能由本集体的成员和组织自己使用（例外的情况是，在符合土地利用总体规划、经批准建设乡镇企业时，可以以土地权入股、联营等方式共同举办企业）。由于土地没有改变集体所有的性质，因此国家法律规定：不得以出让、转让或者出租等方式提供给非本集体组织的成员用于非农业建设（土地管理法第 63 条）。当前对农村集体建设用地的问题讨论很多，看法也很不相同。但涉及土地利用和管理的问题，应当尽快明确并规范，否则局面将难以控制。

（1）农村集体建设用地的使用范围问题。现在流行一种观点和做法，叫作集体建设用地流转或进入市场。对此我感到需要商榷，因为这不符合法律关于“农村集体建设用地”的定义。有人说这就是深化土地制度改革，认为这样做才是破除土地利用和管理上的二元体制，应当给予农民集体土地与国有土地有相同的权利和地位。实际上，我们说土地利用和管理上的二元体制，主要是反映在建设用地必须征为国有上。因此要改革的是对符合规划的、不属于公益性质的社会建设用地应当不征。而农村集体土地哪些允许转为社会建设用地、哪些不允许，则完全要由规划说了算。土地利用的权利，必须在规划许可的范围内才能追求平等，脱离了规划的许可谈土地利用权利的平等，就一定会造成土地管理的失控。我国农村的集体建设用地至少有2.5亿亩以上，如果允许其流转或入市成为社会建设用地，哪怕是流出1/10，对宏观经济的影响也难以估量。关键是以后还批不批农村集体建设用地了？如果还批，又允许它流转和入市，整个社会建设用地的规模怎么管得住？如果不批，农民和农村集体组织的建设用地怎么解决？

因此，应当推进征地制度改革，逐步缩小征地范围，把符合规划、经批准转为社会建设用地的农村集体土地退出征收范围，允许农村集体组织以多种方式参与土地的开发经营。而对规划范围以外的农村建设用地，应当继续坚持其自用的原则，如出现闲置和废弃，则应当复垦或批准给本集体组织符合条件的成员使用。

（2）关于城乡建设用地增减挂钩。国务院2004年28号文件提出“城乡建设用地增减挂钩”的概念时，是针对加强乡村建设规划的。因此它的本意是制定规划的指导思想，是长期目标。现在把它作为一项具体政策，有些重大问题就必须研究。

第一，“城乡建设用地增减挂钩”的本质是农村土地整理。而现行法律对农村土地整理已有明确的规定。土地管理法第41条规定：国家鼓励土地整理。县、乡（镇）人民政府应当组织农村集体组织，按照土地利用总体规划，对田、水、路、林、村综合治理，提高耕地质量，增加有效耕地面积，改善农业生产条件和生态环境。地方各级人民政府应当采取措施，改造中、低产田，整治闲散地和废弃地。显然，农村土地整理或整治的目的是“提高耕地质量，增加有效耕地面积，改善农业生产条件和生态环境”，绝不是为了增加建设用地。

第二，农村土地整理后新增加的耕地与建设用地是什么关系，国家的法规也有明确规定。国务院颁布的土地管理法实施条例第 18 条规定：地方各级人民政府应当采取措施，按照土地利用规划推进土地整理。土地整理新增耕地面积不能直接作为建设用地的指标，只能将其中 60% 用作折抵建设占用耕地的补偿指标。

现在很多地方的“增减挂钩”与现行法律法规有冲突，因此国务院才把它定位为“试点”。

第三，有人说现在农村闲置的建设用地很多，城镇建设缺地、农村建设缺钱，调剂一下、各得其所不好吗？其实这在国家的法规中也已有规定。土地管理法实施条例第 18 条规定：土地整理所需费用，按照谁受益谁负担的原则，由农村集体组织和土地使用者共同承担。实际上，现在开展“增减挂钩”“地票”试验的地方也是这么做的，一些地方的农村也是通过这个办法获得资金、开展新农村建设的。

现在的关键问题是，农村土地整理后的新增耕地只能以 60% 的系数来折抵建设占用耕地的补偿指标，不能直接置换为新增建设用地。到底是要修改法律法规，还是要规范“增减挂钩”的行为？

当前的建设用地指标满足不了需求，这是事实。但在土地利用和管理这种社会成本极高、用了以后就难以改变的重大问题上，我不赞成在明显涉法的土地问题上如此大规模地搞“变通”，而应当采取更为严谨的态度，通过规范的途径解决。当然，经国务院批准为改革试验区的地方，仍应按批准的改革项目进行先行先试，但试验只能在批准的范围内进行。

土地管理的核心是按规划实行用途管制，在我国还有年度利用计划控制，这是宏观调控的需要，因为在我国现阶段土地是重要的宏观调控闸门。土地的用途管制，就是不管是谁的土地，都必须按规划实行用途管制。“小产权房”不合法，不在于它的土地是农村集体所有，而在于它不符合规划。农民宅基地和住房只能在本集体组织的成员之间买卖，不是不承认它的用益物权，而在于它是农村集体组织的成员权。日本农村的土地允许在自然人之间自由买卖，但要通过市町村农业委员会的审查，对不具备从事农业条件的人，不会允许他购买农地；而不在当地从事农业，也就不会允许他在当地购买农房，2009年修订的日本农地法规定，违法改变农地用途，将处300万日元罚金和判刑3年，如不在规定时间内恢复土地原貌，将加倍惩罚。我国台湾省2000年修订土地法后，虽允许非农民的自然人购买农地，但规定购买后只能用于耕作，不得在购买的农地上建设房屋。2011年10月台湾发生的“苏嘉全豪华农舍案”，最后不得不以苏嘉全捐出土地和房屋用作公益才告了结，反映出台湾省对非农民到农村买地建房的限制之严格。农村建设用地只能由农民自用，日本和我国台湾省对此的主要考虑是，因为村庄在农村社会治理结构中具有特殊性，因此严格限制外部人员的进入。对我们来说，则除了有村庄这个特殊因素之外，更还有农村集体经济组织这个特殊因素，因此在农村集体建设用地的使用范围问题上，就需要更加严谨，否则不仅会影响农村的经济关系，还会影响到农村的社会乃至政治关系。

3. 农地经营的形式和规模问题。这个问题看似与城镇化并无直接联系，但农地的经营形式和规模在很大程度上决定着农民的数量，也决定着城镇化进程中农村人口向城镇转移的规模。

（1）世界上有两种农业、农村和农民。一是以亚洲、中东和西欧等地区为代表的传统国家的农业。由于农业发展史漫长，人口繁衍众多，农业的基本特点是人多地少，农村的特点是人们在村庄集居，农民相互有明显的血缘地缘关系，因此相互守望，以解决水利和农忙季节的变工插䄻等农业生产中的关键问题。二是以南北美洲和澳洲等为代表的新大陆国家的农业。其特点是农业开发史短，人口密度低，农业的基本特点是人少地多，农村的特点是人们分散居住于自己的农场，由于早期都是移民，加上农场规模大，因此农户（农场主）之间无多少生产、生活上的联系。

这种差别本质上是由这两类国家的农业资源禀赋、社会发展历史存在着极大差别而造成的，因此它们之间不仅仅有着经济学意义上的差别，更多的是还有着社会学、政治学等方面的差别。它们之间当然应该相互借鉴经验，但决不能照抄照搬。

（2）农业以家庭经营为主体不仅是我国的历史现象，而且是世界性的普遍现象。农业以家庭经营为主体，是由农业自身的产业特征所决定的。农业的劳动对象是有生命的动植物，农业的本质是农业经营者控制下的动植物生命活动过程。这一不同于其他产业的特点决定：只有让农民种自己的地、打自己的粮，他才会尽心尽力。这是我国农村改革基本经验的精髓，也已经被实现了农业现代化的国家所证明。

家庭经营需要有农民相互间的合作与联合以及完善的农业社会化服务体系来解决一家一户办不了、办不好、办起来不经济的事情，这就是农业为什么要实行统分结合的原因。

公司制的农业由于需要雇工，因此它必须具备工厂化条件下对劳动便于监督和对产品实行即时检验的条件。公司制农业在设施农业、规模化养殖等方面可能具有优势，但在大田生产中，难以具有优势，这已经被世界各国尤其是发达国家的农业发展实践所证明。应当支持和鼓励公司、企业到农村去为农民在农业的产前、产中和产后各环节提供社会化服务，开展农产品营销和加工，开发农民和农村集体组织无力开发的闲置资源，不应当鼓励公司、企业与农民争夺耕地的经营权。

日本和我国台湾省等，都对公司、企业进入农业有严格限制。日本有关法律规定：公司企业等法人不得购买农地，依法租赁农地的法人，不得改变农地用途，公司的销售收入必须主要来自农业，公司股东必须以农民为主，公司专务（相当于执行董事）必须以从事农业经营为主等。我国台湾省的有关法律规定：私法人（以盈利为目的的公司企业）不得购买农地。这些规定都体现了农地只能用于农业、农地应当主要由农民来经营的原则。

（3）农地的经营规模，必须符合本国的基本国情和经济社会发展阶段的要求。我国农户的土地经营规模小（户均约8—9亩），但这不是由国家的法律和政策造成的，而是由我国的基本国情和当前的发展阶段决定的。随着工业化、城镇化的推进和农村人口的转移，农村的土地承包经营权已经在逐步流转和集中，到 2011 年底，流转了承包经营权的耕地已达 2.28 亿亩，占农户土地承包经营权合同面积的 17.8%。相信随着农村人口的进一步转移，农村流转承包经营权的耕地面积将会继续扩大。当前制约农村土地承包经营权流转的因素主要有三：一是法律虽已明确农村土地承包经营权为农户的用益物权，但实践中对农民的这一财产权益仍保护不够，农民对流转后可能失去土地权益的担心仍然较重；二是农村土地承包经营权流转市场的发育明显滞后，土地流转的供求信息不通畅、不对称，对土地流转的各项服务满足不了需求，客观上影响了流转；三是转移进城的农民基本上尚未能真正成为市民，各种后顾之忧阻碍了土地流转。从这个角度看，农村土地承包经营权的流转和集中，与其说是地的问题，不如说是人的问题。只有真正实现了人的转移，地的流转和集中才能水到渠成。因此，要想实现土地的流转和集中，应当把更多的精力放到人的转移上。

土地的经营规模到底多大才合适，这必须充分考虑国情和发展阶段的实际。我们提倡适度规模经营，什么是适度？不同国家的不同发展阶段和不同地区也会有不同的要求。

日本目前有 465 万公顷耕地（合 6975 万亩），260 万农户，平均每户 1.8 公顷（27 亩），但扣除北海道之后，日本本岛的户均农地经营规模是 1.2 公顷（18 亩）。最近，日本政府制定了加快扩大农地经营规模的计划，试图经 5 年努力，实现每一农业经营主体在平原地区经营水稻 20 公顷的目标。这 20 公顷是如何确定的？日方说在日本现有的农业生产条件下，水稻生产从 1 公顷扩大至 10 公顷时，稻谷的单位生产成本是逐步下降的，但到了 10 公顷后就降不下去了，因此 10 公顷是技术经济的最佳要求；但是，农户只种 10 公顷水稻，如果不兼业，收入仍达不到居民的平均水平，因此，要使水稻生产的专业农户达到居民平均收入水平（约 600 万日元 / 年），就需要把经营规模扩大到 20 公顷。届时日本需要的农民为 90 万人，劳均约经营 5 公顷耕地，这是日本认为的适度经营规模。但在实现这一目标过程中，日本基本不需要考虑农民的转移就业问题，它现在只有 260 万农民，5 年后，70 岁以上的老年农民基本都退出生产活动了（目前 65 岁以上的农民占

68%），保持90万农民的目标，还需要有年轻人来补充。因此日本在考虑这一问题时的约束条件比我们简单。

我们则不仅需要研究土地适度经营规模的度，更需要考虑实现这个度将要转移多少农民，转移出农业的农民如何实现新的就业。上海松江区的农村近年来在推进家庭农场，平均规模为100—150亩，两口子经营一稻一麦（或一季稻一季油菜），纯收入可达7万—10万元（亩均纯收入约700元），如果再代为畜牧公司养猪，还可增加纯收入6万元左右。但上海同志对我讲，发展这样的家庭农场，至少要有两个条件，一是农业劳动力基本都已经转移，二是政府要有财力补贴农户和提供农业社会化服务的能力。据了解，对这样的家庭农场，当地政府对每亩农田每年的补贴在480元左右，如果扶持农户养猪，还需要补助建设猪舍的资金。

同时还有一笔账要算，那就是农民转移的账。户均经营100亩农地，如果普遍化了，整个上海郊区只需要3万农户就可以了，因为上海只有300万亩耕地（当然它还要有种菜种果种花的农户，还要有为农业提供服务的人员等，实际从事农业和与农业有关的劳动者还会更多）。如果全国农户经营的土地规模扩大到100亩，那就只需要1800万农户，但同时需要转移出2亿户左右的农户。这显然不是短期内可以办得到的事。土地经营规模的扩大，必须考虑二、三产业和城镇对农村转移劳动力和人口的吸纳能力。因此，中央一再强调的是要解决好“三农”问题，而不是只考虑农业效率这个单一问题。否则，只考虑农业的效率，把土地交给少数人去种，农业效率是提高了，但如果大量农民的转移就业问题没能解决好，那引出的社会矛盾可能会更多、更复杂、更难以处理。

我们应当坚持党的十七届三中全会决定的精神，坚持和完善以家庭承包经营为基础、统分结合的双层经营这个我国农业的基本经营体制，促使家庭经营和统一经营在新形势下实现“两个转变”：家庭经营向集约经营转变，统一经营向综合发挥集体经济、农民专业合作组织、农业社会化服务体系和农业产业化经营体系作用的方向转变，以此推进我国农业经营体系的创新和完善。

（三）城镇化进程中的农民转市民问题。我国城镇化进程中存在的一大问题，是土地的城镇化大大快于人口的城镇化。1980 年我国城市建成区面积为 5000 平方公里，当时的城镇人口为 19140 万人，城镇化率为 19.39%。2010 年城市建成区面积为 4.6 万平方公里，城镇常住人口为 67113 万人，城镇化率为 49.95%。30 年间，城市建成区面积扩大了 8.2 倍，但城镇常住人口仅增加了 2.5 倍。尤其要注意的是，2010 年城镇常住人口与城镇户籍人口的差距达到了 15.8 个百分点，这意味着我国 2010 年的户籍人口城镇化率只有 34.15%（约 45792 万人），这也意味着有 21321 万多城镇常住人口并没有真正成为他所在的城镇的居民。如果考虑这个因素，我国土地城镇化与人口城镇化的差距就更大。

城镇化进程中的农民转市民，至少需解决四方面问题。

1. 就业问题。就业必须依靠经济的发展和产业结构的调整，尤其要靠非公有制小微企业的发展。据刚发表的《中国中小企业人力资源管理白皮书》（CHINAHRKEY）数据披露，目前我国注册的中小企业已超过 1000 万家，中小企业工业总产值和实现利税，分别占全国总数的 60% 和 40% 左右，中小企业提供了 75% 的城镇就业机会。据有关部门统计，党的十六大以来的 10 年，我国城镇大约解决了 1 亿劳动力的新增就业问题。以后能够逐年解决多少城镇新增人口的非农就业问题，应该有个大体的测算。

2. 住房问题。据有关部门调查，农民工在城镇的住房，52% 为用人单位提供的集体宿舍，47% 为租住“城中村”、城乡结合部或城近郊区的农民住房，自购住房的比重不足 1%。缴纳住房公积金的农民工比重不足 3%。2010 年农民工月租房成本平均为 421 元，占月平均工资的 1/4。

3. 社会保障问题。据有关部门统计，全国农民工 2011 年底参加城镇养老保险的比重为 16.4%，参加城镇医疗保险的为 18.6%，参加工伤保险的为 27%，参加失业保险的为 9.4%。以武汉市为例，一个农民工如参加规定的城镇各项社会保险，用人企业每月需为其缴纳 516 元，农民工本人每月缴纳 166 元（占其本人月工资的 12%），合计为每月

682 元，每年为 8184 元。以目前农民工的参保率看，缺口相当大。

4. 随迁子女的教育问题。据有关部门统计，2011 年全国义务教育阶段的农民工随迁子女为 1167 万人，其中进入城镇公办学校学习的占 79.2%，中央财政为此奖励、补助资金 45.9 亿元。今后还将有多少义务教育阶段的农民工随迁子女要进入城镇就读，而解决了他们的义务教育问题，紧接着需要解决的就是他们在迁入地就读高中和报考大学的问题。

上述的四个问题，每个问题的解决难度都不小，同时相互之间又有着相当的关联性。现在的问题是已经积累了不少矛盾，而城镇化的进程还要继续推进。因此必须尽快制定相关的政策措施以逐步化解这样的矛盾。要借鉴有关国家的有效办法，制定农民工转为市民的过渡性制度。泰国曼谷的办法有两种。一要允许农民工自主选择，到底是选择将来转为市民还是只来城市打工挣钱。二要对作了不同选择的农民工有不同的制度安排，希望进城打工挣钱后回家乡去的，只要交纳最必要的社会保险费用就可以（如工伤）；希望将来转为市民的，用人企业和个人就必须足额缴纳各项规定的城镇社会保险费用，交满 8 年，就给予当地市民的各项基本权利。这样，不仅给了农民工将来进城与否的自主选择权，而且也给了城镇政府和社会接纳农民工转为市民的缓冲时间。设立农民工自主选择和转为市民过渡期的制度建设要早做安排，否则矛盾越积累压力越大就越难解决。当然，要从根本上解决问题，还是要逐步做到包括基本社会保障在内的基本公共服务在城乡和地区之间的均等化。

农民转市民的问题，还涉及城镇化的具体道路问题。2000 年制定“十五”规划时提出了“走大中小城市和小城镇协调发展的道路”，但十余年下来，结果并非如此。我国小城镇人口占城镇人口比重最高时是 20 世纪 90 年代初，当时曾达到 27%，约 8100 多万人；到 2010 年，小城镇人口占城镇总人口的比重降到了 20.7%，约 1.38 亿人，大中城市的人口比重事实上是在不断上升。大中小城市和小城镇协调发展的路到底走不走得通，以及如何才能走通的问题迫切需要抓紧研究。一是产业布局问题，这关系到如何引导就业布局和人口布局，产业集中在大中城市，就业和人口就必然集中于大中城市。二是小城镇基础设施建设和基本公共服务问题，目前我国还有20%的小城镇无集中供水，86%的小城镇无污水处理设施，小城镇的人均市政公用设施投入仅为城市的20%，加上教育、卫生、文化等公共服务的相对不足，导致了人们对到小城镇居住缺乏吸引力。而德国有60%的人口、80%的中小企业是分布在2万人口以下的小城镇中的，从而形成了它具有特色的城镇体系和产业、就业、人口分布格局。

对我国农村人口到底有多少要转入城镇的问题，也需要加以研究，因为这关系到农业、农村未来的发展和建设。到2030年，如果我国总人口达到15亿、城镇化率达到70%，那就还将有4.5亿人口在农村生产和生活。为了保证他们能够共享改革发展和现代化的成果，就必须按照科学发展观的要求，努力做到城镇化与现代农业和新农村建设并行不悖地协调推进。

深化土地制度改革是建设现代农业的必然要求①

（2013 年）

一、当前我国农村土地制度改革面临的新形势

（一）关于土地制度及深化农村土地制度改革的原则。土地，是农业最基本的生产资料，也是农民最重要的财产。在我国历史上，农业发展和农民地位的变化，始终与农村土地制度的变革如影相随。土地制度，主要指的是国家关于土地产权和对土地利用管理等方面的制度。任何现代国家的土地制度，都至少包括两大基本层面：一是关于土地的产权制度，即国家法律对土地的所有权、占有权、使用权、收益权、处分权等一系列权利的规定，以明晰产权关系、保护产权人的合法权利。二是关于土地利用的管理制度。任何国家的土地都是有限的，是否合理利用土地，关系到社会的公共利益、国家的长远发展。因此，国家对土地的利用必须制定科学规划，并由政府依据土地利用规划依法行使对土地用途管制的权力。土地产权制度与土地管理制度相互制约、相互依存，从而形成完整的现代国家的土地制度。土地权利人只有在规划许可的范围内利用土地，他的权益才能得到法律的保护；而政府在行使土地管理的权力时，也必须尊重和保障土地权利人依法行使权利、依规利用土地的合法权益。这里的关键，是土地权利人的合法权利与政府依法行使土地用途管制的行政权力必须平衡。当前，我国土地制度中的突出问题，是对土地权利人的合法权益缺乏严

① 本文是 2013 年 4 月 3 日应全国政协经济委员会的要求撰写的专稿。

格而有效的保障，因此，不仅存在着政府依行政权力直接侵害土地权利人权益的现象，还大量存在各种利益相关者借助政府行政权力侵害土地权利人权益的现象。深化土地制度改革，首要的问题便是加强对土地权利人合法权益的有效保护。但同时也必须避免另一种倾向，就是在改革土地制度的过程中，片面强调土地权利人的利益而忽视对土地用途管制的约束。深化农村土地制度的改革，必须遵循这一两者兼顾的原则。

（二）农地经营制度的改革是农村改革的突破口。我国的改革，最初是从农村开始的；而农村的改革，又是从土地的经营体制入手的。改农地的集体统一经营为家庭承包经营，引发了这场波澜壮阔的农村改革，继而成为我国整个经济体制改革的起点。可见，选择一个符合规律和发展阶段的农地经营制度，对于激发农村经济乃至整个国家经济的活力，具有多么不可估量的作用。1983 年以后，以家庭承包经营为基础、统分结合的双层经营体制在农村已经普遍实行，它带来了一系列意想不到的巨大变化。首先是调动了农民的生产积极性，粮食等主要农产品的产量快速增长；其次是由于单位面积产量的提高，农民在完成粮棉油等主要农产品的国家收购任务后，可以按市场需求来生产农产品，提高了农业的经济效益；第三是劳动力由家庭支配后，剩余劳动力和劳动时间可以开展多种经营甚至外出打工；第四是农民家庭成为经营主体后，具有了资本积累的功能，部分农户开始具备向二、三产业投资的能力。针对农业农村出现的这种新情况，中央出台了一系列重大政策措施。一是宣布撤销人民公社，设立乡（镇）政府，改变了人民公社时期政社合一的体制；二是实行村民自治，以原生产大队为基础，设立村民委员会，下设以原生产小队为基础的村民小组；三是宣布延长土地承包期，明确耕地的承包期不应短于 15 年，林地的承包期应当更长；四是允许土地承包经营权有偿流转，鼓励耕地向种田能手集中；五是鼓励农村集体经济组织兴办乡镇企业（当时称作“社队企业”），允许农户兴办联户和家庭企业；六是允许农民自理口粮到小城镇务工经商。这些政策措施极大地激发了农村经济的活力，也深刻影响了正处于起步阶段的城市经济体制改革。

（三）当前农村土地制度改革面临的新形势。进入新世纪以来，在工业化、城镇化的快速推进下，农业和农村的发展面临着许多前所未遇的新情况、新问题。这些新的情况和问题纷繁复杂，归结起来，主要是农村的人往哪里去、农业发展和农村建设的钱从哪里来、现代化农业的地该如何种？显然，这些问题，已经超出了“三农”问题自身的范畴。因此，当前农村的土地问题，远比30多年前农村改革发轫之时要复杂得多。那时要探求的是解决温饱的农地经营体制问题，同样的地、同样的人，如何才能多打粮？这是30多年前农村改革迫切需要解决的问题。农民和农村基层干部在历史经验和自身实践中找到了有效办法：将农地的所有权与农地的经营权实行“两权分离”。于是家庭承包经营、双层经营体制应运而生，而长期困扰人们的温饱问题也在短短三五年内便基本得到解决。但当前农村所面临的土地问题，已不再是单纯的农村集体经济组织内部的农地经营体制问题，而是在工业化、城镇化、农业现代化同步推进下的土地制度问题。在这一新背景下，农村人口正在大量向城镇流动，农村土地正在被日趋多样化地使用，于是，在人与人之间、地与地之间、人与地之间便形成了极为错综复杂的利益关系，而这样的情况，是30多年前所未曾预料到的。脱离了工业化、城镇化的进展，农民要转移，人将无处可去；农业农村要建设，钱也无处可来。同样，没有现代农业的发展，日渐减少的农地和农民也将无力支撑工业化、城镇化的持续推进。因此，工业化、城镇化、农业现代化三者必须同步推进。而“三化”同步推进，实质上就是人口、土地在工农、城乡之间的分布和利用格局的深刻变化。随着农村人口持续向城镇的大规模迁徙，农村有些住宅乃至村庄将逐渐被复垦为农田，而农田也将逐步向留在农村的农户集中；随着产业和人口向城镇的集聚，城镇的建成区将不断扩大，而城镇附近的农田也将逐渐被楼宇和道路等所占用。显然，要实现“三化”同步推进，就既需要在土地资源的利用上统筹工农、城乡的需求，更需要在土地增值收益的分配上兼顾工农、城乡的利益，无论在哪方面稍有偏颇，都可能引发一系列近忧远虑。因此，在“三化”同步背景下深化土地制度改革，必须同时考虑农地（包括耕地、林地、草地等）、城镇建设用地（包括工业和基础设施等）、农村建设用地这三方面的制度改革，并协调处理好这三者之间的关系。

二、深化农地经营制度的改革

（一）我国农地所有制和经营体制的变迁。1950年6月，刚成立不久的中央政府颁布了《中华人民共和国土地改革法》。当时的土地改革只在农村进行。土地改革的核心，是没收地主并征收富农超出当地人均水平的土地，将其无偿地大体平均分配给无地、少地的贫困农户。到1952年底，我国大陆除西藏外基本完成了土地改革，农村普遍实行了农户土地私有制，国家对农户私有的土地颁发了地契，实现了农民“耕者有其田”的愿望。但土地改革刚完成不久，要求农民“组织起来”的意见便逐渐占了上风。先是号召农民自愿参加以“变工插犋”为主的农业生产互助组。紧接着就又要求互助组向以土地和生产资料入股分红的初级农业生产合作社过渡。1955年11月，全国人大常委会通过了《农业生产合作社示范章程》，提出建立以土地和农业生产资料交合作社统一经营、取消土地入股分红、完全实行按劳分配的“高级农业生产合作社”。建立高级农业生产合作社的关键，是取消了土改后刚建立的农户土地私有制，开始了农村土地“集体所有制”时代。到1956年底，高级社已在全国基本覆盖。1958年夏季，部分地方又开始推行土地“集体所有”范围更大的人民公社。1958年8月底，中共中央政治局扩大会议通过了《关于在农村建立人民公社的决议》。到该年年底，全国农村就已基本实现了建立人民公社的制度。人民公社的生产资料（主要是土地），分为公社、生产大队和生产队（也称生产小队）三级所有。大体上，小队的规模相当于之前的初级社，大队的规模相当于高级社，公社则相当于后来的乡、镇。人民公社开始时实行在全公社范围内“统一经营、统一核算、统一分配”，但这带来了经营管理上的极大困难和分配上严重的平均主义。因此，1959后又明确为“统一领导，分级管理，三级核算，队为基础”，但对作为基础的“队”，并未明确到底的大队还是小队。1962年9月，中共中央制定了

《人民公社工作条例修正案》（即《六十条》），强调了队为基础主要指的是小队，明确了生产队（即小队）是农村集体土地的所有权单位，也是人民公社的基本核算单位，实行独立核算、自负盈亏。这个体制一直实行到了改革之初。

人民公社体制的主要弊端，主要在于“统一经营、统一核算、统一分配”的制度违背了农业生产的规律。农业，是人类在自然环境中通过控制动植物的生命活动而开展的生产活动。历史的经验表明，当农业经营的主体超越了家庭之后，就必然产生对劳动监督和计量的困难。而解决不了这一问题，就不可能对劳动成果进行合理分配，由此就必然挫伤劳动者的生产积极性，就会引发普遍的“出工不出力”现象，最终导致农业生产效率的低下。其实，这一体制性的弊端，在初级社、高级社时就已经显现，只是人民公社因其“规模更大、公有化程度更高”，而将其发挥到了极致。面对这一突出矛盾，人民公社制度建立不久，就开始了对自身的体制调整。一是将土地和生产资料的公有范围缩小，经济核算的层级下调，直至缩小、降低到了相当于初级社的生产小队。二是在生产小队内部建立生产责任制，包括实行劳动定额、小段包工、包产到组等。但终因无法从根本上解决对劳动的监督和计量问题，实际收效甚微。

1978 年，在党的十一届三中全会召开前夕，一些地方的农民自发搞起了“包产到户”，安徽省凤阳县小岗生产队的农民则选择了更为简洁明了的“大包干”。用当地农民的话说，“大包干”就是“交够国家的，留足集体的，剩下都是自己的”。这虽然讲的是承包到户后土地产出的分配制度，但它的前提是取消了生产队的统一经营和统一核算制度，而土地回归家庭经营之后，也就不再需要对劳动进行监督和计量。这个看似简单的变革，对调动农民生产积极性、发展农业生产的作用却不可小觑。从 1979 年到 1984 年，全国的粮食总产量增长了 1/3，年均增长率达 4.95%，明显缓解了我国长期存在的粮食供不应求的矛盾。实际上，自高级社成立之后，农民对实行家庭承包经营的愿望和行动就始终没有放弃过，但终因当时的社会氛围而未能如愿。另一方面，人民公社对自身体制的调整，无论是缩小公有范围、降低核算层级、实行生产责任制等，只要农业生产的经营主体没有回归到家庭，农民就是不认可，就还能继续找到“出工不出力”的应付办法。这个“牛”一直顶了20多年，直到实行改革开放。人民公社体制留下的深刻教训是，如果农民感到种的不是自己的地、打的不是自己的粮，而经营者又无法有效解决对劳动的监督和计量问题，农民就不可能尽心竭力地付出劳动，农业就难以提高效率。可见，农业的特点和经济的规律是违背不得的。

但我国人多地少，规模细小、经营分散的农户，既缺乏应对自然和市场风险的能力，也缺乏进行农业基础设施建设、采用先进科技成果的能力。对此，中央提出了农户分散经营和集体统一经营相结合的指导原则，明确农村集体经济组织要实行“以家庭承包经营为基础、统分结合的双层经营体制”，并以此为我国农村的基本经营制度，写入了国家的宪法。

（二）当前农地经营体制面临的主要矛盾。如果说实行农地家庭承包经营的一大成果，是把农村劳动力从土地集体统一经营的束缚中解放了出来，那么，当前农地经营体制面临的主要矛盾之一，就是如何把高度分散的农地使用权，从已经不再依赖农业为生的农村住户中逐步解放出来。

1.农村青壮年劳动力的大量外出就业，引发了“谁来种地”的忧虑。据国家统计局调查，到2012年底，我国农民工数量已达26261万人；其中在本乡镇从业的9925万人，比上年增长3.9%；外出就业的16336万人，比上年增长3.0%；农民工中举家外出的3375万人，比上年增长2.9%。我国人多地少，农村中存在大量富余劳动力。2011年，全国在农业中就业的劳动力仍达26594万人，仅比1978年的28318万人减少了6.1%；2011年我国主要农作物的播种总面积为243425万亩，比1978年的225158万亩增长了8.1%。以此计算，我国农业劳动力人均承担的农作物播种面积，仅从1978年的人均7.95亩，提高到了2011年的人均9.15亩，即提高了15.1%。这些数据一方面反映出在我们这个农民大国中，减少农业劳动力、扩大农业经营规模的进程之艰难，另一方面也在提示我们，农业农村发生的实际变化，可能远比统计数据的变动要复杂。

据清华大学中国农村研究院2012年组织的对23个省区、205个村、5165户农民家庭的调查显示，2011年，被调查户中有58.6%的家庭有人外出打工，外出务工劳动力占农村劳动力的36.4%，在家从事农业的劳动力中有31.7%的人兼业；户均从事农业生产的全劳力为0.9人，占户均2.8个全劳力数的32%。农户家庭承包的耕地，40.3%主要由妇女耕种，38.5%主要由60岁以上有劳动能力的老年人耕种，只有21.2%是青壮年男劳力在耕种；农业生产者的平均年龄为47.3岁。这表明，农业劳动力在年龄和性别上的变化，要远大于数量上的变化。而正是农业劳动力的这种结构性变化，使得"谁来种地"正在成为一个日益严峻的现实问题。

2. 当前影响农地流转、集中和发展规模经营的主要障碍。目前，全国外出和在本地就业的农民工数量，已相当于农村劳动力总量的50%，但2012年全国农村流转的耕地面积，仅占农户土地承包合同面积的21.2%。早在1984年，中共中央1号文件就提出：鼓励耕地向种田能手集中。此后，几乎在所有指导农村工作的文件中也都明确，允许农村土地承包经营权依法、自愿、有偿流转。那到底是何原因，导致农村劳动力流出与土地流转之间有如此之大的差距？这主要是因为现阶段我国农村劳动力的转移，基本还是农民家庭中部分成员的外出流动就业，而非全家迁徙。据清华大学中国农村研究院组织的调查，在被调查农户中，发生土地流转的户已占15.5%，而将家庭承包的土地全部转出的户占7.2%，这与被调查户中举家外出的户所占8%的比例基本相当。由于农民家庭承包的土地面积本来就有限、多数家庭劳动力又有富余，因此，对于大多数有部分成员外出就业的农户，余下的整、半劳动力也能够应付承包地上生产经营。但除此现阶段的基本原因外，影响农村土地流转的若干制度性因素也不应忽视。

一是农村土地承包关系的稳定性不强。这使农户担心转出土地后可能会丧失土地承包权。尽管2003年3月1日开始实施的《农村土地承包法》明确规定，在承包期内，发包方不得收回和调整承包地。但事实上，由于各种原因所致，农村承包地被三年一小调、五年一大调的现象在许多地方都存在，致使农民对土地承包关系的稳定性缺乏信心。

二是流动进城就业的农民难以转为市民。由于难以在城镇落户，享受不到当地市民的基本公共服务，加上在城镇的就业又存在着不稳定性，因此多数外出农民把家里的承包地看作是最后的保障，不愿流转或只愿在亲友间作临时性的流转。

三是土地的财富效应正日渐被农民所认识。农地虽然不值多少钱，但一旦被批准改变用途或被国家征收，价值就会成十几、几十倍地上涨。近年来，国家对征收农民集体土地的补偿标准不断提高，使农民对土地增值的心理预期逐步提高。相对于土地改变用途后的增值而言，土地流转的收入就显得微不足道。为了避免分配土地增值收益时可能产生的麻烦，不少农民宁可选择不流转。

四是农村土地流转的服务机制尚不健全。虽然有些地方为农民的土地流转设立了服务站、服务中心、托管所等中介机构，但尚不普遍，致使有土地转出、转入愿望的农户缺乏信息沟通，使得有些潜在的土地流转没能得以实现。

综上所述，在我国农民基本上还处于向城镇流动就业而非人口向城镇迁徙的现阶段，对农地的流转就应当有符合客观阶段的把握。既要在总体上加强制度建设，为土地流转创造良好环境，又要从各地不同的实际出发制定差别化的政策，还要从外出就业农民面临诸多不确定性的现实考虑，在制度和政策设计中留有必要的弹性空间。

（三）创新农业经营体系的基本方向。创新农业经营体系，主要有两方面的要求：一是逐步改变18亿亩耕地分散在近2亿户农民家庭实行小规模经营的现状，培育经营规模更大、生产效率更高、经济效益更好的农业经营主体；二是加快健全能从各方面向农业经营主体提供各种生产和经营服务的组织和机构，提高农业生产的专业化、社会化程度。这是在工业化、城镇化进程中，随着农业人口向城镇迁徙而必然形成的趋势。当前，这一趋势已在我国初现端倪，应当把握趋势、顺势而为，加快农业经营体系创新的步伐。

1. 把握家庭经营在农业经营体系中的主体地位。从世界各国发展现代农业的实践和经验看，家庭经营与规模经营、家庭经营与现代农业之间，都不存在内在矛盾。从东亚到中东再到欧洲到新大陆，不同国家的农业资源禀赋和人口规模差距极大，各国农户或农场主经营的农地规模，小的只有一二公顷，大的达到数千公顷。但无论农地经营规模的大小，都没有妨碍他们中的有些国家实现农业现代化。而在那些已经实现了农业现代化的国家中，家庭经营仍在农业中占据着主体地位。农业之所以适合家庭经营，是由农业自身的产业特点决定的。农业生产要面对气候和动植物生命活动这两个不确定性，它要求生产者随时关注气候和动植物的各种变化，并及时采取措施以应对这些变化，因此，农业要求生产者同时也是管理者。动植物的生命活动是连续并不可逆的，对生产者在各生产环节所付出的劳动，只能以最终产品的产量与质量来检验，因此，农业要求生产者对生产的全过程负责。农业的生产时间和劳动时间不一致，生产者必须能够自主支配劳动时间，才能充分利用劳动时间，创造更多财富。农业的这些特点，造成了管理者对劳动监督和计量的特殊困难。而家庭经营的农业，却能以家庭这个利益共同体的特殊优势，使上述困难不成其为困难。因此，家庭经营的农业，是管理成本最低的农业。古今中外的农业发展史证明，不是家庭经营选择了农业，而是农业选择了家庭经营。随着农业人口的减少，家庭经营的规模必然逐步扩大。因此，在农业现代化的过程中，需要改变的不是家庭经营这个农业生产的基本组织形式，而是为其提供各种社会化服务的外部条件和环境。

2. 保护农户合法财产权利是促进农村土地流转的前提。培育新的农业经营主体，当然就离不开农业生产要素的流动和重新组合，必然要涉及农户承包土地经营权的流转和集中。而土地承包经营权，是农户对其依法承包的土地所享有的占有、使用和收益的权利，是农户的合法财产权利。因此，必须消除农户对土地流转后可能丧失财产权的担忧，才能为土地的流转创造适宜的环境。而加快推进农村土地承包经营权的确权、登记、颁证工作，就是建立农户财产权利保障制度的重要基础。2002 年，我国《农村土地承包法》就已规定，对农户在承包期内依法承包的土地（耕地承包期为 30 年，草地为 30 至 50 年，林地为30至70年），发包方（集体组织）不得收回和调整承包地。这符合2007年颁布的《物权法》中关于“所有权人不得干涉用益物权人行使权利”的规定。但实际上在承包期内调整甚至收回承包地的现象仍经常发生。这严重影响着农户对土地承包经营权长期稳定的预期，构成了农户对土地流转的重大心理障碍。2008年，中共中央1号文件提出：“加快建立土地承包经营权登记制度。”2009年的中央1号文件又进一步要求：“强化对土地承包经营权的物权保护”，“稳步开展土地承包经营权登记试点，把承包地块的面积、空间位置和权属证书落实到农户，严禁借机调整土地承包关系，坚决禁止和纠正违法收回农民承包土地的行为”。农村土地承包经营权的确权登记颁证，不仅是建立农户财产权利保障制度的重要基础性工作，也是在农村深入广泛开展的普法教育活动，它有利于在全社会树立起尊重和保护土地权利人合法权利的意识，是建设法治政府和法治社会的一项重大举措。

有一种观点认为，如果农民在城镇落了户，就应放弃在其农村的承包地和宅基地，理由是“不能两头占资源”。而据一些开展户籍制度改革、允许符合条件的农民在城镇落户的地方反映，如把放弃承包地和宅基地作为前提条件，绝大多数农民都宁可选择不在城镇落户。人力资源和社会保障部所属劳动科学研究所最近完成的对京、浙、鄂、粤、川、陕等六省的一项调查表明，已经在城镇就业的农民工，如可在大中城市和小城镇落户，表示不愿意放弃承包地的比例分别为58.01%和73.73%，不愿意放弃宅基地的比例分别为69.65%和78.47%。可见，农民是非常看重自己在农村的土地承包经营权和宅基地使用权的，因为，那是他们合法的财产权利。对财产，只能问其是否合法。合法的财产，再多也受法律保护；不合法的财产，再少也应依法进行追究。对农民的合法财产权，当然也不能例外。因此，要形成有利于农村土地流转的社会氛围，一是必须对农户的土地承包经营权进行法律意义上的确权、登记、颁证，二是必须由农民自愿决定是否流转，舍此别无他途。

3. 在多样化的发展中培育符合国情的农业经营主体。我国各地经济社会发展水平差异很大，必须从当地的实际出发，允许新的农业经营主体多样化地发展，同时也要从中国特色农业现代化道路的要求出发，积极探索符合我国国情的新型农业经营主体的基本特征。在近年的实践探索中，各地已经出现了如专业大户、家庭农场、农民合作组织、公司＋农户、公司制农业等一系列新的农业经营主体。只要不改变农村集体土地所有制，不改变土地的农业用途，不损害农民的利益，有利于农业生产力的发展，就应当允许各种形式的农业经营主体在实践中发展、经受实践的检验和选择。

虽然形式多样，人们对各种新主体的理解也各不相同，但概括起来看，各种新主体的共同之处，在于都需要转入土地、发展规模经营；而主要的不同之处，则在于是依靠家庭成员经营，还是通过雇工来经营。因此，各种新的农业经营主体的现状和前景，大体可以分为两类：一是适度规模经营的家庭农业；二是雇工经营的公司制农业。当然，有些主体的经营形式，如专业大户、农民合作社等，目前尚处于两者之间。

“专业大户”是约定俗成的叫法，有些实际是适度规模经营的家庭农业，有些则更接近于雇工经营的公司制农业。农民合作社有两大类，一类是围绕某种农产品生产、销售进行的合作，合作社主要负责技术指导和产品销售，生产仍由各户进行；另一类是土地股份合作社。农户把自家的承包地入股后，生产经营有多种形式。一是有部分合作社可能转化为合作制农场。二是合作社负责提供生产中的统一服务，各家负责自家土地上的田间管理。这主要是为了解决统一种植和机械服务的规模问题。三是由合作社的部分成员负责农业生产经营，其他成员按入股土地分红。这主要是为了解决土地的规模经营和保障入股农户的土地收益权。四是合作社把土地整体流转给公司或大户经营，收取租金按股分配给农户。这主要是为了解决本集体多数农户不愿种地和提高土地收益。五是合作社再以土地入股与公司联营，这主要是为了解决农业结构调整中的引进技术和资金投入问题。不难看出，合作社的经营也处于分化之中。有的将向依靠社会化服务的家庭经营转化，有的可能逐步发展成公司制农业，还有的则可能演变成为农户提供土地流转服务和保障农户土地权益的中介机构。

公司＋农户的经营形式，更接近于提供社会化服务下的农业家庭经营。由于公司对农产品有特殊要求，因此提供的服务更为专业化，更有利于推进农业的标准化。但由于农户生产的农产品是提供给特定公司、企业的，为避免公司、企业向农户转嫁市场风险，有些地方已将公司＋农户的形式发展成公司＋合作社＋农户的形式，以提高农户的谈判地位、保障农户的利益。

对公司制农业，存在着不同的认识。总的看，由于公司制农业必须依靠雇工生产，因此它并不适合农业的所有领域，特别是不适合大规模的种植业生产，因为它同样会面临对劳动监督和计量的困难。但在一些特定领域，如设施农业、规模化养殖等，由于对投资和技术有较高要求，而类似工厂化的生产方式也有助于解决管理者对劳动的监督和计量问题，因此，公司制农业这类领域可能具有优势。但在现实中，公司制农业也引发了若干令人忧虑的问题，如转入土地后较多地实行“非粮化”“非农化”经营，有的甚至就是为了圈地并改变用途。同时由于规模大、投资大、缺乏经验，公司制农业也面临较大经营风险，而一旦经营失利，流转土地的农民合法权益往往难以得到保障。因此，2013年的中共中央1号文件，既提出引导和鼓励社会资本到农村从事适合企业化经营的种养业，也明确对公司企业长时期、大面积租赁农户承包土地要建立严格的准入和监管机制。

家庭农场，目前尚无明确定义。但与国外的家庭农场相比较，除经营土地的规模以外，可以参照处有二：一是主要依靠家庭成员生产经营；二是收入主要来自农业。由此两点，可以从我国的实际出发去探究家庭农场的合理经营规模。一是技术因素。在我国现有的农业机械化水平下，即使不雇工，家庭农场的规模在技术上似乎可以基本不受限制。而实际形成限制的，主要是自然和社会这两大因素。自然因素即地形地貌，我国的耕地，有相当多处于不适合大规模机械化作业的丘陵和山区；社会因素主要是农村人口的迁徙程度。只有18亿亩耕地，对这个农业生产最基本要素的分配，总要顾及社会公平。因此家庭农场的规模必须与现阶段的农业人口状况相适应，但这在各地有很大差异，因此必须因地制宜。二是收入因素。家庭农场的人均收入如不超过外出打工的收入，他就可能弃农。上海松江区的家庭农场，通常都由本村或邻村的农户承包。在有政府补贴和社会化服务体系的支持下，一年两季（稻、麦或稻、油菜）的纯收入为700元/亩左右，经营100亩耕地，年纯收入可达7万元左右，夫妻两人经营，加上吃住在家，收入明显高于外出打工。如再为公司代养生猪，饲料由公司配送，防疫由公司负责，猪粪用于肥田，一头生猪出栏，可获劳务费50元，500头规模的猪舍，一年三茬，年收入又是7万多元。种养结合，两人年纯收入可达十四五万元，不低于城里人的中等收入水平。由于有了这样的收入，想当家庭农场主的人就多了起来，包括村里已经外出打工的知识青年，也愿意回来种地、养猪，于是就有了竞争。这不仅提高了对家庭农场主的素质要求，客观上也对农场规模的进一步扩大构成了限制，而实际上是社会对农地资源分配公平的又一种表现形式。达到松江家庭农场的水平，需要一系列社会经济的外部条件。一方面，这些条件不是各地都已具备，所以不能照抄照搬松江的经验；同时也要看到，松江的家庭农场是当地现阶段经济社会发展的表现，随着松江的继续发展，那里的家庭农场也会与时俱进地继续发展。

4. 健全农业社会化服务体系是创新农业经营体系不可或缺的内容。以家庭经营为基础的农业，必须打破小而全的经营理念。在发展现代农业的背景下，家庭想把生产的所有环节都包下来，既不现实也不经济。建立完善的农业服务体系，既能解决一家一户办不了、办不好、办起来不经济的事情，更能极大地提高农业生产的专业化、社会化水平。我国每年夏粮收获季节，在农业和其他部门的通力合作下，从全国各地调度数十万台联合收割机转战南北，既解决了数千万农户抢收小麦的问题，又极大地提高了机械的利用率，增加了农机户的收入，充分显示了农业社会化服务的优势。要提高农业效率、减低生产成本，发展农业社会化服务是必不可少的途径。农业社会化服务，有公益性、经营性之分。公益性服务，主要指病虫害测报、动植物防疫、农产品质量安全检验检测、气象预报等，这应当由政府职能部门通过健全相关的体系来完成，有条件的地方，也可以通过购买服务的方式委托经营性机构承担。经营性服务则应当调动各方面积极性，通过发展多种形式的服务组织和机构来满足农民的需求。国家对经营性的农业社会化服务组织和机构应当给予更多的鼓励支持和引导，促使它们更健康地发展。

三、深化对农民集体土地征收制度的改革

国家对农民集体土地的征收，是目前我国土地所有权变更的唯一途径。被征地的农民，面临的最大问题，是能否得到合理的补偿。这不仅是个经济问题，更是个社会问题，在很大程度上决定着我国城镇化和农业现代化的进程。

（一）国家征收农村土地的制度变迁。新中国建立后，最初使用的法律意义上的土地征收概念，被称作“征用”。如1953年制定的《国家建设征用土地办法》，1982年制定的《国家建设征用土地条例》，1986年颁布的《中华人民共和国土地管理法》等，都使用“征用”的提法。直到2004年第三次修订《土地管理法》时，才使用了“征收”的提法，同时还界定了土地“征收”和“征用”的区别。前者指通过政府的征收行为，农村集体土地改变了所有权性质，转成了国有土地；后者指因特殊需要，经政府有关部门批准临时使用农村集体组织的土地，使用结束后土地应归还原农村集体组织。

1954年以前，国家征收农民私有的土地，一般采取以国有土地调剂或给予适当经济补偿的办法。农村土地实行集体所有以后，国家征收农村集体土地，一般采取对失地农民进行安置的措施，如移民、转为城镇户籍和安排工作等。1982年以后，国家征收农村集体土地，主要采取按被征收耕地原年产值的若干倍数、地上附着物和青苗损失、再加上安置劳动力的所需费用，一并折合成货币进行补偿的办法。从1982年到1998年，征收农村集体土地的各项补偿之和，法定的最高标准为耕地原年产值的20倍。2004年第三次修订的《土地管理法》规定，将各项补偿之和的最高标准，提高到了原耕地年产值的30倍，同时还授权国务院，“根据社会、经济发展水平，在特殊情况下，可以提高征收耕地的土地补偿费和安置补助费的标准”。据此，《国务院关

于深化改革严格土地管理的决定》（国发〔2004〕28号）规定，“依照现行法律规定支付的土地补偿费和安置补助费，尚不能使被征地农民保持原有生活水平的，不足以支付因征地而导致无地农民社会保障费用的，省、自治区、直辖市人民政府应当批准增加安置补助费”，并明确，“可以用国有土地有偿使用收入予以补贴”。至此，各省区市政府，实际上已可依据当地发展水平，不受现行法律规定的最高标准，来制定对被征地农民的安置补偿费标准。

（二）当前征收农村集体土地面临的突出问题。当前的征地制度存在一系列值得认真思考的问题。

一是补偿标准过低，无法做到确保被征地农民生活水平不降低，长远生计有保障。按照土地原用途对被征地农民进行补偿，显然与现实生活相悖。因为失地农民已不再可能从事农业生产，因此，按其失去的农用地对其进行的补偿，显然难以使他们顺利转为市民。

二是征地程序不完善，强征、强拆等现象时有发生。在做出征地决定的过程中，体现行政强制的多，让农民充分表达意愿、诉求的机会和渠道少，特别是对农民可否对土地征收提出异议以及对农民的异议如何处理等也缺乏程序性规定。

三是征地范围过宽。特别是《土地管理法》规定：除农村集体建设用地外，“任何单位和个人进行建设，需要使用土地的，必须依法申请使用国有土地”，“前款所称依法申请使用的国有土地包括国家所有的土地和国家征收的原属于农民集体所有的土地”。这与宪法关于“为了公共利益的需要”征收土地的规定似不完全相符。这也意味着除农村集体建设用地外，无论经营性还是公益性建设的需要，政府都可以动用征地权，对农民集体的土地实施征收。

四是违法违规用地现象普遍。尽管我国实行最严格的耕地保护制度和土地用途管制制度，但是，由于“经营土地”过程中政府是一个具有公权力的利益主体，因此，“快用地、多用地”就成为其必然选择。为了更好地实现宏观调控的目标，1999年国土资源部发布《土地利用年度计划管理办法》，开始对新增建设用地实行严格的年度计划管理，这就对已经形成“土地财政依赖”的地方政府来说形成了严格的制度制约，为了解决“快用地、多用地”与土地利用年度计划指标管理之间的矛盾，不少地方开始打起了农村集体建设用地的主意，村庄整治、城乡建设用地增减挂钩、地票交易、土地换社保，宅基地换住房等措施层出不穷，其根本的目的就是为了绕开土地计划管理的限制，取得更多的城镇建设用地指标，实现多征地、快征地，增加城市建设资金来源的目的。这样一些做法不仅突破了现有法律法规，带来农村土地管理的混乱，同时也对农村社会结构、基层政权稳定和社会管理带来了许多不利影响。

五是国家重点工程、道路等线性工程、水利设施建设等没有对被征地农民进行依法足额补偿，造成相同的土地征收，因最终用途的差异带来补偿标准差距很大的问题。虽然经国务院批准，对水利工程建设移民制定了年度补偿的政策，但在制度设计上还没有从根本上解决问题。由于征地补偿标准差别过大，造成重点工程、线性工程、水利工程及一些独立选址的建设项目征地难、征地慢，从而形成大量的未征先用、边征边用等违法现象。

（三）改革征收制度的建议。进入新世纪以来，为完善和改革现有征地制度，各地都分别开展了多种多样的改革探索，一些地方提高了征地补偿标准，一些地方采取留地安置等方式增加被征地农民的财产收入，一些地方采取扩大被征地农民就业渠道、提高社会保障标准等，有的地方则从征地程序着手，进行了征转分离等改革试点。这些探索一部分是在现有法律制度框架下进行的政策完善，有的涉及现行法律法规的修改，而有的探索还需要进一步观察，仔细分析利弊。

我们认为，从根本上解决农村集体土地征收面临的问题，应遵循党的十七届三中全会提出的“严格界定公益性和经营性建设用地，逐步缩小征地范围，完善征地补偿机制”的精神，加快相关法律法规的修订，逐步回归到宪法规定的“国家为公共利益需要”才动用征地权这一基本原则上，同时明确土地管理以用途管制为首要原则，不以所有制来区分城乡建设用地，对经营性建设用地就不需要实施征收。具体来说，对于非成片开发的项目建设用地，党的十七届三中全会已经做出规定：对土地利用规划确定的城镇建设用地范围外，经批准的非公益性项目，允许农民通过多种方式参与开发经营，对此做法，没有出现太大争议，目前只是缺乏具体的操作办法和实施政策。对城市建设成片开发中因既包括学校、医院、博物馆、图书馆等公益性项目，也包括工厂、商场、房地产等经营性项目，是否纳入征收范围争议较多、分歧较大。我们认为是否纳入征收范围的关键，不仅仅是根据公益性和非公益性的划分来确定是否动用强制征地权，更为重要的是如何确定征地补偿的原则。如果仍然按照现行的土地原用途（即农业用途）进行补偿的原则，征收与否就没有根本性的差异。而如果采取像韩国、台湾等国家和地区的做法，无论公益性还是经营性用地均以土地的新用途的土地价格进行补偿，同时政府采取区段征收或者对土地增值收益采取较高的征税税率，使农民可以获得土地增值收益的40%—50%，这就可以在不减少甚至政府财政收入增加的前提下，大大缩小征地范围，并彻底改变政府作为土地一级市场垄断者的角色。这是一个从根本上解决当前征地制度问题的中长期改革思路，按照这一思路进行改革涉及的主要问题包括：

1. 明确公益性用地。需要对什么是公益性用地进行明确界定，并对确定公益性用地的程序予以规定。

2. 明确城市开发边界。要贯彻落实党的十七届五中全会的精神，对合理确定城市开发边界做出明确规定。

3. 无论公益性用地还是经营性用地，无论农村集体土地征收与否，都必须依照土地的新用途确定农地转用的价格。

4. 建立土地增值收益的分配与税收调节的基本规则。

近期看，由于从根本上解决征地制度面临的问题，需要对宪法、物权法、土地管理法、税法等多部法律法规进行修订，由于各方意见统一以及完成相关修法程序会需要很长时间，周期会比较长。为尽快缓解现行征地制度带来的各类社会矛盾，我们建议先对土地管理法第47条进行修订，制定农村集体土地征收补偿条例，首先解决因征收补偿安置不足，造成农民生活水平下降、长远生计无法保障等问题。涉及的主要问题包括：

1. 提高耕地的征收补偿安置标准。征收耕地的补偿问题比较复杂，目前要重点考虑提高耕地征收的补偿安置标准问题。既要从充分考虑农民失地后的就业、收入和社会保障等角度确保农民的生活水平和长远生计问题，也要根据土地用途转变之后增值的角度考虑让农民分享发展成果。

2. 解决农民住房征收补偿问题。可以考虑取消现行法律中关于“地上附着物”的概念，实行与国有土地房屋征收补偿安置类似的制度，并确保农民的住房条件有所改善。

3. 完善征地后的社区管理服务和社会保障体系。对土地全部被征收或者基本被征收的农村集体组织实行“村改居”，并将其成员纳入当地城镇居民社会保障体系。

4. 解决失地农民就业问题。可以考虑参照城镇下岗职工再就业政策制定相关就业扶持政策，为失地农民提供充分的就业机会。

5. 明确对城市规划区外的经批准使用农民集体所有土地的经营性建设用地可以不实行征收。贯彻落实党的十七届三中全会的精神，对城市规划区外批准使用农民集体所有土地的经营性建设用地，在符合规划的前提下，允许农民依法通过多种方式参与开发经营并保障农民合法权益。

四、农村集体建设用地的制度变革与改革

（一）农村集体建设用地制度的历史沿革。在农村地区，千百年来土地的利用除农业用地外，还有许多建设占用土地的需求，这些需求包括了三个方面：一是公共祠堂、祖庙、学校（私塾）等；二是农民需要建筑自己的住房；三是需要有碾米、榨油、酿酒以及其他手工业作坊的场所。由此可以看到，农村建设用地古已有之，一直都包括了宅基地、经营性用地、公益性用地三种性质的建设用地的需要。由于这些建设用地的需要始终和家庭、农业生产活动有着密不可分的联系，因此，历史上就与城镇中集中连片建设的住宅、学校、工厂的建设有着完全不同属性和特点。

在合作化之前，除城市郊区外农村多数土地属于农民私有。《中

华人民共和国土地改革法》规定:“土地改革完成后，由人民政府发给土地所有证，并承认一切土地所有者自由经营、买卖及出租其土地的权利……”《城市郊区土地改革条例》第17条又规定:“城市郊区土地改革完成后，对分得国有土地的农民，由市人民政府发给国有土地使用证，保障农民对该项土地的使用权。对私有农业土地者发给土地所有证，保障其土地所有权……”随后，1950年11月25日内务部发布了《关于填发土地房产所有证的指示》，进一步明确，不论农民新分的土地及原有土地，均应一律颁发土地房产所有证。1956年6月，中华人民共和国第一届全国人民代表大会第三次会议通过了《高级农业生产合作社示范章程》，标志着土地私有制向集体所有制转变。此后又经历了人民公社化运动，最终将土地私有制改造成农村集体所有制，在1962年形成了农村集体土地的“三级所有、队为基础”的格局。至此，农村不再存在农民私有的土地，具有法律文书性质的这些“土地房产所有证”已经失去了效力。为适应人民公社制度的需要，1963年3月20日，中央下达了《关于对社员宅基地问题作一些补充规定的通知》，明确了宅基地归集体所有，不准出租买卖，但归农民长期使用，长期不变，构筑起农村宅基地农民用且无偿、无流转、无期限使用并确保一户一宅的基本制度框架。1961年3月22日《农村人民公社工作条例（草案)》第17条规定，全大队范围内的土地，都归生产大队所有，固定给生产队使用，这就从根本上确立了农村建设用地集体所有的性质，但条例第40条仍然规定社员的房屋，永远归社员所有。1962年中央《关于改变农村人民公社基本核算单位问题的指示》明确了以生产队为核算单位，实行生产队为基础的三级集体所有制。“大跃进”时期，中央曾大力鼓励发展社办工业，但并没有对用地问题作出明确规定。这与土地集体所有的性质有关系，因社办工业主要占用本人民公社的土地，不存在征用、补偿等问题。1958年颁布的《国家建设征用土地办法》第20条虽然规定了公私合营企业、信用合作社、供销合作社、手工业生产合作社用地以及群众自办的公益事业用地，经批准后也可以按此办法办理，但并不具有强制性。直到家庭承包制在农村开始实行时，1982年颁布的《国家建设征用土地办法》才在第30

条规定农村人民公社和生产大队进行建设，需要使用生产队土地的，也应当给予补偿并对农民进行妥善安置，具体办法和补偿、安置标准由省、自治区、直辖市人民政府参照本条例制定。而同年发布的《村镇建房用地管理条例》更加明确地体现了家庭承包经营制度的特色。条例第 5 条规定在村镇内，个人建房和社队企业、事业单位建设用地，都应按照本条例的规定，办理申请、审查、批准的手续。任何机关、企业、事业单位和个人不准擅自占地建房、进行建设或越权批准占用土地。第 9 条规定社员建房用地要根据各地实际规定宅基地面积标准。第 11 条明确农村社队企业建设用地由省级社队企业主管部门根据不同行业和生产规模，分别规定用地限额，报省级人民政府批准后实行。

此后，1986 年的土地管理法对农村建设用地的使用作出了正式规定。一是要求乡（镇）村企业建设，乡（镇）村公共设施、公益事业建设等乡（镇）村建设，应当按照乡（镇）村建设规划进行，并须经县级政府批准。二是对农村居民建住宅使用耕地，确定了具体审批程序及建设标准。明确出卖、出租住房不再予批准宅基地。三是对乡（镇）村企业建设需要使用土地作出了审批规定程序，并要求给被用地单位以适当补偿，并妥善安置农民的生产和生活。随着农民收入增加、生活水平提高，20 世纪 80 年代后期开始出现农民建房热，造成宅基用地不断扩大。据统计，1985 年至 1988 年的四年间，全国农村建房占用耕地 415 万亩，占同期全国各项建设占用耕地数量的 1/3。1990 年国务院批转国家土地管理局《关于加强农村宅基地管理工作的请示》，要求制定农村宅基用地规划、计划和标准，对符合申请宅基地兴建自用住宅的，由土地管理部门确定宅基地使用权，丈量用地面积，并依法批准后，方可动工。同时提出进行农村宅基地有偿使用试点。到 1991 年底，全国已有 28 个省、区、市，1400 多个县（市）的一万多个乡镇实行了宅基地有偿使用。此外，江苏省南通市还从 1987 年起率先试行乡镇企业用地有偿使用，至 1992 年 4 月，全国已有 140 多个县（市）相继试行。1998 年土地管理法修改对农村建设用地作出了例外的规定，第 43 条明确任何单位和个人进行建设，需要使用土地的，必须依法申请使用国有土地；但是，兴办乡镇企业和村民建设住宅经依法批准使用本集体经济组织农民集体所有的土地的，或者乡（镇）村公共设施和公益事业建设经依法批准使用农民集体所有的土地的除外。第63条规定农民集体所有的土地的使用权不得出让、转让或者出租用于非农业建设；但是，符合土地利用总体规划并依法取得建设用地的企业，因破产、兼并等情形致使土地使用权依法发生转移的除外。这就明确了农村集体建设用地可以不经征收程序，并在破产兼并时可以随同厂房等设施转让，这就为经营性集体建设用地的流转奠定了法律基础。同时更加明确乡镇企业、乡（镇）村公共设施、公益事业、农村村民住宅等乡（镇）村建设，应履行的相关审批程序，并在第62条规定农村村民一户只能拥有一处宅基地，其宅基地的面积不得超过省、自治区、直辖市规定的标准。《物权法》颁布后，不仅将农民宅基地使用权确定为用益物权，而且第153条还规定宅基地使用权的取得、行使和转让，适用土地管理法等法律和国家有关规定。《担保法》第37条规定，宅基地不得抵押。1999年5月，国务院办公厅公布的《关于加强土地转让管理严禁炒卖土地的通知》规定："农民集体土地使用权不得出让、转让或出租用于非农业建设；对符合规划并依法取得建设用地使用权的乡镇企业，因发生破产、兼并等致使土地使用权必须转移的，应当严格依法办理审批手续。农民的住宅不得向城市居民出售，也不得批准城市居民占用农民集体土地建住宅，有关部门不得为违法建造和购买的住宅发放土地使用证和房产证。"

（二）当前农村集体建设用地制度面临的突出矛盾。随着农村人口的不断流动，农村集体建设用地管理制度也面临一系列挑战：一是农民"一户一宅"的免费获得宅基地的管理制度已经难以为继，近年来不断增加的宅基地面积，不仅对耕地保护带来极大压力，同时也使农村不断出现未经审批、没有纳入年度土地利用计划等违法违规建设现象。随着农村人口长期、大量外出务工经商，许多地方出现宅基地长期闲置荒废和粗放利用、"空心化"现象。在一些发达地区和大中城市郊区，宅基地的买卖和长期出租已经形成"市场"，同时还出现了大量的"小产权房"。三是原有乡镇企业用地在流转过程中，由于程序不规范，常常出现暗箱操作、用地粗放等，造成集体财产流失。四是很多地方为了增加建设用地指标，以各种名义突破现行法律法规，拆除农民房屋、合并村庄采取增减挂钩的办法，未经批准指标置换大量漫延，造成农村土地管理失序。

从农村土地制度管理的角度看，农村集体建设用地如何改革最根本的是要看离乡进城的农民是否能够真正转变为市民，农民的宅基地作为其一项重要的财产权利是否可以流转是要看农民在城市中是否留得下、待得住。从目前的发展阶段来看，暂时保留农民在农村的财产权利更有利，这样可以为城市解决农民转市民留下足够的空间。目前一些地方由政府强力推动拆村并居、农民集中居住以及未经批准采取城乡建设用地增减挂钩的办法进行指标置换，其目的主要还是为了获得农村的集体建设用地指标，以满足城市建设的需要。这不仅突破了现行法律法规制度，同时这种做法虽然短期内政府、企业、农民都能够获得利益，但是从制度设计的角度看，这些做法不仅会对农村土地管理制度造成冲击，同时还会带来一系列涉及社会管理、基层组织建设等方面的问题。

（三）改革规范完善农村集体建设用地制度的建议。在根本改革征地制度之前，我们必须确保农村土地制度的稳定，禁止为更多获得城镇建设用地指标而随意撤并村庄、让农民上楼等做法，避免对当前农村土地管理带来冲击，影响农村社会结构、基层组织稳定。稳定当前的农村土地管理制度，基本的原则是农村集体建设用地只能由本集体经济组织及其成员自用。涉及的主要问题包括：

1. 明确经批准使用的农民集体建设用地，只能由本集体经济组织及其成员自用。已依法取得的乡镇企业用地仍按照现行法律规定使用，涉及土地使用权转让的，必须进入公开市场进行交易。

2. 在实行经批准使用农民集体所有土地的经营性建设用地可以不征收为国有的规定后，取消审批新的乡镇企业用地。

3. 规范宅基地审批、管理、使用和流转。本集体经济组织成员可申请本集体经济组织土地用于住房建设。依法批准的宅基地使用权可在本集体经济组织成员之间买卖（本集体经济组织是指同一土地所有权单位）。

4. 严格规范城乡建设用地增减挂钩试点。农村宅基地和村庄整理所节约的土地，首先要复垦为耕地，调剂为建设用地的必须符合土地利用规划、在县域内使用、纳入年度建设用地计划，并优先满足农村集体建设用地需要。

五、统筹推进土地制度深化改革

国家的土地制度，涉及城乡各种类型土地的产权、规划、利用、保护、管理等一系列问题，而这些问题，在各类土地之间又相互联系、相互交错。因此，在工业化、城镇化、农业现代化同步推进的背景下，不可能只从某一角度、只考虑某一类土地的制度改革，必须从地、人、利益的三者关系，以及它们在“三化同步”进程中所发生的变化，来统筹考虑整个土地制度的改革问题，才能减少偏颇、协调推进。

土地利用规划和城乡建设规划，既是经济和社会发展规划的重要组成部分，也是关于土地利用、保护、管理以及土地权属关系变更、利益关系调整的重要依据。因此，必须提高土地规划的科学性、透明性和严肃性。科学性，就是要按照人口资源环境相均衡、经济社会生态效益相协调的原则，改变仅从一地一市自身利益出发的土地规划办法，严格依据主体功能区建设的要求，实行差别化的土地利用政策，形成工业发展、城镇建设与农业发展、生态安全相统一的国土开发格局。透明性，就是要按照事关公共利益的问题必须保证公众知情和参与的原则，改变只由政府部门关起门来搞规划的做法。规划的编制和修编都要提高透明度，充分听取专家和群众的意见，保证规划符合大多数人的长远利益。严肃性，就是既要保证规划的制定符合法定的程序，又要保证土地利用和城乡建设严格按照规划实行。尤其是对规划的修编，更要制止随意性，严格依法进行。鉴于土地利用和城乡建设规划事关重大、关系长远，因此，国家有必要制定规划法，以严格规划制定的程序，追究违法制定和修编规划的责任。

对深化农村改革几个重要问题的思考[①]

（2013年）

一、粮食等重要农产品的供求问题

近年来，农业生产较快发展，粮食连续9年增产，其他主要农产品也都有增产。但由于经济快速发展，城镇常住人口迅速增加，城乡居民生活水平明显提高，粮食等主要农产品出现了供给增长赶不上需求增长的状况。粮、棉、油、糖、肉、奶等重要农产品进口增加。2012年，我国农产品出口625.8亿美元，进口1114.9亿美元，逆差489.1亿美元。2012年进口粮食8024万吨，其中谷物和谷物粉1398万吨，大豆5838万吨，同比分别增长156.7%和11.2%；进口食用植物油845.1万吨，同比增长28.7%；进口棉花和食糖513.5万吨和374.7万吨，分别增长52.7%和28.4%；进口肉和杂碎222万吨，增长9.6%；进口乳制品107万吨，其中奶粉52.7万吨，分别增长26.9%和27.3%。

（一）重新评估粮食等重要农产品总需求的增长。收入水平提高、城镇人口增加、工业用粮增长，是对粮食需求的三大增长点。过去按每年增加700万人口、粮食需求增长80亿—100亿斤的测算已经不符合当前实际。过去9年我国粮食的年度产量增加了3177亿斤，平均每年增加353亿斤。9年来粮食库存增加2000亿斤，但进口明显增加。

（二）提出符合实际的农业发展目标和要求。国内农业自然资源有

① 本文是为参加党的十八届三中全会决定提交的政策建议，于2013年5月3日完成。

限，且已长期超负荷使用。要研究如何加快转变农业发展方式。从主要追求产量增长，到更加注重品种、质量、安全、可持续发展。能否提出确保口粮（自给率不低于95%），适度进口饲料和工业用粮，努力提高食用植物油自给率（力争达到50%）的目标。进口棉花主要是为了保外贸、保就业；其他农产品可通过国际市场适度调节。

（三）继续加大粮食主产区战略的实施力度。13个粮食主产区（冀、蒙、辽、吉、黑、苏、皖、赣、鲁、豫、鄂、湘、川），人口占58.3%，粮食播种面积占71.6%，粮食产量占75.7%（8900多亿斤）。主产区应进一步具体到县，非主产省区的产粮大市、大县应给予粮食主产区的同等政策（745个县）。

1. 农田水利、科技进步、农业机械等政策向主产区倾斜。

2. 加快健全主产区利益补偿机制。2011年，13个主产省区的人均财政收入3252元，为全国平均水平的83%；745个产粮大县人均财政收入1200元，为全国平均水平的30%。

3. 改革和完善农业补贴政策。扩大“绿箱”政策实施范围，用足“黄箱”政策许可空间。把“四项补贴”（1653亿元）中的部分补贴改为对农民不挂钩的收入补贴，在此基础上，研究制定新的农业补贴制度。

（四）多措并举实施农业“走出去”战略。买地租地，建设国外农产品物流中心，投资兴建国外农产品初级加工厂，加大对有增产潜力国家的农业技术经济援助等。

二、农村土地制度改革

土地制度改革应遵循的一个原则，就是要使土地产权人的权利与政府对土地实行用途管制的权力相平衡。这是世界各国在发展实践中总结的经验教训，是客观规律，也都形成了法律。对规律和法律要有敬畏之心，否则就会出乱子，会付出不必要的代价。

（一）征地制度改革。

1. 缩小征地范围。按照现行宪法，可以在城镇建设规划区以外，对符合规划、经批准占用农村集体土地的经营性建设项目，允许农村集体组织以多种方式参与土地的开发、经营。

2. 合理确定被征地农民的补偿水平。按被征收土地原用途补偿难以做到农民生活水平不下降、长远生计有保障。当前情况下，法定的土地补偿标准可暂时不变，但要据实提高对失地农民的安置补偿标准，充分考虑被征地农民的住房、社保、就业培训和服务费用。台湾目前的做法，是对城市扩展中“区段征收”的土地，按不低于新用途地价的40%作为对农民的补偿（或获取不低于40%被征收土地面积的开发权）。

（二）农村集体建设用地制度改革。

1. 宅基地制度改革。一户一宅的制度已难以为继，必须进行改革。

2. 依法获取的乡镇企业建设用地，可通过复垦将建设用地指标用于建设小城镇和企业园区，促进农民就近转移。

3. 总体上看，“农村集体建设用地”要坚持经批准“使用自有土地，建设自用建筑”。这个口子如放开，农村的土地就管不住。“小产权房”的问题，不在于土地的性质（农村集体土地），而在于不符合规划。不赞成“农村集体建设用地流转和进入市场”的提法。

4. “城乡建设用地增减挂钩”，一是容易引发农村大拆大建、村庄合并；二是改变了建设占用耕地须“占补平衡”的法律规定。按《土地管理法实施条例》第18条规定：土地整理新增耕地面积的60%可以用作折抵建设占用耕地的补偿指标，但“增减挂钩”却从土地整理新增面积上转出了建设用地指标。这实际上扩大了城市建设用地的总规模，扩大了城乡建设的投资总规模，不利于国家宏观调控目标的实现。我们建议所有建设用地都要纳入年度计划，可以酌情增加指标，但要把“增减挂钩”的做法，恢复到建设占用耕地必须实行“占补平衡”的规定。

（三）农村土地承包经营权、宅基地和农房抵押贷款。“两权抵押”的主要矛盾是缺乏流动性。既有制度性的限制，如“两权”是农民集体组织成员权的体现，物权可抵押，成员权如何抵押？这涉及农村集体组织的制度问题。也有现实条件的限制，城郊、风景区的“两权”

好办，大多数农区的“两权”难兑现。

农村金融问题还是要靠建立政策性、合作性、商业性互补的金融体制来解决。

三、农业经营体制的创新

（一）要坚持和完善“以家庭承包经营为基础、统分结合的双层经营体制”这个农村基本经营制度。农业家庭经营有着广泛的适应性，无论规模大小、无论传统农业还是现代农业都能适应，关键是为家庭经营提供什么样的外部环境和条件。

（二）在依法自愿有偿基础上流转土地经营权、发展适度规模经营。农村承包耕地的农户228842901户，承包合同耕地面积1277346303亩（按14.3亿亩计），户均5.58亩（实际约为7.1亩）。目前，农民工总量2.66亿人，已近农村劳动力总量的一半。但流转的耕地面积为2.78亿亩，占家庭承包耕地总面积的21.2%；流出土地的农户4438万户，占承包农户总量的19.3%；经营土地50亩以上的农户287.5万户，占承包农户总量的1.26%。

导致农村劳动力外出就业比重高、土地流转比重低的主要原因有三个：一是土地的承包经营权不够稳定；二是家庭部分劳动力外出，仍能继续耕作；三是目前农村劳动力只是外出流动就业，而不是人口迁徙，这种不完全的城镇化妨碍了土地经营权的流转。因此，一要加快土地承包经营权的确权登记颁征，为保障农民的合法财产权利提供基础。二要在有条件的地方采取鼓励（不能强制）土地经营权流转的政策措施。农地经营对不少农户已成“鸡肋”，食之无肉、弃之可惜。2012年农民人均来自种植业的收入2107元（2012年农民工月平均工资2290元），只占人均纯收入（7917元）的26.6%。这样下去，不仅农业经营的效率难以提高，而且要发挥农业政策的激励作用难度也越来越大。三是要加快农民工的市民化进程。

（三）耕地的适度规模经营加普遍的农业社会化服务，可能比较符合当前和今后一段时期农业发展的实际。在我国农村的人地比例条件下，对土地的经营规模要有理性的判断。即使能减少一半农户，户均也就是一公顷耕地，减掉3/4的农户，户均能达到2公顷耕地。因此要在有条件的地方提倡适度规模经营，但不是规模越大越好，这关系到农地制度的公平性。十八大报告和今年中央一号文件，都强调要创新农业经营体系。要允许多种农业经营主体（专业大户、家庭农场、农民合作组织、公司加农户的产业化经营等）在实践中发展，经受实践的检验和选择。从一些地方的实践看，发展农业两类主体相结合的方式，已初显优势。一是农业生产经营主体，从各地的实际出发，发展几十亩到几百亩适度规模经营的家庭农场；二是发展农业专业化、社会化的各类服务主体，形成“耕、种、收靠服务组织，田间管理靠家庭成员”的格局，以服务规模的扩大弥补耕地经营规模的不足。对农地经营的规模问题，主要应把握两个方面，一是根据农村人口的转移情况定规模，二是根据农业经营主体的收入状况定规模。总之，农地的经营规模也要兼顾公平和效率，农业经营基本依靠家庭成员，不提倡长期雇工。

（四）企业进入农业问题，要区分具体领域。有的领域，如设施农业、规模化养殖，以及向农户提供农业社会化服务等，比较适合企业经营，但不提倡企业大面积租赁耕地实行雇工经营。要加快研究制定企业进入农业的准入标准，完善对企业经营农业的监管制度（土地用途、保护农民利益等）。

四、农村社会管理和基本公共服务

（一）根据劳动力流入地的农村社会变化新情况，抓紧推进农村集体经济组织的产权制度改革，保障本集体组织成员的收益分配权，保障外来人员平等参与当地社会管理和社会活动的权利。

（二）根据交通、通信条件的改善，可以适当扩大村民自治的地域范围，适当撤并村委会。1984年撤销人民公社设立乡（镇）政府时，乡镇数量106439个，到2000年时，已合并为49668个，2011年为40466个。2000年到2010年，全国农村村委会从73.5万个合并为

59.5万个，减少了14万个，即减少19%；自然村由363万个减少到271万个，减少了92万个，即减少25.3%。自然村的减少多涉及农村居民点的拆迁合并，代价大，对农村社会结构变动大。我们主张对城镇规划区以外的农村居民点，如不十分必要，尽量少搞拆迁合并。

（三）农村基本公共服务，重在完善制度，逐步提高水平，不轻易强调城乡并轨。

五、关于符合条件的进城农民转为市民

（一）要充分估计到难度。农民转市民至少涉及四大问题：就业、住房、社保、随迁子女就学。就业要靠市场，政府组织社会提供培训和服务，要大力发展民营中小微企业、发展服务业，提供更多就业机会。住房，到2011年底，进城农民工52%靠用工单位提供集体宿舍，47%租住城中村、城乡接合部的农民房，自有城镇住房的不足1%；缴纳住房公积金的农民工不足3%。社会保障，农民工参加城镇养老保险的占16.4%，参加医疗保险的占18.6%，参加工伤保险的占27%，参加失业保险的占9.4%。据对武汉市的调查，如按当地规定足额交纳各项必需的社会保险，用人单位每月应给每个农民工交516元，农民工自己每月应交166元，合计每人每月应交682元，每人每年应交8184元，实际缴纳的缺口很大。随迁子女就学。目前全国义务教育阶段孩子约1.5亿人，其中城镇约2500万人，农村约1.25亿人。2012年底，农村随迁子女到城镇入学的1260万人，相当于城镇义务教育阶段学生的50%，但仅相当于农村义务教育阶段学生的10%。解决了农村随迁孩子的义务教育，还必须考虑解决他们高中阶段教育和考大学问题。

（二）长期维护进城农民的土地承包经营权、宅基地使用权和集体组织收益分配权。农民的用益物权是其合法的财产权，是否退出，应由农民与本集体组织平等协商并获取合理补偿，政府不应干预。

（三）建立“农民自主选择、确定必要过渡期”的农民转市民政

策。进城打工的农民，应自主选择是否转为当地市民。选择就有代价。要转市民的，必须和用工单位一起，足额缴纳当地规定必须缴纳的各项社会保险和住房公积金等，交够一定期限，应转为当地城镇户籍。

加快构建新型农业经营体系刻不容缓①

（2013 年）

加快构建新型农业经营体系，是党的十八届三中全会根据我国当前农业农村发展新形势和同步推进工业化、信息化、城镇化、农业现代化的要求，而提出的进一步深化农村改革的重大任务，也是加快我国农业现代化进程的必然要求。

一、加快构建新型农业经营体系的重要性和紧迫性

农村改革 35 年来，在实行以家庭承包经营为基础、统分结合的双层经营体制基础上，我国农业农村发展取得了举世瞩目的成就：粮食产量翻了近一番，各类农产品成倍增加，农民收入较快增长，农村面貌发生显著变化。但在工业化、城镇化快速推进的新形势下，农业农村发展也面临着诸多新的矛盾和挑战。从农业经营体制的角度看，当前迫切需要回答的，就是将来“谁来种地”和“怎么种地”这两大问题。

一是农村青壮年劳动力大量外出务工经商，使农业面临“谁来种地”的问题日渐突出。据有关部门统计，2012 年底，我国农村有 26261 万劳动力转向了城镇和非农产业就业，占当年农村从业人员总数的 48.76%。尽管目前在农业中从业的劳动力还有 2.7 亿多人，但其中毕竟是中老年人和妇女占多数。因此，必须未雨绸缪，及早考虑如何培养农业接班人的问题。二是农民纯收入中来自农业的比重正在明

① 本文原载于《求是》2013 年第 22 期。

显下降，农业（种植业）在相当多的农户那里已经只是收入增长中的“副业”，因此，“怎么种地”的问题已难以回避。我国人多地少，绝大多数农户承包经营的耕地规模细小、高度分散，生产效率和抵御自然、市场风险的能力都不强。为了增加收入，多数农户家庭不得不让主要劳动力外出务工经商或就地从事非农产业，农民纯收入中来自农业的比重在不断下降。据统计，2012年全国农民人均7917元的纯收入中，来自耕地经营（种植业）的比重仅占26.6%（2107元）。种地，对于相当多数的农户而言，正在变成食之无肉、弃之可惜的“鸡肋”，正越来越成为农民家庭经营结构中的“兼业”。因此，必须加快探索如何在家庭承包经营基础上提高农业效率的有效形式，也就是回答好将来“怎么种地”的问题。

上述两个问题直接关系到我国农业未来的兴衰，也是加快构建我国新型农业经营体系重要性和紧迫性的原因所在。必须按照城乡经济社会发展一体化的要求推动改革和发展，在农业人口逐步转移的背景下，加大国家强农、惠农、富农的政策力度，使农业成为有效率的产业，使农民成为能致富的职业，加快我国农业现代化的进程。

二、在保障承包农户土地财产权利基础上促进土地流转

“只有减少农民才能富裕农民”，这是社会早已达成的共识；也只有真正减少了农民，才能为破解将来“谁来种地”和“怎么种地”的问题创造必要条件。但减少农民至少涉及两大基本问题：一是农业人口的城镇化，二是承包农户对土地的财产权利。

我国城镇化正在快速推进，2012年的城镇常住人口已占全国总人口的52.6%。但是，进入城镇就业的农民真正能够转为城镇居民的却微乎其微。这种农业人口只能向城镇转移就业而难以向城镇迁徙的“半城镇化”，使得农村经济社会结构的变迁陷入了十分复杂的境地。一方面，转移就业的农村劳动力既给家庭带来可观的工资性收入，又使继续从事农业的劳动力扩大了土地的经营规模、提高了农业的效率。而另一方面，由于务工经商的农民在城镇从业的不稳定性和未来前景

的不确定性，又使得他们在到底是进城还是留乡之间难以做出明确的取舍。因此，在城乡之间流动的两栖生活方式就成了他们的理性选择：既努力在城镇打拼和寻找新的发展机会，又不放弃家乡的财产和生存保障，以使自己能够进退有路。这增强了进城务工经商农民的安全感，但却使农业经营形式的转型升级遇到了障碍。在超过 58% 的农民家庭有人外出打工、在转向非农产业就业的农业劳动力已超过 48% 的背景下，为什么农户承包土地的流转面积却只占 21.2%？其主要原因就在于这种“半城镇化”现象。但改变“半城镇化”现象显然不可能一蹴而就，因此，依靠城镇化进程去真正减少农民也就只能是一个较长时期的渐进过程。而要在这样的现实基础上去提高农业的生产效率，显然还需要另辟蹊径。

我国农户承包经营的耕地总体上规模细小，因此，要提高农业的生产效率，就必须促使土地要素能有必要的流动和重新组合。但令农户担心的问题是，土地经营权的流转是否会导致其失去土地的承包权？这就必须回答好土地经营权进入流转后，原承包农户对其承包耕地的财产权利问题。

我国法律规定，在坚持农村土地集体所有的制度下，农户对其依法承包的土地享有占有、使用和收益的权利。这实际上明确了两个基本问题：一是明确了农户拥有的是土地的承包经营权，它不改变农村土地的集体所有权；二是明确了对承包到户的集体土地，只要不改变合同规定的用途，承包农户就可以自主选择各种实现土地收益的经营形式。农户可以自己经营自己的承包土地，也可以向他人出租承包土地的经营权；可以与本集体经济组织的成员自愿互换各自所承包的地块，也可以和其他农户以土地股份合作制的形式发展农业的合作生产；可以将承包土地的经营权用于向金融机构抵押、担保融资，还可以将承包土地的经营权作为股份投入到农业产业化的经营中去。在上述情况下，土地的承包关系均不发生变化，原承包农户仍将继续拥有本集体经济组织土地承包者的权利。此外，在农户有了稳定的非农产业收入或迁入城镇居住、就业后，还可以将自己承包的土地自主转让给本集体经济组织的其他成员，或按自愿有偿的原则将承包的土地交还给发包方。在后两种情况下，转让或交还土地承包经营权的农户，就不再拥有本集体经济组织土地承包者的权利，甚至还可以选择退出他所在的农村集体经济组织。显然，选择以何种方式实现家庭承包土地的经营权，完全应当由农户自主选择，而不能采取任何违背农户意愿、损害农民权益的强制性办法。

要维护农户在流转土地经营权后对土地承包权的合法财产权利，就必须加快明确农村土地所有权、承包权、经营权这三者的关系。农村土地制度的改革（指耕地经营制度的改革），必须坚持农村土地属农民集体所有的性质，必须保障承包农户的合法权利，必须有利于提高耕地的利用效率。农村的土地承包关系要保持稳定并长期不变，但承包农户的家庭人口、农村的劳动力数量却经常在发生变化。处理好这“变”与“不变”之间的关系，是发育和完善我国农村土地流转市场的关键。改革之初，农民创造了土地集体所有权与农户土地承包经营权的“两权分离”，由此确立了以家庭承包经营为基础、统分结合的双层经营体制。之后，面对农村劳动力流动和农户家庭人、地关系的变化，不少地方的农民又进一步创造了农村土地明确所有权、稳定承包权、放活经营权的“三权分离”概念。而实际上，也正是由于“三权分离”概念的形成和被普遍接受，才能够使农户在稳定土地承包权的基础上，去放心地流转承包土地的经营权。如果让承包农户因流转承包耕地的经营权而丧失他对集体土地的承包权，那他显然就不可能去流转自家承包土地的经营权。因此，正如农村集体土地的所有权与家庭承包经营权分离后，并不改变集体土地的所有权性质一样，土地承包权与经营权的分离，也不应当改变原承包农户对土地的承包关系。这就可以使农户在土地经营权进入流转后继续维护其对承包土地的合法财产权利，从而实现在稳定农户土地承包权基础上的土地经营权流转、集中和发展适度规模经营。

三、从我国具体国情出发推进耕地的适度规模经营

实行家庭承包经营后，党的农村政策始终强调要在稳定农村土地

承包关系的基础上发展耕地的适度规模经营。耕地经营规模的选择，必须从当地的实际状况和所处的发展阶段出发，既要考虑当地农业资源禀赋的状况，又要考虑工业化、城镇化发展水平和农业人口的转移程度，还要考虑农业资源分配对社会公平的影响。我国人多地少，不具备新大陆国家（南、北美洲和大洋洲）那样可以普遍发展大规模家庭农场的基本条件；而改变“半城镇化”现象的长期性，又决定了多数有外出就业人员的农民家庭在短期内还不可能放弃对耕地的经营。正是在这样的复杂背景下，推进我国现阶段的耕地规模经营，就特别要注意把握好规模的适度。

耕地经营规模的变化，既是技术演进的过程，更是社会变迁的过程，因此不能只看效率这一个指标。我国目前还有约 1.9 亿户农民家庭在经营耕地，如果要达到户均经营百亩左右的耕地规模，那就需要转移出 90% 以上的农户，这显然不是在短时期内能够实现的。上海市松江区的工业化、城镇化进程都比较快，全区 86% 的农村劳动力已转向非农产业就业，具备了加快耕地流转、集中的条件。这个区从 2007 年开展探索发展适度规模经营的家庭农场，目前全区 80% 的粮田由 1206 户家庭农场在经营，户均经营耕地面积 113.3 亩。在社会化服务体系的支持下，夫妻俩一年种两季，年纯收入一般可在 8 万元左右，与上海市城镇居民的人均年可支配收入已不相上下；而那些利用剩余劳动时间代公司养猪的家庭农场，每年还可再增加纯收入六七万元。吃住都在家、农业社会化服务降低了劳动强度、收入又不低于城镇居民，这就对大多数农户都有了吸引力，家庭农场主便成了抢手的好职业，家庭农场的耕地规模暂时就不必、实际上也难以扩大。这表明，耕地经营规模的扩大，必须与农业劳动力转移的状况相适应，必须与农业社会化服务的能力相适应，必须与多数农民所期盼的收入水平相适应。因此，目前松江家庭农场的经营规模就基本适宜。让更少的人经营更多的耕地，农业的效率和经营者的收入肯定都会更高，但与此同时，也必须考虑如何使更多农民实现共同富裕的问题。因此，确定合理的耕地经营规模，应当把提高农业生产效率放在促进社会进步和社会公平的大背景下来统筹考虑。

四、在家庭经营基础上推进农业经营体系的创新

我国幅员辽阔，各地经济社会的发展差距很大，各地的地形、地貌和气候条件差异很大，农业经营者生产的农产品又各不相同。在工业化、城镇化的带动下，农业劳动力正在大规模向城镇和非农产业转移。因此，在家庭经营这一基本形式的基础上，农业必然会根据生产经营的实际需要，演变出多种多样的具体经营形式。据有关部门统计，到2012年底，我国农村承包集体耕地的农民家庭约2.3亿户，其中有约4440万户发生了流转出承包耕地的行为（占承包农户总数的19.32%）；目前仍在耕地上从事农业生产经营的农民家庭约1.9亿户，他们经营的耕地面积（包括流转来的耕地），占农村家庭承包耕地总面积的92.5%。这表明，农民家庭仍是我国农业中最主要的生产经营主体。但随着农业劳动力的转移和农户承包耕地经营权的流转，其他各类新的农业经营组织形式也在发展。目前，全国已发展起农民专业合作社68.9万个，入社成员5300多万户；各类农业产业化经营组织30余万个，带动的农户约1.18亿户；此外，据不完全统计，各地仍对农业实行由集体统一经营的村、组约有2000个，江苏省江阴市的华西村等就是其中的著名代表。同时，租赁农户土地从事农业生产经营的工商企业也在逐渐增加，全国约有2556万亩耕地由企业在租赁经营。

农业经营主体的多样化，是农业在向现代化演进过程中的必然现象。一方面，由于农业人口的转移，原来由各家各户自己经营的承包耕地经营权有了流转和集中的可能；另一方面，越来越多的农产品开始走向集约化、专业化、组织化、社会化生产。这两方面的变化都在催生各种新的农业经营形式的成长。从各地已有的实践看，为了提高农业生产经营的效率，不同农产品的生产，往往会对经营形式提出各不相同的要求。如粮棉油糖等大宗产品的生产效率，主要取决于耕地的经营规模。因此，通过流转承包耕地的经营权、实现扩大土地经营规模的家庭农场、专业大户、土地股份合作社等，便在这一领域应运而生。瓜果蔬菜花卉等鲜活农产品的生产效率，主要取决于品种选择、栽培技术和市场营销等，通过组织农民专业合作社，能够最大限度地

发挥这些方面少数“能人”的带动作用，因此，专业合作社的生产形式受到农户欢迎。现代化设施农业和规模化养殖场，对技术、投资、管理和营销等方面的要求，超越了大多数农户和农民专业合作社的能力，更适合引入社会资本实行企业化的经营。

从我国人多地少的基本国情和当前经济社会发展的阶段性特征出发，要提高农业经营主体的生产效率，除了需要进一步加强农田水利等基础设施建设、大力推进农业科技进步、完善国家对农业的支持保护体系、加强农产品的市场流通体系建设等之外，通过农业经营体系的创新，显然也能发挥出巨大的能量。

从各地探索实践的经验看，农业经营体系的创新，主要有三大类表现形式：一是通过承包土地经营权的流转，扩大家庭经营的土地规模，如发展家庭农场、专业大户等。据有关部门统计，到2012年底，全国经营耕地面积在50亩以上的专业大户已达287.5万户；其中，家庭农场87.7万户，经营土地面积1.76亿亩，户均经营耕地200.2亩，年收益18.47万元，均明显高于普通承包农户。除了常规的承包土地经营权流转外，近年不少地方农民创造的土地托管、代耕、“土地银行”等形式，也对扩大耕地的经营规模发挥了积极作用。二是依靠农业社会化服务体系的支持，通过“耕、种、收等主要作业环节靠社会化服务，日常田间管理主要靠家庭成员”的方式，以扩大社会化服务的规模来弥补生产经营主体耕地规模的相对不足，节本增效明显。较有代表性的是，每年夏收季节，农业部门组织数十万台联合收割机实行大范围的跨区作业，使我国3亿多亩冬小麦的收割基本实现了机械化，既实现了适时收割和减少粮食浪费，又使农户降低劳动强度并增加收入，还明显提高了农业机械的利用效率，可谓一举多得。三是发展多种形式的合作与联合，既有围绕某些特定农产品的生产、销售、加工而展开的农民专业合作社，也有实行土地股份合作制的农业生产联合组织。他们的共同特点就是着力解决农民一家一户办不了、办不好、办起来不经济的事情。在不少地方，合作社的经济技术服务能力，不仅能够满足自身社员的需要，还能够向非社员提供社会化的服务，从而发挥着带动更多农户发展现代农业的作用。

积极探索有效的村民自治机制[①]

（2014 年）

一、以村民小组为自治单元的探索取得明显成效

清远从地方实际出发，顺应基层干部和农民的愿望，积极寻找适合清远特点的农村改革突破口，抓住怎么调动农民的积极性这个环节，夯实农村基层组织，激发基层活力，下了很大功夫，找到了更好发挥农民主体作用的“钥匙”，已经取得了一些非常有价值的成效。这项改革试验符合十八届三中全会提出的“推进国家治理体系和治理能力现代化”总目标，基层干部和农民群众对推进和取得的效果比较满意。当然，至于村委会和党组织怎么设，各地情况可能有很大不同。清远最大特点是山区面积大，大部分村规模不大，人口集聚不是太多，这和内地特别是平原地区很多地方非常不一样。

在了解到清远推进农村改革发展的情况以后，中央农办曾经来清远调研过。这次能够到清远来看一看，和当地基层干部、农民群众进行座谈，心里感觉更加踏实、更加有底。可以看到，基层干部和农民群众对这项改革试验的推进和取得的效果是比较满意的。当然，清远自身也有不同的情况，村庄有大有小，山区也有深有浅，所以怎样根据自身实际去推进，需要我们进行共同探讨，特别是清远处在第一线，广大基层干部和农民群众有强烈改革的愿望，这是非常好的改革的动力。

① 本文根据 2014 年 4 月 27 日在广东清远调研座谈会上的讲话录音整理。

二、把握住村民自治的本质要求

根据调研了解，基层干部和农民群众反映最突出的问题是，把村委会叫作农民的自治组织，它有什么共同的根据呢？这是谈论最多的。基层干部和农民群众谈到共同的根据主要有两条：一是有没有共同的财产关系，是不是一个利益共同体。如果是利益共同体，哪怕是一垄田、一棵树、一个塘，人人都关心，因为这些财产与村里每个人都有切身利害关系。二是相互之间是不是熟悉的人。从社会学角度分析，农村社会与城市社会最大的不同之处在于，农村是熟人社会，而城市是陌生人社会。一起讨论一些涉及大家利益问题的时候，是不是熟悉的人一起讨论，讨论的氛围就不一样。所以，一个是不是利益共同体，一个是不是有地缘、血缘关系，这两个基础对农民群众来说，是能不能真正形成自治的重要因素。

村委会有存在的必要性，因为它是历史沿革的产物。从人民公社“三级所有、队为基础”转过来，大多数村委会都设在了过去的生产大队一级，是考虑到当时党支部大都建在生产大队一级，所以二合一就变成了村委会。但是这里一直存在一个矛盾，从 1980 年开始讨论、1984 年起全国各地撤社建乡，然后建立村民自治制度后，一直讨论一个重大问题：即农村的集体资产尤其是农村的集体土地到底该由谁管？最突出的大问题是：第一，多数地方农村集体土地所有权按人民公社时期定下来的“队为基础”，这个队是生产队，叫小队，而不是在大队。但是现在土地的发包、管理甚至征收的过程中，都是由村委会负责。大多数地方的村委会不是土地所有权者，所以很多法律写到由它代管，或者由它代发包，但又说明，村委会不是这个地区、这个村落的土地或其他资产的主体，但它代行使财产主体的职能，这就出现了一定的偏差。第二，土地所有权大多数都集中在村民小组，但村民小组在组织制度上又没有相应的法律地位，这一矛盾在很多地方造成较大困扰，尤其是涉及土地，承包也好，征收也好，经常会出现这样的问题。

我们也了解到，很多地方都是村民小组的地被征收，由其所在的村委会讨论决定。一个村委会管十几个村民小组，村委会的委员里可能还没有这个村民小组的人，让别人来讨论自己的财产如何处理，农民就会觉得不公平，也容易引发更大的麻烦和问题。进一步采取实实在在的措施，把农村土地的财产所有权和村民的自治权结合好，那么我们很多工作就会事半功倍，农民对于很多事情就会心情比较舒畅。从这个角度讲，我们非常看重清远的试验。

据我所知，在其他很多地方也在进行试验，当然面不太广，因为这涉及村民委员会组织法怎么理解、党在农村基层建设怎么定位等一系列问题。但我觉得进行探索是必要的，尤其我想清远和内地很多地方的情况不同，清远处在山区，村庄规模比较小，相互之间距离也比较远，怎么能够发挥村民自治作用是非常重要的一个方面。

党的十八届三中全会《决定》提出最重要的内容就是全面深化改革的总目标，即完善和发展中国特色社会主义制度，推进国家治理体系和治理能力现代化。我认为清远的改革是非常符合总目标的要求的。我们可以讲经济、财政收入、群众收入的增长速度，也可以讲一个个具体的项目怎么做，招商引资、基础设施建设等，这些最终都是为了完善和发展中国特色社会主义制度，为了推进治理体系和治理能力现代化。党的十六大以来，随着综合国力的增强，国家对农村的投入实在不少。2003 年中央财政“三农”方面开支包括农业生产发展、农村社会事业等，共 2300 多亿元，去年是 12000 多亿元，整整增加了 1 万亿。别的不说，单是从 2006 年开始免除农业税这一项，一年就给农民省下了 1350 个亿；每年给农民补贴，去年是 1720 亿元，两项加起来就是 3000 多亿元。钱花了不少，效果也不能说不明显，但很多地方还不尽如人意。基层硬不起来，政府就非常累，政府直接给农民办事，往往是吃力不讨好。怎样把钱用在刀刃上，调动农民的积极性非常重要，这里很大的问题就涉及我们农村的治理体系和治理能力问题。

怎样把农村基层组织理顺，怎样使其切实得到加强，必须从两个方面看：一个方面是党在农村的基层政权是不是能够巩固，能不能切实保证党对农村基层的领导；另一方面是广大农民群众参与民主政治、参与农村社会发展的积极性是不是能充分调动起来。有些地方包括我们自己，相当长时间也是从第一个角度考虑得多，就是强调“抓”。但实际上，农民群众积极性调动起来了，他们把自己的事情认真做好，不仅省了政府很多精力，而且干群关系也能够理顺，把事情做好。所以我认为要把这个事情提到这个层次来看。

当前，整个国家都处在社会变革的大潮流中，农村也是这样。我们到农村去，农民都说农村治理面临很多新问题，越来越多的人往城镇、郊区挤，一部分村庄的人口特别是青壮年劳动力越来越少，“三留守”的人也越来越多，怎么解决“三留守”问题，将来农村怎么办，怎么在这样的背景下发展生产、维护社会稳定，让大家安居乐业，这是一个大问题。第二个大问题是，外来农业人口到城镇郊区，要在那里务工、经商、居住，慢慢就会出现城镇郊区村的外来人口比当地户籍人口数量还要多，那时村民自治怎样自治？很多城镇郊区村的基层干部都很着急，因为根据村民委员会组织法，外来人口在这个村里居住满一年以上，就可以参加这个村委会的选举，有选举权和被选举权。外来人口比当地人口多，如果外地人当选为村委会负责人，本地人的土地等资产怎么办？就会面临一系列问题。从这个口切入进去，应该说，当前清远夯实农村基层组织，让它发挥作用，这是非常重要的探索。

更长远来看，随着经济社会的发展，为什么十八届三中全会将历来我们表述的“管理”改为“治理”？“治理”这个概念原来在文件中出现的频率很低。“管理”是从上到下地抓，“治理”一词除了“管”之外，还要动员社会各方面的力量积极参与。将来完善基层社会治理，不仅是在农村，在城市也一样。现在维稳任务这么重，虽然有新时期的特点，但最根本的还是我们没有习惯这种变化——现在更多的人是社会人，不是单位人，你用抓的办法抓不着他，他也没有“小辫”在你手里让你抓，他又不拿你的工资、不住你的房，你怎么抓他？不把“管理”转为“治理”，调动他们的积极性，那么社会问题就会越来越突出。现在上网可以看到，人的个体独立性越来越强，因为吃财政饭的人越来越少。去年全国城镇从业人员 3.8 亿多人，但财政供养和国企等国有单位提供的就业岗位只有 6700 万个，非国有经济等单位提供的城镇就业岗位占83%。这83%的人不能说要他们服从我们管，问题是他们是非常大的社会组成人员群体，怎样在社会治理中发挥他们的正能量，显得越来越重要。有一部分地区的农民也有情绪，他们的问题差不多：集体能给我解决什么？现在粮是我自己种的，钱是我自己挣的，房是我自己盖的，你能给我解决什么？所以往往形成这样那样的矛盾、各种各样的情绪，这个社会很难整合到一起去。如果让农民意识到这是自己的事情，很多在我们看来很难办的事情轻易就能解决。

三、必须真正发挥农民主体地位和作用

我们这次跑了几个村，虽然不多，但我感觉非常真实。几个大的难题，比如土地调整问题，过去土地承包时，为了追求公平，农民又讲究平均主义，每家每户好地要分一点，差地也要分一点；远地要分一点，近地也要分一点；水田分一点，旱地分一点。所以弄得一家一户地不多，块不少，分得很散，一点点地还要弄个田埂、搞个篱笆，很多土地就没办法使用机械，更不要说很好地去规模经营，影响到生产效率。我们去的叶屋村，虽然村子不大，土地调整也很难，但农民知道这是自己的事情，很快就理顺了、好办了。当然，这种情况如果跨了所有权单位去做，那是做不了的。只有在所有权内部，而且整个村就一个姓，几百年前可能还是一个祖宗，很多事办起来比让干部去做说服工作容易解决得多。这个村里土地虽然不多，但是把土地整理好了，生产水平就上来了，整体经营收入增加了，一家一户一年十几万、二十万元已经不是什么大事。土地调整在全国其他地方也都提，但做起来很难。为什么这个村能做好？最主要是基层组织下沉，让农民自己去管自己的事，去管好自己的财产。

再比如，新农村建设怎样让农民建新拆旧，在全国各地也不容易做到。到我们周边看看，包括整个广东省在内，新房建起来，但旧的泥砖房就是拆不掉。按照一户一宅的规定，新小洋楼都建起来了，旧房还不拆，你不是多占了吗？而且对村庄来说规划、卫生都搞不好。今天去看的墩背村，实行“四个不补”，拆旧不补，青苗不补，用工不

补，占地不补。要是我们派干部去做这种事，不被人打出来才见鬼了。乡里乡亲天天都在一起，农民自己商量就解决了，就是不补。只要是公开、公平、公正，他就接受。还有的是占用的也不多，就当是为大家、为集体做点贡献就结了。占用过多的，他们自己商量，在别的地方再给些补偿就解决了。这种事只有农民自己能解决，换了别人谁能说得动？

从这个角度讲，从社会管理到社会治理的转型，必须真正发挥农民主体地位和作用。我们经常讲，包产到户成功经验很重要的是发挥农民的主体作用，新农村建设最重要的也是要发挥农民的主体作用。现在我们进一步加强农村各方面的治理，清远的办法是找到了更好发挥农民主体作用的“钥匙”。当然，这还要其他条件的配合，但清远把矛盾可能产生的范围缩到最小。在一个所有权单位里，祖祖辈辈生活在一个村落里，都是近亲或远邻在一起，把矛盾产生的概率降到最小，把可以化解矛盾的力量放到最大，这样很多问题都可以逐步解决。今天去看的一个村，由过去三个小组合在一起，在村里建立一个党支部也是可以的。各地从实际情况出发，进行了积极的探索，而且取得明显的效果。乡镇党委、政府挠头的事，没想到农民自己就解决了，这就是非常好的开头，非常值得去总结。另外，要积极研究制度、体制上的问题。你们探索，我们也研究。

过去这些年，乡镇政府、村组织数量确实不断变化。全国大概有3.8万多个乡镇、58万个村委会，这几年村委会数量减少的速度非常快。前一段时期，各地都在扩大村委会的管辖范围，当然交通条件改善后，村委会扩大可能在公共资源配置上效率更高。但也要看到，无论是乡镇撤并还是村庄撤并，既解决了一些问题，也产生了很多新的问题。很多农村地区商业、服务业系统都是跟着乡镇生成的，因为很多人要办事，在乡镇政府附近，各种商店、集贸市场、饭店等就应运而生，很多地方乡镇撤并后，原来当地已经比较好地解决了生活问题的这些人，马上又变成生计无着，衍生出很多新问题。

针对这个问题，我还专程去日本考察。日本在明治维新后，实行三级政府，中国是五级。日本在最兴旺的时候，市、町、村超过1万个，现在日本的市、町、村合在一起是1700多个，并掉了很多。当然不是说我们非得学人家，只是说要有设置规范。比如，日本设立市、町有三个标准：一是设市的标准由中央政府规定，原来规定人口达到20万可以设市，最近几年放低到5万人也可以设；町的设置是由县级政府（相当于我们的省级政府）来决定，原来规定5万人以上可以设町，现在降到1万人也可以设。二是这1万人中有60%以上必须居住在中心街区，不能分散在各个村里。三是65%以上的人口必须从事非农产业。达到这三条就可以设町设市。时间长了，日本也一样，社会管理、公共服务等也随着市町村的撤并而改变。他们遇到的矛盾跟我们也是一样的，比如，第一个问题是，三个町能不能并在一起成立一个市呢？最后商定并成一个市，那这个市叫什么名字？这就是个大事。三个地方打得天翻地覆，最后只能取个新名字，新名字用了一两年，发现全社会都不知道这是什么地方，和老名字的文化断了，又要花很大精力去推介自己。第二个问题是，原来两个町的政府机构都搬到一个地方，那没有政府机构的城镇的商业服务就衰退了。解决办法是，町厅也就是办公厅放到这里，教育部门、文化部门等搬到其他地方，分散开来才能带动起来。所以，行政区划的变化，难度其实相当大。

现在我们看到，村委会也好，乡镇政府也好，在合并过程中，主要问题是行政管辖范围的扩大或缩小，对社会财产关系没有太大影响。从这个角度讲，我们要抓住当前农村的财产关系，来研究村民的自治问题。我们一直讲，农村的土地承包关系要保持稳定、长久不变，也就是说，从整个农村稳定和农业发展看，农村已经形成的财产关系是长久的，短期内不可能改变。所以让农民研究怎样去办好他自己的事情，意义非常重大。从民主制度建设来说，一些国家经常批评我们没有民主，我个人觉得，其实我们的民主制度比世界上很多国家都健全。党的十七大以后，我奉命去一些国家宣讲十七大报告，讲的时候很多人说“你们国家一党独裁”，我说我们有民主制度，而且有成套的民主制度。一是人民代表大会制度，是我们的根本政治制度，人民代表大会是由民主选举产生的代表行使国家和地方最高权力的机关；二是政治协商制度，是全世界的典范，让社会各个界别、各个党派都可以讨论国事，全世界哪有这个？三是少数民族自治制度；四是基层群众自治制度，即村民委员会和居民委员会制度。这四个制度讲出来后，很多人都目瞪口呆，印尼、泰国等国的人听了后说，“你们的制度比我们的还健全”。

村民自治制度在农村基层，要能够真正发挥作用，不要让它光起个名字。为什么很多地方农民对村民自治不感兴趣？甚至有些地方村民自治组织被黑社会性质组织控制，是因为很多地方农民觉得村民自治和他们没有切身利益关系，当然也不关心了，慢慢地这个制度本身就会受到冲击。

只要把农村基层夯实，农民的情绪理顺，他愿意来管他自己的事情，那个时候再发展生产、促进经济、改善民生，他自己就会发挥非常大的作用。从这个角度来说，中央农办非常愿意建立清远这个农村改革联系点。农村无论是穷地方还是富地方，农民对集体财产都认识得比较清楚，这个地、这个财产是我们村的，和你们村没有关系。对于这个观念，我们城市的同志经常会犯错误，一讲国有财产，都知道是全民所有，谁都有权享受，但是在讲农村集体财产时，就一定要讲清楚，这个村的集体就不是那个村的集体，集体是非常具体的。有的同志就容易犯差错，认为属于农民的就叫集体的。3.8 万多个乡镇、58 万多个村民委员会、300 多万个村民小组，这些财产关系是动不得的，随便动是要出大问题的。所以我觉得，抓住财产这个核心，让农民去关心自己的事，关心财产怎么用得更好，怎么不受侵犯，怎么在运用过程中造福他的族人，是调动农民积极性、加强自治愿望非常重要的内容。我们把基层组织建设好，巩固党在农村的基层政权，除了是为保持农村社会稳定、农民心情愉快外，更重要的是要有这样一种社会组织的依托，把农村经济发展起来，让农民能够享受现代化的发展成果。很多农民都在考虑，田地面积扩大了、连片了，怎么能更好地发展经济；村庄搞干净了，怎样发展旅游业。今天我们去的墩背村，群众就指着那几个土砖房说，“城里人就看它了，现在市民还不知道当年农村的土砖房是什么样子”，把它们修缮修缮，外貌保持原样，可以用来搞农家乐、搞旅游，发展经济。归根到底是要发展经济，这个制度才有生命，才能长久。

适应经济发展新常态与加快转变农业发展方式①

（2015 年）

习近平总书记在 2014 年 12 月召开的中央经济工作会议上指出："总起来说，我国经济发展进入新常态后，增长速度正从 10% 左右的高速增长转向 7% 左右的中高速增长，经济发展方式正从规模速度型粗放增长转向质量效益型集约增长，经济结构正从增量扩能为主转向调整存量、做优增量并举的深度调整，经济发展动力正从传统增长点转向新的增长点。我国经济发展进入新常态，是我国经济发展阶段性特征的必然反映，是不以人的意志为转移的。认识新常态，适应新常态，引领新常态，是当前和今后一个时期我国经济发展的大逻辑"。当前我国经济各领域所面临的具体问题和挑战各不相同，但在经济发展进入新常态这个大背景之下，各行各业都面临着必须主动去认识、适应和引领经济增长速度的变化、结构的优化、动因的转化，把加快转变经济发展方式作为更重要任务，则是共同的。农业领域当然也不能例外。

一、我国农业发展面临的新挑战

改革开放以来，我国农村的社会生产力得到了极大的解放和发展，主要农产品的产量快速增长。粮食产量从 1978 年的 6095 亿斤增加到 2014 的 12142 亿斤，增长了 99.2%，年均增长 1.93%，是同期我国人

① 本文原载于《求是》2015 年第 6 期。

口增长速度的2倍。在此期间，棉花、油料、糖料的产量分别增长了184.3%、562.5%、402.8%，肉、蛋、奶和水果、水产品的产量更是成十倍乃至数十倍地增长。与此同时，农民的人均纯收入，从1978年的134元增加到了2014年的9892元，扣除价格因素后，年均增速为7.6%，比城镇居民人均可支配收入的年均增速快0.2个百分点。我国农业发展取得的成就举世瞩目，但当前面临的挑战也相当严峻。这主要反映在以下两个方面。

一是农业生产成本持续上升，导致我国主要农产品的国际竞争力下降。近年来，随着工业化、城镇化的快速推进和人民生活水平的不断提高，农业的生产成本也在持续上升。化肥、农药、柴油、农用薄膜等投入品的价格不断上涨，土地租金、劳动工资的价格不断上涨，农民用于购买各种生产性服务的价格也在不断上涨，由此推动了农产品价格的持续上涨。从实行最低收购价格的小麦和稻谷看，2007年，小麦、早籼稻、中晚籼稻和粳稻的最低收购价格分别为每斤0.69元—0.72元、0.70元、0.72元和0.75元，而2014年则分别为每斤1.18元、1.35元、1.38元和1.55元，7年内的提价幅度分别为64%—71%、92.9%、91.7%和106.7%。这是一个两难的选择：不随农业生产成本上升而相应提高农产品收购价格，农民弥补不了成本就难以维持生产；而持续提高国内农产品的收购价格，达到某一临界点后，国内农产品的价格就会高于国际市场同类产品到达我国港口后的完税成本价格，这就将使我国农产品失去国际竞争力。我国人多地少，城镇化水平不高且进程不完整，农业生产总体上尚未走出经营分散、规模细小的发展阶段，农业的基础竞争力先天不足。近年来，由于世界经济、政治尤其是能源供求格局的变化，导致国际市场大宗农产品价格持续下行，制约我国农产品价格的“天花板”在不断下压。而我国则正处于工业化、城镇化快速推进阶段，对农产品的需求快速增长，导致国内农业生产成本这个“地板”持续上涨。不断下压的“天花板”和持续抬升的“地板”，正在压缩我国农业的发展空间。实际上，近年来我国快速增长的进口农产品中，有些确是为了弥补国内的供求缺口，而有些则是由于国内产品价格高，被同类国际产品挤出了市场，于是才会出现国内产量、国际进口和国内库存“三增加”的局面。因此，提高国内农产品的竞争力，是当前和今后一个时期我国农业必须认真应对的一大战略性挑战。

二是长期靠拼资源、拼投入、追求外延扩张的粗放增长方式，导致农业资源过度开发，生态环境不堪重负。民以食为天，对于我们这样一个有着十几亿人口的国家而言，为保证日益增长的人口能吃饱饭，追求农产品产量的增长本无可厚非。问题在于长期无节制地毁林、毁草开荒，围湖、填河造地，使生态系统受到严重破坏；不断增加化肥、农药、农膜的使用以及乱烧乱扔各种农业废弃物，使农业农村环境受到严重污染。1978 年，我国农业使用化肥 884 万吨（纯量，下同），到 2013 年已增至 5912 万吨，35 年间增长了 5.7 倍，年均增长 5.6%，是同期粮食产量年均增长速度的 2.9 倍。目前，全国农业每年使用农用塑料薄膜约 250 万吨，而回收不足 150 万吨，意味着每年有约 100 万吨废弃的农膜碎片残留在土壤中。每年使用的 180 多万吨农药中，真正能够作用于农作物的不足 1/3，更多的是造成了对水、土壤和空气的污染。长此以往，农业的资源环境必然难以承受，有些地方已经陷入了恶性循环：减少化肥投入，单位面积农产品产量就下降；而增加投入则造成更严重的土壤板结和退化。对我国的农业而言，资源和环境这两盏红灯已经频频亮起，再不接受这严厉的警告，农业可持续发展的目标就难以实现。

二、切实加快转变农业发展方式是建设我国现代农业的当务之急

习近平总书记指出，应对我国农业所面临的内外压力和挑战，“出路只有一个，就是坚定不移加快转变农业发展方式，从主要追求产量增长和拼资源、拼消耗的粗放经营，尽快转到数量质量效益并重、注重提高竞争力、注重农业技术创新、注重可持续的集约发展上来，走产出高效、产品安全、资源节约、环境友好的现代农业发展道路”。走这样的路，既涉及从根本上改变拼资源、拼消耗的粗放经营方式，也

涉及按市场需求和健全农业产业链的方向调整农业结构，更涉及深化改革、大力推进农业体制机制的创新。走这样的路，还必须在注重提高农业效益和实现农业可持续发展目标的过程中，切实保障国家粮食安全和农民收入的持续增长。因此，转变农业发展方式，是走中国特色农业现代化道路的一项宏大系统工程，当前应着力抓好以下几方面工作。

（一）**大力推行绿色农业、循环农业、生态农业**。习近平总书记指出："农业发展不仅要杜绝生态环境欠新账，而且要逐步还旧账。"可持续发展的农业，必须是能够保护生态环境的农业。对毁坏生态系统、污染环境的农业发展方式必须严格加以制止。我国是农业发展历史特别悠久的国家，长期对农业自然资源的挤压，已经造成相当地方的森林、草原和水生态系统严重欠账，不少地方生态系统的自修复、自净化功能已明显退化，导致水土流失、荒（石）漠化、水污染现象日趋严重。因此，必须采取更为严格的措施对山水林田湖加以保护，严禁违反规划对自然资源随意开发，对生态脆弱地区更要严禁开发。对由于过度开发而造成的地下水漏斗区、土壤重金属污染区，必须下决心采取根治性措施，使其逐步得到恢复。可持续发展的农业，必须是资源节约、环境友好型的农业。要按农业标准化实行清洁生产，制定科学而严格的用水、用肥、用药标准，深入开展测土配方施肥，大力推广使用低毒低残留农药，既节约资源、降低成本，又保障农产品质量安全和提高经济效益。可持续发展的农业，必须是物质、能量可循环利用的农业。我国农业历经七八千年的发展而生生不息，很重要的原因，就在于长期以来农民坚持将投入农业的物质、能量加以循环利用。但进入现代以来，出现了片面以石油农业替代有机农业的倾向，急功近利地只注重矿物肥料的利用，忽视了有机物质对农田的返还，致使土壤板结、地力下降。我国农业每年产生约7亿吨秸秆、约30亿吨畜禽排泄物，其中的相当部分尚未得到科学合理利用，既导致了严重的环境污染，又使农田失去了足够的有机肥料补充。要加快建立农业废弃物资源化利用和使用有机肥的激励机制，使秸秆和畜禽排泄物变废为宝，成为生物质能源和生物有机肥的重要来源，从而使宝贵的农田能永续利用，产出的农产品有质量安全保障。

（二）**按照市场需求和健全产业链的方向调整农业结构**。习近平总书记指出:“农业结构往哪个方向调？市场需求是导航灯，资源禀赋是定位器。要根据市场供求变化和区域比较优势，向市场紧缺产品调，向优质特色产品调，向种养加销全产业链调，拓展农业多功能和增值增效空间。”要以合理利用国际国内两种农业资源、两个农产品市场的视野，科学审视国内农业资源的潜力，合理安排国内农产品生产的优先序，确保关系国家安全的战略性农产品自给水平。在此基础上，要尽快建立需求导向的农业结构调整机制，使市场紧缺农产品的“短板”尽快得到提升，使各地农业资源的不同优势得到充分发挥。当前，尤其要注重健全农业全产业链和拓展农业多种功能。建设农业种养加销的全产业链，本质上就是要促进农村一、二、三产业的融合发展。种植、养殖业脱节，使得粮食生产只注重籽粒产量，浪费了秸秆；在具备条件的地方实行种、养结合，发展青储饲料作物，农作物就成了全营养体，不仅大大提高了单位面积上饲料营养物质的供给，而且更适合现代养殖业的需要，可谓双赢。农民直接出售初级农产品，就失去了在加工、营销环节的就业机会和产品增值机会；通过发展多种形式的农业产业化经营，农产品在当地加工，再通过订单、电商、网购等形式直接营销加工制成品，延伸了农业产业链，增加了农民就业机会和产品增值空间，更使得过去藏在深山人未识的许多优质特色农产品走进了市场，可谓多赢。拓展农业多种功能，就是要摆脱把农业单纯看作第一产业的观点，去发掘农业所能体现的适应自然和气候变化以及动植物生命活动生生不息的过程，去展现农村社会的人文自然景观、历史文化传承与变迁等复合功能，而这些正是农业农村吸引现代城镇居民的向往之处。合理开发利用农业的多种功能，其集大成者如乡村旅游业。据有关部门统计，2014 年，我国农村已有“农家乐”约 200 万处，各类特色乡镇、村庄约 10 万处，全年接待游客 12 亿人次，年旅游收入 3200 亿元，带动了 3300 万农民就业和增收。可见，创新了观念和思路，农业结构调整就有着广阔的空间。

（三）**加快农业经营体系的创新**。改革是推动我国农业发展的不竭动力。党的十八届三中全会对到2020年的农村改革做出了全面部署，2015年的中央1号文件，又从推进土地制度改革试点到改革集体经济产权制度，从完善农业支持保护体系到改革农产品价格形成机制等众多方面，对农村改革做出了具体安排。在深化农村改革的诸多任务中，如何加快创新农业经营体系，解决好谁来种地和发展适度规模经营的问题，无疑是一个广受社会关注的重大问题。人们对此有着各种认识和思考，农民群众也在开展着多种探索和实践。而对这一问题的解答，当然离不开我国的具体国情和发展阶段。我国目前还有6亿农村常住人口，短时期内，要使他们中的大多数人转移到城镇居住显然并不现实。农业人口的减少，只能是一个伴随着城镇化水平逐步提高的自然进程，农村在相当时期内还难以根本改变人多地少的格局，这就是我国农业现代化的现实起点。因此，在社会转型阶段要切实保障农民生计和社会稳定，就要坚持农民的地由农民种和因地制宜发展多种形式适度规模经营的基本取向。还要看到，家庭经营在相当时期内仍然是我国农业生产的基本力量，而通过周到便利的社会化服务，把农户经营引入现代农业的发展轨道，则是创新农业经营体系所必须破解的重大课题。

近年来，国家通过确权、登记、颁证工作，稳定了农户对集体土地的承包经营权，同时，在明确农村土地的集体所有权和稳定农户的土地承包权基础上，进一步放活了农地的经营权，促进了农村土地经营权的依法、自愿、有偿流转。据有关部门统计，到2014年6月底，全国农村流转的承包耕地经营权已达3.8亿亩，占农户承包耕地合同总面积的28.8%；有近6000万农户全部或部分转出了承包耕地的经营权，占耕地承包农户总数的近26%。正是在这样的背景下，多种形式的耕地适度规模经营在各地得到了因地制宜的发展。有的地方以农户承包土地的经营权入股，发展土地股份合作社，由于能够采用大型农业机械开展统一的标准化作业，明显提高了土地产出率、农产品品质和农民收入。有的地方发展规模适度的家庭农场和种养业专业大户，提高了劳动生产率和农民的务农收入。有的地方围绕鲜活和特色农产品发展农民专业合作社，解决了一家一户难以解决的引入优良品种、掌握先进技术以及实现品牌营销等问题。有的地方引入社会资本发展适合企业化经营的种养业，实现了某些农产品在生产技术和经营管理水平上的飞跃。而更普遍的，则是发展多元化的农业社会化服务组织，为农户经营提供代耕、代种、代收，以及对病虫害统防、统治和粮食收获后的烘干、储藏等全程性服务或“菜单式”，基本形成了“耕、种、收等主要作业环节靠社会化服务，日常田间看护和管理靠承包农户家庭成员”的经营形式。这种农户加社会化服务的农业经营形式，看似一家一户的耕地经营规模变化不大，但它却明显扩大了农业生产各主要作业环节的服务规模，为在农户小规模经营条件下实现现代农业技术和装备的大规模应用开了先河，表现出了相当强的适应性和生命力，是实现坚持、完善农业基本经营制度和推进农业现代化有机结合的一种有效形式，也是符合我国社会转型阶段农业经营体系创新要求的一种有效形式。

当然，转变农业发展方式、调整农业经济结构、创新农业经营体系等，都不能放松粮食生产、削弱农业综合生产能力，否则就会因失去根基而付出沉重代价。在使市场对农业资源配置起决定性作用的同时，还必须进一步加大国家对农业支持和保护的力度。应当看到，在我们这样一个农业人口众多的国家，农业政策绝不是单纯的产业政策，它关系到数亿农民的生存与发展，关系到农村能否不拖全面建成小康社会的后腿，关系到现代化进程中整个社会能否保持稳定。因此，在我国经济发展进入新常态的大背景下，仍然必须坚持把解决好“三农”问题放在全党工作重中之重的位置。

坚决打赢脱贫攻坚战如期实现全面小康目标①

（2016 年）

当前，全党全国都在认真学习贯彻党的十八届五中全会以及此后中央召开的一系列重要会议精神，包括中央经济工作会议、中央扶贫工作会议、中央农村工作会议精神，以及李克强同志在全国人代会上所作《政府工作报告》精神等。我理解，学习、贯彻、落实好中央最近做出的一系列重大战略部署，关键要把握好四个基本问题。第一，到 2020 年建成全面小康社会的信心和决心决不动摇；第二，要切实转变发展观念，全面贯彻落实好新的发展理念，即创新发展、协调发展、绿色发展、开放发展和共享发展；第三，要扎实推进供给侧结构性改革，落实好中央提出的五大政策和五大任务：宏观政策要稳、微观政策要活、产业政策要准、改革政策要实、社会政策要托底，以及去产能、去库存、去杠杆、降成本、补短板；第四，着力补短板，这在五大任务中已明确提出，之所以还要把它作为一大重要问题提出来，就是要强调，无论是从实现全面小康目标要对所有领域、地域、人群都覆盖的全局看，还是从当前发展所面临的不协调、不平衡、不可持续的实际情况看，农业、农村、农民都是我国发展中的短板，而贫困地区、贫困农民的状况，更是短板中的短板，因此，在推进建成全面小康社会的进程中，必须强化补短板的思想方法和工作方法，多做雪中送炭的事，才能真正建成惠及全体人民的全面小康社会。我们学习、领会《中共中央国务院关于打赢脱贫攻坚战的决定》精神，必须放在

① 本文是 2016 年 1 月 6 日为十二届全国人大常委会作专题讲座的报告稿。

这样的大背景下，才能对文件精神把得更准、使政策措施落得更实。

结合贯彻落实《中共中央国务院关于打赢脱贫攻坚战的决定》精神，谈一谈对我国扶贫开发工作的进展和中央关于打赢脱贫攻坚战决策部署基本情况的认识，供大家作参考。主要谈三方面内容：一是世界减贫事业的进展及我国的作用；二是我国扶贫开发工作的进展及现状；三是中央关于打赢脱贫攻坚战的决策部署。

一、世界减贫事业的进展及我国的作用

（一）世界减贫事业的目标和进展。相当数量的人口陷入贫困，始终是人类社会发展与进步所面临的大敌。第二次世界大战结束后，按照联合国宪章形成了新的国际秩序。但广大在政治上获得独立的发展中国家，仍然面临着经济发展不足和消除大规模贫困现象这一艰巨而繁重的任务。联合国为动员各国进一步采取实际行动，协调国际社会加大推进世界减贫事业的力度，在 1992 年 12 月召开的第 47 届联合国大会上，做出了将每年的 10 月 17 日定为“国际消除贫困日”的决定。我国在 2014 年举行了第一次消除贫困日活动，在 2015 年举行的消除贫困日活动上，习近平同志在国际减贫论坛上还发表了重要主旨演讲。2000 年 9 月，联合国千年首脑会议又把到 2015 年将世界极端贫困人口和饥饿人口减少一半，作为千年发展目标之一。2015 年 9 月举行的联合国发展峰会，通过了到 2030 年可持续发展议程。这个发展议程共包括 17 个可持续发展目标和 169 个具体指标，其中第一个目标就是“在全世界消除一切形式的贫困”。在这个目标下，设有 7 个具体指标，其中第一个指标是“到 2030 年，在世界所有人口中消除极端贫困”。

根据联合国的测算，世界生活在极端贫困中的人数，已从 1990 年的 19 亿人，降至 2015 年的 8.36 亿人，世界极端贫困人口减了 54%（即 10.64 亿人），其中的主要进展是在 2000 年以后取得的。因此，可以说全球在减贫问题上已基本实现了联合国提出的千年发展目标。

（二）我国在世界减贫进程中的作用。我国有自己的贫困人口认定标准。按我国政府制定的 1986 年的扶贫标准（206 元 / 人 · 年），倒推

到1978年，我国农村有贫困人口2.5亿人（100元/人·年）。但世界银行对我国的减贫进程有他们的评价。按每人每天1.25美元的标准测算，世界银行认为倒推到1981年我国有贫困人口8.39亿人；而按此标准，到2011年我国的贫困人口已减少到8417万人。因此，世界银行认为，在此期间，中国的贫困人口共减少了7.54亿人，占全球同期减贫人口总数的70%以上。这也是关于中国30多年来减少贫困人口7亿多人这一说法的由来。

尽管全球基本上实现了千年发展目标中关于减少一半贫困人口的目标，但总体进展很不平衡。根据世界银行按每人每天1.9美元的标准测算，2012年全球贫困人口8.97亿人，其中，43.4%即3.89亿人集中在撒哈拉以南的非洲；34.4%即3.09亿人集中在南亚。按世界银行的标准测算，2012年全球贫困人口最多的前3个国家，分别是印度（2.3亿人）、尼日利亚（8735万人）、中国（8700万人）。而我国按自己的标准（2010年不变价2300元/人·年）测算的2012年农村贫困人口则为9899万人。这也从一个侧面说明，我国现行的贫困标准（2012年现价2536元/人·年）实际上并不低于世界银行推荐的每人每天1.9美元的标准。

（三）关于国际贫困标准。自1991年开始，世界银行根据全球最贫穷国家的贫困线，制定了以美元表示的国际贫困线，用于监测全球的极端贫困状况，并根据“购买力平价转换系数”进行更新。从世界银行制定第一个国际贫困线到今年，已经更新了三次。

第一个国际贫困线（1.01美元）。世界银行于1991年，对33个国家的贫困线用1985年的购买力平价进行分析，最穷的8个国家（肯尼亚、尼泊尔、坦桑尼亚、孟加拉国、印度尼西亚、摩洛哥、菲律宾、巴基斯坦）的贫困线为每人每天1.03美元，其中6个国家为每人每天1.01美元。世界银行据此确定国际贫困线为每人每天1.01美元（简称1美元），在《世界发展报告1990》中正式使用。

第二个国际贫困线（1.08美元）。世界银行于2001年，用1993年的购买力平价，计算最穷10个国家（中国、坦桑尼亚、赞比亚、印度、印度尼西亚、泰国、尼泊尔、孟加拉国、突尼斯、巴基斯坦）的贫困线中位数为每人每天1.08美元，据此确定了每人每天1.08美元的国际贫困线，并在相应的世界发展报告中使用。

第三个国际贫困线（1.25 美元）。世界银行于 2009 年，用 2005 年的购买力平价，计算最穷 15 个国家（马拉维、马里、埃塞俄比亚、塞拉利昂、尼日尔、乌干达、冈比亚、卢旺达、几内亚比绍、坦桑尼亚、塔吉克斯坦、莫桑比克、乍得、尼泊尔、加纳）贫困线的平均数为每人每天 1.25 美元，据此确定每人每天 1.25 美元的国际贫困线。

第四个国际贫困线（1.9 美元）。世界银行于 2015 年，用 2011 年的购买力平价，对制定 1.25 美元标准时的 15 个国家的贫困线的平均数重新计算，得到每人每天 1.89 美元的国际贫困线，即 1.9 美元贫困线。

在使用世界银行提出的国际贫困标准时，必须注意的问题是，他使用的是购买力平价而不是汇率，因此不能将各国的贫困标准按汇率直接将本币对美元进行直接折算。同时，我国也并不认可按购买力平价计算的人民币对美元的换算系数。为了进行比较，我们了解到世界银行采用购买力平价计算的人民币兑美元的换算系数近年大体保持在 1 :（3.5—3.6）之间。按此换算系数，我国 2014 年按现价计算的贫困标准为 2800 元 / 人 · 年，折合为 777.78—800 美元，每人每天为 2.13—2.19 美元。因此，按世界银行的标准，我国农村目前的贫困线实际上高于他们提出的每人每天 1.9 美元。这一点，世界银行方面也认同。

二、我国扶贫开发的进程和现状

（一）扶贫事业的发展进程。新中国的建立，使中国农村长期存在的大规模极端贫困现象得到了明显缓解。但在此后的 20 多年时间中，仍有相当数量的农民处在温饱不足的贫困之中。到 1978 年，全国农村有贫困人口 2.5 亿，占当时农村总人口的 30.7%。从 1978 年底开始，农村改革激发和调动了广大农民生产积极性，农产品产量大幅增加，农民收入迅速提高，大大缓解了农村贫困问题。到 1985 年底，全国农村贫困人口减少到了 1.25 亿人，贫困发生率下降到 14.8%。

从 20 世纪 80 年代中期开始，我国开始在全国范围内有计划、有组织、大规模地开展扶贫开发工作。1986年成立了专门机构——国务院贫困地区经济开发领导小组及办公室，安排专项扶贫资金，制定专门的优惠政策，并对传统的救济式扶贫进行改革，确立了开发式扶贫的方针。到1993年底，全国农村贫困人口减少到了8000万人，贫困发生率下降到8.7%。

1994年3月，国家颁布了《国家八七扶贫攻坚计划（1994—2000年）》，要求集中人力、物力、财力，用7年左右的时间，基本解决8000万农村贫困人口的温饱问题。由此，扶贫开发进入了攻坚阶段。为了实现这一目标，这一时期的扶贫开发工作重点发生了由主要扶持贫困地区（主要是贫困县）向扶持贫困村、贫困户的转变。同时，较大幅度地增加了扶贫资金。到2000年底，按当时扶贫标准，农村贫困人口已降至3209万人，贫困发生率下降到3.7%。“八七扶贫攻坚计划”确定的目标基本实现（根据国际经验，当一国、一地区的贫困发生率降至3%时，即可认为已完成减贫任务）。

2001年，我国颁布实施《中国农村扶贫开发纲要（2001—2010年）》，扶贫工作的重点与瞄准对象再次做出重大调整。扶贫工作重点县放到中西部地区；贫困村成为基本瞄准对象，以村为单位进行综合开发和整村推进。这一阶段把稳定解决扶贫对象温饱、尽快实现脱贫致富作为首要任务。到2010年底，以当时扶贫标准1274元计算，农村贫困人口2688万人，贫困发生率为2.8%。

2011年，国家颁布实施《中国农村扶贫开发纲要（2011—2020年）》。此时，新型农村合作医疗制度、农村最低生活保障制度已普遍建立，因此，这一阶段扶贫开发工作的重点，开始从以解决温饱为主的阶段转入巩固温饱成果、加快脱贫致富、改善生态环境、提高发展能力、缩小发展差距的新阶段。国家大幅度提高了扶贫标准，明确以在扶贫标准以下具备劳动能力的农村人口为扶贫工作主要对象，以连片特困地区为主战场，围绕实现“两不愁”（吃、穿）、“三保障”（看病、子女上学、住房安全）为中心推进扶贫开发。

党的十八大以后，以中共中央办公厅、国务院办公厅2013年底印发《关于创新机制扎实推进农村扶贫开发的意见》为标志，我国扶贫开发进入精准扶贫新阶段。经过两年努力，农村贫困人口从2013年底的8249万降低到了2015年底的5575万人，贫困发生率也从8.5%下降到了5.7%（2014年农村贫困人口为7017万人，贫困发生率为7.2%）。党的十八届五中全会确定，“十三五”时期实施脱贫攻坚工程，用五年时间，我国现行标准下农村贫困人口实现脱贫，贫困县全部摘帽，解决区域性贫困。

（二）我国扶贫开发的基本做法和基本经验。这些年来，我国扶贫开发工作主要采取了以下基本做法。一是坚持政府主导，把扶贫开发纳入国家总体发展战略，作为战略性任务来推进，集中力量组织开展大规模的专项扶贫行动，针对特定人群组织实施妇女儿童、残疾人、少数民族发展规划。二是坚持开发式扶贫方针，用发展来带动减贫，把发展作为解决贫困的根本途径，同时注重调动扶贫对象积极性、主动性，提升其自身发展能力，发挥其脱贫的主体作用。三是坚持把“三农”工作放在重中之重的位置，实行统筹城乡经济社会发展的方略和工业反哺农业、城市支持农村与“多予少取放活”的方针，加快促进农村经济社会发展，使贫困地区和贫困农民普遍受益。四是坚持大力改善贫困地区的路、水、电、气、房等基础设施条件，为贫困人口创造良好发展环境。五是坚持动员社会参与，发挥社会主义制度优势，构建了政府、社会、市场协同推进的大扶贫格局。六是坚持普惠政策和特惠政策相结合，扶贫开发政策和社会保障制度相衔接。

经过30多年不懈的艰苦奋斗，我国贫困人口大幅减少，贫困地区农民收入明显提高，生产生活条件逐步改善，社会事业不断进步，率先实现联合国千年目标的主要任务，为全球减贫事业做出重大贡献。

在长期实践中，我国成功走出了一条以经济发展为带动力量、以增强扶贫对象自我发展能力为根本途径，政府主导、社会帮扶与农民主体作用相结合，普惠性政策与特惠性政策相配套，扶贫开发与社会保障相衔接的中国特色扶贫开发道路。最核心的经验有两条。

第一，经济社会发展的带动。我国扶贫成就的取得主要依靠经济社会发展的带动。改革开放30多年来，我国国民经济稳步增长，综合国力不断增强，人民生活从温饱不足发展到总体小康。经济增长提供了大量就业机会，2.6 亿多农业劳动力转向非农就业。1979—2012 年的 33 年间，我国农民人均纯收入实际年均增长 7.5%，比城镇居民人均可支配收入高 0.1 个百分点。此后，城乡居民收入差距继续缩小，2015 年城乡居民的人均可支配收入差距，从 2012 年的 3.10：1 进一步缩小为 2.73：1（31195 元 /11422 元）。

第二，发挥政治和制度优势。发挥中国共产党领导的政治优势和社会主义制度的优越性，最大限度地调集资源和各方面力量，投入扶贫开发。这是中国特色减贫道路最鲜明的体现。一是始终把扶贫开发作为国民经济和社会发展中长期规划的重要内容，连续制定专门的减贫规划，如《国家八七扶贫攻坚计划》、两个十年《中国农村扶贫开发纲要》，明确奋斗目标和主要政策措施。二是实行责任、任务、资金和权力四个到省的扶贫工作责任制和各级政府扶贫工作首长负责制。三是建立健全从中央到地方的扶贫工作领导机构。四是不断加大扶贫资金投入力度。五是调动各方面资源和社会力量，形成支持贫困地区发展的合力。

（三）当前扶贫开发工作面临的主要问题。从当前的实际情况看，可以用两句话对此作概括。一句是贫困人口群体依然庞大。按现行贫困标准，2015 年底有农村贫困人口 5575 万，贫困发生率 5.7%。要看到，目前的农村人口贫困发生率，是按农业户籍人口来计算的，即是以 97800 万农业户籍人口为分母的；但如以 2015 年底农村 60346 万常住人口为分母计算，农村实际的贫困发生率将高达 9.24%。对这个情况，我们自己必须心中有数。现有贫困人口主要分布在中西部地区和集中连片特困地区。中西部一些省区贫困群体规模仍然较大。2015 年底，贵州、云南、河南、广西、湖南、四川六省区的贫困人口均超过 400 万，其中贵州达 507 万（安徽 2015 年底的农村贫困人口是 309 万，在全国排第 8 位；第 7 位是甘肃，325 万人）。另外一句是脱贫难度越来越大。经过多年的努力，容易脱贫的地区和人口已经基本脱贫，剩下的都是难啃的“硬骨头”。尚未脱贫的人口大多致贫原因复杂，自身发展能力较弱，越往后脱贫攻坚成本越高、难度越大。2015 年低，贫困发生率在 10% 以上的省区，还有广西、贵州、云南、西藏、陕西、甘肃、青海、新疆等8个（安徽的农村贫困发生率为5.8%，略高于全国平均的5.7%，与江西、河南并列排在全国第13位）。

从工作层面看，面对繁重的扶贫开发任务，当前还存在认识跟不上、工作不适应的突出矛盾。一是部分地方领导干部思想认识还不到位。部分扶贫任务比较重的地方主要领导还没有把扶贫开发工作放在突出的位置，各级党政领导班子和党政领导干部的政治责任还没有落到实处。二是工作思路和工作方法不够清晰。不少地方还停留在“大水漫灌”的传统观念和工作方式上，一些地方表面上建立了精准扶贫工作机制，但实际上还是缩小版的“大水漫灌”。三是投入力度还不够。政府扶贫投入力度与脱贫攻坚任务不相适应，财政扶持投入渠道分散，未形成合力。四是工作考核机制不健全。中央对省（区、市）的考核机制还没有建立，部分省（区、市）对贫困县党政领导班子和领导干部的经济社会发展实绩考核办法还不完善。

三、坚决打赢脱贫攻坚战的决策部署

（一）打好脱贫攻坚战决策形成过程。党的十八大以来，以习近平同志为总书记的党中央高度重视扶贫开发。据不完全统计，习近平总书记近几年在国内近30次考察调研中，15次涉及扶贫，其中有7次是把扶贫作为重点考察调研的内容，连续三年第一次国内考察都是到贫困地区。2015年，习近平总书记先后到云南、陕西、贵州等地调研扶贫工作，在延安、贵阳两次召开扶贫工作座谈会，先后主持中央财经领导小组会议、政治局常委会议、政治局会议研究扶贫开发工作，对打好脱贫攻坚提出了一系列新思想新要求，总书记反复强调：“全面建成小康社会，最艰巨最繁重的任务在农村、特别是在贫困地区。没有农村的小康，特别是没有贫困地区的小康，就没有全面建成小康社会”。他指出：“现在，距实现全面建成小康社会的第一个百年奋斗目标只有五六年了，但困难地区、困难群众还为数不少，必须时不我待地抓好扶贫开发工作，决不能让困难地区和困难群众掉队。”他多次要求：采取超常规的举措和过硬的办法，倒排工期，算好明细账，决不让一个少数民族、一个地区掉队。习近平总书记关于扶贫开发的战略思想，全面系统总结了中国特色扶贫开发道路的创新实践和主要经验，精辟阐述了扶贫开发在“四个全面”战略布局和“五位一体”总体布局中的重要地位和作用，是做好当前及今后一个时期扶贫开发工作的科学指南和根本遵循。

2014 年底，习近平总书记对全面建成小康社会冲刺阶段的扶贫开发工作做出了重要指示，明确了必须采取超常规措施，才能确保到 2020 年实现现行标准下的农村贫困人口脱贫、与全国人民一道迈入全面小康社会的目标。按照总书记的要求，从 2015 年 3 月份开始，在国务院扶贫开发领导小组领导下，中央农办、扶贫办会同有关部门，研究提出了下一步脱贫攻坚的工作任务、总体目标、政策举措等一系列建议，形成了向中央财经领导小组会议提交的扶贫开发工作汇报材料。7 月 20 日，习近平总书记主持召开中央财经领导小组第 10 次会议，专题听取扶贫开发工作汇报。习近平总书记发表了重要讲话，从打赢脱贫攻坚战的重大意义、坚持精准扶贫精准脱贫的基本方略、稳妥处理好几个重大关系、采取切实管用的重大举措等四个方面，对脱贫攻坚作了深刻阐述。按照中央财经领导小组会议的要求，从 2015 年 7 月起，在中央农村工作领导小组领导下，正式启动《中共中央国务院关于打赢脱贫攻坚战的决定》起草工作。中央农办、扶贫办牵头，组织 26 个部门组成文件起草组，在第一阶段汇报材料的基础上，进一步提出了脱贫攻坚的指导思想、基本原则和总体目标，论证完善和细化实化了重大政策举措，形成了《决定》（送审稿）。经过中央农村工作领导小组暨国务院扶贫开发领导小组会议讨论修改后，又经国务院常务会议、中央政治局常委会议、中央政治局会议审议通过，《决定》在中央扶贫开发工作会议后的 2015 年 11 月 29 日印发。

《决定》共有 8 大部分、33 个条目。第一部分是“增强打好脱贫攻坚战的使命感紧迫感”；第二部分是“打好脱贫攻坚战的总体要求”；第三部分是“实施精准扶贫方略，加快贫困人口精准脱贫”；第四部分是“加强贫困地区基础设施建设，加快破除发展瓶颈制约”；第五部分是“强化政策保障，健全脱贫攻坚支撑体系”；第六部分是“广泛动员全社会力量，合力推进脱贫攻坚”；第七部分是“大力营造良好氛围，为脱贫攻坚提供强大精神动力”；第八部分是“切实加强党的领导，为脱贫攻坚提供坚强政治保障”。

《决定》提出的主要举措，列入了党的十八届五中全会通过的《中共中央关于制定国民经济和社会发展第十三个五年规划的建议》。《建议》中明确提出了要“实施脱贫攻坚工程”。五中全会后，中央召开扶贫开发工作会议。习近平总书记、李克强总理发表重要讲话。会议全面贯彻落实党的十八届五中全会精神，分析了全面建成小康社会进入决胜阶段扶贫开发工作面临的形势和任务，对当前和今后一个时期脱贫攻坚工程做出全面部署，动员全党全社会力量，齐心协力打赢脱贫攻坚战。

（二）打好脱贫攻坚战的重大意义。农村贫困问题是我们全面建成小康社会面对的突出短板。打赢脱贫攻坚战事关第一个百年奋斗目标、全面建成小康社会的实现。小康不小康，关键看老乡，关键在贫困的老乡能不能脱贫。到 2020 年全面建成小康社会，如果还有不少人生活在贫困线以下，全面小康的成色就会受到影响，人民群众和国际社会也会质疑。打赢脱贫攻坚战事关人民福祉。关心关爱贫困群众，让全体人民安康富裕、生活幸福，是我们党义不容辞的责任。农村贫困人口脱贫，是当前最大的民生问题，脱贫攻坚战是最大的民心工程。打赢脱贫攻坚战事关党的执政基础和国家长治久安。解决全部农村贫困人口脱贫，将充分体现社会主义制度的优越性，坚定人民群众走中国特色社会主义道路的信心，党的群众基础和执政基础就能更加巩固。打赢脱贫攻坚战事关我国国际形象。我国扶贫开发取得的伟大成就，赢得了国际社会广泛赞誉。到 2020 年实现现行标准下贫困人口脱贫，就提前 10 年实现联合国 2030 年可持续发展议程提出的减贫目标，将有力地向世界彰显中国共产党领导和中国特色社会主义制度的优越性。

（三）脱贫攻坚的目标任务。2011 年开始实施的《中国农村扶贫开发纲要（2011—2020 年）》提出的目标是：“到 2020 年，稳定实现扶贫对象不愁吃、不愁穿，保障其义务教育、基本医疗和住房。贫困地区农民人均纯收入增长幅度高于全国平均水平，基本公共服务主要领域指标接近全国平均水平，扭转发展差距扩大趋势。”党的十八届五中全会根据全面建成小康社会的战略需要，在《纲要》提出的目标基础上，提出了更明确、更量化的要求，就是现行标准下农村贫困人口实现脱贫，贫困县全部摘帽，解决区域性整体贫困。这就明确了两大基本目标。

一是确保现行标准下农村贫困人口脱贫。从我国综合国力和近年来的扶贫实践来看，这一目标经过努力是完全可以达到的。2011 年以来的 5 年，共减少了 6663 万人，平均每年减贫 1300 万人以上。2015 年底农村还有 5575 万贫困人口，虽然减贫速度随着扶贫难度的增加可能逐年下降，但通过采取超常的、过硬的、管用的举措，确保到 2020 年时农村贫困人口中具有劳动能力的人都脱贫是完全可以做到的。到那时，初步测算，大概还剩下 2000 余万完全丧失或部分丧失劳动能力的人，这是属于贫困发生率在 3% 以下的那部分人口。《决定》明确要以社会政策，包括最低生活保障制度、“五保”政策等对他们实行全部兜底，确保他们的实际生活水平能够摆脱贫困状态。实现了这一目标，也就实现了扶贫开发新十年纲要提出的“两不愁、三保障”的要求。

二是关于贫困县全部摘帽和解决区域性整体贫困。经过几轮调整，原已明确的国家扶贫开发工作重点县共 592 个，加上新十年扶贫纲要中确定的 11 个连片特困地区和西藏、四省藏区以及新疆南疆四地州中的片区县 680 个，剔除其中重合的 440 个县后，目前共有重点县和片区县 832 个。通过多年扶持，一些贫困县发展较快，已具备退出贫困县行列的条件。今后几年，通过进一步加大扶持力度，完全可以使贫困县全部摘帽。3 月 22 日，中央全面深化改革领导小组第 22 次会议审议了《关于建立贫困退出机制的意见》，习近平总书记对此作了重要讲话。目前，这个《意见》正在按总书记的要求作进一步修改，将尽快发出组织实施。贫困县达标退出后，到 2020 年扶持政策保持不变。实现了贫困县全部摘帽的目标，也就达到了解决区域性整体贫困的基本要求。

（四）脱贫攻坚的重大举措。中央在打赢脱贫攻坚战的决定中，提出了多方面的政策举措，这里着重讲讲其中的四大举措。

1. 关于精准扶贫和精准脱贫。习近平总书记指出，要坚持精准扶贫、精准脱贫的基本方略。第一，扶贫对象要精准，解决好“扶持谁”

的问题；第二，扶贫主体要精准，解决好“谁来扶”的问题；第三，扶贫路径要精准，解决好“怎么扶”的问题。

首先要解决扶贫对象的精准识别问题。这关系到认定贫困的标准问题。我国实施扶贫开发战略以来，制定和调整过4次贫困标准，第一次是1986年的206元，并以此倒推到1978年的标准是100元。此后，依次调整的时间和标准分别为2001年的625元，2008年的1196元，2011年的2300元，并明确以不变价为基数的贫困标准，将根据物价指数的变动和其他相关因素，逐年调整以现价计算的年度贫困标准。需要说明的是，2001年把贫困标准调整为625元后，同时又制定了一个865元的“农村低收入标准”，并明确农村低收入人口也是扶贫对象。这两个标准运行到2007年底，按现价计分别是785元和1067元。2008年中央在起草十七届三中全会《决定》(《中共中央关于推进农村改革发展若干重大问题的决定》)时，决定把农村低收入标准作为农村贫困标准，取消了原来的贫困标准，这实际上就把2007年的贫困标准从785元提高到了1067元，提高了35.92%，农村的贫困人口也从按老标准测算的1479万人，扩大为按新标准计算后的4320万人，贫困发生率从原来的1.6%上升为4.6%。

现行的按2010年不变价2300元为基数的贫困标准，是2011年确定的。2011年11月中央召开扶贫开发工作会议，在综合考虑经济发展水平、贫困人口解决温饱并适度发展的要求以及政府财力等因素的基础上，新的贫困标准比2008年的标准提高了92.3%。根据2300元的新标准，2010年的贫困人口，从老标准下的（1274元）2688万人，扩大到了16567万人，贫困发生率从2.8%提高到了17.2%。2011—2015年，按现价计算的贫困标准分别为2536元、2625元、2736元、2800元、2855元，贫困人口数量分别降到12238万、9899万，8249万、7017万和5575万人；农村贫困发生率分别为12.7%、10.2%、8.5%、7.2%和5.7%。

统计数据与建档立卡数据的关系。目前，我国的农村贫困人口数据有两套，一是国家统计局的监测调查数据，二是国务院扶贫办的建档立卡数据。

从1997年起，国家统计局开始对我国农村贫困状况进行监测，在全国农村抽取约20万户作为样本，以抽样调查获得的数据，来测算全国农村贫困人口的规模及分布，并每年发布《农村贫困监测报告》，作为我国农村贫困人口状况的法定统计数据。贫困监测调查使用的是国际通行的抽样调查办法，数据相对客观，但局限性是样本数总体偏少，尤其是在贫困县，样本数量不足。全国832个扶贫工作重点县和连片县中，已开展抽样调查的县为749个，每县抽取的记账调查户约为100个。因此，这样的调查，只能检测全国贫困人口的总体情况，而不能检测每个县贫困人口的数量和分布，更不能将贫困人口落实到具体的人头上。从2013年起，国务院扶贫办按照精准扶贫方略的要求，以国家统计局发布的贫困人口规模为控制数，开始实施对全国农村贫困人口的建档立卡工作。2013年，建档立卡的农村贫困人口为8962万人。这比国家统计局公布的2013年全国农村贫困人口8249万人多出713万人，即多出8.64%。2014年底，全国农村建档立卡的贫困人口8862万人，只比上年减少100万人，比国家统计局公布的7017万多出了1845万人，即多出26.3%。怎么看待这两个数据的差距？

既有客观原因，也有主观原因。

客观原因是两个数据产生的方法不同。统计局的数据是根据每年的贫困标准通过抽样调查推测出来的。而在农村，由于不可能掌握每个人的实际收入数据，因此，确定贫困人口只能通过村里的民主评议、村乡县逐级审核和“两公示一公告”等程序来确定，登记的只能是每个村的相对贫困人口。因此，两个数据有一定的差距是可以理解的。

但这么大的数据差距也有主观原因，那就是工作质量问题。如2015年10月，国家审计署发布公告，广西马山县认定的扶贫对象中有3119人不符合扶贫建档立卡标准，其中343人属于财政供养人员，2454人购买了汽车2645辆，43人在县城购买商品房或自建住房，439人为个体工商户或经营公司。针对这一情况，自治区党委、政府下决心对农村贫困人口的状况进行一次彻查。从2015年10月到今年2月，历时3个多月，共派出各级干部25万人，投入财政经费3.2亿元，把2014年识别的538万农村贫困人口的情况全部重新进行了核查。结果检索出“疑似贫困户”约50万户，涉及人口62.5万人，其中31万人有车，3万人财政供养，8.8万人开办公司，18万人购置城镇房产。这些不符合扶贫建档立卡标准的户和人，经返回各县核查，并告知本人，由村里组织评议确认，对确认的户和人，由自治区扶贫办统一剔除。各地情况差别很大，不能一概而论，况且，既有不符合标准的人纳入了，也有符合标准的人没有纳入的。但广西的情况还是值得深思，不合标准的达62.5万人，相当于2015年底全区贫困人口的13.8%。通过建档立卡，把贫困人口落实到具体的户和人，这是实现精准扶贫、精准脱贫的重要手段，也是基层开展扶贫工作的基本依据，如何确保不出差错，建议大家都认真读一读《人民日报》3月25日第16版刊登的《广西识真贫》这篇记者调查，再探讨一下我们怎么办。

农村贫困人口的统计数据和建档立卡数据，这两套数据都是必不可少的，因为它们可以互为佐证、互为补充。为避免两套数据对贫困人口数量产生歧义，经部门协商和国务院同意，确定：一是区分两套数据的表述。即贫困监测调查数据表述为“贫困人口”，建档立卡的数据表述为“扶贫对象”。二是明确两套数据的使用。贫困监测调查数据反映贫困总体情况和扶贫总体成效，并每年向社会公布。建档立卡数据反映精准扶贫工作措施和成效，作为实现精准脱贫的工作依据。同时，两个部门也在努力完善各自的统计方法，以使统计的数据更为客观、准确，吻合程度更高。

扶贫对象识别准了，就要解决“谁来扶”和“怎么扶”的问题。根据各地总结的经验，这里最重要的是要解决好两大问题。一是扶贫对象的致贫原因与对其扶持的措施要紧密吻合；二是扶持者掌握的资源与其自身的能力和手段要能够有效匹配。习近平总书记提出，要按照贫困地区和贫困人口的不同情况，实施“五个一批”工程，即发展生产脱贫一批，易地搬迁脱贫一批，生态保护脱贫一批，加强教育脱贫一批，社会保障兜底一批。但总书记同时又指出，各地情况千差万别，不要形而上学都按“五个一批”去做，而要因地制宜，探索多渠道、多样化的精准扶贫、精准脱贫路径。每户、每村的致贫原因都是各不相同的，要精准就要有针对性，不能在哪里都是一个办法。不少地方往往对贫困户都搞每户一亩果、一个大棚，或是每户多少只羊、多少只兔子，等等。结果可想而知，必须因村施策、因户施策，一个村要有多种措施才能适应不同的贫困户，对一个贫困户在不同的阶段也要有不同的措施，那样才能真见实效。

现在，让各单位和有关的企业去“包村”的做法比较常见，单位、企业也确实派出专人或工作组在驻村搞帮扶，但不少效果不明显。原因何在？主要就是资源和能力不匹配。比如搞产业扶贫，这是最常见的。但单位、企业的性质不同，有的是有资金、没技术，有的是有技术也不适合当地，有的甚至两手攥空拳就去了。结果是人去了，钱也花了，没解决问题。因此，扶贫办要起一个大平台的作用。把当地贫困村、贫困户各不相同的致贫原因登记在案，把各方面派出的扶贫人员、资金、技能都登记在案，在这个基础上搞资源整合、供求匹配、精准对接，这样才能对症下药，实现精准扶贫。应当肯定，“包村”、“包户”是个好办法，可以加强责任心，便于监督检查。但也决不能一包了之，否则就会造成资源浪费、难见实效的结果。

十八届五中全会的《建议》中指出：“实施精准扶贫、精准脱贫，因人因地施策，提高扶贫实效。分类扶持贫困家庭，对有劳动能力的支持发展特色产业和转移就业，对‘一方水土养不起一方人’的实施扶贫搬迁，对生态特别重要和脆弱的实行生态保护扶贫，对丧失劳动能力的实施兜底性保障政策，对因病致贫的提供医疗救助保障。实行低保政策和扶贫政策衔接，对贫困人口应保尽保。”只有把这个要求真正做细做实，才能把中央提出发展特色产业、引导劳务输出、加强生态保护、加强教育脱贫、开展医疗保险和医疗救助、探索资产收益扶贫、健全留守儿童、留守妇女、留守老人和残疾人关爱服务体系等一系列政策措施，分门别类地落到每个贫困户身上，才能通过精准滴灌的方式见到实效。

2. 关于易地扶贫搬迁。经过调查研究，决定对“一方水土养不起一方人”的地方的贫困人口实施易地扶贫搬迁，力争“十三五”期间完成1000万贫困人口搬迁任务，到2020年，使搬迁对象生产生活条件明显改善，享有便利可及的基本公共服务，收入水平明显提升，迁出区生态环境有效改善，与全国人民一道进入小康社会。

“十二五”前四年，中央和地方各级财政投入约 802 亿元，累计搬迁贫困人口 733 万人。其中，国家发展改革委安排易地扶贫搬迁工程中央预算内投资，共搬迁贫困人口 302 万人；各省通过专门安排省级专项资金，统筹安排切块到省的巩固退耕还林、中央财政专项扶贫资金、特大型地质灾害防治等资金实施易地扶贫搬迁等，共搬迁贫困人口 431 万人。据目前初步测算，“十二五”最后一年加“十三五”期间，还有 1000 万农村贫困人口需要搬迁。

目前确定的搬迁对象主要为：居住在深山、石山、高寒、荒漠化、地方病多发等生存环境差、不具备基本发展条件，以及生态环境脆弱、限制或禁止开发地区的农村建档立卡贫困人口。采取集中与分散相结合的安置方式，集中安置主要包括行政村内就近集中安置、建设移民新村集中安置、依托小城镇或工业园区安置、依托乡村旅游区安置等。分散安置主要指到有条件的农村插花安置以及投亲靠友等。

建设标准是按照“保基本”的原则，中央补助的建档立卡贫困户人均住房建设面积不超过 25 平方米。适当提高搬迁补助标准，并实行差异化补助政策。中央预算内投资补助资金重点支持中西部地区，特别是向集中连片特困地区和国家扶贫开发重点县倾斜，主要用于搬迁对象住房建设。东部地区主要依靠自身财力解决，中央预算内投资予以适当补助。为保证工程顺利实施，中央还出台了相应的财政、投资、金融和土地政策。其中在土地政策方面，新增建设用地计划指标优先保障易地扶贫搬迁的需要，在分解下达城乡建设用地增减挂钩指标时，向搬迁任务重的省倾斜。在满足城镇化需要的基础上，允许 11 个集中连片特困地区和片区外重点县将部分城乡建设用地增减挂钩节余指标在省域范围内使用。目前，中央有关部门和各地正在制定完善易地扶贫搬迁规划和实施计划，各地正在进一步明确搬迁对象、确定省级投融资主体。

关于易地搬迁扶贫的原则都已经明确，但有两个大问题还需要在实践中探索和完善。一是真正搬迁的实际人口问题。因为到了真正搬迁的时候，有些村子可能需要整村搬迁，因此搬迁的总人口可能会超出事先的预计。二是搬迁不是目标，目的仍然是脱贫。因此搬迁之前就要有周密考虑，搬迁后的贫困人口到底靠什么脱贫。这个问题不解决好，就会引出新的甚至是更大的矛盾。

3. 关于低保兜底脱贫。经测算，到 2020 年大约还有 2000 余万农村贫困人口属于完全或部分丧失劳动能力的人。对这部分人，无法依靠产业扶持和就业帮助脱贫。中央确定，把这部分人口全部纳入农村最低生活保障范围，实行政策性保障兜底。

但由于目前农村扶贫与低保在政策衔接上还存在一些问题，因此这两项制度还未能在减贫进程中充分发挥“一加一大于二”的聚合效应。

从两项制度覆盖的人数看，2014 年底全国农村低保对象 5129 万人，贫困人口 7017 万人，据建档立卡的数据，重合覆盖的人口约 2600 万人。有 4417 万农村贫困人口不在享受低保政策范围之内，而也有 2529 万农村低保对象不在扶贫范围之内。形成这一状况的主要原因是两项制度的对象识别标准不同。

一是全国有统一的扶贫标准，各地据此都制定了地方扶贫标准，2014 年有 13 个省（市）高于国家标准，18 个省（区、市）采用国家标准。但全国没有统一的农村低保标准，各地的标准由各省（区、市）或者设区的市级人民政府按照当地农村居民生活必需的费用确定。从各地低保和国家扶贫标准的比较来看，有 20 个省份农村低保标准低于国家扶贫标准，最低的河南、广西、新疆，低保标准分别只有 1824 元、2029 元、2029 元；有 11 个省份农村低保标准高于国家扶贫标准，最高的北京、上海、天津，低保标准分别为 7588 元、7560 元、6154 元。

二是两项制度的识别对象有区别。低保对象主要是丧失或部分丧失劳动能力的人，以及少数因临时特殊情况陷入特殊困难的人员。

两项制度设计的初衷是扶贫开发促发展、农村低保保生存。但从我国当前减贫战略的需要来看，必须发挥两项制度衔接的综合作用。当前大多数地区农村低保标准低于扶贫标准的状况，使低保难以充分发挥兜底作用。因此，中央明确，按照逐步使扶贫和农村低保标准“两线合一”的思路，加大农村低保省级统筹力度，低保标准较低的地区要逐步达到国家扶贫标准（2014年底全国平均低保水平为2777元，但实际差距很大）。同时要求，尽快制定农村最低生活保障制度与扶贫开发政策有效衔接的实施方案。进一步加强农村低保申请家庭经济状况核查工作，将所有符合条件的贫困家庭纳入低保范围，做到应保尽保。需要说明的是，低保对象主要是全部或部分丧失劳动能力的人口，以及部分因为特殊原因一时生活无着的人，而有劳动能力的人应在政府和社会的扶持下努力靠自己的劳动摆脱贫困。低保制度不能成为一个养懒人的制度，因此，不能说到了2020年，还没能脱贫的人口就都纳入低保。需要强调的是，对于农村完全或部分丧失劳动能力、需要靠低保来兜底脱贫的人口到底有多少、具体都是谁，必须从现在开始就精准把握，不能到2020年把所有没脱贫的人都往低保范围内推。

还有一个问题在这里要提出来讨论。就是农村贫困标准和农村低保标准最迟到2020年要合一，这个标准到底应该是个什么水平？这里有三个具体问题要研究：一是随着社会进步，有些过去的非必需品也应当纳入贫困人口生活的必需品，这与“现有标准下贫困人口脱贫”是什么关系？二是贫困线与全国农民的人均可支配收入是什么关系，需不需要考虑这个问题？三是未来的贫困线就是低保线，定在什么水平合适？各省其实都在认真研究这些问题。2011年实行《新十年扶贫纲》要后，国家划出了全国统一的贫困线，但允许各省根据自身情况提高当地的贫困线。2014年全国有13个省区市定出了高于国家贫困线的当地贫困标准。2015年底，内蒙古和吉林取消了高于国家标准的当地标准，因此还有11个省区市实行高于国家标准的当地标准。就大多数省区市而言，到2020年之前，还要不要制定高于国家标准的当地标准？

4. 政治保障措施。打赢攻坚战，要有一整套的保障措施。中央打赢脱贫攻坚战的决定提出了一系列重大的保障措施，涉及财政投入、金融扶贫、用地政策、人才支持、领导责任制、基层党组织建设、考核督查问责、队伍建设、法治建设等多方面内容。这里重点谈谈政治保障措施问题。

发挥政治优势是我们过去取得扶贫开发巨大成就的基本经验，更是我们打赢脱贫攻坚战的坚强政治保障。这方面主要有三大举措。

一是强化脱贫攻坚领导责任制。中央要求把脱贫攻坚作为“十三五”期间的重大政治任务，严格执行脱贫攻坚一把手负责制，省市县乡村五级书记一起抓，明确提出实行中央统筹、省（区、市）负总责、市（地）县抓落实的工作机制。并对中央、省、市、县几级党委政府的职能进行了界定，党中央、国务院主要负责统筹制定扶贫开发大政方针，出台重大政策举措，规划重大工程项目。省（区、市）党委和政府对扶贫开发工作负总责，抓好目标确定、项目下达、资金投放、组织动员、监督考核等工作。市（地）党委和政府要做好上下衔接、域内协调、督促检查工作，把精力集中在贫困县如期摘帽上。县级党委和政府承担主体责任，书记和县长是第一责任人，做好进度安排、项目落地、资金使用、人力调配、推进实施等工作。同时要求，要层层签订脱贫攻坚责任书，扶贫开发任务重的省（自治区、直辖市）党政主要领导要向中央签署脱贫责任书，每年要向中央作扶贫脱贫进展情况的报告。在这次中央扶贫开发工作会议上，22 个扶贫任务较重的省、自治区、直辖市的党委书记、省市长（或主席）都向中央签署了责任书，承诺到 2020 年实现本区域贫困人口脱贫、贫困县全部摘帽。两办关于《省级党委和政府扶贫开发工作成效考核办法》的通知已经下发，最近还将下发关于建立贫困退出机制的意见。同时中央还要求改进县级干部选拔任用机制，统筹省（自治区、直辖市）内优秀干部，选好配强扶贫任务重的县党政主要领导，把扶贫开发工作实绩作为选拔使用干部的重要依据。脱贫攻坚期内贫困县县级领导班子要保持稳定，对表现优秀、符合条件的可以就地提级。加大选派优秀年轻干部特别是后备干部到贫困地区工作的力度。

二是实行最严格的扶贫考核督查问责。包括：抓紧出台中央对省（自治区、直辖市）党委和政府扶贫开发工作成效考核办法。建立年度扶贫开发工作逐级督查制度，选择重点部门、重点地区进行联合督查，对落实不力的部门和地区，国务院扶贫开发领导小组要向党中央、国务院报告并提出责任追究建议，对未完成年度减贫任务的省份要对党政主要领导进行约谈等。

三是关于法治保障。中央在打赢脱贫攻坚战的决定中明确要求“推进扶贫开发法治建设。完善扶贫开发法律法规，抓紧制定扶贫开发条例”。我国扶贫开发的实践为扶贫法治建设积累了丰富经验。进入新世纪以后两个为期十年的扶贫开发纲要和这次中央关于脱贫攻坚的决定，为制定扶贫开发条例奠定了重要的理论、实践和政策素材。近年来，先后有黑龙江、湖北、广东、广西、重庆、陕西、甘肃、内蒙古、贵州、云南、江苏、四川、青海等13个省（区、市）出台了扶贫开发工作条例。有关部门从2009年开始进行扶贫立法的前期准备工作。2012年上半年，起草完成了《中华人民共和国农村扶贫开发法（草案)》征求意见稿。目前，正在按照这次中央决定的要求，把扶贫立法工作由制定扶贫开发法调整为制定扶贫开发条例，并争取纳入2016年国务院立法计划。

关于农村集体产权制度改革的几个问题①

（2016年）

集体产权制度改革是一个既很复杂也很敏感的问题，同时概念很宽，“三权分置”等都属于集体产权制度改革的范畴。这里讲的是窄的概念，就是集体经营性资产的产权制度改革。

一、农村集体产权制度改革的范围

目前，全国有58.94万个村民委员会。据统计，2015年年底，有32.04万个村是没有集体经营性收入的，占全部村的54.3%，这部分村没什么集体经营性资产可改；集体经营性年收入不足10万元的村有18.7万个，占全部村的31.7%；集体经营性年收入在10万元以上的村有8.2万个，占比13.9%，其中，10万至50万元之间的有5.2万个，占比8.82%，50万—100万元的1.3万个，100万元以上的1.7万个，即50万元以上的村合在一起是3万个左右。现在已经推进集体产权制度改革的村接近5万个，不到10%。农业部已经布置一批试点，但是很多地方的农民和农村集体经济组织，特别是集体经营性收入较多的这部分村，已经在推进集体经济产权制度改革了。像北京、上海、珠三角、苏南等很多经济发达的地方，十年、二十年前就开始改了。推进这项改革首先要把握好哪些地方要搞，也就是要把握好重点。

① 本文为2016年9月12日在农村改革试验区干部培训班上的报告。

二、完善农村集体产权股份权能

党的十八届三中全会明确要推进集体产权制度改革，提出了“三组”“六项”农民应该获得的权利：第一，集体经营性资产，每一个成员都应当占有，都应当有收益。第二，把占有和收益的权利落到农户之后，要允许退出或者继承，而是否允许退出、继承，很多村产权制度改革章程的规定不一样：有的村很明确可以转让，但必须在本组织成员内才能转让，对外不行；有的可以继承，但也有村不让继承，因为该项权利是落到成员身上的，成员去世后，该项权利就应该均衡分配给其他权利人。第三，就是转让和抵押担保。对这三组六项权利，中央要求：第一是占有和收益权必须落到每一个成员头上；第二是退出和继承的权利要根据每个集体经济组织的集体意志，即按照民主通过的章程执行；第三是转让和抵押担保，要根据集体经济组织内部农民的意愿和当地金融机构的评价开展。目前关注较多的问题是农民持有的集体资产股份能不能对外转让？绝大多数地方在集体产权制度改革之后，都非常明确地提出不许对外转让，只能对内转让。个别地方提出可以对外转让，但又明确提出如果非本集体的成员持有了本集体的集体资产股份之后，只有收益权，没有表决权。现在一些城市近郊区和发达地区的农村，每一个村子里面外来居住人口越来越多。有的村外来人口甚至已经远远多于本村的户籍人口。这和农民要求抓紧推进集体产权制度改革有很大关系，因为农民担心再不改革自己的财产就让渡给他人了。我想，这种现象随着人口的流动，日后会越来越多。

日本的一些做法值得我们参考和借鉴。在日本，农协组织在农村是全覆盖的，所有的农民都加入了当地农协的组织，虽然土地是私有的，但是随着经济社会的发展变化，外来人口在农村中也在增加。城近郊区的村庄，出现了混居的情况，就是非成员也住进来了，但大多是有亲属关系的，比如娶进来的媳妇、招进来的女婿等。另外，日本农协有多重功能，但当地农村缺少相关专业人才，比如每一个农协都有一个信用社，搞金融是很专业的事情，而当地农村缺少相关专业人才，于是农协自己难以做好，因此就请人来负责，类似的还有一些农业技术、医疗保健方面的人才，这些人才引进后面临的问题在于这些非农协成员的人才能够享受怎样的权利。所以，日本农协很早就提出一个概念——组合员。农协有正组合员和准组合员之分，正组合员是本村的人，在村里有房有地，而准组合员往往是居住在这里，但没有地。在日本，农协的每个成员都可以利用农村合作组织的设施，通过农协加工厂卖东西赚钱，通过农协的果蔬批发赚钱，利用得越多，返还的利润就越多。正组合员有收益分配的权利和表决权，但准组合员可以利用农协的设施，但是没有分红返利和参加表决的权利。应当研究我国那些混居现象突出的村庄，在将来是否也可以采取把村民和集体组织成员适当区分的做法。

三、农村集体产权制度改革的基本任务

推进农村集体产权制度改革，主要分三步走。第一，必须清晰界定成员，这件事国家目前还没有统一规定，于是各地按照自己的办法来做，至少大家都没意见才能做得了。第二，必须对集体资产清产核资，只有这样才能按照确定的成员，把分红权利、表决权利落到每个成员身上，落到每个家庭。这两步大多数地方都已做到。第三，就是考虑怎么经营。这个问题分歧比较大：农民、村干部觉得搞完了之后就应该好好经营，但是一些专家学者会说把权利搞清楚后的下一步是考虑这些权利怎么运用，这实际上考虑的是退不退出、转不转让、抵不抵押、转让抵押可以给谁的问题。我想后一层面当然可以继续探讨，但是有一个前提，就是不能因此影响到农村集体经济组织的稳定，不能让它因此而瓦解。

四、农村集体产权制度改革的理论问题

第一，中国农村的集体经济组织是我国特有的一种组织。中国农村集体经济组织的基本特性是全部资产属于本集体农民集体所有，这

是基本含义。在推进产权制度改革中，有些专家学者力图把它解释成共有制经济组织。《物权法》里既有农村集体经济组织的法律阐释，也有关于共有制经济的法律解释。共有制经济和集体经济的最大不同在于，共有制经济在法律允许的特定情况下，可以对共有资产进行分割，分割为成员的私产。有人提出集体资产股份合作制改革改到最后要进行资产分割，基于这种考虑，才要把集体所有制经济解释为共有制经济。要明确的是，集体经济组织不是共有制经济，不能把集体所有的财产分割成成员的私人财产。

第二，从经济组织形态上讲，集体经济组织绝不是公司企业组织，它跟公司企业组织是完全不同的两类组织。这是集体经济组织自身的特殊性质决定的。集体经济组织是地域性组织，而且在一个特定的地域，因而一定是唯一的、排他的，张村就是张村，李村就是李村，它俩在地域上不会重合。所以这和公司企业有非常大的不同：公司企业组织都有生老病死，公司企业组织经营不善可以被清算倒闭破产；集体经济组织不存在这个问题，也不能让它有这样的问题，不能说集体经济组织破产后土地和资产都归其他组织，否则农民去往何处？统计资料显示我国在工商局登记的企业，存活期超过五年的不到 50%，存活期达到 20 年的不到 3%。如果集体经济组织因经营不利而清算破产，所有家当都归其他组织和个人，难以想象农民的境地如何。

理论上要清楚，不能以共有制和企业制度的理论来指导我们的农村集体产权制度改革。但也有很多地方在试验中提出，改制之后能否注册成公司企业？有的地方也在做，但如果按现行法律用集体经济组织的资产进行公司企业登记注册，资产过户费用就很多，而除了费用还面临很多制度问题。第一，有限责任公司发起人不超过 50 人，显然一个村的人数不止于此，虽然可将 50 人以外的村民视为隐性股东，但一旦出现问题股东权利就难以保证。第二，注册企业公司要求所有股东出资中物化资本不能超过 70%，30% 以上必须是货币资本，农民是否可以拿出这一比例的货币？第三，公司从注册成立之日起，所有资产必须转到公司名下，这在农村难以操作；再者，既然是公司就要进入市场跟其他公司企业有平等地位，承担相应的法律责任，也就免不了有赢有亏，免不了有破产的情况发生。若要成立公司企业这些问题都要通盘考虑。

农民对于改制以后的集体经济组织运行，最起码有两个要求：一是不能亏损，一旦亏损和资产缩水了，农民肯定会认为是经营者有猫腻；二是不能破产，不能让农民失去家园。所以，现在实行农村集体产权制度改革后的经营形式，跟20世纪80年代中期邓小平同志讲的乡镇企业异军突起时的情况完全不一样，现在很少有集体经济组织搞生产性企业去经营，因为搞生产经营免不了有亏损的风险，有风险对村民就讲不清楚。比较可靠的办法是搞物业经济、物流经济。物业经济就是盖房子，办公楼、写字楼、标准厂房，甚至给工业园区提供职工宿舍，搞房屋出租。物流经济就是建停车场、仓库，搞物流配送。这两项的好处在于：第一，房子门面出租与否、租金多少等欺骗不了农民；第二，即使租不出去、亏损，至少物业和场所不会灭失。所以大多数地方采取这种方式经营。至于有些地方改制之后就想把村集体经济组织注册成企业和公司，这个问题可以探索，但是根据现行的法律制度、现实的情况，一个村的集体经济组织，是对全村的集体资产实行管理的机构，自身未必一定要去从事经营活动，很多地方是由村里成立一个集体资产管理机构，再让下面的经营机构去注册企业，那些企业至少不拥有集体组织的土地等资源性资产的所有权，他们的生老病死、破产倒闭对全村影响不大。但是，这些企业的资产，归根到底都离不开集体的这块地。这块地是集体所有，而我们现在的法律规定的是土地所有权不能买卖。

现在确实应该研究到底什么是农村集体经济，还要不要发展集体经济，怎么才能发展集体经济？这个问题已经到了绕不过去的时候了。习近平总书记有很多关于农村集体经济问题的论述，比如总书记在中央全面深化改革领导小组审议农村集体产权制度改革方案时，有两句话讲得非常清楚。第一句是“前提必须是把集体的家当清产核资搞清楚，到底有多少，不能让少数人掌控，搞暗箱操作”，第二句是“在农村集体产权制度改革过程中要始终坚持两个不能，一是不能搞内部人控制，让少数人借机侵占广大农民成员的权益；二是不能让外来的资本大鳄借机侵吞农村集体的资产”。

习近平总书记对农村基本经营制度的论述，强调要以不变应万变。因为未来的土地经营权流转形式，可能五彩缤纷，什么样的形式都有。但以不变应万变是什么呢？就是“三权分置”。三权的权能讲清楚之后，就可以以不变应万变。因此总书记特别强调，要使得农村的基本经营制度充满着持久的制度活力。总书记还反复强调：“不管怎么改，不能把农村土地集体所有制改垮了，不能把农村耕地改少了，不能把粮食生产能力改弱了，不能把农民利益损害了，这是推进改革的底线。”

关于 20 世纪 90 年代中后期粮食流通体制改革[①]

（2016 年）

20 世纪 90 年代中后期，是我国粮食产需格局发生重大变化的重要阶段，党中央、国务院根据当时的粮食供求状况以及宏观经济变化的背景，先后在 1994 年、1996 年推出了两波粮食流通体制改革。总结那一阶段的粮改经验，对于当前正在深化的新的粮食流通体制改革，显然具有重要的参考和借鉴意义。

1993 年 11 月，我国粮食价格出现了异常波动。国务院于 12 月 25 日召开了粮食工作会议，各省区市政府主要负责人和党中央、国务院有关部门的负责同志出席了会议，朱镕基同志在会上作了重要讲话。这次讲话的核心内容，就是规定各地国有粮食企业，在向城镇居民销售粮食时，必须实行限价挂牌销售[②]。由此拉开了 20 世纪 90 年代中后期推进新一轮粮食流通体制改革的序幕。

一、背　景

1978 年底召开的党的十一届三中全会，拉开了农村改革的序幕，也拉开了粮食购销体制改革的序幕。自 1979 年夏粮上市开始，粮食收购就实行了减购、提价和加大超购加价的比例等新政策，取得了明显

① 本文为 2016 年 10 月 17 日在清华大学经济管理学院的专题讲座讲义。

② 朱镕基，《平抑粮油市场、稳定市场供应》，《朱镕基讲话实录（第一卷）》，人民出版社 2011 年版，第 432—445 页。

效果。1984年的粮食产量达到了8146亿斤，比1978年增长了33.6%，国家从农民手里收购来的粮食（包括公粮、统购、超购）超过了2200亿斤，比1978年增加了1倍还多，农民和市民皆大欢喜。但此后，由于购进的粮食不能顺价销售，价格倒挂严重，财政不堪重负，1985年开始取消统购、实行“合同定购”，将统购价的30%加上超购价的70%合并为“倒三七”的合同定购价，农民感到吃亏了，导致粮食产量4年减产和徘徊。于是连续几次提高粮食收购价，到1989年，粮食产量再次超过1984年。为保证国家掌握粮源，1990年又将“合同定购”改为“国家定购”，明确农民完成定购任务是应尽的义务。此后粮食产量进入一个基本稳定期，总产量在8700亿—8900亿斤之间。

这十几年的粮食购销体制改革，面临的一大突出问题，是城镇居民的收入水平不高（1990年城镇居民的人均可支配收入为1510元，农民人均纯收入为686元；城镇居民的恩格尔系数为54.24%，农民为58.80%），因此提高了对农民的粮食收购价却难以提高对市民的销价，于是不断增加的购销价格倒挂便成了持续增加的财政补贴。不难看出，在这一大矛盾背后，实际上存在着两组三角利益关系的博弈。一组是农民、市民和财政的利益关系；另一组是中央、地方和粮食企业的利益关系。粮改难，难就难在要处理好这两组三角利益关系实非易事。

1992年和1993年这两年，粮食产量都是增长的。1992年为8853亿斤，比上年增长1.7%；1993年更是首次登上9000亿斤台阶，达到了9130亿斤，比上年增长3.1%。那为什么1993年11月秋粮开始上市时会出现粮价暴涨？

那是因为1993年的经济生活中出现了三大新情况：

一是1992年秋，党的十四大明确提出了建立社会主义市场经济体制的改革目标，根据当时粮食的供求情况，中央决定1993年取消实行了40年的对城镇居民口粮定量供应的制度和粮票，实行放开粮油购销。

二是实行了改革以来的第二次工资改革，较大幅度地提高了城镇职工的工资。1994年城镇居民人均可支配收入比上年名义增加35.64%，实际提高11.03%。

三是居民消费价格指数出现改革以来的第二波大幅度上涨，达到了 14.7%（此前一波为 1988、1989 年，居民消费价格指数分别达到 18.8% 和 18.0%）。

这三件事情对粮食购销影响巨大。

对国有粮食系统而言，放开粮油购销后，正如朱镕基同志讲的，还没有拿出一个宏观调控办法能够稳定粮食价格。于是国有粮食企业就开始自行其是。有的看到粮价高了就不敢去收；有的认为反正价格高进高出，就敢高价收粮，也敢高价销粮；还有的认为，粮价涨上来了，库里存着原来收的低价粮，可以跟着卖高价赚上一笔。当然，更主要的原因，还在于经济高速增长下，一些沿海发达省份大幅度调减粮食生产，粮食市场放开后到主产区去高价抢购粮食，由此带动整个粮价不正常上涨。而国有粮食系统不仅没去平抑粮价，反而推波助澜。

对农民而言，粮价涨了当然高兴。但对市民而言，宣布了涨工资，但还没拿到手，粮价就涨了；而粮价一涨，其他商品和服务价格都跟着涨，当然很有怨言。实际上，中央本来决定 1993 年 10 月 1 日要按新的工资标准发放，但由于测算的人均每月增加 58 元有点超出预算，于是再重新测算，时间上就耽误了。同时，当时安排的是不仅工资要涨，而且汽柴油等生产资料价格、对农民的粮食收购价格都将适当提高。但这些价格的调整原来是安排在 1994 年夏粮上市之前进行。而 1993 年 11 月的粮食突然涨价，就把这些部署打乱了。

对整个经济而言，当时确实存在着过热的现象。对此，朱镕基同志已经看得很清楚。1993 年 7 月 28 日，他在人民银行全体干部大会上的讲话中说："去年基建投资总规模从 1 万亿元一下子跳到 2.2 万亿，今年上半年又增长了 69%。一年的时间，哪里有这么大的财力？显然是靠发票子。""基建投资的年度规模增长太猛，特别是在建规模增长过猛，生产资料价格必然上涨更猛。钢材的价格从去年初的 1600 多元 1 吨上涨到今年的 4000 多元 1 吨。通货膨胀率也急剧上升。这样得出一个综合判断，就是要防止经济过热。这样搞下去不行，基建的摊子不能再铺了。"①

① 朱镕基，《统一认识，勇于改革，做好金融工作》，《朱镕基讲话实录（第一卷）》，人民出版社 2011 年版，第 332 页。

所以，1993年11月开始的粮价暴涨，背后的总根源，是货币问题，是经济过热，是通货膨胀。

二、过　程

1993年12月25日的国务院粮食流通体制改革会议明确要求，各地国有粮食企业向市民销售粮食必须按限价挂牌销售。同时提出，第一，国有粮食系统要掌握粮源，要掌握70%—80%，其余20%—30%多渠道收购，不搞垄断；第二，要抓粮食加工和批发；第三，要实行政策性收储与商业性经营分开。粮食收购、加工、批发属政策性，粮食零售属商业性经营。这就拉开了新一轮的粮食流通体制改革的序幕。但此后的改革又可以分为前后两个阶段。

（一）第一阶段，是应对通货膨胀背景下的粮食流通体制改革。1993年底出现的粮价突然暴涨（有的地方一下子涨了二三角钱，即上涨了40%—50%），这显然不是供求原因，而是一段时间以来经济过热、通货膨胀所引发的结果。1990年的GDP只增长3.8%，但1991年一下子跳到增长9.2%，此后三年，即1992年、1993年、1994年分别增长14.2%、14.0%和13.1%。货币供应量的增长（M_0），在1991年到1994年的4年中，分别增长了26.5%、31.3%、37.3%和34.5%。由此带动1993、1994年的居民消费价格指数分别上涨了14.7%和24.1%。正是针对这样的情况，国务院在当年才规定各地国有粮食企业必须按限价挂牌销售粮食，以稳定粮价、稳定人心。这样做也具备条件。因为国有粮食企业此前收购的粮食价格并不高，按国家规定的限价销售并不会亏损。当时定了分两步限价：第一步，1994年元旦前限到之前的价格不许再涨的水平；第二步，到1994年春天再把价格控制在涨价前的水平。为此，1994年国家抛售了300亿斤专储粮以平抑粮价。粮价基本平抑后，国家宣布1994年夏粮上市的收购价格（定购）提高40%。但这还是赶不上1993年底的水平，因此1994粮食减产220多亿斤。于是1995年一方面增加进口粮食，一方面再次提高粮食收购价格，以调动农民种粮积极性。1995年粮食增产430多亿斤，比上年增长了4.8%，弥补了上年的亏欠。

在1995年12月7日的中央经济工作会议上，朱镕基同志说："控制物价涨幅的关键在于加强农业，但物价高涨的原因是基建规模过大和消费过度膨胀。"明确指出解决粮价过快上涨的问题，釜底抽薪的办法是必须抑制通货膨胀和经济过热；但燃眉之急是必须保护农民产粮的积极性，制定合理的粮食收购价格。他说："现在四种粮食的平均市价是9角2分一斤，而定购粮是5角2分，差4角钱。这就是'皇粮国税'也难收得上来。粮食明年没有较大幅度增产，物价就稳不住了，整个经济形势也难以稳定。"于是他提出1996年还要大幅度提高粮食定购价格，不仅要让农民能够弥补生产成本，而且要让农民能够增加收入，这样才能稳定农民、农业，才能打开工业品在农村的市场。同时他还强调，粮价提高后，要对城镇低收入者、大专院校学生、离退休干部职工、农村贫困缺粮人口进行补贴，以保障他们的基本生活。①

1996年再次提高粮食收购价格后，农民种粮积极性明显提高，当年粮食产量破天荒地首次突破1万亿斤，达到10091亿斤，比上年一举增加758亿斤，增长8.12%。这是一手抓宏观经济稳定，一手抓农民增产增收的结果。如果通胀抑制不住，粮价是管不住的；同样，如果对农民的粮食收购价跑不赢通胀上涨的速度，农民就没有种粮的积极性，粮食供不应求，那就更危险。

（二）第二阶段，是应对粮食供过于求背景下的粮食流通体制改革。1996年粮食产量创了历史最高纪录。而同时，经济增长率、货币供应量、居民消费价格指数也都在下降。GDP的增速，1996年降为10%，1997、1998年分别为9.3%和7.8%；货币供应量的增速，1996年降到25.3%，为1991年以来的最低，1997、1998年分别为17.3%和14.8%；居民消费价格指数，1996、1997年分别降为8.3%和2.8%，1998、1999年则分别都是负增长了（分别为上年的99.2%和98.6%）。经济明显降温了，1994到1996年间已经提上去的粮食收购价格却不敢轻易降下来。于是，新的宏观经济背景下的粮食收购价格就明显对

① 朱镕基，《在一九九五年中央经济工作会议上的总结讲话》，《朱镕基讲话实录（第二卷）》，人民出版社2011年版，第219—230页。

农民有利了，这就出现了1996到1999年连续4年的粮食大丰收。这4年中，除1997年粮食产量为9883亿斤之外，其余3年的产量都在10000亿斤以上，4年的平均产量达到了10097亿斤。连续4年的粮食产量都处于这样的高水平，当然就出现了供过于求的局面。这个局面，国务院之前已经预料到了。朱镕基同志在1997年1月13日的中央农村工作会议上就提出了这个问题："粮食多了怎么办？"但是，他说的粮食多，实际上比连续4年丰收后出现的供过于求问题更复杂，那就是国有粮食系统存在的弊端。①

1993年以后，粮食实际是存在两个市场：一个是国有粮食系统的购销市场；另一个是多渠道流通的集贸市场。朱镕基同志在1996年9月24日"金融改革与发展专题研究班"上讲话时就指出："国有粮食系统服务态度不好，质量低、价格高，老百姓都到集贸市场去买粮，于是国有粮食系统库存大增，表现出一种假象，好像中国粮食多了。关键要改善经营管理，改革吃大锅饭的机制，保证粮食质量，让老百姓愿意到国有粮食系统买粮。"②实际上还存在更严重的问题，就是有些地方的国有粮食部门与私商粮贩存在内外勾结，或是利用国家库存粮食到集贸市场去套利。这些问题，他在后来关于国有粮食企业改革时都讲到了。

当时面临的突出矛盾是两个：一个是担心粮价下跌，既挫伤农民积极性又影响农民收入；另一个是国有粮食系统费用太高，亏损不断增加，不改革不行。对前一个问题，朱镕基同志在1997年7月11日的全国粮食工作会议上说："我国人口的主体是农民，如果10亿农民的利益得不到保护，经济就不能发展，政权就不会巩固，社会就难以稳定。现在城市里亏损的国有企业的工人再困难，还是有饭吃，粮食是便宜的。如果搞得农民不种地，连饭都吃不上，那个时候国家会是个什么样子？"因此他主张在粮价下跌时要坚决保护农民利益。对后

① 朱镕基，《关于粮食购销工作的几个问题》，《朱镕基讲话实录（第二卷）》，人民出版社2011年版，第395—400页。

② 朱镕基，《关于粮食购销工作的几个问题》，《朱镕基讲话实录（第二卷）》，人民出版社2011年版，第421—430页。

一个问题，朱镕基同志强调必须改革。1996年10月14日他在大连讲话时指出:“国有粮店费用太高了。现在集市粮价下来了，不高于甚至低于国有粮店，而且它是新粮，质量好，国有粮店的服务也不行，销量大幅下降，亏损直线上升。国有粮店再不尽快深化改革、改善管理，就会影响到整个经济形势，已经到了非改不可、不改过不去的时候了。”①

此后的粮食流通体制改革，实际上是两线作战。一条线是坚决保护农民利益，另一条线是深化国有粮食体系改革。朱镕基同志在1997年12月11日的中央经济工作会议上讲:“我们现在粮食储备是历史最高的，资金负担压得我们受不了。说老实话，我们为粮食付出的代价太大了，但是不付出怎么办呢？将来没有粮食，万一发生灾荒，整个经济都要动摇啊。还是把它当成一个愉快的负担吧！当然，这个体制要改革。”②

现在人们谈起那个阶段的粮食流通体制改革，讲得多的是“三项政策、一项改革”。“三项政策”是指：第一，按保护价敞开收购农民余粮；第二，坚决实行粮食顺价销售；第三，粮食收购资金必须封闭运行。“一项改革”是搞好国有粮食收储企业自身改革。这“三项政策一项改革”是朱镕基同志在1998年6月3日召开的电视电话会上提出来的③。其实，按保护价敞开收购农民余粮的政策，在1997年7月11日的全国粮食工作会议上就已经明确，而关于顺价销售和资金封闭运行，他在此前的不同场合也多次提到过，这次是集中起来了。但此前他1996年10月14日在大连的讲话中④、1998年4月29日在全国粮食流通体制改革会议上，还都专门讲过国有粮食体系的改革要实行“四

① 朱镕基,《加快粮食购销体制改革》,《朱镕基讲话实录（第二卷）》，人民出版社2011年版，第333—340页。

② 朱镕基,《在一九九七年中央经济工作会议上的总结讲话》,《朱镕基讲话实录（第二卷）》，人民出版社2011年版，第497页。

③ 朱镕基,《把握粮食流通体制改革的重点》,《朱镕基讲话实录（第三卷）》，人民出版社2011年版，第51—58页。

④ 朱镕基,《加快粮食购销体制改革》,《朱镕基讲话实录（第二卷）》，人民出版社2011年版，第333—340页。

个分开，一个并轨”（后来改为“一个完善”）。“四个分开”是指：第一，政企分开；第二，经营和储备分开；第三，中央与地方分开；第四，新老挂账分开。“一个并轨”是指完善价格机制，实行定购粮价和市场粮价并轨。

之所以要特别提出朱镕基同志曾多次讲过“四个分开”和“三项政策”这两组概念，是因为在我看来，“四个分开”讲的是体制改革，而“三项政策”讲的运行机制。没有体制创新在前，就难有运行机制的跟进。所以把那时的改革说成只是“三项政策”是不完整的。

朱镕基同志在1998年4月9日的全国粮改工作会议上讲：现在的问题是粮食企业亏损在银行挂账严重，国家付出代价太大，不堪重负。到今年3月底，粮食收购贷款5431亿元，粮食库存值只有3291亿元，亏损挂账加挤占挪用共2140亿元。如果这2000多亿元真是给了农民，那倒是件好事。但实际不是这样，而是有相当大部分被浪费掉了。之所以付出这么大的不必要的代价，归根到底是个体制问题。这个体制的根子在于：中央拿资金，地方管企业，敞开花钱，吃“大锅饭”。这个体制再也搞不下去了。他分析这么大亏损的原因，一是降价销售，亏掉了。不执行敞开收购，农民只能将粮食低价卖给私商粮贩，他们成本低，国有粮企竞争不过，就降价销售，反正亏本是国家的。二是人多吃掉了。国有粮企410万人，在岗310万，离退休100万。但在岗的只有150万人搞粮食，160万人在搞附营业务，亏损都算在粮食里。三是挤占挪用930亿元，向非粮食收储企业放贷、给粮食收储企业附营业务放贷、贷了款去炒股炒期货、粮食企业给自己职工个人放贷，下岗职工搞“带粮分离”[①]等等。发展到这个地步，体制不改革行吗？

但老实说，要做到“四个分开”谈何容易啊！实际上到现在也没能分得开。为什么？就是中央、地方、企业之间的利益关系理不顺。但分不开，“三项政策”的运行机制就难以落实。应该讲，“三项政策”的设计是非常精巧和严密的，真要落实了，确实可以做到滴水不漏。但问题在于“四分开”的体制没有实现，“三项政策”就难以落实。

① 朱镕基，《加快粮食购销体制改革》，《朱镕基讲话实录（第二卷）》，人民出版社2011年版，第333—340页。

《国务院关于进一步深化粮食流通体制改革的决定》下发后，不少地方的粮食系统抵触情绪很大。朱镕基同志在1998年6月3日的电视电话会上讲，这次粮食流通体制改革，如果不换一批人，不撤一批人，不抓一批人，是很难取得成功的。不称职的就要换掉，问题严重的就要撤职，触犯刑律的就要抓起来，否则粮食流通体制改革搞不好。[①] 但实际上，真要做到这些，在当时都很难。

有些粮食收储企业觉得，“三项政策”断了他的生计，于是不执行敞开收购和顺价销售，任粮源流失，任粮价下降；别的企业觉得你不执行我执行，那就吃亏了，于是跟着学；更有甚者，与私商粮贩内外勾结牟利。“三项政策”是环环相扣的，不执行敞开收购，粮源流失，就不可能做到顺价销售；购入的粮食不能顺价销售，必然增加亏损挂账，资金封闭运行也就成了空话。而地方觉得，粮食安全是国家的事，粮食收储企业又是中央管的，因此他也不去管。最后的实际结果是，有三分之一的粮食没能按保护价敞开收购，事实上形成了两个市场、两种价格，这就从整体上破坏了“三项政策”的落实。

在这个过程中，粮食流通体制改革的政策还做了一些调整。如东北的春小麦、南方的早籼稻逐步退出了按保护价敞开收购，东北的玉米保护价也有所降低。同时，还强调加快调整农业生产结构，加快发展养殖业转化粮食，鼓励南方粮食销区在国家粮食充裕时降低自给水平，多购主产区粮食等，都收到了一定效果。

但由于持续4年的粮食供过于求，国有粮食收储企业的库容居高不下，市场粮价持续低迷，农民种粮积极性下降，导致粮食持续减产。好在前期库存粮食充裕，并未出现明显的供求矛盾。

三、启　示

2004年，中央推出了降低农业税直至最终取消农业税，对市场紧缺的粮食品种在主产区实行最低价收购制度，对种粮农民实行直接

① 朱镕基，《把握粮食流通体制改革的重点》，《朱镕基讲话实录（第三卷）》，人民出版社2011年版，第51—58页。

的生产补贴这三大政策，极大调动了农民种粮积极性。从2004年到2015年，我国粮食产量连续12年增产，为支撑经济增长，保持社会稳定起到了“压舱石”的作用。但由于政府制定的“最低收购价”自2008年后持续上调，在有些地方甚至出现了“最低价”高于市场价的现象，导致国家粮食仓容爆满。针对这一情况，中央决定自今年起，对东北三省和内蒙古自治区的玉米收购实行“市场定价、价补分离”的改革措施，目前，改革正在推进。认真总结20世纪90年代中后期粮食流通体制改革的经验，显然可以为正在推进的粮改提供有益的借鉴。回顾20世纪90年代中后期的粮改，至少有以下启示可以汲取。

1．始终从经济社会改革发展稳定的全局来把握粮食问题，高度重视粮食问题在我国经济社会发展全局中不可替代的特殊重要性。

2．始终从我国的特殊国情出发高度重视“三农”问题，尤其注重切实保护农民的合法利益，对农民怀有深切感情，期盼农民能更快富裕起来。

3．粮食的价格波动，不见得都是供求问题，有可能是货币问题。避免经济过热、抑制通货膨胀是维护市场价格稳定的根本，这不仅适用于粮食。

4．体制是机制的内核，体制的状况决定机制的运行。唯有深化体制的改革，才能生成理想的机制并良性运行。

当前，我们又面临新一轮艰难的粮食价格形成机制、补贴政策和收储制度的改革，这些都是应当记取的宝贵启示。

我国农村改革的历程①

（2016年）

38年来，我国的农村改革波澜壮阔，涉及的领域非常广泛，内容丰富多彩。农村改革可以概括为以下五个方面。

一、农民与土地的关系

这主要指农村集体土地的经营制度改革。农村集体土地经营制度改革的重要性，从2016年4月25日习近平总书记在安徽凤阳县小岗村农村改革座谈会上的讲话里可以看得很清楚。习近平同志讲了这么两句话："我国农村改革是从调整农民和土地的关系开启的。新形势下深化农村改革，主线仍然是处理好农民与土地的关系。"所以，农村集体土地经营制度的改革，在整个农村改革中具有基础性地位，它始终是农村改革中的一条主线。

"四人帮"粉碎后，党内的政治空气开始发生转变，有些政策也略微有所松动，一些地方的农民就开始自发地搞起了各种联系产量的生产责任制，如安徽省、四川省、贵州省等都是比较早出现这种情况的地方。1978年夏天安徽大旱，旱到庄稼都种不上。于是有些地方的干部群众就想，既然集体种不上，那么能不能把土地借给农民，让农民去种点菜度荒呢。安徽的肥西县就把一部分土地借给了农民自己去种，结果借到农民手里就种上了，因为农民自己种的收成归自己，于是大

① 本文系2016年10月在中央党史研究室所作专题讲座的记录稿，原载于《百年潮》2017年第1、2期。

家就去河沟里面、井里面挑水来点种。所以现在要讲谁是最早搞的包产到户，还真说不清楚到底是哪个村，因为在1978年夏秋之际，这个情况已经在相当一部分地方出现了。

但为什么小岗村后来就成了农村改革的典型？因为小岗村的做法跟当时多数地方搞的包产到户不一样，它叫大包干，用农民的话讲就是“大包干、大包干，直来直去不拐弯儿，交够国家的，留足集体的，剩下都是自己的。”它和包产到户有着非常大的区别。从经营体制的角度去讲，如果一直是搞包产到户，那么人民公社三级所有、队为基础的经营制度可能就没那么快被废除。包产到户虽然也是农户承包集体的土地，但是队里规定了每亩耕地的产出是多少，比如说规定一亩地要产粮食800斤，你包了十亩地，到秋后你就应该产出8000斤粮，这8000斤粮食必须交给集体，由集体去交公粮，队里根据你交的粮食数量给你记多少工分，最后再给你分钱、分口粮。如果你打了10000斤粮，超产了2000斤，一般承包合同中都有规定，这2000斤粮在集体和农户之间怎么分成，有五五开的、有三七开的、有四六开的，这是对承包户的超产奖励，这种做法叫包产到户，后来比较规范的政策语言就是家庭联产承包责任制。这样，包产到户后，经济核算的单位还是在生产队，还是要由队里来统一分配，只不过这个办法避免了人们在劳动过程中吃“大锅饭”，以调动农民积极性，起到了增产增收的作用。但是包产到户并不改变人民公社三级所有、队为基础的统一经营体制。

小岗村的大包干就完全不一样了，交够国家的，留足集体的，剩下都是农户自己的，就是说生产队把这十亩地包给你，你产多少、产什么，生产队都不管了，生产队就告诉你每亩地有200斤公粮，你包了十亩地就有2000斤公粮，你自己把它交到国家粮库去，就算完成交够国家的任务了；生产队要向承包户收取公积金、公益金、共同管理费，这叫提留，一亩地要交多少粮或者折成钱交给集体，就完成了生产队要收取的提留，剩下的就都是你自己的了。你自己产的粮食吃得完你就吃，吃不完你可以卖，卖的钱归你自己。包产到户与包干到户这两种形式是有明显差别的，也只有在普及了包干到户这个形式后，人民公社三级所有、队为基础的统一经营体制才被证明已经没有再存在的必要了。包干到户后，农业的积累、对土地的投入等功能都转移到农户去了，所以在包干到户情况下，农户才真正成为了一个相对独立的经营主体。而在包产到户情况下，农户仍然不是相对独立的经营主体，它是生产队在劳动过程中对农户的责任所实行的内部承包制度，产量都归集体，然后再由集体来进行经济核算和分配。后来的农村改革之所以特别强调小岗村，就在于它搞的是包干到户，不是包产到户。

对包产到户和包干到户当时都有过关于姓社姓资的争论，而且争论是非常激烈甚至是尖锐的，中央为此也开了多次重要的座谈会。杜润生曾讲到过这段历程：1980 年 9 月那次中央召开的省、区、市委第一书记座谈会甚至吵到几乎开不下去，有很多书记当时都拍案而起大声问，社会主义道路能这样走吗？后来他请示万里同志后换了一个话题，即先讨论农民吃饱肚子的问题怎么解决，而不直接讨论双包到户的性质问题。并提出在一部分贫困落后的山区，如四川盆地周围的盆周山区，那里都是丘陵和山地，耕地很少，很多生产队打下的粮，实际连自己都不够吃。但是当初有公粮、有征购，任务必须完成，所以先要把公粮和征购任务交上去，到了不够吃时再吃返销粮。等县里批给你返销粮指标后，生产队组织社员到粮站把返销粮挑回来。由于路途很远，四川同志就反映交公粮路上要很长时间，把返销粮挑回来路上又要很长时间，背着的粮食 1/3 都在路上吃掉了。所以杜润生就说，像这样的情况，不让他们交公粮了，也不再给返销粮了，这样两清，农民自己把自己养活，把肚子吃饱，这样的地方搞包产到户行不行？对此很多参加会议的省部级领导同志说，这好像也是可以的。后来，根据这次座谈会纪要形成的 1980 年中共中央 75 号文件就说了这样的话：在那些生产靠贷款、吃粮靠返销、生活靠救济的偏远山区，根据群众的意愿，可以包产到户，也可以包干到户，但其他地方不要搞包产到户。话是这么反着说的，意思是极端贫困的地方可以搞双包到户，但大多数地方不要搞。话虽然反着说，但是基层干部、农民群众会正着听，反正没有说一律不让搞，于是双包到户就慢慢地逐步扩大了。最开头的这条缝就是这么撬开的。

农村改革初期，一方面有多种形式的责任制在发展，另一方面又有对双包到户到底姓社姓资的争论，而75号文件的精神，则主要是提倡发展专业承包或联产到组，并不提倡双包到户。以后有两三年的时间，在实践上允许有不同的做法，在理论上允许有不同的观点。但到了1982年年底，以小岗村为代表的大包干，即包干到户的形式就基本上在全国大部分农村推开了。回过头去看，党的十一届三中全会原则通过、十一届四中全会正式通过的《中共中央关于加快农业发展若干问题的决定（草案）》，明确提出“可以按定额记工分，可以按时记工分加评议，也可以在生产队统一核算和分配的前提下，包工到作业组，联系产量计算劳动报酬，实行超产奖励。不许分田单干。除某些副业生产的特殊需要和边远山区、交通不便的单家独户外，也不要搞包产到户。”这就是农村改革初期著名的“可以、可以、也可以”的政策，但同时也明确了“不许、也不要”的底线，因为这个决定仍然强调“人民公社要继续稳定地实行三级所有、队为基础的制度”。1979年春，中共中央转发了国家农委关于农村工作问题座谈会的纪要，这个文件对包产到户是这样评价的：“它失去了集体劳动和统一经营的好处，即使还承认集体对生产资料的所有权，承认集体统一核算和分配的必要性，但在否定统一经营这一点上，本质上和分田单干没有多少差别，所以是一种倒退。”并要求“搞了包产到户、分田单干的地方，要积极引导农民重新组织起来。”可见这个弯子要转过来是很难的。在1982年的中央第一个指导农村改革的1号文件中，首先指出，目前全国90%以上的生产队建立了不同形式的农业生产责任制；大规模的变动已经过去，现在已经转入总结、完善、稳定阶段。虽然在文件中明确“各种生产责任制，包括小段包工定额计酬、专业承包联产计酬，联产到劳，包产到户、到组，等等，都是社会主义集体经济的生产责任制”，但还是不难看出仍在淡化包产到户、不提包干到户。

到了1983年的第二个中央1号文件，才非常明确提出联产承包制采取了统一经营与分散经营相结合的原则，使集体优越性和个人积极性同时得到发挥，肯定了这是在党的领导下我国农民的伟大创造，是马克思主义农业合作化理论在我国实践中的新发展。把以家庭联产承包为主的责任制提到这个高度，同时又明确要求，对人民公社体制要从实行联产承包责任制和政社分设这两方面进行改革，这是1983年中央1号文件的一大贡献。到了1984年中央第三个指导农村改革的1号文件时，不仅明确了要帮助农民在家庭经营基础上扩大经营规模、提高经济效益，而且提出了要延长耕地承包期，明确耕地的承包期一般应在15年以上，于是就有了15年不变的大政策。这个文件对家庭承包经营的制度化起到了重要作用。1991年底，针对当时社会上一度出现的对家庭承包经营的疑虑，党的十三届八中全会作出了关于进一步加强农业和农村工作的决定，肯定了党的十一届三中全会以来农村改革发展的方向与基本政策是正确的，明确提出要把以家庭联产承包为主的责任制、统分结合的双层经营体制，作为我国乡村集体组织的一项基本制度长期稳定下来，并不断完善。这就使得广大农民吃上了长效定心丸。

后来一步步往前深入，到了1993年的秋天，中央农村工作会议审议通过了1993年的中央11号文件。这个文件考虑到最早搞耕地承包的地方从70年代末就开始了，离1984年定的承包期15年不变的期限快满了，因此必须给农民有个说法。所以文件提出，在第一轮承包期满之后，再延长30年不变，这样合起来就是45年时间。在讨论这个文件的过程中，大家的关注点主要在承包期能不能更长一些，能不能跟城里住宅建设用地的使用期一样是70年？或者和工业用地的使用期一样是50年，行不行？1994年贵州省自己就定了一个章程，规定耕地承包期50年不变。可见，到了20世纪90年代初，各地都比较倾向于农户经营的土地要有更长的承包期，都按照中央的政策，在第一轮承包期满后，再延长30年。

到了1998年，中央召开十五届三中全会。因为1998年是农村改革整20周年，中央认为有必要认真总结农村改革的经验，在理论上提炼，在政策上进一步完善。所以1998年的十五届三中全会主题是农村改革，通过了中共中央关于农业和农村工作若干重大问题的决定。这个决定把农村土地承包制的政策又向前推进了一大步。一是明确要求抓紧制定确保农村土地承包关系长期稳定的法律法规，赋予农民长期而有保障的土地使用权。全国人大常委会就根据决定中的这个要求，在1999年年初成立了农村土地承包法起草小组，形成了后来施行的《农村土地承包法》。二是修改了农村基本经营制度的政策表述。在十五届三中全会之前，农村基本经营制度被称作以家庭联产承包为主的责任制、统分结合的双层经营体制。但实际上1983年以后全国农村绝大多数地方实行的都是包干到户的形式，而包干到户这个形式是不联系产量的，但为了政策的稳定，很长时间都没有对这个表述进行修改。1998年的十五届三中全会提出了这个问题，经过反复讨论研究，中央同意在这个决定中把它改为以家庭承包经营为基础、统分结合的双层经营体制。第二年全国人大在宪法修订案中也按照新的表述改了过来。正是十五届三中全会的决定，才催生了《农村土地承包法》。农村土地承包法的起草，从1999年初开始，一直到2002年8月底才经全国人大常委会审议通过，2003年3月1日施行。这是一个重要的里程碑，从此农民的土地承包经营权就有了国家法律的保障。

我国的土地问题非常复杂。农民的土地承包经营权到底是个什么性质的权利，农村土地承包法实际上是要解决这个问题，但难度很大。在此之前，对农村土地承包制的解释，只讲它是集体经济组织内部的承包关系，而回避了土地承包经营权到底是农民的财产权、还是农民从集体那里租赁来的经营权，因此，就一直使用农村土地承包经营权这个概念，不用土地使用权这个概念。因为那时约定俗成的概念是，土地使用权是专门用在建设用地上的。十五届三中全会提出赋予农民长期而有保障的土地使用权，把这个问题点了出来。到底能不能把使用权的概念用在农民的承包地上？那时全国人大常委会法工委与文件起草组有过沟通和探讨，但最后全会的决定中还是用了赋予农民长期而有保障的土地使用权的提法。这样，在2002年审议通过的《农村土地承包法》总则第1条中，就直接引用了这句话，但在以下的各条款中，仍然都使用土地承包经营权的概念。

为什么这么复杂？就是因为这涉及对农民承包土地的定性问题，以法律语言来说，就是它到底是物权、还是债权？起草《农村土地承包法》时，国家还没有制定《物权法》，社会对物权、债权的概念还不太熟悉，但对起草农村土地承包法来说，这却是个绕不过去的基本问题。现在看，《农村土地承包法》中虽然没有出现“物权”这个概念，但实际上是把农民的土地承包经营权作为物权（用益物权）来看待的。在《农村土地承包法》里，明确规定了承包对象、承包期限、承包的原则和程序，以及发包和承包双方的权利和义务，特别是明确规定，承包期内发包方不得收回承包地、不得调整承包地。这样，农民的土地承包经营权就是由国家法律赋予的财产权利，而不是由发包和承包双方在自愿基础上订立的租赁合同关系。这件事的意义非同小可。因为农村实行土地家庭承包以后，就不断有这样的现象：有些村集体组织以各种原因，当然主要还是少数人以权谋私，以各种方式去收回、调整农民的承包地，这就使农民老是觉得自己的承包地处在一种不稳定的状态之中。在起草农村土地承包法的过程中，大家都意识到要真正稳定农村土地承包关系，关键是要明确土地承包权到底是物权还是债权。用国家的法律来规定农村土地承包制中的一系列关键问题，如明确：国家实行农村土地承包经营制度，家庭承包的承包方是本集体经济组织的农户，耕地承包的期限为 30 年（按合同法的规定，租赁的时间最长为 20 年），承包期内发包方不得收回、调整承包地等。由于有这些规定，从法理上看，农民的土地承包经营权当然就是物权，是用益物权。因为农村集体的土地是属于本集体成员集体所有的，所以不存在成员向自己的组织租赁土地的问题。农民的土地承包经营权不是通过租赁的方式获得的，而是通过农民作为集体成员的身份依法获得的。明确这一条非常重要，因为到了这个时候，在理论上、法律上才明确了土地承包经营权就是农民的财产权利，当然它是用益物权。但当时还没有《物权法》，因此在《农村土地承包法》中也没有使用“物权”这个概念。后来制定的《物权法》就明确规定农村土地承包经营权是农民的用益物权了。《农村土地承包法》出台后，总体上各地都意识到不能再去调整、更不能去收回农民的承包地了，农民自己也增强了依法维权的意识，这些都对稳定农村土地承包关系、稳定农村基本经营制度起到了很大的作用。

到 2008 年，中央召开十七届三中全会，这时正是农村改革 30 周年，于是中央确定十七届三中全会的主题是推进农村改革发展。十七届三中全会通过的决定是《中共中央关于推进农村改革发展若干重大问题的决定》，在这个决定里对稳定农村土地承包关系又提出了一个新概念：农村土地承包关系要保持稳定并长久不变。这是第一次提出长久不变。但“长久不变”在政策、法律上到底怎么表述，一直是制定政策和法律的同志在研究的一个重大问题，现在还在研究之中。开始时，在文件起草中叫“永久不变”。但后来在讨论中感到“永久”很难用政策或法律语言去表述，而且在哲学上也不太好讲，后来再三斟酌并向中央请示，是不是用“长久不变”的概念，中央同意了。总的目的，就是要让农民感到这是一个长效定心丸，这才定下来叫“长久不变”。

2012年党的十八大报告、2013年党的十八届三中全会决定，都再次提到了“长久不变”。十八届三中全会后，根据中央全面深化改革领导小组的安排，中央农村工作领导小组办公室和农业部共同牵头研究如何在政策上表述“长久不变”，全国人大农业和农村委员会也在研究如何修订《农村土地承包法》中的相关表述。现在形成的基本共识是，要给农民更长的土地承包期，但也不能说是没有期限，没有期限可能会让人误解为私有制。所以现在理论界、法学界比较认可的意见是能不能提出承包期延长到70年。但还有一个重要问题，即70年从哪天算起。现在有两种意见，一种意见是土地确权登记搞完后，从颁发新的承包经营权证这天算起；还有一种意见认为法律要有严肃性，《土地承包法》《物权法》《土地管理法》中都讲到土地承包期是30年，现在30年的期限还没到，就又改成了70年，显得不严肃，所以认为还是等30年期满之后再宣布延长70年。但如按后一种意见，等30年期满时（大概还有8到10年，各地情况有所差别），一部分地方、一部分农民会不会提出还要再搞一次确权登记，因为那时的农村人地关系有可能又会有很多变化。这几方面的意见仍在研究之中。这是关于农村土地中的一个问题，就是稳定农民的土地承包经营权。

农村土地中的另一个问题是关于土地承包经营权的流转。实际上第一次提出这个问题是在1984年的中央1号文件中。那个文件提出土地承包期再延长 15 年，同时还提出鼓励农村土地向种田能手集中，并且要对放弃土地承包经营权的农民给予适当的补偿。可见，中央在提出延长土地承包期时就已经考虑到一定会有流转的问题发生。农村土地流转在相当长的时间内是自发进行的，后来经过梳理，在制定农村土地承包法时，把土地承包经营权的流转概括成四种形式：第一种叫转包。转包过来的地是有义务的，交多少公粮、给集体交多少提留、剩下的才是转入者自己的。转包方如果把这五亩地转给 A，那么土地上的义务就要由 A 代转包方完成，这种方式叫转包。第二种叫出租。出租就是讲好地租价格是多少，我把土地交给你种，你把地租交给我，我收到的地租里面就含有我要承担的义务，交公粮、交提留，都还是由我自己来完成，这叫出租。第三种叫互换。因为承包土地时各家的人口不一样、土地的肥瘦不一样，分配承包地时就出现了插花的现象，为了方便，各农户之间可以自己协商互换，得到村里同意后，承包的地块就调整过来了。第四种叫转让。转让就是我自己不要这个承包权了，我愿意把这个承包权转让给村里的某一个人，我的权利就转给他了。这四种形式在土地承包法中都定义为流转。“流转”其实并不是规范的法律和政策用语，因为好多形式都可以叫流转，容易引起歧义，所以，《农村土地承包法》就把这四种情况都点出来了，并且在关于土地承包经营权流转的相关文件中作出了比较明确的规定。转包和出租不限对象，只要他愿意种你的地、有能力种你的地，本集体的人也好，外面的人也好，都可以转包。但是互换和转让必须是在本集体成员之间进行，不能把本集体的土地换到别的村组去。这样就对土地的流转有了比较明确的规范，强调的是要依法、自愿、有偿。在 2013 年 12 月中央召开的农村工作会议上习近平总书记作了重要讲话，在那个讲话中，他首次提出了一个概念，叫作对农村土地实行“三权分置”并行的制度。农村土地的集体所有权是清晰的、是稳定的、是不能改变的，这是一个权；第二个就是农户的承包经营权，承包权属于本集体经济组织的农户，这一条也不能变；但是经营权是可以流转的。以前我国农村改革最重要的理论支撑是两权分离，所有权和承包经营权分离，到党的十八届三中全会之后又明确提出三权分置并行。总书记讲得非常清楚，农村土地集体所有制不能改变，要长期坚持，只有本集体的农民才享有承包本集体土地的权利，任何其他组织和个人都不能替代农民享有这个权利，本集体的农民是承包本集体土地的法定主体。《农村土地承包法》里有一条：实行家庭承包的承包方是本集体经济组织的农户。因此土地流转只能是经营权的流转，不包括承包权和所有权。习近平总书记 2016 年 4 月 25 日在小岗村的讲话中说：我们要顺应农民保留土地承包权、流转土地经营权的意愿，把农民土地承包经营权分为承包权和经营权，实现承包权和经营权分置并行，并说，这是我国农村改革又一次重大制度创新。在此之前，土地流转的情况在发达地区早就已存在了，农民称之为清晰所有权、稳定承包权、搞活经营权，这个说法和做法在 80 年代末、90 年代初的长三角、珠三角等比较发达的地区就已经非常普遍了。但是那时候没有规范的政策、没有规范的表述，尤其是没有讲清楚承包权与经营权的关系，容易引发矛盾和纠纷。农业部统计现在整个农村承包集体土地的农户是 2.3 亿户，到 2015 年底，已经全部或部分流转出土地经营权的农户大概是 6800 万户，约占到全部承包农户的近 30%，流转经营权的土地面积大约是 4.3 亿亩，占到所有农户承包耕地总面积的 1/3。从这个情况看，可以说和目前城镇化推进的状况、农业人口减少的状况是基本吻合的。

但全部农户承包的土地合同面积是 13.1 亿亩，这与我们讲的 18 亿亩耕地对不上账。这里有个什么情况呢？过去我们对耕地的统计长期都是靠人民公社的台账，20 世纪 70 年代末、80 年代初，农民承包土地时的依据也是生产队的台账数据。根据各级报上来的台账数据，1995 年全国的耕地面积是 14.2 亿亩。现在讲的农户承包耕地面积是 13.1 亿亩，就是从 14.2 亿亩这个数据来的。还有的 1 亿多亩耕地是国有的，包括国有农垦、林场，还有军队的农场等。但 1996 年国家进行了第一次土地详查，详查的结果是耕地面积有 19.51 亿亩，那就与台账的数据对不上了。但是，如果把数据都变过来，也会产生问题。第一是耕地面积多了，单位面积产量就相应少了，这会造成很大的麻烦；第二是耕地面积增大了，农业税就上去了，会加重农民负担。所以从 1996 年开始，国家统计局每年发布的统计资料中不再公布各地的耕地面积，而是改由国土部来公布各地的耕地控制面积。2009年完成了全国第二次土地详查，全国稳定的耕地面积是18.61亿亩。所以这里讲的农民承包耕地总面积是13.1亿亩，流转面积4.3亿亩，都是按照老台账的数据计算的。1996年第一次土地详查数据出来后，国务院就研究过要不要修改农民承包权证上的实际耕地面积，要不要对承包耕地进行重新丈量，但考虑再三，担心修改了农民承包权证上的耕地面积，农业税就会增加，就会加重农民负担，所以就决定不动。但这一不动，直到现在也没有动。当然，2006年就取消农业税了，承包权证上的耕地面积即使改了农民也不担心会增加税收了。现在的问题是土地经营权流转了，流转的实际面积到底是多少，租金是按承包权证上写的面积算还是按实际面积算，这些问题不搞清楚就有可能引发矛盾和纠纷。

明确三权分置制度后，农民确实是吃了一个长效定心丸。开展了对农民土地承包经营权的确权登记并长久不变，以后如果愿意流转，流转的也只是经营权，承包权将长久稳定，这样农民在流转土地经营权时就会更放心、更踏实，也会使有条件的地方在有序流转土地经营权、发展适度规模经营方面获得更多农民的支持。

农村土地中的第三个问题是非农业建设用地。这项改革涉及三类情况：一是农村集体的经营性建设用地；二是农民的宅基地；三是国家对农民集体土地的征收制度。我们把这些叫作“三块地”的改革。党的十八届三中全会对这三块地的改革都提出了原则性的要求，中央全面深化改革领导小组在2014年年底批准了这个试点方案，并且由国务院报全国人大常委会同意，对这三块地的改革在限定的地区、限定的时间内进行试点。因为这些改革会突破一些现行的法律，所以全国人大常委会批准了在全国33个县级行政单位开展试点，其中有15个县级单位试验的是集体经营性建设用地入市，有15个单位是宅基地制度改革，选择征地制度改革的只有3个县级单位。

关于集体经营性建设用地入市，这应当追溯到乡镇企业的兴起。邓小平1984年夸奖乡镇企业异军突起，此后乡镇企业如雨后春笋般快速发展，高峰期的1992年时，乡镇企业有2000多万家，从业人员接近12000万人，它所创造的产值要占到整个农村社会总产值的2/3，其中的工业产值要占到整个国家工业产值的1/3，所以有人说乡镇企业成了中国经济的半壁江山，这样讲确实也并不过分。但是乡镇企业这么蓬勃发展，当然不能不使用土地，但这比较复杂。因为过去我们所有的建设用地都由国家征收，要搞建设只能使用国有土地。那么农村乡镇企业用地怎么办？于是就出现了很多不规范的现象，不少农民或者集体组织自行用自己的土地办企业。1996 年 10 月全国人大常委会通过了《乡镇企业法》，在《乡镇企业法》中对乡镇企业的用地进行了规范，即乡镇企业用地必须符合规划和用途管制，要本着节约用地的原则经县级人民政府批准方可以使用，否则就是违规占地、违法建筑。《乡镇企业法》是从 1997 年元月 1 日开始实施的，但某种程度上 1997 年乡镇企业已经开始走下坡路。乡镇企业最初发生发展的重要原因有两个：一是因为城里国营企业经营不景气，特别是人民群众迫切需要的生活必需品供不上，乡镇企业的发展弥补了这一块；二是我们当时的制度在土地利用、农村劳动力流动等方面都有严格控制，农民进不了城，更不能申请使用城里的国有土地，于是农民就只能在乡村搞乡镇企业。但到了 20 世纪 90 年代中期，三资企业、国有企业、个体和私营经济等蓬勃发展，乡镇企业的发展空间就变小了，效益也下降了。于是那时各地都推行了乡镇企业改制，实际上是把相当数量的乡镇企业改成了个体、私营企业，所以到 1997 年《乡镇企业法》开始施行时，情况已经物是人非。但乡镇企业法的规定毕竟还在，依法合规的乡镇企业用地还要受到保护。问题是，不少乡镇企业的用地已经闲置了，怎么处理？乡镇企业，不管它是农村集体经济组织办的，还是农民个体办的，只要是企业，进入市场后就必须承担和其他公司企业相同的责任和义务，这就免不了有赢有亏，甚至免不了倒闭、兼并、破产。于是就会出现债权债务问题。等到乡镇企业被破产、兼并、倒闭时，如果没有什么其他资产，就剩下了厂房和这块土地时，怎么去处理债权债务问题？正因为这样，在《乡镇企业法》中，以及在 1998 年修改的《土地管理法》中，就提出如果发生这样的情况，债权债务不能一笔勾销，乡镇企业的厂房当然也包括它所占用的这块土地的使用权就得跟着债权债务走。这样，当乡镇企业出现破产、兼并等情形时，符合土地利用规划并依法取得的乡镇企业用地，它的使用权就可以依法发生转让。于是，乡镇企业占用的集体经营性建设用地的使用权，就有可能转让给本集体组织之外的经营主体。但这是一个不得不开的口子，否则就会违背市场经济的公平原则。到了起草2008年党的十七届三中全会决定时，这个问题再次被提了出来。当时一方面是农民对国家征地制度的反应很强烈，要求改革。同时还有人提出，为什么农村集体的土地与国有的土地有这么大差别，国有土地可以进入市场，依法取得土地的使用权、付了出让金就可以用来搞建设，而农村集体的土地为什么就不行。这涉及更复杂的问题，所以当时就提出要建立城乡统一的建设用地市场，这就需要解决一系列具体问题。首先考虑的就是如何使符合规划和用途管制的农村集体经营性建设用地进入市场，因为有许多乡镇企业已经停产或者倒闭了，这样可以盘活它占用着的土地；第二就是明确农村集体的非经营性建设用地仍然不能进入市场，这包括农民的宅基地、农村集体的公益性建设用地等。所以现在是在试验农村集体经营性建设用地到底怎么进入市场的问题。按照十七届三中全会的决定，符合土地利用规划和用途管制的集体经营性建设用地可以进入市场，并应当享有和国有土地同等的权利，就是实现同地同权同价。这正在进行试验，期限是到2017年年底。在人大常委会批复同意试验的范围和期限内，可以暂行停止实行一些有关的法律，根据试验的情况，再决定是否修改现行法律，这要到2017年年底试验结果出来后再作判断。

第二块正在进行改革试验的就是宅基地。对宅基地制度改革在认识上分歧很大，主要是对农村宅基地的性质看法不一。据我了解，宅基地制度之所以要改革，是因为农村的土地状况已经不足以支撑原来承诺的“一户一宅”的宅基地制度。宅基地一开始是私有的，包括土改中很多农民分到地主、富农的住房。合作化之后，国家还是承认宅基地是私有的。到1962年制定“农村人民公社六十条”时才明确，自留山、自留地、宅基地都是集体所有的。当初对农民盖房有一个原则性的说法，就是实行一户一宅的制度。这是农村集体经济组织对其成员提供的基本住房保障制度。农民新立了户就有权向本集体申请一块宅基地盖房子，经审查合格，就按照省政府规定的面积批准给你使用，这个土地是无偿取得、长期使用的。从20世纪60年代到现在都实行的是一户一宅的制度，至少已经分了三代人的宅基地了，农村的土地已经承受不了了，一直这样分下去，地从哪里来？这头耕地是红线，那头又没有那么多可以盖房子的闲置土地，所以很多发达地区已经20年以上没有分过宅基地了，有些地方只能每隔两三年批给一个村两三个宅基地的指标，矛盾很尖锐。正是这样，原来那种粗糙的、政策上、法律上都没有讲清楚的一户一宅制度就难以为继了，但农村集体经济组织又不能不对自己成员的基本居住权负责。所以这次宅基地制度改革的本意，是要建立一种与各地情况相符合的既保证成员基本居住权，又不能无限制地占用土地盖农民住房的制度。但有些人把这项改革解读为是否要放开宅基地制度，是否任何人都可以到农村去买宅基地、盖房子，可见对这项改革的认识差别之大。目前在进行改革试点的这些县，都是按照中央批准的方案在推进。对超标占用宅基地的，能收回就要收回，不能收回的要实行有偿使用，不能再按一户一宅的要求新批宅基地了，宅基地的转让只能在本集体成员之间进行。我到浙江去调研，有两个典型，有个村经过重新规划，确保目前村里每户人家都有一个在独立宅基地上修建的住房，以后人口再增加怎么办，就在村里的住宅区旁边建了一个养老公寓，规定村民60岁以上可以申请住养老公寓，但住养老公寓的人没有产权，去世后房子要交回村集体，再分配给别的老人去住。它的设想就是每个宅基地上的住房基本住两代人，用这个办法来构建一个可持续的成员住房保障制度。另一个村，村里集体出资买了一块国有土地盖公寓楼，保证每家人在村里都有一块宅基地，有院子有房子，农具等东西可以堆放，新立户的人去住公寓楼，现在正在逐步推进。宅基地制度的改革非常复杂，关键在于宅基地制度设计的基础是农村集体经济组织的成员权，它是农村集体组织对自己成员提供的保障性住房制度。现在要不要打破这个制度，而打破了这个制度，又会对整个农村集体经济的组织制度有什么样的影响，这些都必须考虑。

关于国家对农村集体土地的征收制度改革，难度就更大。33个试验点中只有3家报了这个项目。但我认为，农村集体经营性建设用地入市与征地制度的改革，在某种程度上是一个硬币的正反两面。农民集体经营性建设用地入市必须符合规划、符合用途管制，入市后的土地不改变所有权，还是农民集体所有。这样的土地如果入市多了，相应的就可以减少征地。中央对征地制度改革的首要目标就是缩小征地范围，因为宪法规定符合公共利益的需要是行使政府征地权的前提和理由。目前对公共利益定义的争议很大，但我们的征地范围这么广，确实已经脱离了公共利益的需要这个范畴，应当通过改革使征地的范围回归到宪法的规定中去。推进农民集体经营性建设用地入市，在一定程度上也就是在推进征地制度改革，虽然不能完全替代，但有着密切联系。农村的土地要变成建设用地，必须符合规划，符合用途管制，这是国际通例。因此，建设用地必须符合规划和用途管制这一点要坚持，但对被征地农民的补偿要合理。目前农民对征地制度最大的不满是补偿低。征地补偿在不同阶段有不同情况。在20世纪80年代末以前国家征地对农民的补偿，钱是其次的，但是第一会转户口，征收土地会按照这个村的人均土地面积，给予相应的农转非户口指标；第二是农转非的人到了城里，在劳动年龄内的必须给安排工作，用人单位要给你安排住房。所以当时很多农民都愿意被征地，征地后就变成了城里人，就吃商品粮，就当了工人，就有了住房。但这个办法到了20世纪90年代初就改变了，改为征地补钱，这个时候农民开始不满意了。现行《土地管理法》第47条对征地补偿写得非常具体，明确补偿的原则是按照土地的原用途确定，补偿费用包括土地补偿费、安置补偿费、地上附着物和青苗补偿费；征收耕地的补偿，按照耕地被征收之前三年平均年产值的6至10倍；安置补偿费，按人均被征收的土地面积，最高不超过耕地被征收前三年平均年产值的15倍；地上附着物和青苗的补偿，由省、区、市政府规定。几项补偿费合在一起，大约是被征收土地年产值的30倍左右，按每亩粮田年产值2000元计，就是补偿6万元。农民觉得补偿不足以保障基本生活，矛盾越来越尖锐，法律和政策就不断修改，一步步提高补偿标准。从开始的16倍到现在的30倍，到了2004年国务院出台28号文件提出，如果30倍不够，省级人民政府有权决定从土地出让金中再拿出一部分进行补偿。现在早已经突破30倍，像北京、天津、上海这些地方，不超过100倍是征不下来土地的。现在一亩粮田的年产值最多2000元，一百倍也就是20万元。20万元在大多数地方显然还难以购买住房，于是这个矛盾就很尖锐。农民对于征地制度改革最大的要求就是补偿要给够。从现在了解的情况看，很多地方除了补钱之外，更多的是对被征地的农民安排拆迁住房、纳入当地社会保障、提供就业培训和服务等，实行多措并举的补偿办法。到底要补多少钱才算补得合理，才能让农民接受呢？这需要结合实际进行研究。农地变成建设用地后会升值，升值收益怎么分配这是个大问题。政府应该拿多少，这要有理由。农地要变成建设用地，需要基础设施建设的投入；城镇建成区的扩大，市政设施就需要增容，这些都需要资金投入；征收来的土地，并不是都可以用来招、拍、挂卖钱的，道路、绿地、公共设施和管理用房等占用的土地都卖不了钱。因此要算总账，征收的土地的总面积是多少，其中能够有偿出让的土地面积是多少，收取的土地使用权出让金是多少，该扣除的各项费用是多少，余下的收益才能分配到每块被征收的土地上，这样才能计算出对被征地农民的实际补偿水平。征地制度改革难，就是因为这些问题都还在探索之中。而集体经营性建设用地入市，实际上也是在探索这个问题，集体经营性建设用地收取的使用权出让金如何分配才合理，有了这方面的经验，当然会有助于破解征地制度改革中的难题。

还有一个问题就是土地承包经营权、农民住房财产权这“两权”抵押的改革试验。在人民银行主持下，已经批准了一些地区在搞试验，有290多个县在搞土地承包经营权抵押担保试验，50多个县在搞农民住房财产权抵押担保试验，但实际范围比这个大，很多没经批准的地方自己已经在搞了。这件事情主要是想解决农村的金融问题。加大对农民、农业的金融支持，能不能通过两权抵押来实现？这涉及不少理论、政策和法律问题。中央明确了农村土地实行三权分置，显然所有权和承包权都不能进入市场、不能买卖，因此能进入市场和抵押的只能是经营权，于是又回到法理上讲的经营权是什么权，它是物权还是债权。有的地方有自己的创新，抵押的不是经营权本身，而是经营权在使用过程中可能产生的预期收益。但根据预期收益来进行抵押，其价值就大大缩小，产生不了太大效果。城里的大多数商业用房都是租赁的，外来人口在城里居住的房子大多也是租赁的，如果租赁来的东西可以作抵押，就可能会引出比较多的麻烦和纠纷。同时，也不能说在农村的债权可以抵押，而在城市的债权就不可以抵押，这样国家的法律制度就不统一了。因此对“两权抵押”问题的试验还要继续探索。同时还要看到，以有效抵押物用于抵押、担保才能获取贷款，这是商业银行的通则，但商业银行能否有效服务于农业、特别是像东亚地区这种以小农户为主的农业，这本身就是一个需要认真回答的问题。因此，在我国农村，除了加强商业银行的服务之外，更要发展多种形式的金融服务，如国家的政策性银行、农民的合作性银行等。

二、粮食改革

这几个方面的改革，概括起来叫“粮改”。最初的粮改，是1978年底党的十一届三中全会原则通过的决定中提出的，当时推出了三大政策，明确从1979年夏粮上市开始执行新的政策。这也可以称作是改革以来的第一轮粮改。1978年的粮食产量是6095亿斤，供求关系很紧张，对农民的粮食征购任务比较重，农民也比较苦。十一届三中全会决定提出的三大政策是：第一，让农民休养生息。国家适当增加进口粮食，减少对农民50亿斤的粮食征购任务。规定在水稻产区农民人均口粮在400斤以下的，杂粮地区农民人均口粮在300斤以下的，一律免购。第二，规定从1979年夏粮上市开始，粮食的统购价格提高20%。第三，农民在完成国家粮食征购任务后，如果还有余粮卖给国家，在统购价格的基础上再加价50%，这叫超购。这几项政策一公布，农民的积极性就调动起来了，所以农村改革初期的第一个六年（1979—1984）粮食增长非常快，1984年粮食总产量达到了8146亿斤，比1978年提高了1/3，年产量增加了2050多亿斤。由此，1984年国家比1978年多收购了1100多亿斤粮食，而农民比1978年多留下了

900多亿斤粮食。新增粮食的54%国家征收了，46%留给了农民，城乡皆大欢喜。但是政府的财政开始受不了了，因为增加收购的粮食都是超购价，整体粮价比过去明显提高了，粮食收得多，财政补贴就多。那时城里没有进行工资改革，对农民收购的粮食价格提高了，但是对市民销售的粮食价格却不能提高，否则城里老百姓受不了，所以出现了粮食购销价格的倒挂。

购销倒挂的现象持续了六年，财政终于受不了了。于是又定了新政策，从1985年开始进行改革，把统购和超购的粮食合在一起，叫作合同定购。合同定购的粮价是把原来统购和超购这两个价格合并成一个价格，超购价格占70%、统购价格占30%，农民叫它为“倒三七”价格，这样政府的财政负担减轻了，但农民感到吃亏了。结果从1985年开始粮食减产，连减四年。国家只好再提高粮价，粮食产量开始恢复，到1989年粮食产量超过了1984年，到了20世纪90年代初期粮食产量大概稳定在9700亿到9800亿斤的水平上。但是购销倒挂这个老问题又出现了。1993年国家进行了第二次工资改革。第一次是1985年的工资改革，而第一次工资改革主要不是提高工资水平，主要是解决一系列名不副实的问题。从“文化大革命”开始就没有调整过工资，一些人当了局长、处长、科长，一些人评上了教授、研究员、工程师，但提职不提薪，那时候叫升官不发财。1985年的改革主要是解决这个问题。改革后，大学本科毕业生在六类地区的工资，党政机关、企事业单位都一样，第一年实习期是58元，第二年转正之后是70元，矛盾仍然很大。这样，到1993年就进行了第二次工资改革。当时，整个经济出现了一些新情况：一是粮食供给比较充裕，老百姓收入开始提高；二是第二次工资改革增加的幅度比较大，全国党政机关、企事业单位人均每月增加工资58块钱；三是进入90年代以后经济过热，通货膨胀，物价指数增幅高，货币发行量从1990年到1996年这六年每年都增长25%以上，其中1991年、1992年、1993年的货币发行量都增长30%以上，1993年甚至增长了37%。物价的涨幅1993年是14.7%，1994年是24.1%。在这样背景下，粮食价格快速上涨，迫使政府不得不较大幅度提高粮价。对农民来说，如果粮价的上涨幅度不能超过居民消费价格指数的上涨幅度或者说通胀率的话，肯定不会愿意多种粮食。所以1994年、1995年、1996年连续提高粮食的收购价，保证农民有种粮积极性。但到了1996年以后，宏观形势又起了变化，GDP到1998年已经降到7.8%，货币发行到1998年降到14%多一点，到了1998年、1999年，消费价格指数已经成了负值，整个宏观经济过热的情况消除了，各项指标都降下来了。但那时面临的一大考验，是谁敢去降低对农民的粮食收购价格？1996年是个分界线，之前是通胀背景下的粮价问题，到了1996年粮价成了一枝独秀，其他指标的涨幅都降下来了，但粮价没有往下降，所以农民种粮积极性高涨，1996、1997年、1998年、1999连着4年粮食都是大丰收，除了1997年，其他3年的粮食产量都超过10000亿斤，粮食总量开始出现供过于求。

于是在1998年部署新一轮粮改。朱镕基同志在1996年就提出粮食体制要实行四个分开，1998年又提出粮食购销要实行三项政策，就是按保护价敞开收购农民余粮、顺价销售和农业发展银行发放的粮食收购贷款要实行封闭运行。当时的想法是，政府出一个高于市场价的收购价格，就可以基本上掌握全部粮源；再把粮食顺价销售出去，就可以保证还上银行的贷款，至少不会亏损。但之前提出的四个分开，就是政府和企业要分开、中央和地方的事权要分开、粮食的储备与经营要分开、粮食企业欠银行的新老挂账要分开，这个四分开提得非常有针对性，但问题是体制没能改过来。在四个分不开的体制下，三项政策就很难真正落实。粮食问题上实际存在着两组利益的博弈。一是农民、市民和财政的关系，农民希望政府提高价格，市民希望政府别提价，两者之间的矛盾就得靠政府的财政资金去平衡。另外一组矛盾就是中央政府、地方政府和国有粮食企业之间的利益博弈。虽然一直在强调粮食省长负责制，但真到了哪个地方粮食不够吃，中央政府也不能不管，因此粮食问题上一旦出现硬缺口，只能是由中央去补窟窿。国有粮食企业既要承担政策性职能，又有自身的经营业务，所以对它的考核就非常困难，它是企业就要赚钱，但要执行政策性职能又可能会亏损，这二者之间的关系直到现在还没有捋顺。20世纪90年代后半期实际上是出现了两个粮食市场。一个粮食市场就是国有粮食企业的市场，按照政府规定的保护价向农民敞开收购余粮，但国有粮食企业的收储能力总是有限度的，等到它没能力再收时，农民就只能把粮食卖给私商粮贩。这样，私商粮贩收购的粮食就形成了另外一个市场。私商粮贩的收购价格低、销售的价格也低，国有粮食企业竞争不过它，于是国有粮食企业的市场就被憋死了。后来有些国有粮食企业低价抛售，甚至和私商粮贩勾结，把库里的粮食低价倒卖到市场上去，最后导致那三项政策无法落实，所以整个市场的粮食价格就降下来了。1999 年 4 月 29 日朱镕基同志有一个讲话：到三月底国有粮食企业在银行的粮食收购贷款是 5000 多亿元，但是库值只有 3000 多亿，亏空 2140 多亿元，原因一是降价销售，没有顺价销售。二是养人，到 1999 年全国国有粮食企业职工是 410 万人，其中 100 万人是离退休的，310 万人是在岗的，在岗的 310 万人里面有 150 万人是搞粮食的，还有 160 万人是搞其他业务的，所有人都在吃粮食贷款，把贷款吃掉了。三是乱作为，挪用贷款搞非主营业务，炒股、炒期货等。所以从这个角度去看，体制改不过来，四分开的改革不到位，三项政策是无法落实的。于是国有粮食企业库里满满的卖不出去，不敢再收；市场上粮价不断下降。到了 2003 年粮食产量降到只有 8614 亿斤，比 1998 年减少了 1632 亿斤。

针对当时的情况，国务院启动了第三轮粮食改革。2004 年，时隔 18 年后中央再次把 1 号文件定位在指导农业农村工作上。这个文件有很大含金量，文件里有几大政策：一是开始减免农业税；二是对种粮农民开始实行直接补贴；三是在主产区对市场紧缺的粮食品种实行最低收购价格。这三项政策起了非常大的作用，当年粮食增产 775 亿斤，避免了可能出现的粮食供求关系紧张局面。

但从 2004 年到 2015 年连续 12 年的粮食增产，新的问题又出来了。现在国有粮食库存大概超过 1 万亿斤，库里差不多存了一年的粮食产量。今年对东北和内蒙古的玉米实行市场定价，价补分开的政策，这又是一轮新的粮食改革。粮食问题在中国确实是带有根本性的一件大事，直接关系到国计民生，关系到农民的利益，而农民收入又关系到工业品在农村的市场，所以跟整个国民经济关系是很密切的。一直以来的争议是粮食问题政府应不应该管、怎么管、管到什么程度。事实证明不管肯定是不行的，怎么管、管到什么程度这才是问题的关键。三轮粮改过去，如果看账面，每一轮粮改都是国有粮食企业造成了一大笔亏损和在银行的财务挂账，也就是说依靠政府的财政补贴和在银行的财务挂账，才能把粮食供求之间的波峰和波谷、把粮食价格的波动去填平。因此从体制角度来讲，我们还没有真正改革到位，就是因为四个分开分不开，于是这个账就都落在了中央政府头上，其实这里面的漏洞和浪费是非常大的。为此，就必须加快推进粮食流通体制的改革，理顺政府与企业、中央与地方、储备与经营、新老亏损挂账的关系，才能让市场机制真正发挥作用。

三、农业人口的城镇化问题

农业人口的城镇化问题很早就已经提起，最早在中央文件中提出这一政策的，是 1984 年的中央 1 号文件。在这个文件中，提出不改变 8 亿人搞饭吃的局面，农民富裕不了，国家富强不了，现代化也难以实现，因此要允许农村劳动力自理口粮到集镇务工、经商、搞服务业。可以说，推进城镇化的进程最早是从这里开启的。当时之所以叫自理口粮，是因为城里人购粮要粮本、粮票，农民自理口粮，就是要从自己家里带着粮食走。这样，农业人口在小范围内的流动，尤其是向县城以下集镇的流动从那时候就开始了。紧接着就是邓小平讲的乡镇企业异军突起，创造了一个离土不离乡在农村就地解决农村劳动力转移就业的模式。但后来，乡镇企业因各种原因逐步退出了市场，由此就引发了农民外出务工的潮流。但政策上对农民外出务工长期没有一个完整的说法，在 20 世纪 90 年代末，有些媒体甚至是以“盲流”这个概念来称呼农民工。朱镕基同志那时就强调：我要倡导一下大家都要善待农民工。但对待农民工的态度，在舆论上、在社会氛围上真正有了根本性转变的，还应该说是在进入新世纪以后。所以这些年，农民工的数量在不断增长。根据统计，目前全国有 2.8 亿农民工，其中 1.7 亿多是外出就业的农民工，就是离开本乡镇到外地 6 个月以上的农民工；还有近 1.1 亿人是在本乡镇就业的农民工。但最近这两年，农民工外出数量的增长速度是在下降的，这与城里的经济增长速度下降有关。当然，只是增长的速度在下降，不是绝对数量的下降。从这个角度看，中国的城镇化实际上是分两个阶段在推进的。第一个阶段刚才已经讲到，农民工的流动在很大的程度上是工业化带动的人口流动。城里的非农产业需要劳动力，但就是需要农民来打工，并没有条件让农民真正融入城市。第二个阶段才是农业转移人口的城镇化。所以启动农业转移人口的城镇化还有很多艰难的事情要做。

国务院前些天刚发了文件，要让一亿非户籍人口到城市落户。李克强总理 2013 年 12 月在中央农村工作会议上讲的三个“一亿人”的城镇化，其中的第一个“一亿人”，就是要让已经在城里的一亿农民工在城镇落户。其实已经在城镇就业和居住的农民工数量是 1.7 亿多人，先解决一亿人；第二个“一亿”人，就是城镇棚户区的居民，要改善他们的居住条件；第三个“一亿”人，就是让中西部地区的一亿农民转移到中小城市和小城镇去居住。解决这三个“一亿”人的难度相当大，虽然政策措施在不断出台，但是其中的利益关系实在是太错综复杂。比如说，积极稳妥推进城镇化这个概念，第一次写进中央文件，是在 2000 年党的十五届五中全会通过的《关于第十个五年规划的建议》中。在这个建议中有一部分的题目就叫“积极稳妥推进城镇化”，这个文件我也是参与起草的，起草这个文件时就有很激烈的争论。那时还有北戴河会议。在去北戴河之前，我记得文件起草组的负责人温家宝同志看到争论很大，他就说，可以继续争论，但带到北戴河去的文件草稿至少两个东西要保留，一个就是这部分的标题，“积极稳妥推进城镇化（黑体字）”，黑体字这个标题还是要留着，留着它就是“十五”期间的一部分工作啊，所以这部分不能删掉，要保留。第二就是别的问题都可以继续争论，但“大中小城市和小城镇协调发展”这句话不能删掉，这个概念要留着。后来这些文字都保留下来了，但那部分内容在文件中所占的比重还很小。总体上讲，在去北戴河之前，大家都希望要积极稳妥推进城镇化。但到了北戴河后，等领导开会研究的时候情况就不一样了。推进城镇化就牵扯到住房制度、医保制度、社保制度等方面的一系列改革，这都需要真金白银才行啊。我们当时就开玩笑说：城镇化这件事，现在还只能是高高举起，轻轻放下。在当时的财力下，很多事情还难以做到。但那次毕竟是在党的全会通过的文件中首次提出了积极稳妥推进城镇化这个概念。

现在离那时已经过去16年了，推进城镇化的目标越来越清晰。“十三五”规划就对此提出了两个非常具体的指标。一是提出到2020年常住人口城镇化率要提高到60%，去年年底常住人口城镇化率是56.1%。这表明，包括今年在内今后五年常住人口城镇化率要提高3.9个百分点，年均提高0.8个百分点，大概每年要增加900万到1000万的城镇常住人口。去年城镇常住人口是7.7亿人，自然增长率是4.96‰，7.7亿城镇常住人口的年自然增长人数不到400万人，外来农民工再进来百十万人，合计就是增加五六百万人，要实现“十三五”的这个指标难度还是很大。去年城镇人口净增2200万人，但多一半是因行政区划变更，即县改市、县改区、乡镇改街道，把很多农民算作城镇常住人口了，这里当然也包括部分大学生在城镇的落户。“十三五”规划对人口城镇化提出的第二个指标，是户籍人口城镇化率到2020年要达到45%，2015年是39.9%，这五年要提高5.1个百分点，难度更大。这里不仅有城市政府的财力问题，还涉及复杂的社会问题。比如北京市政府如果宣布外来农民工的子女能够在北京升高中、考大学，北京市民会怎么反应，这个事情不那么简单。2013年12月，中央召开城镇化工作会议，习近平总书记明确提出在人口城镇化问题上要有足够的历史耐心；后来在小岗村讲话时，讲到规模经营是实现农业现代化的基础，但是要改变粗放、分散的农业经营方式是需要时间和条件的，他讲了三大条件：第一人口城镇化，农村人口要减少；第二，农业生产技术要提高；第三要有农业社会化服务体系做支撑。关于时间问题他没有具体讲，但说，要把土地流转、集中、规模经营的问题放在大的历史进程中去审视，在这个问题上要有足够的历史耐心。显然，这两件要有足够历史耐心的大事，是有着紧密的内在联系的。

人口城镇化一方面要积极推进，另一方面也要实事求是。其实新型城镇化不仅是农业转移人口城镇化的问题，即使将来我国的人口城镇化率达到了70%，也还有四五亿人将生活在农村，所以必须把农村建设好，要并行不悖地推进新型城镇化和社会主义新农村建设，这是我国农业人口众多的国情所决定的。

四、财税改革

农村实行税费改革以前，公共财政投在农村的比重是很有限的。所以农村的道路要农民自己修，农村的学校要农民自己建，而且农村学校的老师绝大部分是民办的；以前搞过的农民合作医疗后来垮掉了，所以农民就医难，就医贵。到2000年中央批准进行农村税费改革试点后，情况逐步有了变化。1999年以前向农民征收的税收有四项：农业税、农业特产税、牧业税和牲畜屠宰税，这四项税合计是300多亿元；第二块是收费。乡镇政府要向农民收取五项费用，也叫五统筹：农村义务教育费统筹、计划生育费统筹、民兵训练费用统筹、军烈属优抚费用统筹、农村修路架桥费用统筹。当时财政没有钱，乡镇公共服务的经费只能让农民自己去统筹。村里也有公益性的事务要做，向农民收取三项提留：公积金、公益金和共同生产管理费。公积金就是村里修建和维护水渠、道路等要花钱，公益金就是照顾“五保户”、鳏寡孤独的费用；共同生产管理费主要是干部的误工补贴，还有生产上的水费、电费等。这八项钱要向农民收取近600亿元，是国家农业税收的近两倍。还有两项劳役，农民叫“两工”：义务工和积累工。义务工是战争年代留下来的，那时候解放区要出义务工，抬担架、送弹药、送粮草，一直延续下来，后来乡村搞工程时，农民就要出义务工；积累工是合作社、人民公社以后，搞水利、修道路等，要农民出劳动积累工。这“两工”一直延续下来，到20世纪90年代末，按照规定一个整劳力一年一般要出15—20个“两工”（各地情况不一样）。但那时候农民劳动力已经开始流动，所以“两工”可以折款，不出工就交钱，“两工”折款大概是近100亿元。此外还有向农民乱摊派、乱集资、乱罚款等大概有200亿元。所以农民那时候的全部负担接近1300亿元，而其中国家的税收只占300多亿。2000年国务院提出费改税试点，把农民的负担从近1300亿元降到800多亿元，减轻了农民的实际负担。这件事是1999年商定的。第一年原来准备先安排三个省搞试点，但2000年元旦过后有两个省来电报说干不了，最后就只有安徽省搞。按照安徽省的算法中央要补贴10亿元，结果到了年底补了17亿元，因为过去向农民“搭车”收费的太多，没有算在里面。这样一来，硬缺口就出来了，而且最硬的缺口就是农村义务教育的经费。这就不得不决定暂缓扩大试点一年，2001年的税费改革试点仍然只在安徽进行。但当时的安徽省委书记正好调到江苏去了，他就按原准备扩大试点的考虑在省里研究后，以省委省政府的名义给全省农民发了一封公开信，公布了江苏省明年开始税费改革的方案。但3月全国人代会之后，国务院决定暂时不扩大试点了。于是江苏省给中央打报告说不要中央补贴，自费改革。这样，2001年就又扩大了一个试点省。2002年试点扩大，2003年时机成熟，全国各省区市都推开了农村税费改革。2004年为了提高农民积极性，开始降低农业税税率，并宣布到年内全面取消农业税。税费改革试点把农业税及其附加（附加是代村集体组织收取的“三提留”）合计定为农业产值的8.4%，但到2005年各地基本上都取消了农业税收。2005年年底国务院向中央报告之后，把取消农业税的意见报到人大常委会，全国人大常委会审议通过了国务院这个意见，宣布从2006年1月1日起，废止农业税。加上国有农垦系统免除的农业税收，农村税费改革共计给农民省下了约1350亿元。农业税都免除了，乡镇的“五统筹”、村级组织的“三提留”也都没有了，于是农村的基本公共服务就只能由财政来出钱，而且大头都是来自中央。这样，公共财政的资金开始对农村和农民覆盖了。

另一个方面，是从2004年起，财政开始对农业生产者进行直接补贴。一开始是三项：种粮补贴、良种补贴、购买农机具补贴，后来又加上了农业生产资料价格综合补贴。第一年三项补贴合计是146亿元，到现在四项补贴每年近1700亿元，这是用公共财政的资金建立起了我国对农业的支持保护体系。

还有一大块就是公共财政对农村基本公共服务的支出。先是建立新型农村合作医疗制度，2003年搞试点的时候，每个人的筹资标准是30元，由中央政府出10元，地方政府出10元，农民自己出10元。以后逐年提升。到2016年的筹资标准已达到每人420元，其中中央和地方财政补贴270元，农民自己出150元。目前，政策范围内的门诊和住院费用，新农合的报销比例可以达到50%和75%。还有农村的义务教育，最初在农村实行彻底的免费教育，不收学杂费，后来推广到城镇，但国家对农村的孩子提供免费教材，由政府购买；城里孩子的教材现在还是家长掏钱买的。2008年又推出了农村最低生活保障制度，目前大概有4800万农村生活困难群众纳入了低保网。2010年又推出农村新型社会养老保险制度，目前大概有5亿农村人口已经加入了社会养老保险体系。

这一项项的农业支持保护制度、农村基本公共服务制度、农民基本社会保障制度，都是从农村税费改革之后才逐步建立起来的。因此，可以说，从税费改革开始，才逐步实现公共财政的雨露阳光普照农村大地、惠及广大农民，这十多年间的变化是很大的。

这里还应该讲到农村的扶贫工作。有些人讲农村扶贫似乎是越扶越多，这主要是对农村贫困标准的变化不了解。我国开始建立国家扶贫制度是在1984年。最初在农业部设立了一个西部贫困地区扶贫开发办公室，主要指三西地区，就是甘肃、宁夏的定西、海西和西海固三地州，后来逐步扩大。到了1993年国务院制定了“八七”扶贫攻坚计划，按照1993年贫困标准统计的农村贫困人口是8000万人，当时提出用七年时间，到2000年要解决这8000万人的脱困问题。到2000年又制定了新世纪的第一个十年扶贫规划，2011年又制定第二个十年扶贫规划，2015年中央发出了关于坚决打赢脱贫攻坚战的决定。在这20多年时间中国家对农村贫困人口的标准提高了几次，每提高一次，贫困人口的数量都会有明显增加，差不多是每提高一块钱的标准就要增加10万农村贫困人口。这一轮提高农村贫困标准之前，根据2010年的统计，农村贫困人口只剩下2688万人。制定新十年的扶贫纲要时，就研究要不要提高标准。2010年以前的农村贫困标准是1196元，这个标准是2008年党的十七届三中全会定的。之前农村贫困人口分了两档：一档叫贫困人口，一档叫低收入人口。后来十七届三中全会考虑让贫困人口的标准往上靠，靠到农村低收入人口这个标准，于是就形成一个统一的标准。到了2011年，中央认真研究了新十年农村扶贫纲要到底对贫困人口实行什么标准，最后决定提高到2300元，比原标准一下子提高了92%。2300元的标准现在仍在执行，并根据物价指数每年对以现价计算的标准实行滚动。按照这个标准，2015年底的现价农村贫困标准是2855元，贫困人口是5575万人。从2010年贫困标准提高后农村有1.2亿多贫困人口，减到2015年的5575万人，这些年的扶贫工作是有明显成效的。

世界银行认为，我国农村的贫困标准是高于他们提出的国际标准的。世界银行提出的国际贫困标准有过几次变动，一开始是每人每天1美元，后来提到1.25美元，后来提到1.5美元，现在是1.9美元，但折算成本币的时候用的是购买力平价的方法。因为用汇率折算有几大问题：第一是各国的外汇储备和外汇管理制度是不一样的，因此对各国的汇率无法作直接的比较；第二是汇率主要是依据可贸易商品的价格折算出来的，而贫困人口的生活必需品大多数都不是国际贸易商品，所以要用购买力平价来计算。根据中国城乡居民的实际生活水平，世界银行对中国的购买力平价（美元兑换人民币的比值）做了一个区分，一个是城镇的水平，大概是1美元兑4元人民币，按这个标准我们的农村贫困标准已经高于每人每天1.9美元这个国际标准；如果是用乡村的购买力平价来计算（1美元兑换3.05元人民币），我国农村的贫困标准就大大高于国际标准了。因此，直接拿汇率来计算是不对的。

根据国际经验，一个国家、一个地区的贫困人口如果降到了只占总人口的3%以下，基本就降不下去了，因为人群中大概有3%的人是完全或者部分丧失劳动能力的人，这部分人靠扶贫是解决不了问题的，只能靠社会政策的救助。2015年我国农村的贫困发生率是5.7%（贫困人口在农村总人口中的比重），测算下来，大概有2000万左右的农村贫困人口实际上是要靠国家的低保政策来兜底的。因此现在提出，农村基本生活保障这条线，要逐步和贫困标准这条线实行两线合一，才能解决这部分人口的脱贫问题。当然，扶贫的难度还非常大，有自然环境的因素，也有社会因素。到贫困程度深的地区去就能看到，因为生产生活方式、自然条件恶劣等因素，要实现那里的贫困人口脱贫，难度非常大，确实是一场攻坚战。

五、保障农民的经济利益，尊重农民的民主权利

农村改革之所以能符合广大农民的心愿，实际上是由我们党总结改革开放以前包括“文化大革命”中的教训得出的结论引起的，那就是必须保障农民的经济利益；必须尊重农民的民主权利。这两点认识是党的十一届三中全会在正确对待农民问题上得出的最深刻认识。温家宝后来说，这两条必须成为我们党制定农村政策的基本准则，实际上改革以来也确实一直是按照这两条准则在制定党的农村政策。只有按照这个基本准则去做才不会伤害农民，才能保障农民的权益，才能调动农民的积极性，所以现在仍然要努力这样去做。但尽管一直在努力去解决，缺憾还是很多。比如农民的经济利益，它越来越多的要通过市场的公平交易来实现，平等交换，消除工农业产品交换的剪刀差，当然还要靠公共财政对农业、农村的支持。中央提出公共资源城乡要均衡配置，要朝这个方向走；城乡生产要素要平等交换，这也在努力向前推。另外一个就是农民作为农村集体经济组织的主人，它在集体经济中的权益怎么得到保障，这是当前在改革中要解决的一个大问题。党的十八届三中全会也明确提出要推进农村集体产权制度改革，2014年已经做了试点方案，农业部正在组织试验，中央还会再发一个推进农民集体产权制度改革的文件。农村集体产权制度实际上是两大块，一块是资源性的资产，比如土地、山林、草地等等。我国960万平方公里的土地中（合144亿亩），农村集体土地大概占47%，近68亿亩，这68亿亩是农村集体所有的，是一块很大的资源。我国耕地有18亿多亩，农民占了17亿亩，更多的是山林、草地、水面，这一块主要通过土地确权登记来保证农民的权利。还有一大块叫集体的经营性资产，沿海发达地区和大中城市郊区的农村集体组织有不少经营性资产，全国近59万个村级组织所拥有的经营性资产大概是2.8万亿元。但分布不均衡，根据去年的统计，大概有54%的村级组织是一分钱的经营性

收入都没有的，收益比较好的是有 50 万元以上年经营性收入的村级组织，占到全部村级组织的 5% 左右，如果扩展一点，把有 10 万元以上经营性年收入的村级组织都算进来，大概占到全部村级组织的 14%。对于有经营性收入的村级组织，群众当然有权知道到底有多少家当、都在哪里、怎么个经营法、每年收入是多少、收入是怎么分配的等情况。所以农村集体产权制度改革的重点，主要在这些有相当数量的集体经营性资产的村级组织；其他村级组织也要核查，是否存在集体资产、资源、资金被隐瞒的情况。第一要清产核资；第二要把收益分配权落实到每个成员、每个农民的家庭。党的十八届三中全会明确在这个问题上要给农民六项权利：对集体资产股份的占有权、收益权、有偿退出权、继承权、抵押权、担保权，使集体资产的收益真正落实到每个成员头上。这些改革正在推进。习近平总书记对此曾经讲过两句话：一是一定要避免内部操作，防止少数人借机侵占农民的财产权利；二是一定要避免外来资本大鳄趁机侵吞农村的集体资产。这是在农村集体产权制度改革中必须牢牢守住的底线。

尊重农民的民主权利，就是要坚持以村党组织为核心的村民自治制度。从目前的情况看，实行村民自治制度以来，有成绩也有问题。比如村民委员会的选举，外国人看了都很佩服，因为它是真正意义上的“海选”，自己报名经资格审查合格后就都可以作为候选人。但在有些地方实际上也受到很多干扰，比如宗族关系的影响、大户大款的拉票甚至贿选等。现在最突出的问题，是很多村组织存在着产权和治权脱节的问题。产权就是土地的所有权，南方大多数农村的土地所有权是在村民小组；北方不少村是大村，一个村有若干村民小组，但村民小组不是法定组织，没有法律地位。自治权在村委会，而村委会在很多地方并没有土地所有权，治权如果侵犯了产权，就容易产生一些问题。因为村委会是土地发包方，而发包的土地所有权不在村委会，这样的问题怎么解决，也要认真研究探讨。有些地方已经提出来，为了让农村基层党的组织和党的工作能够全面覆盖，为了让农民能够真正体现当家作主的权利，能不能在一些确有必要的地方，把村民自治的组织下放到村民小组或者自然村去，特别是在一些丘陵山区、地广人稀、农民居住非常分散的地方。再加上最近这几年并村并得很厉害，目的是为了降低行政成本，但并村之后在有些地方也引出了不少矛盾。我们的很多政策，比如村村通，即硬化道路村村通、广播电视村村通、农家书屋村村有等，原来的几个村被合并成了一个村，如果只通到村委会所在的村，其他的村没有通，农民就有意见了。还有些村委会，下辖十几个村民小组，但村委会只有5到7个委员，讨论问题时有的村民小组没人参加，没能反映出他们的诉求，也会引发矛盾。这些问题都必须进一步去研究解决。2016年10月1日，中办已经发出了关于在确有必要的地方把村民自治组织落实到村民小组或自然村开展试点的文件，就是要探索解决这个问题。

尊重农民民主权利的第二个问题，就是城镇化过程中大量外来人口到城市打工，他们真正住在城里的很少，大部分都住在城中村、城边村。这些村都面临着外来人口比户籍人口还多，甚至多好几倍的情况，原村民就很担心外来人口会不会把我们的财产权利给吃掉了。民政部门规定外来人口在一个地方居住够一年就可以申请在当地有选举权。本地村民就想，如果外来人口当了村委会主任，本集体的家当会不会受侵犯？于是迫切要求抓紧推进集体产权制度改革。这就需要认真研究村民和集体经济组织成员之间的关系。过去农村的村民就是集体经济组织成员，集体经济组织的成员就是村民；但现在的城镇郊区可能就不是这样，大量居住在本村的村民可能并不是本集体经济组织的成员，因为他们是从外地来这里居住的。这两者之间到底应该如何区分与融合，这是一个很大的问题。我们到发达地区的城近郊区调查，普遍都存在这个问题。有些地方提出在这样的村要实行政、经分开，这有道理。因为村里的很多公共服务除了政府给的最基本内容之外，大部分都是村集体经济组织提供的。不是本集体经济组织的成员在这里也享受这些由集体组织提供的公共服务，确实存在利益冲突。政府如何来替代集体经济组织对公共管理和公共服务的投入，是解决这个问题的关键。再一个就是村民和集体组织成员的关系如何解决，能不能借鉴日本农协的经验。日本农协跟我们一样，是所有农村地区全覆盖、所有农村人口都加入的地域性组织。我们一直说农村集体组织有几个特性：一个是地域性；第二个是唯一性，一个地盘上只有这么一个组织；第三个是排他性；第四是封闭性。日本、韩国、我国台湾也都是这个样子。日本农协的功能非常完备，从生产指导到金融服务，从医疗到教育都有，要在本地的农民中找到这么多专业人才是做不到的，所以请外面的人来做雇员，一般请的都是居住在当地村庄的人，但这些人不是农民，他只是住在这里，大部分人跟本村有着亲缘关系，比如招进门的女婿，娶进来的媳妇等，但是他们有专业技能。农村的大部分设施都是农协提供的，农协的雇员不是农协的成员，能不能利用？日本农协在处理这个问题时提出了组合员的概念，咱们叫成员，他们叫组合员。日本农协把组合员分成正组合员和准组合员，正组合员就是当地的农民，准组合员不是当地农民。准组合员在履行一定手续后可以使用农协的各种设施，但对农协的事务没有决策权。这些经验是否可以借鉴？毕竟现在外出的农民工已达1.7亿多人，这部分人长期在外，其公民权利应当受到保障，所以要解决好这些问题。当然，在保障农民合法权利方面还有很多工作要做。

以上我把农村改革的历程分成五条脉络来梳理，或者说把它概括成五个字：

第一个是“地”，就是土地问题。这是农村改革的一条主线。

第二个是“粮”，粮食和其他主要农产品的生产、流通、购销体制等方面的改革。这是关系到人民群众生计的一件大事、关系到国计民生的一件大事。

第三个是“人”，就是农民。中国的现代化离不开持续不断地推进城镇化，因此农业人口向城镇人口、向非农业人口的流动，农业人口逐步的城镇化，是我们国家现代化进程中的一件大事。

第四个是“财”，主要是讲财政资金。由于过去我们国家财力不足，长期以来农村的事都是农民自己办，现在一些偏僻的农村、山区还能看到“农村道路农民修”“农村学校农民建”这样的大标语贴在那里，就是因为国家的公共财政覆盖不到农村的方方面面，所以农村事长期农民办。但这个情况在改革的过程中逐步发生了很大的变化，应该说现在公共财政的阳光雨露也都覆盖到了农村的方方面面。

第五个是“权”，权利或者权益。拉开农村改革序幕的党的十一届三中全会的召开是我们改革历程中很大的一件事，提出了对“文化大革命”的拨乱反正，端正了党的思想路线，为改革开放奠定了理论和思想基础。十一届三中全会的一个成果就是通过了《中共中央关于加快农业发展若干问题的决定（草案)》，在这个《决定》里面有两句话可以说是党中央认真贯彻三中全会精神，体现在农业方面特别重要的两句话，第一句是在物质上要保障农民的经济利益，第二句是在政治上要尊重农民的民主权利。

整个农村改革就是这两句话构成了39年来党对农村政策的一个底蕴，实实在在地按照这两句话去推进才能确实保障农民的经济利益、尊重农民的民主权利，才能充分调动广大农民群众的积极性，体现在具体方面，一个是要认真对农村集体经济本身进行产权制度的改革，真正能够体现农村的集体经济，无论是不动产还是动产都属于农村集体经济的全体农民所有，此外，政治上要推进党领导下的村民自治制度，让农民真正能够在农村当家作主。

论农业供给侧结构性改革[①]

（2017年）

当前我国农业发展呈现的特点是：既取得了巨大成就，又面临着巨大挑战。可以说，当前的挑战不仅来自现实的困难和问题，更在于新形势下已经不可能再以原有的发展方式来应对新的局面。所以，这一年多来，大家都在讨论关于“农业供给侧结构性改革”的问题。习近平总书记2015年11月在中央财经领导小组第十一次会议上提出：“推进供给侧结构性改革，是当前和今后一个时期经济工作和经济发展的主线。”在同年12月召开的中央经济工作会议上，总书记又一次强调了这个问题。2015年年底，中央农村工作会议讨论的主要内容以及随即发出的中共中央2016年1号文件，都特别强调要大力推进农业供给侧结构性改革。

一、什么是农业供给侧结构性改革

2016年3月，在十二届全国人大四次会议上，习近平总书记在参加湖南团讨论时指出：“新形势下，农业主要矛盾已经由总量不足转变为结构性矛盾，主要表现为阶段性的供过于求和供给不足并存。要把推进农业供给侧结构性改革、提高农业综合效益和竞争力，作为当前和今后一个时期我国农业政策改革和完善的主要方向。”总书记的这段话，揭示出了我国农业当前面临的主要矛盾以及农业供给侧结构性改革的基本含义：不同农产品面临着阶段性供过于求与供给不足并存的

① 本文原载于《中国农业大学学报》2017年第2期。

局面，因此不能单纯追求农产品产量的增长，也不能只从国内市场供求的视角对现有各类农产品进行生产结构上的调整，而是要在经济全球化的背景下，深入思考如何在总体上提高我国农业的综合效益和国际竞争力。

改革开放以来，我国在解决人民的温饱问题上取得了很大成就。在1998年党的十五届三中全会通过的《决定》中，第一次做出了我国粮食已经实现“总量大体平衡、丰年有余”的判断。虽然此后的供求状况又发生过一些阶段性变化，但从总体上看，我国粮食生产能力在持续稳步增长。特别是2004年到2015年，粮食的年产量从8614亿斤增加到了12429亿斤，连续12年增产，年均增产318亿斤。由此可以做出这样的判断：我国粮食的供给能力已经基本可以满足国内的总需求。但突出的问题是：有些粮食品种供不应求的局面在加剧，而有些粮食品种却出现了明显的阶段性供过于求现象。

所以，我们要为过去的粮食产量连续12年增产感到自豪，因为这样的成就在中国历史上没有过，在世界历史上也没有过，这个成就表明我们已经具备了年产1.2万亿斤粮食的能力。但我们现在看到的问题是：消费者对粮食的需求不仅仅是数量在增长，更是对品种、质量等方面提出了更高的要求。于是就出现了有些品种满足不了市场的需求，而有些品种却出现供过于求的现象。现在超过正常需求的库存粮食品种，大多是不符合市场需求的结果。这里讲的不符合市场需求，不仅仅是数量上的问题，更突出的是国际竞争力问题：有些品种国内是有需求的，但价格明显高于国际市场，因此产得出来却卖不出去，市场被国外的同类品种或替代品夺走了，于是就只能进仓库。供不应求的品种，最突出的就是大豆。中国是大豆的故乡，在20世纪相当长的时间里，中国始终是世界上大豆产量、出口量第一的国家。但现在我们的大豆产量比历史最高水平减少了约1/3，在世界上的排名已经降到第四位，巴西、美国、阿根廷的大豆产量都比我们高，而我们大豆的进口量却已经成为世界第一，2015年全球出口大豆的2/3是我国购买的。为什么会出现这种生产出来了却卖不出去、国内有需求的却生产不出来的情况？原因当然很多，但根本性的问题是两个：一个是农业科技的创新能力不足；一个是农业经营体制不适应国际市场竞争的要求。这两个问题是我国农业在经济全球化背景下的软肋，农业的供给侧结构性改革，就是要通过科技创新和体制创新来解决这两个问题。

二、为什么要推进农业供给侧结构性改革

改革开放以来，我国农业的生产结构一直在作调整。2015 年我国农作物播种面积比 1978 年增加了 10.8%，但粮食的播种面积占农作物总播种面积的比重从 1978 年的 80.3% 降到了 2015 年的 68.1%，因此各类农产品的供给才能极大地丰富起来。对农产品生产结构调整起主导作用的是市场供求关系的变化。在经济全球化背景下，国内市场也不再是封闭的市场，有些产品必须考虑国际市场对国内市场的影响。从当前的实际情况看，我们在与国际市场农产品的竞争中，存在两方面的薄弱环节：一是有些产品的科技含量不足，单产低、效益差，农民不愿生产；二是有些产品单产虽有提升，但成本高，价格不具竞争力。第一个方面的问题突出体现在大豆上。2001 年，朱镕基同志到东北去考察回来，对于粮食问题作了一段很长的批示。朱镕基同志讲，他年轻的时候唱《松花江上》这首歌，就知道东北漫山遍野都是大豆高粱，但现在到处都是美国大豆。这一年我们进口大豆刚超过 2000 万吨，而 2015 年我们进口大豆是 8123 万吨，比那时增加了 3 倍多。目前我国的大豆需求的 87% 要依赖国际市场进口。

既然国内市场的大豆需求在快速增长，但我国的大豆产量却为什么不增反降呢？我认为主要是科技原因。1968 年我到黑龙江生产建设兵团下乡时，对农业是完全陌生的。但下了乡，各级领导反复对我们讲，把农业搞上去，主要就是把粮食单产搞上去。1956 年经全国人民代表大会审议通过的《中国农业发展纲要（1956—1967）》提出的粮食单产目标是：白龙江以东、黄河以北地区亩产要达到 400 斤，黄河以南、长江以北地区亩产要达到 500 斤，长江以南地区亩产要达到 800 斤。所以各级领导都要求我们努力生产，争取使粮食亩产上“纲要”、过黄河、跨长江，就是亩产要达到 400 斤、500 斤、800 斤。我在黑龙

江兵团（后来改为农垦）整整10年，临走的时候玉米亩产有350斤，小麦亩产最多300斤。但是现在再回去看，已经超过“纲要”提出的“跨长江”的目标了。就全国来说，2015年的谷物平均亩产已经接近800斤。但离当年制定农业发展纲要已经过去整整60年，唯独大豆至今也没能上“纲要”，2015年全国大豆的亩产是247斤，历史最高水平是2002年的亩产252斤。大豆的亩产60年还没能上“纲要”，我想最重要的原因就是科技含量不高，在大豆育种、栽培技术等方面都存在科技创新不足的问题。否则就没法解释为什么全球大豆平均产量能达到370斤以上，而我国大豆亩产却连250斤都难以达到。

如果不能努力使我国的大豆在单位面积产量上赶上世界平均水平，我们的大豆就不会有国际竞争力，农民也不会愿意种大豆。国家2015年对东北地区大豆制定的目标价格是每斤2.4元，按亩产250斤计算每亩毛收入只有600元。而同期国家对东北地区玉米临时收储价是每斤2元钱，按亩产1000斤计算的毛收入就是1000元。在这样的比价之下，农民当然会选择种玉米，结果就是大豆的种植越来越少，进口量不断增加。而玉米产量出现过剩，并且还在不断增长，库里已经存放了超过一年的玉米产量。要化解这个矛盾，就要推进农业供给侧结构性改革，加大农业科技创新的力度。

第二个问题则带有相当的普遍性。现在粮食的产能已经在12000亿斤左右，可以基本满足国内的需求。2015年的总产量是12429亿斤，2016年是12325亿斤。现在国内的粮食总需求大概在12900亿斤左右，所以每年还存在500亿—600亿斤的粮食产需缺口，因此适量进口是必须的。但问题是在只有500亿—600亿斤缺口的情况下，我国去年进口的各类粮食总量接近2500亿斤。为什么要多进口这么多粮食？一个是国内供给和需求的结构存在很大的差异。如大豆的缺口就超过1500亿斤，2015年大豆实际进口1625亿斤，即进口的2500亿斤粮食中，大豆占了2/3。这说明仅仅大豆一个品种的供求缺口就比我国粮食供求的总缺口还大得多；反过来也说明，通过进口满足了大豆的需求之后，国内生产的其他粮食品种一定存在着供过于求的现象，比如玉米。其实我们的小麦和稻谷在目前这个阶段也都有一定的供过于求现象，至少也是在满足需求之后还略有节余。那为什么还要进口？主要是因为与国际市场相比，我们的价格不具竞争力。同样品种、同样质量的农产品价格高于国外产品，所以就造成了这样一种局面：一部分产品不是产不出来，而是产出来之后可能卖不出去。除了品种、质量、食品安全等问题之外，卖不出去一个很重要的原因就是价格比别人贵，消费者、经营者当然会选择价格更低的。

这几年我国农业发展得很好，但是需求增长更快。因此能看到，我们的多数农产品，特别是对人民群众日常生活不可或缺的重要农产品都在进口，如粮食、棉花、油料、奶、肉、糖等。进口的原因，对于多数品种而言，不是我们自己生产不出来，而在于提供的产品没有价格竞争力。我国谷物几个主要品种的国内平均价格要比国际市场高出 30% 到 50%。比如进口的玉米，现在到岸价基本上不超过每吨 1600 元，而 2015 年我国东北地区生产的玉米，对农民的临时收储价就达到每吨 2000 元，加上收储的成本和运费，到关内的销价不会低于每吨 2200 元；再如国家对东北地区生产的大豆制定的目标价是每斤 2.4 元，收购价即每吨 4800 元，但进口大豆的完税落地成本价格一般不会超过 3500 元；国家对新疆的棉花制定的目标价是每吨 18900 元，但是进口的价格每吨不超过 14000 元；我国最重要的食糖生产基地是广西，如果一吨糖的出厂价格达不到 5000 元，农民和糖厂就都很难赚到钱，但是进口食糖的到岸价格每吨不会超过 3000 元；国内生产的猪、牛、羊肉的价格也要比从国际市场进口的价格高出一倍；2016 年全球农民出售鲜牛奶的平均价格是每公斤 1.85 元，而我国农民出售鲜牛奶的价格是每公斤 4.05 元。这样的价格怎么去和国际市场竞争？幸亏我们的市场体量大，进口的那些农产品大部分都得以消化；而别的国家产能小，能出口的那些农产品对我国而言数量也有限。但是粮、棉、油这样的大宗农产品的国际市场价格对我们的压力与日俱增，实际上已经影响到了我国的农业生产。

因此，之所以要提出农业供给侧结构性改革，就像习近平总书记讲的那样：我国农业已经发展到了一个新的阶段。这个阶段的主要矛盾不在数量，也不在品种、质量的问题，整体来看，关键在于农业效益不高、农产品价格的国际竞争力不强，这是我国农业存在的明显软肋。按照总书记的讲话精神去理解，推进农业供给侧结构性改革的目标：第一是要从整体上提高农业的综合效益，第二就是要提高农产品的国际竞争力。所以，提出农业供给侧结构性改革，绝不是在名词、概念上做文章，而是有着实实在在的内容和非常明确的目标。这样的改革虽然也会涉及区域之间的农业结构调整、品种之间的生产结构调整，但仅仅作这样的调整是远远不够的，因为我们的农业这个产业，它面临着必须从整体上提高综合效益的问题；我们的所有农产品，都面临着从整体上提高国际竞争力的问题。这就是推进我国农业供给侧结构性改革的基本含义。

正是从这个角度，我国农业的发展就必须有担当、有志气，也要看到我国农业当前所面临的危机，这个危机就在于我们的农业不是产不出产品来，而是产出来后可能卖不出去，卖不出去就只能堆在仓库里，财政负担不起，库存时间长了还会降等、降级甚至变质。怎样才能解决这些问题？就是要推进农业供给侧结构性改革。

从这个角度去看中国农业大学建立国家农业农村发展研究院的意义，首先要认识到当前我国的农业问题，不是单纯地依靠经济措施就能够解决的问题，而是需要各方面的协调，需要农业的技术政策、经济政策、社会政策等各层面的配合，如此才能形成合力去化解难题。而中国农业大学各涉农学科齐全，整合好自身的力量，完全具备为国家在农业决策方面当好参谋的条件和素质。

下一步农业政策的改革与完善面临着非常重要的几个问题：第一是良种，这是农业的核心竞争力；第二是节本，即节约成本；第三是降耗，即降低消耗；第四是确保农产品的质量和食品安全；第五是要实现可持续发展的目标；第六，也是最根本的是要让农民有积极性。只有实现了这六个目标，才能使我国农业的整体效益得到提高，才能使我国各类农产品的竞争力得到提升。所以，我们要以全球视野来审视国内农业所存在的那些突出软肋，运用各种学科、各方面的知识进行综合性的研究，才能为扎实推进我国农业供给侧结构性改革起到并起好决策咨询的作用。

三、如何推进农业供给侧结构性改革

当前我国农业供给侧存在的这些问题到底如何进行改革？实际上这方面的改革已经开始了。党的十八大以后，新一届国务院从2013年上半年就开始进行研究。首先研究的就是棉花和大豆，2014年开始推出了新疆棉花目标价格和东北四省区大豆目标价格改革，现在看，棉花的改革效果明显，已经比2013年国家制定的新疆棉花临时收储价格每吨20600元降低近2000元。到了2015年的夏天，国务院又研究确定对长江中下游地区的油菜籽停止实行临时收储政策，改为国家给予一定补贴之后，完全按市场价格进行购销。到了2015年9月，国务院又决定把东北四省区的玉米临时收储价格从上年的平均每斤1.12元降到每斤1元。2016年的中央1号文件又进一步提出，对东北四省区的玉米取消临时收储价政策，实行按市场价格购销。东北取消玉米临时收储至今已近一年，总体来讲推进得不错。刚开始对农民有很大震动。2016年3月我到东北玉米主产区作专门调查，8月再次去调查。当时感觉到农民非常担心，国家临储不收了，卖不出去怎么办？价格到底会跌到什么程度？农民当然知道实行新政策后玉米的价格会下降，因为比国际市场高出那么多的价格是保持不下去的。但是没想到玉米价格跌幅这么大、跌得这么快，从2015年国家以1块钱一斤的临储价收购，到2016年秋收后有的地方降到了不足0.6元一斤。但为什么说进展总体不错呢？第一，它使整个东北四省区的玉米播种面积减少了2300万亩，大概比2015年的播种面积减少了10.5%。第二，从东北目前的玉米市场价格来看，辽宁省的玉米价格大概在0.8元上下，吉林省在0.75元上下，黑龙江大概在0.60元到0.70元之间，这个价格与进口玉米的到岸完税落地价格的差距已经很小了。从加工企业自身原料供给的安全性角度看，随时想要随时都可以到当地市场上去买，并且与进口玉米的价差很小，那就宁可买国内的也不会去进口，这就把市场拿回来了。第三是价格与补贴分离后，价格跌下来了，补贴却增加了，农民的利益得到了一定的补偿。中央财政拿出了390亿元去补贴四省区种植玉米的农民。黑龙江种植玉米的面积最大，每亩地补了

150多元钱，这对那些适合种玉米的地方，农民的日子就还能过得去。

综合起来看，对东北四省区的玉米实行“市场定价、价补分离”的改革，应当说既有必要也有成效。但改革当然不仅仅限于玉米的定价机制、补贴政策和收储制度，推进农业供给侧结构性改革，至少需要从以下四个方面去努力寻求新的突破。

（一）改革价格形成机制。要想推进农业供给侧结构性改革，首先要改革价格形成机制，如果不从这方面发力，仍然把政府制定主要农产品的价格作为保护农民利益的主要手段，最终就会使结果背离愿望。我们靠不断提高最低收购价和临时收储价的办法，虽然在一个时期内使农民得到了实惠，但当国内的粮价因此而明显高于国际市场价后，国家收储的粮食就卖不动了，农民产出的粮食也就卖不出去了，实际的市场价格就必然会大幅度下降，因此必须把价格与补贴分离——价格由市场供求决定，补贴则在价格以外另行支付给农民。所以改革粮食价格形成机制的同时必须也改革现行的农业补贴政策。

很多同志都知道2004年推出在小麦、稻谷主产区实行最低收购价的政策，当时推出这项政策的原因在于2003年粮食产量只有8614亿斤，远远满足不了需求，如果不采取强有力的措施，第二年的粮食总量肯定会出问题，于是2004年的中央1号文件中提出了几大措施：一是减免农业税；二是对种粮农民进行直接生产补贴、良种补贴和购买农机具补贴和后来加入的农业生产资料价格综合补贴；三是对市场紧缺的小麦和稻谷这两个品种在主产区实行最低保护价收购政策。三项政策出台后确实充分调动了农民积极性，当年粮食产量增加了775亿斤，一举化解了粮食供不应求的严峻局面。

但就在那一段时期中，我国的整个国民经济进入了快速增长的阶段，年增长幅度都在10%以上，同时也出现了生产要素价格快速上涨的局面，土地价格、资金价格、劳动力价格都在快速上涨。当然这反映在各个行业之中，而反映在农业上，这三种要素价格的快速上涨，导致农业生产成本的大幅度提高。

于是农民觉得政府原来定的最低收购价格水平低了，要求提高。实行最低价收购政策后最初几年的效果非常好。第一，当时的最低价是略低于市场价的，因此并不需要真正启动按最低价收购对市场托底的做法。开始四年，没有启动按最低价收购的托底政策，粮食都从市场就走了。第二，2004—2007 年连续四年政府制定了最低收购价，因为没有实际启动，所以最低价的水平也连续四年没有提高过。这个政策在开始那四年可以说成效非常突出，就是推出了最低价收购这样一个政策，让农民心里有了底，但并不需要采取对市场托底的实际行动，就让粮食产量连年增产。但是到了 2007 年就不行了，因为粮食生产成本上升得太快，农民觉得国家 2004 年定的最低收购价水平低了。于是国家从 2008 年开始提高最低价，以后年年都提高，直到 2014 年。2004 年最开始定的最低收购价格，早籼稻每斤是 0.7 元，到了 2014 年是 1.35 元，提高了 93%。中晚籼稻 2004 年是每斤 0.72 元，2014 年是 1.38 元，提高了 92%。粳稻 2004 年是每斤 0.75 元，到了 2014 年是每斤 1.55 元，涨了一倍还多。2004 年定的最低价是连着四年没有动，到了 2008 年才开始调，7 年时间就涨了这么多。玉米最初没有实行最低收购价格，但为了东北种玉米的农民的收益，2007 年开始实行了临时收储价格政策，当时是 0.7 元一斤，到了 2014 年变成 1.12 元，提高了 60%。这么大幅度的提高，同时又遇到全球金融危机，大宗商品的需求减少，价格低迷。从 2012 年开始，全球粮食市场价格都在下降，所以就出现了中国的粮价在上升，国际粮食市场的价格在下降的局面。到了 2015 年，我们这几个品种的价格就比国际市场高出了 30%—50%。所以政府运用价格政策来作为调控经济的手段，一定要考虑其合理的区间，超过了合理区间就会出现反效果。

过去我们把粮食价格提得这么高，最重要的原因是把对农民的补贴放到价格里面，所以叫“价补合一”的最低或临储收购价政策。现在要把它分开，实行价补分离，才能使我们的粮食价格回归到市场能够接受的合理水平。从这个角度来讲，推进农业供给侧结构性改革非常重要的一个方面，就是必须把握好价格形成的关键，产生一个合理的价格形成机制，同时又要去推进农业补贴政策、重要农产品收储制度等方面的一系列改革，这是推进农业供给侧结构性改革在体制创新方面的重要一环。

（二）推进科技创新。单纯地依靠价格保护、依靠补贴是培育不出竞争力的，还要大力推进科技创新。比如我们的大豆，即使再提高价格，农民种出来了，也卖不出去。只靠价格保护和补贴，要让农民愿意种大豆，东北大豆的目标价格需要达到每斤 3.5 元—4 元，即每吨 7000 元到 8000 元，否则农民是不会种的。而这样的价格在国际上大约是两吨半大豆的价格。所以农业供给侧改革还要着眼于科技创新。

科技创新当然是慢功夫，涉及科技和市场如何结合、科技和企业如何结合、科技和推广如何结合以及科技人员的积极性如何调动等问题——这些问题不解决，难以推出什么重大科技创新。在科技创新方面我们要高度关注。如果大豆再过五年、十年仍没能推出重大科技创新，很可能我们的大豆就会变得像大熊猫一样，需要国家的特殊保护，否则就没人愿意种它。在这方面我们要有危机感。

（三）推进农业经营体系创新。我国耕地总面积有 18.6 亿多亩，但由于农民数量多，人均经营的耕地面积很小，因而效率较低。农村改革初期，中央从 1982 年到 1986 年连续发了 5 个 1 号文件对农业进行指导，其中 1984 年的中央 1 号文件，第一次提出要延长农民的土地承包期到 15 年，在这个文件中同时也提出了鼓励耕地向种田能手集中，这就涉及农户承包土地的流转、集中和规模经营问题。因此，农村土地的流转在改革开放的 30 多年来一直都在进行。最近中共中央办公厅和国务院办公厅发布《关于完善农村土地所有权承包权经营权分置办法的意见》，其实农民和基层一直都在做三权分置这件事，但一直没能从理论上、政策上把关系真正讲清楚。实行农村集体土地由农民家庭承包经营后，理论上的概括是“两权分离”，即土地的所有权是农民集体的，而土地的承包经营权是农户的。问题在于土地流转，流转的到底是个什么权呢？土地的承包权与土地的经营权能不能分开？至少在现行的有关法律中还没有明确讲到这一点。在 2013 年 11 月 12 日党的十八届三中全会通过的《决定》中提出“在坚持和完善最严格的耕地保护制度前提下，赋予农民对承包地占有、使用、收益、流转及承包经营权抵押、担保权能，允许农民以承包经营权入股发展农业产业化经营。鼓励承包经营权在公开市场上向专业大户、家庭农场、农民合作社、农业企业流转，发展多种形式规模经营。”这里使用的还是“承包经营权”，还没有把承包权与经营权分开。而在三中全会闭幕一个多月后，在12月23日召开的中央农村工作会议上，习近平总书记的讲话中第一次提出要把承包权与经营权分开，提出：“要顺应农民保留土地承包权、流转土地经营权的意愿，把农民土地承包经营权分为承包权和经营权，实现承包权和经营权分置并行。这是农村改革又一次重大制度创新。这将有利于更好坚持集体对土地的所有权，更好保障农户对土地的承包权，更好用活土地经营权，推进现代农业发展。”他还讲：“家庭经营在农业生产经营中居于基础性地位，集中体现在农民家庭是集体土地承包经营的法定主体。”同时强调：“农村集体土地应该由作为集体经济组织成员的农民家庭承包，其他任何主体都不能取代农民家庭的土地承包地位。农民家庭承包的集体土地，可以由农民家庭经营，也可以通过流转经营权由其他经营主体经营。但不论经营权如何流转，集体土地承包权都属于农民家庭。”他特别强调：“这是农民土地承包经营权的根本，也是农村基本经营制度的根本。”这就把农村集体的土地谁能承包、承包到户后的土地可以怎样经营、土地的承包权与土地的经营权是什么关系等问题都讲透了，下一步要把这些根本问题变成政策、变成法律，这样农民就能放心、敢于流转自己承包土地的经营权。

对于流转土地，过去确实有很多农民不放心，总是担心流转了土地的经营权就把土地的承包权弄丢了。现在推出三权分离政策之后，进一步在法律上、制度上加以规范，通过对农户土地承包经营权的确权、登记、颁证，通过修订相关法律，落实中央提出的农民土地承包经营权“长久不变”的政策，我想农民承包土地经营权流转的局面会变得更好。当然习近平总书记也讲“有序流转承包土地的经营权，也是一件政策性极强的工作”。他再三强调“土地的经营权流不流转、流转给谁，必须要让农民自己选择，不允许采取强制性的措施”。

目前，大约有30%的承包农户全部或部分流转出了自家承包土地的经营权，流转的总面积大约占农户承包土地总面积的1/3。根据农业部前不久公布的数据，全国农村现在经营土地面积在50亩以上的经营主体有350万户，这350万户一共经营的耕地是3.5亿亩，平均每户经营100亩。一个农业经营主体要经营100亩耕地意味着差不多有十户农民流转承包土地的经营权。问题是100亩的规模在我国确实不小，但和新大陆国家相比就算不上规模经营。但这还是次要的，更重要的问题是，经营100亩农地的经营主体能采用什么样的技术手段来经营土地。

就这个问题，看日本、韩国和我国台湾的例子，这些地区经营几十亩、上百亩地的农户已经不在少数，而且纯粹从技术角度来看，他们的农业现代化程度也已经相当高。但是问题在于无论是韩国、日本还是我国台湾，生产粮、棉、油等大宗农产品方面在国际上都是没有竞争力的。这反映出一个很重要的问题：就是土地密集型的农产品生产，不仅需要相当规模的土地，更需要有现代化的大型农业机械作业。而当前的现代化大型农业机械，它的作业单位都以万亩为目标，上万亩、几万亩的农地经营规模才能够充分发挥出这些大型机械的效率。日、韩和我国台湾的农户经营之所以在土地密集型农产品方面缺乏竞争力，很重要的原因就在这里。我在黑龙江生产建设兵团下乡时，也是机械化的农业生产。一台54马力的履带式拖拉机加上所配套的农机具，只要三五个人就可以耕作约3000亩耕地，在那时也是很高的水平了，但现在再回到黑龙江去看，最新型的进口大型拖拉机是550马力的，在秋翻地抢农时的季节，如果息人不息机，一昼夜可以翻地5000亩。以这样的拖拉机配套全部农机具，在少于万亩的耕地面积上难以发挥出它的效率。所以如果流转不了那么多的耕地，买了这样的农机具就会闲置、就会亏损。但没有这么大的耕地面积，是不是就不能用这样的现代化大型农业机械？而用不了这样的机械，是不是意味着永远难以同外国农产品竞争？日本、韩国、我国台湾似乎就是这样的结果，但在我国不少地方却并非如此。我国的农民很聪明、很有创新和创造能力：自家的承包地面积加上流转来的耕地面积还是达不到大型机械发挥效率的规模，但是550马力的拖拉机和全套的农机具照样买，因为农户买之前就知道这不是只给自家用的，还要给周边其他的农户提供服务。黑龙江现在发展了不少以农户土地经营权入股的土地股份合作社。克山县有一个很知名的仁发合作社，1000多农户把自己的土地经营权入股，现在合作社经营的土地面积达到55000亩，所以它就可以使用世界上最先进的农业机械设备，并且取得明显高于一般农户的经济效益。黑龙江五常市的农民水稻合作社，以经营权入股的土地面积也达到四万亩，这样的土地经营规模可以用任何先进的农业机械。到全国各地的农村去就会发现，并非只有通过土地经营权入股才能实现现代化农机具的大规模作业。不少地方的农民创造了土地托管、代耕等新的经营形式，即家中主要劳动力外出而又不愿流转土地经营权的农户通过购买服务的方式，请服务组织或服务专业户来耕作自家的承包地，使几十户、几百户这样的农户连在一起，照样可以为机械化大规模作业提供足够的空间。

所以通过这几年农民的创造，有两条路在走，即通过土地经营权的流转发展土地的规模经营，和通过扩大服务的规模，让更多的小规模农户可以使用现代化的农机具作业。没有规模经营就很难有现代农业，但是规模经营不见得只是土地的规模经营，虽然土地经营权的流转、集中、规模经营，是实现农业经营规模的一条途径，但农业社会化服务规模的扩大同样也是一条路径。一个服务组织可以用现代化的农业机械去为几十、几百户农民服务，从而实现在几千亩、上万亩的耕地上进行大规模的机械化耕种，并使每一个农户都可以用上最先进的现代农业机械，这同样是规模经营。大家知道我国每年播种小麦的面积大约是3.6亿亩，而小麦收割的机械化水平已经超过90%，但那并不是指90%以上种小麦的农户都去买了联合收割机，而是农业部协调其他部门，推动农机服务组织跨区作业等来实现的，这样绝大部分不购买联合收割机的农户通过花钱购买服务，就都可以实现机械化收割。再比如，现在我国农业对无人机的使用量是世界第一，一般情况下，小型无人机十分钟可以完成一亩地的喷药或施肥。我到无人机作业的地里去问过农民，喷撒一亩地的矮秆作物花费10元钱，喷洒高秆作物需要15元，一季最多喷三次也就可以了，这样一亩地追肥和植保的作业需要花30元或者45元钱，既不用农民自己到地里去喷撒，又安全和节约。买无人机的服务组织或专业户当然知道买来设备肯定不只是在自家的那点地使用，而是要为周围几千亩甚至更多的农地提供服务。

从农业经营体制的创新来看，我觉得除了要推进新型城镇化以逐步减少农民，让土地经营权更多地流转、集中，和过程会很长的实现耕地的规模经营外，更应该看到农民在这方面的创新和创造，如扩大服务的规模。用扩大现代农业技术的服务规模来弥补我们耕地经营规模的不足，这可能是我们农业经营体系创新方面的一种独特要求。

坦率地说，我国要真正实现 70% 的人口能够在城镇定居，那不是一件容易的事；但即使实现了这个目标，还会有四五亿人在农村生产、生活。正因为这样，我国一定要走出一条有自己特色的农业现代化道路，包括符合自身国情、农情和农民心理的规模经营之路。人地比例与我们相近的日本、韩国以及我国台湾省的农业虽然现代化起步比我们早，但是我敢自信地说，他们到现在没走出我们这种以扩大生产服务规模来实现规模经营的路，这就说明中国农民的创造性是相当强的。所以至少要有两种规模经营，同时也要重视两种经营主体：一种是在自己经营的土地上提供农产品的经营主体，另一种是给提供产品的农户提供生产作业各环节服务的经营主体。这两方面的经验都要认真总结，这样才能为经营体系的创新提供更开阔的视野。因此要更多地去总结和提升基层和农民的新鲜经验。

（四）*发展农村新产业、新业态*。中国农民的数量很大，短期内很难快速下降。面对这样一个现实，一定要在供给侧结构性改革中注重发展农村的新产业、新业态，推进农村一、二、三产业的融合发展。根据农业部前些日子公布的数据，2016 年我国农村的电商服务点已超过 40 万个，网购的商品达到 2200 多亿元，可能数据较保守，因为阿里巴巴的主管讲阿里巴巴一家就实现了 900 多亿元。但即便是 2200 亿元也意味着农村网上销售也比去年增加了 46%，可见这是一个很受欢迎的方式。网购既可以让消费者买到新、特、优的农产品，更可以给农民创造新的就业机会。再比如农家乐、乡村旅游、体验农业的发展也非常迅速。浙江乡村旅游搞得就很好，这和它的生态环境肯定有非常大的关系，习近平总书记前不久讲的绿水青山就是金山银山，这句话在浙江早已叫响，上个月我去浙江省德清县调研，住在德清县一个村子的农家乐里面，跟这个村的党支部书记聊天，他提了一个很好的问题，说绿水青山也不是现在才有的，我们德清老早就有绿水青山，但当时变不成金山银山说明现在城里人富了，想到乡下来玩了，也说明农村有条件能接待他们了。我想他讲的非常重要，从经济的角度看，就是现在有新的需求出来了，也有新的供给跟上来了。

回来以后我查了一下统计数据，2015 年城镇居民人均可支配收入是 31195 元，7 亿多城镇居民中收入最高的那 20%，人均收入是 65000 多元，25% 至 50% 的是 38000 多元，这表明现在的城镇居民中至少有 40% 的人口的家庭年收入是超过十一二万元的。同时，2015 年全国城镇居民的家庭中，每百户拥有的家用汽车是 30 辆，从这个角度来讲，这 40% 的收入较高的城镇居民，特别是自己买了汽车的家庭，节假日就可以出去玩了，于是乡村旅游才能发展得起来。另一方面，如果没有这几年中央强调城乡统筹发展，把基础设施建设和社会事业发展的重点放在农村，以及建设美丽乡村等等，即使想去、能去农村，没路、没水、没电也不可行。这几年农村的电、水、道路都在加快发展：新一轮农村电网改造正在推进；水利部一直在做农村安全饮水工程，且大部分已逐步解决；2016 年底全国乡村道路的通车里程可以达到 400 万公里……城镇居民的收入增长和农村建设的新发展两者对接，于是乡村旅游被开发出来。按照国家旅游局统计，2016 年全国国内旅游达到 44 亿人次以上，其中 30% 是乡村旅游。乡村旅游的发展，直接带动了农家乐、民宿等，这就为农村创造了大量新的就业和收入机会。

虽然城里人已经有这个新需求，如果农村提供不了相应的条件，那这个需求就得不到满足，而且城里人到乡村去旅游，需要的是和在城里生活不一样的体验，包括文化和传统。讲一个很简单的例子，我到浙江省江山市的一个村子里调查，随便走到一户人家，跟家里老太太聊天时，我说你们村真漂亮，她说山水都是天成的，主要是村子里搞得干净。她自己嫁到这个村 60 年了，刚嫁过来婆婆就教育她女人在家里持家至少做到四个“净”：第一是院子里、屋子里的地面要净，干干净净人家才愿意走进来；第二是桌面要净，桌子上一尘不染，人家才愿意坐下来跟你聊聊天；第三是灶面要净，灶面干净人家才敢喝你煮的茶、才敢吃你烧的饭；第四是脸面要净，穿着的衣服可以是补过的，但一定要干干净净。她说，婆婆教她的“四净”，她如今也教给了自己的儿媳、孙媳。他们这个村子的家家户户，都把这四句话一直传到了现在，传了上百年，所以这个村子和村子里的每户人家，才能都这样干干净净。孔夫子说：礼失而求诸野。意思当“礼”在庙堂之上、在市井之中已经寻找不到的时候，只有到乡村才能把它找回来。这说明，很多优秀的民族传统、民俗民风、手艺技巧等，在农村保持得比城市更久远，但如果我们再不抓紧去开发这些好东西，等到有一天连乡下也没有了，那就无处可找了。

四、结束语

从上述四方面来看，推进农业供给侧结构性改革的任务非常艰巨。但是我们没有退路，必须下决心推进这项改革。之所以强调农村一、二、三产业的融合发展，就是不要想把中国的城镇化和农业现代化问题看得那么简单，以为农业转移人口的城镇化是很快就可以实现的，以为农民承包土地的经营权是很快就可以流转、集中，实现规模经营的。

现在整个农民工总量2.8亿人，其中外出务工的农民工为1.7亿人。但近年外出务工农民工的增长速度正在明显减缓，进入21世纪初时，一年可以增长800万人，慢慢的每年只能增长500万人、300万人、200万人。2015年全国外出农民工总量只增加了63万人、只增长0.4%，2016年则只增长0.3%、增加50万人。我们当然要积极推进以人为本的城镇化，但是必须要看到进城转为市民这件事没有那么容易，尤其是在经济发展进入新常态之后。

习近平总书记在2013年底中央召开的城镇化工作会议上，讲了一句分量很重的话，他讲在人口城镇化这个问题上，我们要有足够的历史耐心。我们是要推进人口城镇化，但是从中国人口的总量来看，也是急不得的。正因为如此，我们应当更努力地想办法通过让农村的一、二、三产业融合，通过发展农村的新产业、新业态，让农民能够在农村找到更多的、不是简单依赖耕地的就业机会，而是让他们在农村能有更多的收入来源。否则完全指着把人都转到城里去，我想没有那么快。

2016 年 4 月，习近平总书记在小岗村还讲过另一句话，他讲规模经营是发展现代农业的基础，但是要改变农业现在这种分散、粗放的经营方式，是需要时间和条件的。在时间问题上他讲，对于改变农业分散、粗放的经营方式，我们要有足够的历史耐心。我想这两句话是一脉相承的，一个是讲改变人口的城乡结构，一个是讲改变农业分散、粗放的经营方式，都需要有足够的历史耐心。

所以从目前的形势看，我个人觉得，在经济发生变化的内外压力之下，只有靠坚韧不拔、勇不回头的改革精神去推进，才能突破我们当前所面临的各种围困，使得我们的农业能够战胜新的挑战，从而迈上一个新的台阶。

深化农村土地制度改革与“三权分置”①

（2017 年）

我国农村的土地制度非常复杂。但国家宪法对农村土地制度在所有制和基本经营制度这两个基本问题上都做出了明确的规定。在所有制方面，宪法第十条规定，农村和城市郊区的土地，除由法律规定属于国家所有的以外，属于集体所有；宅基地、自留地、自留山，也属于集体所有。这就是说，农村的土地，无论是谁占有和使用，也无论其用途如何，都属于农民集体所有。在基本经营制度方面，宪法第 8 条规定，农村集体经济组织实行家庭承包经营为基础、统分结合的双层经营制度。这是改革以后形成的我国农村的基本经营制度。有了这两条就可以说，尽管农村土地制度改革面临的问题纷繁复杂，但基本方向是明确的，改革的底线也是清楚的，只要坚持这两条，就不至于出现颠覆性的错误。

我们说农村土地制度复杂，主要是讲，一是农村土地的数量大，二是农村土地的用途多，三是农村土地牵涉的利益关系复杂。数量大。据第二次全国土地调查，全国属于农民集体所有的土地总面积达 66.9 亿亩，约占全国国土总面积的 47%。农村土地的用途多，有耕地、园地、林地、草地、水面，有村庄建设用地，村庄建设用地中又有农户宅基地、集体公益性建设用地、集体经营性建设用地等，此外，还有相当部分的未利用土地（主要为荒山、荒沟、荒丘、荒滩等）。同时，土地虽然是农民集体所有的，但在如何利用的问题上，必须符合国家

① 本文为 2017 年 6 月在河南省法学会论坛上的演讲稿，其摘要载于《公民与法》2017 年第 7 期。

的土地利用总体规划以及各专项规划、必须接受土地的用途管制。

此外，宪法还规定，土地的所有权不得买卖或以其他方式非法转让；国家为了公共利益的需要，可依法对土地实行征收或者征用并给予补偿。

把这么多因素复合在一起，就决定了农村的土地制度及其改革必然十分复杂，而且很多方面的改革，不仅仅是农村内部的事情，还会影响到经济社会发展的全局，所谓牵一发而动全身。因此，中央对于推进农村土地制度的改革，历来持审慎、稳妥的原则。如关于“三块地”的改革试点、“两权抵押”的改革试点等，都需要得到全国人大的授权才能开展试点工作。

这里，着重讲讲关于农村集体耕地的家庭承包制度以及“三权分置”的制度创新问题。

一、关于坚持农村基本经营制度

习近平总书记指出：我国农村改革是从调整农民和土地的关系开启的。新形势下深化农村改革，主线仍然是处理好农民和土地的关系。最大的政策就是必须坚持和完善农村基本经营制度，决不能动摇。这不是一句空话，而是有实实在在的政策要求，就是要坚持农村土地集体所有，坚持家庭经营基础地位，坚持稳定农村土地承包关系。现有农村土地承包关系要保持稳定并长久不变。建立农村土地承包经营权登记制度，是实现农村土地承包关系稳定的保证，要把这项工作抓紧抓实，真正让农民吃上定心丸。

习近平总书记对如何坚持和完善农村基本经营制度讲得很清楚，就是必须做到“三个坚持”。现在有些同志认为，坚持农村基本经营制度，就是坚持家庭承包经营这个制度，而对于农户所承包的具体地块、承包期限等，都可以随时做出调整。这实际上是对坚持和完善农村基本经营制度的抽象肯定、具体否定。试想，如果农户承包的具体地块在不断调整，法律规定的承包期限得不到落实，哪里还谈得上坚持和完善农村基本经营制度？因此真正要坚持和完善农村基本经营制度，就必须做到习近平总书记要求的“三个坚持”，并研究落实中央提出的现有农村土地承包关系要保持稳定并长久不变的具体政策，抓紧做好农民土地承包经营权的确权登记颁证工作。这样才能真正让农民吃上定心丸。

二、关于农村集体耕地的承包主体

《农村土地承包法》讲得很清楚：农村土地承包采取农村集体经济组织内部的家庭承包方式。对于不宜采取家庭承包方式的“四荒地”等，可以采取招标、拍卖、公开协商等方式承包，但一是本集体成员享有优先承包权；二是如发包给本集体以外的单位或个人承包，须事先经本集体 2/3 以上成员或成员代表同意，并报乡（镇）政府批准，同时，要对承包者的资信情况和经营能力进行审查。

《农村土地承包法》还规定：农村集体经济组织成员有权依法承包由本集体经济组织发包的土地。家庭承包的承包方是本集体经济组织的农户。

尽管法律规定得很清楚，但还是有人在问：为什么只有农民才可以承包土地，我（非农民）就不可以承包？《物权法》在关于所有权问题的第五章第 59 条中讲得很清楚：农民集体所有的不动产和动产，属于本集体成员集体所有。因为农村集体组织的成员是本集体土地的所有者，他是凭着这个身份依法取得本集体土地承包经营权的；也正因为是农民具有这个身份，法律才规定他有权依法承包本集体组织发包的土地。因此，农民获取的土地承包经营权，是依法获取的用益物权，是农民的财产权利。这与在市场主体之间，通过依法平等协商、自愿订立合同取得土地的租赁权是完全不同的。在农村土地承包中，谁有权承包、承包的期限、承包的程序、承包后发包方和承包方各自的权利和义务都是由法律做出明确规定的，这与通常的订立租赁合同的方式也是完全不同的。

对此，习近平总书记曾明确指出：家庭经营在农业生产经营中居于基础性地位，集中体现在农民家庭是集体土地承包经营的法定主体。

农村集体土地应该由作为集体经济组织成员的农民家庭承包，其他任何主体都不能取代农民家庭的土地承包地位。农民家庭承包的土地，可以由农民家庭经营，也可以通过流转经营权由其他经营主体经营，但不论承包经营权如何流转，集体土地承包权都属于农民家庭。这是农民土地承包经营权的根本，也是农村基本经营制度的根本。

三、关于承包期限

现有的法律规定是30年。但中央在2008年就提出了“现有农村土地承包关系要保持稳定并长久不变”。在法律法规和政策中怎么体现“长久不变”，认识上还有不尽一致之处。

主要是三个问题：

一是“长久不变”要不要设期限？

二是如果设期限，应该多长？

三是新的期限从什么时候开始？

这些问题还都在讨论研究之中。

四、关于承包期内，发包方不得收回、调整承包地

这是《农村土地承包法》中第26条、27条的规定。但现在看，这两条规定，或者与现实状况有矛盾，或者还面临着较大的争议。

（一）不得收回承包地的问题。矛盾主要集中在该条第三款：承包期内，承包方全家迁入设区的市，转为非农业户口的应当将承包的耕地和草地交回发包方。承包方不交回，发包方可以收回承包的耕地和草地。

这面临三大现实矛盾：

一是已经明确农民的土地承包经营权是用益物权、是农民的财产权利，能否说收就收，即便收也应当考虑如何补偿的问题。

二是推进户籍制度改革以来，中央从提出不得以收回农民的“三

权”作为进城落户的前提条件，明确要维护进城落户农民的“三权”。

三是目前除西藏外，30个省区市都已宣布取消城乡两种户籍制度，实现统一的居民户籍制度，可见各地都已经不存在“转为非农业户口”的问题。

（二）不得调整承包地的问题。该法的规定是：承包期内，因自然灾害严重毁损承包地等特殊情形对个别农户之间承包的耕地和草地需要适当调整的必须经本集体经济组织2/3以上成员或者2/3以上村民代表的同意，并报乡镇政府和县级政府农业等行政主管部门批准。承包合同约定不得调整的按照其约定。现在看，一是并非绝对不得调整，二是作调整的地方并不在少数，而且绝大多数原因都并非是自然灾害严重毁损，而是人地关系的变化。

到底怎么办？不允许调整，似乎不近人情，但允许调整，一是费那么大劲搞的农村土地承包经营权的确权、登记、颁证就根本没有必要；二是稳定不了土地承包权，也就根本无法实行农村承包耕地的“三权分置”，那也就搞不了承包土地经营权的流转了；三是允许不断的小调整，看似有利于化解眼前的矛盾，但却将使矛盾长期存在，使农村的土地承包关系永远无法稳定。

解决这个问题确实需要大智慧。有人提出，可否规定，经若干年（如5年），可对家庭人均承包耕地面积高出全村平均水平一倍的，与家庭人均承包耕地面积不足全村平均水平50%的家庭之间作适当调整，其余绝大多数家庭的承包地保持稳定。还有的提出，每5年，在人均土地面积最多的10%的农户，与人均土地面积最少的10%的农户之间做适当调整，其余家庭保持稳定。这些当然都是可以考虑的办法，但问题是确实要永远调整下去吗？

我们说，承包本集体的土地，是本集体组织成员的权利，因此问题的关键，是必须明确，谁是本集体经济组织的成员。但我们至今尚没有一部农村集体经济组织法，因此就无法科学、合理地确定成员。在农业部部署的农村集体产权制度改革试点的29个县中，首先遇到的都是这个问题。但经过广泛发动农民群众民主讨论，最后有24个县都采取了以群众普遍认可的某一时间点为界线，划定了本集体经济组织的成员，划定以后，实行生不增、死不减，明确今后新增人口只能通过家庭内部的继承、赠予等方式来获得集体经济组织经营性收益的分配权，即以群众普遍认可的时间点为界线，明确了集体经济组织的成员和村民之间的区别。为什么绝大多数地方都选择了这种办法，就是因为大家都认识到，不断地调整、重分，那是永无宁日的。集体组织的成员应当是对本集体经济组织做出了贡献的人，而不是生出来就是。更何况，我国农村集体耕地的承包，是家庭承包的形式而不是单个人的承包。但这个问题确实极为复杂，农民又长期受到平均主义思想的影响，要解决好这个问题，不花一番大气力确实难以做到。

五、关于“三权分置”

“三权分置”是习近平总书记2013年12月23日在中央农村工作会议上的重要讲话中首次提出的。他说，改革前，农村集体土地是所有权和经营权合一，土地集体所有、集体统一经营。搞家庭联产承包制，把土地所有权和经营权分开，所有权归集体，承包经营权归农户，这是我国农村改革的重大创新。现在，顺应农民保留土地承包权、流转土地经营权的意愿，把农民土地承包经营权分为承包权和经营权，实现承包权和经营权分置并行，这是我国农村改革的又一次重大创新。这将有利于更好坚持集体对土地的所有权，更好保障农户对土地的承包权，更好用活土地经营权，推动现代农业发展。

农村承包土地的流转，在1984年1号文件中就提出来了，当时叫“鼓励耕地向种田能手集中”。1984年中央1号文件中有三大政策：一是延长土地承包期，15年不变；二是鼓励耕地向种田能手集中；三是允许农民自理口粮，到集镇务工、经商、搞服务业。随着农村劳动力的流动，土地流转的现象不断扩大，农民叫“明确所有权、稳定承包权、放活经营权”，听起来似乎和“三权分置”差不多，但在理论和政策上一直没能讲清楚三者之间的关系，以至在政策和法律中，讲要稳定的是承包经营权，讲允许流转、抵押担保、入股的也是承包经营权。直到明确提出“三权分置”，并对其做出了科学阐述，才把承包权和经营权分离开，明确要坚持的是集体土地所有权，要稳定的是农户的土地承包权，要放活的是承包土地的经营权，这样就使几个方面的关系都得到了明确，使所有的利益相关者都吃了定心丸。

习近平总书记指出：家家包地、户户务农，是农村基本经营制度的基本形式。家庭承包、专业大户经营，家庭承包、家庭农场经营，家庭承包、集体经营，家庭承包、合作经营，家庭承包、企业经营，是农村基本经营制度新的实现形式。说到底，要以不变应万变，以农村土地集体所有、家庭经营基础性地位、现有土地承包关系的不变，来适应土地经营权流转、农业经营方式的多样化，推动提高农业生产经营集约化、专业化、组织化、社会化，使农村基本经营制度更加充满持久的制度活力。要在实践基础上，加强农村土地集体所有制的组织形式、实现方式、发展趋势等理论研究，为农村基本经营制度改革创造更广阔的空间。

习近平总书记在关于农户承包土地经营权流转、农业经营体系创新方面，还有一系列同样极为重要的论述。一是放活土地经营权，推动土地经营权有序流转，是一项政策性很强的工作，要把握好土地经营权流转、集中、规模经营的度，要与城镇化进程和农村劳动力转移规模相适应，与农业科技进步和生产手段改进程度相适应，与农业社会化服务水平提高相适应，不能片面追求快和大，不能单纯为了追求土地规模经营强制流转农民土地，更不能人为垒大户。要尊重农民意愿和维护农民权益，把选择权交给农民，不搞强迫命令、不刮风、不一刀切。二是公司和企业租赁农地，要有严格的门槛，租赁的耕地只能种地搞农业，不能改变用途，不能搞旅游度假村、高尔夫球场、农家乐，不能盖房子搞别墅，不能违规搞非农建设。三是创新农业经营体系，不能忽视了普通农户。要看到的是，经营自家承包耕地的普通农户毕竟仍占大多数，这个情况在相当长时期内还难以根本改变。四是一方面，我们要看到，规模经营是现代农业发展的重要基础，分散的、粗放的农业经营方式难以建成现代农业。另一方面，我们也要看到，改变分散的、粗放的农业经营方式是一个较长的历史过程，需要时间和条件，不可操之过急，很多问题要放在历史的大进程中审视，一时看不清的不要急着去动。这是大历史，不是一时一刻可以看明白。在这个问题上，我们要有足够的历史耐心。五是农村土地制度改革是个大事，涉及的主体、包含的利益关系十分复杂，必须审慎稳妥推进。不管怎么改，不能把农村土地集体所有制改垮了，不能把耕地改少了，不能把粮食产能改下去了，不能把农民利益损害了。总书记的这些重要论述，为我们把握好实行“三权分置”、放活土地经营权，推动土地经营权有序流转，指出了明确的方向和必须把握的原则，是我们做好这项工作的根本保证。

现在要研究的主要还是两个问题：

一是一直在土地问题上讲“流转”，这个概念到底科不科学、准不准确？土地承包法中把土地流转归纳为4种形式，即转包、出租、互换、转让。现在看，其实真正的流转就是“出租”。因为“转包”随着农业税的取消已经不存在了；“互换”是地块换地块，实际上与流转并无直接关系；而“转让”，是原承包者放弃了承包权，并不只是承包耕地经营权的流转。如果现在讲的“流转”其实就是“出租”，那为什么不直接明确地称之为“出租”？如果明确就是出租，可能将更有利于在法律上对其进行规范，也更有利于在实践中明确当事人之间的利益关系，从而更便于进行操作。

二是既然明确了“三权分置”的创新意义主要在于允许把承包土地的经营权从土地的承包经营权中分离出来，那就需要在法律上明确，分离出来的经营权到底是个什么权？是物权还是债权？现在的认识并不统一。着眼于把承包权作为承包农户财产权来保障的观点认为，因为承包权是物权，因此经营权只能是债权。而着眼于保护经营者权益的观点认为，经营权也应当是物权，否则它就没法再次出租或抵押、担保；但反对者认为，如果经营权也是物权，那就明显侵犯了承包权人的权利。第三种观点提出，可否在一定程度上实行债权的物权化，即当事人可以在订立合同时约定，在得到出租人同意的前提下，承租人可以对租入的土地再次出租或用于抵押、担保。这个问题事关重大，不仅关系到从承包土地中分离出来的土地经营权的权能问题，更关系到整个社会财产关系中对租赁行为如何进行有效的法律规范。

从农村改革四十年看乡村振兴战略的提出①

（2018年）

今年是农村改革40周年，也是党的十九大提出实施乡村振兴战略的开局之年。对农村改革的历程进行回顾、总结和展望，对于更深入理解我国现阶段实施乡村振兴战略的重大意义，会有很大帮助。

一、我国农村改革的历程、经验和贡献

（一）改革的突破。邓小平同志讲：中国的改革是从农村开始的。习近平总书记讲：农村改革是从调整农民与土地的关系开启的。具体讲，农村改革是从打破集体土地只能由集体统一经营的僵化认识和体制后才取得突破的。之后，农村集体土地开始实行由农民家庭承包经营。农村基本经营制度的形成，最初是农民的自主自发行为，但党对农民的创造始终高度关注、不断对其进行总结、提炼和完善，并把其中具有普遍意义的经验提升为政策进行推广。

农村最初出现"包产到户""包干到户"时，中央并不赞成。1978年12月22日，党的十一届三中全会原则通过的《关于加快农业发展若干问题的决定（草案）》明确提出："可以按定额计工分，可以按时计工分加评议，也可以在生产队统一核算的前提下，包工到作业组联系产量计算劳动报酬，实行超产奖励。不许包产到户，不许分田单干。"但这个《决定（草案）》在1979年9月四中全会正式通过时，就删除了"不许包产到户"这句话。这既体现了农民勇于创造的精神和

① 本文原载于《中国党政干部论坛》2018年第4期。

敢于坚持的韧性，也反映出党在制定政策过程中尊重群众创造、实事求是、与时俱进的态度。因此，1983年的中央1号文件指出，联产承包制是党的领导下我国农民的伟大创造，是马克思主义农业合作化理论在我国实践中的新发展。

但农村改革中迅速普及的并不是“包产到户”，而是“包干到户”。这个转变极为重要。“包产到户”仍然保留着集体统一核算、统一分配的制度。而“包干到户”实行的是“交够国家的，留足集体的，剩下都是自己的”，这就使农民家庭成了相对独立的经营主体，不必再实行集体统一核算和统一分配。这也为撤销人民公社体制创造了条件，为普遍实行以家庭承包经营为基础、统分结合的双层经营体制奠定了基础。

（二）改革的贡献。农村改革所作出的贡献，既有物质方面的，更有思想观念、理论和制度方面的。

从物质方面看，它在促进增产增收、解决吃饭问题和贫困问题等方面的效果极为明显。1978年，我国粮食总产量6095亿斤，1984年达到了8146亿斤，增长了34.3%；人均粮食占有量，从1978年的633斤，增加到了1984年的781斤，增加了23.4%。农民人均纯收入从1978年的134元增长到了1984的355元，扣除价格因素后实际增长了1.5倍，年均增长16.2%。1978年，我国农村贫困人口（标准为100元/人·年）为2.5亿人，贫困发生率为30.7%；到1985年农村贫困人口下降为1.25亿人（标准为206元/人·年），贫困发生率降为14.8%。

从观念、理论和制度方面看，农村改革可谓贡献巨大。家庭承包经营使农户成为了相对独立的经营主体，这就引起了一系列更深刻的变化。第一，在“交够国家、留足集体”后，农民不仅可以支配“剩下是自己”的那部分产品，还可以按照市场需求来自主决定自家承包地上的种植结构，于是就在农业资源配置上开始引入市场机制。第二，由于“剩下是自己”的那部分比重不断提高，农民就具有了积累自身资产的可能性，于是就开创了以公有制经济为主导、多种所有制经济共同发展的新局面。第三，农业的家庭承包经营，土地是集体所有的，但作用其上的生产工具和其他投入品，是农民家庭的，这就形成了改革初期的混合所有制经济。

2008年，在农村改革30周年时，党的十七届三中全会通过的《关于推进农村改革发展若干重大问题的决定》指出：农村改革发展的伟大实践，极大调动了亿万农民积极性，极大解放和发展了农村社会生产力，极大改善了广大农民物质文化生活。更为重要的是，农村改革发展的伟大实践，为建立和完善我国社会主义初级阶段基本经济制度和社会主义市场经济体制进行了创造性探索，为实现人民生活从温饱不足到总体小康的历史性跨越、推进社会主义现代化作出了巨大贡献，为战胜各种困难和风险、保持社会大局稳定奠定了坚实基础，为成功开辟中国特色社会主义道路、形成中国特色社会主义理论体系积累了宝贵经验。

农村改革之所以能够率先突破、首战告捷，值得总结的经验很多。其中有四条尤为重要：一是党恢复了从实际出发、实事求是的思想路线；二是在总结历史经验教训的基础上，提出了处理国家与农民关系的准则，即“保障农民经济利益，尊重农民民主权利”；三是尊重客观规律，农业实行家庭承包经营、按市场需求配置农业资源、以公有制为主导多种所有制经济共同发展等，就是尊重农业规律、经济规律的结果；四是这样一场涉及8亿农民切身利益的深刻变革，没有引发社会的不安和动荡，最根本的是坚持了农村土地集体所有制、农村集体经济组织等农村基础性制度。

（三）**改革的深化和拓展**。农村改革毕竟是在微观层面推进的改革，要把改革引向宏观层面，必须有党的决断和规划设计。实际上，在农村改革取得重大突破之后，党中央就一直在思考如何将改革进一步引向深化和拓展。

1983年1月2日发出的第二个指导农村改革的中央1号文件明确提出：人民公社的体制，要从两方面进行改革。这就是，实行生产责任制，特别是联产承包制；实行政社分设。

1984年元旦发出的中央1号文件，提出了三大重要政策：一是土地承包期延长至15年以上；二是鼓励耕地向种田能手集中；三是要求各地开展试点，允许务工、经商、办服务业的农民自理口粮到集镇落户。这个文件强调：随着农村分工分业的发展，将有越来越多的人脱离耕地经营，从事林牧渔业等生产，并将有较大部分转入小工业和小集镇服务业。这是一个必然的历史性进步，可为农业生产向深度广度进军，为改变人口和工业的布局创造条件。不改变“八亿农民搞饭吃”的局面，农民富裕不起来，国家富强不起来，四个现代化也就无从实现。可见，从那时起，党中央就把深化和拓展农村改革，定位在实现农民富裕、国家富强和四个现代化这样一个关系党和国家前途命运的宏伟目标上。

此后的改革进展，大体是循着这样的路径不断深化和拓展的：改革商品流通体制——改革资源要素配置机制——改革城乡二元分割的体制——建立城乡统筹发展的体制机制。

重要商品实行统购统销、重要生产资料由国家统一分配、劳动力就业由国家统一安排等，这些都是计划经济体制的核心内容。改革农产品统购统销制度，允许乡镇企业异军突起，破除对农村劳动力外出流动就业的障碍，改革户籍制度等，这些方面的改革，实际就是改革计划经济体制、逐步发挥市场机制的作用，同时也是在逐步打破城乡分割的体制壁垒。把国家投资的基础设施建设和社会事业发展的重点放到农村，建立农村新型合作医疗、最低生活保障和社会养老保险制度，实行农村税费改革、建立农业支持保护体系等，实质就是统筹考虑城乡发展，让公共财政惠及农业农村农民、逐步推进城乡基本公共服务均等化。这些方面的改革已经取得了明显成效，但正如习近平总书记所指出的那样：农业还是“四化同步”的短腿，农村还是建设全面小康社会中的短板。中国要强，农业必须强；中国要美，农村必须美，中国要富，农民必须富。农业基础巩固，农村和谐稳定，农民安居乐业，整个大局就有保障，各项工作都会比较主动。所以农村改革仍然任重道远。

二、中央为何在此时要提出实施乡村振兴战略

提出乡村振兴战略最重要的原因，一是我国的基本国情，二是我

国经济社会发展新阶段的基本特征。

（一）我国的基本国情决定了乡村不能衰败。城镇化是国家实现现代化的必由之路和强大动力。振兴乡村，绝不是不要城镇化，也不是要把城乡发展对立起来，而是要从我国实际出发，科学引领我国现代化进程中的城乡格局及其变化。

随着城镇化的推进，农村人口必然逐步减少，有些村庄也会因各种原因而逐步消失，但这是一个渐进的历史过程。由于城乡之间在经济、社会、文化、生态等方面具有不同的功能，城乡之间只有形成不同功能的互补，才能使整个国家的现代化进程健康推进。因此不管城镇化发展到什么程度，乡村都不可能被消灭。我国的特殊性则在于人口总规模巨大，即使乡村人口的比重降到 30% 以下，但总量仍将达到几亿人。有着几亿人生活的地方怎么能不把它建设好？如果城乡差距过大，怎么能建成惠及全体人民的全面小康社会和现代化国家？因此，实现乡村振兴是由我国国情所决定的必然要求。

习近平总书记 2013 年 12 月 12 日在中央城镇化工作会议上的讲话中指出：在人口城镇化问题上，我们要有足够的历史耐心。他在 2013 年 12 月 23 日中央农村工作会议的讲话中指出：必须看到，我国幅员辽阔，人口众多，大部分国土面积是农村，即使将来城镇化水平到了 70%，还会有四五亿人生活在农村。为此，要继续推进社会主义新农村建设，为农民建设幸福家园和美丽乡村。在 2017 年 12 月 28 日的中央农村工作会议上，习近平总书记就实施乡村振兴战略作重要讲话时，再次阐述了他的这一观点，可见他对这一问题的判断和认识是一贯的。

一个国家的国土面积和人口规模，往往对它的城镇化道路和人口的城乡分布会有很大影响。我国人多地少，农业人口比重很高，要实行现代化，难度很大，必须走自己独特的道路。

（二）我国发展的阶段性特征要求乡村必须振兴。当前，我国经济已由高速增长阶段转向高质量发展阶段，我国城镇化的进程也必须跳出在高增长时期形成的思维惯性，主动适应这种变化。2017 年我国户籍人口的城镇化率为 42.35%，比常住人口城镇化率低约 16 个百分点，这就意味着有 2.3 亿农业户籍的人口虽已在城镇居住和生活，但尚未落户城镇。按“十三五”规划要求，到2020年年底，将有1亿已经在城镇定居的农民工及其家属落户城镇。但这同时也表明，现已进城的农业人口中，多数人到2020年年底还不能在城镇落户，何况今后还会有农业人口陆续进入城镇。因此解决好这个问题，要有足够的历史耐心。

现阶段我国社会的主要矛盾已经转化为人民日益增长的美好生活需要和不平衡不充分的发展之间的矛盾，而这种发展的不平衡不充分，突出反映在农业和乡村发展的滞后上。因此十九大报告提出要坚持农业农村优先发展，要加快推进农业农村现代化。

解决我国的“三农”问题，要靠城镇化，但也不能只靠城镇化。一段时间以来，存在着这样一种认识，认为“三农”问题要靠城镇化来解决，只要让农民都进了城，“三农”问题自然就解决了。这样的看法不符合我国实际。我国的农业、农村、农民将永远存在，因此，农村发展除了借助外力之外，还必须发挥自身内在的活力。经济增速放缓、结构升级，对劳动力的需求出现了明显变化，所以农民工外出就业的增速放缓了；但居民收入增长，达到小康水平后必然会产生许多新的需求，这就为农村创造新的供给提供了极大的机遇。为什么会有农民工返乡创业？为什么农村会发展新产业、新业态和实行一、二、三产业融合发展？就是农业、农村、农民在适应新形势，这也说明乡村振兴有其内在的客观要求。改革40年来，为解决农民就业问题，有过乡镇企业异军突起，有过民工潮，而现在则要通过农村的产业兴旺为农民开辟“第三就业空间”——通过产业融合和发展新产业、新业态为农民在乡村提供主要不依赖于单纯农业的就业岗位。

实施乡村振兴，就必须全面、客观地看待当前农村的现状，比如关于农村的“空心化”“老龄化”问题。据国家电网公司对其经营区域内居民房屋空置率（年用电量低于20千瓦时）的统计，城镇居民房屋空置率为12.2%（其中大中城市为11.9%，小城市为13.9%），而乡村居民住房空置率为14%。据第三次农业普查的结果，在农业经营人员中，男性占52.5%，35岁以下人员占19.2%，36—54岁的人员占47.3%，55岁及以上人员占33.6%。这是动员了近400万人，逐村、逐户填报了2.3亿份农户普查表的汇总结果。我国农村各地的情况差别很大，对农村现状的了解必须全面，不能以偏概全、人云亦云。

更重要的是，农业生产有其自身的特殊规律。随着农业机械化的普及和农业社会化服务体系的健全，农民在大宗作物生产上的劳动强度逐步降低，劳动时间不断减少，既使得老人、妇女比以往更能胜任日常的田间管理，又使得青壮年劳动力获得了更充裕的外出就业时间。这是技术进步背景下农业生产规律出现的新特征，对农民增收具有积极意义。如果能使农民利用好比以往更充裕的剩余劳动时间，在农村创造新的供给、满足城镇居民新的需求，那意义就更大，而这也正是实施乡村振兴战略的本意所在。

三、实施乡村振兴中值得注意的若干制度性问题

如何实现乡村振兴，有几个制度性问题需要注意。

（一）关于巩固和完善农村基本经营制度。习近平总书记讲，农村基本经营制度是党的农村政策的基石。坚持党的农村政策，首要的就是坚持农村基本经营制度。他还讲，坚持农村基本经营制度，不是一句空口号，而是有实实在在的政策要求。具体而言有以下几方面：第一，坚持农村土地农民集体所有。这是坚持农村基本经营制度的“魂”，是农村基本经营制度的基础和本位。第二，坚持家庭经营的基础性地位。这集中体现在农民家庭是承包集体土地的法定主体，其他任何主体不能取代农民家庭的土地承包地位。农民家庭承包的土地，可以由农民家庭自己经营，也可以通过流转经营权由其他经营主体经营。但不论如何流转，集体土地承包权都属于农民家庭。第三，坚持稳定土地承包关系。农村现有土地承包关系要保持稳定并长久不变，党的十九大报告又明确了农村二轮土地承包到期后再延长30年。要看到，只有土地承包关系长久不变，才能实行“三权分置”。对农民土地承包经营权实行确权、登记、颁证后，农户流转承包土地的经营权才能踏实、放心。同时，农民承包土地的经营权是否流转、怎样流转、流转给谁，只要依法合规，都要让农民自己作主，任何个人和组织都

无权干涉。

（二）关于深化农村集体产权制度改革。除了享有公民权以外，我国农民还享有农村集体经济组织的成员权，这主要体现在三方面：一是集体土地承包权；二是宅基地使用权；三是集体资产收益分配权。集体产权制度改革必须首先明确农村集体经济组织的基本性质。依据法律规定，集体经济所有的不动产和动产，属于本集体成员集体所有。因此，农村集体经济组织有两大基本特征：一是集体的资产不可分割到个人；二是集体组织成员享有平等权利。从这两个基本特征不难看出，首先，农村集体经济组织并不是共有制经济组织。因为法律规定，共有资产可以分割到人，也可以转让共有人持有的资产份额，因此共有制经济的实质是私有经济。有人说，集体产权制度改革，使农村集体经济组织的资产从“共同共有”变成了“按份共有”。这种认识是不正确的，因为无论“共同共有”还是“按份共有”，都属于共有制经济，而不是我国农村的集体经济。其次，农村集体经济组织也不是公司、企业性质的经济组织。法律关于公司、企业发起、设立的规定完全不同于农村集体经济组织。在现实生活中，公司、企业破产、兼并、重组等情形不可避免，但农村集体经济组织显然不可能发生此类情形。因此，有条件的农村集体经济组织可以依法设立公司、企业，并依法从事经营活动和承担市场风险，但农村集体经济组织本身不能改制为公司企业。

此外，在集体产权制度改革中，由于提倡实行“股份合作制”，于是就频频使用“股份”这个概念。但党和国家从来没有提出要把农村集体经济组织改制为股份制经济组织。集体产权制度改革中出现的所谓“股”，其实只是指每个成员在集体资产收益中的具体分配份额，因为集体的资产是不可分割给个人的。对于“股”，农村基层作为约定俗成的口头表达，问题不大。但在制定政策和法律时应当对此有清晰、规范的表述，否则容易混淆农村集体经济组织的性质。

（三）关于实现小农户和现代农业发展有机衔接。习近平总书记曾明确指出：一方面，我们要看到，规模经营是现代农业发展的重要基础，分散的、粗放的农业经营方式难以建成现代农业；另一方面，我们也要看到，改变分散的、粗放的农业经营方式是一个较长的历史过程，需要时间和条件，不可操之过急，很多问题要放在历史大进程中审视，一时看不清的不要急着去动。他多次强调，农村土地承包关系要保持稳定，农民的土地不要随便动。农民失去土地，如果在城镇待不住，就容易引发大问题。这在历史上是有过深刻教训的。这是大历史，不是一时一刻可以看明白的。在这个问题上，我们要有足够的历史耐心。他在此前还曾强调过：创新农业经营体系，不能忽视了普通农户。要看到的是，经营自家承包耕地的普通农户毕竟仍占大多数，这个情况在相当长时期内还难以根本改变。据第三次农业普查的数据，2016年，我国实际耕种的耕地面积为16.8亿亩，其中流转面积3.9亿亩，占实际耕种面积的23.4%。由此可见，76.6%的耕地仍然是由承包者自家在经营。

有条件也符合农民意愿的地方，当然应当引导承包耕地的经营权流转、集中、发展适度规模经营。但农民愿意流转耕地的经营权，前提是要有更好的就业和收入，因此，发展规模经营，与其说是地的问题，不如说是人的问题。鉴于小农户还将长期存在的客观现实，才需要研究如何实现小农户与现代农业发展有机衔接的问题。这方面各地都有很多好的做法和经验，如兴办合作社，公司加农户，土地托管、代耕，向农户提供完善的农业社会化服务等，要因地制宜地总结和推广成熟的经验。同时还要看到，除了要求土地密集型生产的大宗农产品外，并非所有的农产品生产都需要大规模的土地集中。从我国耕地分布的实际状况看，也并非所有的耕地都适合规模经营，关键是要向小农户的生产提供优良品种、栽培技术、储运营销和其他各种适合于他们的服务。更重要的是，正像习近平总书记所指出的那样：放活土地经营权，推动土地经营权有序流转，是一项政策性很强的工作。要把握好土地经营权流转、集中、规模经营的度，要与城镇化进程和农村劳动力转移规模相适应，与农业科技进步和生产手段改进程度相适应，与农业社会化服务水平提高相适应。

总之，小农户迄今为止仍然是我国农业经营的基本面。在发展现代农业的进程中，我们要更多地用在创造改变分散、粗放的农业经营条件上，这样才能走出一条具有中国特色的农业现代化道路。

中国农村改革四十年[①]

（2018 年）

中国共产党第十九次全国代表大会提出了要实施以产业兴旺、生态宜居、乡风文明、治理有效、生活富裕为总要求的乡村振兴战略，这不仅为进一步推动中国农村的改革发展指明了方向，而且为中国特色社会主义进入新时代后的发展蓝图，增添了一笔引人注目的亮丽色彩。正像习近平总书记多次讲到的那样，中国要强，农业必须强；中国要美，农村必须美；中国要富，农民必须富。解决好“三农”问题，对于实现中华民族伟大复兴的中国梦至关重要。改革开放以来，我国城乡经济社会都有了长足的发展，但习近平总书记 2018 年 3 月 8 日在参加十三届全国人大一次会议山东代表团审议时的讲话指出：“新时代我国社会主要矛盾的变化，要求我们在继续推动发展的基础上，着力解决好发展不平衡不充分问题。从实践看，发展不平衡，最突出的是城乡发展不平衡；发展不充分，最突出的是农村发展不充分。”从这个视角看，提出实施乡村振兴战略，就是在我国进入决胜全面建成小康社会、全面建设社会主义现代化的新时代后，党中央作出的坚持农业农村优先发展、加快推进农业农村现代化的战略部署，也是中国特色社会主义进入新时代做好“三农”工作的总抓手。

40 年前召开的中共十一届三中全会，原则通过了《中共中央关于加快农业发展若干问题的决定（草案）》。这个《决定》在描述我国当时的农村现状时，用了三个“很”字，即“农村生产力水平很低，农民生活很苦，扩大再生产的能力很薄弱”。这种状况如今已经得到了极

① 本文原载于《中国农村改革四十年》，人民出版社 2018 年版。

大的改变，国家的经济实力和农村的发展已有基础，使得党和国家都已经具备了提出实施乡村振兴战略的底气。中国特色社会主义的乡村振兴之路是一条什么样的路？习近平总书记在2017年底的中央农村工作会议上指出，这条路的内涵将体现在七大方面：一是重塑城乡关系，走城乡融合发展之路；二是巩固和完善农村基本经营制度，走共同富裕之路；三是深化农业供给侧结构性改革，走质量振兴之路；四是坚持人与自然和谐共生，走乡村绿色发展之路；五是传承发展提升农耕文明，走乡村文化兴盛之路；六是创新乡村治理体系，走乡村善治之路；七是打好精准脱贫攻坚战，走中国特色减贫之路。这七个方面的内容，既有对农村改革发展已有经验的体会，也有对农村发展不足所存缺憾的感悟，更有对农村未来美好前景的憧憬。在此新的历史起点上，全面回顾农村改革的历程，系统总结农村改革的经验，深入分析农村改革面对的新情况、新问题、新挑战，对于加固中国特色社会主义农村经济、社会制度的底板，加快补齐农村发展不充分的短板，对于在新的时代背景下扎实、全面地实施好乡村振兴战略，都很有必要。

中国的改革是从农村开启的。农村的改革迄今已整整40年。回顾农村改革这40年的历程，细数农业、农村、农民在这40年间所发生的深刻变化，无法不使人感叹：真是“弹指一挥间”而又“恍若隔世”！ 40年前的1978年，安徽省凤阳县梨园公社小岗生产队的18户农民，在他们决心搞“大包干”的那份契约上按下18颗鲜红的手印时，他们没有想到，自己准备承担的那份风险竟然并没有降临；他们更没有想到，那18颗红手印竟然就成了点燃中国农村改革的星星之火。

一、农村改革的突破

小岗村的这个案例表明，在当时的中国，引发经济体制深刻变革的条件正在成熟：刚刚走出“文革”十年动乱的党和人民都在进行深入思考，不仅思考如何对被“文革”搞乱了的理论、思想、观念实行拨乱反正，更在思考中国今后应当形成什么样的经济体制，才能走上一条既坚持中国特色社会主义方向，又加快经济发展、社会进步、人民富裕的道路。党中央在思考如何对国家的经济体制和经济政策进行调整和改革，农民在思考怎样改变集体经济组织中人人都“吃大锅饭”的经营体制，使自己被抑制的生产积极性能够充分发挥出来，至少使自己能够吃得饱饭。

在1978年这个关系中国前途和命运的历史转折关头，寻求经济体制上的突破、寻求具体的改革突破口，成了全党全国人民共同关注的焦点。这一重任历史性地落在了中国农民的肩头。在当时的历史背景下，农业既是计划经济体制中相对薄弱的环节，也是制约人民生活改善、国家经济发展的薄弱环节。为此，在决定党和国家前途和命运的中共十一届三中全会上，才有了被原则通过的《中共中央关于加快农业发展若干问题的决定（草案）》。国家当时的要求是，在采取一系列新的政策措施、加快农业发展的基础上，要求农民按规定的价格向国家交售一定数量的粮食和其他重要农产品，以满足国计民生的最基本需求。而农民在欢迎国家出台扶持农业新政策的同时，则希望国家在要求农民履行这一义务的同时，也允许农民在农业的具体经营形式上有更大的自主选择权。这就是小岗村农民在选择“大包干”时所承诺的“交够国家的，留足集体的，剩下都是自己的”分配办法。这三句话，实际上也可以理解为是农民向国家提出的“赎买”要求：以保证“交够国家的、留足集体的”为前提，换取一个将农业的集体统一经营改为家庭承包经营的体制。坦率说，在当时的历史背景下也找不出比这更好的能够调动农民积极性的办法。于是，党中央和广大农民在这个重大问题上达成了一致：在不改变土地集体所有制这个我国农村基础性制度，以及保证完成国家对重要农产品收购计划的前提下，允许寻找能够更加充分调动农民生产积极性、更加符合农业生产自身规律、更加符合中国国情和农村实际情况的农业经营形式。正因为如此，在那个充满激情的年代里，由小岗村点燃的改革星火才能迅速燎原、漫卷全国农村，而整个经济体制改革的突破口也被就此打开！

1982年1月1日，中共中央批转了《全国农村工作会议纪要》①。《纪要》指出："截至目前，全国农村已有百分之九十以上的生产队建立了不同形式的农业生产责任制。""建立农业生产责任制的工作，获得如此迅速的进展，反映了亿万农民要求按照中国农村的实际状况来发展社会主义农业的强烈愿望。生产责任制的建立，不但克服了集体经济中长期存在的'吃大锅饭'的弊端，而且通过劳动组织、计酬方法等环节的改进，带动了生产关系的部分调整，纠正了长期存在的管理过分集中、经营方式过于单一的缺点，使之更加适合于我国农村的经济状况。""各级党的领导应向干部和群众进行宣传解释，说明：我国农业必须坚持社会主义集体化的道路，土地等基本生产资料公有制是长期不变的，集体经济要建立生产责任制也是长期不变的。"时隔一年后的1983年1月2日，中共中央发出《当前农村经济政策的若干问题》②。这个文件指出："党的十一届三中全会以来，我国农村发生了许多重大变化。其中，影响最深远的是，普遍实行了多种形式的农业生产责任制，而联产承包制又越来越成为主要形式。联产承包制采取了统一经营与分散经营相结合的原则，使集体优越性和个人积极性同时得到发挥。这一制度的进一步完善和发展，必将使农业社会主义合作化的具体道路更加符合我国的实际。这是在党的领导下我国农民的伟大创造，是马克思主义农业合作化理论在我国实践中的新发展。"

在短短的三四年时间中，以家庭承包经营为主的农业生产责任制就在全国农村基本替代了原先那种集体统一经营、统一核算、统一分配的农业经营体制。到底是什么力量能有如此巨大的神威呢？说到底就是两条：一是党心和民心的高度融合。党和人民都已经认识到，贫穷不是社会主义！只有解放和发展社会生产力，充分调动亿万群众的生产积极性，让社会财富充分涌流，让广大群众共同富裕，才能实现让人民都过上幸福生活这个在中国建立社会主义制度的初衷。二是家庭承包经营这个体制，在促进增产增收上以事实胜于雄辩的力量在为自己不断开辟新的扩展空间。农民为了追求自己更加美好的生活，甘

① 即1982年中共中央发出的指导农村改革的第一个"1号文件"。

② 即1983年中共中央指导农村改革的第二个"1号文件"。

愿承担风险也下决心要打破“吃大锅饭”的体制；党中央在深刻分析历史经验教训的同时，也在努力从农民的创造中吸取着观念转变和实践创新的改革养分，使农村政策更加符合实际、符合农民意愿。而从1979年到1982年的这4年中，全国的粮食总产量从6642亿斤增长到了7090亿斤，全国农民的人均纯收入从134元增长到了270元，这样的增产增收效果，使得家庭承包经营的新体制尽管面对各种争议，但仍足以站稳脚跟并赢得越来越多人的信服。

习近平总书记曾指出：“农村改革是从调整农民与土地的关系开启的。”这里讲的调整，指的就是将集体土地由集体统一经营调整为由农民家庭承包经营。因此，也可以说，农村改革首先是从改变人民公社制度下的农业经营体制取得突破的。这一突破，实际上打破了农村集体土地只能由集体实行统一经营的僵化认识和体制，它使人们认识到，在不改变生产资料公有制的前提下，可以找到多种多样更加有效的具体经营形式。应当说，农村改革的这一重大突破，对于党和政府形成推进整个经济领域体制改革的最初思路，发挥了重要的借鉴作用。

二、农村改革的成就

40年来我国农村改革的成就有目共睹。这些成就可以分为两大方面，一是在生产发展和农民生活改善方面的成就，二是在改变思想观念、推进体制、机制创新方面的成就。

农业经营体制的改革取得突破后，在农业生产发展和农民生活改善方面取得的成就远超人们的预期。1978年，我国粮食总产量6095亿斤，1984年达到了8146亿斤，增长了33.7%；人均粮食占有量，从1978年的633斤，增加到了1984年的781斤，增长了23.4%。农民人均纯收入从1978年的134元，增长到了1984年的355元，扣除价格因素的影响后，实际增长了1.5倍，年均增长16.2%。1978年，我国农村贫困人口（标准为纯收入不足100元/人·年）为2.5亿人，贫困发生率为30.7%；到1985年，农村贫困人口下降到1.25亿人（标准为纯收入不足206元/人·年），贫困发生率降为14.8%。在短短五六年时间中，农业增产、农民增收以及农村减贫的显著成效，不仅极大改善了城乡居民的生活，而且极大鼓舞了人们对于坚定实行改革开放政策的信心和决心。

随着“包产到户”“包干到户”经营形式在广大农村的普及，改革深化所衍生出的后续变化，在对人们的传统思想观念以及计划经济下的体制、机制所形成的冲击，更是远超人们想象。

第一，农民以“承包”的方式，在不改变农村土地集体所有制、不改变农村集体经济组织制度的前提下，实现了农村集体土地所有权与农户土地承包经营权之间的“两权分离”，从而找到了农村集体土地的有效经营形式，既维护了农村土地的社会主义集体所有制，又使农户成为集体经济组织中相对独立的经营主体，使整个农村经济既发挥着集体组织的优越性，又充分调动了农户家庭的积极性。而集体土地所有权与农户土地承包经营权的两权分离，实际上就是将产权理论在农村改革实践中进行的应用，这是农民对我国经济领域的改革在理论和实践上做出的杰出贡献。此后，“承包经营”的方式从农村进入了城镇，有力地打破了国有经济、城镇集体经济等公有制经济在改革初期面对的僵局，推动了整个经济领域的改革向纵深发展。

第二，承包了集体土地的农户，只要能够使土地的产出比以往增加，那么在“交够国家的、留足集体的”之后，就能够使“剩下属于自己的”那部分农产品不断增加。而农户在销售了“属于自己的”剩余农产品之后，他也就获得了积累个人资本的可能性。这样，农户在承包的集体土地上，依靠自己的辛勤劳动，逐步积累起了属于个人的资产，并形成了改革初期最早出现的个体工商户和私人企业。这在已经完成生产资料私有制社会主义改造20多年后的中国，可以说是一件石破天惊的大事，但也正是由此才逐步形成了以公有制为主导、多种所有制经济共同发展的新局面。

第三，农户承包的集体耕地，因为还承担着必须“交够国家的”任务，所以部分土地还必须按国家的计划要求种植农产品；但是其余的土地则可以按市场的需求来自主安排种植价值更高的农产品。随着耕地单位面积产量的提高，受国家计划控制的农作物种植面积就逐步缩小。有些聪明的农户甚至把承包的全部耕地都用于生产市场紧缺、价值更高的农产品，然后再到市场上去交换用于“交够国家的”那部分农产品以及自家的口粮，以使自家的生产获取更高的收益。这种现象生动地体现了改革初期“计划”和“市场”这两种调节机制并存的“双轨制”所起的作用及其演化过程。在这个过程中，起决定性作用的是两大因素：一是农业的增产，二是市场的开放。当农产品的供给满足了计划的需要后，溢出的部分才有可能成为发育市场的基础；而有了市场，就必然会产生沟通需求与生产之间直接联系的机制，从而使生产更加符合市场的需求。因此，实行家庭承包经营，固然对调动农民生产积极性、促进农业发展起到了决定性的作用，但也要看到，允许农民在完成国家计划收购任务后，将剩余产品直接进入市场的政策，在当时同样发挥了重要作用。必须肯定的是，在改革初期，大胆引入市场机制的开拓者是农民。

第四，农业实行家庭承包经营后，农户成为相对独立的经营主体，它承担起了农业再生产和扩大再生产的基本职能。农户承包的耕地属于集体所有，但作用其上的其他生产要素，如农具、种子、肥料乃至劳动力等，都属于农户自己所有。因此，实行家庭承包经营后的农业，是公有制经济与非公有制经济的混合经营，这显然也是农民在改革中的首创。

农民在重塑农业微观经营主体的过程中，创造了大量对全局改革具有重要借鉴和参考意义的宝贵经验，但要把改革推向更高层面的整个经济体制，则必须有党和国家的决断和规划设计。实际上，在农村改革取得重大突破之后，党中央就一直在思考如何将它进一步引向深化和拓展。

在 1983 年 1 月 2 日发出的第二个指导农村改革的中央 1 号文件中，明确提出：“人民公社的体制，要从两方面进行改革。这就是，实行生产责任制，特别是联产承包制；实行政社分设。”

1984 年元旦发出的中央 1 号文件，提出了三大重要政策：一是土地承包期延长至 15 年以上；二是鼓励耕地向种田能手集中；三是要求各地开展试点，允许务工、经商、办服务业的农民自理口粮到集镇落户。这个文件强调：“随着农村分工分业的发展，将有越来越多的人脱离耕地经营，从事林牧渔业等生产，并将有较大部分转入小工业和小集镇服务业。这是一个必然的历史性进步，可为农业生产向深度广度进军，为改变人口和工业的布局创造条件。不改变‘八亿农民搞饭吃’的局面，农民富裕不起来，国家富强不起来，四个现代化也就无从实现。”可见，从那时起，党中央就把深化和拓展农村改革，定位在实现农民富裕、国家富强和四个现代化这样一个关系党和国家前途、命运的宏伟目标上。

此后的改革进展，大体上是循着这样的路径不断深化和拓展：改革商品流通体制——改革资源要素配置机制——改革城乡二元分割的体制——确立城乡统筹发展的体制机制。

重要商品实行统购统销、重要生产资料由国家统一分配、劳动力就业由国家统一安排等，这些都是计划经济体制的核心内容。改革农产品统购统销制度，允许乡镇企业异军突起，破除对农村劳动力外出流动就业的障碍，改革户籍制度等，这些方面的改革，实际就是在改革计划经济体制、逐步发挥市场机制的作用，同时也是在逐步打破城乡分割的体制壁垒、推动城乡经济社会的统筹发展。把国家投资的基础设施建设和社会事业发展的重点放到农村，建立农村新型合作医疗、最低生活保障和社会养老保险制度，实行农村税费改革、建立对农业的支持保护体系等，实质就是让公共财政惠及农业农村农民、逐步推进城乡基本公共服务均等化。

农村改革40年的历程，实际上是从农民率先突破人民公社的农业经营体制障碍，到党中央总结、提炼、规范、推广农民创造的经验，再到党中央研究整个经济体制改革的顶层设计，推动城乡改革、发展互促互动的过程。但必须看到的是，农民的创造、农业经营体制的改革，对于突破改革初期的迷茫，对于创新中国特色社会主义理论和体制、机制，都具有破冰启航的意义。正如2008年党的十七届三中全会通过的《关于推进农村改革发展若干重大问题的决定》所指出的那样：“农村改革发展的伟大实践，极大调动了亿万农民积极性，极大解放和发展了农村社会生产力，极大改善了广大农民物质文化生活。更为重要的是，农村改革发展的伟大实践，为建立和完善我国社会主义初级阶段基本经济制度和社会主义市场经济体制进行了创造性探索，为实现人民生活从温饱不足到总体小康的历史性跨越、推进社会主义现代化作出了巨大贡献，为战胜各种困难和风险、保持社会大局稳定奠定了坚实基础，为成功开辟中国特色社会主义道路、形成中国特色社会主义理论体系积累了宝贵经验。”

三、农村改革的启示

农村改革之所以能够在全局改革中率先突破、首战告捷，值得记取的启示很多，其中有四条尤为重要。

（一）党在十一届三中全会后恢复了从实际出发、解放思想、实事求是的思想路线。小岗村 18 户农民在为实行“包干到户”所签下的那份契约中，真切地反映出了他们当时的最大担忧，那就是怕上级党组织和政府不仅不让他们搞“包干到户”，而且还可能把他们的带头人抓去坐牢！农民之所以会有这样的担忧，是因为确实有过这样的历史教训。但农民的担忧最终并没有降临。这是因为在经历了“文革”十年浩劫之后的痛定思痛，党不仅彻底否定了被“文革”搞乱了的诸如“宁要社会主义的草，不要资本主义的苗”之类的荒唐逻辑，而且也在反思我国进入社会主义建设阶段后，党的思想路线和工作重心正确与否。由中共十一届三中全会原则通过的《中共中央关于加快农业发展若干问题的决定（草案)》明确指出:“我国人民建设社会主义的伟大事业，进入了实现四个现代化的新的历史时期。我们党和国家的工作重心，从 1979 年起转到社会主义现代化建设上来。摆在我们面前的首要任务，就是要集中精力使目前还很落后的农业尽快得到迅速发展，因为农业是国民经济的基础，农业的高速度发展是保证实现四个现代化的根本条件。”这段话所传递的最重要信息，就是党和国家工作重心的转变，从以往的以阶级斗争为纲，转到了以经济建设为中心上来。而推动党的工作重心实现这个历史性转变的动力，就是党的实事求是思想路线的恢复。

党的十一届三中全会原则通过的《决定》指出：我们“一定要正确地认识和处理农村以及全国范围的阶级斗争，正确地进行对农民的社会主义教育，防止‘左’倾的复活。农业合作化以后，我国农村中仍然存在阶级斗争，但敌视社会主义、坚持资本主义的阶级敌人，只占人口中的极少数。因此，忽视和夸大阶级斗争，都是错误的。我们要打击的，只是确实存在的一小撮阶级敌人的破坏活动，决不允许混淆两类不同性质的矛盾，随心所欲地搞扩大化，伤害好人。长期的斗争实际证明，我国广大农民是坚决拥护党的领导，走社会主义道路的。在实现农业现代化的斗争中，我们要更好地依靠和发挥他们的这种积极性。”“在这里，尤其必须首先分清究竟什么是社会主义，什么是资本主义。社队的多种经营是社会主义经济，社员自留地、自留畜、家庭副业和农村集市贸易是社会主义经济的正当补充，决不允许把它们当作资本主义经济来批判和取缔。按劳分配、多劳多得是社会主义的分配原则，决不允许把它当作资本主义原则来反对。三级所有、队为基础的制度适合于我国目前农业生产力的发展水平，决不允许任意改变，搞所谓‘穷过渡’。”从这些话里就不难读懂，虽然这个《决定》并没有允许搞“包产到户”，但对于农民已经自发搞了“包产到户”甚至“包干到户”的，为什么也没有去强行压制和纠正？因为当时农村政策的聚焦点，“就是要集中精力使目前还很落后的农业尽快得到迅速发展”，因此党中央对于农民在农业具体经营形式的探索上，坚持了“不争论、允许试，让实践来检验”的原则。

正像这个《决定》所指出的那样：“我们一定要持续地、稳定地执行党在农村现阶段的各项政策。经过实践证明行之有效的政策，切不可轻易改变，以至于失信于民，挫伤农民的积极性。同时，对那些不利于发挥农民生产积极性，不利于发展农业生产力的错误政策，必须加以修改和纠正。”1980 年 5 月 31 日，在距十一届三中全会闭幕一年半之后，我国改革开放的总设计师邓小平同志讲了这样的话：“农村政策放宽以后，一些适宜搞包产到户的地方搞了包产到户，效果很好，变化很快。安徽肥西县绝大多数生产队搞了包产到户，增产幅度很大。‘凤阳花鼓’中唱的那个凤阳县，绝大多数生产队搞了大包干，也是一年翻身，改变面貌。有的同志担心，这样搞会不会影响集体经济。我看这种担心是不必要的。我们总的方向是发展集体经济。实行包产到户的地方，经济的主体现在也还是生产队。这些地方将来会怎么样呢？可以肯定，只要生产发展了，农村的社会分工和商品经济发展了，低水平的集体化就会发展到高水平的集体化，集体经济不巩固的也会巩固起来。关键是发展生产力，要在这方面为集体化的进一步发展创造条件。”① 实践证明，恢复了党的实事求是的思想路线，才能牢牢把握发展生产力这个社会基本矛盾的主要方面，才能实现党和国家工作重心的转移，才能尊重农民群众的创造，实现农村改革的重大突破。

（二）明确了党和政府对待农民的基本准则。十一届三中全会《决定》指出：“从我国农业现状看，农村生产力水平很低，农民生活很苦，扩大再生产的能力很薄弱，社会主义农业经济的优越性还远远没有发挥出来。因此，我们必须着重在最近两三年内采取一系列的政策措施，加快农业发展，减轻农民负担，增加农民收入，并在这个基础上逐步实现农业的现代化。”对当时农业现状实事求是的分析判断，来自对历史经验教训的深刻总结。新中国建立以后的农业政策，得罪农民之处主要在两大方面：一是农村集体经济的组织形式变化太快、管理过于集中、形式过于单一，导致了“吃大锅饭”的体制；二是对粮食等重要农产品实行由国家定价的统一收购制度，价格定得过低，给农民留的粮食过少，使农民生活很苦。对第一个问题，邓小平在1980年5月31日的讲话中指出：“有人说，过去搞社会主义改造，速度太快了。我看这个意见不能说一点道理也没有。比如农业合作化，一两年一个高潮，一种组织形式，还没来得及巩固，很快又变了。从初级社合作化到普遍办高级社就是如此，如果稳步推进，巩固一段时间再发展，就可能搞得好一些。1958年大跃进时，高级社还不巩固，又普遍搞人民公社，结果60年代初期不得不退回去，退到以生产队为基本核算单位。在农村社会主义教育运动中，有些地方把原来规模比较合适的生产队，硬分成几个规模很小的生产队。而另一些地方搞并队，又把生产队的规模搞得过大。实践证明这样并不好。”②

对第二个问题，在这个《决定》中出台的新政策，实际上就意

① 邓小平：《关于农村政策问题，1980年5月31日》，载《邓小平文选》第二卷。

② 邓小平：《关于农村政策问题，1980年5月31日》，载《邓小平文选》第二卷。

味着开始纠正以往的过失："粮食统购价格从1979年夏粮上市起提高20%，超购部分在这个基础上再加价50%。棉花、油料、畜产品、水产品、林产品等的收购价格，也要分别情况，逐步作相应提高。农业机械、化肥、农药、农用塑料等农用工业品，在降低成本的基础上降低出厂价格和销售价格，在1979年至1980年降低10%到15%，把降低成本的好处基本上给农民。""在今后一个较长的时间内，全国粮食征购指标继续稳定在1971到1975年'一定五年'的基础上，并且从1979年起减少统购50亿斤，以利于减轻农民负担，发展生产。水稻地区口粮在400斤以下的，杂粮地区口粮在300斤以下的一律免购。绝对不许购过头粮。"之所以能够出台这一系列让农民休养生息的新政策，就是因为党中央通过认真梳理历史经验教训，总结出了必须正确对待农民的基本准则，这个《决定》明确指出："确定农业政策和农村经济政策的首要出发点，是发挥我国八亿农民的社会主义积极性。我们一定要在思想上加强对农民的社会主义教育的同时，在经济上充分关心他们的物质利益，在政治上切实保障他们的民主权利。离开一定的物质利益和政治权利，任何阶级的任何积极性是不可能自然产生的。我们的一切政策是否符合发展生产力的需要，就是要看这种政策能否调动劳动者的生产积极性。"此后，党中央就一直把"保障农民经济利益，尊重农民民主权利"作为对待农民的基本准则，以此作为制定党的农业农村政策的出发点和落脚点，这就使农民的生产积极性得到了有效的保护和调动。

（三）强调遵循客观规律。在以往的农业农村工作中，之所以会得罪农民、抑制农民的生产积极性，与不尊重客观规律，过于强调人的主观愿望和意志不无关系。如不顾生产力的发展水平和农民意愿过于频繁地变更生产关系，不顾农业生产的特点搞单一的集体统一经营，随意剥夺和侵犯人民公社各级集体经济组织的资产所有权和经营自主权，为了保证粮食等重要农产品的统一收购而关闭农产品市场等。

针对这些问题，党的十一届三中全会的《决定》明确指出："我们一定要加强对农业的合乎客观实际的领导，切实按照经济规律和自然规律办事，按照群众利益和民主方法办事，决不能滥用行政命令，决不能搞瞎指挥和不顾复杂情况的‘一刀切’。”而在改革中允许农业实行家庭承包经营，允许以公有制为主导的多种所有制经济共同发展，允许以市场需求为导向配置农业资源和调整农业生产结构，允许农村发展包括工业在内的多种经营，允许农村劳动力自主流动、进城务工经商等，应当说都是党遵循经济规律和自然规律办事的结果，而这也是党领导人民逐步建立和完善我国社会主义初级阶段基本经济制度和社会主义市场经济体制的认识源泉和实践基础。

（四）始终坚持农村土地集体所有制这个我国农村的基础性制度。围绕农村改革这样一场涉及亿万农民切身利益的深刻变革，虽然产生过争论，但并没有引发社会的不安和动荡，其根本原因，就是在整个改革过程中，党领导农民群众始终坚持了农村土地集体所有制这个我国农村的基础性制度。农村土地的集体所有制，是我国建立社会主义制度后农村的基础性制度。农村集体经济的组织制度、农村的基本经营制度（即“以家庭承包经营为基础、统分结合的双层经营体制”）、农村基层社会的村民自治制度等我国农村经济、社会的重要制度，都是从农村土地集体所有制这个基础性制度之上生长出来的。“包产到户”“包干到户”的实质是农业实行家庭经营。而农业的家庭经营古已有之，这对于中国农民来说是再熟悉不过的经营形式。但农村改革后实行的农业家庭经营，其创新之处就在于“承包”二字。“承包”二字表明，当代的中国农民是在集体所有的土地上实行的家庭经营，它完全不同于历史上那种在私有土地上的家庭经营。坚持了这一条，就坚持了我国农村经济、社会制度的社会主义性质，也就能够在不断深化的改革中始终保持着农村乃至整个社会大局的稳定。

站在农村改革40周年这个新的历史起点上，我们有理由为已经取得的成就感到自豪，但也必须清醒认识到，距实现我国农业农村现代化的目标还任重道远，改革仍在路上，而回顾和总结，只是为了使尚无穷期的改革能够走得更加蹄急步稳、取得更加辉煌的成就。

乡村振兴的核心在于发挥好乡村的功能[①]

（2019 年）

党的十九大报告明确提出了实施乡村振兴战略。此后，习近平总书记的多次讲话和中央发出的多个文件，又明确了实施乡村振兴战略的路线图和时间表。乡村振兴将贯穿我国社会主义现代化强国建设的全过程。党的十九大报告提出实施乡村振兴战略恰逢其时，这从国内经济社会发展的进程看，有两个大的背景：第一，2017 年我国城镇常住人口首次突破了 8 亿，达到 8.1347 亿人，城镇化率上升为 58.52%；第二，2017 年我国第一产业的增加值在 GDP 中的比重首次降到了 8% 以下，为 7.9%。这两组数据向我们提出了一个非常严峻，但又必须回答好的问题，即当今中国农村的现状，到底能否支撑起我国城镇化进一步发展并持续繁荣的局面。

实施乡村振兴战略，要求我们共同思考以下几个重大问题：城镇化的进程是否可以自然而然地解决“三农”问题？如何看待城市化进程中出现的乡村衰落现象？全面振兴后的乡村应当是一种什么状态？

习近平总书记在十九大报告中提出，乡村振兴的总目标是实现产业兴旺、生态宜居、乡风文明、生活富裕、治理有效。习总书记此后又提出了要通过产业振兴、人才振兴、文化振兴、生态振兴和组织振兴等重要途径，去实现乡村振兴的五大总体目标。再后来，中共中央、国务院又出台了《乡村振兴战略规划（2018 — 2022 年）》。一年多来，各地各部门根据中央的指示精神和要求，制定规划，采取措施，因地

① 本文原载于《人大农业与农村工作》，全国人大农业与农村委员会，2019 年第 10 期。

制宜地推进各地的乡村振兴，形成了不少好思路，产生了不少好做法，取得了一系列新经验。因此，2018 年底召开的中央农村工作会议评价：乡村振兴战略开局良好。

在调查研究的过程中也发现，一方面乡村振兴在稳步推进，但另一方面，不少人也心存若干困惑。在理论层面，人们纠结的问题主要有两个：第一，现在正是我国推进城镇化的关键阶段，在国家层面为什么要提出实施乡村振兴战略？第二，实施乡村振兴战略和推进城镇化究竟是什么关系？在实践层面，从县（市）长、乡（镇）长到村（组）长，以及普通老百姓，也有两个很纠结的问题。一是，农村的人口尤其是年轻人还在继续减少，一部分村庄由于各种各样的原因，正在衰落甚至灭失，这何以谈乡村振兴呢？二是，为了实施乡村振兴，是否就要不让农民迁移进城？或者动员已经定居城镇的农村人口再返回农村？显然，解开这些纠结就要求我们更加科学、准确地回答关于乡村振兴的实质或者说内涵到底是什么，这就需要在更深的层次上作更深入的思考。

回答这些问题的关键是科学看待城乡关系，必须清醒地认识到，在现代化进程中，城镇和乡村是联系紧密的命运共同体。这一命题本应是人人都该理解的社会常识，但在现实生活中，确实存在着重视城镇发展而忽略乡村发展的偏向，这在相当程度上阻碍了经济和社会的全面发展和进步。对于人类社会这个有机体来说，城镇和乡村都是必不可少的组成部分，就像一个健康的人是由五脏六腑、四肢五官等构成的一样，无论是大脑还是心脏，无论是胳膊还是腿脚，都是缺一不可的，无法去比较哪部分更重要、哪部分不重要。人身上的任何一个器官如果不能很好发挥它的功能，这个人就是残疾了或是得病了。当今时代，若不能形成城镇和乡村的协调发展，那么这个社会的现代化进程就是残缺的或是病态的。从这个角度来看，农村和城镇互为依存，它们各自的发展对于对方的发展都具有不可替代的作用。

城镇和乡村之所以是命运共同体，是因为城镇和乡村对经济和社会的发展具有不同的功能，如果哪部分的功能受到了抑制，国家的现代化之路就都不可能持续、健康地迈进。城镇的主要功能是集聚资金、集聚人才、集聚技术、集聚创新力，不断推出新技术、新理念、不断创造生产和生活的新方式，从而使城镇能够成为引领一个地域乃至一个国家经济发展的增长极。乡村的功能则主要表现在三方面。第一，必须保证国家粮食安全和重要农产品的供给。这个功能是城镇所不具备的。城镇越发展，在城镇聚居的人口越多，乡村的这个功能就会愈显重要。第二，乡村必须为整个国家当然也要为坐落于乡村之中的城镇提供良好的生态屏障、环境保护和绿色产品，这个功能也是城镇自身所难以完全具备的。第三，乡村要发挥好传承一个国家、一个民族、一个地方优秀传统文化的功能。城镇的文化功能是包容和融合多元化和多样性，而乡村的文化功能则更多地体现在保存和传承历史的、民族的、地域的特色文化。显然，乡村的这些功能都是城镇所无法替代的，只有发挥好乡村的这些功能，才能更好促进城镇的发展，形成城乡协调发展的良性互动格局，以推动我国现代化持续、健康发展的进程。

一、乡村必须发挥好保障国家粮食安全和重要农产品供给的功能

粮食安全，首先是数量安全。从总量上讲，我国目前的粮食产量能够基本满足国人的吃饱需求，但应当看到我国粮食生产中潜在着的一系列矛盾和问题。习近平总书记强调，对于我们这样一个有近 14 亿人口的大国，手中有粮，心中不慌，任何时候都是真理。现在是不是已经切实做到了手中有粮、心中不慌呢？根据《人民日报》12 月 31 日报道，2018 年，我国粮食总产量为 13158 亿斤，不清楚情况的人看了会认为，这与以前报道过的 2017 年粮食总产量 12358 亿斤相比，整整增加了 800 亿斤。但实际情况是，这个数字是根据第三次农业普查的结果得出的校正值，实际上 2018 年比 2017 年的粮食产量还减少了 74 亿斤，而国家库存的粮食则减少了 2500 多亿斤，所以不要看到 13158 亿斤这个数字就兴奋不已。

当前，我国粮、棉、油、糖、肉、奶等人民生活必需品没有一样不需要进口，而且进口的规模都还在逐步扩大，这当然不能一概而论

地说是好事还是坏事。我国人口多、耕地少，实现农产品完全自给，既难以做到也没有必要，因为在经济全球化背景下，可以也应当合理利用国际资源和国际市场。但也要看到，我国作为人口大国，如果在某些农产品上对国际市场的依赖度太高，就容易面临很大的经济和政治风险。因此，我们需要认真研判：自身有限的耕地资源必须确保哪些农产品的供给，而哪些农产品则可以通过国际市场来满足我们的国内需求。

2013 年底，党中央明确了新形势下的粮食安全战略，提出要确保“谷物基本自给、口粮绝对安全”。从这个要求和我国的实际情况看，目前可以说基本做到。所谓口粮，主要是指小麦和稻谷，目前，每年国内口粮的供给基本上都能做到供略大于求，库存比较充裕。玉米属于谷物，但现在主要是用作饲料和工业原料。前几年，国内生产的玉米供给明显超过了需求，库存持续增高，最高时，甚至相当于近一年的产量。但中国之大，需求变化之快，很多情况瞬息万变。去年一年，仅东北政策性收储的玉米库存就卸掉了 10013 万吨，这差不多相当于半年的产量。也就是说，2018 年的国内玉米需求能够得到满足，实际上是提供了近一年半的产量才做到的。到 2018 年底，东北政策性收储的玉米库存还有约 8000 万吨，今年的日子怎么过？若今年的玉米产量不增、需求不减，相对于去年，就会有约 2000 万吨的供求缺口。所以，不能轻言我国的谷物供给已经过关。

我国对进口大豆的依赖度越来越高。2017 年，我国大豆产量为 1500 万吨左右，但大豆进口量达到了 9553 万吨，即 85% 以上的大豆需求依赖于国际市场的供给。去年 3 月份以来，由于中美贸易摩擦，我国对原产于美国的大豆加征了关税，来自美国的大豆价格将明显高于其他国家，于是国内企业就不选择进口美国大豆。但 2017 年我国从美国进口大豆为 3200 多万吨，约占我国大豆进口总量的 1/3，如果来自美国的大豆都不进口了，如何补齐我国国内市场的供求缺口，显然还需要另想办法。我国是大豆原产地，20 世纪时，无论是大豆产量还是出口量我国都是世界第一，现在产量我们只能排世界第四，进口量成了世界第一，进口了差不多占世界大豆贸易量的 2/3。难道就永远这么进口下去吗？所以中央提出农业要抓紧推进供给侧结构性改革。推进供给侧结构性改革的重点在哪里？不能满足需求的品种产量上不来，而供过于求的品种却还在增产，这就是改革要解决的首要问题。粮食总量要重视，但从现阶段的实际情况看，更要研究粮食的品种结构问题。

第二，在农业供给侧结构性改革中，农业生产结构的调整要以提高效益为导向。我国最缺的是大豆，为什么不努力增加大豆的生产能力？那是因为大豆生产的效益低，农民不愿意种。如何提高农民生产大豆的积极性呢？单靠提高大豆价格不行。若靠提价，按大豆和玉米的比价计算，东北农民认为大豆的收储价格应该达到 3.5 元 / 斤。但这个价格远高于进口大豆的价格，在国际市场上完全没有竞争力，按照这样的价格生产的大豆，种得出来也卖不出去。提高大豆的生产效益涉及大量的科技问题、生产经营问题、市场流通问题，但关键在于提高单位面积产量。2001 年我国大豆进口刚突破 2000 万吨，从那时起，有关部门就提出要实施大豆振兴战略，但到了 2017 年，我国进口的大豆已经达到 9553 万吨。十七八年过去了，进口越来越多。到底是什么原因导致的呢？人民生活水平提高，对食用植物油和动物性蛋白食品的消费快速增加，这就形成了对大豆的巨大需求，但十几年来我国的大豆单产却一直没有提高。2002 年我国大豆亩产曾经达到历史最高点的 252 斤，此后就再也没有突破 250 斤。我国 2017 年进口大豆 9553 万吨，按目前国内的生产水平计算，如实行进口替代，需要占用耕地面积 7.6 亿亩以上，这绝无可能。所以，要增加国内大豆的供给，就必须在技术创新上下功夫。目前，我国有些新品种的大豆亩产在中试中已经达到了 800 斤以上，关键是种子的育繁和栽培技术的推广。此外，我国在不少地方已经探索出大豆和玉米的套种技术。该技术最重要的是找到了适合不同地区实行套种的玉米和大豆品种，可以做到套种后玉米的亩产不减，在 1200 斤左右，而增加 200—300 斤的大豆。我国目前 6 亿多亩的玉米播种面积，如有 1/3 的面积能够套种大豆，就可以增加 500 亿斤左右的国内大豆供给，即多生产 2500 万吨国产大豆。如果再对我国目前约 1.2 亿亩的大豆推广良种，使平均亩产增加 100 斤，就又可以再增加 120 亿斤，即 600 万吨大豆的国内供给。这两项合计，接近我国从美国进口的大豆总量。从这个角度看，通过推动农业供给侧结构性改革，在技术创新、提高效益上狠下功夫，我国大豆的对外依赖度，从现在的 85% 以上降到 50% 左右是完全有可能的。

乡村必须要持续地发挥好保障国家粮食安全和重要农产品供给的功能，这是由我国作为人口大国的国情所决定的。但发展农业尤其是粮食生产，与乡村振兴是什么关系呢？无论是乡村振兴的总目标还是习近平总书记讲的五大振兴，产业振兴都放在第一位。乡村振兴过程中当然要引入和发展各种产业，以扩大农民就业、促进农民增收。但是有一条，不论引进什么产业，都不能影响到乡村发挥保障粮食安全和提供重要农产品的功能。这就涉及严格保护耕地，着力提高粮食和其他重要农产品的产能问题，而这对于在乡村振兴中实现产业兴旺，当然也就形成了一定的约束。那就是发展乡村产业，一定不能突破保护耕地的红线。我国大概有 20.4 亿亩耕地，其中有效灌溉面积为 10 亿亩多一点。据水利部调查，这 10 亿亩有效灌溉面积的亩产量，比没有灌排系统的耕地要高出一倍。我国耕地中的有效灌溉面积只占耕地总面积的 50% 左右，但却提供了我国 70% 以上的粮食。可现实中面对的问题是，这些好地恰恰也是城镇发展所希望占用的对象，因为它邻近城镇，交通、水源都便利。我国在土地资源上面临的特殊问题，是虽然有 960 多万平方公里的国土，折合 144 亿亩土地，但其中耕地只有 20 多亿亩，而这 20 多亿亩耕地，是既宜农、也宜工、又宜城的土地，所以大家都盯着这些土地。习近平总书记在 2013 年就指出："推进城镇化不可避免要占用土地，但问题是我们城镇建设用地规模扩张过快，如 2000 年到 2012 年城镇建设用地增长了约 70%，城镇建成区人口密度大幅下降，脱离了人多地少的国情。""耕地红线一定要守住，千万不能突破，也不能变相突破。红线包括数量，也包括质量，搞占补平衡不能把好地都占了，用劣地、坡地、生地来滥竽充数，最终账面上是平衡了，但耕地质量是大大亏空了。这不是自欺欺人吗？！”① 在实施乡村振兴过程中，一定要清醒认识到，乡村该振兴的产业首先是农业，必须坚决杜绝以产业振兴为名大量占有耕地的现象。而要让乡村更好地发挥保障国家粮食安全和重要农产品供给的功能，就必须始终坚持确保耕地的数量不减少、质量有提高。

二、农村必须发挥好提供生态屏障、生态环境、生态产品的功能

改革开放40年来，农村在生态环境方面发生了复杂而深刻的变化，综观各地，既有荒漠变成良田、林海的，也有青山绿水变成荒山秃岭、污水横流的，这些变化，有的使人振奋，有的让人触目惊心。我小时候上学的学校环境非常好，三面河水环绕，夏天小伙伴们经常跳到河里游泳，水质清澈，即使呛了水也不要紧。现在再回去看，多数河流都被填掉用来修路、建楼了，剩下的河流也远没有那么好的水质了。这种生态环境的变化当然是经济社会发展所付出的代价。但长此以往怎么办？我们的水资源相对短缺，现在面对的最突出问题是，不少地方有水不能用，不能灌溉，不能养鱼，人不能喝，该怎么办？这就要总结我们过去的经验教训，下决心转到绿色发展、可持续发展的路上来。幸运的是，现在大家都已经清醒地认识到这个问题的重要性。习近平总书记讲，绿水青山就是金山银山。习总书记首次讲这句话是在浙江省湖州市安吉县的余村。余村过去是一个靠开矿致富的村庄，虽然经济得到了发展，但村里的环境也变得一塌糊涂，于是痛下决心，壮士断腕，停止了继续开采矿山。一开始集体组织和农民的收入都受到明显影响，压力很大，但村党组织和村委会班子带领全体村民靠因地制宜发展特色产业挺过了那段艰难岁月，恢复了绿水青山，走出了一条生态恢复、环境良好的可持续发展路子。

110年前的1909年，时任美国农业部土壤局局长、威斯康星大学教授富兰克林·H. 金偕妻子考察了中国、日本和朝鲜半岛的农业，回

① “在中央城镇化工作会议上的讲话”，《十八大以来重要文献选编（上）》，中央文献出版社2014年版，第595、596页。

去后写了一本名为《四千年农夫》的书，在西方社会引起强烈反响。书中这样评价中国农民："中国人像是整个生态平衡里的一环。这个循环就是人和'土'的循环。人从土里出生，食物取之于土，泻物还之于土，一生结束，又回到土地。一代又一代，周而复始。靠着这个自然循环，人类在这块土地上生活了五千年，人成为这个循环的一部分。他们的农业不是和土地对立的农业，而是和谐的农业。"书中还说；"如果能向全人类推广东亚三国的可持续农业经验，那么农业便可当之无愧地成为最具有发展意义、教育意义和社会意义的产业，各国人民的生活将更加富足。"[①] 离富兰克林夫妇访问东亚三国的农业仅仅只过去了110年，但人类社会以及人类与自然界的关系已经发生了太多、太大和太深刻的变化。回到建立在仅仅依靠人力、畜力和自然力的自给自足的小农经济社会显然是不可能的，但是，反思人类社会在这一百多年间生产和生活方式的变化所带给自然界的影响则是必要的，因此重新挖掘"天人合一"理念的深刻内涵，在新的物质基础上构造一种新的和谐农业也是必须的。

乡镇企业的崛起是打破我国乡村自然经济的决定性力量。20世纪八九十年代乡镇企业的快速发展，使农民扩大了就业空间，拓宽了增收门路。但这种"村村冒烟、户户点火"的做法，也造成了严重的环境污染。到了现在这个阶段，我们就必须还上这笔欠账，面临着如何恢复绿水青山，提供更好的生态屏障、生态环境和生态产品的任务。这个任务非常艰巨。第一，在前三十多年的发展进程中，快速工业化造成的环境污染，有些是城镇工业带来的，有些则是乡镇企业造成的，其中不少被工业污染的环境到目前还没有得到根本治理。第二，农民自给自足的生活方式已经彻底改变。农民原来的生活消费品，几乎都是从耕地里生产出来或在自然界中采集的，绝大多数是有机物，能消费的都消费了，消费不了的都回归自然了，所以产生不了多少垃圾。但现在农村的生活垃圾跟城市的生活垃圾已经趋同化，因为农村相当部分的消费品也是通过市场买来的工业制成品，很难自然降解。这虽

① 富兰克林·H.金，《四千年农夫——中国、朝鲜和日本的永续农业》，东方出版社2018年版。

是历史进步的必然，但它确实带来了农村环境的污染问题。第三，为了提高农产品产量而使用的化肥、农药等造成了日趋严重的面源污染，土壤、水体、大气都深受其害，有的甚至还影响到了农产品的质量安全。在我们把解决吃饱饭的问题放在首位时，农产品产量增长的重要性必然就居于首位，因而不得不增加化肥和农药的使用量。但过量使用化肥、农药会污染环境甚至农产品本身。现在大家都已经意识到这个问题的严重性，正在不断地加以改进，到2018年底，我国化肥施用量已经连续两年负增长，农药施用量已经连续三年负增长。但要彻底解决农业投入品造成的面源污染问题，并不是件容易的事情。所以，在乡村振兴的过程中，不能只顾着繁荣、就业、收入，而要把正在恢复的乡村生态和环境，作为一个重要的目标去努力建设。同样的道理，把修复生态、保护环境放在乡村振兴的重要位置，也必然会对乡村的经济发展构成一定的制约。尤其是在乡村产业的选择上，就决不能拣到篮子里的都是菜，那些破坏生态、污染环境的产业、企业就决不能让它扩散到乡村来。而农业的生产方式、农民的生活方式当然也需要朝着环境友好的方向不断进行调整。

三、乡村必须发挥好传承一个国家、一个民族优秀传统文化的功能

很多人一想到农村，就会想到乡风民俗浓郁的社火、社戏，现在到乡下去旅游，在景点也会看到各种各样扮演的仪式，如节庆、祭祀、婚嫁，等等。但这些东西都是“具像”，即具体的形象的东西，而真正要了解的，是“具像”背后的文化层面的东西。我国乡村的传统文化，有着丰富的内涵，深入发掘，可以看到其中至少有三大因素，即理念、知识、制度。我们要去挖掘这些深层次的东西，以弘扬传统文化的精华。

比如为了吸引城里的游客，现在有些村、镇就会搞一些节庆、祭祀、婚嫁等活动，穿着打扮、礼仪程式等都是模仿古代的，但往往没能很好地体现出仪式背后的文化含义。所谓祭祀和庆典这些仪式，首先都是为了体现一定的理念，如宣扬君君臣臣、父父子子，宣扬三从

四德等，有的甚至是宣扬封建迷信，这些糟粕就应当被剔除。但有的是宣扬天人合一，宣扬尊重自然、敬畏自然、感恩自然、师法自然，有的是宣扬孝老爱幼、耕读传家、勤俭持家、邻里和睦，等等，这些就应当传承和弘扬。所以，对农村的传统文化，重要的不是去还原它的表象，而是要挖掘这些表象所要传递的理念，这样才能去其糟粕、取其精华。

农村文化中第二个非常重要的内容，是其传递着大量的人文、科学知识。习近平总书记讲："乡村文化是中华民族文明史的主体，村庄是这种文明的载体，耕读文明是我们的软实力。"[①]能够长久传承、最终成为社会常识的知识，都是人类在生产和生活实践中积累起来的对事物规律性的科学认识。比如，一年可以被划分为二十四个节气，这在我国西汉时期就已经载入了书籍，这当然是古代农民在漫长的春播、夏耘、秋收、冬藏的生产实践中摸索出来的气候变化规律，虽然它总结的是江淮地区的自然气候变化规律，但实际上对各地发展农业生产都具有很强的指导意义。在我国历史上，从皇家到各级地方官吏，都有一个重要的职责：劝农，就是教老百姓怎么从事农事活动。北京颐和园里有个景区叫"耕织图"，陈列着几十块石刻图像，每一块图像表现一种农事活动中的一个重要环节，如种植水稻，从育秧、插秧、耘田、秋收，最后打场、藏粮；再如养蚕，从孵化、采桑、缫丝，到丝织，每个生产环节都通过一幅生动形象的图像来体现，通俗易懂。颐和园这组《耕织图》石刻的底本，据说是清雍正时期奉皇命绘制的作品，但它显然是继承了历史上我国农民在耕织方面所积累的丰富经验。这就是科学知识通过文化在进行历史传承，如果没有这种传承，我国的农耕文明就不可能达到如此高的水平。

传统文化中还有一大要素就是制度。直到今天，传统文化里仍有很多制度性的东西是值得我们借鉴的。美国在20世纪30年代应对经济危机时实行的"无追索权贷款"农业政策，就是从中国古代的常平仓制度中得到的启发。当时的美国农业部长华莱士在他的日记中写道，

① "在中央城镇化工作会议上的讲话"，《十八大以来重要文献选编（上）》，中央文献出版社2014年版，第605页。

他之所以能够提出这一政策设想，是受到中国留学生陈焕章在其博士论文《孔子及其学派的经济原理》中关于中国常平仓制度的启发[①]。我国在战国时期就已经形成了政府调控粮食市场的机制，李悝在当时就创立了“平籴法”。到汉代，桑弘羊又建立了“平准法”，归结起来就是“籴、粜”二字，它是现代政府对粮食市场实行吞吐调节制度的前身。“籴”是买入，“粜”是卖出。为了避免谷贱伤农，在市场粮价过低时，政府就往储备库里“籴”入粮食，这就减少了流通量，市场粮价就会上涨；而当供给短缺、市场粮价上涨过多时，政府就将库中储备粮“粜”出，以增加流通量，使市场粮价下跌。因此，政府储备的粮食，总是在粮价低时籴入、粮价高时粜出，这就形成了政府调节粮食市场供求和价格的有效机制。

再比如，2018 年 12 月 29 日，全国人大常委会审议通过了《中华人民共和国农村土地承包法》修正案，2019 年 1 月 1 日开始施行。这次农村土地承包法的修改，最重要的是落实农村土地集体所有权、农户承包权、土地经营权“三权分置”的制度创新。这次农村土地承包法修改的条目很多，这里着重讲讲这次新增的第 46 条和第 47 条。第 46 条规定，经流转取得的土地经营权可以再次流转；第 47 条规定，经流转取得的土地经营权，可以向金融机构融资担保。增加的这两条规定，对有意愿转入土地经营权的人当然是很大的激励，但显然也不是没有风险。因此，法律对实现这两条规定都设有前提：必须“经承包方书面同意并向本集体经济组织（发包方）备案”，同时，法律还明确，“土地经营权融资担保办法由国务院有关部门规定”。

在土地承包法的修改过程中，围绕第 46、47 条的内容人们是有争议的。争议的焦点，一是关于“流转”的内涵到底是什么？我国历史上，土地的买卖就是买卖，租赁就是租赁，典地就是典地，每一种行

① “1910 年，华莱士曾在爱荷华州首府得梅因市（Des Moines）公立图书馆读到中国留美学生陈焕章的博士论文《孔子及其学派的经济原理》，在第二卷 570–610 页，有叙及我国常平仓制度办法，推崇备至，悉心研究，阅 20 年，即倡议此说。所谓此说是指，美国农业经济大萧条时期，他建立‘减产津贴恢复价格’之农业调整法。”李超民，《大国崛起之谜——美国常平仓制度的中国渊源》，中央编译出版社 2014 年版，第 83 页。

为的含义都是确切的，不会产生歧义。但“流转”到底指的是什么？为什么会出现“流转”这个概念？二是关于“经‘流转’取得的土地经营权”是属于什么性质的权利？它应当或可以享有什么样的权利？

关于第一个问题，修改后的农村土地承包法第36条规定：“承包方可以自主决定依法采取出租（转包）、入股或者其他方式向他人流转土地经营权，并向发包方备案。”在这里，“流转”仍然是一个集合性的概念，它包括多种行为，但这个规定至少是明确了“流转”中有一种行为是“出租”。但出租为什么不叫出租而要叫“流转”呢？这就要回顾改革后农村集体土地实行家庭承包经营的政策演变过程。改革初期，人们对于集体的土地能否实行家庭承包经营尚有很大争议，如果允许承包土地的农户自己不种而用于出租收取地租，那就更难以让人们接受。因此，在1982年、1984年这两个指导农村改革的中央“一号文件”中，就都曾明确规定“承包的土地不准出租”。但随着改革的深入，农村分工分业和劳动力转移就业的不断拓展，农户承包土地的经营权如果不准出租，那就可能会荒废。为了突破这一窘境，农民就发明了“流转”这个概念：既然政策不准“出租”，那就叫“流转”。于是“流转”的概念就流传至今。虽然后来人们对土地经营权的“流转”又赋予了其他含义，如土地经营权的股份合作等，但说到底，承包土地经营权的“流转”，本质就是土地承包经营权人对土地经营权的让渡，其主要形式是土地经营权的出租。

租来的农村承包土地经营权享有什么样的权能？学界认为这取决于它的性质到底是属于债权还是物权。其实，即便解决了租来的土地经营权的权利属性问题，也还存在是否属于物权的土地经营权就都可以再次出租或用于融资担保，而属于债权的土地经营权就都不可以再次出租或用于融资担保的问题。因此，作为学术问题，争论显然还会继续。但在我国历史上的乡村习惯法中，这个问题其实早就已经得到解决。

我国耕地租赁的历史非常悠久，特别是南宋以后，大量北方移民迁徙到江南，更是进一步促进了农地租佃制度的发展。我国农地租佃的习惯法中，一个重要的制度设计，就是赋予了以不同形式租佃的土地可以享有各不相同的权利[1]。

我国历史上的农村土地租佃方形式大体可以分为三类。第一类是普通土地租佃。地主与佃户签订合约后，佃户就是按约定耕种并交租。这种租佃方式最普遍，但一般都不允许佃户将租来的土地经营权再次出租或用以融资担保。

第二类是“永佃制”。即佃户对土地经营权可享有永久性的租佃权利。为什么地主甘愿接受佃户的约束，将自己土地的经营权永久性地出租给特定的佃户呢？因为佃户取得这些土地的方式不同于普通租赁。取得永佃权的农户，往往是通过投资投劳的方式，将属于地主的荒地或荒废了的耕地开垦或恢复成了耕地，于是才有可能获得这些土地的永佃权。此外，这些自耕农户遇到了天灾人祸，不得不出卖自家的耕地以渡过难关，但为了日后的生计，便必须寻找到买了自家土地后愿意将这一土地永久租给卖家的买主，这种现象在历史上被称作“自卖自佃”。当然，“自卖自佃”的土地，在土地买卖成交时的地价一般都会略低于市价。在实行“永佃制”的情况下，耕地实际上实行了“两权分离”:“田底权（所有权）”归地主，地主依此向佃户收取土地的租金;“田面权（经营权）”归佃户，佃户可以自己耕种，也可以将土地的经营权出租给他人，但前提是必须按约定向土地的所有权人交纳租金。

第三类是所谓的“二地主”。即土地的承租者并不是自己要耕种土地，租入土地的目的只是为了再租给别人，自己赚取两次地租之间的差价。这种情况类似于城里的“二房东”。而“二地主”除了须按约定向地主交纳租金外，还须向地主另外交一笔押金。这样，租赁来的土地经营权，就不仅可以转租给他人，还可以以此用作融资担保。

我国历史上关于农地租佃的习惯法所给予我们的启示是，租来的土地经营权应当或可以享有何种权利，关键要看承租者的取得方式或说是付出了何种代价。城镇建设用地的使用权可以依法转让或用作融资担保，是因为建设用地的使用权人一次性地付清了40年（商贸用地）、50年（工业用地）或是70年（住宅用地）的土地使用权出让金，

① 何小平，《请代习惯法——租佃关系研究》，法律出版社2016年版。

因此城镇建设用地的使用权证本身就具有很高的含金量。但农地经营权的租赁，无论签订的租地合同是多少年，在绝大多数情况下，土地经营权的承租者都是按年交租金。先交租再种地的叫“上打租”；先种地等秋后再交租的叫“下打租”。如果签了20年的租地合同，但只交了一年（上打租）甚至连一年的租金都还没交（下打租），就拿着土地经营权的租赁合同到金融机构来做融资担保，那么他到底是以什么来做的担保呢？因此，新修订的农村土地承包法规定，土地经营权的承租人如要将土地经营权再次出租或用作融资担保，必须经土地承包经营权人的书面同意并向发包方备案。这就赋予了出租土地经营权的承包农户必要的知情权，使得他可以依据土地经营权的具体租赁方式来确定同意与否，以避免由此可能给承包农户带来的风险。而金融机构在接受土地经营权的融资担保时，充分了解土地经营权的承租人到底是如何取得的经营权、为此付出了多大的代价等，显然也是必不可免的。

传承和弘扬我国的优秀传统文化，要从更深层次的理念、知识和制度去作思考，而不能仅仅满足于对表象的模仿。现在很多传统文化随着城镇化的发展已经消失了，如果再不去找很可能就找不回来了。孔夫子曾经讲过：“礼失，求诸野”，意即那些在市井之中乃至庙堂之上已经被遗忘、丢弃了的礼仪、礼制，要到乡下去才能找得回来。我们现在的情况有点类似：在快速推进的工业化、城镇化、信息化、全球化背景下，只有在乡村才能发掘出植根于历史悠久的农耕文明土壤之中的中华文明的基因。

显然，推动乡村振兴的根本目的，是要维护好国家、民族永续发展的根脉。对于中华民族而言，确保国家粮食、生态、文化的持久安全，就是维护中华民族实现伟大复兴的根基。因此，乡村振兴的任何措施，都必须有利于维护国家的粮食、生态和文化安全，而不是相反。城镇化是不可阻挡的历史潮流，但每个国家的城镇化道路都有其自身的独特之处，甚至连人口城镇化率的统计口径也各不相同。但从我国当前所处的发展阶段看，我国常住人口的城镇化率必将还会进一步提高，这就意味着乡村人口在现有基础上还会继续减少，而乡村现有的

300多万个居民点中，也还会有相当部分将逐步灭失。但这些都不是衡量乡村是否振兴的重要指标，衡量乡村是否振兴的重要指标，是乡村所特有的也是必须发挥好的功能是否得到了充分的发挥。

目前，相对于我国其他领域，农业农村的发展是滞后的，因此党的十九大报告第一次提出“坚持农业农村优先发展”的理念，继续将解决“三农”问题摆在全党工作重中之重的位置。乡村振兴是一项长期任务，至少要持续到本世纪中叶。在这个过程中，首先必须强调规划的引领。而乡村振兴的规划必须紧紧围绕发挥乡村的功能来展开，以确保乡村的功能能够得到充分的发挥。其次是必须补齐农业农村发展的短板，国家要加大对农业科技进步的投入，要健全对农业的支持保护体系，要完善农业的社会化服务体系，更要加强对农村基础设施、基本公共服务和基本社会保障制度建设的投入。第三是必须调动农民作为乡村振兴参与主体的积极性和创造性，保障农民的合法权利和经济利益，尊重农民的自主选择，使乡村振兴战略的实施过程成为农民建设自身美好家园的奋斗过程。